중세 국어의 이해

중세 국어의 이해

©나찬연, 2020

1판 1쇄 발행__2020년 04월 15일
1판 2쇄 발행__2021년 12월 30일

지은이__나찬연
펴낸이__양정섭

펴낸곳__경진출판
      등록__제2010-000004호
      이메일__mykyungjin@daum.net
      사업장주소__서울특별시 금천구 시흥대로 57길(시흥동) 영광빌딩 203호
      전화__070-7550-7776 **팩스**__02-806-7282

값 25,000원
ISBN 978-89-5996-735-3 93710

중세 국어의 이해

나찬연

경진출판

머리말

　『중세 국어의 이해』는 학교 문법의 내용에 따라서 15세기 중세 국어의 언어 현상을 종합적으로 해설한 책이다. 따라서 이 책은 『고등학교 문법』(2010)과 『언어와 매체』(2019)에 기술된 내용 체계를 중심으로 '훈민정음과 표기법, 음운론, 형태론, 통사론, 어휘론, 의미론' 등의 15세기 국어의 언어 현상을 종합적으로 다루었다.

　이 책의 제1부에서는 '훈민정음(訓民正音)'의 제자 원리와 표기법을 다루었으며, 제2부에서는 '음운 체계·음절 체계·음운의 변동' 등 중세 국어에 나타나는 기본적인 음운 현상을 다루었다. 제3부에서는 '품사론'과 '단어 형성법' 등 형태론과 관련한 내용을 다루었으며, 제4부에서는 '문장 성분, 문장의 짜임, 문법 요소' 등 통사론과 관련한 내용을 다루었다. 제5부에서는 15, 16세기 동안 국어의 어휘 체계와 개별 단어의 의미가 변화한 통시적 현상을 다루었다. 끝으로 [부록]에서는 15세기 국어에 쓰인 연결 어미 목록과 15·16세기에 간행된 한글 문헌에 대한 해제를 실었다.

　제7차 교육과정에 따른 『고등학교 문법』(2010)이나 그 이후에 간행된 『독서와 문법』(2014), 『언어와 매체』(2019) 등의 교과서에는 중세 국어와 관련한 교육 내용이 너무 적다. 따라서 이러한 학교 문법의 교과서를 통하여 중세 국어의 언어 현상을 이해하는 데는 무리가 있다. 그리고 이론 문법 학자들이 지은 중세 국어 관련 저서 중에서 학교 문법의 관점에서 중세 국어의 이론을 객관적으로 기술한 책도 극히 드물다. 이러한 상황에서 현직의 국어과 교사나 국어국문학을 전공하는 대학생들이 학교 문법을 바탕으로 하여 중세 국어의 이론을 익히는 데에 큰 어려움을 겪고 있다. 이러한 현실을 감안하여 이 책에서는 중세 국어, 특히 15세기 국어학의 내용을 학교 문법의 관점에서 충실하게 기술하려고 노력하였다. 그리고 특정한 학자의 이론에 치우치지 않고 중세 국어의 이론을 객관적으로 다루려는 태도를 견지하였다.

4

이 책은 '제7차 교육과정'에 따른 『고등학교 문법』(2010)과 '2015 개정 교육과정'에 따른 『언어와 매체』(2019) 등의 학교 문법 교과서에 기술된 문법 교육의 내용과 체제에 기반하여 집필되었다. 그리고 허웅 선생님의 『우리 옛말본』(1975)과 『국어학』(1984), 이기문 교수의 『국어사 개설』(2006), 고영근 교수의 『표준 중세국어 문법론』(2010)에 기술된 문법 내용과 문법 용어도 이 책에 반영되었다.

지은이는 『중세 국어의 이해』의 동영상 강의와 주해 자료를 '학교문법교실(http://scammar.com)'을 통하여 제공한다. 먼저 지은이는 『중세 국어의 이해』의 전체 내용을 동영상 강의로 제작하여 제공하고 있다. 또한 주해서를 제작하여 『중세 국어의 이해』에서 다룬 예문을 현대어로 해석하고 형태소 단위로 분석하였으며, 단원 정리 문제와 풀이를 수록하였다. 독자들은 지은이가 제공하는 동영상 강의와 주해서를 활용하여 중세 국어의 이론을 쉽게 익힐 수 있을 것으로 기대한다.

지은이는 이 책과 함께 『중세 국어 강독』과 『근대 국어 강독』도 간행하였다. 이들 책에서는 15·16세기의 중세 국어의 대표적인 한글 문헌과 함께 17·18·19세기의 근대 국어의 한글 문헌을 선정하여, 이들 문헌의 내용을 현대어로 번역하고 문장을 형태소 단위로 분석하였다. 『중세 국어 강독』과 『근대 국어 강독』에 수록된 중세 국어와 근대 국어의 텍스트를 강독함으로써, 중세와 근대 국어와 관련한 공시적·통시적 문법 현상을 이해할 수 있을 것으로 기대한다.

『중세 국어의 이해』, 『중세 국어 강독』, 『근대 국어 강독』이 나오기까지 여러 사람의 도움이 있었다. '학교 문법 연구회'의 권영환, 김문기, 박성호 등의 회원은 지난 10여 년 동안에 이 책에 기술된 문법 이론을 검토하고 오류를 수정하는 데에 큰 도움을 주었다. 또한 부산대학교 대학원의 국어국문학과에서 박사과정을 이수하고 있는 나벼리 군은 이 책에 실린 문법 내용과 체제를 개정하는 작업을 맡아 주었다. 그리고 수많은 독자들이 '학교 문법 교실(http://scammar.com)' 홈페이지의 문답방에 문법에 관련한 질문을 올려서, 이 책의 내용을 다듬는 데에 큰 도움이 되었다. 끝으로 이 책을 발간해 주신 경진출판의 양정섭 대표님께 고마운 뜻을 전한다.

지은이에게 평생의 스승으로 남아서 큰 가르침을 주신, 고(故) 나진석 선생님께 이 책을 바친다.

2020. 3. 1
지은이 씀

차례

3부 형태론

4부 통사론

5부 어휘와 의미

부록

[이 책에 인용된 문헌 1]

(가나다 순)

약어	문헌 이름		발간 연대	
	한자 이름	한글 이름		
경민	警民編	경민편	1656년	효종
경신	敬信錄諺釋	경신록언석	1796년	정조
고가	古今歌曲	고금가곡	1764년(?)	영조(?)
구간	救急簡易方諺解	구급간이방언해	1489년	성종
구언	救急方諺解	구급방언해	1466년	세조
금삼	金剛經三家解	금강경삼가해	1482년	성종
금언	金剛經諺解	금강경언해	1464년	세조
내훈	內訓(일본 蓬左文庫판)	내훈(일본 봉좌문고판)	1475년	성종
능언	愣嚴經諺解	능엄경언해	1462년	세조
동삼	東國新屬三綱行實圖	동국신속삼강행실도	1617년	광해군
동유	同文類解	동문유해	1748년	영조
두언	分類杜工部詩諺解 初刊本	분류두공부시 언해 초간본	1481년	성종
몽언	蒙山和尙法語略錄諺解	몽산화상법어약록언해	세조 때	세조
번노	飜譯 老乞大	번역노걸대	16세기 초	중종
번박	飜譯 朴通事	번역박통사	16세기 초	중종
법언	妙法蓮華經諺解(法華經諺解)	묘법연화경언해(법화경언해)	1463년	세조
삼행	三綱行實圖	삼강행실도	1481년	성종
상권	上院寺重創勸善文	상원사중창권선문	1464년	세조
석상	釋譜詳節	석보상절	1447년	세종
선언	禪宗永嘉集諺解	선종영가집 언해	1464년	세조
소언	小學諺解	소학언해	1587년	선조
속삼	續三綱行實圖	속삼강행실도	1514년	중종
신유	新增類合	신증류합	1576년	선조

[이 책에 인용된 문헌 2]

(가나다 순)

약어	문헌 이름		발간 연대	
	한자 이름	한글 이름		
악가	樂章歌詞	악장가사	16~17세기	?
악궤	樂學軌範	악학궤범	1493년	성종
어내	御製內訓諺解	어제내훈언해	1736년	영조
영남	永嘉大師證道歌 南明泉禪師繼訟	영가대사증도가 남명천선사계송	1482년	성종
용가	龍飛御天歌	용비어천가	1445년	세종
원언	圓覺經諺解	원각경 언해	1465년	세조
월석	月印釋譜	월인석보	1459년	세조
월천	月印千江之曲	월인천강지곡	1448년	세종
유합	類合	유합	16세기 초	?
육언	六祖法寶壇經諺解	육조법보단경언해	1492년	연산
이행	二倫行實圖	이륜행실도	1518년	중종
첩신	捷解新語	첩해신어	1676년	숙종
한만	閑中漫錄	한중만록	1795년~	정조
훈언	訓民正音諺解 (世宗御製訓民正音)	훈민정음 언해본 (세종 어제 훈민정음)	1450년경	세종
훈자	訓蒙字會	훈몽자회	1527년	중종
훈해	訓民正音解例	훈민정음 해례본	1446년	세종

훈민정음과 표기법 1부

'학교문법교실(http://scammar.com)'에서는 이 책의 내용과 관련하여 다양한 학습용 콘텐츠를 제공합니다. 첫째, '강의실'에서는 나찬연 교수가 중세 국어의 이론을 해설하는 동영상 강좌를 '유튜브(youtube)'를 통해서 제공합니다. 둘째, '자료실'에서는 『중세 국어의 이해』에 수록된 예문에 대한 주해와 '단원 정리 문제' 및 '단원 정리 문제 풀이'를 PDF의 형태로 제공합니다. 셋째, '문답방'에서는 독자들이 중세 국어에 대하여 제기하는 질문에 대하여 나찬연 교수가 직접 피드백합니다.

제1장 훈민정음

〈 **훈민정음의 창제** 〉 글자 체계로서의 '훈민정음(訓民正音)'은 세종 25년 음력 12월 (1444년 양력 1월)에 창제되고, 세종 28년 음력 9월(1446년 양력 10월)에 반포되었다. 훈민정음의 제자 원리와 용례 및 훈민정음의 창제 과정은 『훈민정음 해례본』(訓民正音 解例本)에 자세하게 기술되어 있다.[1]

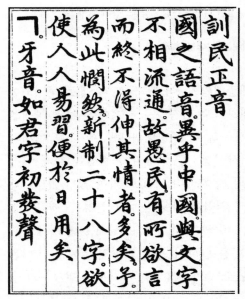

〈그림 1〉 훈민정음 해례본

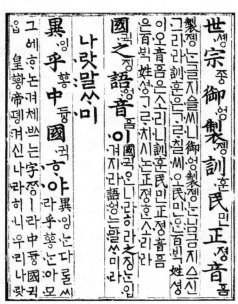

〈그림 2〉 훈민정음 언해본

---

1) 현재 남아 있는 『훈민정음 언해본』(서강대본)은 세조 5년(1459)에 간행된 『월인석보』 제1권의 권두에 실려 있다. 언해 시기는 대략적으로 『훈민정음 해례본』(1446)이 완성된 직후로 추정하는데, 언해본의 내용이 『석보상절』(1447년)에도 권두에 실렸을 것으로 추정된다. 그리고 '훈민정음'의 글자를 만든 원리에 관한 내용은 『제2판 훈민정음의 이해』(2013)을 참조.

〈 훈민정음 해례본 〉『훈민정음 해례본』은 1446년 음력 9월 상순(正統 十一年 九月 上澣)에 발간된 한문본으로서『간송 전형필본』이라고도 한다. 이 책은 1940년에 경북 안동군에서 발견되었는데, 현재 국보 70호로 지정되어 있으며 1997년에 유네스코가 지정한 세계 기록 유산에 등재되어 있다.

『훈민정음 해례본』의 내용은 다음과 같이 짜여 있다.

1. (어제 훈민정음)
   ① (어제 서) : 훈민정음 창제의 동기와 목적 소개
   ② (예   의) : － 자모의 형태와 음가 소개
              － 글자의 운용법 소개
2. 훈민정음 해례 : 제자해, 초성해, 중성해, 종성해, 합자해; 용자례
3. (정인지 서) : 창제의 동기와 목적, 정음의 우수성, 정음 창제의 경위

〈표 1〉 훈민정음 해례본의 내용 체제

첫째, '어제 훈민정음(御製 訓民正音)'은 세종대왕의 '어제 서'와 '예의'로 구성되어 있다. 먼저 '어제 서(御製 序)'에서는 세종대왕이 훈민정음을 창제한 동기와 목적을 밝혔고, 다음으로 '예의(例義)'에서는 훈민정음의 글자 형태와 음가에 대한 예시와 '종성법, 연서법, 병서법, 부서법, 성음법, 사성법' 등 글자의 운용법을 소개했다.

둘째, '해례(解例)'는 다섯 가지의 '해(解)'와 '용자례(用字例)'로 짜여 있다. 먼저 '해(解)'에는 글자를 만든 기본 원리를 성운학과 역학에 바탕을 두고 설명한 '제자해(制字解)'와, 초성·중성·종성과 관련한 풀이를 보충하여 제시한 '초성해(初聲解)·중성해(中聲解)·종성해(終聲解)'와, '초성, 중성, 종성'을 합하여 음절 단위의 글자로 합치는 원리를 설명한 '합자해(合字解)'가 있다. 끝으로 '용자례(用字例)'에서는 훈민정음의 글자로 적은 순우리말의 단어(총 94개)를 예로 들고 그 뜻을 한자로 풀이하였다.

셋째, '정인지 서(鄭麟趾 序)'에서는 세종대왕의 훈민정음 창제의 동기와 목적을 자세히 밝히고, 한글의 우수성을 설명하였으며, 세종의 명에 따라서 집현전 학사들이 해례를 짓게 된 경위를 밝혔다.

훈민정음(訓民正音)의 글자는 다른 글자에 비해 독특한 제자 원리와 특징이 있을 뿐만 아니라 대단히 과학적으로 구성되어 있어서, 전 세계에서 대단히 우수한 글자로

인정받고 있다. 여기서는 '훈민정음' 글자의 제자 원리와 특징에 대하여 알아본다.

1.1. 제자의 일반 원리

훈민정음의 제자 원리는 『훈민정음 해례본』의 '제자해(制字解)'에 자세하게 기술되어 있다.

> (1) ㄱ. 正音二十八字 各象其形而制之。   [훈해 제자해]
>   ㄴ. 훈민정음 28글자는 각기 그 모양을 본떠서 만들었다.

위의 기록은 훈민정음의 기본적인 제자 원리가 '상형(象形)'의 원리임을 밝히고 있다. 곧 초성(자음) 글자는 그것을 발음할 때의 발음 기관의 모양을 본떠서 글자를 만들었고, 중성(모음) 글자는 하늘(天)이 둥근 모양과 땅(地)이 평평한 모양, 그리고 사람(人)이 서 있는 모양을 본떠서 만들었다. 이렇게 상형의 원리로써 'ㄱ, ㄴ, ㅁ, ㅅ, ㅇ'의 초성 5자와 'ㆍ, ㅡ, ㅣ'의 중성 3자를 만들고[2], 여기에 '가획(加劃)'과 '합성(合成)'의 원리를 적용하여 나머지 글자를 만들었다.

1.2. 초성 글자의 제자 원리

초성 글자는 소리를 낼 때에 작용하는 발음 기관을 상형함으로써 'ㄱ, ㄴ, ㅁ, ㅅ, ㅇ'의 상형자를 만들고, 이들 글자에 '가획'의 방법을 적용하여 다른 글자를 만들었다. 그리고 종성 글자는 따로 만들지 않고 초성 글자를 다시 사용하였다.
〈상형〉'훈민정음 해례본'의 '제자해'에는 초성(자음) 글자를 만든 첫 번째의 원리를 '상형(象形)'으로 설명하고 있다.

---

2) 초성 글자 'ㄱ, ㄴ, ㅁ, ㅅ, ㅇ'과 중성 글자 'ㆍ, ㅡ, ㅣ'는 발음 기관을 상형하여서 만들었으므로, 이들 글자를 '상형자(象形字)'로 부르기로 한다.(나찬연 2013ㄴ:75)

(2) ㄱ. 初聲凡十七字。牙音ㄱ象舌根閉喉之形。舌音ㄴ象舌附上腭之形。脣音ㅁ象口形。齒音ㅅ象齒形。喉音ㅇ象喉形。 [훈해 제자해]

ㄴ. 초성은 모두 17자이다. 아음(어금닛소리, 牙音)인 'ㄱ'은 혀의 뿌리가 목을 막는 모양을 본떴다. 설음(혓소리, 舌音)인 'ㄴ'은 혀가 윗잇몸에 붙는 모양을 본떴다. 순음(입술소리, 脣音)인 'ㅁ'은 입의 모양을 본떴다. 치음(잇소리, 齒音)인 'ㅅ'은 이의 모양을 본떴다. 후음(목구멍소리, 喉音)인 'ㅇ'은 목구멍의 모양을 본떴다.

초성 글자를 만든 일차적인 원리는 '상형(象形)'이다. 곧, 상형자인 'ㄱ, ㄴ, ㅁ, ㅅ, ㅇ'은 소리를 낼 때에 관여하는 발음 기관의 모습을 그대로 본떠서 만들었다.

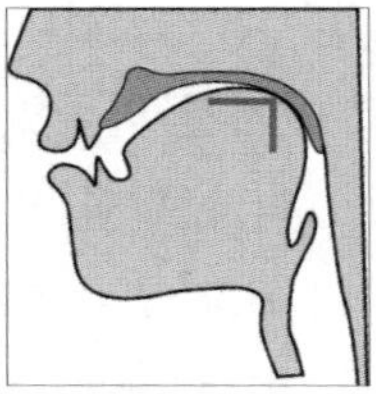
['ㄱ'의 상형]

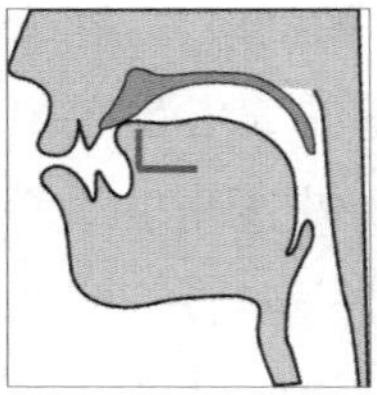
['ㄴ'의 상형]

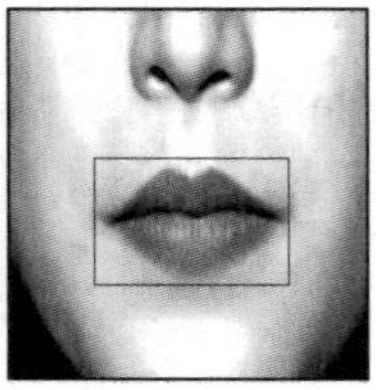
['ㅁ'의 상형]

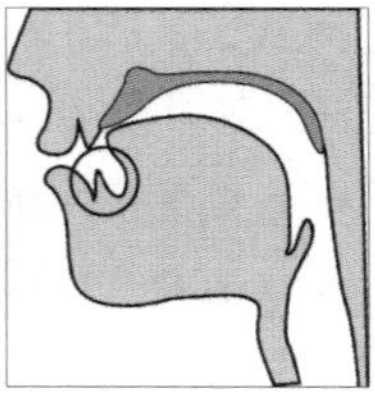
['ㅅ'의 상형]

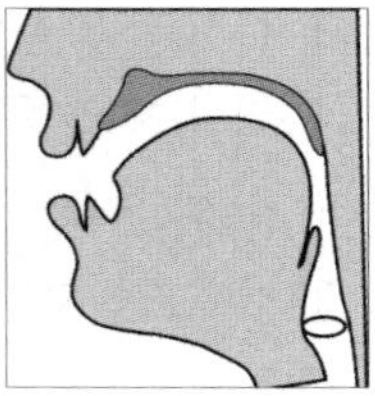
['ㅇ'의 상형]

'ㄱ'은 그 소리를 발음할 때에 혀의 뒷부분(뒤혀)이 올라가서 입천장의 맨 안쪽 부분(연구개)을 막는 모양을 본떠서 글자의 꼴을 만들었다. 'ㄴ'은 혀끝이 윗잇몸에 닿는 모양을 본떴다. 'ㅁ'은 별도의 글자를 만들지 않고 한자의 '口(입)' 모양을 그대로 가져와서 입의 (네모진) 모양을 본떴고, 'ㅅ'은 이의 (뾰쪽한) 모양을, 'ㅇ'은 목구멍의 (둥근) 모양을 그대로 본떴다.

〈가획〉 초성 글자를 만드는 데에 적용한 두 번째 원리는 '가획(加劃)'이다. 곧, 상형의 원리로써 'ㄱ, ㄴ, ㅁ, ㅅ, ㅇ'의 상형자를 먼저 만들고, 나머지 글자는 소리가 세어짐에 따라서 획(劃)을 더하는 원리로써 글자(= 가획자)를 만들었다.

(3) ㄱ. ㅋ比ㄱ 聲出稍厲 故加畫。ㄴ而ㄷ ㄷ而ㅌ ㅁ而ㅂ ㅂ而ㅍ ㅅ而ㅈ ㅈ而ㅊ ㅇ而ㆆ ㆆ而ㅎ 其因聲加畫之義皆同 而唯ㆁ爲異。 [훈해 제자해]

ㄴ. ㅋ은 ㄱ에 비하여 소리가 약간 세게 나오므로 획(劃)을 더하였다. ㄴ과 ㄷ,

ㄷ과 ㅌ, ㅁ과 ㅂ, ㅂ과 ㅍ, ㅅ과 ㅈ, ㅈ과 ㅊ, ㅇ과 ㆆ, ㆆ과 ㅎ은 그 소리를 말미암아서 획을 더하는 뜻은 모두 같으나, 오직 ㆁ만은 다르다.

상형자에 획을 더하여 글자를 만든 것은 'ㄱ'보다 'ㅋ'이 소리가 세게 나고, 'ㄴ'보다 'ㄷ'이 더 세게 나고, 'ㄷ'보다는 'ㅌ'이 더 세게 나기 때문이다. 결국 소리의 세기를 획을 더해서 나타낸 것이다. (3)의 내용을 정리하여 표로 보이면 다음과 같다.

	상형자	1차 가획자	2차 가획자	이체자(異體字)
아음(牙音)	ㄱ	ㅋ		ㆁ
설음(舌音)	ㄴ	ㄷ	ㅌ	ㄹ
순음(脣音)	ㅁ	ㅂ	ㅍ	
치음(齒音)	ㅅ	ㅈ	ㅊ	ㅿ
후음(喉音)	ㅇ	ㆆ	ㅎ	

〈표 2〉 초성 글자의 가획 원리

요약하면 훈민정음의 초성 17자는 먼저 상형의 원리로써 'ㄱ, ㄴ, ㅁ, ㅅ, ㅇ'의 다섯 글자를 만들고, 나머지 글자는 소리의 세기에 따라서 가획의 원리를 적용하여 만들었다. 다만, 'ㆁ, ㄹ, ㅿ'의 세 글자는 상형이나 가획의 원리에 맞지 않는 방법으로 글자를 만들었으므로 '이체자(異體字)'로 분류하였다.[3]

1.3. 중성 글자의 제자 원리

중성(모음) 글자는 '하늘(天), 땅(地), 사람(人)'을 본떠서 상형자인 'ㆍ, ㅡ, ㅣ' 세 글자를 만들고, 나머지 중성 글자는 'ㆍ, ㅡ, ㅣ'를 합성하여 만들었다.

〈상형〉 중성 글자 중에서 으뜸이 되는 'ㆍ, ㅡ, ㅣ' 세 글자는 '상형(象形)'의 원리로 만들었다.

---

3) '이체자'에 대한 상세한 내용은 이 책 27쪽의 【더 배우기】를 참조할 것.

(4) ㄱ. 中聲凡十一字。·(…)形之圓 象乎天也。一(…)形之平 象乎地也。ㅣ(…)形之立 象乎人也。 　　　　　　　　　　　　　　　　　　　　　　　　　　　　[훈해 제자해]

　　ㄴ. 중성은 모두 11자이다. ·는 (…) 그 형상이 둥근 것은 하늘을 본떴다. 一는 (…) 그 형상이 평평한 것은 땅을 본떴다. ㅣ는 (…) 그 형상이 서 있는(立) 모양인 것은 사람을 본떴다.

‘·’는 하늘(天)의 둥근 모양을, ‘一’는 땅(地)의 평평한 모양을, ‘ㅣ’는 사람(人)이 서 있는 모양을 본떠서 글자를 만들었다.

　〈합성〉 상형자인 ‘·’와 ‘一’와 ‘ㅣ’를 합성(合成)하여 초출자와 재출자를 만들었다.[4]

(5) ㄱ. ㅗ(…)其形則 ·與一合而成(…)。ㅏ(…)其形則ㅣ與·合而成(…)。ㅜ(…)其形則一與·合而成。ㅓ(…)其形則·與ㅣ合而成。 　　　　　　[훈해 제자해]

　　ㄴ. ㅗ는 그 모양이 ·와 一가 합쳐서 이루어졌다. ㅏ는 그 모양이 ㅣ와 ·가 합쳐서 이루어졌다. ㅜ는 그 모양이 一와 ·가 합쳐서 이루어졌다. ㅓ는 그 모양이 ·와 ㅣ가 합쳐서 이루어졌다.

(6) ㄱ. ㅛ與ㅗ同而起於ㅣ。ㅑ與ㅏ同而起於ㅣ。ㅠ與ㅜ同而起於ㅣ。ㅕ與ㅓ同而起於ㅣ。 　　　　　　　　　　　　　　　　　　　　　　　　　　　　[훈해 제자해]

　　ㄴ. ㅛ는 ㅗ와 같으나 ㅣ에서 일어난다. ㅑ는 ㅏ와 같으나 ㅣ에서 일어난다. ㅠ는 ㅜ와 같으나 ㅣ에서 일어난다. ㅕ는 ㅓ와 같으나 ㅣ에서 일어난다.

(7) ㄱ. ㅗㅏㅜㅓ始於天地 爲初出也。ㅛㅑㅠㅕ起於ㅣ而兼乎人 爲再出也。ㅗㅏㅜㅓ之一其圓者 取其初生之義也。ㅛㅑㅠㅕ之二圓者 取其再生之義也。

　　ㄴ. ㅗ, ㅏ, ㅜ, ㅓ는 천지(天地)에서 비롯하므로 초출(初出)이 된다. ㅛ, ㅑ, ㅠ, ㅕ는 ㅣ에서 일어나서 인(人)을 겸하므로 재출(再出)이 된다. ㅗ, ㅏ, ㅜ, ㅓ에서 그 원(圓)을 하나로 한 것은 초생(初生)의 뜻을 취했다. ㅛ, ㅑ, ㅠ, ㅕ에서

---

4) 중성 글자의 ‘합성’과 ‘합용’은 다른 개념이다. 곧 ‘합성(合成)’은 상형자를 합쳐서 초출자와 재출자의 단일 중성 글자를 만드는 제자 원리이다. 반면에 ‘합용(合用)’은 이미 만들어진 단일 중성 글자인 ‘상형자, 초출자, 재출자’를 합쳐서, ‘ㅘ, ㅝ, ·ㅣ, ㅢ, ㅚ, ㅐ, ㅟ, ㅔ, ㅚ, ㅒ, ㅞ, ㅖ, (ㅖ, ㅞ) ; ㅙ, ㅞ, (ㅙ, ㅞ)’ 등과 같이 쓰는 ‘모음 글자의 사용법’에 해당한다.

그 원(圓)을 둘로 한 것은 재생(再生)의 뜻을 취했다.　　[훈해 제자해]

'ㅗ'는 'ㆍ'에 'ㅡ'를 합성하여서 만들었으며, 'ㅏ'는 'ㅣ'에 'ㆍ'를 합성하여서 만들었다. 'ㅜ'는 'ㅡ'에 'ㆍ'를 합성하여서 만들었고, 'ㅓ'는 'ㆍ'에 'ㅣ'를 합성하여서 만들었다. 그리고 'ㅗ, ㅏ, ㅜ, ㅓ'처럼 'ㅡ'나 'ㅣ'에 'ㆍ'를 하나 더하여 만든 합성 글자를 '초출자(初出字)'라고 하는데, 이는 단모음을 적은 글자이다. 반면에 'ㅛ, ㅑ, ㅠ, ㅕ'처럼 'ㅡ'나 'ㅣ'에 'ㆍ'를 두 개 더하여 만든 글자를 '재출자(再出字)'라고 하는데, 이는 'ㅣ계'의 상향적 이중 모음을 적은 글자이다.[5]

　합성의 방법으로 만든 초출자와 재출자의 제자 방법과 글자의 음가를 정리하면 다음의 〈표 3〉과 같다.

	합성의 원리	글꼴	합성의 예	음가
초출자	상형자의 합성	ㅗ	ㆍ + ㅡ	/ o /
		ㅏ	ㅣ + ㆍ	/ a /
		ㅜ	ㅡ + ㆍ	/ u /
		ㅓ	ㆍ + ㅣ	/ ə /
재출자	초출자와 'ㆍ'의 합성	ㅛ	ㆍ + ㆍ + ㅡ	/ jo /
		ㅑ	ㅣ + ㆍ + ㆍ	/ ja /
		ㅠ	ㅡ + ㆍ + ㆍ	/ ju /
		ㅕ	ㆍ + ㆍ + ㅣ	/ jə /

〈표 3〉 초출자와 재출자의 제자 원리

상형자(ㆍ, ㅡ, ㅣ), 초출자(ㅗ, ㅏ, ㅜ, ㅓ), 재출자(ㅛ, ㅑ, ㅠ, ㅕ)는 하나로 된 글자인데, 이들을 아울러서 '일자 중성자(一字中聲字, 홑 중성 글자)'라고 한다.

---

5) (5~7)을 볼 때에 훈민정음의 창제자들은 'ㆍ ㅡ ㅣ'와 'ㅗ ㅏ ㅜ ㅓ'가 단모음을 나타내는 글자이고, 'ㅛ ㅑ ㅠ ㅕ'는 이중 모음을 나타내는 글자임을 인식하고 있었음을 알 수 있다. 그럼에도 불구하고 'ㆍㅡㅣ ; ㅗ ㅏ ㅜ ㅓ ; ㅛ ㅑ ㅠ ㅕ'를 모두 단일 글자로 처리한 것이 특징이다.

1.4. 글자의 운용법

『훈민정음 해례본』의 〈예의〉에는 글자의 운용에 관한 규정으로서, '종성법, 연서법, 병서법, 성음법, 부서법, 사성법'에 관한 규정을 두고 있다.

〈종성법〉 15세기 국어에서 종성에서 발음되는 소리로는 /ㄱ, ㄴ, ㄷ, ㄹ, ㅁ, ㅂ, ㅅ, ㅇ/의 8개가 있었는데, 종성 글자는 따로 만들지 않고 초성 글자를 다시 사용하였다.

(8) ㄱ. *終聲復用初聲*。　　　　　　　　　　　　　　　　　[훈해 예의]
　　　ㄴ. 종성은 초성을 다시 사용한다.

이처럼 종성 글자를 따로 만들지 않은 것은, 초성이나 종성의 소리가 음절 속에서 실현되는 위치만 다를 뿐이지, 둘 다 동일한 소리(음소)라는 것을 인식하고 있었기 때문이다. 이처럼 종성 글자를 따로 만들지 않음으로써, 훈민정음의 자음 글자의 수는 초성 글자의 수와 동일하게 17자로 한정될 수 있었다.

〈연서법〉 'ㅇ'을 순음 글자인 'ㅂ, ㅃ ㅍ, ㅁ'의 아래에 이어서 적으면 순경음 글자인 'ㅸ, ㅹ, ㆄ, ㅱ'이 된다. 이렇게 두 글자를 위아래로 이어서 글자를 사용하는 방법을 '연서(連書)'라고 한다.

(9) ㄱ. ○*連書脣音之下 則爲脣輕音*。　　　　　　　　　　　　[훈해 예의]
　　　ㄴ. ○를 순음의 아래에 이어 쓰면 순경음(脣輕音)이 된다.

순경음은 /ㅂ/, /ㅃ/, /ㅍ/, /ㅁ/을 발음할 때에 입술을 가볍게 하여 공기를 내뿜는 소리이다. 순경음을 적는 글자로는 이론상 'ㅸ, ㅱ, (ㆄ, ㅹ)'의 네 가지가 있겠으나, 우리말을 적는 데에는 'ㅸ'만이 쓰였고 'ㅱ'은 한자음을 표기하는 데에만 쓰였다.

〈병서법〉 초성과 종성의 글자를 합해서 사용할 때에는 두 글자를 왼쪽에서 오른쪽으로 나란히 잇대어서 쓰는데, 이를 '병서(竝書)'라고 한다.

(10) ㄱ. *初聲合用則竝書 終聲同*。　　　　　　　　　　　　　[훈해 예의]
　　　ㄴ. 초성을 합쳐서 사용하려면 나란히 쓰라. 종성도 마찬가지다.

병서 글자로는 두 가지가 있다. 먼저 현대어의 된소리 글자처럼 같은 글자를 나란히 적는 것을 '각자 병서(各自竝書)'라고 하고, 다른 글자를 나란히 적는 것을 '합용 병서(合用竝書)'라고 한다.

(11) ㄱ. **各自竝書** : ㄲ, ㄸ, ㅃ, ㅆ, ㅉ, ㆅ, (ㆀ, ㅥ)
ㄴ. **合用竝書** : (초성) ㅲ, ㅄ, ㅶ, ㅷ ; ㅺ, ㅻ, ㅼ, ㅽ ; ㅴ, ㅵ
(종성) ㄳ ; ㅧ ; ㄺ, ㄻ, ㄼ, ㅭ

현대어에서 합용 병서는 종성에서만 쓰이지만, 15세기 국어에는 초성에도 'ㅲ, ㅄ, ㅶ, ㅷ ; ㅺ, ㅻ, ㅼ, ㅽ ; ㅴ, ㅵ' 등의 합용 병서 글자가 쓰였다.

〈 성음법 〉 훈민정음을 창제한 학자들은 원칙적으로 초성, 중성, 종성이 합해져야 소리가 이루어지는 것으로 생각했다. 또한 이러한 생각에 따라서 글자도 초성과 중성, 혹은 초성, 중성, 종성의 글자를 합쳐서 적어야 한다는 규정을 두었는데, 이러한 규정을 '성음법(成音法)'이라고 한다.[6)]

(12) ㄱ. 凡字必合而成音。 [훈해 예의]
ㄴ. 무릇 글자는 반드시 합쳐져야 소리가 이루어진다.

음소 글자인 훈민정음은 낱글자 단위로 하나하나 풀어서 적는 것이 원칙이다. 하지만 훈민정음의 창제자들은 (12)와 같은 규정을 두어서 낱글자를 음절 단위로 모아서 적게 하였는데, 이와 같은 규정을 둔 데는 다음과 같은 현실적인 이유가 있었다.

곧, 한자(漢字)의 한 글자에 대응되는 소리는 음소가 아니라 음절이기 때문에, 한자의 한 글자와 한글의 한 글자가 표현하는 소리의 단위가 일치하지 않았다.

(13) ㄱ. 君군, 覃땀, 呑ᄐᆞᆫ, 彆벼ᇙ, 卽즉, 侵침, ……
ㄴ. 君ㄱㅜㄴ, 覃ㄸㅏㅁ, 呑ㅌㆍㄴ, 彆ㅂㅕㄹㆆ, 卽ㅈㅡㄱ, 侵ㅊㅣㅁ, ……

---

6) 초성은 반드시 존재해야 한다고 믿어서, 초성이 발음되지 않고 중성만 발음되는 음절을 적을 때도, 초성 자리에 음가가 없는 'ㅇ'을 넣어서 'ᄋᆞ, 으, 이, 오, 아, 우, 어'와 같이 적었다.

음절 단위로 발음하는 글자인 한자의 한 글자에 맞추어서 적기 위해서는, 훈민정음 글자를 (ㄱ)처럼 초성, 중성, 종성을 모아서 적어야 한다. 만일 (ㄴ)처럼 음소 단위의 낱글자로 풀어서 적는다면, 한자 한 글자에 대응되는 훈민정음 글자가 세 글자 혹은 네 글자가 된다. 한자와 한글을 함께 쓸 것을 고려하면 (ㄱ)처럼 낱글자를 모아서 쓸 수밖에 없었다. 이러한 성음법의 규정에 따라서 종성이 없는 한자음을 훈민정음 으로 적을 때에는, 음가가 없는 'ㅇ'을 종성의 자리에 넣어서 적었다.

(14) 快쾡, 那낭, 步뽕, 彌밍, 慈쫑, 邪썅, 虛헝, 閭령

(14)의 한자들은 초성과 중성의 소리만 발음되는 글자인데, 종성의 자리에 소리가 나지 않는 'ㅇ'을 표기하여서 초성, 중성, 종성을 맞추어서 적었다.

〈 **부서법** 〉 초성은 단독으로 발음되지 않으므로 반드시 중성을 붙여 써야 한다. 그 런데 중성 중에서 어떤 것은 초성의 아래에 붙여 쓰고, 또 어떤 것은 초성의 오른쪽 에 붙여 쓴다는 규정을 두었는데, 이러한 규정을 '부서법(附書法)'이라고 한다.

(15) ㄱ. · ㅡ ㅗ ㅜ ㅛ ㅠ 附書初聲之下。ㅣㅏㅓㅑㅕ 附書於右。　　[훈해 예의]

ㄴ. · , ㅡ, ㅗ, ㅜ, ㅛ, ㅠ는 초성의 아래에 붙여 쓴다. ㅣ, ㅏ, ㅓ, ㅑ, ㅕ는 (초성의) 오른쪽에 붙여 쓴다.

(16) ㄱ. 中聲則圓者橫者在初聲之下 · ㅡ ㅗ ㅜ ㅛ ㅠ是也。縱者在初聲之右 ㅣㅏㅓㅑㅕ 是也。　　[훈해 합자해]

ㄴ. 중성 중에서 둥근 것과 가로 그은 것은 초성의 아래에 놓이는데, · , ㅡ, ㅗ, ㅜ, ㅛ, ㅠ가 그것이다. 위에서 아래로 그은 것은 초성의 오른쪽에 놓이는데, ㅣ, ㅏ, ㅓ, ㅑ, ㅕ가 그것이다.

위의 (15)와 (16)은 부서법에 대한 규정으로서, '· , ㅡ, ㅗ, ㅜ, ㅛ, ㅠ'는 초성의 아래에 붙여 쓰고, 'ㅣ, ㅏ, ㅓ, ㅑ, ㅕ'는 초성의 오른쪽에 붙여 쓴다는 규정이다. 곧, 중성 가운데에서 둥근 것(·)과 가로 그은 것(ㅡ, ㅗ, ㅜ, ㅛ, ㅠ)은 초성 밑에 두고, 위에서 아래로 내리 그은 것(ㅣ, ㅏ, ㅓ, ㅑ, ㅕ)은 초성의 오른쪽에 둔다는 것이다.

(17) ㄱ. ᄀ, 그, 고, 구, 교, 규
　　ㄴ. 기, 가, 거, 갸, 겨

부서법에 따라서 초성 'ㄱ'에 중성을 붙여 쓰면 (17)처럼 된다. (ㄱ)은 초성의 아래에
중성을 붙여 적은 예이며, (ㄴ)은 초성의 오른쪽에 중성을 붙여 쓴 예이다. 이렇게
특정한 중성 글자가 초성 글자에 붙을 때의 위치를 정해 둔 것은, 글자의 모양을
전체적으로 네모의 모양으로 유지하여 한자의 글꼴과 조화를 이루도록 하기 위한
것이다.

〈 사성법 〉『훈민정음』에서는 초성, 중성, 종성의 글자 이외에도 '방점(傍點, 四聲點)'
을 찍어서 '성조(聲調, 소리의 높낮이)'를 표시하였다.

(18) ㄱ. **左加一點則去聲 二則上聲 無則平聲。入聲加點同而促急。** [훈해 예의]
　　ㄴ. (글자의) 왼편에 한 점을 찍으면 거성(去聲)이요, 둘이면 상성(上聲)이요, 없
　　　으면 평성(平聲)이다. 입성(入聲)은 점을 찍는 것은 같으나 촉급하다.

사성법은 글자의 왼편에 점을 찍어서 소리의 높낮이를 나타내는 표기 방식이다. 거
성(去聲, 가장 높은 소리)은 한 점을 찍으며, 상성(上聲, 처음에는 낮았다가 나중에는 높은
소리)은 두 점을 찍었고, 평성(平聲, 가장 낮은 소리)은 점을 찍지 않았다.
　『훈민정음 해례본』의 '종성해'에 따르면, 'ㆁ, ㄴ, ㅁ, ㅇ, ㄹ, ㅿ'과 같은 불청불탁(不
淸不濁)의 글자를 제외한, 나머지의 글자가 종성으로 쓰일 때에는 입성이 된다고 하
였다.[7]

(19) ㄱ. **ㆁㄴㅁㅇㄹㅿ六字爲平上去聲之終 而餘皆爲入聲之終也。** [훈해 종성해]
　　ㄴ. 'ㆁ, ㄴ, ㅁ, ㅇ, ㄹ, ㅿ'의 여섯 자는 평성・상성・거성의 종성이 되고, 그 나머
　　　지는 모두 입성의 종성이 된다.

입성은 소리의 높낮이와는 관계없이 짧고 빨리 끝나는 음절의 소리이므로,[8] '평성

---

7) 'ㆁ, ㄴ, ㅁ, ㅇ, ㄹ, ㅿ'은 불청불탁의 글자이다. 그리고 전청의 글자는 'ㄱ, ㄷ, ㅂ, ㅅ, ㅈ,
　ㆆ'이며, 차청의 글자는 'ㅋ, ㅌ, ㅍ, ㅊ, ㅎ'이다. 이 책 43쪽의 〈표 1〉을 참조.

·상성·거성'과는 구분된다. 따라서 입성을 다시 높낮이의 특징에 따라서 '거성적 입성'에는 한 점, '상성적 입성'에는 두 점을 찍었고, '평성적 입성'에는 점을 찍지 않았다.

『훈민정음』에서 규정한 방점의 사용법을 정리하여 표로 보이면 다음과 같다.

사성 (四聲)		좌가점 (左加點)	용례	소리의 성질	
				해례본	언해본
비입성 (非入聲)	거성(去聲)	一 點	·갈(刀), ·키(箕)	擧而壯	뭇 노푼 소리
	상성(上聲)	二 點	:돌(石), :범(虎)	和而擧	처서미 ᄂᆞᆺ갑고 내즁이 노푼 소리
	평성(平聲)	無 點	벼(稻), 콩(大豆)	安而和	뭇 ᄂᆞᆺ가ᄫᆞᆫ 소리
입성 (入聲)	거성(去聲)	一 點	·몯(釘), ·특(頤)	促而塞	섈리 긋듣ᄂᆞᆫ 소리
	상성(上聲)	二 點	:난(穀), :깁(繒)		
	평성(平聲)	無 點	독(甕), 녑(脅)		

〈표 4〉 방점의 운용법

음절의 소리를 짧고 빨리 끝나는 '입성'과 그렇지 않은 '비입성'으로 나누었다. 그리고 비입성과 입성의 소리를 높낮이를 기준으로 각각 '거성, 상성, 평성'으로 구분하고, 거성에는 방점을 한 개 찍었으며, 상성에는 방점을 두 개 찍었으며, 평성에는 방점을 찍지 않았다. 이처럼 『훈민정음』에서는 방점을 사용하여 '초분절 음소(超分節 音素, suprasegmental)'인 '운소(韻素)'를 글자로 표기하였다. 이는 음절의 높낮이에 대한 특징을 '점(點)'을 찍어서 표기한 것인데, 이는 훈민정음에서만 볼 수 있는 매우 교묘하고 독창적인 표기 방법이다.

방점은 16세기 초기 문헌에서부터 사용법에 혼란을 보이다가, 16세기 말에는 문헌에서 사라졌다. 따라서 17세기 초반에 간행된 『동국신속삼강행실도』(東國新續三綱行實圖) 등의 문헌에는 방점이 표시되지 않았다.

---

8) 입성(入聲)은 '독(甕), :속(內), ·특(頤) ; 긷(柱), :난(穀), ·몯(釘) ; 녑(脅), :깁(繒), ·입(口)'처럼 종성이 폐쇄음인 /k/, /t/, /p/으로 된 음절이다. 다만, 종성 /ㅅ/은 폐쇄음이 아니지만 불청불탁의 글자가 아니므로, 'ㅅ' 종성의 음절을 입성으로 처리하였다.

【 더 배우기 】

1. 이체자의 제자

『훈민정음』에서는 초성자 중에서 'ㆁ, ㄹ, ㅿ'의 세 글자를 '이체자(異體字)'라고 하여, 초성 글자의 일반적인 제자 원리에 따르지 않았음을 밝히고 있다.

〈 'ㆁ'의 제자 〉 'ㆁ'은 아음(牙音)이므로 원칙적으로는 혀의 뿌리가 목구멍을 막는 모양인 'ㄱ'과 비슷한 모양으로 만들어야 했다. 그러나 훈민정음의 창제자들은 후음(喉音)인 'ㅇ'에 꼭지를 달아서 글자를 만듦으로써, 'ㆁ'은 아주 예외적인 글자가 되었다.

(1) ㄱ. 唯牙之ㆁ 雖舌根閉喉聲氣出鼻 而其聲與ㅇ相似 故韻書疑與喩多相混用 今亦取象於喉 而不爲牙音制字之始。　　　　　　　　　[훈해 제자해]

ㄴ. 오직 아음(牙音)의 ㆁ은 비록 혀뿌리가 목을 막아 소리의 공기가 코로 나오지만 그 소리는 ㅇ과 비슷하다. 그러므로 운서(韻書)에서는 ㆁ과 ㅇ이 흔히 서로 혼용된다. 지금 역시 (ㆁ은) 목구멍에서 상형을 취하였고, 아음의 글자를 만드는 시초로 삼지는 않았다.

'ㆁ'이 예외적인 글자가 된 것은 다음과 같은 이유 때문이다. 첫째, 초성 글자는 동일한 조음 자리에서 발음되는 글자 중에서 /ㄴ/, /ㅁ/, /ㅅ/, /ㅇ/처럼 약한 소리의 글자를 제자의 기준으로 삼는 것이 원칙이다. 이러한 원칙에 따르면 아음에 속하는 불청불탁의 소리인 /ㆁ/의 글자를 아음 글자를 만드는 기준 글자로 삼아야 한다. 그러나 『훈민정음』에서는 /ㆁ/보다도 소리가 세게 나는, /ㄱ/에 대응되는 글자를 제자의 기준으로 삼았다.(가획의 원리에 위배) 둘째, 불청불탁의 /ㆁ/은 아음(牙音)이므로 /ㆁ/을 나타내는 글자는 아음의 기준 글자인 'ㄱ'과 모양이 유사해야 한다. 그러나 실제로 'ㆁ'은 후음인 'ㅇ'을 상형해서 글자를 만들었기 때문에 다른 아음 글자인 'ㄱ, ㅋ'과는 그 모양이 완전히 달라졌다. 이처럼 'ㆁ'을 같은 아음인 'ㄱ'과 비슷하게 만들지 않고 'ㅇ'과 연관시켜서 글자를 만든 것은 (1)에서 설명한 것처럼 'ㆁ'이 'ㅇ'과 소리가 비슷하다는 이유 때문이다.[1](상형 원리에 위배)

〈 'ㄹ'과 'ㅿ'의 제자 〉 'ㄹ'과 'ㅿ'의 글자도 일반적인 가획의 원리와 관계없이 만든 예외적인 글자(異體)라고 하였다.

(2) ㄱ. 半舌音ㄹ 半齒音△ 亦象舌齒之形 而異其體 無加劃之義焉。 [훈해 제자해]

ㄴ. 반설음 ㄹ과 반치음 △은 역시 혀와 이의 모양을 본떴으나, 그 체(體)를 달리 했으며, ('ㄹ'과 '△'에는) 가획의 뜻이 없다.

곧 'ㄹ'과 '△'은 각각 'ㄷ'과 'ㅅ'에 가획하여 만들기는 하였으나, 소리가 세어지는 특징과는 상관없이 그냥 획을 그어서 글자의 모양만 다를 뿐이라는 것이다.[2]

2. 중성 글자의 합용

초성이나 종성의 글자와 마찬가지로 중성 글자도 두 글자를 합쳐서 사용할 수 있었다.(合用) 곧, '단일 중성 글자(= 기본자)'인 '상형자, 초출자, 재출자'를 다시 합용(合用)하여 사용하였는데, 이들 글자를 '복합 중성 글자'라고 한다.(허웅 1975:61)

〈 초출자와 재출자의 합용 〉 초출자와 재출자를 합용할 때에는 '동출 합용(同出合用)'의 원리를 따른다.

(3) ㄱ. 二字合用者 ㅗ與ㅏ同出於·故合而爲ㅘ。 ㅛ與ㅑ又同出於ㅣ 故合而爲ㆇ。 ㅜ與ㅓ同出於ㅡ 故合而爲ㅝ。 ㅠ與ㅕ又同出於ㅣ 故合而爲ㆊ。 以其同出而爲類 故相合而不悖也。   [훈해 중성해]

ㄴ. 두 글자(字)를 합하여 사용하는 것(合用)에는, ㅗ와 ㅏ가 ·에서 함께 나왔으므로 합쳐져서 'ㅘ'가 된다. ㅛ와 ㅑ가 또한 ㅣ에서 함께 나왔으므로 합쳐져서 'ㆇ'가 된다. ㅜ와 ㅓ가 ㅡ에서 함께 나왔으므로 합쳐져서 'ㅝ'가 된다.

---

1) 초성 글자로 쓰인 'ㆁ'은 /ŋ/으로 발음되며, 초성의 자음 글자인 'ㅇ'은 '유성 후두 마찰음(有聲喉頭摩擦音)'인 /ɦ/의 음가가 있는 글자로 추정된다. 따라서 'ㆁ'의 글자가 'ㅇ' 글자와 소리가 비슷하다는 것은 초성으로 쓰인 /ŋ/과 /ɦ/의 두 소리가 유사함을 이른 말로 보인다. 그러나 『훈민정음』의 '제자해'에서 'ㆁ'을 이체자로 만든 이유에 대한 설명은 설득력이 떨어진다. 오히려 다음과 같은 실제적인 이유가 있는 것으로 추정된다. 제자 원리에 맞게 불청불탁인 /ŋ/을 상형자인 'ㄱ'에 대응시키고 전청인 /k/를 가획하여 'ㅋ'에 대응시키면, 차청인 /kʰ/는 2차 가획하여 'ㅋ'처럼 제자해야 한다. 이렇게 되면 'ㅋ'의 글꼴이 'ㅌ'과 혼동될 가능성이 있기 때문에, 'ㆁ'을 후음인 'ㅇ'에 가획한 것으로 보인다.(나찬연 2013ㄴ:110)

2) 'ㄹ'과 '△'이 가장 약한 소리를 나타내는 불청불탁의 글자이므로, 비록 상형자인 'ㄴ'과 'ㅅ'에 가획을 하여서 이들 글자를 만들기는 하였으나 가획의 뜻이 없다고 하였다.

ㅠ와 ㅕ가 또한 ㅣ에서 함께 나왔으므로 합쳐져서 'ㆌ'가 된다. (두 글자가) 함께 나와서 짝(類)이 됨으로써 서로 합쳐지고 어긋나지 않았다.

이는 양성 모음인 'ㆍ'에서 나온 것(ㅗ, ㅏ)과 음성 모음인 'ㅡ'에서 나온 것(ㅜ, ㅓ), 그리고 중성 모음인 'ㅣ'에서 나온 것(ㅛ, ㅑ; ㅠ, ㅕ) 등과 같이 공통적인 바탕에서 나온 글자를 둘씩 포개어서 새로운 글자를 만드는 원리이다.3) 이를 바탕으로 'ㅗ' 와 'ㅏ'를 아울러서 'ㅘ'로 합용하였으며, 'ㅜ'와 'ㅓ'를 아울러서 'ㅝ'로 합용하였다. 그리고 'ㅛ'와 'ㅑ'를 아울러서 'ㆇ'로 합용하였고, 'ㅠ'와 'ㅕ'를 아울러서 'ㆎ'로 합용하였다.

합용의 유형	기저의 상형자	동출 합용의 방식	자형	음양
초출자를 합용	ㆍ	ㅗ + ㅏ	ㅘ	양성
	ㅡ	ㅜ + ㅓ	ㅝ	음성
재출자를 합용	ㅣ	ㅛ + ㅑ	ㆇ	양성
		ㅠ + ㅕ	ㆎ	음성

〈표 1〉 동출 합용의 원리

〈 '일자 중성' 및 '이자 중성'과 'ㅣ'의 합용 〉 단일 글자인 '일자 중성 글자(一字 中 聲)'나 복합 글자인 '이자 중성 글자(二字 中聲)'의 뒤에 'ㅣ'를 합쳐서, 더 많은 글자 를 만들어서 사용하였다.

(4) ㄱ. 一字中聲之與ㅣ相合者十。ㆎ ㅢ ㅚ ㅐ ㅟ ㅔ ㆉ ㅒ ㆌ ㅖ是也。二字中聲之與ㅣ

---

3) 『훈민정음 해례본』의 제자해에 따르면 양성의 상형자인 'ㆍ'에서 입을 오므리면(口蹙) 'ㅗ'가 되고 'ㆍ'에서 입을 펴면(口張) 'ㅏ'가 된다고 했다. 그리고 음성의 상형자인 'ㅡ'에서 입을 오므 리면(口蹙) 'ㅜ'가 되고 'ㅡ'에서 입을 펴면(口張) 'ㅓ'가 된다고 했다.
(보기) ㄱ. ㅗ與ㆍ同而口蹙…ㅏ與ㆍ同而口張… ㅜ與ㅡ同而口蹙…ㅓ與ㅡ同而口張….
ㄴ. ㅗ는 ㆍ와 같으나 입이 오므려지고, … ㅏ는 ㆍ와 같으나 입이 벌려지고…, ㅜ는 ㅡ와 같으나 입이 오므려지고, …'ㅓ'는 'ㅡ'와 같으나 입이 벌려지고….
이러한 관점에서 'ㅗ'와 'ㅏ'는 'ㆍ'에서 동출(同出)한 것으로 보았으며, 'ㅜ'와 'ㅓ'는 'ㅡ'에서 동출한 것으로 보았다. 그리고 이 책 20쪽에 있는 (6ㄴ)의 설명에서 'ㅛ, ㅑ, ㅠ, ㅕ'는 모두 'ㅣ'에서 일어난다고 했는데, 이러한 점에서 'ㅛ, ㅑ, ㅠ, ㅕ'는 'ㅣ'에서 동출한 것이다.

相合者四。ㅙ ㅞ ㅙ ㅞ是也。　　　　　　　　　　　　　　[훈해 중성해]

　ㄴ. 한 자(字)의 중성으로서 ㅣ와 서로 합친 것은 열(十)이니, 'ㆎ, ㅢ, ㅚ, ㅐ, ㅟ, ㅔ, ㆉ, ㅒ, ㆌ, ㅖ'가 그것이다. 두 자(字)의 중성으로서 ㅣ와 서로 합친 것은 넷이니, 'ㅙ, ㅞ, ㅙ, ㅞ'가 그것이다.

'ㆎ, ㅢ, ㅚ, ㅐ, ㅟ, ㅔ, ㆉ, ㅒ, ㆌ, ㅖ'의 10개의 글자는 일자 중성(一字 中聲)[4]인 'ㆍ, ㅡ, ㅗ, ㅏ, ㅜ, ㅓ, ㅛ, ㅑ, ㅠ, ㅕ'에 'ㅣ'를 합쳐서 사용하는 글자이다. 이렇게 합용된 글자는 '이자 중성(二字 中聲)'이 된다. 그리고 'ㅙ, ㅞ, ㅙ, ㅞ'는 '이자 중성(二字 中聲)'인 'ㅘ, ㅝ, ㆇ, ㆊ'에 다시 'ㅣ'를 합쳐서 사용하는 글자인데, 이들 글자는 '삼자 중성(三字 中聲)'이 된다.

　이처럼 훈민정음의 모음 글자는 상형자를 합성하여 초출자와 재출자를 만들어서 기본 글자로 사용하고, 나아가서 이들 기본 글자를 아울러서 사용(合用)함으로써 더 많은 소리를 글자로 표현할 수 있게 하였다.

　지금까지 살펴본바 중성 합용 글자의 합용 방법과 예를 정리하면 다음과 같다.

글자의 종류		글자의 예	제자(합용) 방법
基本字	象形字	ㆍ, ㅡ, ㅣ	상형
	初出字	ㅗ, ㅏ, ㅜ, ㅓ	상형자의 합성
	再出字	ㅛ, ㅑ, ㅠ, ㅕ	초출자와 'ㆍ'의 합성
合用	二字 相合者	ㅘ, ㅝ ; ㆇ, ㆊ	초출자의 합용, 재출자의 합용
		ㆎ, ㅢ, ㅚ, ㅐ, ㅟ, ㅔ, ㆉ, ㅒ, ㆌ, ㅖ	'일자 중성'과 'ㅣ'의 합용
	三字 相合者	ㅙ, ㅞ, ㅙ, ㅞ	'이자 중성'과 'ㅣ'의 합용

〈표 2〉 중성 글자의 제자와 합용

합용자 중에서 'ㅘ, ㅝ ; ㆇ, ㆊ'와 'ㆎ, ㅢ, ㅚ, ㅐ, ㅟ, ㅔ, ㆉ, ㅒ, ㆌ, ㅖ'는 '일자 중성' 두 개를 합용한 '이자 상합자'이다. 반면에 'ㅙ, ㅞ, ㅙ, ㅞ'는 'ㅘ, ㅝ, ㆇ, ㆊ'와 같은 '이자 중성'에 다시 'ㅣ'를 합용한 '삼자 상합자'이다.

---

4) '일자 중성(一字 中聲)'은 상형자, 초출자, 재출자를 포함한 기본자를 이른다.

3. '입성'의 성격과 'ㅅ' 종성의 성조에 대하여

〈 입성의 성격 〉『훈민정음 해례본』의 '종성해'에 따르면 종성의 소리에는 늦고 빠름의 차이가 있어서, 입성(入聲)의 종성은 촉급(促急)하고 나머지 평성 · 상성 · 거성의 소리는 촉급하지 않다고 하였다.

(5) ㄱ. 聲有緩急之殊 故平上去其終聲不類入聲之促急。不清不濁之字 其聲不屬 故用
　　　於終則宜於平上去 全清次清全濁之字 其聲爲屬 故用於終則宜於入。所以 ㆁ
　　　ㄴㅁㅇㄹㅿ六字爲平上去聲之終 而餘皆爲入聲之終也。

　　ㄴ. 소리(聲)에는 느리고(緩) 빠른(急) 차이가 있으므로, 평성(平聲) · 상성(上聲)
　　　· 거성(去聲)은 그 종성이 입성(入聲)의 빠름(促急)과 같지 않다. 불청불탁
　　　(不清不濁)의 글자는 그 소리가 세지 않으므로(不屬), 종성의 자리에 쓰이면
　　　평성(平聲), 상성(上聲), 거성(去聲)에 알맞다. 전청(全清), 차청(次清), 전탁
　　　(全濁)의 글자는 그 소리가 세므로(屬), 종성에 쓰이면 입성(入聲)에 알맞다.
　　　그러므로 'ㆁ, ㄴ, ㅁ, ㅇ, ㄹ, ㅿ'의 여섯 글자가 평성, 상성, 거성의 종성이 되
　　　고, 나머지 모두는 입성의 종성이 된다.　　　　　　　　　　[훈해 종성해]

'불청불탁(不清不濁)'의 소리인 'ㆁ, ㄴ, ㅁ, ㅇ, ㄹ, ㅿ'의 여섯 글자는 그 소리가 세지 않으므로, 그것을 종성에 쓰면 비입성인 '평성, 상성, 거성'이 된다. 반면에 불청불탁의 여섯 글자를 제외한, '전청(全清), 차청(次清), 전탁(全濁)'의 글자는 그 소리가 세므로, 그것을 종성에 쓰면 촉급(促急)한 소리인 입성이 된다.

　그런데『훈민정음』에서는 평성, 상성, 거성에 대하여는 소리의 높낮이를 설명하였으나, 입성에 대하여는 높낮이를 단정적으로 설명하지 않았다.

(6) ㄱ. 諺語平上去入 如활爲弓而其聲平 :돌爲石而其聲上 ·갈爲刀而其聲去 붇爲筆
　　　而其聲入之類。凡字之左 加一點爲去聲 二點爲上聲 無點爲平聲。而文之入聲
　　　與去聲相似。諺之入聲無定 或似平聲 如긷爲柱 녑爲脅。或似上聲 如 :낟爲穀
　　　:깁爲繒。或似去聲 如·몯爲釘 ·입爲口之類。其加點則與平上去同。
　　　[훈해 합자해]

　　ㄴ. 우리말(諺語)의 '평성(平聲) · 상성(上聲) · 거성(去聲) · 입성(入聲)'은, '활(활,
　　　弓)'은 그 성(聲)이 평성(平聲)이며, ':돌(돌, 石)'은 그 성(聲)이 상성(上聲)이

며, '·갈(칼, 刀)'은 그 성(聲)이 거성(去聲)이며, '·붇(붓, 筆)'은 그 성(聲)이 입성(入聲)인 따위와 같다. 무릇 글자의 왼쪽에 한 점(點)을 찍으면(加) 거성이요, 두 점이면 상성이요, 점이 없으면 평성이다. 한자(文)의 입성은 거성과 서로 비슷하지만(相似), 우리말의 입성은 정해지지 않았다.(無定)

중국어의 입성은 높낮이는 거성과 비슷하되 종성이 /k/, /t/, /p/인 음절에서 나타나는 성조이다. 반면에 15세기 국어에서 /k/, /t/, /p/의 종성을 가진 음절은, 어떤 것은 '독(甕), 긷(柱), 녑(脇)'처럼 평성과 같고, 어떤 것은 ':속(內), :낟(穀), :깁(繒)'처럼 상성과 같고, 어떤 것은 '·특(慝), ·몯(釘), ·입(口)'처럼 거성과 같아서, 결국 입성이 독자적인 운소를 이루지 못하였다. 따라서 입성에 대하여는 높낮이의 설명을 붙이지 않았던 것이다. 이를 감안하면 그 당시의 성조(聲調)는 결국 평성, 상성, 거성의 세 가지가 되는 것이다.

〈 'ㅅ' 종성의 성조 〉 15세기 국어에서 종성 'ㅅ'은 현대 국어에서와는 달리 /s/의 음가를 가져서 폐쇄음이 아니므로, 'ㅅ' 종성의 음절은 원칙적으로 비입성이어야 한다.

그런데 위의 (6)에서 밝힌 것처럼 『훈민정음 해례본』의 '종성해'에서는 불청불탁의 6글자를 제외한 나머지 글자는 그 소리가 세므로 입성으로 쓰인다고 명시하고 있다. 이에 따르면 전청의 글자인 'ㅅ'으로 끝나는 음절은 입성으로 처리해야 한다.

이 문제와 관련하여 허웅(1986:360)에서는 15세기 국어에서의 입성의 본질을 폐쇄음이 아니라, 울림이 없어서 중성의 소리를 빨리 끊어 버리는 소리, 곧 무성 자음으로 보았다. 이렇게 입성을 무성 자음을 종성으로 가진 음절로 보면 'ㅅ' 종성을 가진 음절은 입성이 되는 것이다. 그리고 허웅(1986:361)에서는 15세기 국어에서 종성의 'ㅅ'이 아주 짧고 약한 소리인 /s̚/이었을 것으로 보고 있다. 곧, 종성의 'ㅅ'이 아주 짧고 약한 마찰음의 소리였기 때문에, 폐쇄음으로 발음되는 /t̚/과 거의 구분이 되지 않을 정도였다.

결국 입성의 본성이 무성 자음으로 끝나는 소리라는 점과 'ㅅ' 종성이 /t̚/와 아주 흡사한 /s̚/의 소리라는 특징에 근거하여, 'ㅅ' 종성으로 끝나는 음절의 성조를 입성으로 추정한다.

제2장 표기법

15세기 국어의 표기법은 '음소주의 표기법, 이어적기, 형태·음소적 표기법, 종성의 표기, 사잇소리의 표기, 한자음의 표기, 붙여쓰기' 등에서 특징이 나타난다.

2.1. 표음주의와 표의주의 표기법

15세기 국어에서는 원칙적으로는 '표음주의 표기법'으로 적었으며, 일부 문헌에서 부분적으로 '표의주의 표기법'으로 적었다.

〈**표음주의 표기법**〉'표음주의 표기법(表音主義 表記法)'은 특정한 형태소에 변동이 일어날 때에, 그 형태소를 변동된 대로 적거나 형태소의 경계를 무시하고 소리 나는 대로 적은 표기법이다. 중세 국어에서 표음주의 표기법은 '음소적 표기법'과 '음절적 표기법'의 두 가지 방식으로 실현되었다.

첫째, '음소적 표기법(音素的 表記法, phoneticism)'은 변동된 형태를 소리 나는 대로 적는 표기 방법이다.

   (1) ㄱ. 무룹(룺), 근(귿), 녑디(녚-), 곳(곶), 눗(눛)

       ㄴ. 이실 쩌긔(적), 녀쑿고(습), 우룸쏘리(소)

       ㄷ. 믓결(믌), 밧(밧), 업던(없-), 아숩고(알-), 화살(활) : 탈락

          삐(뿌), 어믜(미), 잇거든(이시-)

       ㄹ. 날두려(나), 두리예(-에), 두외욜과(-욤)

       ㅁ. 마킨디(막히-), 나코(낳- + -고), 코콰(ㅎ + 과), 그른쳐(치- + -어) : 축약

       ㅂ. 건나디(걷-), 븓늣니(븥-), 젿노라(젖-)

(1)의 단어들은 형태소의 기본 형태가 (ㄱ)은 평파열음화, (ㄴ)은 된소리되기, (ㄷ)은 탈락, (ㄹ)은 첨가, (ㅁ)은 축약 현상, (ㅂ)은 비음화에 따라서 비기본 형태로 변동했다. 중세 국어에서는 이러한 변동 현상이 일어날 때에는 소리나는 대로 표기하는 것이 일반적이었다.

둘째, '음절적 표기법(音節的 表記法, 이어적기, 軟鐵)'은 체언이나 용언의 어간이 종성으로 끝나고 그 뒤에 실현되는 조사와 어미가 모음으로 시작할 때에, 형태소의 경계를 무시하고 앞 말의 종성을 뒤 말의 초성으로 이어서 적는 표기법이다.(이기문 1998:135)

> (2) ㄱ. 모믈(몸 + -올), 사ᄅ미(사ᄅᆷ + -이), 도ᄂ로(돈 + -ᄋ로), 쁘들(ᄠᆮ + -을), 소
>   내(손 + -애), ᄂ미(ᄂᆷ + -이), ᄡᅮ믈(ᄡᅮᆷ + -을), ᄃ를(돌 + -올), 흘글(흙 + -
>   을), 누니라(눈 + -이라)
>
> ㄴ. 업슬(없- + -을), 아나(안- + -아), 빌머그라(빌먹- + -으라), 안자(앉- + -
>   아), 바다(받- + -아), 어드리라(얻- + -으리라), 소사(솟- + -아)

(ㄱ)은 체언의 끝에 실현된 종성이 모음으로 시작하는 조사와 결합할 때에 이어적기를 한 예이다. 그리고 (ㄴ)은 용언 어간의 끝에 실현된 종성이 모음으로 시작하는 어미와 결합할 때에 이어적기를 한 예이다.

〈 표의주의 표기법 〉 '표의주의 표기법(表意主意 表記法)'은 변동된 형태소의 기본 형태를 밝혀서 적거나 형태소의 경계를 밝혀서 적는 표기 방법인데, 이러한 표기법을 '형태·음소적 표기법(形態 音素的 表記法, ideographicism)'이라고도 한다.

첫째, 『용비어천가』와 『월인천강지곡』과 같은 문헌에서는, 특정한 형태소가 쓰이는 환경에 따라서 형태가 달라지더라도 원래의 기본 형태대로 적는 경우가 있었다.

> (3) ㄱ. 곳비, 낯과, 맞나ᄉᆞ 보며   [월천 81장, 16장, 178장]
> ㄴ. 빛나시니이다, 좋거늘   [용가 80장, 36장]
> ㄷ. 닢, 높고, 깊고   [용가 34장, 84장, 월천 99장]
> ㄹ. 낱   [월천 40장]

(3)의 예는 종성에서는 소리나지 않는 'ㅈ, ㅊ, ㅍ, ㅌ' 받침을 원래의 기본 형태대로 종성에 적은 것이다. 이들을 '팔종성가족용법(八終聲可足用法)'에 따라서 적으면 각각 '곳비, 낫과, 맛나ᅀᆞᄫᅡ며 ; 빗나시니이다, 좃거늘 ; 닙, 놉고, 깁고 ; 낟'으로 적힌다.[1]

　둘째, 『월인천강지곡』에서는 형태소와 형태소의 경계를 밝혀서 '끊어적기(分綴)'를 한 경우도 있다.

　　(4) ㄱ. 눈에, 손ᄋᆞ로 ; 일을, 믈이 ; 쑴을, 몸이 ; 죵ᄋᆞᆯ, 딮동ᄋᆞᆯ ; 즁을
　　　　ㄴ. 안아, 안ᄋᆞ시니이다 ; 담아, 감아ᄂᆞᆯ

(ㄱ)처럼 체언에 조사가 결합하는 경우에, 체언이 주로 /ㄴ/, /ㄹ/, /ㅁ/, /ㆁ/, /ㅿ/과 같은 공명음(共鳴音)의 종성으로 끝날 때에는 체언과 조사의 경계를 구분하여 적었다. 그리고 용언의 경우에 (ㄴ)과 같이 어간이 공명음 중에서 특히 /ㄴ/과 /ㅁ/의 종성으로 끝날 때에는 어간과 어미의 경계를 구분하여 적었다.

2.2. 종성의 표기

　15세기 국어에서 종성의 자리에서는 /ㄱ, ㆁ, ㄷ, ㄴ, ㅂ, ㅁ, ㅅ, ㄹ/의 여덟 개의 소리만이 발음되었다.[2] 이에 따라서 『훈민정음 해례본』의 종성해에서는 '然ㄱㆁㄷ ㄴㅂㅁㅅㄹ八字可足用也'라고 규정하여, 종성의 글자로서 원칙적으로 'ㄱ, ㆁ, ㄷ, ㄴ, ㅂ, ㅁ, ㅅ, ㄹ'의 여덟 글자만 사용하였다.

　　(5) ㄱ. 然ㄱㆁㄷㄴㅂㅁㅅㄹ八字可足用也。如빗곶爲梨花 엿의갗爲狐皮。而ㅅ字可以
　　　　　通用。故只用ㅅ字。　　　　　　　　　　　　　　　　　　　[훈해 종성해]
　　　　ㄴ. 그러나 'ㄱ, ㆁ, ㄷ, ㄴ, ㅂ, ㅁ, ㅅ, ㄹ'의 여덟 글자로 (종성에) 쓰는 데에

---

1) 'ㄹ' 겹받침은 '훍과, 돎과를 ; 여듧, 엷디, 븛디 ; 옮디, 옮겨'에서처럼 항상 겹자음 그대로 소리 났으므로, '형태 음소적 표기법'의 예에서 제외된다. 이 책 56쪽의 예문 (26)을 참조.
2) 'ㅿ'은 예외적으로 제한된 환경에서 종성 자리에 쓰인 예가 있다. 결과적으로 '앗이/앙이(← 아ᅀᆞ + -이)', '엿이/영이(← 여ᅀᆞ + -이)' 등과 같이 쓰였다. 이 책의 56쪽의 예문 (25)를 참조.

충분하다. '빗곶(배꽃, 梨花)'과 '엻의갗(여우 가죽, 狐皮)'처럼 ('ㅈ, ㅿ, ㅊ'을) 'ㅅ자(字)'로 통용할 수 있으므로, 오직 'ㅅ자(字)'를 사용한다.(보기: 빗곳, 엿의갓)

이에 따라서 『훈민정음 언해본』, 『석보상절』, 『월인석보』 등 15세기 국어로 된 대부분의 문헌에서는 이러한 원칙에 따라서 종성을 소리 나는 대로 적었다.

   (6) ㄱ. 목소리, 스숭, 낟(穀), 눈, 숣옷, 쑴, 옷, 믈
       ㄴ. 받(← 밭), 놉고(← 높고), 곳(← 곶), 갓(← 갖), 노씁고(← 놓습고)

(ㄱ)은 /ㄱ, ㆁ, ㄷ, ㄴ, ㅂ, ㅁ, ㅅ, ㄹ/의 8종성이 그대로 쓰인 예이다. 반면에, (ㄴ)은 /ㄱ, ㆁ, ㄷ, ㄴ, ㅂ, ㅁ, ㅅ, ㄹ/ 이외의 종성이 변동함에 따라서, 형태소의 기본 형태를 무시하고 소리 나는 대로 적은 예이다.

2.3. 사잇소리의 표기

15세기 국어에서 사잇소리를 적는 방법은 현대 국어에서보다 훨씬 다양했다. 특히 『용비어천가』와 『훈민정음 언해본』에는 'ㅅ'뿐만 아니라 'ㅿ, ㄱ, ㄷ, ㅂ, ㅸ, ㆆ'의 글자를 사용했다.(단, '-ㅿ'은 『용비어천가』에만 쓰였다.)

이들 문헌에 쓰인 사잇소리 표기 글자는 앞말의 끝소리가 유성음일 때에만 나타난다. 그리고 앞말의 끝소리와 뒷말의 첫소리의 종류에 따라서, 'ㅿ, ㄱ, ㄷ, ㅂ, ㅸ, ㆆ' 등의 사잇소리 표기 글자가 선택되었다.[3]

---

3) 현대 국어에서 '사잇소리'는 명사 어근과 명사 어근이 합쳐져서 합성 명사를 이룰 때에, 어근의 소리가 변하거나 특정한 소리가 덧나는 경우에 일어나는 현상이다. 이러한 사잇소리 현상을 'ㅅ' 글자로 표기하였는데, 이를 '사이시옷'이라고 부른다. 이에 반해서 15세기 국어에서는 사잇소리를 표기하는 'ㅅ, ㅿ, ㄱ, ㄷ, ㅂ, ㅸ, ㆆ' 등의 글자가 합성 명사의 내부에서 일어나는 사잇소리를 표기하는 데에 사용되었을 뿐만 아니라, 명사와 명사를 합쳐서 명사구를 형성하는 관형격 조사로도 사용되었다. 따라서 15세기 국어에서 'ㅅ, ㅿ, ㄱ, ㄷ, ㅂ, ㅸ, ㆆ' 등의 글자는 합성 명사 속의 사잇소리를 표기하는 글자와 관형격 조사를 표기하는 데에 두루 쓰이는 글자로 다룬다.

실현 환경			보기
앞말의 끝소리		사잇소리 글자	뒷말의 첫소리	보기

실현 환경			보기
앞말의 끝소리	**사잇소리 글자**	**뒷말의 첫소리**	**보기**
유성음 · 모든 유성음	△	유성음 (모음, ㄴ, ㄹ, ㅁ)	世子△ 位, 天子△ 무슴, 英主△ 알픽, 나랏 일훔, 後△ 날, 바룴 우희, 높ㅁ를
/ㆁ/	ㄱ	무성의 예사소리 (/ㄱ, ㄷ, ㅂ, ㅅ, ㅈ/)	遮陽ㄱ 세 쥐, 乃냉終즁ㄱ 소리, 讓兄ㄱ 뜯
/ㄴ/	ㄷ		呑튼ㄷ 字쯩, 君군ㄷ 字쯩, 몃 間ㄷ 지븨
/ㅁ/	ㅂ		사룹 뜨디잇가, 侵침ㅂ 字쯩
/ㅸ/	ㅸ		斗둫ㅸ 字쯩, 漂푤ㅸ 字쯩
모음, /ㄹ/	ㆆ		那낭ㆆ 字쯩, 先考ㆆ 뜯 ; 하눓 뜨들

〈표 1〉 사잇소리 표기 방법

첫째, '世子△ 位', '높ㅁ를', '天子△ 무슴'처럼 뒷말의 첫소리가 유성음(모음, /ㄴ/, /ㄹ/, /ㅁ/)일 때에는 유성 자음인 'ㅿ'을 사잇소리 글자로 사용하였다. 둘째, 뒷말의 첫소리가 무성의 예사소리(/ㄱ/, /ㄷ/, /ㅂ/, /ㅅ/, /ㅈ/)일 때에는, 앞말의 끝소리와 동일한 조음 위치에서 발음되는 전청(全淸, 예사소리)의 자음 글자인 'ㄱ, ㄷ, ㅂ, ㅸ, ㆆ' 등을 사잇소리 글자로 사용했다. 곧, '遮陽ㄱ 세 쥐'처럼 앞말의 끝소리가 아음(牙音)인 /ㆁ/일 때는, 사잇소리 글자로서 아음의 전청 글자인 'ㄱ'을 사용하였다. 그리고 '呑튼ㄷ 字쯩'처럼 설음(舌音)인 /ㄴ/의 뒤에서는 설음의 전청 글자인 'ㄷ'을 사용하였고, '사룹 뜨디잇가'처럼 순음(脣音)인 /ㅁ/의 뒤에서는 순음의 전청 글자인 'ㅂ'을 사용했다. '斗둫ㅸ 字쯩'처럼 순경음(脣輕音)인 /ㅸ/의 뒤에서는 순경음의 'ㅸ'을 사용했고, '那낭ㆆ 字쯩'과 '하눓 뜨들'처럼 모음이나 /ㄹ/ 뒤에서는 후음(喉音)의 전청 글자인 'ㆆ'을 사잇소리 글자로 사용했다.

　그런데 사잇소리에 대한 이러한 다양한 표기 방법은 훈민정음을 창제한 직후부터 변하여, 'ㅅ'으로만 두루 쓰려는 경향이 나타났다.

　(6) ㄱ. 野人ㅅ 서리, 님긊 德, 아바닔 뒤, 나랏 小民, 긼ㄱ새　　[용가]
　　　ㄴ. 부텻 말, 聖人ㅅ 물, 神通ㅅ 이를　　　　　　　　　[법언]

『용비어천가』에서 이미 (ㄱ)처럼 'ㄷ, ㅂ, ㆆ' 대신에 'ㅅ'만을 쓰려는 경향이 나타났고, 『용비어천가』가 간행된 뒤의 문헌에서는 (ㄴ)처럼 'ㅿ'을 써야 할 음성적 환경에서도 'ㅅ'만을 사용했다.

15세기 국어에서 사잇소리를 표기하는 글자는 이처럼 'ㅅ'으로 통일되었는데, 사잇소리 표기의 'ㅅ' 글자는 다음과 같이 다양한 모습으로 실현된다.

(7) ㄱ. 아릿 因緣, 부텻 말, 나랏 小民, 빗곶, 즘겟가재
    ㄴ. 님긊 德, 아바닚 뒤, ᄀ롨ᄀ새, ᄆᆞᅀᆞᆷᄀ장, 긼ᄀ새
    ㄷ. 神通ㅅ 이를, 野人ㅅ 서리, 聖人ㅅ 물, 狄人ㅅ 서리, 魯ㅅ 사름, 東海ㅅ ᄀᅀᅵ
    ㄹ. 엄쏘리, 혀쏘리, 입시울쏘리 ; 두 鐵圍山 ᄊᅀᅵ

(ㄱ)의 '아릿 因, 부텻 말' 등에는 앞 체언의 모음 아래에 'ㅅ'이 실현되었는데, 이러한 방식은 현대어에서 사이시옷을 표기하는 방식과 동일하다. (ㄴ)의 '님긊 德, 긼 ᄀ새' 등에는 'ㅅ'을 앞 체언의 종성 아래에 적었고, (ㄷ)의 '神通ㅅ 이를, 野人ㅅ 서리, 魯ㅅ 사름' 등에는 한자로 적은 체언 뒤에 'ㅅ'을 붙여서 적었다.(성음법의 예외) (ㄹ)의 '엄쏘리, 혀쏘리, 입시울쏘리 ; 두 鐵圍山 ᄊᅀᅵ'에는 'ㅅ'을 뒤 체언의 앞으로 옮겨서 적었는데, 그 결과 뒤 체언의 첫 'ㅅ' 글자와 합쳐서 각자 병서 글자인 'ㅆ'으로 적었다.

2.4. 한자어의 표기

15세기 국어에서 한자어는 대략 다음과 같은 세 가지의 방법으로 표기하였다. 첫째, 한자어를 한자로만 표기하고 한글을 표기하지 않는 방법이 있었다.

(8) ㄱ. 狄人ㅅ 서리예 가샤 狄人이 ᄀᆞᆯ외어늘   [용가 4장]
    ㄴ. 긴 녀름 江村애 일마다 幽深ᄒᆞ도다   [두언 7:3]

이는 한자만 적고 한자음을 달지 않은 표기법으로서, 『용비어천가』와 『두시언해』 등의 문헌에서는 이러한 방식으로 한자어를 표기하였다.

둘째, 한자를 주로 삼고 한글을 딸림으로 하여 한자어를 표기하는 방법이 있었다.

(9) ㄱ. 世솅尊존ㅅ 일 슬ᄫᅩ리니 萬먼里링外욍 일이시나   [월석 1:1]

ㄴ. 나랏 말ᄊᆞ미 中듕國귁에 달아   [훈언 1]

ㄷ. 李링氏씨 女녀戒갱예 닐오ᄃᆡ   [내훈 1:1]

이 경우에는 한자를 크게 쓰고 한글을 한자의 오른쪽 아래에 달았다. 이러한 표기 방법은 『월인석보』, 『훈민정음 언해본』, 『내훈』 등에 쓰였던 주음 방식이다.

셋째, 한글을 주로 하고 한자를 딸림으로 하여 한자어를 표기하는 방법이 있었다.

(10) 세世존尊ㅅ 일 슬ᄫᅩ리니 먼萬리里외外ㅅ 일이시나   [월천 기2]

이러한 표기법은 한글을 크게 쓰고 한자를 오른쪽 아래에 작게 다는 한자어의 표기 방법인데, 이는 『월인천강지곡』에만 쓰인 예외적인 한자어 표기법이다.

2.5. 붙여쓰기

15세기 문헌에서는 원칙적으로 띄어쓰기를 하지 않고 글 전체를 붙여 썼다.

(11) ㄱ. 나랏말ᄊᆞ미中國에달아文字와로서르ᄉᆞ뭇디아니홀ᄊᆡ   [훈언 1]

ㄴ. 닐굽고줄因ᄒᆞ야信誓기프실ᄊᆡ世世예妻眷이ᄃᆞ외시니   [월석 1:4]

훈민정음을 창제한 1444년 이후부터 19세기 말인 개화기 직전의 시기까지는 대체로 띄어쓰기를 하지 않고 (10)처럼 글 전체를 붙여서 적었다. 그리고 규범적인 성격을 띤 띄어쓰기가 공식적으로 확립된 것은 1933년에 '조선어 학회'에서 제정한 『한글 맞춤법 통일안』부터이다.[4]

---

4) 1882년에 박영효가 지은 『사화기략』(使和記略)에 불규칙적인 띄어쓰기가 나타났고, 『독립신 문』(1896) 등에서 띄어쓰기를 본격적으로 반영하기 시작하였다. 그러나 이처럼 개화기를 전 후한 시기의 띄어쓰기는 개인이나 특정 단체에서 비규범적으로 시행한 것에 지나지 않았다. (민현식 1999:163)

음 운 론 ②부

제1장 음운의 체계

15세기 국어의 음운의 체계를 자음의 체계와 모음의 체계로 나누어서 살펴본다.

1.1. 자음의 체계

1.1.1. 『훈민정음』에 기술된 초성과 중성의 체계

『훈민정음 해례본』의 '제자해'에서 분류한 초성과 종성 글자의 소리 체계를 표로 보이면 다음과 같다.

조음 방법(淸濁) 조음 위치(五音)		全淸 (예사소리)	次淸 (거센소리)	不淸不濁 (울림소리)	全濁 (된소리)
牙音	엄쏘리	/ㄱ/ 君군	/ㅋ/ 快쾡	/ㆁ/ 業업	/ㄲ/ 虯끃
舌音	혀쏘리	/ㄷ/ 斗듛	/ㅌ/ 呑톤	/ㄴ/ 那낭	/ㄸ/ 覃땀
脣音	입시울쏘리	/ㅂ/ 彆볋	/ㅍ/ 漂푷	/ㅁ/ 彌밍	/ㅃ/ 步뽕
齒音	니쏘리	/ㅈ/ 卽즉 /ㅅ/ 戌슗	/ㅊ/ 侵침		/ㅉ/ 慈쭝 /ㅆ/ 邪썅
喉音	목소리	/ㆆ/ 挹흡	/ㅎ/ 虛헝	/ㅇ/ 欲욕	/ㆅ/ 洪홍
半舌音	반혀쏘리			/ㄹ/ 閭령	
半齒音	반니쏘리			/ㅿ/ 穰샹	

〈표 1〉 훈민정음에서 분류한 초성 글자의 소리 체계

〈 오음에 따른 분류 〉 초성의 소리는 먼저 '오음(五音)', 곧 조음 위치에 따라서 초성의 소리를 '아음, 설음, 순음, 치음, 후음, 반설음, 반치음'으로 나누었다.

첫째로 /ㄱ/, /ㅋ/, /ㆁ/, /ㄲ/은 혀의 뿌리로써 어금니의 근처(여린입천장 근처)를 막아서 내는 소리이므로 '아음(牙音, 엄쏘리)'이라고 한다. 둘째로 /ㄷ/, /ㅌ/, /ㄴ/, /ㄸ/은 혀끝으로 윗잇몸을 막아서 내므로 '설음(舌音, 혀쏘리)'이라고 한다. 셋째로 /ㅂ/, /ㅍ/, /ㅁ/, /ㅃ/은 두 입술을 막아서 내는 소리이므로 '순음(脣音, 입시울소리)'이라고 한다. 넷째로 /ㅈ/, /ㅅ/, /ㅊ/, /ㅉ/, /ㅆ/은 혀끝으로 윗니 근처를 막거나 접근시켜서 내므로 '치음(齒音, 닛소리)'이라고 한다. 다섯째로 /ㆆ/, /ㅎ/, /ㅇ/, /ㆅ/은 목에서 나는 소리이므로 '후음(喉音, 목소리)'이라고 한다. 그리고 /ㄹ/은 설음인 /ㄷ/, /ㅌ/, /ㄴ/과 같은 위치에서 나되 혀끝이 완전하게 닫히지 않는 점이 설음인 /ㄷ/, /ㅌ/, /ㄴ/과 다르므로, '반설음(半舌音, 반혀쏘리)'이라고 한다. 마지막으로 /ㅿ/은 치음인 /ㅅ/, /ㅈ/, /ㅊ/과 같은 위치에서 나되, 유성음과 유성음 사이에서만 실현된다는 제약성 때문에 '반치음(半齒音, 반닛소리)'이라고 한다.

〈 청탁에 따른 분류 〉 '청탁(淸濁)', 곧 소리를 내는 방법과 힘의 강도에 따라서 초성의 소리를 '전청, 차청, 불청불탁, 전탁'으로 나누었다.

청탁의 기준에 따르면, '전청(全淸)'인 /ㄱ, ㄷ, ㅂ, ㅈ, ㅅ, ㆆ/은 약한 소리인 '예사소리(軟音)'에 해당하며, '차청(次淸)'인 /ㅋ, ㅌ, ㅍ, ㅊ, ㅎ/은 '거센소리(激音, 氣音)'에 해당한다. 그리고 '불청불탁(不淸不濁)'인 /ㆁ, ㄴ, ㅁ, ㅇ, ㄹ, ㅿ/은 '향음(響音)'[1]에 해당하며, '전탁(全濁)'인 /ㄲ, ㄸ, ㅃ, ㅉ, ㅆ, ㆅ/은 '된소리(硬音)'에 해당한다.[2](허웅 1983:299)

---

1) /ㆁ, ㄴ, ㅁ, ㄹ, ㅿ/과 모음(母音)은 발음할 때에 입 안이나 코 안이 공명실의 기능을 하여 음향적으로 주기파가 실현되는 것이 특징이다. 이러한 소리를 '향음(響音, sonorant)' 혹은 '공명음(共鳴音, sonorant)'이라고 한다.

2) 『훈민정음 해례본』의 '제자해'에서는 '初聲凡十七字'라고 하여 초성을 17자로 분류했다. 반면에 같은 '제자해'에서 초성을 청탁(淸濁)에 따라서 분류할 때에는, 이 책의 43쪽에 있는 〈표 1〉처럼 전탁의 각자 병서 글자 6자를 더하여 23자로 분류하였다. 이러한 23자의 초성 체계는 그때 우리나라의 한자음을 정리하고 통일하기 위하여 편찬한 『동국정운』(東國正韻)의 한자음 체계와 일치한다. 이러한 점을 감안하면 〈표 1〉에 제시한 23자의 초성 체계는 고유어의 음운 체계라기보다는 조선 한자어의 음운 체계를 정리한 것으로 보인다.

1.1.2. 초성 글자의 소리

〈초성 글자의 체계〉 초성 글자는 '단일 초성 글자'와 '복합 초성 글자'로 구분할 수 있다. '단일 초성 글자(홑 초성 글자)'는 한 글자로 이루어진 기본 글자이며, '복합 초성 글자(겹 초성 글자)'는 기본 글자를 합해서 만든 글자로서, 이에는 '각자 병서 글자, 합용 병서 글자, 연서 글자'가 있다.

단일 초성 글자		ㄱ, ㅋ, ㆁ ; ㄷ, ㅌ, ㄴ ; ㅂ, ㅍ, ㅁ ; ㅅ, ㅈ, ㅊ ; ㅇ, ㆆ, ㅎ ; ㄹ ; ㅿ
복합 초성 글자	각자 병서 글자	ㄲ, ㄸ, ㅃ, ㅉ, ㅆ, ㆅ, (ㆀ, ㅥ)
	합용 병서 글자	ㅳ, ㅄ, ㅶ, ㅷ ; ㅺ, ㅻ, ㅼ, ㅽ ; ㅴ, ㅵ
	연 서 글 자	ㅸ, ㅱ, (ㆄ, ㅹ)

〈표 2〉 초성 글자의 체계

가. '단일 초성 글자'의 소리

'단일 초성 글자(홑 초성 글자)'는 한 글자로 이루어진 기본 글자인데, 이들 중에서 지금은 없어졌거나 발음이 지금과 다른 글자로는 'ㆁ, ㆆ, ㅇ, ㅿ, ㅈ, ㅊ'이 있다.

(가-1) 없어진 '단일 초성 글자'의 소리

〈ㆁ〉 'ㆁ'은 아음(牙音)의 불청불탁 글자로서, 여린입천장(연구개)에서 나는 비음인 /ŋ/의 음가를 가진 글자이다.

(1) ㄱ. 러ᅌᅮᆯ, 서ᅌᅦ, 바ᅌᅩᆯ, 그ᅌᅦ, 미드니ᅌᅵᆺ가 (초성)
　　ㄴ. 올차ᇰ, 부허ᇰ, 미ᇰᄀᆞᆯ다 (종성)

이 글자의 음가는 현대어에서 종성의 위치에 쓰이는 'ㅇ'의 글자와 비슷하나, 15세기 국어에서는 (1ㄱ)처럼 초성의 위치에도 나타나는 것이 특징이다.

'ㆁ' 글자는 대체로 16세기 초기부터 초성에는 쓰이지 않고 종성에서만 쓰이다가,

16세기 말에 이르면 문헌에서 거의 나타나지 않는다.

〈ㆆ〉 'ㆆ'은 후음(喉音)의 전청 글자로서, 그 앞의 소리를 끊는 것을 표시하는 '후두 폐쇄음(喉頭 閉鎖音)'인 [ʔ]의 음가를 나타낸다. 'ㆆ'은 우리말을 적을 때에는 초성으로 사용된 예가 보이지 않는 것이 특징이다.3)

> (2) ㄱ. 長湍을 건너싫 제, 갏 길히, 니르고져 홇 배, 도라옳 軍士, 지브로 도라오싫 제 ; 功德이 져긇가
>
> ㄴ. 快ㆆ字, 那ㆆ字, 先考ㆆ뜯, 하눓뜯

(2)의 (ㄱ)에서는 'ㆆ'이 미래 시제를 나타내는 어미인 '-을/-을-'의 다음에 쓰여서 절음(絶音)을 위한 휴지(休止)의 부호로 사용되었다. 그리고 (2ㄴ)에서는 'ㆆ'이 사잇소리를 표기하거나 관형격 조사로 쓰인 예이다.

'ㆆ'은 우리말을 적는 데에는 그리 많이 쓰이지 않았지만 '동국정운식 한자음'을 표기하는 데에는 많이 쓰였다.4)

> (3) ㄱ. 於ㆆ, 一ㅭ, 因ㅭ, 依ㆆ, 音ㅭ
>
> ㄴ. 日ㅭ, 發ㅸ, 戌ㅭ, 八ㅸ, 不ㅭ, 節ㅭ

(ㄱ)에서 '於ㆆ, 一ㅭ, 因ㅭ, 依ㆆ, 音ㅭ' 등은 동국정운식 한자음을 표기할 때에 'ㆆ'이 초성에 쓰인 예이다. 그리고 (ㄴ)에서 '日ㅭ, 發ㅸ, 戌ㅭ, 八ㅸ, 不ㅭ, 節ㅭ' 등은 /ㄹ/ 종성으로 끝난 국어 한자음을 중국의 발음인 입성에 가깝게 표기하기 위하여 'ㆆ'으로써 'ㄹ'을 보충하여 표기한 것이다.(이영보래, 以影補來)

'ㆆ'은 아주 제한된 범위에서만 쓰이다가 1465년(세조 11년)에 간행된 『원각경언해』(圓覺經諺解)에서부터 쓰이지 않았다.

〈ㅿ〉 『훈민정음 해례본』에서는 'ㅿ'을 치음의 불청불탁 글자로 규정하고 있다.

---

3) 이러한 점에서 15세기 국어에서 'ㆆ'이 나타내는 [ʔ] 소리는 정상적인 음소로서의 자격을 갖추지 못했다. 곧 동국정운식 한자음을 표기하는 것을 제외하면, 우리말의 표기에서는 'ㆆ' 글자는 앞말의 소리를 끊는 부호로 사용된 것으로 볼 수 있다.

4) 초성 글자 중에서 유독 'ㆆ' 글자는 『훈민정음 해례본』의 용자례에서 제외되었는데, 이는 'ㆆ' 글자가 『동국정운』의 한자음을 표기하기 위한 것이기 때문이다.(이기문 1998:130)

이러한 사실을 감안하면 'ㅿ'은 'ㅅ'에 대립되는 '유성 치조 마찰음(有聲 齒槽 摩擦音)'인 /z/의 음가를 가진 글자로 보아야 한다.

(4) ㄱ. 겨슬, ᄀ슬, ᄆ슬, 스싀, 아ᅀ, 한숨 ; 거싀, 몸소
　　 ㄴ. 그ᅀ, 니ᅀ, 우스샤, 지ᅀ, 두ᅀ샤
　　 ㄷ. 나랏 일훔, 世子ㅿ 位, 英主ㅿ 알픠, 바ᄅ 우희

이 글자는 모음과 모음 사이나, 유성 자음인 /ㄴ, ㄹ, ㅁ, ㆁ, ㅸ/과 모음 사이에서만 나타나는 특징이 있다. (ㄱ)의 예는 체언이나 부사서 실현된 'ㅿ'의 예이고, (ㄴ)은 'ㅅ' 불규칙 용언의 어간 끝소리인 /ㅅ/이 변동한 결과로서 실현된 예이다. 그리고 (ㄷ)은 『용비어천가』에서 사잇소리를 표기하는 글자나 관형격 조사로 'ㅿ'을 사용한 예이다.

'ㅿ' 글자도 'ㆁ' 글자와 마찬가지로 16세기 초기부터 사용법에 혼란을 보이다가 16세기 말에 이르면 거의 문헌에 나타나지 않는다.(허웅 1986:468)

(가-2) 바뀐 '단일 초성 글자'의 소리

〈ㅇ〉 현대 국어에서 'ㅇ'은 초성과 종성에 두루 쓰이는데, 초성에서는 음가가 없는 글자로 쓰이고 종성에서는 /ŋ/의 음가가 있는 글자로 쓰인다.

15세기 국어에서는 'ㅇ'의 글자는 원칙적으로 음가가 있는 초성 글자였다. 곧, 『훈민정음 해례본』의 '제자해'에서는 'ㅇ'이 후음의 불청불탁 계열의 초성 글자로 분류되어 있다.(이 책 43쪽의 〈표 1〉 참조) 이를 보면 'ㅇ' 글자가 '유성 후두 마찰음(有聲喉頭摩擦音)'인 /ɦ/의 음가를 나타내는 글자이었음을 짐작할 수 있다. 특히 'ㅇ'이 /ㄹ, ㅿ, ㅣ, j/[5]와 그에 뒤따르는 모음 사이에서 실현될 때에는, 후두 유성 마찰음으로 발음되었다.(『고등학교 문법』 2010:282)

(5) ㄱ. 놀애, 늘애, 몰애 ; 달아, 일우다
　　 ㄴ. ᄀ애, 앙이 ; 굶어, 빗이고, 웃음
　　 ㄷ. 아니어늘, 몯ᄒ리오, 뷔오 ; 뛰우다, 메우다

---

5) /j/는 'ㅣ'계 이중 모음인 /ㅑ, ㅕ, ㅛ, ㅠ/나 /ㅐ, ㅔ, ㅚ, ㅟ, ㅒ, ㅖ/ 등을 이루는 반모음이다.

(6) ㄱ. *노래, *ᄂ래, *모래, *다라, *이루다

　　ㄴ. *ᄀ새, *앗ㅣ, *그서, *비ᄉ고, *우슘

　　ㄷ. *아니여늘, *몯ᄒ리요, *뷔요 ; *뛰유다, *메유다

만일 'ㅇ'이 음가가 없는 글자이면 (5ㄱ)에서 '놀애, 늘애, 몰애, 달아, 일우다'는 '*노래, *ᄂ래, *모래, *다라, 이루다*'로 표기해야 하고, (5ㄴ)에서 'ᄀ애, 앗이, 굿어, 빗이고, 웅윰' 등도 마찬가지로 '*ᄀ새, *앗ㅣ, *그서, *비ᄉ고, *우슘'로 표기되어야 한다. (ㄷ)에서 '아니어늘, 몯ᄒ리오, 뷔오, 뛰우다, 메우다'도 /ㅣ/나 /j/ 모음의 동화 현상에 따라서 '*아니여늘, *몯ᄒ리요, *뷔요, *뛰유다, *메유다'로 표기되어야 한다. 그러나 이들 어휘들은 반드시 (5)와 같이 표기되었지, (6)처럼 표기되지는 않았다. 이러한 사실은 (5)에 쓰인 'ㅇ'이 무음가의 글자가 아니고 /ɦ/의 음가가 있는 자음 글자였음을 암시해 준다.

　　그런데 훈민정음의 성음법(成音法)의 규정에 따라서, 'ㅇ' 글자를 음가가 없는 초성 이나 종성의 자리에 실현하여, 초·중·종성을 갖추어서 적는 데에 활용하기도 했다.

(7) ㄱ. 아히, 아ᅀ, 어마님, 요주슴, 입시울 ; 용(用), 욕(欲), 잉(異)

　　ㄴ. 셩(書), 쫑(字), 셩(如), 충(此), 뽕(步)

(ㄱ)의 '아히, 아ᅀ, 어마님, 요주슴, 입시울 ; 용(用), 욕(欲), 잉(異)'에서 초성의 'ㅇ'은 음가가 없는 글자이다. 더 나아가서 동국정운식 한자음을 표기할 적에는 (ㄴ)의 '셩 (書), 쫑(字), 셩(如), 충(此), 뽕(步)'처럼 음가가 없는 'ㅇ'이 종성의 자리에 쓰였다.

　　유성 후두 마찰음의 'ㅇ' 글자는 16세기 후반에 사라졌으나, 음가가 없는 'ㅇ' 글자 는 현재까지 쓰이고 있다.(안병희·이광호 1993:60)

　　〈ㅈ, ㅊ〉 'ㅈ'과 'ㅊ'은 현대어에서는 경구개음(센입천장소리)의 글자인 데에 반해 서, 15세기 국어에서는 치음(혀끝소리)의 글자이다.

(8) ㄱ. 잡다, 잣(城), ᄌ라다, 좀먹다, 즘게

　　ㄴ. 차(茶), 차반, 춤, 춤히, 춤쌔, 칙ᄒ다

현대어에서 'ㅈ'과 'ㅊ'의 글자는 경구개음인 /tɕ/, /tɕʰ/을 나타낸다. 반면에 『훈민정음 해례본』에서는 'ㅈ'과 'ㅊ'을 'ㅅ'과 함께 치음으로 보았는데, 이러한 사실에서 중세어의 'ㅈ'과 'ㅊ'은 혀끝에서 발음되는 파찰음인 /ts/과 /tsʰ/로 소리난다는 사실을 알 수 있다.[6]

나. 복합 초성 글자의 소리

'복합 초성 글자(= 겹 초성 글자)'는 기본 글자를 합해서 사용하는 글자로서, 이에는 '병서 글자'와 '연서 글자'가 있다.

(나-1) 병서 글자의 소리

초성 글자를 합하여 사용할 때에는 두 글자를 왼쪽에서 오른쪽으로 나란히 잇대어서 쓰는데 이를 '병서(竝書)'라고 한다. 병서 글자로는 '각자 병서 글자'와 '합용 병서 글자'가 있다.

① 각자 병서 글자의 소리

동일한 글자를 옆으로 나란히 적어서 새로운 글자를 사용하는 방법을 '각자 병서(各自竝書)'라고 하는데, 각자 병서 글자로는 'ㄲ, ㄸ, ㅃ, ㅉ, ㅆ, ㆅ, (ㆀ, ㅥ)'이 있다.

〈ㄲ, ㄸ, ㅃ, ㅉ, ㅆ〉 'ㄲ, ㄸ, ㅃ, ㅉ, ㅆ'은 전탁 계열의 소리를 표기하는 글자로서, 각각 현대 국어의 /k', t', p', ts', s'/의 된소리와 대응된다.(『고등학교 문법』 2010:279)

> (9) ㄱ. 말쏨, 쓰다, 싸호다, 불쎠
> 　　ㄴ. ᄇᆞ를 끼름, 수물 띠, 여흴 쩌긔, 펼 쓰시예
> 　　ㄷ. 일홀까, 아ᅀᆞ 볼까, 이실까, 겻굴따
> 　　ㄹ. 녀쑵고, 듧쑵고, 노쑵고 ; 연쯉고, 무쯧ᄫᅩᆫ대, 조쯉고, 마쯧비

---

6) 15세기 국어에서는 '쟈, 져, 죠, 쥬'와 같은 표기가 나타난다. 이와 같이 /ㅈ/이 이중 모음인 /ㅑ, ㅕ, ㅛ, ㅠ/와 결합하는 것은 /ㅈ/이 치음인 것을 뒷받침해 준다. 곧 현대 국어처럼 'ㅈ'이 경구개음으로 발음되면 /ㅑ, ㅕ, ㅛ, ㅠ/와 결합할 수 없기 때문이다.
　(보기) 쟈랑, 쟝긔, 졋, 죵, 쥭 ; 챵포, 쳔량, 쵸롱, 쵸마, 츄마 cf. 쟌, 잣, 졀, 좁다, 줄기 ; 차, 차반, 처섬, 초, 춤

ㅁ. 엄쏘리, 니쏘리, 혀쏘리

ㅂ. 而ᅀᅵᆼ終쥬ᇰ不부ᇙ得득伸신其끼ᇰ情쪄ᇰ者쟝ㅣ多당矣ᅀᅵᆼ라　　　　　　[훈언 2]

(ㄱ)은 개별 어휘에 각자 병서 글자가 쓰였으며, (ㄴ)은 관형사형 어미인 '-을' 다음에 각자 병서 글자가 쓰였다. (ㄷ)은 의문형 종결 어미가 각자 병서 글자로 실현되었다. (ㄹ)은 객체 높임 선어말 어미인 '-습-'과 '-줍-'의 변이 형태로서 '-쏩-'과 '-쫍-'으로 실현되었으며, (ㅁ)은 '*엄ㅅ소리'나 '*니ㅅ소리'와 같이 사잇소리나 관형격 조사를 적는 과정에서 'ㅆ'의 글자가 실현되었다. (ㅂ)은 동국정운식 한자음을 표기할 때에, '끼ᇰ(其)'와 '쪄ᇰ(情)'처럼 각자 병서 글자가 단어의 첫머리에도 쓰였다.7)

〈 ㆅ 〉 'ㆅ'은 반모음인 /j/ 앞에서 나타나는 'ㅎ(/ç/)'을 긴장되게 발음하는 소리 (/ç'/)를 나타내는 글자이다.

(10) 혀, 내혀ᄂᆞ니, 쌔혈 씨니, 치혀시니, 두르혀, 두위혀, 도ᄅᆞ혀

'ㆅ'의 글자는 앞혓바닥을 센입천장에 접근시켜 마찰하면서 소리를 내는데, /ç/보다 더 길고 세게 낸다.

〈 ㅇㅇ 〉 'ㅇㅇ'은 /i/나 반모음 /j/ 앞에서 실현되어서, 그 /i/나 반모음 /j/를 긴장된 협착음(狹窄音)으로 발음하는 소리를 나타내는 글자로 추측된다.

(11) ㄱ. 使는 히여 ᄒᆞᄂᆞᆫ 마리라　　　　　　　　　[훈언 3]

　　 ㄴ. 生死애 ᄆᆡᄋᆞᆫ 根源을 알오져 홇 딘댄　　　[능언 5:5]

　　 ㄷ. 사ᄅᆞᆷᄋᆡ 게 ᄆᆡ인 고들 굿 아라　　　　　[몽언 9]

　　 ㄹ. 王이 威嚴이 업서 ᄂᆞᄆᆡ 소내 쥐여 이시며　[월석 2:11]

'ㅇㅇ'은 대체로 '히-, ᄆᆡ-, ᄆᆡ-, 쥐-'처럼 하향식 이중 모음의 반모음 /j/로 끝나는 어근이나 어간의 뒤에서, 그 뒤에 실현되는 접미사나 어미의 /i/나 반모음 /j/를 긴장된

---

7) 'ㄲ, ㄸ, ㅃ, ㅉ, ㅆ, ㆅ'의 각자 병서 글자 중에서 'ㅆ'과 'ㆅ'을 제외한 'ㄲ, ㄸ, ㅃ, ㅉ'의 글자들은 주로 '동국정운식 한자음'을 표기하는 데에 쓰였고, 순우리말을 표기할 때에는 단어의 첫머리에 잘 쓰이지 않는 제약이 있었다. 이러한 각자 병서 글자는 『원각경언해』(圓覺經諺解)(1465)부터는 쓰이지 않게 되었다.

협착음으로 발음하는 소리이다.

〈ㅥ〉 'ㅥ'은 'ㄴ'을 길게 발음하는 소리인 [n:]로 발음하는 글자이다.

(12) ㄱ. 이 소리ᄂᆞᆫ … 혓 그티 웃닛 머리예 다ᄔᆞ니라 [훈언 15]

ㄴ. 네 이제 머리 세며 ᄂᆞᆾ 삻쥬ᄆᆞᆯ 슬ᄔᆞ니 [능언 2:9]

유성 자음인 /ㄴ/은 소리의 특성상 된소리로 발음할 수 없으므로, /ㅥ/은 /ㄴ/을 길게 발음하는 소리일 것으로 추정된다.[8)]

② 합용 병서 글자의 소리

서로 다른 글자를 옆으로 나란히 적어서 글자를 사용하는 방법을 '합용 병서(合用竝書)'라고 하는데, 이러한 합용 병서의 글자로는 'ㅲ, ㅳ, ㅶ, ㅄ ; ㅺ, ㅻ, ㅼ, ㅽ ; ㅴ, ㅵ'이 있다.

(13) ㄱ. ᄠᆞᆯ기, ᄠᅳᆮ ; ᄩᅳ고, ᄩᅥ디며; 대ᄧᅩᆨ, ᄧᅡᆨ ; ᄡᅮᆨ, ᄡᅵ, ᄡᆞᆯ ('ㅂ' 계 합용 병서)

ㄴ. ᄭᅬ, ᄭᅩ리, ᄭᅮᆷ ; ᄮᅡ히 ; ᄯᅡᇂ, ᄯᅥᆨ, ᄯᅩ ; ᄲᅧ ('ㅅ' 계 합용 병서)

ㄷ. ᄢᅮᆯ, ᄢᅳᆷ, ᄢᅢ니 ; ᄃᆞᇌᄣᅢ, ᄣᅵ며, ᄣᅳ리니 ('ㅄ' 계 합용 병서)

합용 병서 중에서 (ㄱ)의 'ㅲ, ㅳ, ㅶ, ㅄ'을 'ㅂ계 합용 병서', (ㄴ)의 'ㅺ, ㅻ, ㅼ, ㅽ'을 'ㅅ계 합용 병서', (ㄷ)의 'ㅴ, ㅵ'을 'ㅄ계 합용 병서'라고 한다.

『훈민정음 해례본』에서는 합용 병서 글자의 음가에 대하여 아무런 설명이 없다. 이 때문에 합용 병서의 음가에 대하여 '이중 자음 설'과 '된소리 설'이 나오게 되었다.[9)]

〈이중 자음 설〉 '이중 자음 설'은 합용 병서의 각 글자가 모두 따로 발음되었다는 설이다. 합용 병서 글자를 이중 자음으로 발음하면 다음과 같이 된다.

---

8) (12)에서 '다ᄔᆞ니라'와 '슬ᄔᆞ니'는 '닿ᄂᆞ니라'와 '슳ᄂᆞ니'에서 /ㅎ/이 평파열음화에 따라서 /ㄷ/으로 변동한 뒤에, 비음화에 따라서 /ㄷ/이 다시 그 뒤의 /ㄴ/에 동화된 형태이다.

9) 『고등학교 문법』(2010:282)에서는 이들 글자의 발음이 이중 자음으로 된 것인지 단순한 된소리였는지 분명하지 않다고 기술하고 있다.

(14) ㄱ. ㅲ [pt],　ㅳ [ptʰ],　ㅵ [pts],　ㅄ [ps]

　　ㄴ. ㅺ [sk],　ㅅㄴ [sn],　ㅼ [st],　ㅽ [sp]

　　ㄷ. ㅴ [psk],　ㅵ [pst]

허웅(1975:56)에서는 '이중 자음 설'을 제기하면서, 이 설에 대하여 다음과 같은 근거를 들고 있다.

　첫째, 『훈민정음 해례본』에서 합용 병서 글자의 음가를 따로 설명하지 않았다. 만일 글자 각각의 음가를 가지지 않고 된소리와 같은 제3의 다른 음가를 가졌다면, 반드시 이들 음가에 대하여 설명하였을 것이다. 『훈민정음 해례본』에서 합용 병서 글자에 대하여 별도의 설명이 없는 것은 합용 병서 글자가 각각의 글자대로 발음되었기 때문이다.

　둘째, 다음과 같은 현대어 어휘들의 발음은 이중 자음 설을 뒷받침한다.

(15) ㄱ. 멥쌀(〈뫼ᄡᆞᆯ), 좁쌀(〈조ᄡᆞᆯ), 찹쌀(〈ᄎᆞᆯᄡᆞᆯ)

　　ㄴ. 입때(〈이ᄢᅢ), 접때(〈뎌ᄢᅴ)

(16) ㄱ. ᄂᆞ미 시늘 ᄇᆞᆲ띠 말며　　　　　　　　　　　　　[내훈 1:6]

　　ㄴ. 이리 쉽띠 아니ᄒᆞ니　　　　　　　　　　　　　　[내훈 3:6]

현대 국어의 '멥쌀, 좁쌀, 찹쌀'에서 /ㅂ/이 덧나는 것은 (15ㄱ)의 중세 국어의 'ᄡᆞᆯ(쌀)'에서 첫소리로 나는 /ㅂ/의 흔적 때문이다. 마찬가지로 현대어 '입때, 접때'에서 /ㅂ/이 덧나는 것도 (15ㄴ)의 'ᄢᅢ(때, 時)와 ᄢᅴ(때, 時)'의 첫 소리인 /ㅂ/의 흔적이 현재까지 남았기 때문이다. 그리고 (16)에서 (ㄱ)의 'ᄇᆞᆲ띠'와 (ㄴ)의 '쉽띠'는 현대 국어에서 '밟지'와 '쉽지'로 실현된다. 그런데 현대 국어에서 /ㅂ/ 받침 소리가 존재하는 것을 보면, 15세기 국어에서 'ᄠᅵ'의 'ㅳ'이 이중 자음으로 발음된 것을 알 수 있다.

　'ㅅ'계 합용 병서는 16세기 초기에 된소리로 바뀌었고, 'ㅂ'계는 17세기 말에 동요하기 시작하여 1730년 무렵에 완전히 된소리로 바뀌었다. 그리고 'ㅄ'계는 16세기부터 동요하기 시작하여, 17세기에는 된소리로 합류한 것도 있고, 'ㅂ'계로 합류한 것도 있다.(허웅 1986:478 참조.)

〈 된소리 설 〉 합용 병서 글자 중에서 'ㅂ'계인 'ㅲ, ㅷ, ㅶ, ㅄ'의 글자들은 각각 /pt/, /pt^h/, /pts/, /ps/처럼 이중 자음으로 발음되었다. 이처럼 'ㅂ'계 합용 병서가 이중 자음으로 발음된 것은 앞에서 제시한 (15)와 (16)의 예를 통해서 확인할 수 있다. 그런데 합용 병서 글자 중에서 'ㅅ'계 합용 병서 글자인 'ㅺ, ㅼ, ㅽ'은 된소리를 표기한 글자라는 설이 있다. 이처럼 'ㅅ'계 합용 병서를 이중 자음의 소리가 아니라 된소리로 보게 되면, 15세기 국어의 합용 병서 글자는 다음과 같이 발음된다.[10)]

(17) ㅲ [pt], ㅄ [ps], ㅶ [pts], ㅷ [pt^h]

(18) ㄱ. ㅺ [k'], ㅻ [sn], ㅼ [t'], ㅽ [p']
ㄴ. ㅴ [pk'], ㅵ [pt']

이처럼 'ㅅ'계 합용 병서 글자가 된소리 글자라고 주장하는 학자들은 다음과 같은 사실을 주장의 근거로 들고 있다.

(19) ㄱ. ᄭᅩ리>꼬리, ᄯᅡᇂ>땅, ᄲᅧ>뼈
ㄴ. ᄢᅢ니>깨니, ᄣᆞ리니>때리니

(20) ㄱ. 즘겟가재, 긼ᄀᆞᅀᅢ, ᄀᆞ룺ᄀᆞᅀᅢ, ᄆᆞᅀᆞᇝᄀᆞ장 ; 빗돍
ㄴ. 엄쏘리, 혀쏘리, 입시울쏘리

15세기 국어에서 'ㅅ'계 합용 병서로 쓰인 말이 현대어에는 대체로 (19)처럼 된소리로 발음된다. 그리고 'ㅅ'이 (20)에서처럼 사잇소리를 표기하는 글자로 쓰여서 그 뒤에 실현되는 말이 된소리로 발음되는 것을 표기했다든지, 'ㅅ'계 합용 병서에서 'ㅅ'을 예전에 '된시옷'으로 불렀던 사실은 'ㅅ'계 합용 병서가 독립된 음가를 가지지 않고 된소리를 표기하는 글자이었을 가능성을 보여 준다.(안병희·이광호 1993:56; 이기문 1998:138)

---

10) /ㄴ/은 소리의 특성상 된소리로 발음할 수 없으므로 'ㅻ'는 이중 자음 글자로 본다. 'ㅻ'이 쓰인 예로는 "ᄮᅡ히 소리 갓나히 소리[석상 19:14], ᄮᅡ히 香 갓나히 香 [석상 19:17]"이 있다.

(나-2) 연서 글자의 소리

〈ᄫ〉 'ᄫ'의 음가는 『훈민정음 해례본』에 나타난 설명으로 추측할 수 있다.

(21) ㄱ. ㅇ連書脣音之下 則爲脣輕音者 以輕音脣乍合而喉聲多也。 [훈해 제자해]

ㄴ. ㅇ을 입술소리(脣音)의 아래에 이어서 쓰면 '입술 가벼운 소리(脣輕音)'가
되는 것은, 소리를 가볍게 냄(輕音)으로써 입술이 가볍게 합쳐지고(乍合) 목
소리(喉聲)가 많기 때문이다.

위의 설명을 참조하면, 'ᄫ'은 두 입술을 가볍게 하여 마찰음으로 소리내는 유성음
(유성 양순 마찰음)인 /β/의 소리를 나타내는 글자임을 알 수 있다.

'ᄫ'은 대체로 유성음과 유성음 사이에서만 실현되어서 분포가 극히 제한적이었다.

(22) ㄱ. ᄀᆞᄅᄫᅵ, 셔ᄫᅩᆯ, 사ᄫᅵ, ᄒᆞᄫᅡ, 드ᄫᅵ, 대범, 메ᄫᅡᆺ고

ㄴ. 열ᄫᅩᆫ, 셜ᄫᅥ, 글ᄫᅡᆯ, 말ᄫᅡᆷ ; 웃ᄫᅳ니

ㄷ. ᄡᅫ둟ᄫ 字, 漂폫ᄫ 字

(ㄱ)에서 'ᄀᆞᄅᄫᅵ, 셔ᄫᅩᆯ, 사ᄫᅵ, ᄒᆞᄫᅡ, 드ᄫᅵ, 대범, 메ᄫᅡᆺ고' 등에는 'ᄫ'이 모음과 모음
사이에 쓰였다. (ㄴ)의 '열ᄫᅩᆫ, 셜ᄫᅥ, 글ᄫᅡᆯ, 말ᄫᅡᆷ' 등에는 'ᄫ'이 /ㄹ/과 모음 사이에,
'웃ᄫᅳ니'에는 'ᄫ'이 /ㅿ/과 모음 사이에 쓰였다. 그리고 (ㄷ)의 예에서는 'ᄫ'이 /ㆁ/
다음에 실현되는 사잇소리 글자나 관형격 조사를 적는 글자로 쓰였다.

이러한 분포적인 제약 때문에 /ᄫ/은 세조가 등극한 이후(15세기 후반 이후)에는
대체로 '고ᄫᅡ〉고와'나 '더ᄫᅥ/더워'처럼 반모음인 /w/로 바뀌었으며, '고ᄫᅵ〉고이'처럼
/ᄫ/의 소리가 소멸하기도 했다. 이에 따라서 'ᄫ' 글자도 1450년~1460년 사이에 문
헌에서 사라졌다.

1.1.3. 종성 글자의 소리

15세기 국어에서는 일반적으로 'ㄱ, ㆁ, ㄴ, ㄷ, ㅂ, ㅁ, ㅅ, ㄹ'의 글자가 쓰였는데,
이들 여덟 글자 이외에도 'ㅿ'과 일부 겹자음 글자가 쓰인 것이 특징이다.

〈 종성에서 실현되는 8글자 〉 15세기 국어의 종성에서는 일반적으로 /ㄱ, ㅇ, ㄷ, ㄴ, ㅂ, ㅁ, ㅅ, ㄹ/의 여덟 소리만 발음될 수 있었다. 따라서 종성을 적을 때에는 'ㄱ, ㅇ, ㄷ, ㄴ, ㅂ, ㅁ, ㅅ, ㄹ'의 여덟 글자만으로도 충분히 쓸 수 있다고 하였다.[11]

(23) 박(瓢), 쪅(餠) ; 강아지(犬), 방(房) ; 낟(穀), 벋(友) ; 빈혀(簪), 션비(士) ; 입(口), 납(猿) ; 밤(栗), 좀(眠) ; 못(池), 뭇(最) ; 절(拜), 물(馬)

'박(瓢), 쪅(餠)'에는 'ㄱ'이, '강아지, 방(房)'에는 'ㅇ'이, '낟(穀), 벋(友)'에는 'ㄷ'이, '빈혀(簪), 션비'에는 'ㄴ'이, '입(口), 납(猿)'에는 'ㅂ'이, '밤(栗), 좀(眠)'에는 'ㅁ'이, '못(池), 뭇(最)'에는 'ㅅ'이, '절(拜), 물(馬)'에는 'ㄹ'이 종성 글자로 쓰였다.

15세기 국어의 종성 글자를 현대어의 그것과 비교하면 'ㅅ'이 종성에서 그대로 쓰일 수 있다는 점이 특징이다.

(24) ㄱ. 굿(必), 못(池), 뭇(最)
　　 ㄴ. 귿(末), 몯(莫), 묻(昆)

예를 들어서 15세기 국어에서는 (ㄱ)의 '굿(必), 못(池), 뭇(最)'과 (ㄴ)의 '귿(末), 몯(莫), 묻(昆)'을 반드시 구분하여 표기하였다. 곧 '굿(必), 못(池), 뭇(最)'은 /kis/, /mos/, /mʌs/로 발음되었고, '귿(末), 몯(莫), 묻(昆)'은 /kit/, /mot/, /mʌt/으로 발음된 것이다. 이를 감안하면 종성의 자리에서도 초성의 자리에서와 마찬가지로 'ㅅ'과 'ㄷ'의 글자가 구별되어서 쓰였음을 알 수 있다.

종성의 'ㅅ'은 16세기 초부터 'ㄷ'으로 적히기 시작하다가 16세기 후반에는 종성에서 'ㄷ'과 'ㅅ'이 혼용되어 이 두 글자의 구분이 사실상 없어졌다.(허웅 1986:497)

---

11) 『훈민정음 해례본』의 '종성해(終聲解)'에는 "然ㄱㆁㄷㄴㅂㅁㅅㄹ八字可足用也。如빗곶爲梨花 영의갗爲狐皮。而ㅅ字可以通用。故只用ㅅ字。"로 규정되어 있다. 곧 종성의 글자는 'ㄱ, ㆁ, ㄷ, ㄴ, ㅂ, ㅁ, ㅅ, ㄹ'의 여덟 글자로 충분히 쓸 수 있어서, 이들 글자를 제외한 나머지 종성 글자는 'ㄱ, ㆁ, ㄷ, ㄴ, ㅂ, ㅁ, ㅅ, ㄹ' 중의 한 글자로 바꾸어서 쓸 수 있게 하였다. 예를 들어서 '빗곶(배꽃)'의 'ㅈ'과 '영의갗(여우의 가죽)'의 'ㅿ, ㅊ'은 'ㅅ'으로 바꾸어 쓸 수 있기 때문에 'ㅅ'만을 쓴다고 하였다. 15세기 국어에서는 대체로 종성의 표기에 이와 같은 팔종성법을 따랐으나, 『용비어천가』와 『월인천강지곡』에서는 예외적으로 위의 여덟 글자뿐만 아니라 'ㅈ, ㆆ, ㅊ, ㅍ, ㅿ, (ㅇ)' 등도 종성 글자로 사용했다.

〈 종성 자리에서 실현되는 'ㅿ'과 겹자음의 표기 〉 15세기 국어에서는 'ㄱ, ㆁ, ㄴ, ㄷ, ㅂ, ㅁ, ㅅ, ㄹ'의 팔종성 이외에도, 'ㅿ'과 일부 겹자음 글자가 종성에 쓰였다.

첫째, 'ㅿ'의 글자가 종성에 쓰인 예가 있다.

(25) ㄱ. 곳 업슬씨, 곳 업스며
     ㄴ. 앗이, 엿의
     ㄷ. 웃ᄂ니이다, 웃ᄇ니 ; 긋어

(ㄱ)에서 '곳'은 '굿(邊)'의 종성 'ㅅ'이 'ㅿ'으로 표기되었으며, (ㄴ)에서 '앗이, 엿의'는 체언인 '아ᅀ(弟), 여ᅀ(狐)'가 모음으로 시작하는 격조사와 결합되는 과정에서 둘째 음절의 'ㅿ'이 첫째 음절의 종성의 자리로 옮아서 쓰였다. 그리고 (ㄷ)에서는 '웃다 (笑)'와 '긋다(劃)'의 어간이 활용하는 과정에서 'ㅿ'이 종성에 쓰였다.

둘째, 합용 병서의 겹자음 글자가 종성의 자리에 쓰인 예가 있다.

(26) ㄱ. 홁과, 돐과룰 ; 여듧, 엷디, 볿디 ; 옮디, 옮겨
     ㄴ. 낛 드리워, 값 기드리ᄂ니니
     ㄷ. 앉ᄂ 거시라, 앉거늘, 엱고
     ㄹ. 값돌다, 값도로

(ㄱ)은 종성의 자리에 'ㄹ' 겹자음인 'ㄺ, ㄼ, ㄻ'이, (ㄴ)은 'ㄳ'과 'ㅄ'이, (ㄷ)은 'ㄵ(← ㄆ)'이, (ㄹ)은 'ㅄ'이 쓰였다. 특히 (ㄱ)처럼 종성의 자리에 'ㄹ' 겹자음이 쓰인 단어들은, 현대 국어와는 다르게 항상 겹자음의 글자로만 적었다는 점이 특징이다.[12]

1.1.4. 자음의 음소 체계

지금까지 훈민정음의 초성과 종성 글자의 음가를 설명하였다. 이를 바탕으로 하여 15세기 국어에 쓰인 자음의 음소 체계를 정리하면 다음과 같다.(이기문 1998:144)

---

12) 'ㄹ' 겹자음 글자의 특수한 용례를 감안하면, 15세기 국어에서는 'ㄹ' 겹자음이 종성의 자리에 서 발음되었다고 추정할 수 있다.(허웅 1975:65; 이기문 1998:148)

조음 방법		조음 위치	입술소리 (脣音)	치음 (齒音)	잇몸소리 (舌音)	여린입천장소리 (牙音)	목청소리 (喉音)
장애음	파열음	예사소리	/ㅂ/		/ㄷ/	/ㄱ/	
		된소리	/ㅃ/		/ㄸ/	/ㄲ/	
		거센소리	/ㅍ/		/ㅌ/	/ㅋ/	
	파찰음	예사소리		/ㅈ/			
		된소리		/ㅉ/			
		거센소리		/ㅊ/			
	마찰음	예사소리		/ㅅ/			/ㅎ/
			/ㅸ/	/ㅿ/			/ㅇ, ɦ/
		된소리		/ㅆ/			/ㆅ/
공명음	비음		/ㅁ/		/ㄴ/	/ㆁ/	
	유음				/ㄹ/		

〈표 3〉 15세기 자음의 음소 체계

곧, 15세기 국어의 자음은 조음 방법을 기준으로 '파열음, 마찰음, 파찰음, 비음, 유음'으로 분류되며, 조음 자리를 기준으로는 '입술소리(양순음), 치음(치음), 잇몸소리(치조음), 여린입천장소리(연구개음), 목청소리(후음)'으로 분류된다. 15세기 국어의 자음 체계는 다음과 같은 특징이 나타난다.

첫째, 'ㆆ'의 글자는 거의 대부분 한자음의 표기에만 쓰였고, 순우리말 표기에는 극히 제한적으로만 쓰였다. 이에 따라서 'ㆆ' 글자로 표기된 후두 폐쇄음은 자음의 음소 목록에서 제외하였다. 둘째, 'ㅇ'은 후두 유성 마찰음인 /ɦ/의 음가를 나타내는데, /ㄹ, ㅿ, ㅣ, j/와 그에 뒤따르는 모음 사이에서만 실현되는 제약이 있으므로, 자음의 음소 목록에서 제외하는 견해도 있다.(허웅 1975:62, 김동소 1998:122) 셋째, 'ㅈ, ㅊ, ㅉ'의 글자는 훈민정음의 글자 체계에서 치음(齒音)으로 분류되어 있으므로, 그 음가는 현대어에서와는 달리 '치조 파찰음'인 /ts/과 /tsʰ/, /tsˀ/이었다. 넷째, 이기문(1998:145)에서는 된소리가 각자 병서인 'ㅆ, ㆅ'의 글자와 'ㅅ'계 합용 병서인 'ㅺ, ㅼ, ㅅㅈ'의 글자로 표기되었다고 보았다. 반면에 허웅(1975:56)에서는 된소리는 각자 병서 글자인 'ㅃ, ㄸ, ㅉ, ㅆ, ㄲ, ㆅ'로 표기되었고, 'ㅺ, ㅼ, ㅅㅈ'의 글자는 겹자음인

/ㅽ, ㅼ, ㅾ/의 소리를 표기한 것으로 보았다.

1.2. 모음의 체계

1.2.1. 중성의 글자 체계

중성(모음) 글자는 초성과 종성 사이에 쓰이는 글자인데, 『훈민정음 해례본』에서 설정한 중성 글자의 체계는 다음과 같다.

단일 중성 글자	상형자	ㆍ, ㅡ, ㅣ	상형 글자
	초출자	ㅗ, ㅏ, ㅜ, ㅓ	합성 글자
	재출자	ㅛ, ㅑ, ㅠ, ㅕ	
복합 중성 글자	이자 중성 글자	ㅘ, ㅝ, ㆎ, ㅢ, ㅚ, ㅐ, ㅟ, ㅔ, ㆉ, ㅒ, ㆌ, ㅖ, (ㆇ, ㆊ)	글자의 합용
	삼자 중성 글자	ㅙ, ㅞ, (ㆈ, ㆋ)	

〈표 4〉 중성 글자의 체계

중성 글자로는 하나의 글자로 된 '단일 중성 글자(= 홑 중성 글자)'와 이를 합쳐서 사용(合用)한 '복합 중성 글자(= 겹 중성 글자)'가 있다.[13)]

첫째, 'ㆍ, ㅡ, ㅣ ; ㅗ, ㅏ, ㅜ, ㅓ ; ㅛ, ㅑ, ㅠ, ㅕ'는 한 글자로 이루어진 '단일 중성 글자'이다. 단일 중성 글자 중에서 'ㆍ, ㅡ, ㅣ'는 천지인(天地人)을 본뜬 상형자인데, 이 상형자를 합성(合成)하여 '초출자'와 '재출자'를 만들었다. '초출자(初出字)'인 'ㅗ, ㅏ, ㅜ, ㅓ'는 상형자인 'ㅡ'와 'ㅣ'에 'ㆍ'를 한 개 더하여 만든 단모음의 글자이며, 재출자(再出字)인 'ㅛ, ㅑ, ㅠ, ㅕ'는 상형자인 'ㅡ'와 'ㅣ'에 'ㆍ'를 두 개 더하여 만든 'ㅣ'계 이중 모음의 글자이다.

13) 'ㆇ, ㆊ ; ㆈ, ㆋ'는 고유어를 적는 데에는 쓰이지 않았다. 다만, 그 당시의 우리 한자음의 인위적인 표준음을 제정한 『동국정운』(東國正韻)과 당시의 중국음을 적은 『홍무정운 역훈』(洪武正韻譯訓)에서만 쓰였다.(허웅 1983:322)

15세기 국어의 '단일 중성 글자'의 음가와 그것이 쓰인 예를 보이면 다음과 같다.

(27) ㄱ. ·[ʌ], ―[ɨ], ㅣ[i]
    ㄴ. ㅗ[o], ㅏ[a], ㅜ[u], ㅓ[ə]
    ㄷ. ㅛ[jo], ㅑ[ja], ㅠ[ju], ㅕ[jə]

(28) ㄱ. ᄆᆞᄉᆞᆷ, 드르ㅎ, 기리
    ㄴ. 몸소, 나라ㅎ, 우숨, 멀험
    ㄷ. 쇼ㅎ, 약대, 유무, 여ᅀᅮ

(28)에서 (ㄱ)의 'ᄆᆞᄉᆞᆷ, 드르ㅎ, 기리'는 '·, ―, ㅣ'의 상형자가 쓰인 예이며, (ㄴ)의 '몸소, 나라ㅎ, 우숨, 멀험'은 초출자인 'ㅗ, ㅏ, ㅜ, ㅓ'가 쓰인 예이며, (ㄷ)의 '쇼ㅎ, 약대, 유무, 여ᅀᅮ'는 재출자인 'ㅛ, ㅑ, ㅠ, ㅕ'가 쓰인 예이다.
    둘째, '복합 중성 글자'는 '단일 중성 글자'를 합용(合用)한 글자인데, 이들 '복합 중성 글자'의 음가와 용례는 다음과 같다.

(29) ㄱ. ㅘ[wa], ㅝ[wə]
    ㄴ. ·ㅣ[ʌj], ㅢ[ɨj], ㅚ[oj], ㅐ[aj], ㅟ[uj], ㅔ[əj]
    ㄷ. ㆉ[joj], ㅒ[jaj], ㆌ[juj], ㅖ[jəj]
    ㄹ. ㅙ[waj], ㅞ[wəj]

(30) ㄱ. 좌ㅎ다, 워기다
    ㄴ. ᄆᆡ샹, ᄅᆡ다, 외얏, 대범, 뮈다, 세ㅎ
    ㄷ. 쇠똥, ᄌᆡ개, 취ㅎ다, 셰다
    ㄹ. 괘씸ㅎ다, 웨다

(29)에서 (ㄱ), (ㄴ), (ㄷ)의 'ㅘ, ㅝ ; ·ㅣ, ㅢ, ㅚ, ㅐ, ㅟ, ㅔ ; ㆉ, ㅒ, ㆌ, ㅖ'는 '단일 중성 글자' 두 개를 합용한 '이자 중성 글자(二字 中聲字)'이며, (ㄹ)의 'ㅙ'와 'ㅞ'는 '단일 중성 글자' 세 개를 합용한 '삼자 중성 글자(三字 中聲字)'이다. (30)은 이들 글자가 쓰인 예다.

1.2.2. 모음의 음소 체계

모음의 체계는 단모음의 체계와 중모음의 체계로 나뉘며, 중모음의 체계는 다시 이중 모음의 체계와 삼중 모음의 체계로 나뉜다.

가. 단모음의 체계

〈 상형자와 초출자의 소리 〉 15세기 국어에서 상형자(象形字)인 'ㆍ, ㅡ, ㅣ'와 '초출자(初出字)'인 'ㅗ, ㅏ, ㅜ, ㅓ'의 일곱 글자는 단모음으로 발음하였다.

입 모양 음상	초출자(口蹙)	상형자(중립)	초출자(口張)
양성 모음	/ㅗ/	/ㆍ/	/ㅏ/
음성 모음	/ㅜ/	/ㅡ/	/ㅓ/
중성 모음		/ㅣ/	

〈표 5〉 훈민정음에서 제시한 단모음 글자의 소리 체계

『훈민정음 해례본』의 '제자해'에서는 상형자와 초출자의 소리를 〈표 5〉와 같이 분류하였다. 첫째, 입의 모양에 따라서 단모음을 나눌 수 있다. 가장 기본이 되는 모음인 /ㆍ, ㅡ, ㅣ/는 중간 소리이다. /ㅗ, ㅜ/는 상형자보다도 입을 오므려서 내는 소리(口蹙)이다. 곧, /ㅗ/은 /ㆍ/를 소리낼 때보다 입을 오므려서 소리를 내며, /ㅜ/는 /ㆍ/를 소리낼 때보다 오므려서 소리를 낸다. /ㅏ, ㅓ/는 상형자보다도 입을 펴서(口張) 내는 소리이다. 곧, /ㅏ/는 /ㆍ/를 소리낼 때보다 입을 펴서 소리를 내며, /ㅓ/는 /ㅡ/를 소리낼 때보다 입을 펴서 소리를 낸다. 둘째, 음상에 따라서도 단모음을 나눌 수 있다. 곧 /ㅏ, ㆍ, ㅗ/는 양성 모음이며, /ㅓ, ㅡ, ㅜ/는 음성 모음이며, /ㅣ/는 중성 모음이다.

〈 'ㆍ'의 소리 〉 'ㆍ'는 단모음의 글자 중에서 유일하게 현대어에 쓰이지 않는 글자이다. 'ㆍ' 글자의 음가는 『훈민정음 해례본』의 다음과 같은 설명으로 그 음가를 추정할 수 있다.

(31) ㆍ舌縮而聲深。

[훈해 제자해]

(32) · 는 혀가 오그라들며 소리가 깊다.

(31)과 (32)에서 '혀가 오그라들고 소리의 음상이 깊은 느낌을 준다'고 하는 설명을 음성학적인 관점에서 추정해 보면, '·'가 후설(後舌)에서 발음되는 저모음임을 알 수 있다.

　　그리고 『훈민정음 해례본』의 '제자해'에서는 'ㅗ'와 'ㅏ' 글자의 음가를 다음과 같이 설명하였는데, 이를 통해서도 간접적으로 '·' 글자의 음가를 추정할 수 있다.

(33) ㄱ. ㅗ與·同而口蹙 … ㅏ與·同而口張
　　　ㄴ. 'ㅗ'는 '·'와 같으나 입이 오므라진다. 'ㅏ'는 '·'와 같으나 입이 펴진다.

〈口張〉　　　　　　　　　　　　　　〈口蹙〉
[ㅏ] ◄───────── [·] ─────────► [ㅗ]

(33)의 설명에 따르면 '·' 글자의 음가는 'ㅗ'보다 입을 더 펴고 'ㅏ'보다 입을 더 오므려서 발음하는 소리인 후설 저모음인 /ʌ/이다.

(34) ㄱ. · /ʌ/,　ㅡ /ɨ/,　ㅣ /i/
　　　ㄴ. ㅗ /o/,　ㅏ /a/,　ㅜ /u/,　ㅓ /ə/

(35) ㄱ. ᄆᆞᄉᆞᆷ, 드르ㅎ, 기리
　　　ㄴ. 몸소, 나라ㅎ, 우숨, 멀험

'ᄆᆞᄉᆞᆷ, 드르ㅎ, 기리'는 '·, ㅡ, ㅣ'의 상형자가 쓰인 예이며, '몸소, 나라ㅎ, 우숨, 멀험'은 초출자인 'ㅗ, ㅏ, ㅜ, ㅓ'가 쓰인 예이다.[14]

---

14) 국어사적인 관점에서 보면, /·/는 16세기와 18세기에 변화를 변화를 겪었다. 첫째, 제1단계의 변화는 16세기 초부터 시작하여 16세기 말에 이르는 시기에 일어났다. 곧, 단어의 첫머리가 아닌 위치에서 대체로 /ㅡ/나 /ㅗ/로 바뀌었는데, 이 중에서 /ㅡ/로 바뀐 예가 가장 많다.(보기: 기ᄅᆞ다 〉 기르다, 사ᄉᆞᆷ 〉 사슴) 둘째, 제2단계의 변화는 18세기 말에 나타났는데, 이 시기에는 /·/가 단어의 첫머리 위치에서 대체로 /ㅏ/로 바뀌었다. (보기 : ᄂᆞᆯ다 〉 날다, ᄃᆞᆯ다 〉 달

〈**단모음의 체계**〉지금까지 살펴본 상형자와 초출자의 음가를 바탕으로 15세기 국어의 '단모음 체계'는 다음과 같이 기술할 수 있다.(이기문 1998:151)

	전설 모음		후설 모음	
	평순	원순	평순	원순
고모음	ㅣ, /i/		ㅡ, /ɨ/	ㅜ, /u/
중모음			ㅓ, /ə/	ㅗ, /o/
저모음			ㅏ, /a/	ㆍ, /ʌ/

〈표 6〉 15세기 국어의 단모음 체계

나. 중모음의 체계

15세기 국어의 중모음에는 현대 국어와는 달리 '이중 모음'과 '삼중 모음'의 두 가지 종류가 있었다.

(나-1) 이중 모음의 체계

15세기 국어의 '이중 모음(二重母音)'으로는 '상향적 이중 모음'과 '하향적 이중 모음'이 있었다.

〈**상향적 이중 모음**〉'상향적 이중 모음'은 '반모음 + 단모음'의 방식으로 발음되는 이중 모음이다. 'ㅛ, ㅑ, ㅠ, ㅕ'는 'ㅣ'계 상향적 이중 모음의 음가를 나타내며, 'ㅘ, ㅝ'는 'ㅜ'계 상향적 이중 모음의 음가를 나타낸다.

(36) ㄱ. ㅛ /jo/, ㅑ /ja/, ㅠ /ju/, ㅕ /jə/
　　ㄴ. 쇼ㅎ, 약대, 유무, 여슫

────────────

다) 그리고 'ᄆᆞ르다〉므르다〉마르다'와 'ᄀᆞᄉᆞᆯ〉ᄀᆞ을〉가을'의 변화 과정은 제1단계와 제2단계의 변화 모습을 다 보여 준다. 곧, 둘째 음절 이하에서 제1단계로 /ㆍ/가 /ㅡ/로 변화한 다음에, 제2단계로 첫째 음절에서 /ㆍ/가 /ㅏ/로 변화하였다.

(37) ㄱ. ㅘ /wa/, ㅝ /wə/

ㄴ. 좌ㅎ다, 워기다

(36)에서 (ㄱ)의 'ㅛ, ㅑ, ㅠ, ㅕ'는 반모음인 /j/의 입 모양에서 출발하여, 나중에는
각각 'ㅗ, ㅏ, ㅜ, ㅓ'를 발음할 때의 입 모양으로 발음한다. 따라서 'ㅛ, ㅑ, ㅠ, ㅕ'는
'ㅣ'계 상향적 이중 모음인 /jo/, /ja/, /ju/, /jə/로 발음되었다. 그리고 (37)에서 (ㄱ)의
'ㅘ'와 'ㅝ'는 반모음인 /w/의 입모양에서 시작하여 /ㅏ/와 /ㅓ/의 입 모양으로 발음
한다. 따라서 'ㅘ'와 'ㅝ'는 "ㅜ'계 상향적 이중 모음'인 /wa/, /wə/로 발음되었다.

〈 하향적 이중 모음 〉 '하향적 이중 모음'은 '단모음 + 반모음'의 방식으로 발음되는
이중 모음인데, 'ㆎ, ㅢ, ㅚ, ㅐ, ㅟ, ㅔ'는 'ㅣ'계 하향적 이중 모음의 음가를 나타낸다.

(38) ㄱ. ㆎ /ʌj/, ㅢ /ij/, ㅚ /oj/, ㅐ /aj/, ㅟ /uj/, ㅔ /əj/

ㄴ. 밋샹, 믜다, 외얏, 대범, 뮈다, 셰ㅎ

곧, 'ㆎ, ㅢ, ㅚ, ㅐ, ㅟ, ㅔ'는 /ㆍ, ㅡ, ㅗ, ㅏ, ㅜ, ㅓ/의 입 모양에서 시작하여 반모음인
/j/의 입 모양으로 발음하였다. 곧, 'ㆎ, ㅢ, ㅚ, ㅐ, ㅟ, ㅔ'는 "ㅣ'계의 하향적 이중
모음'인 /ʌj/, /ij/, /oj/, /aj/, /uj/, /əj/로 발음되었다.

(나 -2) 삼중 모음의 체계

현대 국어와는 달리 15세기 국어에서는 '삼중 모음(三重母音)'도 있었는데, 삼중
모음에는 반모음인 /j/로 시작하는 삼중 모음과 /w/로 시작하는 삼중 모음이 있었다.

(39) ㄱ. ㅚ /joj/, ㅐ /jaj/, ㅟ /juj/, ㅖ /jəj/

ㄴ. 쇠쫑, ᄌ개, 취ㅎ다, 셰다

(40) ㄱ. ㅙ /waj/, ㅞ /wəj/

ㄴ. 쾌씸ㅎ다, 웨다

(39)의 'ㅚ, ㅐ, ㅟ, ㅖ'는 '삼중 모음'의 음가를 나타내는데, 'ㅚ, ㅐ, ㅟ, ㅖ'는 'ㅣ'계의

상향적으로 발음하고 난 뒤에 다시 'ㅣ'계의 하향적으로 발음하는 "ㅣ'계의 삼중 모음'이다. 그리고 (40)의 'ㅙ, ㅞ'는 'ㅜ'계의 상향적으로 발음하고 난 뒤에 다시 'ㅣ'계의 하향적으로 발음하는 "ㅜ'계의 삼중 모음'이다.

　위에서 살펴본 15세기의 '중모음의 체계'를 정리하여 표로 보이면 다음과 같다.

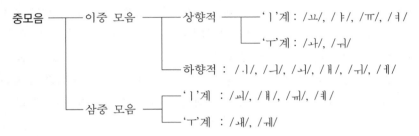

〈표 7〉15세기 국어의 중모음 체계

제2장 음절의 체계

15세기 국어의 음절은 현대 국어와 마찬가지로 '초성, 중성, 종성'으로 이루어져 있다.

〈초성〉 15세기 국어에는 모두 32개의 자음이 있었는데, 이들 중에서는 단일 자음 22개와 복합 자음 10개가 있었다

단일 자음(22개)	/ㅂ, ㅃ, ㅍ, ㅁ, ㅸ/ ; /ㄷ, ㄸ, ㅌ, ㄴ, ㄹ/ ; /ㅈ, ㅉ, ㅊ, ㅅ, ㅆ, ㅿ/ ; /ㄱ, ㄲ, ㅋ, ㆁ/ ; /ㅎ, ㆅ/
복합 자음(10개)	/ㅳ, ㅄ, ㅶ, ㅷ/ ; /ㅺ, ㅻ, ㅼ, ㅽ/ ; /ㅴ, ㅵ/

〈표 1〉 15세기 국어의 초성 체계

15세기 국어의 자음은 초성이나 종성으로 쓰였는데, 초성으로 쓰인 자음에 나타나는 특징은 다음과 같다. 첫째, '바올'처럼 여린입천장소리인 /ㆁ/이 음절의 초성으로 쓰일 수 있었다. 둘째, /ㅳ, ㅷ, ㅶ, ㅄ ; ㅺ, ㅻ, ㅼ, ㅽ ; ㅴ, ㅵ/처럼 음절의 초성 자리에 자음군이 나타날 수 있었다.[1)] 셋째, 된소리 중에서 마찰음인 /ㅆ/과 /ㆅ/을 제외한 나머지 /ㄲ, ㄸ, ㅃ, ㅉ/은 단어의 첫 음절에서 초성으로 쓰이지 못했다. 넷째, 공명음 중에서 /ㅸ, ㅿ, ㆁ/은 단어의 첫 음절에 나타나는 초성으로 쓰이지 못하였으며, /ㄹ/은 한자말을 제외하면 고유어에서는 단어의 첫 음절의 초성으로 거의 쓰이지 않았다('러울, 롱담, 라귀'는 예외이다).

〈중성〉 중성으로 쓰인 모음 중에서 단모음은 7개였으며 중모음은 18개가 있었다. 그리고 중모음은 다시 이중 모음 12개와 삼중 모음 6개가 있었다(단, 된소리로 발음되는 모음인 /ᅇᅵ, ᅇᅣ, ᅇᅧ, ᅇᅭ, ᅇᅲ/는 제외한다).

---

1) 단, /ㅺ, ㅼ, ㅽ/을 자음군이 아니라 된소리로 보는 견해도 있다.

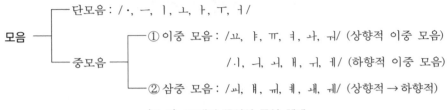

〈표 2〉 15세기 국어의 중성 체계

〈**종성**〉 종성의 자리에는 단일 자음으로서 원칙적으로 /ㄱ, ㆁ, ㄷ, ㄴ, ㅂ, ㅁ, ㅅ, ㄹ/의 8개 자음이 쓰였으며('옷도'의 /ㅅ/이 종성으로 쓰임.), 이들 자음 이외에도 /ㅿ/도 종성으로 쓰일 수 있었다('ᄀᆞ애'의 /ㅿ/이 종성으로 쓰임.). 그리고 종성의 자리에 '넋, 앉거늘, 넒디, 옮고, 숣고, 옰디, 값과'처럼 /ㄳ/ ; /ㄵ/ ; /ㄺ, ㄻ, ㄼ/ ; /ㄿ/ /ㅄ/과 같은 자음군이 쓰일 수 있었던 것도 15세기 국어의 특징이다.[2]

---

2) 겹받침 중에서 /ㄺ, ㄻ, ㄼ/과 같은 'ㄹ' 겹받침은 종성의 자리에 일반적으로 실현될 수 있었다.

제3장 음운의 변동

형태소가 음운론적 환경에 따라서 꼴(형태)이 바뀌는 현상을 '음운의 변동(音韻變動, phonological alternation)'이라고 한다. 15세기 국어에서 일어나는 변동 현상의 유형에는 '교체(交替)', '탈락(脫落)', '첨가(添加)', '축약(縮約)', '탈락과 첨가' 등이 있다. 그리고 일부는 형태소와 형태소가 결합하는 과정에서 성조가 바뀐 경우가 있다.

3.1. 교체

15세기 국어에서 일어난 음운의 '교체'로는 동화에 의한 교체인 '모음 조화'와 '비음화'가 있으며, 비동화의 교체 현상으로 '평파열음화'와 '된소리되기'가 있다.

3.1.1. 동화 교체

가. 모음 조화

모음 소리는 음상에 따라서 양성 모음, 음성 모음, 중성 모음으로 나뉜다.

(1) ㄱ. 양성 모음(밝음) : /·, ㅗ, ㅏ ; ㅛ, ㅑ/
    ㄴ. 음성 모음(어두움) : /ㅡ, ㅜ, ㅓ ; ㅠ, ㅕ/
    ㄷ. 중성 모음(중간) : /ㅣ/

(ㄱ)의 /·, ㅗ, ㅏ ; ㅛ, ㅑ/는 밝은 느낌을 주는 양성 모음이며, (ㄴ)의 /ㅡ, ㅜ, ㅓ ; ㅠ, ㅕ/는 어두운 느낌을 주는 음성 모음이다. 그리고 /ㅣ/는 양성 모음과 음성 모음의 중간인 중성이다. 15세기 국어에서 양성 모음은 양성 모음끼리, 음성 모음은 음성

모음끼리 어울리는 경향이 있었는데, 이를 '모음 조화(母音調和)'라고 한다. 15세기 국어에서 나타나는 모음 조화의 양상은 다음과 같다.

〈한 형태소의 안〉 한 형태소 안의 모음들은 모음 조화를 지켜서 실현되었다.

(2) ㄱ. ᄀᆞ룸, 나라ㅎ, 나모, 도ᄌᆞᆨ, 다ᄉᆞᆺ
　ㄴ. 구룸, 드르ㅎ, 허믈, 겨를, 브르(다), 어듭(다), 더으(다)
　ㄷ. 가지, 가치, ᄃᆞ리, ᄉᆞᅀᅵ, 할미, 아비
　ㄹ. 머리, 서리, 그리(다)
　ㅁ. 닐굽, 닐흔, 님금, 일훔
　ㅂ. 미리, 이기(다)

(ㄱ)에서는 양성 모음과 양성 모음이 어울렸으며, (ㄴ)에서는 음성 모음끼리 어울렸으며, (ㄷ~ㅂ)에서는 중성 모음이 양성 모음이나 중성 모음과 어울렸다. 결과적으로 한 형태소 안에서 양성과 음성의 모음이 함께 실현되는 예는 극히 드물었다.

〈체언과 조사〉 체언과 조사의 모음은 모음 조화를 지켜서 실현되었다.

(3) ㄱ. 故ᄂᆞᆫ, ᄭᅬᄅᆞᆯ, ᄇᆞᄅᆞ매, 알ᄑᆡ, 말ᄊᆞᄆᆞᆯ
　ㄴ. 語는, 번게를, 뒤헤, 우희, 님그믈

(ㄱ)에서는 체언과 조사의 모음이 양성 모음끼리 어울렸고, (ㄴ)에서는 체언과 조사의 모음이 음성 모음끼리 어울렸다.

〈어간과 어미〉 어간과 어미에 나타나는 모음도 모음 조화를 지켜서 실현되었다.

(4) ㄱ. 몰라, 싸호아, ᄂᆞ라, 나ᄅᆞ샤
　ㄴ. 므러, 드러, 주거, 버서, 그츨씨
　ㄷ. 니ᄌᆞ실씨
　ㄹ. ᄂᆞ려, 텨, 그리어

(ㄱ)에서는 어간과 어미의 모음이 양성 모음끼리 어울렸으며, (ㄴ)에서는 음성 모음끼리 어울렸다. 그리고 (ㄷ)에서는 중성 모음과 양성 모음이 어울렸으며, (ㄹ)에서는

중성 모음과 음성 모음이 어울렸다.

나. 비음화

'비음화'는 파열음이 비음에 동화되어서 비음으로 바뀌는 현상이다. 15세기 국어에서는 파열음인 /ㄷ/과 /ㅂ/이 각각 비음인 /ㄴ/과 /ㅁ/으로 변동하는 예가 아주 드물게 나타난다.

(5) ㄱ. 므리 만코 길흔 멀오 도주군 하고 <u>건나디</u> 몯ㅎ야   [월석 10:23]
    ㄴ. 므레 <u>둔니는</u> 中에 龍의 히미 못 크고   [월석 20:8]
    ㄷ. <u>문노라</u> 大將은 누고   [두언 5:31]

(6) ㄱ. 金文을 보아 了義를 <u>븐누니</u>   [선언 하:79]
    ㄴ. 더운 짜히 므싀여워 블<u>븐는</u> 듯도다   [두언 16:65]

(7) 世ㅣ 어즈럽거든 글 홀 사루미 <u>굼누니라</u> (世亂蹋文場)   [두언 3:13]

(8) ㄱ. 혓 그티 웃닛머리예 <u>다ᄂ니라</u>   [훈언 15]
    ㄴ. 夫ㅣ 사오나온 後에아 陰陽이 和ㅎ야 子息을 <u>난누니</u>   [능언 4:23]
    ㄷ. 亂離ㅅ 처서믈 브터 니룰가 <u>전노라</u>   [두언 3:62]

(5)의 '건나디(←건나디), 둔니는(←둔니는), 문노라(←묻노라)'에서는 어간의 종성인 /ㄷ/이 어미의 초성인 /ㄴ/ 앞에서 /ㄴ/으로 바뀌었다. (6)의 '븐누니(←븥누니), 븐는(←븥는)'에서는 어간의 종성인 /ㅌ/이 평파열음화에 따라서 /ㄷ/으로 바뀐 다음에, /ㄷ/이 다시 어미의 초성인 /ㄴ/ 앞에서 /ㄴ/으로 바뀌었다. (7)의 '굼누니라(←굽누니라)'에서는 어간의 종성인 /ㅂ/이 어미의 초성인 /ㄴ/의 앞에서 /ㅁ/으로 바뀌었다. (8)의 '다ᄂ니라(←닿누니라), 난누니(←낳누니), 전노라(←젛노라)'에서는 어간의 종성인 /ㅎ/이 평파열음화에 따라서 /ㄷ/으로 바뀐 다음에, /ㄷ/이 다시 어미의 초성 /ㄴ/ 앞에서 /ㄴ/으로 바뀌었다. 이처럼 /ㄷ, ㅂ/이 /ㄴ/ 앞에서 직접 /ㄴ/과 /ㅁ/으로 비음화하거나, /ㅌ, ㅎ/이 평파열음화를 입어서 /ㄷ/으로 변동된 다음에 다시 /ㄴ/으

로 비음화되는 예가 드물게 발견된다. 그러나 현대 국어에서 활발하게 일어나는 비음화 현상으로서, '국물(→ /궁물/)'처럼 아음의 자리에서 파열음인 /ㄱ/이 비음인 /ㅇ/으로 교체되는 예는 중세 국어는 물론 근대 국어에서도 잘 발견되지 않는다.

3.1.2. 비동화 교체

가. 평파열음화(여덟종성되기)

15세기 국어에서는 종성의 자리에서 /ㄱ, ㄴ, ㄷ, ㄹ, ㅁ, ㅂ, ㅅ, ㅇ/의 여덟 자음만 실현될 수 있었다. 이 여덟 개의 자음을 제외한 나머지 자음이 종성의 자리에 오면, /ㄱ, ㄷ, ㅂ, ㅅ/ 중의 하나로 바뀌게 되는데, 이를 '평파열음화(平破裂音化)'라고 한다.

〈/ㅍ/, /ㅸ/ → /ㅂ/〉 체언이나 어간의 끝 음절에서 실현되는 종성 /ㅍ/, /ㅸ/은 자음으로 시작하는 말이나 휴지 앞에서 평파열음인 /ㅂ/으로 교체된다.[1](양순음의 평파열음화)

(9) ㄱ. 무룳 : 뎌 주거미 <u>무루픠</u>며 바리며 다 놀여　　　　　 [월석 9:36]

ㄴ. 무룹 : 올흔 <u>무룹</u> 꾸러 몸 구펴 合掌ᄒᆞ야　　　　　 [석상 9:29]

(10) ㄱ. 돓- : 城 높고 ᄃᆞ리 업건마른 하ᄂᆞ히 <u>도ᄫᆞ</u>실ᄊᆡ　 [용가 34장]

ㄴ. 돕- : 벼슬 노픈 臣下ㅣ 님그믈 <u>돕ᄉᆞ</u>바 百官을 다ᄉᆞ릴ᄊᆡ [월석 서:4]

(9)의 '무룳'에서 끝 음절의 종성인 /ㅍ/은 모음 앞에서는 (ㄱ)처럼 /ㅍ/으로 실현되지만, 자음이나 휴지의 앞에서는 (ㄴ)처럼 /ㅂ/으로 교체되었다. 그리고 (10)의 '돓-'에서 종성인 /ㅸ/은 모음 앞에서는 (ㄱ)처럼 /ㅸ/으로 실현되지만, 자음 앞에서는 (ㄴ)처럼 /ㅂ/으로 교체되었다.

〈/ㅌ/, /ㅎ/ → /ㄷ/〉 체언이나 어간의 끝 음절에 실현되는 종성인 /ㅌ/이나 /ㅎ/은

---

1) 『고등학교 문법』(2010)에서는 '돕다' 등에서 어간의 기본 형태를 '돕-'으로 잡고, '돕-'이 모음으로 시작하는 어미 앞에서 /돌/으로 바뀌는 것으로 처리했다.('ㅂ' 불규칙 활용) 그러나 이론적으로 보면, '돓-'을 기본 형태로 보고 자음이나 휴지 앞에서 '돕-'으로 변동한 것으로 처리하면 불규칙 용언의 예를 줄이는 이점이 있다.(허웅 1975:450)

자음으로 시작하는 말이나 휴지 앞에서 평파열음인 /ㄷ/으로 교체된다.(설음과 후음의 평파열음화)

첫째, 체언이나 어간의 끝 음절에 실현된 종성인 /ㅌ/이 /ㄷ/으로 교체되었다.

(11) ㄱ. 긑 : 末은 <u>그티</u>라   [월석 2:21]
     ㄴ. 귿 : 本末은 믿과 <u>귿괘니</u>   [석상 13:41]

(12) ㄱ. 녙- : <u>녀트</u>며 기푸미 곧디 아니커늘   [능언 3:87]
     ㄴ. 녇- : 슬후미 <u>녇디</u> 아니ᄒᆞ니   [두언 6:29]

(11)의 '긑'에서 종성인 /ㅌ/은 모음의 시작되는 조사 앞에서는 (ㄱ)처럼 /ㅌ/으로 실현되지만, 자음이나 휴지 앞에서는 (ㄴ)처럼 /ㄷ/으로 교체되었다. 그리고 (12)의 '녙-'에서 종성 /ㅌ/은 모음 앞에서는 (ㄱ)처럼 /ㅌ/으로 실현되지만, 자음 앞에서는 (ㄴ)처럼 /ㄷ/으로 교체되었다.

둘째, 어간의 끝 음절에서 종성으로 쓰인 /ㅎ/이 /ㄷ/으로 교체되는데, 이 경우에는 조음 위치가 후두에서 치조(혀끝)로 바뀌게 된다.(후음의 평파열음화)

(13) ㄱ. 둏- : 제 지손 이리 <u>됴ᄒᆞ</u>며 구주ᄆᆞ로   [월석 서:3]
     ㄴ. 돋- : 病이 곧 <u>돋놋다</u>(← 둗놋다 ← 둏놋다)   [두언 20:9]

'둏다'에서 끝 음절의 종성으로 쓰인 /ㅎ/은, 모음으로 시작하는 어미가 붙어서 활용하면, (ㄱ)의 '됴ᄒᆞ며'처럼 /ㅎ/이 그대로 다음 음절의 첫소리로 실현된다. 그러나 /ㅎ/이 자음으로 시작하는 어미 앞에서 종성으로 쓰이면 (ㄴ)의 '돋놋다'처럼 /ㄷ/으로 바뀐다.[2]

---

2) 어간의 끝 음절에서 종성으로 쓰인 /ㅎ/은 예사소리로 시작하는 어미의 초성과 합쳐져서 거센소리로 축약되거나, 어미에서 초성으로 실현되는 /ㅅ/을 /ㅆ/으로 바뀌게 한다.
  (보기) ㄱ. 수를 <u>노코</u>, <u>다티</u> 아니호미   [두언 20:29, 능언 2:103]
        ㄴ. <u>노쏩</u>고, 太子ᄅᆞᆯ <u>나쓰</u>ᄫᆞ니   [석상 9:22, 월석 10:25]
  (ㄱ)의 '노코'와 '다티'는 어간의 끝 음절의 받침소리인 /ㅎ/ 뒤에서 예사소리인 /ㄱ/과 /ㄷ/으로 시작하는 어미가 붙어서 활용하였다. 이 경우에는 어미의 첫 예사소리인 /ㄱ/과 /ㄷ/이

〈/ㅈ, ㅊ, ㅿ/ → /ㅅ/〉 체언이나 어간의 끝 음절에 실현되는 종성 /ㅈ, ㅊ, ㅿ/은 자음으로 시작하는 말이나 휴지 앞에서 /ㅅ/으로 교체된다.(치음의 평파열음화)

(14) ㄱ. 곶 : ᄀᆞᄅᆞᆷ 고지 盛ᄒᆞ야 非非ᄒᆞ도다   [두언 15:5]
　　 ㄴ. 곳 : 곳과 果實와 플와 나모와ᄅᆞᆯ 머그리도 이시며   [월석 2:27]
　　　　　善慧…곳 잇ᄂᆞᆫ 싸ᄒᆞᆯ 곧가 가시다가   [월석 1:9]

(15) ㄱ. 젖- : 몸애 믈이 나ᄃᆡ 花間애 흘러 싸히 아니 저즈니   [월석 7:21]
　　 ㄴ. 젓- : 오시 젓게 우러 行幸 겨신 ᄃᆡᄅᆞᆯ 묻고   [두언 8:16]

(16) ㄱ. 늧 : 늘근 ᄂᆞᆾ란 紫金丹애 브티고져 ᄒᆞ노라   [두언 21:5]
　　 ㄴ. 늣 : 늣비치 검디 아니ᄒᆞ며   [월석 17:53]
　　　　　늣 양ᄌᆞᆫ 늘근 한아비 ᄃᆞ외옛도다   [능언 2:6]

(17) ㄱ. 긏- : 傳祚萬世예 功이 그츠리잇가   [용가 79장]
　　 ㄴ. 긋- : ᄇᆞᄅᆞ미 긋고 구루미 먹 빗 ᄀᆞᆮᄒᆞ니   [두언 6:42]

(18) ㄱ. ᄀᆞᆽ : 西水ㅅ ᄀᆞᅀᆞ 져재 ᄀᆞᆮᄒᆞ니   [용가 6장]
　　 ㄴ. ᄀᆞᆺ : 나조히 비 미오 믌ᄀᆞᆽ 나모 서리예 올아   [두언 6:29]
　　　　　無邊은 ᄀᆞᆺ 업슬 씨라   [월석 8:39]

(19) ㄱ. 짛- : 아바님 위ᄒᆞ야 病엣 藥을 지ᅀᅮ려 ᄒᆞ노니   [월석 21:217]
　　 ㄴ. 짓- : 모딘 罪業을 짓디 아니ᄒᆞ리니   [석상 9:31]

(14~19)에서 '곶, 젖-; 늧, 긏-; ᄀᆞᆽ, 짛-'의 종성인 /ㅈ, ㅊ, ㅿ/은 모음 앞에서는 (ㄱ)처럼 /ㅈ, ㅊ, ㅿ/으로 실현되지만, 자음이나 휴지 앞에서는 (ㄴ)처럼 /ㅅ/으로 교체된다.3)

어간의 받침소리인 /ㅎ/과 합쳐져서 각각 /ㅋ/과 /ㅌ/으로 축약된다. 그리고 (ㄴ)의 '노쑵고'와 '나ᅀᆞᄫᆞ니'는 어간의 끝 소리 /ㅎ/ 다음에 /ㅅ/으로 시작하는 어미인 '-ᅀᆞᆸ-'이 붙어서 활용하였는데, 이 경우에는 어미의 첫소리 /ㅅ/이 된소리되기에 따라서 /ㅆ/으로 바뀐다.

다만, 치음이 /ㅅ/으로 평파열음화하는 현상은 보편적으로 일어나는 현상은 아니다.

(20) ㄱ. 치운 젯 오슬 곧마다 ᄀᆞᆯ애와 자콰로 지소믈 뵈아ᄂᆞ니   [두언 10:33]
    ㄴ. 어딘 앗이 草萊ㅅ 소ᄀᆞ로셔 오니   [두언 2:35]
    ㄷ. 太子ㅣ 轅中에 드러 ᄀᆞᅀᅥ 가더니   [월석 20:70]
    ㄹ. 金剛座 빗이고 獅子座를 셰ᅀᅡᄫᅡ   [월천 기65]

(21) ㄱ. 龍이 다 좓ᄌᆞᄫᅡ ᄒᆞ니더니   [월석 7:54]
    ㄴ. 諸釋들히 … 七寶 獅子座애 眞珠 그믈 두르고 棺을
       우희 엳ᄌᆞᆸ고   [월석 10:10]

(20)에서 'ᄀᆞᆯ애, 앗이 ; ᄀᆞᅀᅥ, 빗이고' 등은 종성의 /ᅀ/이 /ㅅ/으로 교체되지 않고 그대로 유지되었다. 그리고 (21)에서 '좇ᄌᆞᄫᅡ(좇-)'와 '엳ᄌᆞᆸ고(엱-)'에서는 종성의 /ㅈ/과 /ㅊ/이 동일한 치음인 /ㅅ/으로 교체되지 않고, 설음인 /ㄷ/으로 교체되었다.

이처럼 종성의 자리에서 순음인 /ㅍ/과 /ᄫ/은 /ㅂ/으로 변동하고, 설음인 /ㅌ/과 후음인 /ㅎ/은 /ㄷ/으로 변동하고, 치음인 /ㅈ/, /ㅊ/, /ᅀ/은 /ㅅ/으로 변동하였다. 이러한 변동은 평파열음인 아닌 음소가 평파열음으로 변동한 것으로 비동화의 교체 현상이다.

나. 된소리되기(경음화)

관형사형 어미인 '-을'에 뒤에 실현되는 체언이나, 용언의 어간 뒤에 실현되는 객체 높임의 선어말 어미, 체언과 체언이 이어서 실현될 때에 예사소리가 된소리로 변동할 수 있다.

〈 관형사형 어미인 '-을'의 뒤에서 〉 용언의 관형사형 어미인 '-을'의 뒤에 실현되는

---

3) 15세기 국어에서 종성에서 실현되는 /ㅅ/은 마찰음의 성질이 있기 때문에, /ㅈ, ㅊ, ᅀ/이 /ㅅ/으로 변동하는 현상을 완전한 평파열음으로 보기는 어렵다. 그러나 15세기 국어에서 종성에서 실현되는 /ㅅ/은 마찰음인 /s/으로 발음되기는 하였으나, /s/가 아주 짧게 발음되는 /sˀ/의 음가인 것으로 추정된다.(허웅 1986:361 참조) 이러한 점을 감안하여 /ㅈ, ㅊ, ᅀ/이 종성의 자리에서 /ㅅ/으로 교체되는 현상을 평파열음화로 처리한다.

예사소리 초성이 된소리로 교체될 수 있다.

(22) ㄱ. 내 지븨 이실 쩌긔 受苦호미 이러호니 [월석 10:26]
ㄴ. 겨믄 고본 양즈를 오래 믿디 몯홀 꺼시니 [석상 11:36]
ㄷ. 큰 光明을 펴 一切의 공경홀 빼라 [법언 4:30]
ㄹ. 阿鼻논 쉴 쓰싀 업다 ㅎ논 마리니 [월석 1:29]

(22)에서 예사소리로 시작되는 체언 '적, 것, 바, 스싀'가 관형사형 어미 '-ㄹ' 다음에서 체언의 초성이 된소리로 바뀌어서 '쩍, 껏, 빠, 쓰싀'로 소리난다. 다만 관형사형 전성 어미를 '-ㅭ'으로 표기할 때에는, 뒤 체언의 초성을 된소리 대신에 '적, 것, 바, 스싀'와 같이 예사소리로 표기했다.4)

〈 객체 높임 선어말 어미에서 〉 용언의 어간에 객체 높임의 선어말 어미인 '-숩-'과 '-줍-'이 붙어서 활용할 때에, '-줍-/-숩-'의 초성 /ㅈ, ㅅ/이 된소리로 교체될 수가 있다.

(23) ㄱ. 阿難이 (大愛道의) 무쯔본대 [월석 10:18]
ㄴ. 그 저긔 四天王이 하늜 기부로 안숩바 金几 우희 연쯉고 [월석 2:39]
ㄷ. 마쯔비예 ᄆᆞᅀᆞ믈 놀라니 [용가 95장]
ㄹ. 天樂을 奏커늘 諸天이 조쯉고 하늜 고지 드르니이다 [월천 기14]

(24) ㄱ. 그 쁴 阿那律이 如來를 棺애 녀쑵고 [석상 23:27]
ㄴ. 龍王이 두리ᅀᆞ바 七寶 平床座 노쑵고 [월천 기191]
ㄷ. 迦葉이…香 퓌우며 곳 비쑵고 ᄀᆞ장 슬허 우러 [석상 23:42]

(23)의 '무쯔본대(← 묻-줍-ᄋᆞᆫ대), 연쯉고(← 엱-줍-고), 마쯔비(← 맞-줍-이), 조쯉고(← 좇-줍-고)'에서는 어간 뒤에 실현되는 '-줍-'의 초성 /ㅈ/이 /ㅉ/으로 교체되었다.5)

---

4) 이처럼 '-ㄹ' 뒤에서 일어나는 된소리된 형태를 '이실 저긔, 몯홀 거시니, 공경홀 배라, 쉴 스싀'로 표기하기도 했으나, 뒤 명사의 예사소리가 된소리로 나는 것은 마찬가지이다.

5) 객체 높임의 선어말 어미인 '-줍-'은 어간의 종성이 /ㄷ/일 때(표기상으로는 'ㄷ, ㅈ, ㅊ'일 때)에 실현된다. 15세기 국어에서는 이러한 환경에서 '-줍-'이 된소리되기에 따라서 '-쭙-'

그리고 (24)의 '녀쏩고(← 넣-습-고), 노쏩고(← 놓-습-고), 비쏩고(← 빟-습-고)'에서는, 어간의 종성인 /ㅎ/의 뒤에 실현되는 어미의 초성 /ㅅ/이 /ㅆ/으로 교체되었다.6)

〈체언과 체언 사이에서〉 체언과 체언 사이에서 사잇소리가 날 때에는, 뒤에 실현되는 체언의 초성이 된소리로 교체될 수 있다.

> (25) ㄱ. 目連의 슬픈 <u>우룸쏘리</u> 훤히 업스니라　　　　　　[월석 23:96]
>
> 　　ㄴ. 그 사ᄅᆞ미 緣故 업시 <u>눈쯔ᅀᅳ</u>를 뮈우디 아니ᄒᆞ야　[능언 2:109]
>
>
> (26) ㄱ. 두 鐵圍山 <u>쓰ᅀᅵ</u> 어드븐 ᄯᅡ해 地獄이 버러 잇ᄂᆞ니라　[월석 1:28]
>
> 　　ㄴ. 太子ㅣ 아ᄎᆞᆷ <u>쓰ᅀᅵ</u>예 八百里를 녀샤　　　　　　[석상 3:30]

(25)에서 '우룸쏘리, 눈쯔ᅀᅳ'는 앞 어근인 '우룸, 눈'에 뒤 어근인 '소리'와 'ᄌᅀᅳ'가 결합하여서 된 합성 명사이다. 이때 두 어근 사이에서 사잇소리가 나게 되므로, 뒤의 체언인 '소리'의 초성이 된소리로 바뀌어서 '우룸쏘리'와 '눈쯔ᅀᅳ'로 실현되었다. 그리고 (26)에서 앞 체언인 '鐵圍山'과 '아ᄎᆞᆷ'과 뒤에 체언인 '스ᅀᅵ'가 실현되었는데, 이때에도 '스ᅀᅵ'의 초성이 된소리로 바뀌어서 '쓰ᅀᅵ'로 실현되었다.

다. /ㄱ/이 /ɦ/로 교체됨

특정한 형태 · 음운론적 환경에서는 /ㄱ/으로 시작하는 조사나 어미의 /ㄱ/이 후두 유성 마찰음인 /ɦ/로 교체될 수 있다.7)

으로 교체되는 현상은 수의적으로 일어난다. 따라서 이들 환경에서 된소리로 교체되지 않은 예도 흔히 발견된다.(보기 : <u>받ᄌᆞᆸ거늘</u> [석상 3:38], <u>좃ᄌᆞᆸ거늘</u> [용가 36장])

6) /ㅎ/의 뒤에 예사소리의 자음이 결합하면 자음 축약에 따라서 같은 자리에서 발음되는 거센소리로 교체되는 것이 원칙이다. 그러나, /ㅅ/은 그에 대응되는 거센소리의 짝이 없으므로 거센소리로 축약될 수가 없다. 이러한 제약 때문에 종성의 /ㅎ/이 /ㄷ/으로 교체되고, /ㄷ/ 뒤에서 /ㅅ/이 된소리인 /ㅆ/으로 교체된 것으로 추정한다. 15세기 국어에서 종성 /ㅎ/이 /ㄷ/으로 바뀌는 것은 '<u>놋논디라</u>(놓-)[금상 5:25], <u>낟노라</u>(← 낳-)[월석 10:25], <u>졷ᄂᆞ니</u>(← 좋-)[능언 6:73]' 등의 예에서 확인된다.

7) 이렇게 /ㄱ/이 /ɦ/로 교체되는 현상은 /ㄱ/ 음소가 유성음 사이에서 약화된 결과인데, 이러한 현상을 음운의 교체로 보지 않고 /ㄱ/의 탈락으로 처리하기도 한다.(허웅 1986:436) 후두 유성 마찰음인 /ɦ/에 대하여는 이 책 47쪽의 내용을 참조.

첫째, 모음이나 /ㄹ/로 끝나는 체언 뒤에서 조사의 초성 /ㄱ/이 /ㅎ/으로 교체된다. 곧, 모음이나 /ㄹ/로 끝나는 체언 뒤에서 조사 '-과, -과로, -곳, -곰, -고/-가'의 초성 /ㄱ/이 /ㅎ/로 교체된다.

(27) ㄱ. 부텻 威嚴과 德과롤 가즐벼 獅子座ㅣ라 ᄒᆞᄂᆞ니라　　　　[석상 3:43]
　　　ㄴ. 仙人ᄃᆞᆯᄒᆡ 다 나못 것과 닙과로 옷 ᄒᆞ야 닙고　　　[석상 3:33]
　　　ㄷ. 生곳 이시면 老死苦惱ㅣ 좃ᄂᆞ니　　　　　　　　　[월석 2:22]
　　　ㄹ. 菩薩이 ᄀᆞᆺ 나샤 자부리 업시 四方애 닐굽 거름곰 거르시니　　　　　　　　　　　　　　　　　　　　　　　[월석 2:37]
　　　ㅁ. 얻논 藥이 므스것고　　　　　　　　　　　　　　　[월석 21:215]

(28) ㄱ. 입시울와 혀와 엄과 니왜 다 됴ᄒᆞ며　　　　　　　　[석상 19:7]
　　　ㄴ. 문자와로 서르 ᄉᆞᄆᆞᆺ디 아니ᄒᆞᆯᄊᆡ　　　　　　[훈언 서]
　　　ㄷ. 내 말옷 아니 드르면　　　　　　　　　　　　　　[월석 2:5]
　　　ㄹ. 八千里象ᄋᆞᆫ ᄒᆞᄅᆞ 八千里옴 녀는 象이라　　　[월석 7:52]
　　　ㅁ. 사호매 서르 맛나믄 ᄯᅩ 어느 날오　　　　　　　　[두언 21:16]

(27)에서는 /ㄹ/을 제외한 자음 뒤에서 조사 '-과, -곳, -곰, -고'이 실현되었다. 반면에 (28)에서는 이들 조사가 모음이나 /ㄹ/ 뒤에서 초성 /ㄱ/이 /ㅎ/로 교체되어, 각각 '-와, -옷, -옴, -오'로 실현되었다.

둘째, '-거-; -거늘, -거든, -거나, -거니와, -고, -고도, -곡, -고져, -과뎌, -게, -곤, -고/-가' 등과 같이 /ㄱ/으로 시작하는 어미의 초성인 /ㄱ/이 /ㅎ/로 교체된다. 곧, /ㄹ/이나 /j/로 끝나는 어간 혹은 '-이다, 아니다'의 어간, 그리고 선어말 어미 '-리-, -니-'의 뒤에서 /ㄱ/으로 시작하는 용언의 어미는 후두 유성 마찰음인 /ㅎ/로 교체된다.

(29) ㄱ. 다ᄉᆞᆺ 곳 두 고지 空中에 머믈어늘　　　　　　　　[월천 기7]
　　　ㄴ. 올ᄒᆞᆫ 녁 피는 女子ㅣ ᄃᆞ외어늘　　　　　　　　[월석 2:7]
　　　ㄷ. 百姓이 하늘히어늘 時政이 不恤ᄒᆞᆯᄊᆡ　　　　　[용가 120]
　　　ㄹ. 太子ㅣ ᄌᆞ걋 오ᄉᆞᆯ 보시니 出家ᄒᆞ 오시 아니어늘　[석상 3:30]

ㅂ. 그듸롤 거스디 아니호리<u>어늘</u> 이제 엇뎨 怨讐를   [석상 11:34]
　　니ᄌ시ᄂ니

ㅁ. 다시 묻노라 네 어드러 가ᄂ니<u>오</u>   [두언 8:6]

여기서는 /ㄱ/으로 시작하는 어미의 대표로서 '-거늘'을 선정하여 /ㄱ/이 /ɦ/로 교체
되는 현상을 확인하기로 한다. (ㄱ)의 '머믈어늘'은 어간 /ㄹ/ 뒤에서, (ㄴ)의 'ᄃ외어
늘'은 어간 /j/ 뒤에서, (ㄷ)의 '하ᄂᆯ히어늘'은 서술격 조사인 '-이-' 뒤에서, (ㄹ)의
'아니어늘'은 '아니다'의 어간 뒤에서, (ㅂ)과 (ㅁ)의 '아니호리어늘, 가ᄂ니오'는 선어
말 어미 '-리-'와 '-니-'의 뒤에서 어미의 /ㄱ/이 /ɦ/로 교체되었다.

3.2. 탈락

음운의 '탈락' 현상으로는 '자음이 탈락하는 것'과 '모음이 탈락하는 것'이 있다.

3.2.1. 자음의 탈락

가. 자음군 단순화

15세기 국어에서는 음절의 종성의 자리에 일부 자음군(겹자음)이 실현될 수 있었다.

(30) ㄱ. <u>흙</u>과 [석상 20:37], <u>둙</u>과를 [구언 상:10], <u>숡</u>과는 [두언 8:12] ; <u>ᄆᆰ</u>고 [월석 서:1]
　　ㄴ. 스믈여<u>듧</u> [훈언 3] ; <u>엷</u>디 [월석 4:47], <u>넓</u>디 [월석 21:119], <u>솗</u>거니[용가 72장]
　　ㄷ. <u>옮</u>교미 [능언 1:3] , <u>ᄉᆱ</u>기더니 [월석 23:81]
　　ㄹ. <u>믌</u>결 [능언 1:113], 바<u>ᄅᆳ</u>믈 [능언 9:34]

(31) ㄱ. 江漢애 <u>낛</u>줄 드리워 고기 <u>났</u>ᄂ니 잇더라   [21:13]
　　ㄴ. 내 <u>갑</u>과 내 일훔과 가져다가 聖人ᄭ의 받ᄌᆞᆸ쇼셔   [월석 8:94]

(32) ㄱ. 뎌 주거미 무루피며 바리며 다 놀여 믄득 줏그리 <u>앉거늘</u> [석상 6:30]

  ㄴ. 므싀여운 화를 能히 시울 <u>엱디</u> 몯ᄒ니   [두언 22:32]

(30)에서는 /ㄺ/, /ㄼ/, /ㄻ/, /ㄽ/ 등의 'ㄹ'계 자음군(겹자음)이 음절의 종성에 실현되었다. (31)에서는 /ㄳ/, /ㅄ/의 자음군 쓰였는데, /ㄳ/은 (ㄱ)의 '낛'처럼 체언이나 '낛-'처럼 용언의 어간에 다 실현된 반면에8), /ㅄ/은 (ㄴ)의 '값'처럼 체언에서만 종성으로 쓰였다. (32)의 '앉-'이나 '엱-'처럼 어간에 자음군인 /ㄵ/이 쓰이기도 했다.

  이렇게 15세기 국어에서 종성에서 자음군이 실현되는 현상은 현대 국어에서는 볼 수 없는 특수한 현상이다. 이러한 예를 제외하면 15세기 국어에서도 '자음군 단순화 현상'이 일어났음을 확인할 수 있다.

〈/ㄼ/→/ㅅ/〉 체언 사이에 실현되는 관형격 조사인 'ㅅ'이나 사이시옷의 앞에서 체언의 /ㄹ/이 수의적으로 탈락할 수 있다. 곧, /ㄹ/로 끝난 체언이 다른 체언 앞에서 관형어로 쓰일 때에, 두 체언 사이에서 사잇소리가 일어나면 앞 체언의 끝 소리 /ㄹ/이 수의적으로 탈락할 수 있다.

(33) ㄱ. 尾閭ᄂ <u>바ᄅᆳ믈</u> ᄲᅡ디는 짜히라   [능언 9:34]

  ㄴ. 쇽졀업시 새 <u>바ᄅᆺ믈</u> 몌우믈 ᄒᆞ놋다   [두언 20:15]

(34) ㄱ. 복셨고즌 ᄀᆞᄂᆞ리 <u>버듨고즐</u> 조차 디고   [두언 11:21]

  ㄴ. <u>버듯고지</u> 눈 디ᄃᆺ ᄒᆞ야 힌 말와매 두펫ᄂᆞ니   [두언 11:18]

(33)과 (34)에서 '바ᄅᆯ'과 '버들'은 그 뒤에 사잇소리가 실현되면, (ㄱ)처럼 '바ᄅᆳ믈'과 '버듨고즐'의 형태로 실현되는 것이 일반적이다. 하지만 이들 단어들은 (ㄴ)처럼 체언의 끝 자음인 /ㄹ/이 탈락되어서 '바ᄅᆺ, 버듯'의 형태로 실현될 수도 있다. 이처럼 관형격 조사인 'ㅅ'이나 사이시옷의 앞에서 /ㄹ/이 탈락하는 것은 수의적인 현상인데, '바ᄅᆯ(海), 버들(柳), 섨(元旦), 믌(衆), 믌(水)' 등에서 /ㄹ/이 수의적으로 탈락했다.

〈/ㅺ/, /ㅼ/→/ㅅ/〉 /ㅅ/으로 시작하는 자음군인 /ㅺ/이나 /ㅼ/이 음절의 끝소리

---

8) 단, /ㄳ/의 자음군을 가진 '셗슬[용가 58장]'의 '셗'은 '우리 무리 ᄆᆞᆯ <u>셕</u> 잡고 [두언 8:27]'에서는 예외적으로 /ㅅ/이 탈락하였다.

로 쓰이면, 자음이나 휴지 앞의 환경에서 /ㄱ/과 /ㄷ/이 탈락하여 /ㅅ/만 실현된다.

(35) ㄱ. 太子ㅣ 門 <u>밧긔</u> 보아 지라 ᄒᆞ야시ᄂᆞᆯ　　　　　[석상 3:16]
　　　ㄴ. 隍은 城 <u>밧</u> 모시라　　　　　　　　　　　　[능언 1:34]

(36) ㄱ. 여러 王ᄃᆞᆯ히 … 머리 <u>가ᄭᅡ</u> 法服을 니브리도 보며　[석상 13:20]
　　　ㄴ. 難陁ㅣ 怒ᄒᆞ야 머리 <u>갓ᄂᆞ</u> 사ᄅᆞᄆᆞᆯ 주머귀로 디르고　[월석 7:8]

(37) ㄱ. 麗運이 衰ᄒᆞ거든 나라ᄒᆞᆯ <u>맛ᄃᆞ시릴ᄊᆞᆯ</u>　　　　[용가 6장]
　　　ㄴ. 十身이 두려워 佛子ㅣ ᄃᆞ외야 부텻 이ᄅᆞᆯ <u>맛ᄂᆞ니</u>　[능언 8:28]

(35)에서 '밧'은 (ㄱ)처럼 모음으로 시작하는 조사 '-의'이 붙어서 활용하면 '밧긔'로 실현되었으나, (ㄴ)처럼 휴지 앞에 쓰일 때에는 끝 자음 /ㄱ/이 탈락하여 '밧'으로 실현되었다. (36)에서 '갔다'는 (ㄱ)처럼 모음으로 시작하는 어미 '-아'가 붙어서 활용하면 '가ᄭᅡ'로 실현되나, (ㄴ)처럼 자음으로 시작하는 어미가 실현되면 /ㄱ/이 탈락하여 '갓ᄂᆞ'의 형태로 실현된다. (37)에서 '맜다'는 (ㄱ)처럼 모음으로 시작하는 어미 '-ᄋᆞ시-'가 붙어서 활용할 때는 '맛ᄃᆞ시릴ᄊᆞᆯ'로 실현되었으나, (ㄴ)처럼 자음으로 시작하는 어미의 앞에서는 /ㄷ/이 탈락하여 '맛ᄂᆞ니'의 형태로 실현된다.

〈/ㅄ/→/ㅂ/〉 <u>용언에서</u> 어간 끝 음절의 받침소리가 /ㅄ/일 때에, 그 뒤에 자음으로 시작하는 어미가 붙으면, 뒤의 자음 /ㅅ/이 탈락하여 /ㅂ/으로 실현된다.[9]

(38) ㄱ. 討賊이 겨를 <u>업스샤ᄃᆡ</u> 션ᄇᆡ를 ᄃᆞᅀᆞ실ᄊᆞᆯ　[용가 80장]
　　　ㄴ. <u>업던</u> 번게를 하ᄂᆞᆯ히 ᄇᆞᆯ기시니　　　　　[용가 30장]

(38)에서 '없다'는 (ㄱ)처럼 '없-'에 모음으로 시작하는 어미인 '-으샤ᄃᆡ'가 붙어서 활용하면, 변동이 일어나지 않아서 '업스샤ᄃᆡ'로 실현된다. 그러나 (ㄴ)처럼 '없-'에 자음으로 시작하는 어미 '-던'이 붙으면 어간 끝 음절의 겹받침 중에서 /ㅅ/이 탈락하여 '업던'으로 실현된다.

---

9) 다만, <u>체언에서는</u> 앞의 (31ㄴ)에 제시된 '값#'처럼 종성의 자리에 /ㅄ/의 자음군이 실현되었다.

〈/ㅭ/→/ㄹ/〉 용언 어간의 끝 음절의 종성이 /ㅭ/일 때에, 그 뒤에 /ㄴ/으로 시작하는 어미와 결합할 때에는 /ㅭ/의 /ㅎ/이 탈락한다.

(39) ㄱ. 이 브리 엇던 緣으로 숫글흐며　　　　　　　　[월석 21:25]
　　　ㄴ. 罪人을 글ᄂᆞᆫ 가마애 드리티ᄂᆞ니라　　　　　[월석 1:29]

(40) ㄱ. 舍利弗이… 怨害鬼 게 툐ᄆᆞᆯ 맛나 定에 나 머리 알흐니　[능언 5:74]
　　　ㄴ. 녜브터 알ᄂᆞᆫ 닛 病이 됴커든　　　　　　　[두언 9:16]

(39)와 (40)에서 '긇-'과 '앓-'은 (ㄱ)처럼 그 뒤에 모음으로 시작하는 어미가 오면 /ㄹ/과 /ㅎ/이 유지된다. 반면에 (ㄴ)처럼 '긇-'과 '앓-'의 뒤에 /ㄴ/으로 시작하는 어미가 결합하여 활용하면, /ㅭ/에서 /ㅎ/이 탈락하여 '글-'과 '알-'로 실현되었다.

나. /ㅎ/의 탈락

체언의 종성 /ㅎ/은 그 뒤에 /ㄱ, ㄷ/을 제외한 나머지 자음으로 시작하는 조사나 휴지 앞에서 실현될 때에는 탈락한다.10)

(41) ㄱ. 劒은 갈히라　　　　　　　　　　　　　　　[월석 23:49]
　　　ㄴ. 져믄 나해 글 스기와 갈 쓰기와 비호니　　　[두언 7:15]

(42) ㄱ. 鼻ᄂᆞᆫ 고히라　　　　　　　　　　　　　　[석상 19:9]
　　　ㄴ. 고 고ᄋᆞ고 니 골오 뷘 입 십고 방긔 니르리 ᄒᆞ며　[석상 3:25]

(43) ㄱ. 여슷 길헤 횟도녀 잢간도 머므디 몯ᄒᆞ며　　　[월석 서:4]
　　　ㄴ. 四海ᄅᆞᆯ 平定ᄒᆞ샤 길 우희 糧食 니저니　　　[용가 53장]

(44) ㄱ. 그윗 지조ᄂᆞᆫ 이 내ᄒᆞᆯ 건내ᄂᆞᆫ 功인 디 아노라　[두언 15:35]
　　　ㄴ. 못도 믈ᄀᆞ며 냇믈도 아름답더니　　　　　　[월천 기362]

---

10) 15세기 옛말에서는 /ㅎ/으로 끝나는 체언이 약 80개 가량 있었다.(이 책 139쪽의 내용 참조.)

(41~44)의 '갈ㅎ, 고ㅎ, 길ㅎ, 내ㅎ' 등이 (ㄱ)에서는 끝 받침 소리인 /ㅎ/이 모음 앞에서 그대로 쓰이였다.[11] 반면에 (ㄴ)에서처럼 /ㄱ, ㄷ/을 제외한 자음(사잇소리 표기의 '-ㅅ'을 포함)이나 휴지 앞에서는 이들 단어의 /ㅎ/이 탈락했다.

다. /ㄹ/의 탈락

어간의 끝 음절에 실현된 종성이 /ㄹ/일 때에, 그 뒤에 /ㄷ, ㄴ, ㅿ/이나 /ㅈ/으로 시작하는 어미가 붙어서 활용하면, 어간의 종성인 /ㄹ/이 탈락한다.

(45) ㄱ. 智慧ㅅ 門이 <u>아로</u>미 어려보며		[석상 13:36]
ㄴ. 활 쏘리 하건마른 武德을 <u>아른</u>시니		[용가 45장]
ㄷ. 님금하 <u>아른</u>쇼셔		[용가 125장]

(46) ㄱ. 南塘ㅅ 길흘 <u>아</u>디 몯ㅎ다니 이제 第五橋를 알와라		[두언 15:7]
ㄴ. 내 그듸를 <u>아</u>노니 빌먹는 것바시라		[월석 22:58]
ㄷ. 空生이 果然 能히 부텻 뜨들 <u>아</u>습고		[금삼 2:66]

(47) ㄱ. 머리 셰두록 서르 브리디 <u>마져</u>		[두언 16:18]
ㄴ. <u>사져</u> 죽져 ㅎ야		[두언 23:49]

'알다'는 (45)처럼 모음으로 시작하는 어미인 '-옴, -ᄋ시-, -ᄋ쇼셔'이 붙어 활용하면, '아로미, 아른시니, 아른쇼셔'처럼 어간의 끝 소리인 /ㄹ/이 그대로 쓰였다. 반면에 (46)처럼 어미 '-디, -ᄂ-, -습-'이 붙어서 활용하면, 어간의 끝 소리 /ㄹ/이 탈락하여 '아디, 아노니, 아습고'로 실현되었다. 그리고 '말다'와 '살다'는 (47)처럼 어간에 청유형 종결 어미인 '-져'가 붙어 활용하면 어간의 끝 소리인 /ㄹ/이 탈락하여 '마져, 사져'로 실현되었다. 이처럼 어간의 끝소리 /ㄹ/이 /ㅈ/ 앞에서 탈락하는 것은 용례가 매우 드물다.

그런데 합성어나 파생어에서도 앞 어근의 종성인 /ㄹ/의 뒤에, /ㄴ/이나 /ㅅ/으로

---

11) 체언 뒤의 /ㅎ/인 /ㄱ, ㄷ/의 자음 앞에서는, /ㅎ/이 /ㄱ, ㄷ/과 합쳐져서 /ㅋ, ㅌ/으로 바뀌었다.(자음 축약)

시작하는 뒤 어근이 올 때에는, 앞 어근의 /ㄹ/이 수의적으로 탈락하는 수가 있다.

(48) ㄱ. <u>아들님</u>이 나샤 나히 닐구비어늘   [월천 기238]
      ㄴ. 아바님 일후믄 淨飯이시고 <u>아ᄃ님</u> 일후믄 羅怙ㅣ시고   [월석 2:9]

(49) ㄱ. 文殊 普賢 둘히 <u>돌닔긔</u> 구룸 몯ᄃ시니   [월천 기83]
      ㄴ. 金色 모야히 <u>ᄃ닔</u> 光이러시다   [월석 2:51]

(50) ㄱ. 甲 니브시고 <u>활살</u> ᄎ시고 槍 자ᄇ시고   [월석 10:27]
      ㄴ. 士卒이 <u>화살</u> 업슨 사ᄅ만 브레 ᄃ라드더니   [삼행 忠:28]

(48~50)의 (ㄱ)에서는 '아들님, 돌님, 활살'으로 실현되었는데, (ㄴ)의 '아ᄃ님, ᄃ님, 화살' 등에서는 앞 어근의 종성 /ㄹ/이 뒤 어근의 초성 /ㄴ, ㅅ/ 앞에서 탈락했다. 다만, (48~50)에서 일어나는 /ㄹ/ 탈락은 일부 합성 명사나 파생 명사에서 어근과 어근이 결합하는 과정에서 일어나는 개별적 변동이다.

3.2.2. 모음의 탈락

체언이나 어간의 끝 모음이 특정한 음운 환경에서 탈락하는 경우가 있다.

가. / · /, /—/의 탈락

끝 음절의 모음이 / · /, /—/인 체언이나 용언의 어간에 모음으로 시작하는 조사나 어미가 결합하면, 체언이나 어간의 끝 모음인 / · /나 /—/가 탈락한다. 곧, 체언인 'ᄃ, ᄉ ; ᄢ(時)'와 용언인 'ᄑ다(鑿), 다ᄋ다(盡) ; 크다(大), 더으다(加)'의 / · /나 /—/가 모음 앞에서 탈락하는 것이다.

(51) ㄱ. 엇던 <u>ᄃ로</u> 法이 性이 다 업스뇨   [선언 상:111]
      ㄴ. 첫소리를 어울워 ᄡ<u>디</u>면 글바 쓰라   [훈언 12]

(52) ㄱ. 盡은 다을 씨라   [석상 서:2]

　　ㄴ. 福이 다아 衰ᄒ면 受苦ᄅᄫᅵ요미 地獄두고 더으니   [월석 1:21]

(53) ㄱ. 밤낮 여슷 ᄢᅳ로 하ᄂᆞᆶ 曼陁羅花ㅣ 듣거든   [월석 7:65]

　　ㄴ. 값간도 ᄇ릴 ᄢᅴ 없스니라   [금언 83]

(54) ㄱ. 加ᄂᆞᆫ 더을 씨라   [훈언 13]

　　ㄴ. 새 ᄆᆡᇰᄀᆞ논 글워레 고텨 다시 더어   [월석 서:19]

(51)과 (52)의 (ㄱ)에서 체언인 '드'와 어간인 '다ᅌᆞ-'는 자음으로 시작하는 조사나 어미가 결합하면, 끝 모음인 /ᆞ/가 그대로 실현되었다. 반면에 (ㄴ)처럼 모음로 시작하는 조사나 어미가 결합하면, '디면'이나 '다아'처럼 체언이나 어간의 끝 모음인 /ᆞ/가 탈락하였다. 그리고 (53)과 (54)의 (ㄱ)에서 체언인 'ᄢᅳ'와 어간인 '더으-'는 자음으로 시작하는 조사나 어미가 결합하면, 종성의 /ㅡ/가 그대로 실현되었다. 반면에 (ㄴ)처럼 모음으로 시작하는 조사나 어미가 결합하면 'ᄢᅴ'나 '더어'처럼 끝 모음인 /ㅡ/가 탈락하였다.

나. /ㅏ, ㅓ/와 /ㅗ, ㅜ/의 탈락

용언의 어간이 /ㅏ/, /ㅓ/, /ㅗ/, /ㅜ/로 끝나고 어미가 동일한 모음으로 시작할 때에, 어간이나 어미의 /ㅏ/, /ㅓ/, /ㅗ/, /ㅜ/가 탈락할 수 있다.

첫째, 어간이 /ㅏ/, /ㅓ/로 끝날 때에 /ㅏ/, /ㅓ/로 시작하는 어간이나 어미의 /ㅏ/, /ㅓ/가 수의적으로 탈락할 수 있다.

(55) ㄱ. 天帝釋이 … 忉利天에 가아 塔 일어 供養ᄒᅟᅢᆸ더라   [석상 3:14]

　　ㄴ. 天道ᄂᆞᆫ 하늘해 가 나ᄂᆞᆫ 길히오   [석상 3:19]

(56) ㄱ. (兩分이) … 門 밧긔 셔어 겨샤   [월석 8:84]

　　ㄴ. 菩薩이 ᄃᆞ니시며 셔 겨시며 안ᄌᆞ시며 누ᄫᅳ샤매   [월석 2:26]

(55)와 (56)에서 '가다'와 '셔다'의 어간은 각각 모음 /ㅏ/, /ㅓ/로 끝난다. 이러한 어간에 동일한 모음인 /ㅏ/, /ㅓ/로 시작하는 어미가 결합되면, (ㄱ)처럼 '가아', '셔어'로 실현될 수도 있고 (ㄴ)처럼 '가'와 '셔'로 실현될 수도 있었다.

둘째, /ㅏ/, /ㅗ/, /ㅓ/, /ㅜ/로 끝나는 용언의 어간에 /ㅗ/, /ㅜ/로 시작하는 어미가 결합할 때에, 어미의 /ㅗ/, /ㅜ/가 탈락할 수 있다.

(57) ㄱ. 世尊하 내 이제 娑婆世界예 <u>가미</u> 다 如來ㅅ 히미시며　　　[석상 20:37]

ㄴ. ᄆᅀᆞ매 <u>두믈</u> 닐오ᄃᆡ 思ㅣ오　　　[능언 6:4]

ㄷ. 王이 놀라샤 讚嘆ᄒᆞ야 <u>니ᄅᆞ샤ᄃᆡ</u>　　　[석상 3:4]

ㄹ. 쏘 世間앳 衆生ᄋᆞᆯ 어엿비 너겨 護持홀 ᄆᅀᆞ믈 <u>내혀ᄃᆡ</u>　　　[월석 2:63]

(57)에서 (ㄱ)의 '가미(가- + -옴 + -이)', (ㄴ)의 '두믈(두- + -움 + -을)', (ㄷ)의 '니ᄅᆞ샤ᄃᆡ(니ᄅᆞ- + -시- + -오ᄃᆡ)', (ㄹ)의 '내혀ᄃᆡ(내혀- + -오ᄃᆡ)'에서는, 어간과 어미가 결합하는 과정에서 어미의 첫 모음인 /ㅗ/, /ㅜ/가 탈락하였다.[12]

다. /ㅣ/의 탈락

체언이 조사와 결합하거나 어간에 어미가 붙어서 활용할 때에는, 체언이나 어간의 끝 모음 /ㅣ/가 탈락하는 경우가 있다.

첫째, /ㅣ/로 끝나는 유정 체언에 관형격 조사 '-이/-의'나 호격 조사 '-아'가 결합하면, 체언의 끝 모음인 /ㅣ/가 탈락할 수 있다.

(58) ㄱ. 수프렛 <u>곳고리</u>는 지즈로 놀애 브르디 아니ᄒᆞ놋다　　　[두언 10:3-4]

ㄴ. <u>곳고릐</u> 놀애 더운 제 正히 하도다　　　[두언 8:46]

(59) ㄱ. 羅睺羅ㅣ … 도라가샤 <u>어미를</u> 濟渡ᄒᆞ야　　　[석상 6:1]

ㄴ. 子息이 … 어밀 ᄉᆞ랑호ᄃᆡ <u>어믜</u> 사랑홇 時節 ᄀᆞ티 ᄒᆞ면　　　[능언 5:85]

---

12) '니ᄅᆞ샤ᄃᆡ'는 '-오ᄃᆡ'의 /ㅗ/가 탈락하면서 동시에 '-시-'에 /j/가 첨가되어 '-샤-'로 변동했다.

(60) ㄱ. 아뫼나 겨지비 <u>아기</u> 나흟 時節을 當ᄒᆞ야 [석상 9:25]

　　　ㄴ. 비욘 <u>아기</u> 비디 쏘 二千 斤ㅅ 金이니이다 [월석 8:81]

　　　ㄷ. <u>아가 아가</u> 긴 劫에 몯 볼까 ᄒᆞ다니 [월석 23:87]

(58~60)에서 (ㄱ)에서는 '곳고리, 어미, 아기'의 끝 모음인 /ㅣ/가 탈락되지 않았다. 반면에 (ㄴ)이나 (ㄷ)에서는 '곳고리, 어미, 아기'의 뒤에 관형격 조사인 '-ᄋᆡ/-의'나 호격 조사인 '-아'가 실현되면서, 끝 소리 /ㅣ/가 탈락하여서 '곳골, 엄, 악'으로 실현되었다. 이렇게 /ㅣ/가 탈락하는 현상은 '아비, 아기, 가히, 늘그니, 다ᄅᆞ니, 行ᄒᆞ리'와 같은 유정 명사에만 적용되고, 무정 명사에는 적용되지 않았다.

　둘째, '이시다(有, 在)'에서 어간의 끝 모음인 /ㅣ/는 모음이나 매개 모음이 붙는 어미 앞에서는 그대로 유지되지만, 자음으로 시작하는 어미 앞에서는 탈락한다.

(61) ㄱ. 有情ᄃᆞᆯ히 病ᄒᆞ야 <u>이셔</u> 救ᄒᆞ리 업고 [월석 9:18]

　　　ㄴ. 가리라 ᄒᆞ리 <u>이시나</u> 長者ᄅᆞᆯ 브리시니 [용가 45장]

(62) ㄱ. 흔 仙人ᄋᆞᆫ 南녁 堀애 <u>잇고</u> 흔 仙人ᄋᆞᆫ 北녁 堀애 <u>잇거든</u> [석상 11:25]

　　　ㄴ. 그 대숩 스ᅀᅵ예 林淨寺ㅣ <u>잇더니</u> [월석 8:99]

(61)에서는 '이시-'가 모음으로 시작하는 어미인 '-어'나 매개 모음이 실현되는 '-(으)나'와 결합하여, '이셔'와 '이시나'로 실현되었다. 곧, '이시-'가 모음이나 매개 모음으로 시작한 어미와 결합하면, '이시-'의 끝 모음인 /ㅣ/가 탈락하지 않고 그대로 유지된 것이다. 반면에 (62)에서는 '이시-'가 자음으로 시작하는 어미인 '-고, -거든, -더-'와 결합하였다. 이때에 '이시-'의 끝모음인 /ㅣ/가 탈락하고 홀로 남은 /ㅅ/이 앞 음절의 종성의 자리로 옮겨서, '잇고', '잇거든', '잇더니'로 실현되었다.

3.3. 첨가

'음운의 첨가' 현상에는 자음이 첨가되는 것과 모음의 첨가되는 것이 있다.

가. /ㄹ/의 첨가

단음절의 대명사에 조사인 '-로, -와, -드려' 등이 결합할 때에는 대명사에 /ㄹ/이 첨가되는 수가 있다.

(63) ㄱ. 그듸 <u>날로</u> 腹心 사마 뒷ᄂᆞ니   [삼행 忠:17]
　　ㄴ. 내 반ᄃᆞ기 發明ᄒᆞ야 <u>널로</u> 더 나ᅀᅡ가게 호리라   [능언 4:101]
　　ㄷ. <u>일로</u>브터 아래ᄂᆞᆫ 다 우흘 견주어 사기라   [능언 4:110]
　　ㄷ. 鬚髮이 <u>절로</u> 쩌러디니이다   [능언 5:63]
　　ㄹ. 내 <u>눌로</u> 다ᄆᆞᆺᄒᆞ야 노니려뇨   [두언 24:35]

(64) ㄱ. 하ᄂᆞᆶ 가온ᄃᆡ ᄃᆞᆳ비치 됴ᄒᆞ니 <u>눌와</u> 보리오   [두언 6:15]
　　ㄴ. 너희 이 거슬 <u>날와</u> 달이 너기디 말라   [석상 4:60]

(65) ㄱ. 世宗이 <u>날드려</u> 니ᄅᆞ샤ᄃᆡ   [월석 서11]
　　ㄴ. 반ᄃᆞ기 <u>눌드려</u> 무르며 뉘 能히 對答ᄒᆞ려뇨   [법언 1:66]

첫째, (63)처럼 단음절의 대명사인 '나, 너, 이, 저, 누'에 부사격 조사인 '-로'가 결합하면, 대명사에 /ㄹ/이 첨가되어 '날, 널, 일, 절, 눌'로 실현되었다. 둘째, (64)처럼 대명사 '누'와 '나'에 부사격 조사 '-와'나 접속 조사 '-와'가 결합할 때에는, '누'와 '나'에 /ㄹ/이 첨가되어 각각 '눌'과 '날'의 형태로 실현되기도 했다. 셋째, (65)처럼 1인칭의 대명사인 '나'와 미지칭의 인칭 대명사인 '누'에 부사격 조사인 '-드려'가 결합될 때에는, '나'와 '누'에 /ㄹ/이 첨가되어서 '날'과 '눌'의 형태로 변동하였다. 이처럼 단음절이 대명사와 조사가 결합하는 과정에서 /ㄹ/이 첨가되는 것은 특정한 단어에서만 일어나는 개별적인 변동 현상이다.

나. 반모음 /j/의 첨가

체언과 조사, 어간과 어미, 어미와 어미 등이 결합할 때에, 모음과 모음이 이어서 나는 현상을 피하기 위하여 조사나 어미에 반모음인 /j/가 첨가될 수가 있다.

첫째, 체언이나 용언의 어간의 끝 소리가 /ㅣ/나 반모음 /j/일 때에, /ㅏ, ㅓ, ㅗ,

ㅜ/로 시작하는 조사나 어미와 결합하면, 조사나 어미에 반모음인 /j/가 첨가될 수 있다.

(66) ㄱ. 두리예 뻐딜 므를 넌즈시 치혀시니   [용가 87장]

     ㄴ. 소고물 아기 낟는 어믜 빅예 브르면 즉재 나흐리라   [구간 7:47]

(67) ㄱ. 枝流는 므리 가리여 나 正流 아닌 거시라   [원언 상1-1:23]

     ㄴ. 풍류 잘 홇 伎女 五百을 굴히야 서르 ㄱ라 뫼슨뱃게   [석상 3:5]
         호시니

     ㄷ. 識心이 뮈디 아니호면 疑心ㅅ 흐리유미 절로 몱ᄂ니   [금삼 서:二3]

     ㄹ. 舅氏의 封侯호문 皇子王 두외욤과 ㄱ트니   [내훈 2:48]

(66)에서는 체언인 '두리'와 '빅'에 조사인 '-에'가 결합하였는데, 조사 '-에'에 반모음 /j/가 첨가되어서 '-예'로 변동하였다. 그리고 (67)에서는 어간인 '가리-, 굴히-, 흐리-, 두외-'에 어미인 '-어, -아, -움, -옴'이 결합하였는데, 어미에 반모음 /j/가 첨가되어서 '-여, -야, -윰, -욤'으로 변동하였다.13)

둘째, 15세기 국어에서는 상대 높임의 선어말인 '-이-'의 모음 /ㅣ/에 영향을 받아서, 앞의 형태소에 반모음인 /j/가 첨가되어서 이중 모음이 형성될 수가 있다.

(68) ㄱ. 阿難 大衆이 다 술오디 소리 잇ᄂ이다   [능언 4:126]

     ㄴ. 이젯 陛下ㅅ 말ᄉ미 곧 녯 사르미 ᄆᆞᅀᆞ미로쇠이다   [내훈 2하:44]

     ㄷ. 不求自得괘이다   [법언 2:181]

(69) ㄱ. 내 그런 ᄠᅳ들 몰라 ᄒᆞ댕다   [석상 24:32]

     ㄴ. 그딋 마룰 드로니 ᄆᆞᅀᆞ매 來往ᄒᆞ야 닛디 몯ᄒᆞ리로쇵다   [내훈 2하:37]

     ㄷ. 부텨와 즁과롤 請ᄒᆞᅀᆞᆸ보려 ᄒᆞ뇡다   [석상 6:16]

---

13) 체언이나 어간의 끝 소리가 /ㅣ/나 /j/가 아닐 때에도, 용언 'ᄒᆞ다'의 어간 뒤에서 어미 '-아, -오' 등이 실현되면 반모음 /j/가 첨가되어서 '-야'나 '-욤'으로 변동할 수도 있다.
   (보기) 그 나라둘히 다 降服ᄒᆞ야 오니라 [석상 3:6], 行ᄒᆞ욤과…動作ᄒᆞ욤과 [월석 1:17]

(70) 祥瑞도 하시며 光明도 하시나 ㄹㆆ 업스실씩 오늘 몯 숩뇌   [월천 기26]

(68)에서 (ㄱ)의 '-뇌-', (ㄴ)의 '-쇠-', (ㄷ)의 '-괘-'는 각각 '-ㄴ-', '-소-', '-과-'에 반모음인 /j/가 첨가된 형태인데, 이는 그 뒤에 실현된 '-이-'의 모음 /ㅣ/에 역행 동화된 형태이다. 그리고 (69)에서 (ㄱ)의 '-대-', '-쇠-', '-뇌-'는 각각 선어말 어미인 '-다-', '-소-', '-노-(←-ㄴ- + -오-)'에 반모음 /j/가 첨가된 형태이며, (70)에서 '-뇌'는 '-노(←-ㄴ- + -오-)'에 반모음 /j/가 첨가된 형태이다.[14]

3.4. 모음의 탈락과 자음의 첨가

체언과 조사, 어간과 어미의 결합에서 '모음의 탈락'과 '자음의 첨가'가 동시에 일어날 수 있다.

3.4.1. 모음의 탈락과 /ㄱ/의 첨가

〈 체언과 조사가 결합할 때 〉 체언 중에서 '나모, 구무, 불무, 녀느'는 그 뒤에 모음으로 시작하는 조사가 결합하면, 체언의 끝 모음인 /ㅗ/, /ㅜ/, /ㅡ/가 탈락하면서 동시에 체언의 끝에 /ㄱ/이 첨가되어서, '낡, 굼, 붋, 년'의 형태로 실현된다.

(71) ㄱ. 나모 : <u>나모</u>와, <u>나모</u> 바근   [용가89장, 두언15:1]
     ㄴ. 낡 : 이 <u>남기</u> 잇고, <u>남군</u>, <u>남기</u>, <u>남글</u> [월석1:24, 용가2장, 용가84장, 용가86장]

---

14) /ㅣ/ 역행 동화에 따른 반모음 /j/의 첨가 현상은 15세기 국어에서는 아주 드물게 나타났다. 그러다가 16세기 후반에 제작된 언간문 등에서 이러한 예가 확대되었다가, 17세기부터는 『첩해신어』(1676) 등에 쓰인 구어체 문장에서 본격적으로 많이 나타났다. 참고로 (67~69)에 쓰인 예의 변동 과정을 보이면 다음과 같다. (보기) 잇뇌이다(← 잇ᄂᆞ이다), ᄆᆞ슨미로쇠이다(← ᄆᆞ슨미로소이다), 不求自得괘이다(← 不求自得과이다), ᄒᆞ댕다(← ᄒᆞ대이다 ← ᄒᆞ다이다), 몯ᄒᆞ리로쉥다(← 몯ᄒᆞ리로쇠이다 ← 몯ᄒᆞ리로소이다), ᄒᆞ녱다(← ᄒᆞ뇌이다 ← ᄒᆞ노이다), 숩뇌(← 숩뇌이다 ← 숩노이다)

(72) ㄱ. 구무 : <u>구무</u>둘해, <u>구무</u>마다, <u>구뭇</u> 안홀 [월석 8:26, 월석 21:5, 두언 18:15]

　　　 ㄴ. 굵 : <u>굼기</u>, <u>굼긔</u>, <u>굼글</u>, <u>굼기</u>라 [두언6:36, 석상13:10, 월석서:21, 월석서:21]

(73) ㄱ. 불무 : <u>불무</u> 야(= 冶), <u>불무</u>질　　　　　　　　[훈몽자회 하:16, 두언8:65]

　　　 ㄴ. 붊 : <u>붊기</u>라, <u>붊긔</u>　　　　　　　　　　　　　[금삼2:28, 두언24:59]

(74) ㄱ. 녀느 : <u>녀느</u> 아니라, <u>녀느</u> 夫人, <u>녀늣</u> 이룰 [능언4:23, 월석2:4, 내훈1:53]

　　　 ㄴ. 녆 : <u>년기</u>, <u>년글</u>　　　　　　　　　　　　　　[용가48장, 용가20장]

(71~74)에서 자음으로 시작하는 조사나 휴지 앞에서는 (ㄱ)처럼 '나모, 구무, 불무, 녀느'의 형태가 유지되었다.15) 반면에 모음 앞에서는 '낢, 굵, 붊, 녆'의 형태로 실현되었다. 곧, (71)에서 '나모'는 (ㄴ)처럼 모음으로 시작하는 조사인 '-이, -은, -익, -올'과 결합하면, 체언의 끝 모음인 /ㅗ/가 탈락하고 /ㄱ/이 첨가되어서, '남기, 남근, 남기, 남골'의 형태로 실현되었다. (72)에서 '구무'는 (ㄴ)처럼 모음으로 시작하는 조사인 '-이, -의, -을, -이다'와 결합하면, 체언의 끝 모음 /ㅜ/가 탈락하고 /ㄱ/이 첨가되어서 '굼기, 굼긔, 굼글, 굼기라'로 실현되었다. (73)에서 '불무'는 (ㄴ)처럼 모음으로 시작하는 조사인 '-이다, -의'와 결합하면, 체언의 끝 모음 /ㅜ/가 탈락하고 /ㄱ/이 첨가되어서 '붊기라, 붊긔'로 실현되었다. (74)에서 '녀느'는 모음으로 시작하는 조사인 '-이, -을'과 결합하면, 체언의 끝 모음 /ㅡ/가 탈락하고 /ㄱ/이 첨가되어서 '년기, 년글'로 실현되었다.

　〈 어간과 어미가 결합할 때 〉 '시므다/시ᄆᆞ다(植)'와 'ᄌᆞᄆᆞ다(沈/浸, 閉)'는 어간에 모음으로 시작하는 어미가 붙어서 활용하면, 어간의 끝 모음이 탈락하면서 동시에 /ㄱ/이 첨가된다.

(75) ㄱ. 여러 가짓 됴흔 根源을 <u>시므고</u>　　　　　　　　[석상 19:33]

　　　 ㄴ. 아마도 福이 조ᇫ록빅니 아니 <u>심거</u> 몯홀 꺼시라　[석상 6:37]

---

15) (71ㄱ)의 '나모와'는 원래는 '나모'의 뒤에 '-과'가 실현된 형태였는데, 이때에는 조사 '-과'의 /ㄱ/이 /ɦ/으로 교체된 형태이다. 따라서 '나모와'는 자음 앞에서 '나모'의 형태가 유지된 것으로 처리한다.

(76) ㄱ. 王이 … 오시 즈무기 우르시고   [월석 8:101]

      ㄴ. 청 믈 든 뵈 즘가 우러난 즙 서 되롤 머그라   [구간 6:36]

(75)에서 '시므다/시무다'는 (ㄱ)처럼 자음으로 시작하는 어미 앞에서 어간의 끝 모음인 /ㅡ/와 /·/가 그대로 유지되었다. 반면에 (ㄴ)에서는 모음으로 시작하는 어미 앞에서 어간의 끝소리인 /ㅡ/가 탈락하고 /ㄱ/이 첨가되어 '심거'로 실현되었다. 그리고 (76)에서 '즈무다(沈/浸)'와 '즈무다(鎖)'는 (ㄱ)처럼 자음으로 시작하는 어미 앞에서 어간의 끝 모음 /·/가 그대로 유지되었다. 그러나 (ㄴ)처럼 모음으로 시작하는 어미 앞에서 어간의 끝소리인 /·/가 탈락하고 /ㄱ/이 첨가되어 '즘가'로 실현되었다.

3.4.2. 모음의 탈락과 /ㄹ/의 첨가

〈 체언과 조사가 결합할 때 〉 '무르(棟)'와 '흐르(一日)'는 휴지나 자음 앞에서는 '무르', '흐르'로 실현되지만, 모음 앞에서는 '몰ㄹ'과 '홀ㄹ'로 실현된다.

(77) ㄱ. 무르 : 무르, 무르와, 무롯   [두언 3:10, 두언 24:10]

      ㄴ. 몰ㄹ : 몰리, 몰롤, 몰리니   [법언 2:103, 두언 24:17, 석상 19:8]

(78) ㄱ. 흐르 : 흐롯 內예, 흐르옴, 흐르도   [월석 서:16, 월석 1:37]

      ㄴ. 홀ㄹ : 홀롤, 홀른, 홀리어나   [법언 5:88, 월석 2:51, 월석 7:60]

곧, (77)과 (78)의 (ㄴ)처럼 '무르'와 '흐르'에 모음으로 시작하는 조사가 결합하면, 먼저 '무르'와 '흐르'의 끝 모음인 /·/가 탈락하고, 홀로 남은 /ㄹ/이 앞 음절의 끝소리로 이동하여 '몰, 홀'의 형태가 된다. 이와 동시에 /ㄹ/이 새롭게 첨가되어서 '몰ㄹ'과 '홀ㄹ'의 형태로 실현되는 것이 특징이다.

〈 어간과 어미가 결합할 때 〉 어간이 /·/, /ㅡ/로 끝나는 용언 중에서 '모르다(不知), 보르다(粧), 샌르다(速), 부르다(演), 브르다(呼), 흐르다(流)'는 /ㅏ, ㅓ/나 /ㅗ, ㅜ/로 시작하는 어미 앞에서, 어간의 끝 소리인 /·, ㅡ/가 탈락되는 동시에 어미의 첫 음절에 /ㄹ/이 첨가된다.

첫째, 어간의 끝 모음 /·/가 /ㅏ, ㅗ/로 시작하는 어미 앞에서 탈락하고, 남은 자음이 앞 음절의 받침소리로 되면서 /ㄹ/이 첨가될 수 있다.

(79) ㄱ. 天命을 <u>모루</u>실씨 꾸므로 알외시니   [용가 13장]
　　ㄴ. 須達이 禮를 <u>몰라</u> 흔 번도 아니 도라늘   [월천 기151]
　　ㄷ. 聲聞 緣覺이 <u>몰롤</u> 고디라   [월석 1:37]

(79)의 '모루다'는 (ㄱ)처럼 일반적인 음운 환경에서는 어간의 끝 모음 /·/가 그대로 쓰인다. 반면에 (ㄴ)과 (ㄷ)처럼 /ㅏ, ㅗ/로 시작하는 어미가 붙어서 활용하면, 어간의 끝 소리인 /·/가 탈락되고 홀로 남은 자음 /ㄹ/은 앞 음절의 받침소리가 된다. 그와 동시에 어미에 /ㄹ/이 첨가되어서 '몰라, 몰롤'으로 실현된다.

둘째, 어간의 끝 모음 /ㅡ/가 /ㅓ, ㅜ/로 시작하는 어미 앞에서 탈락하고, 남은 자음이 앞 음절의 받침소리로 되면서 /ㄹ/이 첨가될 수 있다.

(80) ㄱ. 山 우마다 <u>흐르는</u> 심과 못과 七寶行樹ㅣ 잇고   [석상 7:30]
　　ㄴ. 時節이 올마 <u>흘러</u> 가면   [석상 19:11]
　　ㄷ. ㄱ릇미 <u>흘루미</u> 氣運이 꾸티 아니ᄒ도다   [두언 7:12]

(80)의 '흐르다'는 (ㄱ)처럼 일반적 음운 환경에서는 어간의 끝 모음 /ㅡ/가 그대로 쓰인다. 반면에 (ㄴ)과 (ㄷ)처럼 /ㅓ, ㅜ/로 시작하는 어미가 붙어서 활용하면, 어간의 끝 소리 /ㅡ/가 탈락하고 홀로 남은 자음 /ㄹ/은 앞 음절의 받침소리로 되고 동시에 어미에 /ㄹ/이 첨가되어서 '흘러, 흘룸'으로 실현된다.

3.4.3. 모음 탈락과 /ɦ/의 첨가

〈 체언과 조사가 결합할 때 〉 'ㄱ릇, ㄴ릇 ; 아ᅀᆞ, 여ᅀᆞ'처럼 /ㄹ/나 /ᅀᆞ/로 끝난 체언에 모음으로 시작하는 조사가 결합될 때에는, 체언의 끝 모음 /·/가 탈락하고 /ɦ/이 첨가될 수 있다.

(81) ㄱ. 몰애 ᄀᄂ로미 <u>ᄀᄅ</u> ᄀᄂ롬 ᄀᄒᆞᆯᄉᆡ   [원언 상2-2:154]

     ㄴ. 쏘 무근 ᄇᄅ맷 훍 <u>ᄀᆯ으로</u> 둡ᄂ니라   [구언 상:73]

(82) ㄱ. 導師ᄂᆫ <u>ᄂᄅ</u> ᄀᄅ치ᄂᆫ 사ᄅ미니   [법언 3:173]

     ㄴ. 綿州ㅅ ᄀᄅᆷᄆᆞᆯ 東녁 <u>ᄂᆯ의</u> 魴魚ㅣ 뛰노니   [두언 16:62]

(83) ㄱ. 그 王이 즉자히 나라ᄒᆞᆯ <u>아ᅀ</u> 맛디고   [석상 21:43]

     ㄴ. 江東애 갯ᄂᆫ <u>아ᇫ올</u> 보디 몯ᄒᆞ야   [두언 11:3]

(84) ㄱ. <u>여ᅀ</u>ᄂᆫ 疑心 하고   [법언 2:111]

     ㄴ. 狐ᄂᆫ <u>여ᇫ</u>이니 疑心 한 거시라   [금삼 3:61]

(81~84)에서 (ㄱ)의 'ᄀᄅ(粉), ᄂᄅ(津), 아ᅀ(弟), 여ᅀ(狐)' 등의 체언은 끝 소리가 /ㆍ/로 끝났다. 이들 체언이 (ㄴ)처럼 모음으로 시작하는 조사와 결합하면 체언의 끝 모음인 /ㆍ/가 탈락하고, 동시에 조사의 첫 초성으로 유성 후두 마찰음인 /ɦ/가 첨가된다. 이에 따라서 체언의 끝 자음인 /ㄹ/과 /ㅿ/은 앞 음절의 끝 소리로 옮아서, 'ᄀᆯ, ᄂᆯ, 아ᇫ, 여ᇫ'의 형태로 실현된다.

〈어간과 어미가 결합할 때〉 어간이 /ᄅ/, /르/로 끝나는 용언 중에서 '다ᄅ다(異), ᄇᅀ다(破) ; 기르다(養), 비스다(粧)' 등은 /ㅏ/, /ㅓ/나 /ㅗ/, /ㅜ/로 시작하는 어미 앞에서, 어간의 끝 모음인 /ㆍ/, /一/가 탈락한다. 그리고 남은 자음이 앞 음절의 종성으로 실현되면서 동시에 어간의 끝에 유성 후두 마찰음인 /ɦ/이 첨가된다.

(85) ㄱ. ᄂᆷ 뜯 <u>다ᄅ</u>거늘 님그믈 救ᄒᆞ시고   [용가 24장]

     ㄴ. 나랏 말ᄊᆞ미 中國에 <u>달아</u>   [훈언 1]

     ㄷ. 隱居ᄒᆞ니와 <u>달오라</u>   [두언 20:26]

(86) ㄱ. 고ᄌᆞ로 <u>비ᅀ</u> 각시 世間ㅅ 風流를 들이ᅀᆸ더니 [월천 기51]

     ㄴ. 夫人이 … ᄀᆞ장 <u>빚어</u> 됴ᄒᆞᆫ 양 ᄒᆞ고   [월석 2:5]

     ㄷ. 오ᅀᆞ로 <u>빚오</u>ᄆᆞᆯ 이룷ᄉᆞ 붓그리다니   [월천 기121]

(85)의 '다ᄅ다'와 (86)의 '비스다'는 (ㄱ)처럼 일반적인 음운 환경에서는 어간의 끝 모음인 /·/와 /ㅡ/가 그대로 쓰인다. 반면에 (ㄴ)과 (ㄷ)처럼 /ㅏ/, /ㅓ/나 /ㅗ/, /ㅜ/로 시작하는 어미가 붙어서 활용하면, 어간의 끝 소리인 /·/와 /ㅡ/가 탈락하고 홀로 남은 /ㄹ/과 /ㅿ/은 앞 음절의 받침소리가 된다. 이와 동시에 어미에 유성 후두 마찰음인 /ɦ/가 첨가되어서 '달아, 달오라'와 '빗어, 빗오ᄆ롤' 등으로 실현되었다.

3.5. 축약

'축약'은 자음이나 모음의 두 음소가 하나의 음소로 줄어지는 변동 현상이다.

가. 자음의 축약

두 형태소가 결합하는 과정에서 예사소리인 /ㄱ/, /ㄷ/, /ㅂ/, /ㅈ/이 /ㅎ/에 이어지면, 거센소리인 /ㅋ, ㅌ, ㅍ, ㅊ/으로 축약된다. 이러한 현상을 '자음 축약'이라고 한다.

첫째, 체언과 조사가 결합할 때에, 체언의 종성인 /ㅎ/과 조사의 초성인 예사소리가 하나의 거센소리로 축약된다.[16]

(87) ㄱ. 눈과 귀와 <u>고콰</u> 혀와 몸과 ᄠᅳᆮ과 이 여슷 것과 어울ᅱ   [금삼 1:20]
    ㄴ. 여듧 道士ㅣ 막다히 딥고 <u>뫼토</u> 나ᄆ며 <u>내토</u> 걷나   [월석 20:64]

(87)에서는 체언인 '고ㅎ, 뫼ㅎ, 내ㅎ, 안ㅎ'에 조사인 '-과, -도'가 결합하였는데, (ㄱ)의 '고콰'에서는 /ㅎ/과 /ㄱ/이 /ㅋ/으로 축약되었고, (ㄴ)의 '뫼토'와 '내토'에서는 /ㅎ/과 /ㄷ/이 /ㅌ/<u>으로</u> 축약되었다.

둘째, 용언의 어근이나 어간이 파생 접미사나 어미와 결합할 때에, 예사소리와 /ㅎ/이 결합하여 하나의 거센소리로 축약된다.

---

16) 이 경우에는 축약이 일어나기 전에 먼저 /ㅎ/ 끝소리와 예사소리가 서로 위치를 바꾼다. 곧, 'ㅎ/+/ㄱ, ㄷ/'에서 '/ㄱ, ㄷ/+/ㅎ/'으로 음소의 위치가 바뀌고 나서 축약 현상이 일어난다.

(88) ㄱ. 說法을 <u>마키디</u> 아니ᄒᆞ샤ᄆᆞ로 妙音이시고　　　　[능언 6:66]

　　ㄴ. 大聖이 또 能히 悲願으로 <u>구티시고</u> 神力으로 일우실씨　[월석 18:32]

　　ㄷ. 阿彌陁佛ㅅ 變化로 法音을 <u>너피실씨</u>　　　　　　　[월석 7:59]

　　ㄹ. 比丘란 노피 <u>안치시고</u> 王ᄋᆞᆫ ᄂᆞᆺ가비 안ᄌᆞ샤　　　[월석 8:91]

(89) ㄱ. ᄒᆞᆫ ᄯᆞ님 <u>나코</u> 그 아비 죽거늘　　　　　　　　[석상 11:40]

　　ㄴ. 微塵과 自性이 서르 <u>다티</u> 아니ᄒᆞ며　　　　　　　[능언 5:68]

(88)에서 '마키디, 구티시고, 너피실씨, 안치시고'는 어근인 '막-, 굳-, 넙-, 앉-'에 접미사인 '-히-'가 붙어서 파생어가 되었다. 이 과정에서 어근의 종성인 /ㄱ/, /ㄷ/, /ㅂ/, /ㅈ/과 접미사의 초성 /ㅎ/이 한 음소로 축약되어서 각각 /ㅋ/, /ㅌ/, /ㅍ/, /ㅊ/ 으로 변동하였다. 그리고 (89)에서 '나코'와 '다티'는 어간인 '낳-'과 '닿-'에 어미인 '-고'와 '-디'가 결합하는 과정에서, 어간의 종성인 /ㅎ/과 어미의 초성인 /ㄱ/, /ㄷ/ 이 한 음소로 축약되어서 각각 /ㅋ/, /ㅌ/으로 변동하였다.

　　셋째, 합성 명사에서 어근과 어근이 결합할 때에, 앞 어근의 종성인 /ㅎ/과 뒤 어근 의 초성인 예사소리가 결합하여 하나의 거센소리로 축약된다.

(90) ㄱ. <u>암툴기</u> 아ᄎᆞ미 우러 뻐 災禍ᄅᆞᆯ 닐위요미 업서ᅀᅡ ᄒᆞ리라 [내훈 2 상:17]

　　ㄴ. ᄆᆞᅀᆞ미 믈가 <u>안팟기</u> 훤ᄒᆞ야 虛空 ᄀᆞᆮ더니　　　　　[월석 2:64]

(90)에서 (ㄱ)의 '암툴기'에서는 '암ᄒᆞ'과 '둙'이 결합하여 합성어가 되는 과정에서 /ㅎ/과 /ㄷ/이 /ㅌ/으로 축약되었다. (ㄴ)의 '안팟기'에서는 '안ᄒᆞ'과 '밝'이 결합하여 합성어가 되는 과정에서 /ㅎ/과 /ㅂ/이 /ㅍ/으로 축약되었다.

나. 모음의 축약

　　모음으로 끝난 어간에 모음으로 시작하는 어미가 붙어서 활용할 때에, 어간의 끝 모음과 어미의 첫 모음이 하나의 이중 모음으로 축약되는 일이 있다.[17]

---

17) 이러한 현상을 '축약'으로 보지 않고 교체(대치)로 보는 견해도 있다. 이러한 견해에 따르면, 'ᄀᆞᆯ치어/kʌɾʌtsʰiə/'가 'ᄀᆞᆯ쳐/kʌɾʌtsʰjə/'로 변동한 현상은 단모음인 /ㅣ/가 반모음인 /j/로

(91) ㄱ. 뉘 王子 <u>ᄀᄅ쳐</u> 날와 ᄃ토게 ᄒᄂ뇨   [월석 25:126]

    ㄴ. 翻生은 <u>고텨</u> ᄃ외야 날 씨라   [석상 3:23]

(92) ㄱ. 첫소리를 <u>어울워</u> 뿛 디면 글바 쓰라   [훈언 12]

    ㄴ. 그 아비 … 堀애 드러 呪術을 <u>외와</u> 그 ᄯᄅ룰 비로ᄃᆡ   [석상 11:30]

(91)에서 'ᄀᄅ치다'와 '고티다'의 어간인 'ᄀᄅ치-'와 '고티-'에 연결 어미 '-어'가 붙어서 활용하였는데, 어간의 /ㅣ/가 어미의 /ㅓ/와 결합하여 이중 모음인 /ㅕ/로 축약되어서 'ᄀᄅ쳐'와 '고텨'로 실현되었다. 그리고 (92)에서 '어울우다'와 '외오다'의 어간인 '어울우-'와 '외오-'에 연결 어미인 '-아/-어'가 붙어서 활용하였는데, 어간의 끝 모음 /ㅜ/, /ㅗ/가 반모음 /w/로 바뀌어서 '어울워'와 '외와'로 실현되었다.18)

   (91)과 (92)에 나타난 변동은 임의적인 변동이다. 곧, (91~92)의 'ᄀᄅ쳐, 고텨'나 '어울워, 외와'와 동일한 음운 환경에서 활용하는데도, 어간과 어미의 모음이 축약되지 않는 경우가 있기 때문이다.

(93) ㄱ. 모딘 길헤 <u>ᄢ러디여</u> 그지업시 그우니ᄂ니이다   [석상 9:27]

    ㄴ. 世尊이 방셕 <u>주어</u> 안치시니라   [석상 6:20]

곧, (93)에서 'ᄢ러디다(落)'와 '주다(授)'는 어간인 'ᄢ러디-'와 '주-'에 모음으로 시작하는 어미 '-어'가 붙어서 활용하였다. 하지만 앞의 (91)의 예와는 달리 (ㄱ)의 'ᄢ러디여'는 어간의 형태는 변하지 않고 어미에 반모음 /j/가 첨가되었다. 그리고 (ㄴ)에서 '주어'는 어간과 어미의 형태가 변동 없이 그대로 유지되었다.19) 따라서 앞의

교체된 것이다. 그리고 '어울우어/əuluə/'가 '어울워/əulwə/'로 변동한 현상은 단모음인 /ㅜ/가 반모음인 /w/로 교체된 것이다.

18) (91)과 (92)처럼 어간의 끝 모음이 반모음으로 바뀐 예는 다음과 같다. 구텨(구티- + -어) [월석 1:8], 구펴(구피- + -어) [석상 9:29], 디녀(디니- + -어) [석상 19:9], 사겨(사기- + -어) [석상 19:9] ; 어울워(어울우- + -어) [훈언 12], ᄂ리와(ᄂ리오- + -아) [월석 2:39], 밧과(밧고- + -아) [두언 15:9], 외와(외오- + -아) [석상 19:8], 비화(비호- + -아) [두언 20:10], 뵈화(뵈호- + -아) [월천 기4]

19) (92)처럼 어간의 끝 모음이 반모음으로 바뀌지 않은 예는 다음과 같다. 두리여(두리- + -어) [월석 7:36], 디여(디- + -어) [용가 3장], 이여(이- + -어) [월천 기34], 지여(지- + -어) [석

(91)과 (92)에서 일어난 모음의 축약 현상은 임의적 변동임을 알 수 있다.

3.6. 특수한 변동

3.6.1. '~ㅎ다' 형 용언의 활용

'~ㅎ다'로 된 용언들은 어간에 어미가 결합할 때에 특이한 방식으로 변동한다.

가. 'ㅎ다'의 활용

〈ㅎ- + /오/ → 호, ㅎ요〉 'ㅎ다'의 어간인 'ㅎ-'에 /ㅗ/로 시작하는 어미가 결합될 때에는 어간의 모음 /·/가 탈락할 수도 있고, 탈락하지 않을 수도 있다.

(94) ㄱ. 子息이 ㅎ다가 어밀 <u>스랑호딕</u>   [능언 5:85]

ㄴ. 天人 <u>濟渡호</u>물 썰비 <u>아니 호미</u>   [월석 1:17]

(95) ㄱ. 내 처섬 道場애 안자 세 닐웻 스싀롤 <u>스랑ㅎ요딕</u>   [석상 13:57]

ㄴ. 六趣 衆生이 므슴맷 <u>行ㅎ욤</u>과 므슴맷 <u>動作ㅎ욤</u>과   [석상 19:24]

　　므슴맷 戱論을 다 알리니

(94)에서 (ㄱ)의 '스랑ㅎ다'와 (ㄴ)의 '濟渡ㅎ다, (아니) ㅎ다' 등은 어간에 /ㅗ/로 시작하는 어미 '-오딕'와 '-옴'이 결합하면서, 어간의 끝 모음인 /·/가 탈락하여 '스랑호딕'와 '濟渡홈'과 '아니홈'으로 실현되었다. 반면에 (95)에서 (ㄱ)의 '스랑ㅎ다'와 (ㄴ)의 '行ㅎ다, 動作ㅎ다'는 어간의 끝 모음인 /·/가 탈락하지 않고, 그 대신에 어간과 어미 사이에 반모음 /j/를 넣어서 '行ㅎ욤, 스랑ㅎ요딕, 動作ㅎ욤'으로 실현되었다.

〈ㅎ- + /ㄱ, ㄷ/ → /ㅋ, ㅌ/〉 'ㅎ다'는 /ㄱ, ㄷ/으로 시작되는 어미 앞에서 /·/가

상 9:17], 뻐러디여(뻐러디- + -어) [석상 9:27] ; 모도아(모도- + -아) [석상 13:51], 보아(보
- + -아) [석상 19:7], 소아(소- + -아) [두언 7:18], 싸호아(싸호- + -아) [용가 69장], 주어
(주- + -어) [두언 7:23], 눈호아(눈호- + -아) [석상 19:6], 두토아(두토- + -아) [월석 2:6]

탈락하고, 남은 /ㅎ/은 어미의 첫 소리 /ㄱ, ㄷ/과 거센소리로 축약될 수 있다.

(96)	ㄱ.	滿國히 즐기거늘 聖性에 외다 <u>터시니</u>	[용가 107장]
	ㄴ.	滿朝히 두쇼셔 <u>커늘</u> 正臣을 올타 ᄒ시니	[용가 107장]
	ㄷ.	버혀 ᄀ족게 <u>코져</u> ᄒ나 能히 ᄀ족게 몯 ᄒ며	[금삼 5:1]

(ㄱ)의 'ᄒ더시니'는 어간의 끝 소리 /·/가 탈락하고, 홀로 남은 /ㅎ/은 그 뒤에 실현되는 회상의 선어말 어미 '-더-'의 /ㄷ/ 소리와 합쳐져서 '터시니'로 실현되었다. 그리고 (ㄴ~ㄷ)의 'ᄒ거늘'과 'ᄒ고져'는 어간의 끝 소리 /·/가 탈락하고, 홀로 남은 /ㅎ/이 연결 어미인 '-거늘'과 '-고져'의 /ㄱ/ 소리와 합쳐져서 '커늘'과 '코져'로 실현되었다.

〈 /ㄱ, ㄷ/ 사이에서 /ㅎ/의 탈락 〉 '어근＋-ᄒ다' 형 용언에서 어근이 /ㄱ, ㄷ/ 받침소리로 끝날 때에, 이들 용언의 어간에 /ㄱ, ㄷ/으로 시작하는 어미가 결합하면 /ㅎ/음절 전체가 탈락하는 일이 있다.

(97)	ㄱ.	歡呼之聲이 道上애 <u>ᄀ득ᄒ니</u>	[용가 41장]
	ㄴ.	無量化佛이 世界예 <u>ᄀ득거시늘</u>	[월석 7:52]
	ㄷ.	毘盧遮那ᄂ 一切 고대 <u>ᄀ득다</u> ᄒ논 마리라	[월석 2:53]

(98)	ㄱ.	五年을 改過 몯 <u>ᄒ야</u> 虐政이 날로 더을씨	[용가 12장]
	ㄴ.	그제로 오신 디 순지 오라디 <u>몯거시든</u>	[법언 5:119]
	ㄷ.	다 올티 <u>몯도다</u>	[능언 3:41]

(97)에서 'ᄀ득ᄒ다'는 어근이 /ㄱ/으로 끝나는 '~ᄒ다' 형 용언인데, (ㄱ)의 'ᄀ득ᄒ니'처럼 어간 'ᄀ득ᄒ-'에 /ㄱ, ㄷ/ 이외의 소리로 시작하는 어미가 결합할 때에는 어간의 끝 음절인 /ㅎ/가 그대로 쓰였다. 반면에 (ㄴ~ㄷ)처럼 'ᄀ득ᄒ-'에 /ㄱ/이나 /ㄷ/으로 시작하는 어미인 '-거시늘-, -다' 등이 붙으면, /ㅎ/가 탈락하여 'ᄀ득거시늘, ᄀ득다'로 실현되었다. 그리고 (98)에서 어근이 /ㄷ/으로 끝나는 '몯ᄒ다'도, (ㄴ~ㄷ)처럼 /ㄱ, ㄷ/으로 시작하는 어미 '-거시든'과 '-도-'와 결합하면, /ㅎ/가 탈락하여 '몯거시든'과 '몯도다'로 실현되었다.

나. '만ᄒ다'의 활용

'만ᄒ다'에서 어간의 끝 모음인 /ㆍ/가 탈락하여 '많다(만타)'의 형태로 변동할 수가 있다.

(99) ㄱ. 讒口ㅣ <u>만ᄒ야</u>   [용가 123장]
  ㄴ. 煩惱ㅣ <u>만ᄒ고</u>   [석상 6:35]

(100) ㄱ. 모딘 이리 <u>만코</u>   [월석 21:121]
  ㄴ. 두리본 이리 <u>만커든</u>   [월석 21:170]

'만ᄒ다'는 (99)처럼 '만ᄒ야', '만ᄒ고' 등으로 실현되는 것이 일반적이다. 그러나 (100)처럼 어간의 끝 모음 /ㆍ/가 수의적으로 탈락하여서 어간이 '많-'의 형태로 변동하여, 자음 축약에 의해서 '만코'와 '만커든'으로 실현될 수도 있다.(탈락과 축약)

3.6.2. '뮈다, 굴히다, 뷔다' 등의 활용

어간의 끝 소리가 /j/일 때는 어미 '-아/-어'는 '-야/-여'로, '-오-/-우-'는 '-요-/-유-'로 바뀌는 것이 일반적이다. 그런데 '뮈다, 굴히다, 뷔다'는 이러한 변동이 일어난 후에 다시 어간의 끝 소리 /j/가 수의적으로 탈락하는 것이 특징이다.

〈'뮈다'의 활용〉 '뮈다'는 어간에 모음으로 시작하는 어미가 결합할 때에, 다음과 같이 특이하게 활용한다.

(1) ㄱ. 불휘 기픈 남ᄀ 보ᄅ매 아니 <u>뮐씨</u>   [용가 2장]
  ㄴ. 兵戈ᄂ <u>무여</u> 니섯도다   [두언 20:20]
  ㄷ. 어즈러이 <u>무유미</u> 勞이오   [능언 4:15]

(ㄱ)의 '뮐씨'는 '뮈다'의 어간에 어미 '-ㄹ씨'가 붙어서 실현되었는데, 이때는 어간과 어미의 형태 변화가 없다. 반면에 (ㄴ)의 '무여'는 '뮈다'의 어간에 결합된 연결 어미 '-어'가 어간의 /j/에 동화되어서 '-여'로 바뀌고 난 다음에 다시 어간의 /j/가 탈락하

였다. 그리고 (ㄷ)의 '무유미'에서는 어간 '뮈-'에 명사형 어미 '-움'이 붙으면서, '-움'의 모음 /ㅜ/가 어간의 끝소리인 /j/에 동화되어서 '무윰'으로 실현되었다.

〈 '글히다'의 활용 〉 '글히다'는 어간에 모음으로 시작하는 어미가 결합할 때에, 다음과 같이 특이하게 활용한다.

(2) ㄱ. 太子를 하늘히 <u>글히샤</u>　　　　　　　　　　[용가 8장]
　　 ㄴ. 내 <u>글ᄒ야</u> 닐오리라　　　　　　　　　　[석상 13:46]

(ㄱ)의 '글히샤'는 '글히다'의 어간에 어미 '-샤'가 붙어서 실현되었는데, 이때에는 어간과 어미의 형태가 변하지 않았다. 반면에 (ㄴ)의 '글ᄒ야'는 '글히다'의 어간에 결합된 연결 어미 '-아'가 어간의 끝소리 /j/에 동화되어서 '글히야'로 바뀌고 난 다음에, 어간의 끝 모음 /j/가 탈락하여서 '글ᄒ야'로 실현되었다.

〈 '뷔다'의 활용 〉 '뷔다'는 어간에 모음으로 시작하는 어미가 결합할 때에, 다음과 같이 특이하게 활용한다.

(3) ㄱ. <u>뷘</u> 집 물린 그륜 戈戟이 모댓고　　　　　[두언 6:17]
　　 ㄴ. 네 ᄇᆞ룸미 <u>부엿ᄂᆞ니</u>20)　　　　　　　　[두언 25:51]

(ㄱ)의 '뷘'은 '뷔다'의 어간에 어미 '-ㄴ' 붙어서 실현되었는데, 이때에는 어간과 어미의 형태가 변화하지 않았다. 반면에 (ㄴ)의 '부엿ᄂᆞ니'는 '뷔다'의 어간에 결합된 연결 어미 '-어'가 어간의 끝 소리 /j/에 동화되어 '뷔여'로 바뀌고 난 다음에, 어간의 끝 모음 /j/가 탈락하여서 '부여'로 실현되었다.

　이처럼 '뮈어, 뮈움, 글히아, 뷔어'가 '뮈여, 뮈윰, 글히야, 뷔여'로 변동하는 것은 어미가 어간의 끝 모음 /j/에 동화되었기 때문이다. 그리고 '뮈여, 뮈윰, 글히야, 뷔여'는 어간의 끝 반모음 /j/와 어미의 첫 반모음 /j/가 충돌하게 되므로, 최종적으로 어간의 끝 반모음인 /j/가 탈락하여서 '무여, 무윰, 글ᄒ야, 부여'로 실현되었다. 다만, '뮈다, 글히다, 뷔다'에서 일어난 특수한 변동은 모두 수의적으로 일어난다.

---

20) '부엿ᄂᆞ니'는 본용언과 보조 용언의 구성인 '부여 잇ᄂᆞ니'가 축약된 형태이다.

3.6.3. '말다'의 활용

용언의 어간이 /ㄹ/로 끝나고, 그 뒤에 /ㄱ/으로 시작하는 어미가 붙으면, 어간의 /ㄹ/은 그대로 유지되고 어미의 첫소리 /ㄱ/만 /ɦ/로 교체되는 것이 일반적이다.

> (4) ㄱ. 됴흔 고주란 ᄲᅮ디 <u>말오</u> 다 王ㅅ긔 가져오라　　　　[월석 1:9]
> 　　ㄴ. 목숨 주쇼셔 願호ᄃᆞᆫ 橫邪애 夭闕티 <u>말오져</u> ᄇᆞ랄 씨라　[월석 17:18]
> 　　ㄷ. 孔子ㅣ 길 녀실 제 아히 몰애로 城 <u>ᄆᆡᇰ굴어늘</u>　　　　[영남 하:49]
> 　　ㄹ. 사ᄅᆞ미 이 門 안해 <u>들어든</u> 다시 몯 나긔 ᄒᆞ야 지이다　[석상 24:14]

곧, (ㄱ)과 (ㄴ)에서는 어간인 '말-'의 뒤에 어미인 '-고, -고져'가 결합하였을 때에, 어미의 /ㄱ/이 /ɦ/로 교체되어 '말오'와 '말오져'의 형태로 실현되었다. 그리고 (ㄷ)과 (ㄹ)에서는 어간인 'ᄆᆡᇰ굴-'과 '들-'의 뒤에 어미인 '-거늘, -거든'이 결합하였을 때에, 어미의 /ㄱ/이 /ɦ/로 교체되어 'ᄆᆡᇰ굴어늘'과 '들어든'의 형태로 실현되었다.

그런데 부정의 뜻을 나타내는 '말다(勿)'인 경우에는 어간 끝소리의 /ㄹ/이 불규칙하게 탈락할 수 있다. 곧 어미 /ㄱ/만 /ɦ/로 교체되는 것이 아니라, '말다'의 어간 끝소리인 /ㄹ/도 함께 수의적으로 탈락할 수 있다.

> (5) ㄱ. 橫邪애 즐어디디 <u>마오져</u> ᄇᆞ라미오　　　　　　　　　[법언 5:155]
> 　　ㄴ. (사ᄅᆞ미) 魔說을 아라 제 ᄢᅥ디디 <u>마와뎌</u> ᄇᆞ라노라　[능언 9:112]
> 　　ㄷ. 善男子ᄃᆞᆯ하 두리여 <u>마오</u> 너희 一心ᄋᆞ로 觀世音菩薩ㅅ　[석상 21:6]
> 　　　일후믈 일ᄏᆞ라 ᄫᆞᆯ라

(ㄱ)의 '마오져'는 '말다'의 어간에 연결 어미인 '-고져'가, (ㄴ)의 '마와뎌'는 '말다'의 어간에 연결 어미인 '-과뎌'가, (ㄷ)의 '마오'는 '말다'의 어간에 연결 어미인 '-고'가 결합한 것이다. 여기서 '마오져', '마와뎌', '마오'는 '말다'의 어간 끝소리인 /ㄹ/이 탈락하고, 어미인 '-고져'와 '-과뎌'의 첫소리인 /ㄱ/이 /ɦ/로 교체된 것이 특징이다.

3.7. 체언의 성조 바뀜

15세기 국어에서는 성조(聲調, 말의 높낮이)에 따라서 단어의 뜻이 구분되는데, 인칭 대명사는 문장 속에서 어떤 조사와 결합하느냐에 따라서 성조가 바뀔 수 있다. 여기서는 인칭 대명사인 '나', '너', '저', '누'가 주격 조사와 관형격 조사인 '-ㅣ'와 결합하는 과정에서 나타나는 성조의 차이를 살펴본다.

첫째, 1인칭 대명사인 '나'가 조사와 결합하는 과정에서 일어나는 성조의 실현 양상은 다음과 같다.

(6) ㄱ. 太子는 하눐 스스이어시니 ·내 어드리 ㄱ른치ᅀᆞᄫᆞ리잇고[석상 3:10]
ㄴ. 나는 내 精神을 ᄀᆞ고디 아니케 호리라 ᄒᆞ시고　　　　　[석상 3:19]
ㄷ. 나옷 외면 아기와 나와 ᄒᆞᄢᅴ 죽고　　　　　　　　　　[석상 3:36]

(6)에서 1인칭 대명사인 '나'는 (ㄱ)처럼 주격 조사와 결합하면 '·내'와 같이 거성으로 실현되었다. 반면에 (ㄴ)의 '내'처럼 관형격 조사와 결합하거나, (ㄷ)의 '나와'처럼 접속 조사와 결합하면 평성으로 실현되었다.

둘째, 2인칭 대명사인 '너'가 조사와 결합하는 과정에서 일어나는 성조의 실현 양상은 다음과 같다.

(7) ㄱ. :네 가아 王의 ᄉᆞᆲᄫᆞ라　　　　　　　　　　　　　[석상 3:31]
ㄴ. 王이 … 닐오ᄃᆡ 네 스스의 弟子ㅣ 엇뎨 아니 오ᄂᆞ뇨　[석상 6:29]
ㄷ. 王이 너를 禮로 待接ᄒᆞ샳 딘댄 모로매 願이 이디 말오라 [석상 11:30]

(7)에서 2인칭 대명사인 '너'는 (ㄱ)처럼 주격 조사와 결합하면 ':네'처럼 상성으로 실현된다. 반면에 (ㄴ)의 '네'처럼 관형격 조사와 결합하거나, (ㄷ)의 '너를'처럼 목적격 조사와 결합하면 평성으로 실현되었다.

셋째, 재귀칭 대명사인 '저'가 조사와 결합하는 과정에서 일어나는 성조의 실현 양상은 다음과 같다.

(8) ㄱ. 오늘 모댓ᄂᆞᆫ 한 사ᄅᆞ미 … :제 노포라 ᄒᆞ야   [석상 6:28]

　　ㄴ. 아래 제 버디 주거 하ᄂᆞᆯ해 갯다가 ᄂᆞ려와   [석상 6:19]

　　ㄷ. 舍利弗이 四衆의 疑心도 알오 저도 몰라 부텻긔 ᄉᆞᆲ보ᄃᆡ [석상 13:42]

(8)에서 재귀칭 대명사인 '저'는 (ㄱ)처럼 주격 조사와 결합하면 ':제'처럼 상성으로 실현되었다. 반면에 (ㄴ)의 '제'처럼 관형격 조사와 결합하거나, (ㄷ)의 '저도'처럼 보조사와 결합하면 평성으로 실현되었다.

　넷째, 미지칭 대명사인 '누'가 조사와 결합하는 과정에서 일어나는 성조의 실현 양상은 다음과 같다

(9) ㄱ. 太子ㅣ 져머 겨시니 ·뉘 기ᄅᆞᇫᄫᆞ려뇨   [석상 3:3]

　　ㄴ. :뉘 ᄯᅩᆯ을 ᄀᆞᆯᄒᆡ야ᅀᅡ 며ᄂᆞᆯ이 ᄃᆞ외야 오리야   [월천 기14]

　　ㄷ. 帝釋이 무로ᄃᆡ ·누·고 (毗首羯磨ㅣ) 對答호ᄃᆡ   [월석 11:3]
　　　 尸毗王이시니이다

(9)에서 미지칭이나 부정칭의 인칭 대명사인 '누'는 (ㄱ)처럼 주격 조사와 결합하면 '·뉘'처럼 거성으로 실현되었다. (ㄴ)의 ':뉘'처럼 관형격 조사와 결합하면 상성으로 실현되었고, (ㄷ)의 '·누·고'처럼 의문 보조사와 결합하면 거성으로 실현되었다.

　인칭 대명사가 '-ㅣ'와 결합할 때에 나타나는 성조의 실현 양상은 다음의 〈표 1〉과 같다.

대명사	주격	관형격	기타
나 (1인칭)	·내	내	나·와
너 (2인칭)	:네	네	너·를
저 (재귀칭)	:제	제	저·도
누 (미지칭)	·뉘	:뉘	·누·고

〈표 1〉 인칭 대명사의 성조 바뀜

지금까지 살펴본바 15세기 국어에서 일어나는 변동 현상의 종류를 요약하여 표로 보이면 다음과 같다.

변동의 결과	유형	변동의 내용
교체 (대치)	동화 교체	모음 조화
		비음화
	비동화 교체	평파열음화
		된소리되기(경음화)
		/ㄱ/이 /ɦ/으로 교체됨
탈락	자음의 탈락	종성의 자음군 단순화(종성의 겹받침 줄이기)
		/ㅎ/의 탈락
		/ㄹ/의 탈락
	모음의 탈락	/·/와 /ㅡ/의 탈락
		/ㅏ/, /ㅓ/, /ㅗ/, /ㅜ/의 탈락
		/ㅣ/의 탈락
첨가	자음의 첨가	/ㄹ/의 첨가
	모음의 첨가	반모음 /j/의 첨가
탈락과 첨가	모음의 탈락과 자음의 첨가	모음의 탈락과 /ㄱ/의 첨가
		모음의 탈락과 /ㄹ/의 첨가
		모음의 탈락과 /ɦ/의 첨가
축약	자음의 축약	거센소리되기(유기음화)
	모음의 축약	어간의 끝 모음과 어미의 첫 모음이 이중 모음으로 축약
특수 변동	'ㅎ다' 형 활용	'ㅎ다'와 '만ㅎ다'의 활용에서 나타나는 특수한 변동
	'뷔다' 형 활용	'뷔다, 글히다, 뷔다'의 활용에서 나타나는 특수한 변동
	'말다'의 활용	'말다'의 활용에서 나타나는 특수한 변동
성조의 변화	인칭 대명사의 성조 변화	인칭 대명사인 '나', '너', '저', '누'가 주격과 관형격의 조사 '-ㅣ'와 결합할 때에 나타나는 성조의 변화

〈표 2〉 15세기 국어의 음운 변동 일람표

【 더 배우기 】

1. '동국정운'과 '동국정운식 한자음'

〈 **동국정운** 〉『훈민정음』의 서문에 나타나 있듯이, 세종대왕이 '훈민정음'을 만든 가장 중요한 목적은 어리석은 백성들에게 제 뜻을 펴게 하기 위함이었다. 이러한 주된 목적 이외에도 세종은 또한 당시 무원칙하게 관습적으로 발음해 왔던 조선의 한자음을 정리하여 중국의 한자음에 가깝게 고쳐야 한다고 생각하였다. 그래서 1448년(세종 30)에 중국 음운학의 기본이 되는『홍무정운』(洪武正韻)의 음운 체계를 바탕으로 하여『동국정운』(東國正韻)을 간행하여 우리나라 한자음의 표준으로 삼았다. 결국『동국정운』은 우리나라에서 관습적으로 사용하던 한자음의 발음 체계를 중국의 한자 원음에 가깝게 고쳐서 정리한 책이다.

〈 **동국정운식 한자음** 〉세종과 세조 때에 나온『석보상절』,『월인천강지곡』,『훈민정음 언해본』의 한자음 표기는 모두『동국정운』의 한자음을 표준으로 삼았는데, 이들 책에서 쓰인 한자음을 '동국정운식 한자음'이라고 한다. '동국정운식 한자음'은 조선에서 통용되던 실제의 한자음과는 거리가 먼 가상적인 한자음이었으므로, 성종 이후(1485년 이후)에는 쓰이지 않았다.

'동국정운식 한자음'의 특징을 정리하면 다음과 같다.

첫째, 한자음을 당시의 중국 베이징(北京) 지방의 원음에 가깝게 표기하였다.

　(1) 虯뀰, 覃땀, 步뽕, 邪썅, 字쭝, 洪홍, 把할, 穰샹

순우리말을 표기할 때에는 대체로 'ㄲ, ㄸ, ㅃ, (ㅆ), ㅉ, (ㆅ), ㆆ, △' 등을 단어의 첫머리 위치에 사용하지 않았는데, 동국정운식 한자음 표기에서는 이들 글자를 단어의 첫머리 위치에 사용했다.

둘째, 한자음의 음절은 성음법에 따라서 초성, 중성, 종성을 반드시 갖추어서 표기하였다.

　(2) 虛헝, 斗둫, 步뽕, 漂푱

종성이 없는 한자음에는 음가가 없는 'ㅇ'이나 'ㅱ' 등을 붙여서 종성의 자리에 채워 넣음으로써, 초성과 중성, 종성을 모두 갖추게 하였다.[1]

셋째, 종성이 /ㄹ/로 끝난 한자음을 표기할 때는 음절의 끝에 반드시 'ㆆ'을 붙여서 적었다.(이영보래, 以影補來)

(3) 日싏, 發벓, 戌슗, 八밣, 不븛, 節졇

원래 국어에서 표현되는 한자음 중에서 /ㄹ/로 발음되는 말들은 15세기 당시 중국에서는 모두 /ㄷ/으로 발음되는 소리(입성)였다. 이에 따라서 /ㄹ/ 받침으로 끝난 국어 한자음을 중국의 발음인 입성에 가깝게 표기하기 위하여, 'ㆆ'으로써 'ㄹ'을 보충하여 'ㅀ'으로 표기하였는데, 이러한 한자음 표기법을 '이영보래(以影補來)'라고 한다.[2]

2. 중성의 소리 체계와 글자 체계의 비교

중성의 소리 체계를 기준으로 글자 체계를 재정리하면 다음과 같다.

소리 체계				글자 체계
단모음		ㆍ, ㅡ, ㅣ, ㅗ, ㅏ, ㅜ, ㅓ	조음 기관의 변화 없음	단일 중성 글자 (單一 中聲字)
중모음	이중 모음	ㅛ, ㅑ, ㅠ, ㅕ	'ㅣ'계 상향적	이자 중성 글자 (二字 中聲字)
		ㅘ, ㅝ	'ㅜ'계 상향적	
		ㅢ, ㅓ, ㅚ, ㅐ, ㅟ, ㅔ	'ㅣ'계 하향적	
	삼중 모음	ㅙ, ㅒ, ㅞ, ㅖ	'ㅣ'계 상향 → 'ㅣ'계 하향	삼자 중성 글자 (三字 中聲字)
		ㅙ, ㅞ	'ㅜ'계 상향 → 'ㅣ'계 하향	

[중성의 소리 체계와 글자 체계의 비교]

---

1) 이처럼 한자음을 훈민정음으로 표기할 때에 초성·중성·종성을 갖추어서 음절 단위로 모아 쓰도록 한 것은 한자의 음절의 수와 훈민정음의 음절 수를 맞추기 위함이었다. 아울러서 한 장의 글꼴과 훈민정의 글꼴을 일치시키는 효과도 거두었다.(이 책 23쪽의 내용을 참조.)
2) '影'은 '영모(影母)'인 'ㆆ'을 가리키고 '來'는 '래모(來母)'인 'ㄹ'을 가리킨다. 곧 '이영보래'는 'ㄹ' 받침으로 끝난 한자어에 반드시 'ㆆ'을 붙여서 'ㅀ'으로 표기한다는 것이다.

첫째, 상형자인 '·, ㅡ, ㅣ'와 초출자인 'ㅗ, ㅏ, ㅜ, ㅓ'는 '단모음(單母音)'으로 발음되었다. 이들 6개의 단모음을 제외한 나머지 글자는 모두 중모음(重母音)으로 발음되었다.

둘째, 재출자인 'ㅛ, ㅑ, ㅠ, ㅕ'와 이자 중성 글자인 'ㅘ, ㅝ ; ·ㅣ, ㅢ, ㅚ, ㅐ, ㅟ, ㅔ'의 글자는 '이중 모음(二重母音)'으로 발음되었다. 이들 글자 중에서 'ㅛ, ㅑ, ㅠ, ㅕ'는 반모음 /j/가 먼저 발음되는 'ㅣ계 상향적 이중 모음'으로 발음되었으며, 'ㅘ, ㅝ'는 반모음 /w/가 먼저 발음되는 'ㅜ계 상향적 이중 모음'으로 발음되었다. 반면에 '·ㅣ, ㅢ, ㅚ, ㅐ, ㅟ, ㅔ'는 반모음 /j/가 나중에 발음되는 'ㅣ계 하향적 이중 모음'으로 발음되었다.

셋째, 'ㆈ, ㅒ, ㆊ, ㅖ ; ㅙ, ㅞ'의 글자들은 '삼중 모음(三重母音)'으로 발음되었다. 곧 'ㆈ, ㅒ, ㆊ, ㅖ'는 각각 상향적 이중 모음인 /ㅛ/, /ㅑ/, /ㅠ/, /ㅕ/를 발음한 후에 다시 반모음 /j/를 하강적으로 발음하였다. 그리고 'ㅙ, ㅞ'는 상향적 이중 모음인 /ㅘ/, /ㅝ/를 발음한 후에 다시 반모음 /j/를 하강적으로 발음하였다.

형 태 론 3부

제1장 형태소와 단어

'언어 형식(linguistic form)'으로는 형태소부터 문장까지 다양한 종류가 있다. 여기서는 문장을 짜 이루는 가장 기본적인 단위인 '형태소'와 '단어'에 대하여 알아본다.

1.1. 형태소

'언어 형식'에는 '문장, 절, 구, 어절, 단어, 형태소' 등이 있는데, 이러한 여러 가지 언어 형식 중에서 가장 작은 단위가 '형태소'이다.

1.1.1. 형태소의 개념

'형태소(形態素, morpheme)'는 언어 형식의 최소 단위이다. 곧, 음운과 의미가 결합된 말의 낱덩이로서는 가장 작은 단위가 형태소이다. 여기서 형태소의 형식적인 측면, 곧 형태소를 나타내는 음운 연결체(strings of sound)를 '형태(形態, morph)'라고 하고, 형태소의 내용적인 측면, 곧 의미의 최소 단위를 '의미소(意味素, sememe)'라고 한다.

    (1) 불휘 기픈 남ᄀᆞᆫ ᄇᆞᄅᆞ매 아니 뮐씨 곶 됴코 여름 하ᄂᆞ니　　[용가 2장]

    (2) 불휘, 깊-, -은, 낡, -은, ᄇᆞᄅᆞᆷ, -애, 아니, 뮈-, -ㄹ씨, 곶, 둏-, -고, 열-, -음,
        하-, -ᄂᆞ-, -니

(1)의 문장을 형태소의 단위로 분석하면 (2)처럼 모두 18개의 형태소로 쪼개어진

다.[1] 이들 형태소들은 '불휘, 남(←나모), ㅂ룸, 곶 ; 깊-, 뮈-, 둏-, 열-, 하- ; 아니'처럼 실질적인 의미를 나타내거나, '-은, -ㄹ씨, -고, -ᄂ-, -니 ; -은, -애 ; -음'처럼 형식적인 의미를 나타낸다.(허웅 1975:25 이하 참조.)

1.1.2. 형태소의 종류

형태소는 자립성의 유무에 따라서 '자립 형태소'와 '의존 형태소'로 나눌 수 있고, 실질적인 의미의 유무에 따라서 '실질 형태소'와 '형식 형태소'로 분류할 수 있다.
〈 자립 형태소와 의존 형태소 〉 형태소는 자립성을 기준으로 '자립 형태소'와 '의존 형태소'로 나뉜다.
'자립 형태소(自立 形態素, free morpheme)'는 홀로 설 수 있는 형태소인데, 대체로 명사, 대명사, 수사, 부사, 관형사, 감탄사 등의 형태소가 자립 형태소에 속한다.

> (3) 불휘, 낡, ㅂ룸, 아니, 곶

(3)의 형태소들은 (1)에서 실현된 형태소 중에서 홀로 설 수 있는 자립 형태소들이다.
반면에 '의존 형태소(依存 形態素, bound morpheme)'는 홀로 서는 힘이 없어서 다른 형태소에 붙어서만 쓰이는 형태소이다. 대체로 용언의 어간이나 어미, 조사, 파생 접사가 이에 속한다.

> (4) ㄱ. 깊-, 뮈-, 둏-, 열-, 하-
> ㄴ. -은, -ㄹ씨, -고, -ᄂ-, -니
> ㄷ. -은, -애
> ㄹ. -음

(ㄱ)의 '깊-, 뮈-, 둏-, 열-, 하-' 등의 형태소는 용언의 어간이며, (ㄴ)의 '-은, -ㄹ씨,

---

1) 무형의 형태소가 실현된 것을 감안하면 (1)의 문장은 20개의 형태소로 이루어졌다. 곧, '불휘'에는 '주격 조사'의 무형의 변이 형태인 '-∅'를 설정할 수 있으며, 형용사의 관형사형인 '기픈'에는 '현재 시제'의 무형의 선어말 어미인 '-∅-'를 설정할 수 있다.

-고, -느-, -니'는 용언의 어미이다. 그리고 (ㄷ)의 '-은, -애'는 조사이며 (ㄹ)의 '-음'은 용언을 명사로 파생하는 접사이다. 이들 형태소는 모두 홀로 설 수 없어서 그 앞이나 뒤의 다른 형태소에 붙어서만 쓰인다.

〈 실질 형태소와 형식 형태소 〉 형태소는 구체적이고 실질적인 의미를 나타내느냐, 형식적인 의미를 나타내느냐에 따라서 '실질 형태소'와 '형식 형태소'로 나뉜다.

먼저 '실질 형태소(實質 形態素, full morpheme)'는 그것 자체로서 실질적이며 어휘적인 의미를 뚜렷이 드러내는 형태소이다. 대체로 명사, 대명사, 수사, 용언의 어간, 부사, 관형사, 감탄사 등의 단어를 이루는 형태소가 실질 형태소에 속한다.

(5) ㄱ. 불휘, 낡, ㅂ룸, 곶
    ㄴ. 깊-, 뮈-, 둏-, 열-, 하-
    ㄷ. 아니

위의 형태소들이 실질 형태소인데, (ㄱ)의 '불휘, 낡, ㅂ룸, 곶'은 대상의 이름을 나타내며, (ㄴ)의 '깊-, 뮈-, 둏-, 열-, 하-'는 동작이나 상태를 나타내며, (ㄷ)의 '아니'는 부정의 의미를 나타낸다.

이에 반해서 '형식 형태소(形式 形態素, empty morpheme)'는 실질적이며 어휘적인 의미를 나타내지 못하는 형태소이다. 곧 형식 형태소는 실질 형태소 사이의 문법적 관계를 나타내거나 실질 형태소에 붙어서 새로운 의미를 덧보태는 형태소이다. 이러한 형식 형태소로는 '굴절 접사(조사와 어미)'와 '파생 접사(접두사와 접미사)'가 있다.

(6) ㄱ. -은, -ㄹ씨, -고, -느-, -니
    ㄴ. -은, -애
    ㄷ. -음

(ㄱ)에서 어미인 '-은, -ㄹ씨, -고, -느-, -니'와 (ㄴ)에서 조사인 '-은, -애' 등은 각각 용언의 어간과 체언에 붙어서 여러 가지 문법적인 기능을 하는 굴절 접사이다. 그리고 (ㄷ)의 '-음'은 용언을 명사로 바꾸면서 새로운 말을 만드는 파생 접사이다.

1.2. 단어

국어 문법 연구사에서는 단어가 무엇인지에 대하여 합일된 견해가 없다. 다만 '분석적 단어관, 종합적 단어관, 절충적 단어관' 등의 서로 다른 세 가지 관점에서 단어의 개념을 규정하고 있고 있을 뿐이다.(나찬연 2017:27)

현재의 『고등학교 문법』(2010:284)에서는 절충적 단어관에 따라서 단어를 규정하고 있다. 이에 따르면 '최소 자립 형식'인 어절을 단어로 규정하되, 다만 의존적이면서 문법적인 형태소 중에서 조사는 체언과 구분하여 별도의 단어로 처리한다.

> (7) 불휘 # 기픈 # 남 # -은 # ᄇᆞᄅᆞᆷ # -애 # 아니 # 뮐씨 # 곶 # 됴코 # 여름
> # 하ᄂᆞ니

> (8) 기픈, 뮐씨, 됴코[2], 하ᄂᆞ니[3]

> (9) ㄱ. 불휘, 남, ᄇᆞᄅᆞᆷ, 곶, 여름
>   ㄴ. -은, -애

『고등학교 문법』(2010)의 단어관에 따라서 (1)의 문장을 단어의 단위로 분석하면 (7)과 같이 된다. 곧, 용언은 (8)의 '기픈, 뮐씨, 됴코, 하ᄂᆞ니'처럼 어간(어휘적 요소)과 어미(문법적 요소)를 묶어서 한 단어로 처리한다. 반면에 체언과 조사는 분리하여 각각 별개의 단어로 처리하므로, (9ㄱ)의 '불휘, 남, ᄇᆞᄅᆞᆷ, 곶, 여름' 등의 체언과 (9ㄴ)의 '-은, -애' 등의 조사는 각각 한 단어로 처리한다.[4]

---

2) '됴타'는 동사와 형용사로 통용되는 단어이다. '됴타'가 형용사로 쓰이면 '좋다'의 뜻을, 동사로 쓰이면 '좋아지다'의 뜻을 나타낸다. 품사의 통용에 대하여는 고영근(2010:169) 참조. 이 책에서는 일반적인 관례에 따라서 이때의 '됴타'를 형용사로 처리하고 '좋다'로 해석한다.

3) 허웅(1975:881)에서는 '하ᄂᆞ니'를 형용사인 '하다'의 어간에 현재 시제 선어말 어미 '-ᄂᆞ-'가 실현된 아주 예외적인 표현으로 보았다. 그리고 '곧ᄂᆞ다, 됴ᄂᆞ다, 어듭ᄂᆞ다, 졷ᄂᆞ니'를 형용사인 '곧다(同), 됴다(好), 어듭다(昏), 졷다(← 좋다, 淨)'에 '-ᄂᆞ-'가 실현되어서 활용한 특수한 예로 들고 있다. 반면에 고영근(2010:170)에서는 '됴타'와 '하다'를 동사와 형용사로 통용되는 단어로 보았다. 곧, '하ᄂᆞ다'에 현재 시제 선어말 어미인 '-ᄂᆞ-'가 실현된 것을 감안하여, 이때의 '하다'를 '많아지다'의 뜻을 나타내는 동사로 처리했다.

4) 다만, 체언인 '불휘' 뒤에 주격 조사의 무형의 변이 형태인 '-∅'가 실현된 것으로 보면, (7)의 문장은 모두 13개의 단어로 구성되었다.

【 더 배우기 】

{ 언어 형식의 종류 }

언어의 단위들은 모두 일정한 소리에 일정한 의미가 서로 맞붙어 있어야 한다. 이와 같이 소리와 의미가 맞붙어 있는 언어의 단위를 총칭하여 '언어 형식(linguistic form)'이라고 한다. 이러한 언어 형식에는 '문장, 절, 구, 어절, 단어, 형태소' 등이 있다.

(1) 불휘 기픈 남근 ᄇᆞᄅᆞ매 아니 뮐씨 곶 됴코 여름 하ᄂᆞ니　　[용가 2장]

(2)
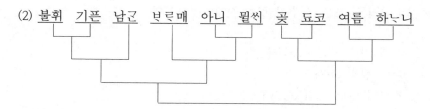

(1)의 문장을 직접 성분(immediate constituent)으로 분석한 것이 (2)인데, (2)를 통해서 (1)의 문장의 구성 요소들이 짜여진 모습을 총체적으로 파악할 수 있다.

〈**문장**〉 '문장(文章, 월, sentence)'은 주어와 서술어의 문장 성분을 갖추고 있고, 서술어에 종결 어미가 실현되어 있으며, 의미적인 면에서 통일되고 완결된 내용을 갖추고 있는 언어 형식이다.

예를 들어서 (1)의 예문은 주어와 서술어의 구조를 갖추고 있으면서, 서술어로 쓰인 '하ᄂᆞ니'에서 '-니'와 같은 종결 어미가 쓰였다. 그리고 의미적인 면에서도 '뿌리가 깊은 나무는 바람에 아니 흔들리므로 꽃이 좋고 열매가 많으니라(많아지느니라).'와 같이 통일되고 완결된 내용을 표현하고 있다. 따라서 (1)의 예문은 문장이다.

〈**절**〉 '절(節, 마디, clause)'은 주어와 서술어의 구조를 갖추고 있으나, 종결 어미가 실현되지 않아서 문장으로 완결되지는 못한 언어 형식이다.

(3) ㄱ. 불휘 기픈 남근 ᄇᆞᄅᆞ매 아니 뮐씨— (이어진 문장의 앞절)
　　ㄴ. 곶 됴코 여름 하ᄂᆞ니— (이어진 문장의 뒷절)

ㄷ. 불휘 기픈 (관형절)

ㄹ. (남기) 불휘 깊다. (생략된 주어인 '남기'에 대한 서술절)

ㅁ. 곶 됴코 (이어진 문장의 앞절)

ㅂ. 여름 하ᄂ니 (이어진 문장의 뒷절)

(3)에서 '불휘 기픈 남ᄀ 브ᄅ매 아니 뮐씨', '곶 됴코 여름 하ᄂ니', '불휘 기픈', '(남기) 불휘 깊(다)', '곶 됴코', '여름 하ᄂ니' 등은 모두 절이다. 이들은 주어와 서술어를 갖추고 있으면서도 서술어에 종결 어미가 실현되지 않았다는 점에서 절로 처리된다.[1]

〈**구**〉 '구(句, 이은말, phrase)'는 둘 이상의 단어 또는 어절로 구성된 단위로서, 주어와 서술어의 구조를 갖추지 못한 언어 형식이다.

(4) ㄱ. 불휘 기픈 남ᄀ (명사구)

ㄴ. 아니 뮐씨 (동사구)

ㄷ. 브ᄅ매 아니 뮐씨 (동사구)

(4)에서 '불휘 기픈 남ᄀ', '아니 뮐씨', '브ᄅ매 아니 뮐씨' 등은 모두 둘 이상의 단어이지만 주어와 서술어의 구조를 갖추지 못했으므로 '구'이다.[2]

〈**어절**〉 '어절(語節, 말마디)'은 '최소 자립 형식(minimal free form)으로서, 어절을 직접 성분으로 분석하면 의존 형식이 나타난다. 어절은 대체로 띄어 쓰는 단위와 일치하는 문법적 단위이다.

(5) 불휘 # 기픈 # 남ᄀ # 브ᄅ매 # 아니 # 뮐씨 # 곶 # 됴코 # 여름 # 하ᄂ니

(5)에서 '불휘, 기픈, 남ᄀ, 바ᄅ매, 아니, 뮐씨, 곶, 됴코, 여름, 하ᄂ니' 등은 어절을 이루는 단위이다. 용언의 어간과 어미는 합쳐서 하나의 어절을 이루며, 조사는 그 앞의 말에 붙어서 한 어절을 이룬다.

---

1) (3)에서 (ㄴ)의 '곶 됴코 여름 하ᄂ니'와 (ㄷ)의 '여름 하ᄂ니'는 그 자체로는 문장으로 볼 수 있으나, (1)의 문장 전체의 구조 속에서는 이어진 문장의 뒷절로 쓰이고 있다.

2) (4)의 (ㄱ)에서 '불휘 기픈 남ᄀ'은 관형절인 '불휘 기픈'을 안고 있는 명사구이다.

제2장 품사

국어에는 수많은 단어들이 있는데, 이들 단어들은 모두 문법적인 성질이 모두 동일하지는 않다. 품사란 이러한 수많은 단어를 문법적인 특징에 따라서 갈래지어서 그 범주를 설정한 것이다.

2.1. 품사의 분류

〈 품사 분류의 기준 〉 '품사(品詞, 씨, parts of speech)'는 한 언어에 존재하는 수많은 단어를 문법적 성질의 공통성에 따라 몇 갈래로 묶어 놓은 것이다. 이러한 품사는 일반적으로 '기능, 형태, 의미'의 세 가지 기준으로 분류한다.

첫 번째 기준인 '기능(機能, 구실, function)'은 한 단어가 다른 단어와 맺는 통사적인 특징을 말한다.

(1) ㄱ. <u>님금</u> 도라오시니   [용가 33장]

    ㄴ. ᄇᆞ야미 <u>가칠</u> 므러   [용가 7장]

    ㄷ. 山이 草木이 <u>軍馬ㅣ</u> ᄃᆞᄫᆡᆞ니이다   [용가 98장]

    ㄹ. 닐굽 히 너무 <u>오라다</u>   [월석 7:2]

    ㅁ. 徐卿의 <u>두</u> 아ᄃᆞ리 나   [두언 8:24]

    ㅂ. <u>그르</u> 알면 外道ㅣ오   [월석 1:51]

    ㅅ. <u>엥</u> 올ᄒᆞ시니이다   [석상 13:47]

여기서 (ㄱ)의 '님금', (ㄴ)의 '가치', (ㄷ)의 '軍馬'와 같은 체언은 주어, 목적어, 보어 등과 같이 여러 가지 문장 성분으로 두루 쓰일 수 있다. 그리고 (ㄹ)의 '오라다'와 같은 용언은 기본적으로 문장 속에서 서술어로 쓰인다. 그리고 (ㅁ)의 '두'나 (ㅂ)의

'그르'와 같은 수식언은 그 뒤에 실현되는 말을 의미적으로 한정하면서 수식한다. 마지막으로 (ㅅ)의 '엥'과 같은 감탄사는 뒤에 실현되는 다른 성분과 독립적으로 쓰인다. 이와 같이 특정한 단어가 문장 속에서 다른 단어와 맺는 통사적인 특징(= 기능)을 고려하여 단어의 품사를 분류할 수 있다.

두 번째 기준인 '형태(形態, 꼴, form)'는 특정한 단어가 굴절(屈折, 꼴바꿈)을 하는 방식에서 나타나는 특징이다. 곧 '형태'는 특정한 단어가 꼴바꿈을 하는지의 여부와, 그 단어가 꼴바꿈을 하는 경우에는 꼴바꿈을 하는 방식이 어떠한가에 대한 특징이다.

먼저 '동사, 형용사'는 꼴바꿈을 하지만[1], '명사, 대명사, 수사, 조사, 부사, 관형사, 감탄사' 등은 꼴바꿈을 하지 않는다.

(2) ㄱ. 두서 낫 대롤 <u>시므노라</u>   [두언 6:52]
    ㄴ. 눉비치 <u>곱도다</u>   [두언 20:8]

(3) ㄱ. 쇼, 그듸, ᄒᆞ나ㅎ
    ㄴ. 太子롤 하늘히 <u>ᄀᆞᆯ히</u>샤   [용가 8장]
    ㄷ. 梵은 아래로 <u>첫</u> 하ᄂᆞ리라   [월석 1:19]
    ㄹ. 菩薩이 <u>ᄀᆞ</u> 나샤   [월석 2:37]
    ㅁ. <u>의</u> 丈夫ㅣ여   [월석 21:118]

(2)의 (ㄱ)에서 동사인 '시므다'는 '시므노라(시므- + -ᄂᆞ- + -오- + -라)'로 꼴바꿈했으며, (ㄴ)에서 형용사인 '곱다'는 '곱도다(곱- + -도- + -다)'로 꼴바꿈을 했다. 이에 반해서 (3)의 (ㄱ)에서 체언인 '쇼, 그듸, ᄒᆞ나ㅎ', (ㄴ)에서 조사인 '-롤, -이', (ㄷ)에

---

1) 꼴바꿈을 하는 동사와 형용사는 활용의 방식에 차이가 있다. 참고로 현대어에서 나타나는 동사와 형용사의 활용 방식을 예로써 보이면 다음과 같다.

품사	기본형	현재 시제 평서형	현재 시제 감탄형	현재 시제 명령형
동 사	읽다	읽-는다	읽-는구나	읽-어라
형용사	희다	희-다	희-구나	-

용언은 이처럼 활용 방식에 나타나는 차이를 근거로 하여 동사와 형용사로 구분한다. 그런데 15세기의 국어에서는 현대어와는 달리 모든 단어의 활용형을 죄다 수집하기가 어려우므로 동사와 형용사를 명확하게 구분하기가 어렵다.(허웅 1975:49)

서 관형사인 '첫', (ㄹ)에서 부사인 'ᄀᆞᆺ', (ㅁ)에서 감탄사인 '의'는 꼴바꿈을 하지 않았다. 이처럼 특정한 단어가 꼴바꿈하는 양상에 따라서도 품사를 분류할 수 있다.

세 번째 기준으로서 '의미(意味, 뜻, meaning)'는 단어의 형식적인 의미를 말한다.

(4) ㄱ. 쉼, 나라ㅎ, 새(鳥)
ㄴ. 여희다, 죽다 ; 하다, 둏다
ㄷ. <u>외</u> 셤, <u>온갖</u> 고지
ㄹ. <u>아니</u> 뮐씨, <u>믓</u> 노픈
ㅁ. 의, 엥, 아소, 아으

(ㄱ)에서 '쉼, 나라ㅎ, 새'의 형식적 의미는 '사물의 이름을 나타내는 말(명사)'이다. (ㄴ)에서 '여희다, 죽다'의 형식적 의미는 '사물의 동작을 나타내는 말(동사)'이며, '하다'와 '둏다'는 '사물의 성질이나 상태를 나타내는 말(형용사)'이다. 그리고 (ㄷ)에서 '외, 온갖'의 형식적 의미는 '체언을 수식하는 말(관형사)'이며, (ㄹ)에서 '아니, 믓'의 형식적 의미는 '용언을 수식하는 말(부사)'이다. (ㅁ)에서 '의, 엥, 아소, 아으'의 형식적 의미는 '화자의 느낌, 요구, 판단' 등을 직접적으로 나타내는 말(감탄사)'이다.

이처럼 품사는 기능·형태·의미를 종합적으로 고려하여 결정한다. 그런데 단어의 의미는 객관적으로 분류하기가 힘들다는 문제가 있기 때문에, 주로 기능과 형태를 중심으로 품사를 분류하며 의미는 보조적인 기준으로 적용할 때가 많다.

〈 품사 분류의 대강 〉『제6차 국어과 교육 과정 해설』(1992:173)에서는 국어의 품사를 '형태, 기능, 의미' 등을 고려하여, 체언(명사·대명사·수사), 수식언(관형사·부사), 독립언(감탄사), 관계언(조사), 용언(동사와 형용사)의 9품사로 설정하고 있다.

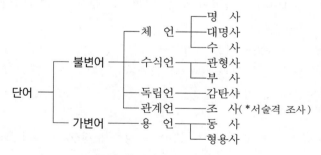

〈그림 1〉 국어의 품사 체계

단어의 품사는 첫 번째의 분류 기준인 '형태'의 기준을 적용하면, 형태가 바뀌는 '가변어(可變語)'와 형태가 바뀌지 않는 '불변어(不變語)'로 나눈다. 이에 따라서 '체언, 수식언, 독립언, 관계언'은 불변어로 분류되고, '용언'은 '가변어'로 분류된다. 두 번째의 기준인 '기능'의 기준을 적용하면, 여러 가지 문장 성분으로 두루 쓰이는 '체언'과 수식어로만 쓰이는 '수식언', 독립어로만 쓰이는 '독립언(감탄사)', 서술어로만 쓰이는 '용언'으로 분류된다. 다만, 관계언(조사)은 그 자체로는 특정한 문장 성분을 이루지 못하고 체언 등의 다른 말에 붙어서 문장 성분을 이룬다. 세 번째의 분류 기준으로 의미의 기준을 적용하면, 체언은 다시 '명사, 대명사, 수사'로 분류된다. 그리고 수식언은 기능과 의미의 기준에 따라서 '관형사, 부사'로 분류되며, 용언은 형태와 의미의 기준에 따라서 '동사, 형용사'로 분류된다.

여기서 학교 문법에서 설정한 9품사에 대하여 대략적으로 설명하면 다음과 같다.

첫째, '체언(體言, 임자씨)'은 조사와 결합하여 여러 가지 문장 성분으로 쓰이면서, 어떠한 대상의 이름이나 수량(순서)을 나타내거나 명사를 대신하여 쓰이는 단어의 갈래이다. 체언은 '명사, 대명사, 수사'로 나뉜다.

(5) ㄱ. <u>世尊</u>이 <u>象頭山</u>애 가샤   [석상 6:1]
    ㄴ. <u>나</u>도 이 ᄀᆞᆮᄒᆞ야   [석상 6:1]
    ㄷ. 王子 기르ᅀᆞᆸ온 어미 <u>ᄒᆞ나</u> 아닐씨   [법언 3:97]

(ㄱ)의 '世尊, 象頭山'은 사물의 이름을 나타내는 명사이며, (ㄴ)의 '나'는 사람의 이름을 대신하는 대명사이며, (ㄷ)의 'ᄒᆞ나(ᄒᆞ)'는 수량이나 순서를 나타내는 수사이다.

둘째, '관계언(關係言, 걸림씨)'은 자립성이 있는 말(체언)에 붙어서, 그 말과 다른 말과의 관계를 나타내거나 특별한 뜻을 덧붙이는 단어의 갈래이다.

(6) ㄱ. (太子ㅣ) … 여슷 히<u>를</u> 苦行ᄒᆞ샤   [석상 6:4]
    ㄴ. 입시울<u>와</u> 혀<u>와</u> 엄<u>과</u> 니<u>왜</u> 다 됴ᄒᆞ며   [석상 19:7]
    ㄷ. 나<u>ᄂᆞᆫ</u> 어버ᅀᅵ 여희오   [석상 6:5]

(ㄱ)의 '-를'은 앞의 체언에 붙어서 그것이 특정한 문장 성분(목적어)으로 쓰임을 나

타낸다. (ㄴ)의 '-과/-와'는 앞의 체언과 뒤의 체언을 이어서 명사구를 만들며, (ㄷ)의 '-는'은 앞의 체언에 '특별한 뜻(말거리, 화제, 주제)'을 더한다.

셋째, '용언(用言, 풀이씨)'은 주어의 움직임이나 상태를 풀이하는 단어의 갈래인데, 용언은 동사와 형용사로 나뉜다.

    (7) ㄱ. 두 히 <u>돋다가</u> 세 히 <u>도드면</u>   [월석 1:48]
        ㄴ. 고히 <u>길오</u> <u>놉고</u> <u>고드며</u>   [석상 19:7]

(ㄱ)의 '돋다'는 동사로서 주어인 '히'의 움직임을 풀이하며, (ㄴ)의 '길다, 놉다(높다), 곧다'는 형용사로서 주어인 '고ㅎ'의 상태를 풀이한다.

넷째, '수식언(修飾言, 꾸밈씨)'은 그 뒤에 실현되는 중심어의 의미를 한정하면서 수식하는 단어의 갈래인데, 수식언은 관형사와 부사로 나뉜다.

    (8) ㄱ. 眞金은 <u>진딧</u> 金이라   [월석 7:29]
        ㄴ. 蓮모새 <u>곳</u> 다드르면   [월석 7:61]

(ㄱ)의 '진딧'은 관형사로서 '진짜의'라는 뜻으로 그 뒤의 체언 '金'의 의미를 한정하면서 수식하며, (ㄴ)의 '곳'은 '이제 막'이라는 뜻으로 그 뒤의 용언 '다드르면'의 의미를 한정하면서 수식한다.

다섯째, '독립언(獨立言, 홀로씨)'은 문장 속의 다른 성분과 통사적인 관련을 맺지 않고 독립적으로 쓰이는 단어의 갈래이다.

    (9) ㄱ. <u>이</u> 男子아 엇던 이룰 爲ㅎ야 이 길헤 든다   [월석 21:118]
        ㄴ. 舍利佛이 슬보디 <u>엥</u> 올ㅎ시이다   [석상 13:47]

'이'와 '엥'은 감탄사로서 각각 화자의 감정(느낌)이나 대답을 직접적으로 나타내면서, 그 뒤에 실현되는 문장 속의 다른 성분과는 독립적으로 쓰이고 있다.

2.2. 체언

'체언(體言, 임자씨)'은 다양한 문장 성분으로 기능하면서, 어떠한 대상이나 일의 이름이나 수량(순서)을 나타내거나, 명사를 대신하는 단어의 갈래이다.

'명사, 대명사, 수사' 등의 체언은 문장에서 격조사와 함께 쓰여서 '서술어, 주어, 목적어, 보어, 관형어, 부사어, 독립어'의 여러 문장 성분으로 두루 쓰일 수 있다.

(1) ㄱ. 사ᄅᆞᆷ 사는 짜홀 다 뫼호아   [월석 1:8]
    ㄴ. 眷屬을 여희오 어딘 사ᄅᆞ믈 갓가비 ᄒᆞ야   [석상 13:22]
    ㄷ. 緊那羅ᄂᆞᆫ … 사ᄅᆞᆷ ᄀᆞ토ᄃᆡ ᄲᅳ리 이실ᄊᆡ   [월석 1:15]
    ㄹ. 九變之國이 사ᄅᆞᆷ ᄠᅳ디리잇가   [용가 15장]
    ㅁ. 사ᄅᆞ민가 사ᄅᆞᆷ 아닌가 ᄒᆞ야   [월석 1:15]

예를 들어서 (1)에서 '사름'은 체언의 일종인 명사인데, 명사는 (ㄱ)의 주어, (ㄴ)의 목적어, (ㄷ)의 부사어, (ㄹ)의 관형어, (ㅁ)의 서술어와 보어 등 여러 가지 문장 성분으로 쓰일 수 있다. 그리고 체언에는 형태의 변화(꼴바꿈)가 없으며 체언 뒤에는 격조사가 붙을 수 있다는 특징이 있다.

2.2.1. 명사

명사는 어떠한 대상이나 일의 이름을 나타내는 단어의 갈래인데, 체언 중에서 그 수가 가장 많고 보편적으로 사용된다.

가. 명사의 개념

'명사(名詞, 이름씨, noun)'는 어떠한 '대상, 일, 상황' 등의 구체적인 이름을 나타내는 단어의 갈래이다.

명사는 격조사와 결합하여 여러 가지 문장 성분으로 쓰일 수 있으며, 형태의 변화가 일어나지 않는다. 그리고 명사는 관형어의 수식을 받아서 명사구의 중심어(머리말, 피한정어, head)로 쓰일 수 있다.

나. 명사의 유형

명사는 그 분류 기준에 따라서 '보통 명사'와 '고유 명사', '자립 명사'와 '의존 명사' 등으로 나눌 수 있다.

(나 -1) 보통 명사와 고유 명사

명사는 그것이 지시하는 범위에 따라서 '보통 명사'와 '고유 명사'로 나눌 수 있다.

〈 보통 명사 〉 '보통 명사(普通 名詞, 두루 이름씨)'는 같은 속성을 가진 대상에 대하여 두루 붙일 수 있는 명사이다.

    (2) ㄱ. <u>불휘</u> 기픈 <u>남곤</u> <u>ᄇᆞᄅᆞ매</u> 아니 뮐씨   [용가 2장]
       ㄴ. <u>ᄉᆡ미</u> 기픈 <u>므른</u> <u>ᄀᆞ모래</u> 아니 그츨씨   [용가 2장]

(2)에서 '불휘, 나모, ᄇᆞ룸 ; 심, 믈, ᄀᆞ물' 등은 보통 명사인데, 이들 명사는 동일한 속성을 가진 여러 가지의 대상을 두루 지시할 수 있다.

〈 고유 명사 〉 '고유 명사(固有 名詞, 홀로 이름씨)'는 동일한 속성을 가진 대상들 중에서 어느 하나를 다른 것과 특별히 구별하여 붙이는 명사이다.

    (3) ㄱ. <u>徐卿</u>의 두 아ᄃᆞ리 나   [두언 8:24]
       ㄴ. <u>海東</u> 六龍이 ᄂᆞᄅᆞ샤   [용가 1장]
       ㄷ. 나랏 말ᄊᆞ미 <u>中國</u>에 달아   [훈언 2]

고유 명사는 (3)의 '徐卿, 海東, 中國' 등과 같이 특정한 대상에만 붙는명사이다. 고유 명사는 일반적으로 유일한 것으로 여기는 대상에 붙이는 이름이므로, 그 뒤에 복수 접미사인 '-ᄃᆞᆶ'이 결합할 수 없으며 관형사의 수식을 받을 수도 없다.

(나 -2) 자립 명사와 의존 명사

명사는 문장 속에서 홀로 설 수 있느냐 없느냐에 따라서, '자립 명사'와 '의존 명사'로 나눌 수 있다.

〈 자립 명사 〉 '자립 명사(自立 名詞, 옹근 이름씨)'는 문장 내에서 관형어의 도움 없이 홀로 쓰일 수 있는 명사이다.

(4) ㄱ. <u>싑미</u> 기픈 <u>므른</u>   [용가 2장]
   ㄴ. 블근 <u>새 그를</u> 므러   [용가 7장]
   ㄷ. 어린 <u>百姓</u>이 니르고져 홇 배 이셔도   [훈언 2]
   ㄹ. 國은 <u>나라히라</u>   [훈언 2]

(4)에서 '싑, 믈, 새, 글, 百姓, 나라ㅎ' 등은 모두 자립 명사로서 관형어 없이 홀로 쓰일 수 있으며, 실질적인 의미를 나타내고 있다.

〈 의존 명사 〉 '의존 명사(依存 名詞, 매인 이름씨)'는 홀로 쓰일 수 없어서 반드시 관형어와 함께 쓰이는 명사이다. 의존 명사는 자립성이 없을 뿐만 아니라 그것이 나타내는 의미도 형식적인 의미이다.

(5) ㄱ. 어린 百姓이 니르고져 홇 <u>배</u> 이셔도   [훈언 2]
   ㄴ. 당다이 이 짜해 橫死홇 <u>주리</u> 업스며   [석상 9:22]
   ㄷ. 믈 톤 <u>자히</u> 건너시니이다   [용가 34장]

(5)에서 '바, 줄, 자히' 등은 단독으로는 쓰이지 못하고, '니르고져 홇', '당다이 이 짜해 橫死홇', '믈 톤' 등의 관형어 뒤에 매여서만 쓰인다.

의존 명사는 문장 속에서 쓰이는 기능에 따라서 '보편성 의존 명사, 주어성 의존 명사, 부사어성 의존 명사, 단위성 의존 명사'로 나누어진다.

ⓐ **보편성 의존 명사** : '보편성 의존 명사'는 관형어나 조사와 통합하는 데에 제약을 받지 않아서, 여러 가지 문장 성분으로 두루 쓰이는 의존 명사이다.

(6) ㄱ. 天下애 앗가볼 <u>거시</u> 몸 ㄱ트니 업스니이다   [석상 11:19]
   ㄴ. 佛子이 得홀 <u>꺼슬</u> 다 ㅎ마 得과이다   [법언 2:232]
   ㄷ. 쪼 阿難이 아롫 <u>거시</u> 아니니   [능언 4:104]
   ㄹ. 魔ㅣ ㄱ리는 <u>거실씨</u> 그르리라 ㅎ니라   [석상 9:8]
   ㅁ. 네 得혼 <u>거슨</u> 滅이 아니니   [법언 3:198]

(6)의 '것'은 (ㄱ)에서는 주격 조사인 '-이'와, (ㄴ)에서는 목적격 조사인 '-을'과, (ㄷ)에서는 보격 조사인 '-이'와, (ㄹ)에서는 서술격 조사인 '-이다'와, (ㅁ)에서는 보조사인 '-은'과 결합하였다. 이처럼 '것'은 여러 가지 조사에 두루 통합될 수 있으므로 자립 명사와 동일하게 쓰이는 의존 명사이다.

형태	의미	용례	
것	것	天下애 앗가볼 거시 몸 ▽트니 업스니이다	[석상 11:19]
곧	곳, 것, 줄	王이 그제사 太子ㄴ 고돌 아르시고	[월석 8:101]
▽장	끝, 끝까지	이 여슷 하눐 ▽자이 欲心을 몯 여흰 혼 굴비니	[월석 1:32]
녁	녁	뎌 녁 ▽새 걷나가샤	[석상 13:4]
놈	놈, 사람	무춤내 제 뜨들 시러 펴디 몯홇 노미 하니라	[훈언 2]
닷	탓	官妓로 怒ㅎ샤미 官吏의 다시언마룬	[용가 17장]
드	것, 까닭	行陣을 조츠샤 不解甲이 현 나리신 둘 알리	[용가 112장]
		엇던 드로 法이 다 性이 업스뇨	[선언 상:111]
딕	데	도ᄌ기 겨신 딜 무러 일후믈 저쏩ᄫ니	[용가 62장]
덛	사이, 동안	밥 머긇 덛만뎡 長常 이 이를 싱각ㅎ라	[월석 8:8]
바	바	어린 百姓이 니르고져 홇 배 이셔도	[훈언 2]
분	분	尊은 노ᄑ신 부니시니라	[석상 서:1]
만	뿐	이 施主ㅣ 오직 衆生의 게 一切 즐거본 것 만 주어도	[월석 17:48]
	만/마	이는 오직 純히 善혼 젼ᄎ로 하ᄂᆞᆯ해 날 만 커니와	[능언 8:73]
	만큼	먼 드르홀 咫尺 만 혼가 사랑ㅎ노라	[두언 7:23]
	동안	열 둛 마내 왼녁 피는 男子ㅣ 드외오	[월석 1:8]
ㅅ	것	命終은 목숨 ᄆᆞ츨 씨라	[석상 6:3]
ᄯᆞᄅᆞᆷ	따름	날로 ᄡᅮ메 便安킈 ㅎ고져 홇 ᄯᆞ르미니라	[훈언 3]
		누니 빗고 고히 고ᄃᆞᆫ 모미 千萬 佛 ᄯᆞ르미 아니라	[금삼 2:33]
ᄲᅮᆫ	뿐	제 몸 닷굴 ᄲᅮᆫ ㅎ고 ᄂᆞᆷ 濟渡 몯홀씨	[석상 13:36]
		혼 부텻 일홈 슌홀 ᄲᅮ네 이런 功德 됴혼 利를 어드리오	[석상 9:27]
앛	바, 까닭	善現이 奇特혼 아촌 그 聲敎를 기드리디 아니ㅎ야	[금삼 2:8]

형태	의미	용례	
양	양	菩薩ㅅ 道理 行ㅎ시논 <u>양</u>도 보며	[석상 13:14]
이	사람	<u>이</u> 내 아ᄃ리라 내 나호니니	[법언 4:76]
적	때	내 지븨 이싫 <u>저긔</u> 여듧 나랏 王이 난겻기로 ᄃ토거늘	[석상 6:7]
즈슴	즈음, 사이	孟季ㅅ <u>즈스메</u> 겨실ᄊ 일후미 辟支佛이라	[선언 하:46]
줄	줄, 것, 수	당다이 이 ᄯᅡ해 橫死홀 <u>주리</u> 업스며	[석상 9:22]

〈표 1〉 보편성 의존 명사

ⓑ **주어성 의존 명사** : '주어성 의존 명사'는 관형어(관형절)을 포함한 전체 구성을 주어로만 쓰이게 하는 의존 명사이다.

(7) ㄱ. 妻眷 ᄃ외얀 <u>디</u> 三年이 몯 차 이셔 世間 ᄇ리시고²⁾ [석상 6:4]
    ㄴ. 南北東西예 그츤 <u>스치</u> 업거늘 [영남 상:13-14]

(ㄱ)에서 '디'는 '시간의 경과(= 동안)'를 나타내고 (ㄴ)에서 '슻'은 '사이'나 '틈'을 나타낸다. 여기서 '디'와 '슻'은 그 앞에 실현되는 관형어를 포함한 전체 구성이 반드시 주어로만 쓰이는 특징이 있다.

ⓒ **부사어성 의존 명사** : '부사어성 의존 명사'는 관형어(관형절)를 포함한 전체 구성을 부사어로만 기능하게 하는 의존 명사이다.

(8) ㄱ. 이는 서르 섯근 <u>ᄃ</u> 疑心ᄃ외도다 [능언 2:98]
    ㄴ. 믈 톤 <u>자히</u> 건너시니이다 [용가 34장]

(9) ㄱ. 佛法이ᅀᅡ 내 <u>이어긔</u>도 죠고마치 잇다 ᄒ야시늘 [영남 상:14]
    ㄴ. 佛禪力의 <u>뎌에</u> 通力 빌이샤ᄆᆞᆯ 因ᄒ니 [월석 18:7]

---

2) 시간의 경과를 나타내는 의존 명사 '디(=지)'는 보편성 의존 명사인 'ᄃ(=것, 까닭)'에 주격 조사인 '-ㅣ'가 결합된 '디'와는 그 뜻이 다르다. 또 '디'가 대상 표현의 선어말 어미인 '-오 -/-우-'를 취하지 않은 관형사형에 실현되는 것도 'ᄃ + -ㅣ'가 결합된 '디'와는 다르다. 따라서 시간이 경과를 나타내는 '디'는 'ᄃ'와는 별도의 의존 명사로 처리한다.(허웅 1975:995)

ㄷ. 阿彌陁佛이 … 金色 光을 펴샤 그 사르미 <u>손틱</u> 오샤　　　　[월석 8:55]

(8ㄱ)에서 관형절인 '서르 섯근'과 의존 명사인 '둣'이 부사구를 이루고 있는데, 이때 부사구인 '서르 섯근 둣'이 서술어인 '疑心둑외도다'를 직접 수식하였다. 마찬가지로 (8ㄴ)에서 관형절인 '믈 톤'과 의존 명사인 '자히'가 부사구를 이루면서 서술어인 '건너시니이다'를 직접 수식하였다. 그리고 (9ㄱ)의 '이어긔'는 의존 명사로서 관형어인 '내'와 함께 명사구를 형성하여, '내 이어긔' 전체가 서술어인 '잇다'를 수식하였다. (9ㄴ)의 '뎌에'도 의존 명사로서 관형어인 '佛禪力의'와 함께 명사구를 형성하여, '佛禪力의 뎌에'의 전체 구성이 서술어인 '빌이샤물'을 수식하였다. 결국 (8)의 '둣'과 '자히', 그리고 (9)의 '이어긔, 뎌에, 손틱' 등은 관형절이나 관형어를 포함한 전체 구성을 부사어처럼 기능하게 하므로 '부사어성 의존 명사'로 처리한다.

형태	의미	용례	
둣	둣	이는 서르 섯근 <u>둣</u> 疑心둑외도다	[능언 2:98]
둣시	둣이	주근 <u>둣시</u> 자다가	[두언 22:1]
이어긔	여기에	佛法이사 내 <u>이어긔</u>도 죠고마치 잇다 ᄒᆞ야시ᄂᆞᆯ	[영남 상:14]
거긔 게 그에	거기에, 데에	더러븐 <u>거긔</u> 微妙ᄒᆞᆫ 이를 나토오미	[석상 13:33]
		더우니로 츤 <u>게</u> 섯거	[능언 3:12]
		부톄 本來 至極 寂靜ᄒᆞᆫ <u>그에</u> 住ᄒᆞ샤	[석상 23:44]
뎌에	저기에	佛 禪力의 <u>뎌에</u> 通力 빌이샤물 因ᄒᆞ니	[월석 18;7]
손틱	-에게	金色 光을 펴샤 그 사르미 <u>손틱</u> 오샤	[월석 8:55]
다비	대로, 같이	사름둘히 듣줍고 ᄀᆞᄅ치샨 <u>다비</u> 修行ᄒᆞ야	[월석 14:61]
다히3)	대로	呪는 빌 씨니 이 法으로 비러 비론 <u>다히</u> 둑외이 홀 씨라	[석상 21:22]
동	줄	天子둘히 아못 因緣으로 이 이리 겨신 <u>동</u> 몰라 ᄒᆞ더니	[월석 21:5]
디	지	鬼神이 아모 趣에 잇ᄂᆞᆫ <u>디</u> 모ᄅᆞ며	[월석 21:173]
자히	채로	믈 톤 <u>자히</u> 건너시니이다	[용가 34장]

〈표 2〉 부사어성 의존 명사

---

3) '다이'나 '대로'도 의존 명사로 쓰인 예가 있다. 그러나 15세기에는 그 용례가 매우 드물고,

ⓓ **단위성 의존 명사** : '단위성 의존 명사'는 선행하는 명사의 수량을 나타내는 단위를 표현하는 의존 명사이다.

(10) ㄱ. 이 經을 마ᅀᆞᆫ아홉 <u>디위</u> 닑고   [석상 9:32]

     ㄴ. 술 흔 <u>셔믈</u> 다못 주리라   [두언 25:4]

(ㄱ)의 '디위'와 (ㄴ)의 '셤'은 각각 수 관형사인 '아홉'과 '흔' 뒤에서 수량의 단위를 나타내는 의존 명사이다. 이들 단위성 의존 명사는 반드시 그 앞에 '아홉'이나 '흔'과 같은 수량을 나타내는 관형사가 앞서며, 또한 보편성 의존 명사처럼 조사와 결합하는 데 제약이 심하지 않다는 특징이 있다.

그리고 단위성 의존 명사 가운데 '디위, 번, 치, 리, 량, 설, 낱/낯, 볼, 흡' 등은 원래부터 수 단위를 나타내는 의존 명사이므로, 이들이 자립 명사로 쓰이는 경우는 없다. 반면에 '돈, 셤, 말(斗), 되(升), 즈릭(柄), 자ㅎ(尺), 가지(枝), 히(年), 둘(月), 날(日)' 등은 원래는 자립 명사인데, 수 관형사 뒤에서 단위성 의존 명사로 전용된 것이다.

형태	의미	용례	
디위	번(番)	이 經을 마ᅀᆞᆫ아홉 <u>디위</u> 닑고	[석상 9:32]
번	번(番)	내 일후믈 귀예 흔 <u>번</u> 드러도 病이 업고	[석상 9:7]
치/츠	치(寸)	粳米 … 기리 닐굽 <u>치</u>러니	[월석 1:43]
리	리(里)	罕則門이 이 廣豊倉의셔 스이 뿌미 싀십 <u>릿</u> 짜히니	[번박 상:32]
설	살(歲)	내 난 세 <u>서린</u> 제	[능언 2:8]
낱/낯	낱(個)	그 五百 사ᄅᆞ미 … 銀돈 흔 <u>낟</u>곰 받ᄌᆞᄫᅵ니라	[월석 1:9]
볼	벌, 겹, 번	그 쁴 香ᄂᆡ … 부텻긔 닐굽 <u>볼</u> 버므러 金盖 ᄃᆞ외오	[월석 7:30]
량, 돈	냥(兩), 돈(錢)	열두 <u>량</u> 여듧 <u>돈</u>	[번박 상:32]
셤	셤(斛)	술 흔 <u>셔믈</u> 다못 주리라	[두언 25:4]

16세기 이후 근대 국어의 문헌에서 본격적으로 나타난다.

(보기) ㄱ. 세 가짓 보ᄇᆡ 숨월 주샤ᄃᆡ 알픠 許ᄒᆞ샨 <u>다이</u> ᄒᆞ쇼셔   [법언 2:138]

      ㄴ. ᄒᆞᄅᆞ 흔 번 밥 머굼과 바ᄇᆞᆯ 머굶 <u>대로</u> 혜여 머굼과   [월석 7:31]

형태	의미	용례	
되	되(升)	(내) … 나날 太倉앳 닷 됫 뿔룰 내야	[두언 15:37]
홉	홉(合)	뿔 두 호브로 뻐 죽을 밍글오	[내훈 1:72]
가지	가지(類)	너븐 부텻 世界 여슷 가지로 震動ᄒ더니	[월석 11:34]
자ㅎ	자(尺)	여슷 자히 步ㅣ오	[월석 1:15]

〈표 3〉 단위성 의존 명사

2.2.2. 대명사

가. 대명사의 개념

'대명사(代名詞, 대이름씨, pronoun)'는 특정한 대상이나 일의 이름(명사)을 대신하여, 그것을 직접적으로 가리키거나 대용(代用)하는 단어의 갈래이다.

(11) ㄱ. 너희 디마니 혼 이리 잇ᄂ니 셜리 나가라　　　　　[월석 2:6]
　　 ㄴ. 어린 百姓이 니르고져 홇 배 이셔도 ᄆᆞᄎᆞᆷ내 제 ᄠᅳ들　[훈언 2]
　　　　 시러 펴디 몯ᄒᆞᇙ 노미 하니라。내 이룰 爲ᄒᆞ야 어엿비 너겨

(11)에서 (ㄱ)의 '너희'는 '鼓摩王'이 자신의 아들을 발화 현장에서 직접 가리키는 말이며, (ㄴ)의 '이'는 바로 앞의 문장을 대신하는 말이다.

　대명사에는 '직시(지시)'와 '대용'의 두 가지 기능이 있다. 첫째로 '직시(直示, deixis)'는 화자가 자기가 위치한 시간·공간적 입장을 기준점으로 하여 발화 현장에서 대상을 직접 가리키는 기능이다. 곧 (ㄱ)에서 '너희'는 '鼓摩王'이 자신의 말을 듣고 있는 '네 아들'을 발화 현장에서 직접적으로 가리켜서 부르는 말인데, 이러한 직시 기능을 가진 말을 '직시어(= 直示語)'라고 한다. 둘째로 담화 속의 앞선 문맥에서 이미 언급한 말을 되돌아 가리키는 기능을 '대용(代用, anaphora)'이라고 하고, 대용의 기능을 가진 말을 '대용어(代用語, anaphor)'라고 한다. 곧, (ㄴ)에서 '이'는 앞서서 발화한 문맥인 '어린 百姓이 니르고져 홇 배 이셔도 ᄆᆞᄎᆞᆷ내 제 ᄠᅳ들 시러 펴디 몯ᄒᆞᇙ 노미 하니라'를 대용한다.

대명사의 기능 ─┬─ 직시 : 발화 현장에서 어떠한 대상을 직접 가리킴.
                  └─ 대용 : 담화 속의 앞선 문맥에서 이미 언급한 말을 가리킴.

〈그림 2〉 대명사의 기능

나. 대명사의 종류

대명사는 직접 가리키거나 대용하는 대상이 사람이냐 혹은 사람 이외의 것이냐에 따라서 '인칭 대명사'와 '지시 대명사'로 구분한다.

(나-1) 인칭 대명사

'인칭 대명사(人稱 代名詞, 사람 대이름씨)'는 사람을 직시하거나 대용하는 대명사이다. 인칭 대명사는 화자와 청자의 관계에 따라서 '정칭(1인칭 대명사와 2인칭 대명사, 3인칭 대명사)', '미지칭', '부정칭', '재귀칭'로 나뉜다.

	정칭			미지칭	부정칭	재귀칭
	1인칭	2인칭	3인칭			
단수	나	너, 그듸/그디/그디	뎌	누	아모	저, ᄌᆞ갸
복수	우리	너희(둘ㅎ)	–			저희

〈표 4〉 인칭 대명사의 종류

〈 정칭의 인칭 대명사 〉 '정칭(定稱)의 인칭 대명사'는 '나·너·그'처럼 발화 상황이나 문맥에서 정해진 대상을 가리키거나 대용하는 인칭 대명사이다.

첫째, '1인칭 대명사'는 화자가 발화 현장에서 자신을 직접 가리키는 대명사이다.

(12) ㄱ. <u>내</u> 太子를 셤기ᅀᆞᄫᅩ디   [석상 6:4]

      ㄴ. 네 <u>내</u> 마를 다 드를따   [석상 6:8]

(13) ㄱ. <u>우리</u> 어싀아ᄃᆞ리 외롭고 입게 ᄃᆞ외야   [석상 6:5]

      ㄴ. <u>우리</u>는 다 부텻 아들 ᄀᆞᆮ호니   [월석 13:33]

1인칭 대명사의 가장 일반적인 형태는 '나'인데, '나'의 복수 형태가 '우리'이다. (12ㄱ)의 '내'는 1인칭 대명사인 '나'에 주격 조사 '-ㅣ'가 결합된 형태이며, (12ㄴ)의 '내'는 '나'에 관형격 조사 '-ㅣ'가 결합된 형태이다. 그리고 (13)에서 (ㄱ)과 (ㄴ)의 '우리'는 '나'의 복수형이다.

둘째, '2인칭 대명사'는 화자가 청자를 발화·현장에서 직접 가리키는 대명사이다.

   (14) ㄱ. 이제 <u>너</u>를 노하 보내면 내 모미 長者ㅣ 怒를 맛나리라   [월석 8:98]

      ㄴ. 長者ㅣ <u>네</u> 아비라   [월석 8:98]

      ㄷ. <u>그딋</u> 아바니미 잇ᄂᆞ닛가   [석상 6:14]

      ㄹ. <u>너희</u> 디마니 혼 이리 잇ᄂᆞ니 ᄲᆞ리 나가라   [월석 2:6]

      ㅁ. <u>너희들히</u> ᄒᆞᆫ ᄆᆞᅀᆞᄆᆞ로 信解ᄒᆞ야 부텻 마를 바다 디니라 [석상 13:62]

2인칭 대명사의 일반적인 형태는 (ㄱ)의 '너'인데, (ㄴ)의 '네'는 '너'에 관형격 조사 '-ㅣ'가 결합한 형태이다. (ㄷ)의 '그듸/그딋/그디'는 지시 대명사인 '그'에 높임의 접미사인 '-듸/-딋/-디'가 붙어서 된 2인칭의 대명사로서, '너'를 예사로 높이거나 낮추어서 이르는 말이다.[4] (ㄹ)의 '너희'는 '너'에 복수 접미사 '-희'가 붙어서 된 말이며, (ㅁ)의 '너희들ᄒ'에는 2인칭 대명사 '너'에 복수 접미사 '-희'와 '-들ᄒ'이 거듭하여 실현되었다.[5]

셋째, '3인칭 대명사'는 화자와 청자를 제외한 제3의 인물을 가리키는 대명사로서, 화자가 특정한 제3자를 발화 현장이나 문맥에서 직접 가리키는 대명사이다.

   (15) ㄱ. <u>뎨</u> 안ᄌᆞᆨ 즐겨 슬히 너기디 아니ᄒᆞ며   [법언 2:85]

      ㄴ. 우리 모다 직조를 겻고아 <u>뎌옷</u> 이긔면 (精舍를) 짓게   [석상 6:26]
          ᄒᆞ고 몬 이긔면 몬 짓게 ᄒᆞ야 지이다

---

4) '그듸/그딋/그디'는 상황에 따라서 예사 높임으로도 쓰였고 예사 낮춤으로도 쓰였는데, 아주 낮춤으로 쓰이는 '너'보다는 청자를 좀 더 높여서 대우하는 표현인 것은 분명하다.

5) 현대어에는 1인칭 대명사인 '나'와 '우리'에 대한 낮춤말로 쓰이는 '저'와 '저희'가 있다. 그러나 15세기 국어에는 1인칭 대명사에 대한 낮춤말이 없었고, '저희'는 재귀칭으로만 쓰였다.

3인칭 대명사는 '뎌(= 저)'가 쓰이는데, '뎌'는 대부분 사물 지시의 대명사로 쓰이는 것이 일반적이고 (15)처럼 인칭 대명사로 쓰이는 예는 드물다.

〈 미지칭의 인칭 대명사 〉 가리킴을 받는 사람의 이름이나 신분을 모를 때에 쓰는 인칭 대명사이다.

(16) ㄱ. 七代之王을 <u>뉘</u> 마ᄀ리잇가   [용가 15장]
ㄴ. 二百戶를 어느 <u>뉘</u> 請ᄒ니   [용가 18장]
ㄷ. <u>뉘</u> ᄯᆯ을 골히야ᅀᅡ 며늘이 ᄃ외야 오리야   [월천 기36]
ㄹ. 世間앳 이른 <u>눌</u>와 다뭇 議論ᄒᄂ뇨   [두언 21:23]

미지칭의 인칭 대명사는 누구인지 모르는 사람을 가리키는 대명사로서 '누(= 누고)'의 형태로 실현되는 것이 일반적이다. (ㄱ)과 (ㄴ)에서 '뉘'는 대명사인 '누'에 주격 조사 '-ㅣ'가 결합되었으며, (ㄷ)의 '뉘'는 '누'에 관형격 조사 '-ㅣ'가 결합된 형태이다. 그리고 (ㄹ)의 '눌'은 '누'가 부사격 조사인 '-와'의 앞에서 실현될 때 나타나는 형태론적 변이 형태이다.

〈 부정칭의 인칭 대명사 〉 어떤 사람을 특별히 정하지 않고 두루 가리키는 인칭 대명사이다.

(17) ㄱ. <u>아뫼</u>나 이 藥師琉璃光如來ㅅ 일후믈 듣ᄌᄫ면   [석상 9:17]
ㄴ. <u>아뫼</u>어나 와 내 머릿바기며 … 도라 ᄒ야도   [월석 1:13]

부정칭의 인칭 대명사는 '아모(= 아무, 某)'로 나타나는데, 정해지지 않는 사람을 가리킬 때에 쓰는 대명사이다.

〈 재귀칭의 인칭 대명사 〉 주어로 표현된 3인칭의 명사가 같은 문장 속에 되풀이하여 쓰이는 과정에서 대명사로 바뀐 것이다.

(18) ㄱ. **어린 百姓**이 … ᄆᆞᄎᆞ내 <u>제</u> ᄠᅳ들 시러 펴디 몯홇 노미   [훈언 2]
하니라
ㄴ. **廣熾** 깃거 (춤기르믈) <u>제</u> 가져 가아 ᄇᆞᄅᆞᅀᆞᄫᆞ니   [월석 2:9]

ㄷ. 그 삑 五百 太子ㅣ 漸漸 ᄌ라니 ··· 이웃 나라히   [석상 11:35]
　 背叛ᄒ거든 <u>저희</u> 가 티고

ㄹ. 淨班王이 깃그샤 부텻 소ᄂᆞᆯ 손소 자ᄇᆞ샤 <u>ᄌ걍</u> 가ᄉᆞ매   [월석 10:9]
　 다히시고

(ㄱ)에서 3인칭 주어인 '어린 百姓'은 동일한 문장 속에서 관형어(= 어린 百姓의)로 되풀이하여 쓰였는데, 이 과정에서 명사인 '어린 百姓'이 재귀 대명사인 '저'의 형태로 바뀌어서 실현되었다. (ㄴ)에서는 주어인 '廣熾'가 재귀 대명사인 '저'로 바뀌어서 표현되었다. 그리고 (ㄷ)에서는 주어인 '五百 太子'가 동일한 문장 속에서 '저희'로 바뀌어서 표현되었다. 끝으로 (ㄹ)에서는 주어인 '淨班王'이 동일한 문장에서 재귀 대명사인 'ᄌ걍(= 자기)'로 바뀌어서 실현되었는데, 이때 'ᄌ걍'는 '저'의 높임말로 사용되었다.6) 이처럼 재귀칭의 인칭 대명사는 문장에서 3인칭의 주어로 실현된 체언을 같은 문장 안에서 다른 문장 성분으로 대용(代用)하는 대명사이다.

(나 -2) 지시 대명사

'지시 대명사(指示 代名詞)'는 사물이나 장소 등의 명사를 직접 가리키거나 대용하는 말이다. 이들 지시 대명사 중에는 관형사와 명사의 어근이 합쳐서 형성된 합성 대명사가 많다.

	정칭			미지칭	부정칭
	화자에 가까울 때	청자에 가까울 때	둘 다에 멀 때		
사물	이	그	뎌	어느/어ᄂᆞ ; 므스/므슥/므슴, 므스것 ; 현마, 언마/언머 ; 엇뎨	아모것
처소	이어긔, 이에, 예	그어긔, 그에, 게	뎌어긔, 뎌에, 뎨	어듸/어듸, 어드메	아모듸

〈표 5〉 지시 대명사의 종류

---

6) 'ᄌ걍'는 재귀 대명사인 '저(= 자기, 自己)'에 대한 예사 높임 등분의 대명사이다.

사물 대명사나 처소 대명사는 화자를 기준으로 해서 청자와의 심리적인 거리에 따라서 '이, 그, 뎌'로 다르게 표현한다. 곧 화자에 가까운 것은 '이(= 근칭, 近稱)'로, 청자에 가까운 것은 '그(= 중칭, 中稱)'로, 화자와 청자 둘 다에게 먼 것은 '뎌(원칭, 遠稱)'로 표현한다.7)

〈사물 지시 대명사〉'사물 지시 대명사(事物 代名詞, 몬 대이름씨)'는 사물을 가리키거나 대용하는 지시 대명사인데, 그 종류로는 다음과 같은 것이 있다.

첫째, '정칭의 사물 지시 대명사'는 이미 정해진 사물을 가리키는 지시 대명사인데, 이러한 대명사로는 '이, 그, 뎌'가 있다.

(19) ㄱ. 내 <u>이</u>를 爲ᄒ야 어엿비 너겨　　　　　　　　[훈언 2]
　　 ㄴ. 님금 말ᄊᆞ미 <u>그</u> 아니 올ᄒ시니　　　　　　　[용가 39장]
　　 ㄷ. 與는 <u>이</u>와 <u>뎌</u>와 ᄒᄂᆞᆫ 겨체 쓰는 字ㅣ라　　[훈언 1]

'이, 그, 뎌'는 특정한 사물에 대하여 화자와 청자가 느끼는 심리적인 거리에 따라서 구분하여 사용한다. 곧 (ㄱ)과 (ㄷ)의 '이(=이것)'는 앞선 문맥의 내용을 근칭으로 가리키거나 대용하였고, (ㄴ)의 '그(=그것)'는 중칭으로, (ㄷ)의 '뎌(=저것)'는 원칭으로 대상을 가리키거나 대용하였다.

둘째, '미지칭의 사물 지시 대명사'는 어떠한 사물을 몰라서 물을 때에 사용하는 지시 대명사인데, 이러한 대명사로는 '어느/어늬, 므스/므슥/므슴, 므스것, 현마/언마, 엇뎨'가 있다.

(20) ㄱ. 이 두 말을 <u>어늘</u> 從ᄒ시려뇨　　　　　　　　[월석 7:26]
　　 ㄴ. 이 일후미 <u>므스고</u>　　　　　　　　　　　　　[능언 5:18]
　　 ㄷ. 阿難이 묻ᄌᆞᄫᆞ되 아홉 橫死는 <u>므스기</u>잇고　[석상 9:35]
　　 ㄹ. 부텻긔 받ᄌᆞᄫᅡ <u>므슴</u> ᄒ려 ᄒ시ᄂᆞ니　　　[월석 1:10]

---

7) 『고등학교 문법』(2010:92, 286)에서는 현대어와 15세기 국어의 지시 대명사의 종류로 '사물 대명사'와 '처소 대명사'만 설정하고 있다. 따라서 이 책에서는 이관규(2002:395)와 임지룡(2005:418) 등에서 설정한 '시간 대명사(이적, 이ᄡᅢ, 이ᄢᅴ ; 그제, 그ᄢᅢ, 그ᄢᅴ ; 뎌ᄢᅴ, 뎌즈슴ᄢᅴ)'와 '방향 대명사(이녁, 뎌녁)' 등은 대명사의 유형으로 다루지 아니한다.

ㅁ. 종과 물와를 **현맨** 둘 알리오 [월천 기52]

ㅂ. **언맛** 福을 得ᄒ리잇고 [월석 17:44]

ㅅ. 그 마리 **엇뎨**오 [법언 2:27]

(ㄱ)의 '어느(= 어느 것)', (ㄴ)의 '므스(= 무엇)', (ㄷ)의'므슥(= 무엇)', (ㄹ)의 '므슴(= 무엇)', (ㅁ)의 '현마(= 얼마)', (ㅂ)의 '언마(= 얼마)', (ㅅ)의 '엇뎨(= 어째서)' 등은 모두 화자가 어떠한 사물을 모를 때 쓰는 미지칭의 사물 지시 대명사이다.

셋째, '부정칭의 사물 지시 대명사'는 어떠한 사물을 특별히 지정하지 않으면서 가리키는 지시 대명사인데, 이러한 대명사로는 '아모것'이 있다.

(21) ᄒ다가 빋낸 사ᄅ미 **아모것**도 마가 줄 것 업거든 [번박 상 61]

'아모것(= 아무것)'은 부정칭의 인칭 대명사인 '아모'에 의존 명사 '것'이 결합하여 된 합성 대명사인데, 어떠한 사물을 특별히 지정하지 않으면서 가리킨다.

〈**처소 지시 대명사**〉'처소 지시 대명사(處所 代名詞, 곳 대이름씨)'는 공간적인 위치를 가리키는 대명사인데, 그 종류로는 다음과 같은 것이 있다.

첫째, '정칭의 처소 지시 대명사'는 이미 정해진 장소를 가리키는 지시 대명사인데, 이러한 대명사로는 '이어긔, 이에, 예 ; 그어긔, 그에, 게 ; 뎡어긔, 뎌에' 등이 있다.[8]

(22) ㄱ. 이 經 디닐 싸ᄅ미 **이어긔** 이셔도 다 能히 글히며 [석상 19:17]

ㄴ. **이에** 여희여 **뎌에** 날 씨라 [능언 4:28]

ㄷ. 이 經 디닗 사ᄅ미 비록 **예** 이셔도 [석상 19:18]

ㄹ. **그어긔** 쇠 하아 쇼로 쳔량 사마 흥졍ᄒᄂ니라 [월석 1:24]

ㅁ. 싸히 훤ᄒ고 됴ᄒ 고지 하거늘 **그에**셔 사니 [월석 2:6-7]

ㅂ. 此鐵樹國은 擧動이 妄量드뷔오 셩시기 麤率ᄒ니
게 가 몯 나시리라 [월석 2:11]

---

8) 『고등학교 문법』(2010:286)에서는 '이어긔, 그어긔, 뎡어긔'를 '이, 그, 뎌'에 처소를 표시하는 '어긔'가 붙어서 된 말로 처리하였다. 이에 대하여 허웅(1975:100)에서는 '이어긔, 그어긔, 뎡어긔'를, 관형사 '이, 그, 뎌'가 가상적인 의존 명사인 '*억'과 위치를 나타내는 부사격 조사 '-의'에 결합되어서 이루어진 말인 것으로 추정하고 있다.

ㅅ. 가며 머므럿는 뎡어긔와 이어긔 消息이 업도다   [두언 11:16]

ㅇ. 뎌 如來ㅅ 일후믈 잠깐 싱각ㅎ면 즉자히 뎌에셔   [석상 9:12]
　　업서 도로 人間애 나아

(ㄱ)의 '이어긔'와 (ㄴ)의 '이에'와 (ㄷ)의 '예'는 화자에게 가까운 장소(= 여기)를 가리키며, (ㄹ)의 '그어긔'와 (ㅁ)의 '그에', (ㅂ)의 '게'는 청자에게 가까운 장소(= 거기)를 가리킨다. 그리고 (ㅅ)의 '뎡어긔'와 (ㅇ)의 '뎌에'는 화자와 청자 모두에게 먼 장소(= 거기)를 가리킨다.

　둘째, '미지칭의 처소 지시 대명사'는 어떤 장소를 물을 때에 쓰는 지시 대명사인데, 이러한 대명사로는 '어듸/어듼, 어드메'가 있다.

(23) ㄱ. 어듸 머러 威不及ㅎ리잇고   [용가 47장]

ㄴ. 齊州는 어드메 잇ᄂ니오   [두언 8:37]

ㄷ. 이 ᄯᅡ히 어드메잇고   [월석 8:94]

(ㄱ)의 '어듸(= 어디)'와 (ㄴ)과 (ㄷ)의 '어드메(= 어디쯤, 어디께)'는 모두 화자가 특정한 장소를 몰라서 묻는 지시 대명사이다.

　셋째, 부정칭의 처소 지시 대명사는 어떠한 장소를 가리지 않음을 나타내는 대명사인데, 이러한 대명사로는 '아모듼'가 있다.

(24) ㄱ. 아모듼도 마ᄀᆫ 듸 업서   [월석 서:8장]

ㄴ. 王ㅅ ᄆᆞᅀᆞ매 아모듼나 가고져 ㅎ시면   [월석 1:26]

(ㄱ)과 (ㄴ)의 '아모듼(= 아무데)'는 인칭 대명사인 '아모(= 아무, 某)'와 의존 명사인 '듼(= 데)'가 결합하여 이루어진 합성 대명사이다. 이들 대명사는 어떠한 장소를 가리지 않음을 나타내는 지시 대명사이다.

2.2.3. 수사

가. 수사의 개념

'수사(數詞, 셈씨, numeral)'는 어떤 대상의 수량이나 차례를 나타내는 단어의 갈래이다.

(25) ㄱ. ᄒᆞ나ᄒ, 둘ᄒ, 세ᄒ, 네ᄒ, 다ᄉᆞᆺ, …, 몇, 여러ᄒ
　　　ㄴ. ᄒᆞ나차히, 둘차히, 세차히, 네차히, 다ᄉᆞᆺ차히, …

(ㄱ)의 'ᄒᆞ나ᄒ, 둘ᄒ, 세ᄒ' 등은 사람이나 사물의 수량을 나타내며, (ㄴ)의 'ᄒᆞ나차히, 둘차히, 세차히' 등은 순서를 나타낸다.

나. 수사의 유형

수사는 사물의 수량을 나타내느냐 순서를 나타내느냐에 따라서 '양수사'와 '서수사'로 구분된다.

〈 양수사 〉 '양수사(量數詞, 基數詞)'는 어떠한 대상의 수량을 가리키는 수사인데, 이는 순우리말로 된 것과 한자말로 된 것이 있다.

(26) ㄱ. ᄒᆞ나ᄒ, 둘ᄒ, 세ᄒ, 네ᄒ, 다ᄉᆞᆺ, 여ᄉᆞᆺ, 닐굽, 여듧, 아홉, 열ᄒ, 스믈ᄒ, 셜흔,
　　　　마ᅀᆞᆫ, 쉰, 여쉰, 닐흔, 여든, 아흔, 온, 즈믄, …, 몇, 여러ᄒ
　　　ㄴ. 一, 二, 三, 四, 五, 六 …, 百, 千, 萬, 億, …

(ㄱ)은 순우리말로 된 양수사인데, 주로 작은 수를 나타낼 때에 쓰인다. 순우리말로 된 양수사 중에서 '몇'은 어떤 대상의 수량을 모를 때에 쓰는 미지칭의 양수사이다. (ㄴ)은 한자말로 된 양수사인데, 순우리말의 수사와는 달리 '百, 千, 萬, 億' 등 아주 큰 수를 나타낼 때에도 쓰일 수 있다.

〈 서수사 〉 대상의 순서를 가리키는 수사를 '서수사(序數詞)'라고 하는데, '서수사'도 순우리말로 이루어진 것과 한자어로 이루어진 것이 있다.

(27) ᄒᆞ나차히, 둘차히/둘차/둘짜/둘채, 세차히/세차, 네차히/네차, 다슷차히, 여슷차
히/여슷차, 닐굽차히/닐굽차, 여듧차히/여듧차, 아홉차히/아홉차, 열차히, 열ᄒᆞ
나차히, 열둘차히, …, 스믈차히, 스믈ᄒᆞ나차히, …, 셜혼차히, …, 쉰차히, …, 여
쉰차히, …, 닐혼차히, …, 여든차히, …

(28) 第一, 第二, 第三, 第四, …

순우리말로 된 서수사는 (27)처럼 양수사에 현대어의 '-째'에 해당하는 '-차히/-자
히'나 '-차/-채/-재/-짜' 등이 붙어서 표현된다.9) 그리고 (28)의 한자말로 된 서수사
는 '一, 二, 三, 四' 등의 양수사에 순서를 나타내는 접두사 '第-'가 붙어서 이루어진
파생어이다.10)

---

9) 현대 국어에서는 '-째'를 양수사 뒤에 붙어서 서수사를 형성하는 파생 접미사로 처리한다.
그리고 중세 국어에서도 대체로 '차히/자히'나 '차/채/재/짜'를 접미사로 처리하는 것이 일반
적이다.(허웅 1975:227, 고영근 2010:180, 안병희·이광호 1993:125, 구본관 1998:103) 그러
나 '두서 힛 자히 [월석 1:6], 여듧 번 짜히사 또 水災ᄒᆞ리니 [월석 1:49], 닐웻 자히 [석상
24:286]'의 예를 보면 '자히'는 의존 명사로 처리될 가능성이 높다. 곧 '자히'에 선행하는 체언
인 '히, 번, 닐웨'에 관형격 조사인 '-ㅅ'이 실현되어 있다. 이처럼 관형어의 수식을 받는 성질
을 감안하면, '자히'는 파생 접미사가 아니라 단위성 의존 명사로 보는 것이 더 합리적이다.(홍
윤표 1994:33 참조.) 다만, 이 책에서는 허웅(1975) 등 일반적인 견해를 따라서 '자히'를 파생
접미사로 다룬다.

10) '第一'에 대응되는 'ᄒᆞ나차히'의 형태는 15세기 문헌에서 발견되지 않는다. 그러나 '제11'과
'제21'의 뜻을 나타내는 '열ᄒᆞ나차히, 스믈ᄒᆞ나차히'의 서수사가 문헌에서 발견되므로(『월인
석보』 2:55), '第一'의 뜻을 나타내는 서수사로서 '하나차히'를 설정할 수 있다. 또한 16세기
말에 간행된 『소학언해』에서 'ᄒᆞ낫재'가 쓰인 것을 감안하면, 'ᄒᆞ나차히'가 15세기에 실제로
쓰였을 가능성이 높다. 1779년쯤에 간행된 『한청문감』(4:27)에서는 관형사인 '첫'에 접미사
인 '-재'가 붙어서 형성된 '첫재'의 형태가 나타나고, 현대 국어에서는 '첫째'의 형태가 쓰인
다. 이렇게 특정한 단어의 '어형 변화 틀'에 빈칸이 생겼을 때에, 어원이 다른 단어의 형태를
빌려와서 빈칸을 메우는 문법적인 현상을 '보충법(補充法, suppletion)'이라고 한다.

【 더 배우기 】

1. 단수 표현과 복수 표현

체언이 지시하는 대상의 수효가 하나일 때를 '단수(單數)'라고 하고, 체언이 지시하는 대상의 수효가 둘 이상일 때를 '복수(複數)'라고 한다.

(1) ㄱ. 사룸, 아히, 鬼神 ; 어마님, 그듸 ; 나, 너, 저
    ㄴ. 사룸둘ㅎ, 아히둘ㅎ, 鬼神둘ㅎ ; 어마님내, 그듸내 : 우리(둘ㅎ), 너희(둘ㅎ), 저희(둘ㅎ)

(ㄱ)의 예는 단수 표현인 데에 반하여 (ㄴ)의 예는 대상의 수효가 둘 이상임을 나타내는 복수 표현이다. 15세기 국어에서는 명사의 복수 표현과 대명사의 복수 표현이 형태가 다르게 실현된다.

〈 명사의 복수 표현 〉 명사의 복수 표현은 명사에 접미사인 '-둘ㅎ'과 '-내'를 붙여서 표현한다.

(2) ㄱ. 이 사룸둘히 다 神足이 自在ㅎ야   [석상 6:18]
    ㄴ. 衆生둘히 信根이 ㄱ디 몯ㅎ야   [월석 9:46]
    ㄷ. 門둘홀 다 구디 줌겨 뒷더시니   [석상 6:2]

(3) ㄱ. 즉자히 나랏 어비묻내룰 모도아 니루샤듸   [석상 6:9]
    ㄴ. 어마님내 뫼읍고 누의님내 더브러   [월석 2:6]
    ㄷ. 百千 衆生을 잘 濟渡ㅎ시는 분내러시니   [석상 13:4]

(2)에서는 체언인 '사룸, 衆生, 門'에 접미사 '-둘ㅎ'을 붙여서 복수를 표현하고 있다. 그리고 (3)에서는 체언인 '어비묻, 어마님, 누의님, 분'에 접미사 '-내'를 붙여서 복수를 표현하고 있는데, '-내'는 '-둘ㅎ'과는 달리 높임의 대상이 되는 체언에만 붙는다.

〈 대명사의 복수 표현 〉 대명사의 복수는 복수 대명사인 '우리'로 표현하거나, '너' 와 '저'에 복수 접미사인 '-희, -들ㅎ'이나 '-내'를 붙여서 표현한다.

첫째, 복수 대명사인 '우리'로써 어휘적으로 복수를 표현하거나, 대명사에 복수 접미사인 '-들ㅎ, -희'를 붙여서 복수를 표현할 수 있다.

(4) ㄱ. <u>우리</u> 어ᅵ아ᄃ리 외롭고 입게 ᄃ외야   [석상 6:5]
     ㄴ. <u>우리들히</u> 다 ᄒᆞᆫ ᄆᆞᅀᆞᄆᆞ로 죽ᄃ록 三寶애 歸依ᄒᆞᅀᆞ바   [월석 9:61]

(5) ㄱ. 舍利佛아 너<u>희</u> 부텻 마ᄅᆞᆯ 고디드르라   [석상 13:47]
     ㄴ. 너<u>희들히</u> ᄒᆞᆫ ᄆᆞᅀᆞᄆᆞ로 信解ᄒᆞ야 부텻 마ᄅᆞᆯ 바다 디니라 [석상 13:62]

(6) ㄱ. 그 ᄢᅴ 五百 太子ㅣ 漸漸 ᄌᆞ라니 … 이웃 나라히   [석상 11:35]
        背叛ᄒᆞ거든 저<u>희</u> 가 티고
     ㄴ. 저<u>희</u> 서르 즐겨ᄒᆞ놋다   [두언 10:42]

(4)에서는 1인칭 대명사의 복수 표현이 쓰였는데, (4ㄱ)에서는 복수 형태로서 대명사 인 '우리'가 쓰였으며, (4ㄴ)에서는 '우리'에 다시 복수 접미사인 '-들ㅎ'이 붙어서 된 '우리들ㅎ'이 쓰였다. (5)에서는 2인칭 대명사의 복수 표현이 쓰였다. (5ㄱ)에서는 2인칭 대명사 '너'에 복수 접미사인 '-희'가 붙었으며, (5ㄴ)에서는 대명사 '너'에 복수 접미사인 '-희'가 붙은 다음에 또다시 복수 접미사인 '-들ㅎ'이 실현되었다. (6)에서는 3인칭 대명사 '저'에 복수 접미사인 '-희'가 붙어서 복수 표현을 나타내었다.

둘째, 체언에 높임의 뜻을 나타내는 복수 접미사인 '-내'를 붙여서 복수를 표현 할 수도 있다.

(7) ㄱ. 네 아ᄃ리 各各 어마님<u>내</u> 외ᄌᆞᆸ고   [월석 2:6]
     ㄴ. 自中은 ᄌᆞ걋<u>냇</u> 中이라   [월석 1:40]
     ㄷ. 그ᄃᆡ<u>내</u> 各各 ᄒᆞᆫ 아ᄃᆞᆯ옴 내야 내 孫子 조차 가게 ᄒᆞ라 [석상 6:9]

(ㄱ)에서는 명사인 '어마님'에 복수 접마사인 '-내'가 붙었으며, (ㄴ)과 (ㄷ)에서는 대명사인 'ᄌᆞ갸'와 '그ᄃᆡ'에 '-내'가 붙어서 복수를 표현하고 있다.

2. /ㅎ/으로 끝나는 체언

15세기 국어에는 /ㅎ/으로 끝나는 특수한 체언이 약 80개 가량 있었는데, 이러한 체언들은 16세기까지는 대체로 끝 소리인 /ㅎ/을 유지하였다.(허웅 1975:311)

(8) ㄱ. 갈ㅎ(刀), 겨슬ㅎ(冬), 그르ㅎ(그루터기), 긴ㅎ(紐), 길ㅎ(道), ㄱ늘ㅎ(陰), ㄱ슬ㅎ(秋), 나ㅎ(年齡), 나라ㅎ(國), 내ㅎ(川), 노ㅎ(繩), 니마ㅎ(額), 님자ㅎ(主), ㄴ믈ㅎ(菜), 눌ㅎ(刀), 뎌ㅎ(笛), 돌ㅎ(石), 드르ㅎ(野), 뜰ㅎ(庭), 쏠ㅎ(源), 마ㅎ(장마), 마ㅎ(薯), 말ㅎ(橛, 말뚝), 머리ㅎ(頭), 모ㅎ(方), 모야ㅎ(樣), 밀ㅎ(小麥), ㅁ슬ㅎ(里), 미ㅎ(野), 바다ㅎ(海), 별ㅎ(厓), 보ㅎ(梁, 들보), 보ㅎ(보자기), 불ㅎ(臂, 팔), 비슬ㅎ(臟, 배알), 붓돌ㅎ(砥, 숫돌), 셔울ㅎ(京), 쇼ㅎ(俗人), 소ㅎ(範, 거푸집), 소ㅎ(沼), 수ㅎ(雄), 수ㅎ(藪, 숲), 스굴ㅎ(鄕), 시내ㅎ(川), 술ㅎ(膚), 쇼ㅎ(衆), 안ㅎ(內), 안쁠ㅎ(內庭), 알ㅎ(卵), 암ㅎ(雌), 언ㅎ(堤), 열ㅎ(蔘, 삼), 올ㅎ(今年), 우ㅎ(上), 울ㅎ(籬), 움ㅎ(窟), 위안ㅎ(園, 동산), 자ㅎ(尺), 조ㅎ(粟), 즈름길ㅎ(迳), 츨ㅎ(源, 本, 근본), 터ㅎ(基)

ㄴ. ㅎ나ㅎ, 둘ㅎ, 세ㅎ, 네ㅎ, 열ㅎ, 스믈ㅎ, 여러ㅎ

ㄷ. -둘ㅎ/-들ㅎ

(ㄱ)과 (ㄴ)의 단어들은 각각 /ㅎ/으로 끝난 명사와 수사이며, (ㄷ)의 '-둘ㅎ'과 '-들ㅎ'은 /ㅎ/으로 끝난 복수 접미사이다. 17세기의 국어에서부터 일부 체언들의 끝 소리 /ㅎ/이 없어지기 시작하다가, 현대어에서는 끝 소리 /ㅎ/이 탈락된 형태로만 쓰인다.

그런데 현대어의 합성 체언 중에는, 체언과 체언이 합성되는 과정에서 15세기 국어에서 나타나는 선행 체언의 끝 소리 /ㅎ/의 흔적이 나타나는 경우도 있다.

(9) 머리카락, 살코기, 안팎, 수캉아지, 암캐

'머리ㅎ, 살ㅎ, 안ㅎ, 수ㅎ, 암ㅎ' 등은 합성어가 되는 과정에서 끝 소리 /ㅎ/이 뒤 어근인 '가락, 고기, 밖, 강아지, 개'의 첫 예사소리인 /ㄱ/, /ㅂ/ 등과 축약되어서, '머리카락, 살코기, 안팎, 수캉아지, 암캐' 등의 형태로 쓰이고 있다.

2.3. 관계언

〈 **조사의 개념** 〉 '조사(助詞, 토씨, 걸림씨)'는 주로 체언에 결합하여, 그 체언이 문장 속의 다른 단어와 맺는 통사론적 관계를 나타내거나 특별한 뜻을 더해 주는 단어의 갈래이다. 조사는 일반적인 단어와는 달리 자립성이 없어서 반드시 체언이나 부사, 용언의 연결형과 같은 다른 말에 붙어서 쓰인다. 그리고 조사는 실질적인 의미를 나타내지 못하며 문법적인 의미나 기능을 나타낸다.

(1) ㄱ. 衆生이 거즛 일로 沙門이 ᄃᆞ외야   [월석 21:40]
    ㄴ. ᄇᆡ야미 가칠 므러   [용가 7장]

(2) ㄱ. 입시울와 혀와 엄과 니왜 다 됴ᄒᆞ며   [석상 19:7]
    ㄴ. 眷屬은 가시며 子息이며 죵이며 집앗 사ᄅᆞᄆᆞᆯ 다   [석상 6:5]
       眷屬이라 ᄒᆞᄂᆞ니라

(3) ㄱ. 나ᄂᆞᆫ 어버ᅀᅵ 여희오   [석상 6:5]
    ㄴ. 어미도 아ᄃᆞᄅᆞᆯ 모ᄅᆞ며 아ᄃᆞᆯ도 어미ᄅᆞᆯ 모ᄅᆞ리니   [석상 6:3]

(1)에서 '-이, -로, -이 ; -이, -ᄅᆞᆯ' 등은 앞 체언에 붙어서 그 체언이 주어, 부사어, 보어, 주어, 목적어로 쓰임을 나타낸다. (2)에서 '-와, -이며'는 앞 체언과 뒤 체언을 이어서 하나의 명사구로 기능하게 한다. (3)에서 '-ᄂᆞᆫ'은 앞 체언이 문장 속에서 '주제(화제, 말거리)'임을 나타내고, '-도'는 앞 체언에 '마찬가지(同一)'라는 뜻을 더해 준다.
    조사는 그 기능에 따라서 '격조사, 접속 조사, 보조사'로 나뉜다. (1)의 '-이, -로, -이 ; -이, -ᄅᆞᆯ'은 격조사이며, (2)의 '-와'와 '-이며'는 접속 조사이며, (3)의 '-ᄂᆞᆫ'과 '-도'는 보조사이다.

2.3.1. 격조사

'격조사(格助詞, 자리 토씨)'는 그 앞에 오는 말이 문장 안에서 특정한 문장 성분으로 기능함을 나타내는 조사이다. 격조사에는 '주격 조사, 서술격 조사, 목적격 조사, 보격 조사, 관형격 조사, 부사격 조사, 호격 조사' 등이 있다.

〈**주격 조사**〉'주격 조사(主格 助詞, 임자 자리 토씨)'는 그 앞말(주로 체언)이 문장에서 주어로 쓰임을 나타내는 조사이다. 주격 조사는 앞 체언의 끝소리에 따라서 {-이/-ㅣ/-∅}의 변이 형태로 실현된다.

(4) ㄱ. 부텻 모미 여러 가짓 相이 ᄀᆞᆽ샤   [석상 6:41]
     ㄴ. 世尊이 象頭山애 가샤   [석상 6:1]

(5) ㄱ. 내 가리이다   [용가 94장]
          프른 볘 하니   [두언 7:36]
     ㄴ. 變化ㅣ 無窮ᄒᆞ실ᄊᆡ   [용가 60장]
          우리 始祖ㅣ 慶興에 사ᄅᆞ샤   [용가 3장]

(6) ㄱ. 녯 가히 내 도라오ᄆᆞᆯ 깃거   [두언 6:39]
     ㄴ. 불휘 기픈 남ᄀᆞᆫ ᄇᆞᄅᆞ매 아니 뮐ᄊᆡ   [용가 2장]
     ㄷ. 밧긧 그르메 瑠璃 ᄀᆞᆮ더시니   [월석 2:17]

(4)의 '몸, 相, 世尊'처럼 자음으로 끝나는 체언 뒤에는 주격 조사가 '-이'의 형태로 실현된다. 반면에 (5)의 '나, 벼, 變化, 始祖'처럼 /ㅣ/나 /j/을 제외한 일반 모음으로 끝나는 체언 뒤에는 주격 조사가 반모음인 '-ㅣ'로 실현된다. (6)의 '가히, 불휘, 그르메'와 같이 /ㅣ/나 /j/로 끝나는 체언 뒤에는 주격 조사의 형태가 드러나지 않는다.[1]

음운 환경	자음 뒤	모음 뒤	
		/ㅣ/, /j/ 이외의 모음 뒤	/ㅣ/, /j/의 뒤
형태	-이	-ㅣ	-∅
용례	모미, 相이, 世尊이	내, 볘 ; 變化ㅣ, 始祖ㅣ	가히, 불휘, 그르메

〈표 1〉 주격 조사의 변이 형태

---

1) 이렇게 주격 조사가 형태 없이 실현되는 것은 주격 조사의 '무형의 변이 형태'로 처리한다.

〈서술격 조사〉'서술격 조사(敍述格 助詞, 풀이 자리 토씨)'는 그 앞말이 문장에서 서술어로 쓰임을 나타내는 조사로서, 주어의 내용을 지정(指定)하면서 풀이한다. 서술격조사는 체언의 끝소리에 따라서 {-이라 / -ㅣ라 / -Ø라}의 변이 형태로 실현되며, 어간인 '-이-'에 여러 가지의 어미가 붙여서 활용하는 것이 특징이다.

(7) ㄱ. 國은 나라히라   [훈언 1]
    ㄴ. 形은 양지라   [월석 8:21]
    ㄷ. 頭는 머리라   [훈언 14]

서술격 조사 '-이다'의 어간은 (ㄱ)의 '나라ㅎ'처럼 자음으로 끝나는 체언 뒤에서는 '-이-'의 형태로 실현된다. 반면에 (ㄴ)의 '양ᄌ'처럼 /ㅣ/나 반모음 /j/를 제외한 일반적인 모음으로 끝나는 체언 뒤에서는 '-ㅣ-'의 형태로 실현되며, (ㄷ)의 '머리'처럼 /ㅣ/나 반모음 /j/로 끝나는 체언 뒤에서는 서술격 조사의 형태가 드러나지 않는다.

음운 환경	자음 뒤	모음 뒤	
		/ㅣ/, /j/ 이외의 모음 뒤	/ㅣ/, /j/의 뒤
형태	-이라	-ㅣ라	-Ø라
용례	나라히라	양지라	머리라

〈표 2〉 서술격 조사의 변이 형태

〈목적격 조사〉'목적격 조사(目的格 助詞, 부림 자리 토씨)'는 그 앞말이 문장에서 목적어로 쓰임을 나타내는 조사이다. 목적격 조사는 앞 체언의 끝소리에 따라서 {-룰 / -를 / -올 / -을 / -ㄹ}의 변이 형태로 실현된다.

(8) ㄱ. 太子룰 하놀히 굴히샤   [용가 8장]
    ㄴ. 長壽를 求ᄒ면 長壽를 得ᄒ고   [석상 9:23]

(9) ㄱ. 麗運이 衰ᄒ거든 나라홀 맛두시릴씨   [용가 6장]
    ㄴ. 耶輸는 … 法을 모룰씨   [석상 6:6]

(10) ㄱ. 바야미 가칠 므러 즘겟가재 연ᄌᆞ니   [용가 7장]

　　ㄴ. 阿僧祇 前世 劫에 님금 位ㄹ ᄇᆞ리샤   [월천 기3]

목적격 조사는 (8ㄱ)의 '太子'처럼 양성 모음으로 끝나는 체언 다음에서는 '-ᄅᆞᆯ'로
실현되고, (8ㄴ)의 '長壽'처럼 음성 모음으로 끝나는 체언 다음에서는 '-를'로 실현된
다. 다만 중성 모음인 /ㅣ/ 뒤에서는 '-ᄅᆞᆯ'과 '-를'이 모두 쓰일 수 있다. 그리고 (9ㄱ)
의 '나라ㅎ'처럼 끝 음절의 모음이 양성이면서 자음으로 끝나는 체언 다음에는 목적
격 조사가 '-ᄋᆞᆯ'로 실현되며, (9ㄴ)의 '法'처럼 끝 음절의 모음이 음성이면서 자음으
로 끝나는 체언 다음에는 '-을'로 실현된다. 끝으로 (10)의 '가치'와 '位'처럼 모음으
로 끝난 체언 다음에는 '-ᄅᆞᆯ, -를' 대신에 준말인 '-ㄹ'이 쓰이기도 한다.[2]

음운 환경	모음 뒤			자음 뒤	
	양성	음성	(준말)	양성	음성
형태	**-ᄅᆞᆯ**	-를	-ㄹ	**-ᄋᆞᆯ**	-을
용례	太子ᄅᆞᆯ	長壽를	가칠, 位ㄹ	나라ᄒᆞᆯ	法을

〈표 3〉 목적격 조사의 변이 형태

〈보격 조사〉 보어는 서술어로 쓰이는 'ᄃᆞ빅다/ᄃᆞ외다'나 '아니다'가 주어 이외에
반드시 필요로 하는 문장 성분이다. '보격 조사(補格 助詞, 기움 자리 토씨)'는 그 앞말
이 문장에서 보어로 쓰임을 나타내는 조사로서, {-이 / -ㅣ / -∅}의 변이 형태로
실현된다.

(11) ㄱ. 色界 諸天도 ᄂᆞ려 仙人이 ᄃᆞ외더라   [월석 2:24]

　　ㄴ. 山이 草木이 軍馬ㅣ ᄃᆞ빅니이다   [용가 98장]

　　ㄷ. 司直은 冗雜ᄒᆞᆫ 벼스리 아니언마ᄅᆞᆫ   [두언 22:39]

　　ㄹ. 四衆의 힝뎌기 ᄒᆞᆫ 가지 아니어늘   [월석 17:83]

---

2) 목적격 조사의 기본 형태를 '-ㄹ'로 잡고 '-ᄅᆞᆯ/-를'과 '-ᄋᆞᆯ/-을'을 음운론적 환경에 따라서
　변이한 비기본 형태로 처리하는 견해도 있다.(이기문 1998:166, 허웅 1975:340)

(ㄱ)과 (ㄴ)에서 서술어 'ᄃ외더라'와 'ᄃ빅니이다'는 주어인 '色界 諸天도'와 '山이 草木이' 이외에도 '仙人이'와 '軍馬ㅣ'를 필수적으로 요구한다. 그리고 (ㄷ)과 (ㄹ)에서 '아니언마른'과 '아니어늘'은 각각 주어인 '司直은'과 '四衆의 힝뎌기'뿐만 아니라, '벼스리'와 'ᄒᆞᆫ 가지'를 필수적으로 요구한다. 이처럼 'ᄃ외다/ᄃ외다' 혹은 '아니다'가 주어 외에 필수적으로 요구하는 성분을 보어라고 하고, 그 체언이 보어로 기능함을 나타내는 {-이 / -ㅣ / -Ø}를 보격 조사라고 한다. 보격 조사의 변이 형태는 주격 조사와 동일하게 실현된다.

음운 환경	자음 뒤	모음 뒤	
		/ㅣ/, /j/ 이외의 모음 뒤	/ㅣ/, /j/의 뒤
형태	-이	-ㅣ	-Ø
용례	仙人이, 벼스리	軍馬ㅣ	ᄒᆞᆫ가지

〈표 4〉 보격 조사의 변이 형태

〈 관형격 조사 〉 '관형격 조사(冠形格 助詞, 매김 자리 토씨)'는 그 앞말이 문장에서 관형어로 쓰임을 나타내는 조사인데, {-ᄋᆡ / -의, -ㅣ ; -ㅅ}의 변이 형태로 실현된다.
첫째, '-ᄋᆡ/-의'는 주로 자음이나 /ㅣ/로 끝나는 유정 체언의 뒤에 실현되며, '-ㅣ'는 주로 /ㅣ/를 제외한 모음으로 끝나는 유정 체언의 뒤에 실현된다.
먼저, 자음으로 끝나는 유정 체언의 뒤에는 관형격 조사로서 '-ᄋᆡ, -의'가 쓰인다.

(12) ㄱ. 네 性이 … 죵ᄋᆡ 서리예 淸淨ᄒᆞ도다   [두언 25:7]
　　ㄴ. 徐卿의 두 아ᄃᆞ리 나   [두언 8:24]

(13) ㄱ. 할믜 ᄆᆞᅀᆞ믈 오히려 웃ᄂᆞ다   [영남 상:8]
　　ㄴ. 그려긔 발 ᄀᆞ트시며   [월석 2:40]

곧 (ㄱ)의 '죵'처럼 끝 음절이 양성 모음인 체언 다음에는 '-ᄋᆡ'로, (ㄴ)의 '徐卿'처럼 끝 음절이 음성 모음인 체언 다음에는 '-의'로 실현된다. 그런데 (13)의 앞 체언이 '할미'와 '그려기'처럼 유정 체언이고 체언의 끝소리가 /ㅣ/일 때에는, 그 뒤에 관형격 조사인 '-의, -의'가 결합하면 체언의 끝소리 /ㅣ/가 탈락한다. 곧 (13)에서는 '할미'와 '그려기'의 뒤에 관형격 조사인 '-의'와 '의'가 결합하였는데, 이때에는 '할미'와 '그려기'의 끝 모음 /ㅣ/가 탈락해서, '할믹(할ㅁ + -의)'와 '그려긱(그려ㄱ + -의)'로 실현되었다.[3]

그리고 /ㅣ/를 제외한 모음으로 끝나는 체언 뒤에는 관형격 조사의 형태로 '-ㅣ'가 쓰인다.(단, [두언 21:30]에 나타나는 '公侯의'는 예외적으로 모음 뒤에 '-의'가 쓰였다.)

(14) ㄱ. 長者ㅣ 지븨 세 分이 나ᅀᅡ가샤   [월석 8:81]
ㄴ. 올타 올타 네 말 ㄱᄐᆞ니라   [석상 9:22]
ㄷ. 내 님금 그리샤   [용가 50장]

(14)에서는 모음으로 끝나는 체언인 '長者, 너, 나'에 관형격 조사 '-ㅣ'가 붙어서 '長者ㅣ, 네, 내'의 형태로 관형어로 쓰였다.[4]

음운 환경	자음으로 끝나는 체언 뒤		/ㅣ/로 끝나는 체언 뒤		/ㅣ/를 제외한 모음으로 끝나는 체언 뒤
	양성	음성	양성	음성	
형태	-의	-의	-의	-의	-ㅣ
용례	종의	徐卿의	할믹(할미 + -의)	그려긱(그려기 + -의)	長者ㅣ, 네, 내

〈표 5〉 관형격 조사 '-의, -의, -ㅣ'의 형태 바뀜

둘째, 관형격 조사로서 '-ㅅ'이 쓰이기도 한다. 관형격 조사 '-ㅅ'은 그 앞의 체언이 무정 명사이거나 높임의 대상인 유정 명사일 때에 쓰이며, 대체로 앞 체언의 끝소리가 유성음일 때에 실현되는 특징이 있다.

---

3) 다만, /ㅣ/로 끝나는 체언에 관형격 조사가 붙어서 관형절 속의 의미상 주어로 쓰일 때는, 체언의 끝모음 /ㅣ/는 탈락하지 않는다. "諸子ㅣ 아비의 便安히 안존 둘 알오 [법언 2:138]"
4) '-ㅣ'는 앞 체언이 /ㅣ/를 제외한 일반 모음으로 끝날 때에 실현되므로, '-의/-의/-ㅣ'는 음운론적 변이 형태로 처리된다. 곧, '-ㅣ'은 '-의/-의'에서 /ㆍ/나 /ㅡ/가 탈락된 형태로 처리할 수 있다.

(15) ㄱ. 나랏 말ᄊᆞ미 中國에 달아   [훈언 1]

　　ㄴ. 부텻 모미 여러 가짓 相이 ᄀᆞᄌᆞ샤   [석상 6:41]

관형격 조사 '-ㅅ'은 (ㄱ)의 '나라'와 (ㄴ)의 '가지'와 같은 무정 명사나, (ㄴ)의 '부텨'처럼 유정 명사 중에서 높임의 대상으로 쓰인 명사 뒤에만 쓰이는 특징이 있다.[5]

　〈 부사격 조사 〉 '부사격 조사(副詞格 助詞, 어찌 자리 토씨)'는 그 앞말이 문장에서 부사어로 쓰임을 나타내는 조사이다. 부사격 조사는 종류가 대단히 많으며, 특정한 부사격 조사가 다양한 의미를 나타낼 수도 있다.

　ⓐ { -애/-에/-예 } '-애/-에/-예'는 문맥에 따라서 '위치(장소, 시간), 원인, 비교' 등 다양한 뜻을 나타낸다. '-애'는 앞선 체언의 끝 음절이 양성 모음일 때에, '-에'는 음성 모음일 때에, '-예'는 /ㅣ/나 반모음 /j/일 때에 실현된다.

(16) ㄱ. 世尊이 象頭山애 가샤   [석상 6:1]

　　　우리 始祖ㅣ 慶興에 사ᄅᆞ샤   [용가 3장]

　　　東녀그로 萬里예 녀 가   [두언 7:2]

　　ㄴ. 첫나래 讒訴를 드러   [용가 12장]

　　　밤 後에 ᄭᅮ메 부텻 모ᄃᆞᆯ 보ᅀᆞᄫᆞ니   [월석 21:54]

　　ㄷ. 불휘 기픈 남ᄀᆞᆫ ᄇᆞᄅᆞ매 아니 뮐ᄊᆡ   [용가 2장]

　　ㄹ. 나랏 말ᄊᆞ미 中國에 달아   [훈언 2]

'-애/-에/-예'는 (ㄱ)에서는 '공간적인 위치'의 뜻을 나타내고, (ㄴ)에서는 '시간적인 위치'의 뜻을 나타낸다. 그리고 (ㄷ)에서는 '원인'을 나타내며, (ㄹ)에서는 '비교'의 뜻을 나타낸다. 그리고 '象頭山, 첫날, ᄇᆞ름'처럼 끝 음절에 양성 모음이 실현된 체언 다음에는 '-애'가 쓰였으며, '慶興, 後, 中國'처럼 끝 음절에 음성 모음이 실현된 체언 다음에는 '-에'가 쓰였으며, '萬里'처럼 /ㅣ/로 끝난 체언 다음에는 '-예'가 쓰였다. 이처럼 '-애/-에/-예'가 다양한 뜻으로 해석되는 것은 '위치'라는 기본적인 뜻이 문장의 문맥에서 다양하게 해석될 수 있기 때문이다.

---

　5)『용비어천가』나『훈민정음 언해본』에서는 관형격 조사의 형태로 '-ㅅ'뿐만 아니라 '-ㄱ, -ㄷ, -ㅂ, -ㅸ, -ㆆ, -ㅿ'도 쓰였는데, 그 후에는 점차로 '-ㅅ'만을 사용하였다.(이 책 37쪽 참조.)

음운 환경	앞 체언의 끝 모음		
	양성	음성	/ㅣ/나 /j/
형태	-애	-에	-예
용례	象頭山애	慶興에	萬里예

〈표 6〉 부사격 조사 '-애, -에, -예'의 형태 바뀜

ⓑ {-익/-의} '-익/-의'는 공간이나 시간적인 '위치'의 뜻을 나타낸다. '-익'는 앞선 체언의 끝 음절이 양성 모음일 때에 실현되고, '-의'는 음성 모음일 때에 실현된다.

(17) ㄱ. (小瞿曇이) 남기 뼤여 性命을 므츠시니　　　　　　　[월천 기4]
　　　ㄴ. 빅 달홀 사르미 처서믜 흔 번 브리니　　　　　　　[두언 15:3]

(ㄱ)에서 끝 음절에 양성 모음이 실현된 체언 '남'에는 '-익'가 쓰였으며, (ㄴ)에서 끝 음절이 음성 모음인 실현된 체언 '처섬'에는 '-의'가 쓰였다.

　그런데 '-애/-에/-예'와 '-익/-의'에 보조사인 '-셔'가 결합해서, 각각 '-애셔/-에셔/-예셔'와 '-익셔/-의셔'의 형태로 실현되어서 '위치나 출발점'의 뜻을 나타내는 경우가 있다.6)

(18) ㄱ. 일후미 救脫이라 ᄒᆞ샤리 座애셔 니르샤　　　　　　[월석 9:29]
　　　ㄴ. 玉女寶ᄂᆞᆫ … 이베셔 靑蓮花ㅅ 香내 나며　　　　　[월석 1:26]
　　　ㄷ. 金剛ᄋᆞᆫ 쇠예셔 난 뭇 구든 거시니　　　　　　　[두언 21:41]
　　　ㄹ. 구루믄 집 北녁 홀긔셔 나놋다　　　　　　　　　[두언 25:18]
　　　ㅁ. 살 든 굼긔셔 싯미 나아 우므리 ᄃᆞ외니　　　　　[석상 3:14]

(ㄱ)에서는 양성 모음이 실현된 체언 '座'에 '-애셔'가 쓰였으며, (ㄴ)에서는 중성 모음이 실현된 체언 '입'에 '-에셔'가 쓰였으며, (ㄷ)에서는 /j/로 끝난 체언 '쇠'에 '-예

---

6) 허웅(1975:376, 400), 안병희·이광호(1993:197), 이기문(1998:183)에서는 '-애셔'나 '-익셔' 등에 실현된 '-셔'를 독립적인 보조사로 구분했다. 고영근(2010:95)에서만 부사격 조사로서 '-에셔'를 설정하였으나, 이 책에서도 '-에셔'의 '-셔'가 별도의 보조사임을 언급하고 있다.

셔'가 쓰였다. 그리고 '-이셔/-의셔'도 위치나 출발점을 나타내는데, '-이셔'는 (ㄹ) 의 '홀긔셔'처럼 앞선 체언의 끝 음절이 양성 모음일 때 실현되고, '-의셔'는 (ㅁ)의 '굼긔셔'처럼 음성 모음일 때에 실현된다.

ⓒ {-라셔} '-라셔'는 원래 '출발점'을 나타내는 부사격 조사인데, 주로 유정 명사 의 뒤에 붙어서 주격 조사처럼 쓰일 수 있다.7)

(19) ㄱ. 하늘해셔 飮食이 自然히 오나든 婦人이 좌시고   [월석 2:25]
　　　 아모 ᄃᆞ라셔 온 동 모ᄅᆞ더시니
　　 ㄴ. 有蘇氏라셔 妲己로 紂의 게 드려늘   [내훈 서:3]
　　 ㄷ. 跋提라셔 阿那律이ᄃᆞ려 닐오ᄃᆡ   [월석 7:1]

(ㄱ)에서 '-라셔'는 장소를 나타내는 의존 명사인 'ᄃᆞ'에 붙어서 출발점을 나타내었 다. 반면에 (ㄴ)과 (ㄷ)에서는 '-라셔'가 유정 명사인 '有蘇氏'와 '跋提'에 붙어서 주격 조사처럼 전용되어 쓰였는데, 이때의 '-라셔'에는 아직 '출발점'을 나타내는 뜻이 남아 있으므로 부사격 조사로 처리한다.(허웅 1975:347)

ⓓ {-ᄃᆞ려, -ᄭᅴ} '-ᄃᆞ려, -ᄭᅴ'는 '상대'의 뜻을 나타내는데, 일반적인 유정의 체언 에는 '-ᄃᆞ려'가 쓰이고 높임의 대상이 되는 유정 체언에는 '-ᄭᅴ'가 쓰인다.8)

(20) ㄱ. 世尊이 ᄯᅩ 文殊師利ᄃᆞ려 니ᄅᆞ샤ᄃᆡ   [석상 9:11]
　　 ㄴ. 阿難과 모ᄃᆞᆫ 大衆이 … 부텨ᄭᅴ 禮數ᄒᆞᅀᆞ와   [능언 2:1]

(ㄱ)에서는 유정 체언인 '文殊師利'에 '-ᄃᆞ려(= -에게)'를 실현하여 행위의 상대를 나타 내었다. 이때 '文殊師利'는 주체로 쓰이는 '世尊'에 비해서 존귀하지 않으므로 상대를 나타내는 부사격 조사로서 '-ᄃᆞ려'가 쓰였다. 반면에 (ㄴ)의 '부텨'는 주어인 '阿難'과 '모ᄃᆞᆫ 大衆'에 비해서 존귀한 대상이므로 부사격 조사로서 '-ᄭᅴ'가 실현되었다.9)

---

7) 이와 비슷한 예로서 '-애셔'가 현대 국어의 주격 조사처럼 쓰인 예가 있다.
　 (보기) 우리 祖上애셔 쏘더신 화리 ᄀᆞ초아 이쇼ᄃᆡ [석상 3:13]
8) '-ᄋᆡ긔/-의긔, -ᄋᆡ게/-의게, -ᄋᆡ그에/-의그에'의 형태로 상대를 나타내는 부사격 조사처럼 쓰이는 일이 있다. 그러나 이는 관형격 조사인 '-ᄋᆡ/-의'의 뒤에 부사어성 의존 명사인 '긔, 게, 그에'가 실현된 통사적 구성으로 본다. 부사어성 의존 명사에 대하여는 이 책 125쪽 참조.

ⓔ{ -ᄋ로/-으로/-로} '-ᄋ로/-으로/-로'는 '방향' 또는 '변성(變成)'을 나타낸다. '-ᄋ로'와 '-으로'는 /ㄹ/ 이외의 자음으로 끝나는 체언 다음에 실현되고, '-로'는 모음이나 /ㄹ/로 끝나는 체언 다음에 실현된다.

첫째, '-ᄋ로/-으로/-로'가 '방향'의 뜻을 나타내는 경우가 있다.

(21) ㄱ. 須達이 … 제 나라ᄒ로 갈 쩌긔 부텨씌 와 술보ᄃᆡ   [석상 6:22]
    ㄴ. (太子ㅣ)… 仙人 잇ᄂᆞᆫ ᄃᆡ로 니거시ᄂᆞᆯ   [석상 3:35]
    ㄷ. 하ᄂᆞᆯ로셔 셜혼 두 가짓 祥瑞 ᄂᆞ리며   [석상 6:17]

(ㄱ)에는 끝 음절이 자음으로 끝나면서 양성 모음이 실현된 체언인 '나라ᄒ'에 '-ᄋ로'가 쓰여서, (ㄴ)에는 끝 음절이 모음으로 끝난 체언인 'ᄃᆡ'에 '-로'가 쓰여서 '도착점으로서의 방향'의 뜻을 나타내었다. 그리고 (ㄷ)에는 체언인 '하ᄂᆞᆯ'에 부사격 조사인 '-로'와 보조사인 '-셔'가 함께 쓰였는데, '-로셔'는 '출발점으로서의 방향'의 뜻을 나타내었다.

둘째, '-ᄋ로/-으로/-로'가 변성(變成)의 뜻을 나타내는 경우도 있다.

(22) 實로 ᄒᆡ로 變ᄒᆞ며 … ᄯᅩ 兼ᄒᆞ야 ᄃᆞᆯ로 化ᄒᆞ며…   [능언 2:7]

(22)에서는 모음으로 끝나는 체언인 'ᄒᆡ'와, /ㄹ/로 끝나는 체언인 'ᄃᆞᆯ'에 부사격 조사인 '-로'가 실현되어서 '변성'의 뜻을 나타내었다.

음운 환경	/ㄹ/ 이외의 자음 뒤		모음 혹은 /ㄹ/ 뒤
	양성 모음	음성 모음	
형태	-ᄋ로	-으로	-로
용례	나라ᄒ로	右脇으로	ᄃᆡ로, ᄒᆡ로, ᄃᆞᆯ로,

〈표 7〉 부사격 조사 '-ᄋ로/, -으로, -로'의 형태 바뀜

---

9) '-드려'는 동사인 '드리다'의 어간에 부사 파생 접미사인 '-어'가 붙어서, 그리고 '-씌'는 높임의 대상이 되는 유정 명사에 실현되는 관형격 조사 '-ㅅ'에 의존 명사인 '긔'가 붙어서 부사격 조사로 파생되었다.

ⓕ { -ᄋ로/ -으로/ -로/ -ᄋ록/ -으록 } '-ᄋ로/-으로/-로/-ᄋ록/-으록'은 '재료, 수단, 원인' 등의 여러 가지 뜻으로 쓰일 수 있다. 매개 모음을 실현하고 있는 '-ᄋ로/-으로'는 /ㄹ/ 이외의 자음으로 끝나는 체언 다음에 실현되고, '-로'는 모음이나 /ㄹ/로 끝나는 체언 다음에 실현된다.

(23) ㄱ. 그듸 能히 ᄀᆞᄂᆞᆫ 돌ᄒᆞ로 거를 밍ᄀᆞᄂᆞ니   [두언 7:17]
     ㄴ. 王이 金銀 瑠璃 玻瓈로 네 가짓 도ᄀᆞᆯ 밍ᄀᆞ라   [월석 24:42]
     ㄷ. 이 迷人아 오늘록 後에 이 길ᄒᆞᆯ 볿디 말라   [월석 21:119]
     ㄹ. ᄯᅩ 正音으로 ᄡᅥ 곧 因ᄒᆞ야 더 飜譯ᄒᆞ야 사기노니   [월석 서:6]
     ㅁ. 衆生이 거즛 일로 沙門이 ᄃᆞ외야   [월석 21:40]

(ㄱ)에는 자음으로 끝나는 체언인 '돌ᄒᆞ'에 부사격 조사인 '-ᄋ로'가 쓰여서, (ㄴ)에는 모음으로 끝나는 체언인 '玻瓈'에 '-로'가 쓰여서 '재료'의 뜻을 나타내었다. (ㄷ)에는 체언인 '오늘'의 뒤에 '-록'이 붙었는데, 이때의 '-록'은 '-로'의 강조 형태이다. 그리고 (ㄹ)에는 자음으로 끝나는 체언인 '正音'에 '-으로 ᄡᅥ'가 쓰여서[10], (ㅁ)에는 /ㄹ/로 끝나는 체언인 '일'에 '-로'가 쓰여서 '수단'이나 '방법'의 뜻을 나타내었다.

ⓖ { -과/ -와, -과로/ -와로 } '-과/-와, -과로/-와로'는 '공동' 혹은 '비교'의 뜻을 나타낸다. /ㄹ/을 제외한 자음으로 끝나는 체언 뒤에서는 '-과'나 '-과로'로 실현되고, 모음이나 /ㄹ/로 끝나는 체언 다음에서는 '-와'나 '-와로'로 실현된다.

첫째, '-과/-와, -과로/-와로'가 '공동(함께함)'의 뜻을 나타내는 경우가 있다.

(24) ㄱ. 이 모든 法 드른 사ᄅᆞ미 … 샹녜 스승과 ᄒᆞᆫ듸 나ᄂᆞ니   [법언 3:191]
     ㄴ. 世間앳 이ᄅᆞᆯ 눌와 다못 議論ᄒᆞᄂᆞ뇨   [두언 21:23]

(25) ㄱ. 사ᄅᆞᆷ과로 ᄒᆞᆷᄢᅴ 살며 ᄯᅩ 주그리라   [두언 16:42]
     ㄴ. 곳다오ᄆᆞᆫ 歲時와로 다ᄋᆞ놋다   [두언 16:74]

---

10) '-으로 ᄡᅥ'에서 'ᄡᅥ'는 동사인 '쓰다(用)'의 어간에 연결 어미인 '-어'가 붙어서 형성된 파생 부사이다.(쓰- + -어) 이 말은 주로 한자어 '以'를 언해하는 과정에서 잉여적으로 사용되는 말인데, '수단, 방편, 도구, 재료' 등의 뜻을 나타낸다.(허웅 1975:252 참조.)

(24)의 (ㄱ)에서는 자음으로 끝나는 체언인 '스승'에 부사격 조사 '-과'가 실현되어서, (ㄴ)에서는 모음으로 끝나는 인칭 대명사 '눌(←누)'에 '-와'가 실현되어서 공동(共同)의 뜻을 나타내었다. 그리고 (25)의 (ㄱ)에서는 자음으로 끝나는 체언인 '사룸'에 부사격 조사 '-과로'가 실현되어서, (ㄴ)에서는 모음으로 끝나는 체언인 '歲時'에 부사격 조사 '-와로'가 실현되어서 '공동'의 뜻을 나타내었다.

둘째, '-과/-와, -과로/-와로'가 '비교'의 뜻을 나타내는 경우도 있다.

(26) ㄱ. (太子ㅣ 나룰)… 길 녈 사룸과 ㄱ티 너기시니 [석상 6:5]
    ㄴ. 一切 有情이 나<u>와</u> 다ᄅ디 아니케 호리라 [월석 9:14]

(27) ㄱ. 너희들히 … 내익 드리운 손<u>과로</u> ᄒᆞᆫ가지라 [능언 2:19]
    ㄴ. 나랏 말ᄊᆞ미 … 文字<u>와로</u> 서르 ᄉᆞᄆᆞ디 아니ᄒᆞᆯᄊᆡ [훈언 1]

(26)의 '사룸과'와 '나와'는 '사룸'과 '나'에 '-과/-와'가 쓰여서, 그리고 (27)의 '손과로'와 '文字와로'는 '손'과 '文字'에 '-과로/-와로'가 쓰여서 '비교'의 뜻을 나타내었다.

음운 환경	/ㄹ/ 이외의 자음 뒤	모음 혹은 /ㄹ/ 뒤
형태	-과, -과로	-와, -와로
용례	사룸과, 손과로	나와, 文字와로

〈표 8〉 부사격 조사 '-과/와, -과로/-와로'의 형태 바뀜

ⓗ {-이/-ㅣ/-Ø, -두고, -라와, -ᄋ론/-으론} '-이/-ㅣ/-Ø, -두고, -라와, -ᄋ론/-으론'은 앞의 체언에 붙어서 '비교'의 뜻을 나타낸다.

(28) ㄱ. 부톄 … 敎化ᄒᆞ샤미 ᄃᆞ리 즈믄 ᄀᆞᄅᆞ매 비취요<u>미</u> 곧ᄒᆞ니라 [월석 1:1]
    ㄴ. ᄒᆞᆫ 癆病 ᄒᆞᆫ 사ᄅᆞ미 더 ᄒᆞᆫ 나라<u>히</u> ᄒᆞᆫ가지며 [능언 2:92]
    ㄷ. 비치 히오 블구미 뭀 頭腦<u>ㅣ</u> ᄀᆞᆮ니라 [월석 1:23]
    ㄹ. 香이 須彌山 곧고 고지 술위<u>ᄢᅴ</u> 곧다 ᄒᆞᆫ 말도 잇ᄂᆞ니 [월석 1:37]

(28)에서 (ㄱ)의 '비취요미'와 (ㄴ)의 '나라히'는 각각 동사의 명사형인 '비취욤'과 체언인 '나라ㅎ'에 부사격 조사 '-이'가 실현되어서, (ㄷ)의 '頭腦ㅣ'는 체언인 '頭腦'에 '-ㅣ'가 실현되어서 '동등 비교'의 뜻을 나타내었다. 그리고 (ㄹ)의 '술위띠'는 무형의 변이 형태인 '-∅'로써 '동등 비교'의 뜻을 나타내었다.11)

(29) ㄱ. 光明이 히둘두고 더으니   [월석 1:26]
     ㄴ. 貪慾앳 브리 이 블라와 더으니라   [월석 10:14]
     ㄷ. 오히려 各別히 勞心호모론 더으니라   [금삼 4:30]

(29)에서 (ㄱ)의 '히둘두고', (ㄴ)의 '블라와', (ㄷ)의 '勞心호모론'은 '히둘, 블, 勞心홈'에 부사격 조사인 '-두고, -라와, -오론'이 실현되어서 '차등 비교'의 뜻을 나타내었다.

형태	현대어	의미	용례
-애/-에/-예	-에 -과/-와	장소	世尊이 象頭山애 가샤 일후미 救脫이라 ㅎ샤리 座애셔 니르샤 玉女寶ᄂᆞ … 이베셔 靑蓮花ㅅ 香내 나며 金剛은 쇠예셔 난 못 구든 거시니
		시간	밤 後에 쭈메 부텻 모들 보ᅀᆞᄫᅵ니
		원인	불휘 기픈 남ᄀᆞᆫ ᄇᆞᄅᆞ매 아니 뮐씨
		비교	나랏 말ᄊᆞ미 中國에 달아
-라셔	-에서	출발점	婦人이 좌시고 아모ᄃᆞ라셔 온 동 모ᄅᆞ더시니
-이/-의	-에	장소	남ᄀᆡ 뼈여 性命을 ᄆᆞ츠시니
		시간	처석ᄆᆡ 흔번 ᄇᆞ리니
-ᄃᆞ려 -ᄭᅴ	-에게 -께	상대	世尊이 ᄯᅩ 文殊師利ᄃᆞ려 니ᄅᆞ샤ᄃᆡ
			阿難과 모ᄃᆞᆫ 大衆이 부텨ᄭᅴ 禮數ᄒᆞᅀᆞ와
-ᄋᆞ로	-으로	방향	須達이 … 제 나라ᄒᆞ로 갈 쩌긔 부텨ᄭᅴ 와 슬ᄫᅩᄃᆡ
		변성	히로 變ᄒᆞ며 … 둘로 化ᄒᆞ며

---

11) 부사격 조사 '-이/-ㅣ/-∅'는 문장의 서술어가 'ᄀᆞᆮ다/ᄀᆞᆮᄒᆞ다'나 'ᄒᆞᆫ가지라'일 때에만 실현된다.

형태	현대어	의미	용례
-으로/-으록	-으로	재료	그듸 能히 ᄀᆞᄂᆞᆫ 돌ᄒᆞ로 거를 밍ᄀᆞᄂᆞ니
		방법 수단	衆生이 거츳 일로 沙門이 ᄃᆞ외야 正音으로 뻐 곧 因ᄒᆞ야 더 飜譯ᄒᆞ야 사기노니
		기준 수단	이 迷人아 오늘록 後에 이 길흘 넓디 말라
-과/-와 -과로/-와로	-과/-와	함께	世間앳 이른 눌와 다못 議論ᄒᆞᄂᆞ뇨
			사ᄅᆞᆷ과로 ᄒᆞᆫᄢᅴ 살며 ᄯᅩ 주그리라
-과/-와 -이/-ㅣ/-∅ -과로/와로 -두고 -라와 -ᄋᆞ론	-와/-과 -보다	비교	길 넗 사ᄅᆞᆷ과 ᄀᆞ티 너기시니
			비치 히오 블구미 ᄆᆞᆺ 頭腦ㅣ ᄀᆞᄐᆞ니라
			文字와로 서르 ᄉᆞᄆᆞᆺ디 아니홀ᄊᆡ
			光明이 히ᄃᆞᆯ두고 더으니
			貪慾앳 ᄲᅳ리 이 블라와 더으니라
			오히려 各別히 勞心ᄒᆞᄆᆞ론 더으니라

〈표 9〉 부사격 조사의 종류와 기능

〈**호격 조사**〉 '호격 조사(呼格 助詞, 부름 자리 토씨)'는 그 앞말이 문장에서 독립어(홀로말)로 쓰임을 나타내면서, 청자를 부르는 뜻을 더하는 조사이다. 호격 조사로 쓰이는 형태로는 '-아/-야, -이여/-ㅣ여/-여, -하' 등이 있는데, 이들은 높임의 등분에 따라서 달리 쓰인다.

첫째, '-아/-야'는 아주 낮춤의 등분(ᄒᆞ라체)으로 쓰이는데 유정 명사 뒤에만 실현된다. '-아'는 자음과 모음으로 끝나는 체언 뒤에 두루 실현되는 반면에, '-야'는 모음으로 끝나는 체언에만 실현된다.

(30) ㄱ. 彌勒아 아라라   [석상 13:26]
      아가 아가 긴 劫에 몯 볼까 ᄒᆞ다니   [월석 23:87]
      阿逸多아 그 … 功德을 내 닐오리니   [석상 19:2]
    ㄴ. 長者야 네 이제 未來 現在 一切 衆生 爲ᄒᆞ야   [월석 21:107]
      牽牛야 네 큰 神力을 諸神이 미츠리 져그니   [월석 21:151]

(ㄱ)에서 '-아'는 '彌勒'처럼 자음으로 끝나는 체언이나 '阿逸多'처럼 모음으로 끝나는 체언의 뒤에 두루 쓰인다. 이에 반하여 (ㄴ)의 '-야'는 '長者'와 '牽牛'처럼 모음으로 끝나는 체언 뒤에만 쓰인다.

둘째, '-이여/-ㅣ여/-여'는 예사 높임의 등분(ᄒᆞ야쎠체)으로 쓰이는데, 이들은 유정 명사나 무정 명사에 두루 쓰인다. 이들은 '부름'의 기능 이외에도 '영탄적 높임'의 뜻을 나타내는 것이 특징이다.

(31) ㄱ. 어딀쎠 觀世音<u>이여</u>   [능언 6:65]
     ㄴ. 우ᄂᆞᆫ 聖女<u>ㅣ여</u> 슬허 말라   [월석 23:82]
     ㄷ. 막대<u>여</u> 막대<u>여</u> 네의 나미 甚히 正直ᄒᆞ니   [두언 16:58]

'-이여/-ㅣ여/-여'는 예사 높임의 등분으로 청자를 부를 때 쓰인다. 먼저 (ㄱ)에서는 자음으로 끝난 유정 명사 뒤에 '-이여'가 쓰였으며, (ㄴ)에서는 모음으로 끝나는 유정 명사 뒤에 '-ㅣ여'가 쓰였다. 끝으로 (ㄷ)처럼 /ㅣ/나 /j/로 끝난 무정 명사 뒤에서는 '-여'로 실현되었다.

셋째, '-하'는 아주 높임의 등분(ᄒᆞ쇼셔체)으로 쓰이는데, 대체로 유정 명사 뒤에 쓰이는 것이 원칙이지만 의인화된 무정 명사 뒤에 쓰이는 경우도 있다.

(32) ㄱ. 님금<u>하</u> 아ᄅᆞ쇼셔   [용가 125장]
     ㄴ. 聖母<u>하</u> 願ᄒᆞᆫ든 드르쇼셔   [월석 21:38]
     ㄷ. ᄃᆞᆯ<u>하</u> 노피곰 도ᄃᆞ샤   [악궤 5:10 정읍사]

'-하'는 (ㄱ)의 '님금'과 (ㄴ)의 '聖母'처럼 유정 명사 뒤에 쓰이는 것이 원칙이다. 하지만 (ㄷ)의 'ᄃᆞᆯ'처럼 무정 명사도 의인화된 때에는 호격 조사 '-하'가 실현될 수 있다.

2.3.2. 접속 조사

'접속 조사(接續 助詞, 이음 토씨)'는 둘 이상의 체언을 같은 자격(문장 성분)으로 이어서 하나의 명사구를 만들어 주는 조사이다. 15세기 국어에서 쓰이는 접속 조사로는

'-과/-와, -ᄒ고, -이며, -이여' 등이 있는데, 이들 접속 조사는 그것이 이어 주는 앞 체언과 뒤 체언 모두에 붙을 수 있는 것이 특징이다.

①{ -과/-와 } '-과'는 /ㄹ/을 제외한 자음 아래에서 실현되며, '-와'는 모음이나 /ㄹ/ 뒤에서 실현된다.

(33) ㄱ. 입시울와 혀와 엄과 니왜 다 됴ᄒ며　　　　　　　[석상 19:7]
　　 ㄴ. 三寶ᄂ 佛와 法과 僧괘라　　　　　　　　　　　　[석상 서:6]
　　 ㄷ. 二儀ᄂ 두 양지니 하ᄂᆯ콰 싸콰를 니르니라　　　 [석상 19:13]

(ㄱ)에서 체언인 '입시울, 혀, 엄, 니'가 접속 조사 '-과/-와'에 의해서 이어져서 '입시울와 혀와 엄과 니와'가 하나의 명사구가 되었다. (ㄴ)에서는 '佛, 法, 僧'이 '-과/-와'에 의해서 이어져서 명사구가 되었으며, (ㄷ)에서는 '하ᄂᆯ, 싸ᄒ'이 '-과'에 의해서 이어져서 명사구가 되었다. 접속 조사 '-과/-와'에 의해서 형성된 명사구들은 하나의 문장 성분으로 쓰이는데, (ㄱ)에서는 주어로, (ㄴ)에서는 서술어로, (ㄷ)에서는 목적어로 쓰였다.

15세기 국어에서 접속 조사는 앞 체언과 뒤 체언에 모두 실현되는 것이 일반적이다.

(34) ㄱ. 諸王과 靑衣와 長者ㅣ 아ᄃᆞᆯ 나ᄒ며　　　　　　[월석 2:44]
　　 ㄴ. 뫼콰 ᄀᆞ름매 사호맷 吹角ㅅ 소리 슬프도다　　　 [두언 8:47]

그런데 (34)의 '諸王과 靑衣와 長者ㅣ'나 '뫼콰 ᄀᆞ름애'처럼 접속 조사 '-과/-와'가 현대어와 마찬가지로 앞 체언에만 붙고 뒤 체언에는 실현되지 않는 경우도 있다.

②{ -ᄒ고, -이며, -이여 } '-ᄒ고, -이며, -이여' 등이 접속 조사로 쓰일 수 있다.

(35) ㄱ. 夫人도 목수미 열 둘ᄒ고 닐웨 기터 겨샷다　　　　[월석 2:13]
　　 ㄴ. 天人師ᄂ 하ᄂᆞᆯᄒ며 사ᄅᆞ미 스스이시다 ᄒᄂᆞᆫ 마리라 [석상 9:3]
　　 ㄷ. 닐굽 히 도ᄃᆞ면 뫼ᄒ여 돌ᄒ여 다 노가 디여　　 [월석 1:48]

(ㄱ)에서 '-ᄒ고'는 체언인 '열둘'과 '닐웨'를 이어서 하나의 명사구를 형성하면서 '그 위에 더하여(첨가)'라는 의미를 나타낸다. (ㄴ)에서 '-이며'는 '하ᄂᆞᆯᄒ'과 '사ᄅᆞᆷ'을,

(ㄷ)에서 '-이여'는 '뫼ㅎ'과 '돌ㅎ'을 이어서 '열거'의 뜻을 나타내면서 하나의 명사구를 형성하였다.

2.3.3. 보조사

'보조사(補助詞, 도움 토씨)'는 앞의 체언에 붙어서 특별한 뜻을 보태는 조사이다. 보조사는 보통은 체언에 붙어 쓰이지만, 부사나 용언의 연결형에 실현될 수도 있다.

(36) ㄱ. 이리곰 火災호몰 여듧 번 ᄒ면   [월석 1:49]
　　　ㄴ. 四象을 머리셔 보고도 쏘 부러 가 절ᄒ고   [석상 19:30]

(ㄱ)과 (ㄴ)의 '이리곰'과 '머리셔'는 부사 '이리'와 '머리'에 보조사 '-곰'과 '-셔'가 실현되었고, (ㄴ)의 '보고도'는 동사 '보다'의 연결형인 '보고'에 보조사 '-도'가 실현되었다.

가. 체언, 부사, 용언에 두루 붙는 보조사

보조사 중에 '-ᄂᆞᆫ, -도, -셔, -ᅀᅡ, -곳/-옷, -이나, -이어나, -이ᄃᆞ록, -브터, -잇든' 등은 체언뿐만 아니라 부사나 용언의 연결형에도 붙을 수 있다.

①{-ᄂᆞᆫ/-는/-ᄋᆞᆫ/-은/-ㄴ} '-ᄂᆞᆫ/-는/-ᄋᆞᆫ/-은/-ㄴ'은 모두 음운론적 변이 형태들인데, 주로 주어나 목적어로 쓰여서 '화제'나 '대조'의 뜻을 나타낸다.

(37) ㄱ. 나ᄂᆞᆫ 어버ᅀᅵ 여희오   [석상 6:5]
　　　ㄴ. 이브터 ᄆᆞᄎᆞ매 니르리ᄂᆞᆫ 일후미 無色界라   [능언 9:32]
　　　ㄷ. 나히 ᄌᆞ라매 니르런 血氣 ᄀᆞ독ᄒ더니   [능언 2:5]

먼저 (ㄱ)에서 '-ᄂᆞᆫ'은 체언인 '나' 뒤에, (ㄴ)에서 '-ᄂᆞᆫ'은 부사인 '니르리(= 이르도록)'의 뒤에, (ㄷ)에서 '-ㄴ'은 용언 '니를다(至)'의 연결형인 '니르러'의 뒤에 실현되었다.

앞 말	모음 뒤			자음 뒤	
	양성	음성	(준말)	양성	음성
형태	-\는	-는	-ㄴ	-\은	-은
용례	나\는	妄語는	둘차힌	量\은	黑은

〈표 10〉 보조사 '-\는'의 변이 형태

②{ -도 } '-도'는 이것이 저것과 '한가지'임을 나타내는데, 때로는 '양보'나 '강조' 등의 뜻을 나타내기도 한다.

(38) ㄱ. 어미도 아드를 모르며 아들도 어미를 모르리니   [석상 6:3]
    ㄴ. 잢간도 삻지디 아니ᄒ니   [능언 2:10]
    ㄷ. 有情이 비록 如來의 道理 비호다가도 尸羅를 헐며   [석상 9:13]
    ㄹ. (나는 快樂을) 보도 몯ᄒ며 듣도 몯거니   [석상 24:28]

(ㄱ)에서 '-도'는 체언인 '어미'와 '아들' 뒤에 실현되었는데, 여기서는 '마찬가지(역시)'의 뜻으로 쓰였다. 그리고 (ㄴ~ㄹ)의 '-도'는 '양보'나 '강조'의 뜻으로 쓰였다. 먼저 (ㄴ)에서는 '-도'가 부사인 '잢간' 뒤에 실현되었으며, (ㄷ)에서는 용언 '비호다'의 연결형인 '비호다가'의 뒤에 실현되었다. (ㄹ)에서는 '보다'와 '듣다'의 어간인 '보-'와 '듣-'에 직접적으로 연결되었는데, 이는 보조적 연결 어미인 '-디'가 생략된 형태이다.

③{ -셔 } '-셔(= -서)'는 '장소, 출발점, 비교'를 나타내는 체언이나 부사에 붙어서 그 뜻을 강조하거나, 용언의 연결형에 붙어서 '상태나 동작의 결과가 유지됨'의 뜻을 나타낸다.

(39) ㄱ. 東녘 ᄀᆞ올셔 時로 ᄇᆞ르매 글 스고   [두언 20:7]
    ㄴ. 머리셔 보니 뫼히 비치 잇고 갓가이셔 드르니 므리 소리 업도다   [금삼 3:18]
    ㄷ. 우리 무른 ᄇᆞᅀᆞ차 밥 비브르 먹고셔 ᄃᆞ니노니   [두언 25:11]

'-셔'는 (ㄱ)에서는 체언인 'ᄀ올' 뒤에 실현되었고, (ㄴ)에서는 부사인 '머리'와 '갓가이' 뒤에 실현되어서 부사의 뜻을 강조하였다. 그리고 (ㄷ)에서는 '-셔'가 '먹다'의 연결형인 '먹고'의 뒤에 실현되어서 '먹다'의 동작의 결과가 유지됨을 나타내었다.

④ {-ᅀᅡ} '-ᅀᅡ(= -야)'는 체언이나 부사에 붙어서 '국한(局限), 강조(强調)'의 뜻을 나타내거나, 때로는 용언의 연결형에 붙어서 '필연'이나 '당위'의 뜻을 나타낸다.[12]

> (40) ㄱ. 어누 藏ㅅ 金이ᅀᅡ 마치 질이려뇨　　　　　　　　[석상 6:25]
> 　　　ㄴ. 이 각시ᅀᅡ 내 얼니논 ᄆᆞᅀ매 맛도다　　　　　　[석상 6:14]
> 　　　ㄷ. 그듸내 ᄀᆞ비ᅀᅡ 오도다마른　　　　　　　　　　[석상 23:53]
> 　　　ㄹ. 瓶의 므를 기러 두고ᅀᅡ 가리라　　　　　　　　　[월석 7:9]

(ㄱ)에서는 체언인 '金'의 뒤에 '-ᅀᅡ'가, (ㄴ)에서는 체언인 '각시' 뒤에 '-ᅀᅡ'가 실현되었으며, (ㄷ)에서는 부사인 'ᄀᆞ비' 뒤에 '-ᅀᅡ' 실현되었다. 이처럼 체언이나 부사에 붙는 '-ᅀᅡ'는 그 앞 말에 '국한'이나 '강조'의 의미를 더했다. 이에 비해서 (ㄹ)에서는 '-ᅀᅡ'가 '두다'의 연결형인 '두고' 뒤에 실현되어서 '필연(必然)'이나 '당위(當爲)'의 뜻으로 쓰였다.

⑤ {-곳/-옷} '-곳/-옷(= -만)'은 '꼭 지적하여 다짐하는 뜻(한정 강조)'을 나타낸다. /ㄹ/을 제외한 자음 뒤에는 '-곳'의 형태로 실현되며, 모음이나 /ㄹ/ 뒤에는 /ㄱ/이 /ɦ/으로 교체되어서 '-옷'의 형태로 실현된다.

> (41) ㄱ. 녯 이를 ᄉᆞ랑ᄒᆞ논 ᄠᅳᆮ곳 쇽졀업시 잇도다　　　　[두언 8:64-65]
> 　　　ㄴ. (아기를) 아니옷 머그면 네 머리를 버효리라　　　[월석 10:25]
> 　　　ㄷ. 福을 니펴 내 難을 求티옷 아니ᄒᆞ면　　　　　　　[월석 21:56]

(ㄱ)에서 자음으로 끝난 체언 'ᄠᅳᆮ' 뒤에서 '-곳'의 형태로 실현되었고, (ㄴ)에서는 모음으로 끝난 부사 '아니' 뒤에서 '-옷'의 형태로 실현되었다. 그리고 (ㄷ)에서는 '求ᄒᆞ

---

12) 고영근(2010:101)에서는 '-이ᅀᅡ'를 자음으로 끝나는 체언 뒤에서 실현되는 '-ᅀᅡ'의 변이 형태로 처리하고 있다. 반면에 허웅(1975:400)에서는 (40ㄱ)의 '-이ᅀᅡ'를 주격 조사인 '-이'와 보조사인 '-ᅀᅡ'가 결합된 것으로 처리한다. 이에 대한 자세한 논의는 이 책 168쪽 참조.

다'의 연결형인 '求티(=求ᄒᆞ디)' 뒤에서 '-옷'의 형태로 실현되었다.

⑥ { -이나 / -이어나 } '-이나(= -이나)'와 '-이어나(= -이거나)'는 '마음에 차지 않는 선택', 또는 '최소한 허용되어야 할 선택'이라는 뜻을 나타낸다. 그리고 '-이나'와 '이어나'는 문맥에 따라서는 '여러 가지 중에서 어느 것을 선택해도 상관없음'의 뜻을 나타내기도 한다.

(42) ㄱ. ᄒᆞ다가 (이 經을) 잢간이나 디닐 싸ᄅᆞ미면 내 歡喜ᄒᆞ며 [법언 4:147]
   ㄴ. 아뫼나 이 經을 디녀 외오며 [석상 9:21]
   ㄷ. 王ㅅ 므ᅀᆞ매 아모디나 가고져 ᄒᆞ시면 [월석 1:26]

(43) ㄱ. 아뫼어나 와 내 머릿바기며 … 子息이며 도라 ᄒᆞ야도 [월석 1:13]
   ㄴ. 이런 有情들흔 이에셔 주그면 餓鬼어나 畜生이어나 [석상 9:12]
      ᄃᆞ외리니
   ㄷ. 人間애 나고도 쇠어나 ᄆᆞ리어나 약대어나 라귀어나 [석상 9:15]
      ᄃᆞ외야

(42)에서 '-이나'는 (ㄱ)의 '잢간'과 같이 자음으로 끝나는 말(부사) 다음에서는 '-이나'의 형태로 실현된다. 반면에 (ㄴ)의 '아모'처럼 / l /나 /j/ 이외의 모음으로 끝나는 말(체언) 뒤에는 / l /가 반모음인 /j/로 축약되어서 '-l 나'의 형태로 실현되며, (ㄷ)의 '아모디'처럼 / l /나 /j/로 끝나는 말 뒤에서는 / l /가 탈락하여 '-나'로 실현된다. (43)에서 '-이어나'는 '-이나'의 강조형으로 쓰이는데, '-이나'와 마찬가지로 앞 말의 음운적인 환경에 따라서 '-이어나 / -l 어나 / -어나' 등의 변이 형태로 실현된다.13)

⑦ { -이드록 / -이도록 } '-이ᄃᆞ록/-이도록(= -까지)'는 '동작이나 상태가 미침(到及)'의 뜻을 나타낸다.

(44) ㄱ. (皇后ㅣ) 將士를 도와 주샤 밝둥이ᄃᆞ록 자디 아니ᄒᆞ시며 [내훈 2 하:38]
   ㄴ. 쏘 (世尊이) 涅槃애 드로려 ᄒᆞ시니 이리도록 셜ᄫᅥ쎠 [월석 21:201]

---

13) '-이어나'는 서술격 조사인 '-이-'에 연결 어미 '-거나'가 결합하여 된 파생어이다.

(ㄱ)에서는 '-이ᄃ록'이 체언인 '밦듥' 뒤에, (ㄴ)에서는 '-이도록'이 부사인 '이리' 뒤에 실현되어서 '동작이나 상태가 미침'의 뜻을 나타내었다.

⑧ { -브터 } '-브터(= -부터)'는 '출발점'의 뜻을 나타낸다.

(45) ㄱ. 一萬八千 싸히 다 金色이 ᄀᆞᄒᆞ야 阿鼻地獄<u>브터</u> 有頂天에 [석상 13:16-7]
　　　　니르시니
　　　ㄴ. 如來 ᄇᆞ리고<u>브터</u> 능히 그 言論辯을 다ᄒᆞ리 업스니라　　　[법언 4:8]

(ㄱ)에서는 '-브터'가 체언인 '阿鼻地獄' 뒤에, (ㄴ)에서는 용언 'ᄇᆞ리다'의 연결형인 'ᄇᆞ리고' 뒤에 실현되어서 '출발점'의 뜻을 나타내었다.

⑨ { -잇ᄃᆞᆫ / -이ᄯᆞᆫ } '-잇ᄃᆞᆫ / -이ᄯᆞᆫ(= -이야)'은 '국한하여 강조함'의 뜻을 나타낸다.

(46) ㄱ. 슬히 여위신ᄃᆞᆯ 金色<u>잇ᄃᆞᆫ</u> 가ᄉᆡ시리여　　　　　　　　[월천 기62]
　　　ㄴ. ᄒᆞ다가 아ᄅᆞ미 업슬 딘댄 ᄆᆞᄎᆞ매 草木 ᄀᆞᆮ거니<u>ᄯᆞᆫ</u>　　　[능언 3:41]
　　　ㄷ. 莊子도 오히려 그러콘 ᄒᆞ믈며 道人<u>이ᄯᆞ녀</u>　　　　　　　[선언 하:122]
　　　ㄹ. 法도 오히려 반ᄃᆞ기 ᄇᆞ룔 ᄯᅥ어니 ᄒᆞ믈며 非法<u>이ᄯᆞ녀</u>　　[금언 39]

(ㄱ)에서는 '-잇ᄃᆞᆫ'이 체언인 '金色'의 뒤에, (ㄴ)에서는 용언인 'ᄀᆞᆮ다'의 연결형인 'ᄀᆞᆮ거니'의 뒤에 실현되어 '국한하여 강조함'의 뜻을 나타내었다. 그리고 (ㄷ)과 (ㄹ)에서는 보조사 '-잇ᄃᆞᆫ'의 다음에 '-이여'가 붙어서 감탄의 뜻을 나타내기도 한다.[14]

나. 체언에만 붙는 보조사

보조사 '-으란, -마다, -곰, -나마, -ᄆᆞᆺ/-붓/-봇, -만뎡, -인ᄃᆞᆯ' 등은 체언에만 붙고 부사나 용언의 연결형에는 붙지 않는다.

① { -으란 / -으라ᄂᆞᆫ } '-으란(= -은/-는)'은 주로 목적어나 부사어 자리에 쓰여서 '대조, 지적, 강조'의 뜻을 나타낸다.

---

14) 허웅(1975:359)에서는 '-이여'를 감탄의 뜻을 동반하는 호격 조사로 보고 있는데, '-이여'를 감탄이나 설의적인 의문의 뜻을 나타내는 보조사로 처리할 가능성도 있다. 그리고 문장의 서술어에 '-이ᄯᆞ녀'가 쓰이면 그 문장에는 부사인 'ᄒᆞ믈며(況)'가 실현되는 제약이 있다.

(47) ㄱ. 臣下<u>란</u> 忠貞을 勸ㅎ시고 子息<u>으란</u> 孝道를 勸ㅎ시고　　　[월석 8:29]

　　 ㄴ. 종<u>으란</u> 힌 바블 주고 물<u>란</u> 프른 쇼를 호리라　　　　　　 [두언 8:23]

　　 ㄷ. 부텻 舍利와 經과 佛像과<u>란</u> 깊 西ㅅ녀긔 노습고　　　　　　[월석 2:73]

'子息'과 '종'처럼 /ㄹ/을 제외한 자음으로 끝나는 체언 뒤에서는 '-으란'으로 실현되고, '물'과 '臣下'처럼 /ㄹ/이나 모음으로 끝나는 체언 뒤에서는 /으/가 탈락하여 '-란'으로 실현된다. 그리고 '-으란'의 변이 형태로 '-으라는/-을란' 등이 드물게 쓰이기도 한다.

　　② { -마다 } '-마다(= -마다)'는 체언 뒤에 붙어서 '각자'의 뜻을 나타낸다.

(48) ㄱ. 날<u>마다</u> 세 쁴로 十方 諸佛이 드러와 安否ㅎ시고　　　　　 [월석 2:26]

　　 ㄴ. 五百 도즈기 저<u>마다</u> 흔 살옴 마자　　　　　　　　　　　　[월석 10:29]

(48)의 '날마다'나 '저마다'에서는 명사인 '사름'과 대명사인 '저' 뒤에 '-마다'가 실현되어서 '각자'의 뜻을 나타내었다.

　　③ { -곰 / -옴 } '-곰/-옴(= -씩)'은 체언 뒤에 붙어서 '각자 ~씩'의 뜻을 나타낸다.

(49) ㄱ. 흔 나라해 흔 須彌山<u>곰</u> 이쇼딕　　　　　　　　　　　　　 [월석 1:22]

　　 ㄴ. 八千里象은 흐르 八千里<u>옴</u> 녀는 象이라　　　　　　　　　　[월석 7:52]

　　 ㄷ. 그듸내 各各 흔 아들<u>옴</u> 내야 내 孫子 조차가게 ㅎ라　　　　[석상 6:9]

(ㄱ)의 '須彌山'처럼 /ㄹ/을 제외한 자음으로 끝나는 체언 뒤에서는 '-곰'으로 실현되었다. 반면에 (ㄴ)과 (ㄷ)의 '아들'이나 '八千里'처럼 /ㄹ/이나 모음으로 끝나는 체언 뒤에서는 /ㄱ/이 탈락하여 '-옴'의 형태로 실현되었다.

　　④ { -나마 } '-나마(= 넘어)'는 체언의 뒤에 붙어서 '얼마 더 있음'의 뜻을 나타낸다.

(50) ㄱ. 門人이 一千<u>나마</u> 잇느니　　　　　　　　　　　　　　　　[육언 상:5]

　　 ㄴ. 머리 조사 一千 디위<u>나마</u> 절ㅎ고　　　　　　　　　　　　[월석 23:82]

(ㄱ)의 '一千나마'와 (ㄴ)의 '디위나마'에서 '-나마'는 체언인 '一千'과 '디위'의 뒤에

실현되어서 '그 위에 얼마 더 있음'의 뜻을 나타내었다.

⑤ { -믓 / -븟 / -봇 } '-믓/-븟/-봇(= -만)'은 체언 뒤에 실현되어서 '국한(局限)하여 강조함'의 뜻을 나타낸다.

(51) ㄱ. 쑴믓 아니면 어느 길혜 (王울) 다시 보슨 ᄫ리   [월석 8:82]
　　 ㄴ. 오늘 여희슨 ᄫ 後에 쑴븟 아니면 서르 보슨 ᄫ 길히   [월석 8:95]
　　　　 업건마른
　　 ㄷ. ᅙ다가 ᄆᆞᆺ맷 벋봇 아니면   [선언 하:128]

'-믓/-븟/-봇'은 (ㄱ)의 '쑴믓', (ㄴ)의 '쑴븟', (ㄷ)의 '벋봇'처럼 체언 뒤에서 자유롭게 교체되는 임의적 변이 형태인데, '국한하여 강조함'의 뜻을 나타내었다.

⑥ { -만뎡 } '-만뎡(= -이라도)'은 체언 뒤에 실현되어서 '비록'이나 양보'의 뜻을 나타낸다.

(52) 밥 머긇 덛만뎡 長常 이 이를 싱각ᄒ라   [월석 8:8]

(52)의 '덛만뎡'에서 '-만뎡'은 체언인 '덛' 뒤에 붙어서 '비록'이나 '양보함'의 뜻을 나타내었다.

⑦ { -인ᄃᆞᆯ } '-인ᄃᆞᆯ(= -인들)'은 체언 뒤에 실현되어서 '비록'이나 양보'의 뜻을 나타낸다.

(53) ㄱ. 白象인ᄃᆞᆯ 그에 아니 들리잇가   [월석 20:67]
　　 ㄴ. 엇뎨 값간인ᄃᆞᆯ 놀라 저ᄒ리오   [금삼 3:25]

(ㄱ)의 '白象인ᄃᆞᆯ'과 (ㄴ)의 '값간인ᄃᆞᆯ'에서 '-인ᄃᆞᆯ'은 체언인 '白象'과 부사인 '값간' 뒤에 실현되어서 각각 주어와 부사어로 쓰였다. 보조사 '-인ᄃᆞᆯ'은 '어떤 조건을 양보하여서 인정한다고 하여도 그 결과로서 기대되는 내용이 부정됨'의 뜻을 나타내었다.

다. 체언에 직접 붙지 않는 보조사

'-곰'과 '-다가'는 용언의 연결형, 격조사 등에만 붙고 체언에는 붙지 않는다.

① { **-곰** } '-곰'은 부사나 용언의 연결형에 붙어서 '강조'나 '여운감'을 나타낸다.

(54) ㄱ. 이리곰 火災호믈 여듧 번 ᄒ며   [월석 1:49]

      ㄴ. 엇뎨 시러곰 뜬 일후믈 崇尙ᄒ리오   [두언 7:7]

      ㄷ. 눌 보리라 우러곰 온다   [월석 8:87]

(ㄱ)의 '이리곰'과 (ㄴ)의 '시러곰'의 '-곰'은 부사인 '이리'와 '시러' 뒤에 실현되어서 강조의 뜻을 나타내었으며, (ㄷ)의 '우러곰'의 '-곰'은 '울다'의 연결형인 '우러'의 뒤에 실현되어서 '여운감'을 나타내었다.

② { **-다가** } '-다가'는 격조사, 용언의 연결형의 뒤에 실현되어서 '강조'의 뜻을 나타내거나, '어떠한 상태나 동작을 유지하는 뜻'을 나타낸다.15)

(55) ㄱ. 樂羊子ㅣ ᄀ장 붓그려 金을 ᄆ뇌해다가 더디고   [삼행 렬:8]

      ㄴ. 다른 사ᄅ미 우리를다가 므슴 사ᄅ믈 사마 보리오   [번역노걸대 상:5]

      ㄷ. 爲頭 도즈기 나를 자바다가 겨집 사마 사더니   [월석 10:25]

      ㄹ. 王과 比丘왜 鴛鴦婦人을 子賢長者ㅣ 지븨 ᄆ뇌셔다가   [월석 8:100]
         종 사마 ᄑ라시ᄂᆞᆯ

보조사인 '-다가'는 (ㄱ)의 'ᄆ뇌해다가'에서는 부사격 조사인 '-애'에, (ㄴ)의 '우리를다가'에서는 목적격 조사인 '-를'에 실현되어서 체언을 '강조'하는 뜻을 나타내었다. 그리고 (ㄷ)의 '자바다가'에서는 '잡다'의 연결형인 '자바'의 뒤에, (ㄹ)의 'ᄆ뇌셔다가'는 'ᄆ뇌시다'의 연결형인 'ᄆ뇌셔'의 뒤에 실현되어서 앞의 용언의 뜻에 '동작을 유지하는 뜻'을 나타내었다.

---

15) 『월인석보』 7권 8장에는 "네 바리를 어듸 가 어든다 도로 다가 두어라"의 문장이 나타나는데, 이때의 '다가'는 보조사가 아니라 동사인 '다ᄀ다'의 어간인 '다ᄀ-'에 연결 어미 '-아'가 붙어서 활용한 형태로 처리한다.

라. 의문문을 만드는 보조사

일반적인 의문형 종결 어미는 체언에 바로 붙는 경우가 없고 체언 뒤에 반드시 서술격 조사 '-이다'를 개입시켜서 실현된다. 그런데 이와는 달리 '-고/-오'와 '-가/-아'가 서술격 조사 '-이다'를 개입시키지 않고, 서술어로 쓰이는 체언에 바로 붙어서 의문문을 형성하는 경우가 있다. 이처럼 체언 다음에 바로 붙어서 의문문을 형성하는 '-고/-오'와 '-가/-아'를 의문문을 만드는 보조사로 처리한다.16)

(56) ㄱ. 얻논 藥이 므스것고   [월석 21:215]
     ㄴ. 이 엇던 光明고   [월석 10:7]
     ㄷ. 그디 子息 업더니 므슷 罪오   [월석 1:7]
     ㄹ. 사호매 서르 맛나뮨 또 어느 날오   [두언 21:16]

(57) ㄱ. 이 두 사른미 眞實로 네 항것가   [월석 8:94]
     ㄴ. 이는 法身가 報身가   [금삼 3:23]
     ㄷ. 흔 體아 흔 體 아니아   [능언 3:93]
     ㄹ. 이는 賞가 罰아 흔 가지아 아니아   [능언 3:99]

(56)에서 '-고/-오'는 '므스것, 엇던, 므슷, 어느' 등의 의문사(疑問詞, 물음말)가 실현된 설명 의문문에 쓰이는데, '므스것, 光明, 罪, 날'의 체언에 바로 붙는다. 반면에 (57)에서 '-가/-아'는 의문사가 없는 판정 의문문에 실현되는데, '항것, 法身/報身, 體, 아니, 賞/罰, 가지/아니' 뒤에 직접 붙는다.17) 그리고 '-고'와 '-가'는 /ㄹ/을 제외한 자음으로 끝난 체언 뒤에서 실현되며, /ㄹ/ 혹은 모음으로 끝나는 체언 다음에는 /ㄱ/이 탈락하여 '-오'와 '-아'의 형태로 실현된다.18)

---

16) 허웅(1975:367)에서는 이러한 '-고/-오'와 '-가/-아'를 보조사의 범주에서 제외하여 '물음 토씨(의문 조사)'로 설정하였다. 허웅(1975)의 이러한 조사 분류 방법에 따르면, 조사는 '자리 토씨(격조사), 연결 토씨(접속 조사), 물음 토씨(의문 조사), 도움 토씨(보조사)'로 분류된다.

17) '설명 의문문'과 '판정 의문문'에 대한 자세한 내용은 이 책의 320쪽을 참조.

18) '-고/-가'가 모음 아래에서 '-오/-아'로 변동하는 것은 그리 엄격하지 않아서, 모음 아래에서도 '-고/-가'를 실현시킨 예가 보인다. 이것은 모음 충돌에서 오는 어형 파괴를 미연에 방지하기 위함이라고 추측된다.(보기 : 부톄 누고 [월석 21:195], 先生은 病 아니가 [영남 상:30])

앞 말	형태	현대어	의미	용례
체언 부사 용언	-ᄂᆞᆫ	-는	화제, 대조	나ᄂᆞᆫ 어버ᅀᅵ 여희오
	-도	-도	한가지, 양보, 강조	어미도 아ᄃᆞᆯ룰 모르며 아ᄃᆞᆯ도 어미룰 모ᄅᆞ리니
	-셔	-서	위치, 출발점	東녁 ᄀᆞᄋᆞᆯ셔 時로 ᄇᆞᄅᆞ매 글 스고
	-이ᅀᅡ	-야	국한	이 각시ᅀᅡ 내 얼니논 ᄆᆞᅀᆞ매 맛도다
	-곳	-만	국한 한정	녯 이룰 ᄉᆞ랑ᄒᆞ논 ᄠᆞᆮ곳 쇽졀업시 잇도다
	-이나	-이나	선택, 강조	ᄒᆞ다가 갌간이나 디닐 싸ᄅᆞ미면 내 歡喜ᄒᆞ며
	-브터	-부터	출발점	一萬 八千 짜히 다 金色이 ᄀᆞᆮᄒᆞ야 阿鼻地獄브터 有頂天에 니르시니
	-잇ᄃᆞᆫ	-이야	국한, 강조	슬히 여위신ᄃᆞᆯ 金色잇ᄃᆞᆫ 가시시리여
체언	-으란	-는	대조, 지적, 강조	臣下ᄅᆞᆫ 忠貞을 勸ᄒᆞ시고 子息으란 孝道룰 勸ᄒᆞ시고
	-마다	-마다	각자	날마다 세 쁴로 十方諸佛이 드러와 安否ᄒᆞ시고
	-곰	-씩	각자	ᄒᆞᆫ 나라해 ᄒᆞᆫ 須彌山곰 이쇼ᄃᆡ
	-나마	넘어	초과	門人이 一千나마 잇ᄂᆞ니
	-ᄆᆞᆺ	-만	국한, 강조	숨ᄆᆞᆺ 아니면 어느 길헤 다시 보ᅀᆞᆸ 브리
	-만뎡	-이라도	양보	밥 머긇 덛만뎡 長常 이 이룰 ᄉᆡᆼ각ᄒᆞ라
	-인ᄃᆞᆯ	-인들	양보	엇뎨 갌간인ᄃᆞᆯ 놀라 저ᄒᆞ리오
부사 조사 용언	-곰	-금	강조, 여운감	이리곰 火災ᄒᆞ룰 여듧 번 ᄒᆞ며
	-다가	-다가	강조	樂羊子ㅣ ᄀᆞ장 붓그려 金을 뫼해다가 더디고
			동작의 유지	爲頭 도ᄌᆞ기 나룰 자바다가 겨집 사마 사더니
체언 (의문)	-고	-인가	설명 의문	얻논 藥이 므스것고
	-가	-인가	판정 의문	이 두 사ᄅᆞ미 眞實로 네 항것가

〈표 11〉 보조사의 종류

2.3.4. 조사의 생략과 겹침

가. 조사의 생략

  격조사와 접속 조사가 문맥에 실현되지 않을 수도 있는데, 이러한 현상을 '조사의
생략(省略, ellipsis)'이라고 한다.

〈 **격조사의 생략** 〉 문장에 표현된 체언의 격 관계를 문맥을 통하여 알 수 있을 때에는, 체언 다음에 실현되어야 할 격조사를 실현하지 않을 수 있다.

(58) ㄱ. 곶∅ 됴코 여름∅ 하ᄂ니   [용가 2장]
　　 ㄴ. 右手左手로 天地∅ ᄀᆞᄅ치샤   [월석 2:34]
　　 ㄷ. ᄂ미 겨집∅ ᄃᆞ외노니 출히 뎌 고마∅ ᄃᆞ외아 지라   [법언 2:28]
　　 ㄹ. 님금∅ 位   [월천 기3]
　　 ㅁ. 德源∅ 올ᄆ샴도   [용가 4장]

(58') ㄱ. 고지 됴코 여르미 하ᄂ니
　　　 ㄴ. 右手左手로 天地를 ᄀᆞᄅ치샤
　　　 ㄷ. ᄂ미 겨지비 ᄃᆞ외노니 출히 뎌 고매 ᄃᆞ외아 지라
　　　 ㄹ. 님ᄀᆞᆷ 位
　　　 ㅁ. 德源으로 / 德源에 올ᄆ샴도

(58)에서 (ㄱ)의 '곶'과 '여름' 뒤에는 주격 조사 '-이'가 생략되었으며, (ㄴ)의 '天地' 뒤에는 목적격 조사인 '-를'이 생략되었다. 그리고 (ㄷ)의 '겨집'과 '고마'에는 보격 조사인 '-이'와 '-ㅣ'가, (ㄹ)의 '님금'에는 관형격 조사인 '-ㅅ'이나 '-의'가, (ㅁ)의 '德源'에서는 부사격 조사인 '-으로'나 '-에'가 생략되었다. (58)의 문장에서 생략된 격조사를 문맥에 복원하면 (58')의 문장이 된다.

〈 **접속 조사의 생략** 〉 격조사뿐만 아니라 체언과 체언을 이어 주는 접속 조사도 생략될 수 있다.

(59) 아비∅ 어미∅ 날 기를 저긔   [두언 8:67]

(59') 아비와 어미왜 날 기를 저긔

(59)에서 '아비'와 '어미'는 하나의 명사구를 형성하는데, 이때 두 체언을 이어주는 접속 조사인 '-와'가 생략되었다. (59)에서 생략된 접속 조사를 복원하면 (59')의 문장이 된다.

나. 조사의 겹침

조사는 둘 또는 셋이 겹쳐서 실현될 수 있다. 이렇게 조사가 겹쳐서 실현될 때에는 같은 종류의 조사끼리 겹쳐서 실현될 수도 있고, 다른 종류의 조사가 겹쳐서 실현될 수도 있다.

〈 같은 종류의 조사가 겹침 〉 격조사와 격조사가 겹치거나, 또는 보조사와 보조사가 겹쳐서 실현될 수 있다.

첫째, 격조사와 격조사가 겹쳐서 실현되는 경우가 있다.

(60) ㄱ. 一千 化佛이 … 摩耶씌로 向ᄒ야 슬ᄫᅥ 샤ᄃᆡ [석상 23:29]
ㄴ. 須達이 … 길흘 ᄎ자 부텻긔로 가는 저긔 [석상 6:19]
ㄷ. 아바님 爲ᄒ야 病엣 藥을 지수려 ᄒ노니 [월석 21:217]
ㄹ. 世間앳 이른 눌와 다ᄆᆞᆺ 議論ᄒᄂ뇨 [두언 21:23]

(ㄱ)의 '摩耶씌로'와 (ㄴ)의 '부텻긔로'에는 부사격 조사인 '-씌'와 '-로'가 겹쳐서 실현되었다.[19] 그리고 (ㄷ)의 '病엣'과 (ㄹ)의 '世間앳'에는 부사격 조사인 '-애/-에'와 관형격 조사인 '-ㅅ'이 겹쳐서 표현되었다.

둘째, 보조사와 보조사가 겹쳐서 실현되는 경우가 있다.

(61) ㄱ. 집마다셔 사ᄅᆞᄆᆞᆯ ᄒ놀이놋다 [두언 15:6]
ㄴ. 舍利 供養브터셔 잇 ᄀᆞ자은 人天行을 니르시니라 [석상 13:14]

(ㄱ)의 '집마다셔'에는 보조사인 '-마다'와 '-셔'가 겹쳐서 실현되었으며, (ㄴ)의 '供養브터셔'에는 보조사인 '-브터'와 '-셔'가 겹쳐서 실현되었다.

〈 다른 종류의 조사가 겹침 〉 다른 종류의 조사가 겹쳐서 실현되는 경우가 있는데,

---

19) '-씌로'는 상대를 나타내는 부사격 조사에 방향을 나타내는 부사격 조사인 '-로'가 결합되었는데, 이렇게 부사격 조사가 겹쳐서 실현되는 것은 특이한 현상이다. 이러한 현상은 '-씌'가 원래 관형격 조사인 '-ㅅ'에 위치를 나타내는 의존 명사인 '긔'가 결합되어서 형성된 부사격 조사이기 때문에 나타난다. 곧 (60)의 (ㄱ)과 (ㄴ)에서 실현된 '-씌로'는 엄밀하게 말하면 의존 명사 '긔'에 부사격 조사 '-로'가 결합한 자연스런 짜임새이다.

이때에는 대체로 '접속 조사-격조사-보조사'의 순서로 실현된다.

첫째, 서로 다른 두 가지 종류의 격조사가 겹쳐서 실현되는 예가 있다.

(62) ㄱ. 威嚴과 德괘 自在ㅎ야   [석상 9:19]
    ㄴ. 하늘콰 싸콰롤 範圍ㅎ며   [능엄 2:20]

(63) ㄱ. 가지와 닙과는 사오나본 사ᄅᆞᆯ 가줄비시고   [석상 13:2]
    ㄴ. 부텻 숨利와 經과 佛像과란 깊 西ㅅ녀긔 노습고   [월석 2:73]
    ㄷ. 仁과 智와도 사ᄅᆞ미 게 ᄯᅩ 그러ㅎ야   [금삼 3:50]

(64) ㄱ. 오직 부톄ᅀᅡ 能히 아ᄅᆞ시니   [법언 4:63]
    ㄴ. ᄒᆞᆫ 아들올ᅀᅡ 여희샤 하ᄂᆞ긔 비ᅀᅳᆸ시니   [월석 20:41]
    ㄷ. 모미 겨ᅀᅳ렌 덥고 녀르멘 츠고   [월석 1:26]
    ㄹ. 오직 숨利佛 알픠옷 ᄲᅳ리 업슬ᄊᆡ   [석상 6:33]

(62~64)에서는 두 개의 서로 다른 조사가 겹쳐서 실현되었다. 곧 (62)의 '德괘, 싸콰롤'에서는 접속 조사와 격조사가, (63)의 '닙과는, 佛像과란, 智와도'에서는 접속 조사와 보조사가, (64)의 '부톄ᅀᅡ, 아들올ᅀᅡ, 겨ᅀᅳ렌/녀르멘, 알픠옷'에서는 격조사와 보조사가 겹쳐서 실현되었다.[20]

---

20) 고영근(2010:101)에서는 '-이ᅀᅡ'를 자음으로 끝나는 체언 다음에서 나타나는 '-ᅀᅡ'의 변이 형태로 처리하고 있다. 그런데 (64ㄷ)의 '부톄ᅀᅡ(부텨 + -ㅣ + -ᅀᅡ)'에는 앞 체언인 '부텨'가 모음으로 끝나므로 이 경우의 '-ㅣ'는 '-이ᅀᅡ'의 변이 형태로 볼 수 없다. 그리고 '-이ᅀᅡ'뿐만 아니라 '-를ᅀᅡ', '-애ᅀᅡ', '-의ᅀᅡ', '-로ᅀᅡ'처럼 목적격 조사나 부사격 조사 다음에도 '-ᅀᅡ'가 겹쳐서 실현된다.(보기: 이 둘흘ᅀᅡ 더브르시니[월천 기52], 이 날애ᅀᅡ 머리 좃ᄉᆞ바니[월천 기109], 닐굽 山 밧긔ᅀᅡ 鹹水 바다히 잇거든[월석 1:23], 모로매 이 각시로ᅀᅡ ᄒᆞ릴씨[월석 7:15]) 이러한 사실을 감안하여, (64ㄷ)의 '부톄ᅀᅡ'는 '부텨'에 모음 다음에 실현되는 주격 조사 '-ㅣ'와 보조사 '-ᅀᅡ'가 겹친 것으로 처리한다. 동일한 이유로 (65ㄱ)의 '부텨왜ᅀᅡ'도 '부텨 + -와(접속 조사) + -ㅣ(←-이 : 주격 조사) + -ᅀᅡ(보조사)'로 분석한다.(허웅 1975:400) 그리고 이현희(1995:571)에서는 '-ᅀᅡ'의 문법적 성격을 규명하면서 중세 국어에 쓰인 '-ᅀᅡ'의 문법적 성격을 두 가지로 나누어서 보조사인 '-ᅀᅡ'와 연결 어미인 '-ᅀᅡ'로 구분하였다. 이에 따르면 (64ㄱ)에 실현된 '부톄ᅀᅡ'의 '-ㅣᅀᅡ'는 서술격 조사(계사)의 어간인 '-이-'에 연결 어미인 '-ᅀᅡ'가 실현된 것으로 분석할 수 있다. 최근에 나벼리(2021)에서는 허웅(1975), 고영근(2010), 이현희(1995)의 주장에 나타나는 문제점을 지적하면서, 주어의 자리에 실현되는 '-이

둘째, 서로 다른 세 가지 종류의 조사가 겹쳐서 실현된 예가 있다.

(65) ㄱ. 오직 부텨와 부텨왜사 能히 諸法實相을 다 아ᄂᆞ니라   [법언 1:145]
    ㄴ. 生과 滅와로셔 이숀 디 아니며   [능언 3:17]
      (非生滅로셔 有ㅣ며)

(65)에서 (ㄱ)의 '부텨왜사'에는 접속 조사 '-와'에 주격 조사인 '-ㅣ'와 보조사인 '-사'가 겹쳐서 실현되었으며, (ㄴ)의 '滅와로셔'에는 접속 조사 '-와'에 부사격 조사인 '-로'와 보조사인 '-셔'가 겹쳐서 실현되었다.

사'는 주격 조사인 '-이'와 보조사인 '-사'가 결합한 복합 형태로 처리하고, 주어 이외의 자리에 실현되는 '-이사'는 보조사인 '-사'의 변이 형태로 처리하였다.

【 더 배우기 】

1. 의미상 주격으로 해석되는 관형격 조사

체언에 관형격 조사가 결합한 문장 성분이 주어로 해석되는 경우도 있다. 이러한 현상은 명사절이나 관형절 속에서 주어로 쓰이는 말에 관형격 조사 '-이/-의, -ㅅ'이 붙은 경우에 나타난다.

> (1) ㄱ. (世尊이) …ᄒᆞᄅᆞ 二十里를 녀시ᄂᆞ니 轉輪王이 녀샤미   [석상 6:23]
>   ᄀᆞᄐᆞ시니라
>   ㄴ. 阿難 大衆이 … 父母의 나혼 모믈 두르혀 보ᄃᆡ   [월석 17:72]
>   ㄷ. 一切 世間앳 天人 阿脩羅ᄃᆞᆯ히 … 부텻 니ᄅᆞ샤믈 듣ᄌᆞᆸ고   [아언 29]

(ㄱ)에서 '轉輪王이 녀샴'은 체언에 관형격 조사인 '-이'가 실현되었으나 속뜻으로 볼 때에는 '轉輪王이 녀샴'으로 해석되며, (ㄴ)에서 '父母의 나혼' 역시 속뜻으로는 '父母ㅣ 나혼'으로 해석된다. (ㄷ)에서 '부텻 니ᄅᆞ샴'도 '부톄 니ᄅᆞ샴'으로 해석된다. 이렇게 명사절이나 관형절 속에서 관형격 조사가 실현된 체언이 의미상으로 주어로 해석되는 것은, 대체로 그 체언이 '轉輪王, 父母, 부텨'와 같은 유정 명사일 때에 나타난다.

2. 부사격 조사와 관형격 조사 '-ㅅ'이 함께 실현되는 경우

15세기 국어에서는 처소를 나타내는 부사격 조사와 관형격 조사 '-ㅅ'이 결합하여서 쓰일 수도 있다.

> (2) ㄱ. (大瞿曇이 … 菩薩이) 몸앳 필 뫼화 그르세 담아   [월천 기4]
>   ㄴ. 오란 劫엣 無明이 다 업스니   [금삼 3:63]
>   ㄷ. 下界ᄂᆞᆫ 아랫 世界니 忉利天으롯 아래를 다 닐온 마리라 [월석 1:39]

'몸앳, 劫엣, 忉利天으롯'은 체언인 '몸, 劫, 忉利天'에 처소나 방향을 나타내는 부사격 조사 '-애, -에, -으로'가 붙은 다음에 또다시 관형격 조사인 '-ㅅ'이 붙어서 관형어로 쓰였다. 이처럼 체언 뒤에 처소를 나타내는 부사격 조사와 관형격 조사가 함께 실현되면, 그것이 붙은 체언에 처소의 뜻을 더하면서 관형어로 쓰이게 한다.

3. 대명사에 '-와/-라와' 등이 붙을 때에 나타나는 /ㄹ/ 첨가 현상

대명사인 '나, 너, 누, 이, 그' 따위에 부사격 조사나 접속 조사로 쓰이는 '-와'와 '-라와' 등이 붙어서 쓰일 때에는, 대명사에 /ㄹ/이 첨가될 수 있다.(허웅 1975:351, 363)

(3) ㄱ. 너희 이 거슬 날와 달이 너기디 말라   [월석 4:60]

   ㄴ. 世間앳 이른 눌와 다못 議論ᄒᆞᄂᆞ뇨   [두언 21:23]

   ㄷ. 널라와 시름 한 나도 자고 니러 우니노라   [악가 청산별곡]

   ㄹ. 世尊이 날와 俱絺羅를 ᄀᆞᄅᆞ치샤   [능언 5:56]

(4) 날 供養ᄒᆞ며 나와 多寶와 化佛을 보미 ᄃᆞ외니라   [법언 4:140]

(ㄱ)의 '날와'는 1인칭 대명사인 '나'에 부사격 조사 '-와'가, (ㄴ)의 '눌와'는 미지칭의 대명사인 '누'에 부사격 조사인 '-와'가, (ㄷ)의 '널라와'는 2인칭 대명사인 '너'에 부사격 조사인 '-라와'가 결합하는 과정에서 /ㄹ/이 첨가되었다. 그리고 (ㄹ)의 '날와'는 1인칭 대명사인 '나'에 접속 조사인 '-와'가 붙은 과정에서 /ㄹ/이 첨가되었다. 그런데 이렇게 대명사에 '-와, -라와' 등이 실현되는 과정에서 첨가되는 /ㄹ/은 특별한 문법적 의미가 없다. 그리고 (4)의 '나와'처럼 '나'와 '-와'가 결합했는데도 /ㄹ/이 첨가되지 않는 경우도 있다.

그리고 대명사인 '나, 너, 누, 이' 등에 '-로/-록'처럼 /ㄹ/를 첫소리로 가진 조사가 실현될 때에도, 대명사에 /ㄹ/이 첨가되는 경우가 있다.

(5) ㄱ. 내 눌로 다못ᄒᆞ야 노니려뇨   [두언 3:21]

   ㄴ. 부톄 비록 (法音을) 펴 불기샤 날로 疑惑을 덜에 ᄒᆞ시나 [능언 4:3]

(6) ㄱ. 鄭李ᄂᆞᆫ 時節ㅅ 議論애 빗나니 文章은 날록 몬졔로다   [두언 20:6]

   ㄴ. 일록 後에 疑心 마오 가져가라   [월석 2:13]

(5)에서 대명사인 '누'와 '나'에 부사격 조사인 '-로'가, (6)에서는 대명사인 '나'와

'이'에 부사격 '-로'의 강조 형태인 '-록'이 붙으면서 대명사에 /ㄹ/이 첨가되었다.

4. 문장을 접속하는 보조사

'-마른'은 완결된 문장에 붙어서 '앞의 문장의 내용을 뒤집는 뜻'을 나타내면서 앞 문장을 뒤의 문장에 이어 준다.

    (7) ㄱ. 몃 디위를 江風이 여러 날 닐어뇨<u>마른</u> 고기 낟는   [영남 상:40]
         빈 돕느다 듣디 몯호라
       ㄴ. 그듸내 ᄀᆞ자비ᅀᅡ 오도다<u>마른</u> 숨利ᅀᅡ 몯 어드리라   [석상 23:53]

(ㄱ)에서는 앞 문장인 '몃 디위를 江風이 여러 날 닐어뇨'가 '-마른'에 의해서 뒤의 문장에 이어졌고, (ㄴ)에서는 앞 문장인 '그듸내 ᄀᆞ자비ᅀᅡ 오도다'가 '-마른'에 의해서 뒤의 문장에 이어졌다.

5. 사잇소리 표기 글자 'ㅅ'과 관형격 조사 '-ㅅ'

15세기 국어에서는 'ㅅ'이 합성 명사의 사잇소리를 표기하는 글자(사이시옷)와, 체언과 체언 사이에서 앞 체언에 관형어로서의 자격을 부여하는 관형격 조사로 두루 쓰인다.

    (8) ㄱ. 빗곳, 즘겟가재, 엄쏘리, 혀쏘리, 입시울쏘리
       ㄴ. 나랏 小民, 아바닚 뒤, 神統ㅅ 이를, 狄人ㅅ 서리, 두 鐵圍山 쓰싀

곧, (ㄱ)의 'ㅅ'은 합성 명사의 사잇소리 표기 글자로, (ㄴ)의 'ㅅ'은 관형격 조사로 쓰였다. 15세기 국어에서는 현대 국어와는 달리 'ㅅ'이 사잇소리를 표기하는 글자와 관형격 조사로 두루 쓰였기 때문에, 이 둘을 명확히 구분하는 것은 사실상 불가능하다. 따라서 15세기 국어를 분석할 때에는 (ㄱ)과 (ㄴ)에서 쓰인 'ㅅ'을 모두 관형격 조사로 처리하는 것이 바람직하다. 곧, (ㄱ)의 '빗곳'과 같은 합성 명사 속의 어근(= 명사) 사이에 쓰인 'ㅅ'을, [빗 + 곳]과 같은 합성 명사의 짜임새 안에서 앞의 어근(= 명사)에 관형격의 격 관계를 부여하는 조사(관형격 조사)로 처리한다.

2.4. 용언

2.4.1. 용언의 개념

'용언(用言, 풀이씨)'은 문장에서 서술어로 기능하면서, 주어로 표현되는 대상(주체)의 움직임이나 상태, 혹은 존재의 유무(有無)를 풀이하는 단어의 갈래이다.

동사와 형용사 등의 용언에는 다음과 같은 일반적인 특징이 나타난다.

첫째, 용언은 주어로 표현되는 대상(주체)의 움직임, 속성, 상태, 존재의 유무를 풀이한다.

(1) ㄱ. 네는 죠히 업서 대롤 <u>엿거</u> 그를 <u>쓰더니라</u>   [월석 8:96]
　　ㄴ. 고히 <u>길오</u> <u>놉고</u> <u>고드며</u>   [석상 19:7]
　　ㄷ. 가리라 흐리 <u>이시나</u> 長者롤 브리시니   [용가 45장]

(ㄱ)에서 '엿다'와 '쓰다'는 주체의 움직임을 표현하고, (ㄴ)에서 '길다, 놉다(← 높다), 곧다' 등은 속성이나 상태를 표현하고, (ㄷ)에서 '이시다'는 존재를 표현했다.

둘째, 용언은 실질적인 의미를 나타내는 어간에 다양한 어미가 붙어서, 여러 가지 문법적인 기능을 나타낸다.(활용)

(2) ㄱ. 겨지비 아기 <u>나흟</u> 時節을 當ᄒ야   [석상 9:25]
　　ㄴ. 아기 나ᄒ리 다 아ᄃ롤 <u>나ᄒ며</u>   [월석 2:33]
　　ㄷ. 父母 <u>나ᄒ샨</u> 누니 三千界롤 다 보리라   [석상 19:10]
　　ㄹ. 第一 夫人이 太子롤 <u>나쓰ᄫ시니</u>   [월석 21:211]
　　ㅁ. 내 아기 <u>낟노라</u> ᄒ야   [월석 10:25]

(3) ㄱ. 흔 淫女ㅣ 잇거늘 迦尸國王이 <u>곱다</u> 듣고   [월석 7:14]
　　ㄴ. 네 겨지비 <u>고ᄫ니여</u>   [월석 7:10]
　　ㄷ. 내 겨지븨 <u>고ᄫ미</u> 사룺 中에도 딱 업스니   [월석 7:11]
　　ㄹ. 七寶로 ᄭ미실씨 <u>고ᄫ시고</u> 쳔쳔ᄒ더시니   [월천 120장]
　　ㅁ. 江漢앤 됫비치 <u>곱도다</u>   [두언 20:8]

(2)에서 동사인 '낳다(生)'는 (ㄱ)에서는 '나홇'로, (ㄴ)에서는 '나ㅎ며', (ㄷ)에서는 '나ㅎ샨', (ㄹ)에서는 '나쏫ᄫ시니', (ㅁ)에서는 '낟노라' 등으로 꼴바꿈을 하여 여러 가지 문법적인 기능을 나타낸다. (3)에서 형용사인 '곱다(麗)'는 (ㄱ)에서는 '곱다', (ㄴ)에서는 '고ᄫ니여', (ㄷ)에서는 '고ᄫ미', (ㄹ)에서는 '고ᄫ시고', (ㅁ)에서는 '곱도다' 등으로 꼴바꿈을 한다.

기본형	활용형	어간	선어말 어미	어말 어미
낳다	나홇	낳-		-홇
	나ㅎ며	낳-		-ᄋ며
	나ㅎ샨	낳-	-ᄋ시- + -오-	-ㄴ
	나쏫ᄫ시니	낳-	-습- + -ᄋ시-	-니
	낟노라	낳-		-노라
곱다	곱다	곱-		-다
	고ᄫ니여	곱-		-ᄋ니여
	고ᄫ미	곱-		-옴
	고ᄫ시고	곱-	-ᄋ시-	-고
	곱도다	곱-	-도-	-다

〈표 1〉 '낳다'와 '곱다'의 활용 방식

2.4.2. 용언의 종류

용언은 의미와 활용하는 방식의 차이에 따라서, 동사와 형용사로 구분된다.[1]

---

1) 용언 가운데 어떠한 대상의 존재 유무를 나타내는 '이시다/잇다, 겨시다'와 '없다'는 활용 방식을 보면 동사적 특징과 형용사적인 특징이 다 나타난다. 하지만 '이시다/잇다'에는 현재 시제 선어말 어미인 '-ᄂ-'가 대체로 자유롭게 실현될 수 있어서, '이시다/잇다'는 동사에 가깝다. 반면에 '없다'에는 '-ᄂ-'가 실현되지 못하므로, 형용사에 가깝다. 그리고 '겨시다'는 현재 시제의 선어말 어미인 '-ᄂ-'가 결합하는 예가 매우 드물므로 형용사에 좀 더 가까운 특징을 보인다. '이시다/잇다/겨시다'와 '없다'에 나타나는 이러한 특성은 현대 국어에도 그대로 나타난다.

가. 동사와 형용사

(가-1) 동사

'동사(動詞, 움직씨, verb)'는 주어로 쓰인 대상의 움직임을 표현하는 단어의 갈래이다.

(4) ㄱ. 두 히 **돋다가** 세 히 **도든면**   [월석 1:48]
  ㄴ. 이 男子아 엇던 이를 爲ᄒ야 이 길헤 **든다** [월석 21:118]

(ㄱ)의 '돋다'와 (ㄴ)의 '들다'는 각각 주어로 쓰인 '두 히'와 '男子'의 움직임을 표현하고 있는데, 이러한 의미적인 특징을 가진 단어들을 '동사'라고 한다.

동사는 문장에 쓰일 때에 목적어를 요구하느냐 아니하느냐에 따라서 '자동사'와 '타동사'로 구분한다.

〈 자동사 〉 '자동사(自動詞, 제움직씨, intransitive verb)'는 목적어를 취하지 않아서, 그 움직임이 주어에만 미치는 동사이다.

(5) ㄱ. 아비 **죽다**   [월석 17:21]
  ㄴ. 衆生이 福이 **다ᄋ거다**   [석상 23:28]

(ㄱ)의 '죽다'와 (ㄴ)의 '다ᄋ다'처럼 문장 속에서 목적어를 취하지 않아서, 그 움직임이 주어에만 미치는 동사를 자동사라고 한다. 이러한 자동사는 (ㄴ)의 '다ᄋ거다'에서처럼 확인 표현의 선어말 어미가 '-거-'의 형태를 취하는 것이 특징이다.

〈 타동사 〉 '타동사(他動詞, 남움직씨, transitive verb)'는 목적어를 취하여서, 그것이 표현하는 움직임이 주어뿐만 아니라 목적어에도 미치는 동사이다.

(6) ㄱ. 大臣이 이 藥 **밍ᄀ라** 大王ᄭ 받ᄌᄫᆞᆯ대 [석상 11:21]
  ㄴ. 셜ᄫᅥ쎠 衆生이 正흔 길흘 **일허다** [석상 23:19]

(ㄱ)의 '밍ᄀᆯ다'는 '이 藥'을, (ㄴ)의 '잃다'는 '正흔 길흘'을 목적어로 취하므로, 그 움직임이 주어뿐만 아니라 목적어에도 미친다. 이러한 타동사는 (ㄴ)의 '일허다'에서처럼 확인 표현의 선어말 어미로서 '-아-/-어-'의 형태를 취하는 것이 특징이다.

(가 -2) 형용사

'형용사(形容詞, 그림씨, adjective)'는 주어로 표현되는 대상의 성질이나 상태를 풀이하는 단어의 갈래이다.

(7) ㄱ. 이 東山ᄋᆞᆫ 남기 <u>됴홀씨</u>   [석상 6:24]
     ㄴ. 窮子ㅣ ᄠᅳ디 <u>ᄂᆞᆺ갑고 사오나올씨</u>   [금삼 3:25]

(ㄱ)의 '둏다'와 (ㄴ)의 'ᄂᆞᆺ다, 사오납다'는 각각 주체의 성질이나 상태를 나타내므로 형용사이다. 형용사가 서술어로 쓰이면 이중 주어(겹주어)를 취하는 일이 있다. 곧 (ㄱ)에서는 '東山ᄋᆞᆫ'과 '남기'를 이중 주어로 취하였으며, (ㄴ)에서는 '窮子ㅣ'와 'ᄠᅳ디'를 이중 주어로 취하였다.

형용사는 실질적인 의미를 나타내느냐 그렇지 않느냐에 따라서, '성상 형용사'와 '지시 형용사'로 구분된다.

〈 **성상 형용사** 〉 '성상 형용사(性狀 形容詞)'는 전형적인 형용사로서, 어떠한 대상의 성질이나 상태에 대한 실질적인 의미를 나타낸다.

(8) ㄱ. 골프다, 그립다, 깃브다, 둏다, 슬프다, 슳다, 알프다
     ㄴ. 길다, 높다, ᄂᆞᆺ갑다, 븕다, 히다 ; 고요ᄒᆞ다 ; 거츨다, ᄎᆞ다 ; 돌다, 밉다, 쓰다
     ㄷ. 낟ᄇᆞ다, 모딜다, 착ᄒᆞ다, 아름답다, 좋다, 밉다
     ㄹ. ᄀᆞᆮᄒᆞ다, 이셧ᄒᆞ다 ; 다ᄅᆞ다, 몯ᄒᆞ다

(ㄱ)의 '골프다, 그립다, 깃브다' 등은 '심리'를 나타내며, (ㄴ)의 '길다, 고요하다, 거츨다, 돌다' 등은 '감각'을 나타내며, (ㄷ)의 '낟ᄇᆞ다, 착ᄒᆞ다, 밉다' 등은 '평가'를, (ㄹ)의 'ᄀᆞᆮᄒᆞ다, 이셧ᄒᆞ다 ; 다ᄅᆞ다, 몯ᄒᆞ다' 등은 '비교'의 뜻을 나타낸다.

〈 **지시 형용사** 〉 '지시 형용사(指示 形容詞)'는 실질적인 뜻을 갖추지 못하고, 어떠한 대상의 성질이나 상태를 지시하거나 대용하는 기능을 한다.

첫째, '이러ᄒᆞ다/이렇다, 그러ᄒᆞ다/그렇다, 뎌러ᄒᆞ다/뎌렇다' 등은 특정한 대상을 직접 가리키는 '정칭의 지시 형용사(定稱 指示 形容詞)'이다.

(9) ㄱ. 赤島 안행 움흘 至今에 보숩ᄂᆞ니 王業艱難이   [용가 5장]
    이러ᄒᆞ시니

    ㄴ. 사ᄅᆞ미 이러커늘ᅀᅡ 아ᄃᆞᆯ을 여희리잇가   [월천 기143]

(10) ㄱ. 畜生ᄋᆡ 나혼 거실ᄊᆡ 그러ᄒᆞ도다   [석상 11:21]

    ㄴ. 내 니ᄅᆞ던 究羅帝 眞實로 그러터녀 아니터녀   [월석 9:36]

(11) ㄱ. 漆沮 ᄀᆞᅀᆡ 움흘 後聖이 니ᄅᆞ시니 帝業憂勤이   [용가 5장]
    뎌러ᄒᆞ시니

    ㄴ. 至孝ㅣ 뎌러ᄒᆞ실ᄊᆡ ᄂᆞ민 즐기ᄂᆞ 나ᄅᆞᆯ 아니 즐겨   [용가 92장]

(9)의 '이러ᄒᆞ다/이렇다', (10)의 '그러ᄒᆞ다/그렇다', (11)의 '뎌러ᄒᆞ다/뎌렇다'는 발화 현장이나 문맥에서 어떠한 대상의 성질이나 상태를 지시하거나 대용하고 있다.

둘째, '엇더ᄒᆞ다/엇덯다'는 '미지칭의 지시 형용사(未知稱 指示 形容詞)'이다.

(12) ㄱ. 羅睺羅ᄅᆞᆯ 出家히샤 나라 니ᅀᅳ리ᄅᆞᆯ 긋게 ᄒᆞ시ᄂᆞ니   [석상 6:7]
    엇더ᄒᆞ니잇고

    ㄴ. 늘근 션ᄇᆡᄅᆞᆯ 보시고 禮貌로 ᄭᆞ르시니 右文之德이   [용가 81장]
    엇더ᄒᆞ시니

(12)의 '엇더ᄒᆞ다/엇덯다'는 어떠한 대상의 성질이나 상태가 어떠한지를 물을 때에 사용하는 미지칭의 지시 형용사이다.

셋째, '아ᄆᆞ랗다(←아ᄆᆞ라ᄒᆞ다)'는 '부정칭의 지시 형용사(不定稱 指示 形容詞)'이다.

(13) ㄱ. 夫人이 아ᄆᆞ라토 아니ᄒᆞ더시니   [월석 2:26]
    ㄴ. 늠도 ᄯᅩ 아ᄆᆞ라토 아니ᄒᆞ야   [석상 9:40]

(13)의 '아ᄆᆞ랗다'는 어떤 대상의 성질이나 상태를 가리지 않는다는 뜻으로 쓰이는 부정칭의 지시 형용사이다.

나. 보조 용언

〈 보조 용언의 개념 〉 일반적으로 용언은 자립성이 있으므로 문장 속에서 홀로 쓰일
수가 있다. 하지만 일부 용언은 문장 안에서 홀로 설 수 없어서 반드시 그 앞의 다른
용언에 붙어서 문법적인 뜻을 더해 주는 기능을 한다. 이러한 용언을 '보조 용언(補助
用言, 도움 풀이씨, 매인 풀이씨)'이라고 한다.

(14) ㄱ. 고히 <u>길오</u> <u>눕고</u> <u>고든며</u>   [석상 19:7]
     ㄴ. 고히 <u>길다</u> ; 고히 <u>높다</u> ; 고히 <u>곧다</u>

(15) ㄱ. 目連이 耶輸ㅅ 宮의 가 <u>보니</u>   [석상 6:2]
     ㄴ. *目連이 耶輸ㅅ 宮의 <u>보니</u>

(14)에서 (ㄱ)의 '길다, 눕다, 곧다'는 자립성과 실질적인 뜻이 있는 일반적인 용언이
다. 이에 반해서 (15)에서 (ㄱ)의 '보다'는 자립성이 없어서 (ㄴ)처럼 단독으로는 서술
어로 쓰이지 못한다. 그리고 (ㄱ)의 '보다'는 '눈으로 사물을 응시하다'라는 실질적인
뜻이 없는 대신에, '경험'이나 '시도'와 같은 문법적인 뜻으로 쓰인다. 이와 같은 용언
을 '보조 용언'이라고 하고, (15ㄱ)의 '가다'처럼 보조 용언의 앞에서 실현되는 자립
적인 용언을 '본용언(本用言, 으뜸 풀이씨)'이라고 한다.

    본용언과 보조 용언은 두 개의 단어이지만 이들은 하나의 단위(서술어)로 쓰인다.
따라서 본용언과 보조 용언의 그 사이에 다른 문장 성분이 끼어들 수 없다.

(16) ㄱ. 如來 … 恩惠를 니저 <u>브리샤</u>   [석상 6:4]
     ㄴ. 勞度差ㅣ 쪼 흔 쇼를 지서 <u>내니</u>   [석상 6:32]

(17) ㄱ. 如來 … 恩惠를 니저 [?]<u>모다</u> <u>브리샤</u>
     ㄴ. 勞度差ㅣ 쪼 흔 쇼를 지서 [?]<u>셜리</u> <u>내니</u>

(16)에서 (ㄱ)의 '니저'는 본용언이며 '브리샤'는 보조 용언인데, 이들 두 단어는 하나
의 서술어로 쓰인다. 그런데 (17)의 (ㄱ)처럼 본용언인 '니저'와 보조 용언인 '브리샤'

사이에 '모다'와 같은 다른 말(부사)을 넣으면 그 뒤의 'ᄇ리샤'는 보조 용언이 아니라 본용언으로 해석된다. 그리고 (16)에서 (ㄴ)의 '지서'는 본용언이고 '내니'는 보조 용언인데, (17)의 (ㄴ)처럼 '지서'와 '내니' 사이에 부사 '샐리'를 넣으면 '보니'는 본용언으로 해석된다. 이러한 현상을 보면 본용언과 보조 용언은 하나의 서술어로 쓰이는 문법적인 단위로서 서로 분리하기 어렵다는 것을 확인할 수 있다.

〈 보조 용언의 종류 〉 보조 용언은 문법적인 특성에 따라서 '보조 동사(補助 動詞)'와 '보조 형용사(補助 形容詞)'로 나뉜다.

첫째, 보조 용언 중에서 '보다, ᄇ리다, 디다, 두다, 나다, 내다, ᄃ외다, 말다, ᄒ다, 이시다/잇다, 겨시다' 등은 동사와 동일한 활용 방식을 보이므로, 이들 보조 용언을 보조 동사로 처리한다.

보조 동사	현대어	의 미	용 례	
보다	보다	시도	일로 혜여 <u>보건덴</u> 므슴 慈悲 겨시거뇨	[석상 6:6]
ᄇ리다	버리다	완료	恩惠를 니저 <u>ᄇ리샤</u> 길 녏 사롬과 ᄀ티 너기시니	[석상 6:4]
디다	지다	저절로 어떤 경지에 도달함	뫼히여 돌히여 다 노가 <u>디어</u>	[월석 1:48]
두다	두다	완결된 동작을 보존함	왼녁 피 닫 담고 올ᄒ녁 피 닫 담아 <u>두고</u> 닐오디	[월석 1:7]
나다	나다	어떤 상태에서 탈피함	뎌 如來를 念ᄒ야 恭敬ᄒᄉᄫ면 다 버서 <u>나리라</u>	[석상 9:24]
내다	내다	끝까지 완수함	勞度差ㅣ 쏘 ᄒ 쇼를 지서 <u>내니</u>	[석상 6:32]
ᄃ외다	되다	변성	우리 어시아드리 외롭고 입게 <u>ᄃ외야</u>	[석상 6:5]
말다	말다	금지	너희 브즈러니 지서 게으르디 <u>말라</u>	[법언 2:209]
ᄒ다	하다	당위	善男子 善女人이 뎌 부텻 世界예 나고져 發願ᄒ야ᅀᅡ <u>ᄒ리라</u>	[석상 9:11]
이시다/ 잇다	있다	완료 지속	須彌山 밧긔 닐굽 山이 둘어 <u>잇ᄂ니</u>	[월석 1:23]
		진행	내 풍류바지 드리고 됴ᄒ 차반 먹고 <u>이쇼디</u>	[석상 24:28]
겨시다	계시다	완료 지속	(太子ㅣ) … 미친 사롬 ᄀ티 묏고래 수머 <u>겨샤</u>	[석상 6:4]

〈표 2〉 보조 동사의 종류와 의미

둘째, 보조 용언 가운데 '식브다, 지다' 등은 형용사와 동일한 문법적인 특징을 보이므로 보조 형용사로 처리한다.

보조 형용사	현대어	의미	용례	
식브다	싶다	희망, 추측	하 貴ᄒᆞ실ᄊᆡ 하ᄂᆞᆯ로셔 나신가 <u>식브건마른</u>	[월석 4:33]
지다	싶다	바람, 원망	東山 구경ᄒᆞ야 <u>지이다</u>	[월석 2:27]

〈표 3〉 보조 형용사의 종류와 의미

셋째, '아니ᄒᆞ다'와 '몯ᄒᆞ다'는 보조 동사로도 쓰이고 보조 형용사로도 쓰인다. 곧 본용언이 동사이면 그 뒤에 실현되는 '아니ᄒᆞ다'는 보조 동사로 처리되고, 본용언이 형용사이면 '아니ᄒᆞ다'는 보조 형용사로 처리된다.[2]

보조 용언	현대어	의미		용례	
아니ᄒᆞ다	아니하다	부정	보동	菩提 일우믈 得ᄒᆞ디 <u>아니ᄒᆞ리</u> 업ᄂᆞ니	[원언 하 2-2:43]
			보형	슬후미 넏디 <u>아니ᄒᆞ니</u>	[두언 6:29]
몯ᄒᆞ다	못하다	부정	보동	사ᄅᆞ미 목수미 호롤 믈 근ᄒᆞ야 머므디 <u>몯ᄒᆞ놋다</u>	[석상 3:17]
			보형	우리 乃終내 便安티 <u>몯ᄒᆞ리라</u>	[석상 11:19]

〈표 4〉 보조 동사와 보조 형용사로 두루 쓰이는 보조 용언

---

2) 일반 용언인 '-아/-어 이시다'와 '-아/-어 잇다'는 동사적 성격과 형용사적인 성격을 다 갖추고 있어서 보조 동사인지 보조 형용사인지 판단하기가 매우 어렵다. 이에 따라서 보조 용언인 '잇다/이시다'도 보조 동사인지 보조 형용사인지 판단하기가 어렵다.
   (1) ㄱ. 내…하ᄂᆞᆯ해 나아 門神이 두외야 <u>잇노니</u>   [석상 6:20]
      ㄴ. 一切 甚히 기픈 이리 다 이 經에 現히 닐어 <u>잇ᄂᆞ니라</u>   [석상 19:43]
   (2) ㄱ. 고지 닉예 ᄀᆞ둑ᄒᆞ얏ᄂᆞ니   [두언 18:7]
      ㄴ. 여러 가짓 비쳇 고지 둘어 莊嚴ᄒᆞ얫ᄂᆞ니   [두언 19:18]
그러나 (1)과 (2)의 예를 보면 보조 용언인 '잇다'와 '이시다'에 현재 시제의 선어말 어미인 '-ᄂᆞ-'가 붙어서 활용하는 점을 감안하여, '잇다'와 '이시다'를 보조 동사로 처리한다.

2.4.3. 활용

가. 활용과 어미

〈 활용의 개념 〉 용언은 실질 형태소인 어간에 다양한 형태의 어미가 실현되어서 문법적인 기능을 나타내는데, 이를 '활용(活用, 꼴바꿈, conjugation)'이라고 한다.

(18) ㄱ. 길헤 ㄱㄹ미 잇더니 … 건나디 몯ㅎ야 ㄱ쇄셔 자다니   [월석 10:23]

　　 ㄴ. 那律은 … 처섬 出家ㅎ샤 줌 잘 자거시늘   [영남 상:25]

　　 ㄷ. 이트를 자딕 노로믈 아니 ㅎ야 잇더니   [두언 7:23]

　　 ㄹ. 셤 안해 자싫 제 한비 사ᅌ리로딕   [용가 8:18]

(18)의 문장에서 동사 '자다'는 실질적인 뜻을 나타내는 어간 '자-'에 여러 가지 어미가 붙어서 활용하였다. 곧 (ㄱ)의 '자다니'에서는 어미 '-다니'가 붙어서, (ㄴ)의 '자거시늘'에서는 '-거시늘'이 붙어서 활용하였다. 그리고 (ㄷ)의 '자딕'에서는 '-오딕'가 붙어서, (ㄹ)의 '자싫'에서는 -싫' 등이 붙어서 활용하였다. 이처럼 실질적인 뜻을 나타내는 어간에 어미가 붙어서 활용함으로써 여러 가지의 문법적인 기능을 나타내는 것이 용언에 나타나는 큰 특징이다.

〈 어미의 유형 〉 어미는 그것이 실현되는 위치에 따라서 '어말 어미'와 '선어말 어미'로 나눌 수 있다.

여기서 '어말 어미(語末 語尾, 맺음 씨끝, final ending)'는 용언의 끝에 실현되는 어미이며, '선어말 어미(先語末 語尾, 안맺음 씨끝, pre-final ending)'는 어간과 어말 어미 사이에 실현되는 어미이다.

(19) 활용어 = 어간 + 어미[(선어말 어미) + 어말 어미]

용언의 활용은 (19)와 같이 실현된다. 곧 용언이 문장 속에서 실현될 때에 어말 어미는 반드시 실현되지만, 선어말 어미는 실현될 수도 있고 실현되지 않을 수도 있다. 그리고 때에 따라서는 둘 이상의 선어말 어미가 실현될 수도 있다.

선어말 어미와 어말 어미의 전체적인 유형을 일람표로 보이면 다음과 같다.

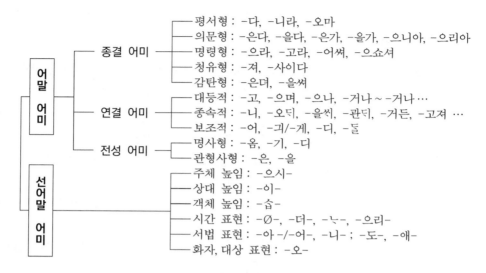

위에 제시한 선어말 어미와 어말 어미의 실현 양상을 예를 들면 다음과 같다.

(20) ㄱ. 모딘 길헤 뻐러디면 恩愛를 머리 여희여　　　　　　[석상 6:3]

　　　ㄴ. 使者ᄂᆞᆫ 브리신 사ᄅᆞ미라　　　　　　　　　　　　[석상 6:2]

　　　ㄷ. ᄀᆞ준 道를 듣ᄌᆞᆸ고져 ᄒᆞ습ᄂᆞ이다　　　　　　　　[법언 1:165]

　　　ㄹ. 世尊하 … 摩耶夫人이 엇던 因緣으로 如來를　　　　[석상 11:24]
　　　　　나쓰ᄫᅵ시니잇고

(ㄱ)에서 '뻐러디면'은 어간인 '뻐러디-'에 어미 '-면'이 붙어서 활용하였으며, (ㄴ)의 '브리신'은 어간인 '브리-'에 어미 '-신'이 붙어서 활용하였다. (ㄷ) 'ᄒᆞ습ᄂᆞ이다'에서는 어간인 'ᄒᆞ-'에 어미 '-습ᄂᆞ이다'가 붙어서 활용하였으며, (ㄹ)의 '나쓰ᄫᅵ시니잇고'에서는 어간인 '낳-'에 어미 '-스ᄫᅵ시니잇고'가 붙어서 활용하였다. 이들 어미 중에서 '-면, -ㄴ, -다, -니…고'는 용언의 맨 끝의 자리에 실현되는 어말 어미이며, '-시-, -습-, -ᄂᆞ-, -이-, -습-, -ᄋᆞ시-, -Ø-, -잇-'은 어간과 어말 어미 사이에 실현되는 선어말 어미이다.

　(20)에 실현된 용언의 구조를 선어말 어미와 어말 어미로 분석하면 다음과 같다.

(ㄱ)	뻐러디-	-면			
	어간	어말 어미			

(ㄴ)	브리-	-시-	-ㄴ		
	어간	선어말 어미	어말 어미		

(ㄷ)	ᄒᆞ-	-ᅌᅥ-	-ᄂᆞ-	-이-	-다
	어간	선어말 어미	선어말 어미	선어말 어미	어말 어미

(ㄹ)	낳-	-ᅌᅥ-	-ᄋᆞ시-	-Ø-	-잇-	-니…고
	어간	선어말 어미	선어말 어미	선어말 어미	선어말 어미	어말 어미

나. 어미의 유형

(나-1) 어말 어미

어말 어미는 용언의 끝 자리에 실현되는 어미인데, 그 기능에 따라서 '종결 어미, 연결 어미, 전성 어미'로 나누어진다.

〈 종결 어미 〉 '종결 어미(終結 語尾, 마침법 씨끝)'는 문장을 끝맺는 어말 어미이다. 종결 어미는 문장을 끝맺는 방식에 따라서 '평서형의 종결 어미, 의문형의 종결 어미, 명령형의 종결 어미, 청유형의 종결 어미, 감탄형의 종결 어미'로 구분된다.

ⓐ **평서형의 종결 어미** : '평서형의 종결 어미(平敍形 終結 語尾, 베풂꼴 씨끝)'는 화자가 자신의 생각을 청자에게 단순하게 진술하는 평서문에 실현된다. 평서형 종결 어미로는 '-다, -니라, -(오/우)마' 등이 있다.

(21) ㄱ. 이 道를 이젯 사ᄅᆞᆷ 브료믈 흙 ᄀᆞ티 ᄒᆞᄂᆞ<u>다</u>　　　　　[두언 25:56]
　　ㄴ. 네 아비 ᄒᆞ마 주그<u>니라</u>　　　　　[월석 17:21]
　　ㄷ. 그리 <u>호마</u> 혼 이리 分明히 아니 ᄒᆞ면　　　　　[내훈 3:21]

(ㄱ)의 'ᄒᆞᄂᆞ다'에서 '-다'와 (ㄴ)의 '주그니라'에서 '-니라'는 평서형 어미인데, '-니라'는 '-다'에 비해서 보수적(保守的)인 느낌이 나타난다.[3] 그리고 '-다'가 서술격 조

---

3) 『고등학교 문법』(2010:294)과 고영근(2010:146)에서는 평서형 종결 어미의 형태로 보수적 평서형 어미로 '-니라'를 별도로 설정하였다. 그러나 '-니라'는 실제로는 원칙 표현의 선어말

사 '-이다'나 선어말 어미 '-더-, -리-, -과-, -니-, -오-' 등에 실현되면, '-이라, -더라, -리라, -과라, -니라, -오라'처럼 형태가 '-라'로 바뀐다. (ㄷ)의 '-마'는 화자가 청자에게 '약속함'을 나타내면서 문장을 끝맺는다. '-마'가 실현되는 문장은 주어가 반드시 1인칭이므로, '-마' 앞에서는 화자 표현의 선어말 어미인 '-오-/-우-'가 항상 실현된다.

ⓑ **의문형의 종결 어미** : '의문형의 종결 어미(疑問形 終結 語尾, 물음꼴 씨끝)'는 화자가 청자에게 대답을 요구하는 의문문에 실현된다.

(A) '은/읋' 형의 의문형 종결 어미 : 주어의 인칭에 따른 구분이 있음.

　(가) -은다, -읋다 (2인칭의 주어가 실현된 의문문)

　(나) -은가, -은고 ; -읋가, -읋고 (1·3인칭의 주어가 실현된 의문문)

(B) '으니/으리' 형의 의문형 종결 어미 : 주어의 인칭에 따른 구분이 없음.

　(가) -으니아/-으니야/-으니여/-으녀, -으니오/-으뇨

　(나) -으리아/-으랴/-으려, -으리오/-으료

⟨표 5⟩ 의문형 종결 어미의 종류와 기능

　의문형의 종결 어미는 그 형태에 따라서 ⟨표 5⟩처럼 '은/읋' 형의 의문형 어미와 '으니/으리' 형의 의문형 어미로 구분된다. 먼저 '-은'이나 '-읋'[4]을 앞세우는 (A)의 의문형 어미는 의문문에 실현된 주어의 인칭이 2인칭이냐 1·3인칭이냐에 따라서 (가)와 (나)로 구분되어 쓰인다. 반면에 '-으니'나 '-으리'를 앞세우는 (B)의 의문형 어미는 의문문에 실현된 주어의 인칭과 관계없이 쓰인다.[5](허웅 1975:495, 505)

　어미인 '-니-'에 평서형 종결 어미인 '-다'가 결합한 형태이다.(이에 대하여는 장윤희 2002: 131~132 참조.)

 4) 인칭 의문문에 쓰이는 어미인 '-은다, -읋다'와 '-은가/-은고, -읋가/-읋고' 등은 어원적으로 볼 때에, 관형사형 어미인 '-은, -읋'과 의문 보조사인 '-다, -가, -고'가 결합하여서 형성된 것이다.(허웅 1975:497) 이러한 특징 때문에 '-은다, -읋다'와 '-은가/-은고, -읋가/-읋고'에는 상대 높임의 선어말 어미인 '-ᅌᅵᆺ-' 등이 실현되지 않는다.

 5) '-은가, 읋가'와 '-으니아/-으녀, -으리아/-으려'처럼 '가/아'로 끝나는 의문형 어미는 의문사(疑問詞, 물음말)가 쓰이지 않은 '판정 의문문'에 실현된다. 반면에, '-은고, -읋고'와 '-으니

첫째, '은/읋' 형의 의문형 어미인 '-은다/-읋다'와 '-은가/-은고, -읋가/-읋고'는 주어의 인칭에 따라 구분되어서 쓰인다. 곧, '-은다'와 '-읋다'는 주어가 2인칭인 의문문에서 실현되며, '-은가/-은고, -읋가/-읋고'는 주어가 1·3인칭인 의문문에 실현된다.

(22) ㄱ. 이 男子아 (네) 엇던 이롤 爲ᄒ야 이 길헤 든다   [월석 21:118]

    ㄴ. 네 信ᄒᄂ다 아니 信ᄒᄂ다   [석상 9:26]

    ㄷ. 네 내 마를 다 드를따   [석상 6:8]

(23) ㄱ. 내 … 엇뎨 자보물 보는고   [법언 2:200]

    ㄴ. 두 사ᄅᆞᆫ 시러곰 님긊 겨틔 둘가 몯홀가   [두언 25:10]

(22)와 (23)의 의문형 어미는 주어의 인칭에 따라서 달리 실현되었다. 곧 주어가 2인칭일 때에는 (22)처럼 '-은다' 혹은 '-읋다'로 실현되고, 주어가 1인칭이거나 3인칭일 때에 (23)처럼 '-은고/-은가' 혹은 '-읋고/-읋가'로 실현되었다.6) 이들 의문형 어미 앞에는 상대 높임의 선어말 어미 '-이-'가 실현되지 않는다.

둘째, '으니/으리' 형의 의문형 어미인 '-으니아/-으니오, -으리아/-으리오' 등은 주어의 인칭과는 상관없이, 1인칭·2인칭·3인칭의 주어가 쓰인 의문문에 두루 실현된다.7)

(24) ㄱ. 슬후미 이어긔 잇디 아니ᄒ니아   [두언 7:14]

    ㄴ. 다시 묻노라 네 어드러 가ᄂ니오 (重問子何之)   [두언 8:6]

오/-으뇨, -으리오/-으료'처럼 '고/오'로 끝나는 의문형 어미는 의문사가 쓰인 '설명 의문문'에 실현된다. 판정 의문문과 설명 의문문에 대한 자세한 내용은 이 책의 320쪽을 참조.

6) 1·3인칭의 의문형 어미인 '-은가/-은고'나 '-읋가/-읋고'는 청자가 직접적으로 상정되지 않은 발화 상황에서도 쓰일 수 있다. 이러한 의문형 어미를 '간접 의문형 어미'이라고 하는데, 주로 화자의 독백(獨白)이나 상념(想念)을 표현한다.(『고등학교 문법』 2010:294)

7) 단, 『고등학교 문법』(2010:294)과 고영근(2010:147, 312)에서는 이들 의문형 어미를 의문문의 주어가 1인칭이나 3인칭의 체언일 때에 나타나는 '제1·3인칭'의 의문형 어미로 보았다. 반면에 허웅(1975)에서는 이들의 의문형 어미를 주어의 인칭에 관계없이 두루 쓰이는 비인칭의 의문형 어미로 처리했다.

(25) ㄱ. 大施主의 **功德**이 하녀 져그녀   [석상 19:4]

　　 ㄴ. 이 **智慧** 업슨 **比丘** l 어드러셔 오뇨   [석상 19:30]

(26) ㄱ. 세 술위예 글 시루믈 **肯許**ㅎ리<u>아</u>   [두언 22:14]

　　 ㄴ. 엇뎨 **겨르리** 업스리<u>오</u>   [월석 서:17]

(27) ㄱ. 이 사ᄅ미 **得혼** **福德**이 하<u>려</u> 몯 하<u>려</u>   [금삼 45]

　　 ㄴ. **그듸**는 엇뎨 **精誠**을 니즈<u>료</u> (公豈忘精誠)   [두언 23:4]

(24~27)에는 의문형 어미 '-으니오/-으니아, -으리오/-으리아' 등이 주어의 인칭과
상관없이 쓰였다. (24)에서는 의문형 어미 '-으니아/-으니오'가 쓰였는데, 이들 어미
는 축약되어 (25)처럼 '-녀/-뇨'로 실현될 수 있다. 그리고 (26)에서는 의문형 어미가
'-아/-오'의 형태로 쓰였는데, 이들 어미도 '-리-'와 축약되어 (27)처럼 '-려/-료'로
실현될 수 있다.

　그리고 '으니/으리' 형의 의문형 어미인 '-으니아/-으니오, -으리아/-으리오' 등
에는 상대 높임의 선어말 어미 '-잇-'이나 '-ㅅ-'이 실현될 수 있다. 여기서 '-잇-'은
아주 높임(ㅎ쇼셔체)에 해당하며, '-ㅅ-'은 예사 높임(ㅎ야쎠체)에 해당한다.

(28) ㄱ. 나라 니스리를 긋게 ㅎ시ᄂ니 엇더ㅎ<u>니잇고</u>   [석상 6:7]

　　 ㄴ. 사ᄅ미 이러커늘사 아ᄃ룰 여희<u>리잇가</u>   [월천 기143]

　　 ㄷ. 엇뎨 부톄라 ㅎᄂ<u>닛가</u>   [석상 6:18]

(ㄱ)과 (ㄴ)의 '엇더ㅎ니잇고'와 '여희리잇가'에는 아주 높임의 선어말 어미인 '-잇-'
이 실현되어서, (ㄷ)의 'ㅎᄂ닛가'에는 예사 높임의 선어말 어미인 '-ㅅ-'이 실현되어
서 청자를 높여서 표현하였다.[8]

　ⓒ **명령형의 종결 어미** : '명령형의 종결 어미(命令形 終結 語尾, 시킴꼴 씨끝)'는 화자가

---

8) '엇더ㅎ니잇고'는 '엇더ㅎ- + -잇- + -니…고'로 분석되는데, 상대 높임의 선어말 어미 '-잇-'
　이 의문형 어미인 '-니고'의 형태 속에 끼어들어서 실현되었다. '-니…고'처럼 다른 형태소가
　끼어들어서 형태가 분리되는 어미를 '불연속 형태'라고 한다.(고영근 2010:145)

청자에게 어떠한 행동을 하도록 요구하는 명령문에 실현된다. 명령형의 종결 어미로는 '-으라, -고라/-오라, -아쎠/-어쎠, -으쇼셔' 등이 있다.

첫째, '-으라'는 청자를 낮추어서 명령하는 종결 어미이다.(ᄒ라체)

(29) ㄱ. 너희둘히 … 부텻 마를 바다 디니라   [석상 13:62]
    ㄴ. 文殊아 아라라   [석상 13:26]

위의 문장에는 낮춤의 명령형 어미가 쓰였다. (ㄱ)의 '디니라'와 (ㄴ)의 '아라라'에는 동사인 '디니다'와 '알다'에 아주 낮춤의 명령형 어미인 '-으라'가 실현되었다.

둘째, '-고라/-오라'는 반말의 명령형 어미이다. /ㄹ/과 반모음 /j/ 뒤에서는 '-고라'의 /ㄱ/이 /ɦ/으로 교체되어서, '-오라'의 형태로 실현된다.(반말)

(30) ㄱ. 내사 주거도 므던커니와 이 아ᄃᆞᆯ 사르고라   [삼강 효:20]
    ㄴ. 모로매 願이 이디 말오라   [석상 11:30]

(ㄱ)의 '사르고라'에서는 '사르다'의 어간에 명령형 어미인 '-고라'가 실현되었으며, (ㄴ)의 '말오라'에서는 '말다'의 어간에 '-고라'가 실현되면서 /ㄱ/이 탈락하였다.

셋째, '-아쎠/-어쎠'와 '-으쇼셔'는 청자를 높여서 명령하는 종결 어미인데, '-아쎠/-어쎠'는 예사 높임의 등분(ᄒ야쎠체)이며 '-으쇼셔'는 아주 높임의 등분(ᄒ쇼셔체)이다.

(31) ㄱ. 엇뎨 부톄라 ᄒᄂᆞ닛가 그 ᄠᅳ들 닐어쎠   [석상 6:16]
    ㄴ. 이 ᄠᅳ들 닛디 마르쇼셔   [용가 110장]

(ㄱ)의 '닐어쎠'에는 '니르다'의 어간에 예사 높임의 명령형 어미인 '-어쎠'가 실현되었으며, (ㄴ)의 '마르쇼셔'에는 '말다'의 어간에 아주 높임의 명령형 어미 '-ᄋ쇼셔'가 실현되었다.

ⓓ **청유형의 종결 어미** : '청유형의 종결 어미(請誘形 終結 語尾, 꾀임꼴 씨끝)'는 화자가 청자에게 어떠한 행동을 함께 하도록 요구하는 청유문에 실현된다. 청유형의 종결

어미 중에서 '-져/-져라'는 청자를 낮추어서 표현하는 청유형 어미(ᄒᆞ라체)이고, '-사이다'는 청자를 아주 높여서 표현하는 청유형 어미(ᄒᆞ쇼셔체)이다.

(32) ㄱ. 네 發願을 호ᄃᆡ 世世예 妻眷이 ᄃᆞ외<u>져</u> ᄒᆞ거늘   [석상 6:8]
   ㄴ. 父王이 病ᄒᆞ야 겨시니 우리 미처 가 보ᅀᆞᄫᅡ ᄆᆞᅀᆞᄆᆞᆯ [월석 10:6]
     훤히 너기시게 ᄒᆞ<u>져라</u>
   ㄷ. 淨土애 ᄒᆞᆫᄃᆡ 가 나<u>사이다</u>   [월석 8:100]

(ㄱ)의 'ᄃᆞ외져'에는 'ᄃᆞ외다'의 어간에 청유형 어미 '-져'가 붙어서, (ㄴ)의 'ᄒᆞ져라'에는 'ᄒᆞ다'의 어간에 '-져라'가 붙어서 청자에게 어떠한 행위를 함께 할 것을 요구하였다. 이때에 '-져라'는 '청유' 기능과 함께 '희망(바람)'의 뜻이 덧붙는 것이 특징이다. 그리고 (ㄷ)의 '나사이다'는 '나다'의 어간에 청유형 어미 '-사이다'가 붙어서 청자를 높이면서 '나다'로 표현되는 행위를 함께 할 것을 요구한다.

 ⓔ **감탄형의 종결 어미** : '감탄형의 종결 어미(感歎形 終結 語尾, 느낌꼴 씨끝)'는 화자가 자신의 감정을 표출하는 데에 그치는 감탄문에 실현된다. 감탄형 종결 어미로는 '-은뎌'와 '-을쎠/-을셔'가 있는데, 모두 청자를 낮추어서 표현한다.9)

(33) ㄱ. 義ᄂᆞᆫ 그 <u>큰뎌</u>   [내훈 3:54]
   ㄴ. 슬프다 녯 사ᄅᆞ미 마를 아디 몯ᄒᆞ<u>논뎌</u>   [영남 하:30]

(34) ㄱ. 됴<u>홀쎠</u> 오ᄂᆞᆯ날 果報ㅣ여   [월석 23:82]
   ㄴ. 摩耶ㅣ 如來를 나ᄊᆞᄫ<u>실쎠</u>   [석상 11:24]
   ㄷ. 孔子ㅣ 니ᄅᆞ샤ᄃᆡ 賢<u>홀셔</u> 回여   [내언 3:50]

(33)에서 '큰뎌'와 '몯ᄒᆞ논뎌'에는 각각 '크다'와 '몯ᄒᆞ다'에 '-은뎌'가 실현되었다. 그리고 (34)의 (ㄱ)과 (ㄴ)의 '됴홀쎠'와 '나ᄊᆞᄫ실쎠'는 '둏다와 낳다'에 감탄형 어미인 '-을쎠'가 실현되었고, (ㄷ)의 '賢홀셔'는 '賢ᄒᆞ다'에 '-ㄹ셔'가 실현되었다.

---

9) 『번역박통사』(16세기 초)에는 감탄형 어미로 '-고나'가 쓰였는데, 현대어에서 '-구나'가 된다.

범주	형태			특징	용례
평서형	-다/-라			일반적 평서형	이 道룰 이젯 사룸민 브료믈 홁 굿티 ᄒᆞᄂᆞ다
	-으니라			보수적인 문체	네 아비 ᄒᆞ마 주그니라
	-(오/우)마			약속의 뜻	그리호마 혼 이리 分明히 아니 ᄒᆞ면
의문형	'은/읈'형	2인칭	-은다	–	이 男子아 (네) 엇던 이룰 爲ᄒᆞ야 이 길헤 든다
			-읈다	미래	네 내 마룰 다 드를따 ᄒᆞ야늘
		1,3인칭	-은가	-의문사	西京은 편안ᄒᆞᆫ가 몯ᄒᆞᆫ가
			-은고	+의문사	내 … 엇뎨 자보물 보ᄂᆞᆫ고
			-읈가	-의문사, 미래	두 사룸믠 시러곰 님긊 겨틔 둘가 몯ᄒᆞᆯ가
			-읈고	+의문사, 미래	어느 法으로 어느 法을 得ᄒᆞᆯ고
	'으니/으리'형		-으니아	-의문사	슬후미 이어긔 잇디 아니ᄒᆞ니아
			-으니오	+의문사	다시 묻노라 네 어드러 가ᄂᆞ니오
			-으리아	-의문사, 미래	세 술위예 글 시루믈 肯許ᄒᆞ리아
			-으리오	+의문사, 미래	엇뎨 겨르리 업스리오
명령형	-으라			낮춤	너희둘히 … 부텻 마룰 바다 디니라
	-고라/-오라			반말	내사 주거도 므던커니와 이 아두룰 사룬고라
	-아쎠/-어쎠			예사 높임	엇뎨 부톄라 ᄒᆞᄂᆞ닛가 그 ᄠᅳ들 닐어쎠
	-으쇼셔			아주 높임	이 ᄠᅳ들 닛디 마른쇼셔
청유형	-져			낮춤	네 發願을 호ᄃᆡ 世世예 妻眷이 ᄃᆞ외져 ᄒᆞ거늘 父王이 病ᄒᆞ야 겨시니 우리 미처 가 보ᅀᆞᇦ바 ᄆᆞᅀᆞ몰 훤히 너기시게 ᄒᆞ져라
	-져라				
	-사이다			높임	淨土애 흔ᄃᆡ 가 나사이다
감탄형	-은뎌			낮춤	義는 그 큰뎌
	-을쎠/-을셔			낮춤	됴ᄒᆞᆯ쎠 오눐날 果報 ㅣ여

〈표 6〉 종결 어미의 종류와 기능

〈 연결 어미 〉 '연결 어미(連結 語尾, 이음법 씨끝)'는 이어진 문장의 앞절과 뒷절을 잇거나, 본용언과 보조 용언을 잇는 어미이다. 연결 어미에는 '대등적 연결 어미, 종속적 연결 어미, 보조적 연결 어미'가 있다.

　ⓐ **대등적 연결 어미** : '대등적 연결 어미(對等的 連結 語尾)'는 앞절과 뒷절을 대등한

관계로 잇는 연결 어미이다. 대등적 연결 어미로는 '나열'의 의미를 나타내는 '-고, -곡, -으며'와 '대조'의 의미를 나타내는 '-으나, -거니와', 그리고 '선택'의 의미를 나타내는 '-거나~-거나, -으나~-으나, -으니~-으니' 등이 있다.[10]

첫째, 연결 어미인 '-고, -곡, -으며'는 '나열'의 뜻을 나타낸다.

(35) ㄱ. 子는 아두리오 孫은 孫子ㅣ니   [월석 1:7]
     ㄴ. 또 善커든 通콕 惡거든 마가사 어려부미 업스리라   [월석 14:76]
     ㄷ. 또 玉女들히 虛空애셔 온가짓 풍류 ᄒ며 굴근 江이   [월석 2:32]
        묽고

(ㄱ)의 '아두리오'에는 '-이다'의 어간에 '-오(←-고)'가 붙어서, (ㄴ)의 '通콕'에는 '通ᄒ다'의 어간에 '-곡'이 붙어서 앞절과 뒷절이 이어졌다. 그리고 (ㄷ)의 'ᄒ며'에는 'ᄒ다'의 어간에 '-며'가 붙어서 앞절과 뒷절이 '나열'의 관계로 이어졌다.

둘째, 연결 어미인 '-으나'와 '-거니와/-어니와'는 '대조'의 뜻을 나타낸다.

(36) ㄱ. 흔 願을 일우면 져그나 기튼 즐거부미 이시려니와   [월석 2:5]
     ㄴ. 구루멧 히 블 ᄀᆞᆮᄒ나 더운 하늘히 서늘ᄒ도다   [두언 6:35]

(ㄱ)과 (ㄴ)의 '져그나'와 'ᄀᆞᆮᄒ나'는 'ᄀᆞᆮᄒ다'와 '젹다'의 어간에 '-으나'가 붙어서, (ㄱ)의 '이시려니와'에서는 '이시다'의 어간에 '-어니와'가 붙어서 앞절과 뒷절이 '대조'의 관계로 이어졌다.

셋째, 동일한 형태가 반복해서 실현되는 연결 어미인 '-거나~-거나, -으나~-으나, -으니~-으니'는 '선택'의 뜻을 나타낸다.

(37) ㄱ. 제 쓰거나 ᄂᆞᆷ 히여 쓰거나 ᄒ고   [석상 9:21]
     ㄴ. 오나 가나 다 새지비 兼ᄒ얫도소니   [두언 7:16]

---

10) (35)~(37)의 문장에서 확인할 수 있듯이 대등하게 이어진 문장의 앞절과 뒷절은 구조적으로 대칭성(對稱性)이 있다. 그리고 대등하게 이어진 문장에는 앞절과 뒷절의 순서를 바꾸어도 의미에 변화가 생기지 않는 교호성(交互性)도 함께 나타난다.(나찬연 2017:333)

ㄷ. 외니 올ᄒ니 ᄒ야 是非예 ᄲ러디면 了義를 모ᄅ릴ᄉ l [영남 상:39]

(ㄱ)의 '쓰거나 ~ 쓰거나'에는 '쓰다'의 어간에 '-거나'가 붙어서, (ㄴ)의 '오나 가나'
에는 '오다'와 '가다'의 어간에 '-으나'가 붙어서, (ㄷ)의 '외니 올ᄒ니'에는 '외다'와
'옳다'의 어간에 '-으니'가 붙어서 앞절과 뒷절이 '선택'의 관계로 이어졌다.

　ⓑ **종속적 연결 어미**: '종속적 연결 어미(從屬的 連結 語尾)'는 앞절을 뒷절에 이끌리
는 관계로 잇는 연결 어미이다. 종속적 연결 어미로는 '-으면, -을ᄊ l , -거든, -어ᅀ l ,
-은들, -고져, -으라' 등이 있는데, 그 수가 대단히 많고 뜻도 매우 다양하다.11)

(38) ㄱ. 모딘 길헤 ᄲ러디면 恩愛를 머리 여희여 [석상 6:3]
　　ㄴ. 불휘 기픈 남ᄀ 보ᄅ매 아니 뮐ᄊ l 곶 됴코 여름 [용가 2장]
　　　　 하ᄂ니
　　ㄷ. 아뫼나 와 가지리 잇거든 주노라 [월석 7:3]
　　ㄹ. 믈윗 字 l 모로매 어우러ᅀ l 소리 이ᄂ니 [훈언 13]
　　ㅁ. 현 번 ᄲ l 운들 ᄂ미 오ᄅ리잇가 [용가 48장]
　　ㅂ. 善男子 善女人이 뎌 부텻 世界예 나고져 發願ᄒ야ᅀ l [석상 9:11]
　　　　 ᄒ리라
　　ㅅ. 흔 菩薩이 … 나라해 빌머그라 오시니 [월석 1:5]

(ㄱ)의 '-으면'은 '가정'이나 '조건'의 뜻으로, (ㄴ)의 '-을ᄊ l '는 '이유'나 '원인'의 뜻으
로, (ㄷ)의 '-거든'은 '조건'의 뜻으로, (ㄹ)의 '-어ᅀ l '는 '필연적 조건'이나 '수단/방법'
의 뜻으로, (ㅁ)의 '-은들'은 '양보'의 뜻으로, (ㅂ)의 '-고져'는 '의도'의 뜻으로, (ㅅ)
의 '-으라'는 '목적'의 뜻으로 쓰이면서, 앞절과 뒷절을 종속적인 관계로 이었다.

---

11) 15세기 국어에서 쓰인 종속적 연결 어미의 목록을 보이면 다음과 같다.(허웅 1975:521)
　　① 제약 관계(-으니, -아, -으면, -아ᅀ l , -은대, -관ᄃ l , -거늘, -을ᄊ l , -라, -을시언뎡),
　　② 양보 관계(-아도, -거니와, -건마ᄅ, -은들, -ᄃ l 비, -란ᄃ l 만뎡, -거뎡, -을ᅀ l 뎡), ③ 의
　　도 관계(-고져, -과뎌, -겟고, -옷, -오려, -으라, -노라, -ᄂ든), ④ 이름 관계(-드록, -게),
　　⑤ 전환 관계(-다가, -으라), ⑥ 비교 관계(-곤, -노니), ⑦ 동시 관계(-다가며), ⑧ 설명 관
　　계(-오ᄃ l), ⑨ 비례 관계(-ᄃ l 옷, -을ᄉ록), ⑩ 흡사 관계(-듯/-ᄃ슷/-덧/-ᄃ시/-ᄃ시), ⑪ 강
　　조 관계(-나, -도), ⑫ 반복 관계(-곰, -암), ⑬ 가치 관계(-암직, -아만)
　　종속적 연결 어미의 용례는 이 책 452쪽 이하의 내용을 참조할 것.

ⓒ **보조적 연결 어미** : '보조적 연결 어미(補助的 連結 語尾)'는 본용언과 보조 용언을 잇는 연결 어미이다. 15세기 국어에 쓰인 보조적 연결 어미로는 '-아/-어, -게, -고 ; -디, -둘/-들, -드란' 등이 있다.

첫째, 보조적 연결 어미인 '-아/-어, -고, -게/-긔'는 긍정문에 쓰여서 본용언과 보조 용언을 잇는다.

> (39) ㄱ. 赤眞珠ㅣ 둘외야 잇ᄂᆞ니라   [월석 1:23]
>
> ㄴ. 아비 보라 니거 지라   [월석 8:101]
>
> ㄷ. 沙門이 … 됴ᄒᆞᆫ 香 퓌우고 잇거니   [석상 24:26]
>
> ㄹ. 慈悲ᄂᆞᆫ 衆生ᄋᆞᆯ 便安케 ᄒᆞ시ᄂᆞᆫ 거시어늘   [석상 6:5]

(ㄱ)과 (ㄴ)에서 '-아/-어'는 본용언의 뒤에 실현되어서 보조 용언인 '잇다'와 '지다'를 본용언인 '둘외다'와 '니다'에 이었다.[12] 그리고 (ㄷ)의 '-고'는 본용언인 '퓌우다'와 보조 용언인 '잇다'를 이었으며, (ㄹ)의 '-게'는 본용언인 '便安ᄒᆞ다'와 보조 용언인 'ᄒᆞ다'를 이었다.

둘째, 보조적 연결 어미인 '-디, -둘/-들, -드란'은 본용언에 붙어서 '부정'을 나타내는 보조 용언인 '아니ᄒᆞ다, 몯ᄒᆞ다, 말다' 등을 잇는다.

> (40) ㄱ. 너희 브즈러니 지서 게으르디 말라   [법언 2:209]
>
> ㄴ. 나ᄂᆞᆫ 난 後로 ᄂᆞᆷ 더브러 ᄃᆞ토둘 아니ᄒᆞ노이다   [석상 11:34]
>
> ㄷ. 치마옛 아기ᄅᆞᆯ ᄲᅢ디오 소ᄂᆞ로 얻다가 얻드란 몯고   [월석 10:24]
>   어분 아기ᄅᆞᆯ 조쳐 디오

(ㄱ)의 '-디(=-지)'는 본용언인 '게으르다'와 보조 용언 '말다'를 이었으며, (ㄴ)의 '-둘

---

12) 허웅(1975:624)에서는 보조 용언인 '지다'를 본용언에 잇는 특수한 보조적 연결 어미로서 '-거'를 별도로 설정하였으며, 고영근(2010:309)에서는 '-어지라/-거지라'를 화자의 소망을 나타내는 특수한 평서형 어미로 처리하였다. 그러나 여기서는 (39ㄴ)의 '니거'를 본용언인 '니-'에 확인 표현의 선어말 어미인 '-거-'가 실현된 다음에 다시 연결 어미인 '-어'가 실현된 형태로 본다. 결국 '니거'는 '니(어간)-+-거(확인)-+-어(연어)'에서 확인 표현의 선어말 어미인 '-거-'와 연결 어미인 '-어'가 축약된 형태로 본다. 나찬연(2016:85) 이하의 내용 참조.

(= -지를)'은 본용언인 '두토다'와 보조 용언 '아니ᄒ다'를 이었다. (ㄷ)의 '-드란(= -지는)'은 본용언인 '얻다'와 보조 용언인 '몯ᄒ다'를 이었는데 그 용례가 극히 드물다.

〈**전성 어미**〉'전성 어미(轉成 語尾, 감목법 씨끝)'는 용언이 본래의 서술 기능을 유지하면서도 다른 품사처럼 쓰이도록 문법적인 기능을 바꾸는 어미이다. 15세기 국어에서 쓰인 전성 어미로는 '명사형 전성 어미'와 '관형사형 전성 어미'가 있다.13)

ⓐ **명사형 전성 어미** : '명사형 전성 어미(名詞形 轉成 語尾, 이름꼴 씨끝)'는 특정한 절 속의 서술어에 실현되어서, 명사절을 형성하는 전성 어미이다. 명사형 전성 어미로는 '-옴/-움, -기, -디' 등이 있다.

첫째, '-옴/-움'은 가장 많이 쓰이는 명사형 전성 어미이다. '-옴/-움'은 반모음 /j/로 끝나는 어간 다음에는 '-욤/-윰'으로 변동하고, '-이다, 아니다'의 어간 뒤에서는 '-롬'으로 변동한다. 그리고 주체 높임의 선어말 어미인 '-시-'나 특정한 용언의 어간 뒤에서는 '-옴/-움'의 모음 /오/와 /우/가 탈락하여 '-ㅁ'의 형태로 실현된다.

(41) ㄱ. 됴ᄒᆫ 法 닷고ᄆᆯ 몯ᄒ야   [석상 9:14]
ㄴ. 사ᄅ미 몸 두외요미 어렵고   [석상 9:28]
ㄷ. 工夫ㅣ 흔가지로ᄆᆯ 니르니라   [몽언 19]
ㄹ. 돐 그림제 眞實ㅅ 둘 아니로미 곧ᄒ니라   [월석 2:55]
ㅁ. 우리 부텨 … 正覺 일우샤ᄆᆯ 뵈샤   [월석 서:6]
ㅂ. 부텨 맛:나미 어려보며   [석상 6:11]

(ㄱ)의 '닷고ᄆᆯ'에서 명사형 어미 '-옴'은 '닷다'의 어간 '닷-'에 붙어서 '됴ᄒᆫ 法 닷 (다)'를 명사절로 만든다. 명사형 어미인 '-옴/-움'은 (ㄴ)의 '두외욤'처럼 용언의 어간이 반모음 /j/로 끝날 경우에는 '-욤/-윰'으로 바뀌며, (ㄷ)과 (ㄹ)처럼 '-이다'와 '아니다'의 어간 다음에서는 '-롬'으로 바뀐다. 그리고 (ㅁ)의 '일우샤ᄆᆯ'처럼 주체 높임의 선어말 어미 '-시-' 다음에 '-옴/-움'이 실현되면, '-시-'는 '-샤-'로 변동하

---

13) 『고등학교 문법』(2010:103)의 '단어'편에서는 현대어의 '-게'를 '부사형 전성 어미'로 처리하고 있으나, '국어의 옛 모습'편(294쪽)에서는 부사형 전성 어미를 설정하지 않았다. 허웅(1975:627)이나 고영근(2010:154) 등에서도 15세기 국어에서 전성 어미의 유형으로 '명사형 전성 어미'와 '관형사형 전성 어미'만을 설정하였다.

고 '-옴/-움'에 붙어 있는 모음 /오/, /우/는 탈락한다. 끝으로 (ㅂ)의 '맛나다'와 같은 일부 용언들은 어간에 '-옴/-움'과 결합하면, '-옴/-움'의 첫 모음 /ㅗ/, /ㅜ/가 탈락하면서 어간 끝 음절의 성조가 평성이나 거성에서 상성으로 바뀐다.14) 이처럼 (ㄴ)~(ㅂ)에 나타나는 불규칙한 변동은 형태소와 형태소 사이에 일어나는 모음 충돌을 회피하려는 현상으로 볼 수 있다.

둘째, 15세기 국어에서도 '-기'가 명사형 전성 어미로 쓰였는데, '-옴/-움'에 비해서 널리 쓰이지는 않았다.

(42) ㄱ. 比丘ㅣ… 오직 절ᄒ기를 ᄒ야   [석상 19:30]
     ㄴ. 그림 그리기예 늘구미 將次 오몰 아디 몯ᄒᄂ니   [두언 16:25]

(ㄱ)의 '절ᄒ기'와 (ㄴ)의 '그리기'에 실현된 명사형 어미 '-기'는 용언의 어간에 붙어서 '比丘ㅣ… 오직 절ᄒ다'와 '(Xㅣ) 그림 그리다'를 명사절로 만들었다.15)

셋째, 15세기 국어에서는 '-디'가 명사형 어미로 쓰였다. 이처럼 '-디'가 명사형 전성 어미로 쓰일 때에는 '어렵다, 슬ᄒ다, 둏다' 등의 평가 형용사가 안은 문장의 서술어로 쓰이는 것이 특징이다.

(43) ㄱ. 내 겨지비라 (그 고졸) 가져가디 어려볼ᄊ씨   [월석 1:13]
     ㄴ. ᄆ슬히 멀면 乞食ᄒ디 어렵고   [석상 6:23]
     ㄷ. 나리 져믈ᄊ씨 나가디 슬ᄒ야 커늘   [삼행 烈:16]
     ㄹ. 므스거시 가져가디 됴홀고   [번박 하:66]

(43)에서는 '-디'가 '가져가다, 乞食ᄒ다, 나가다'의 어간에 붙어서, '(내 그 고졸) 가져

---

14) 이와 같은 방식으로 변동하는 용언으로는 '가다, 나다, 자다, 하다 ; 녀다 ; 오다, 보다 ; 두다, 주다'나 이 말에 다른 말이 붙어서 된 합성어인 '맛나다, ᄠ러나다, 빛나다' 등이 있다.

15) 15세기 국어에서 명사형 전성 어미인 '-옴/-움'은 용례가 아주 풍부하나 '-기'는 용례가 그리 많지 않다. 그리고 '-옴/-움'이 붙는 용언은 그 서술성이 분명히 드러나지만 '-기'는 서술성이 약하다. 또한 '-옴/-움'에는 '-ᄉᆸ-'이나 '-으시-'와 같은 여러 가지 선어말 어미가 붙을 수 있는 반면에 '-기'는 그렇지 못하다. 이러한 점을 감안하면 15세기 국어에서는 '-옴/-움'은 명사형 전성 어미로서의 성격이 분명한 반면에, '-기'는 파생 접미사에 가까웠던 것으로 생각된다. 다만 현대말에서는 명사형 어미로서 오히려 '-기'가 '-음'보다 활발하게 쓰인다.

가다, (X l) 乞食ᄒ다, (X l) 나가디, (무스거시) 가져가디'를 명사절로 만들었다.16)

ⓑ **관형사형 전성 어미** : '관형사형 전성 어미(冠形詞形 轉成 語尾, 매김꼴 씨끝)'는 특정한 절 속의 서술어에 실현되어서, 관형절을 형성하는 전성 어미이다.

관형사형 전성 어미로는 '-은, -을/-읋'이 있는데, 관형사형 전성 어미 '-은'에 시간 표현의 선어말 어미인 '-Ø-, -ᄂ-, -더-'가 결합하여서 '-은, -ᄂᆞ, -던'으로 쓰이기도 한다.

(44) ㄱ. 어미 <u>주근</u> 後에 부텨쁴 와 묻ᄌᆞᄫᆞ면   [월석 21:21]
    ㄴ. 이 지븨 <u>사ᄂ</u> 얼우니며 아히며   [월석 21:99]
    ㄷ. 모딘 일 <u>짓던</u> 즁싱이 새 주근 사ᄅᆞᆷ 들히니   [월석 21:25]
    ㄹ. 찻믈 <u>기릃</u> 㛪女를 비러 오라 ᄒᆞ야시ᄂᆞᆯ   [월석 8:90]

(ㄱ)의 '주근'은 동사 '죽다'의 어간에 '-Ø-'가 실현되어서 과거 시제를 나타내었으며, (ㄴ)의 '사ᄂ'은 '살다'의 어간에 '-ᄂ-'가 실현되어서 현재 시제를 나타내었다. (ㄷ)의 '짓던'은 '짓다'의 어간에 '-더-'가 실현되어서 화자가 과거에 직접 경험했던 일을 회상(回想)함을 나타내었으며, (ㄹ)의 '기릃'은 '긷다'의 어간에 '-읋'이 실현되어서 미래 시제를 나타내었다. 이처럼 '-은, -ᄂᆞ, -던, -읋' 등은 그것이 이끄는 절을 관형절로 만들면서, 동시에 '과거, 현재, 회상, 미래' 등의 시제를 표현한다.

그런데 관형사형 전성 어미가 명사적으로 쓰이는 특수한 경우가 있다.(『고등학교 문법』 2010:294)17) 곧 관형절의 뒤에 중심어(= 피한정어, 체언)가 실현되지 않은 상태로, 관형절 자체가 명사절과 같은 기능을 하는 특수한 예가 있다.

(45) ㄱ. 德이여 福이라 호ᄂᆞᆯ 나ᅀᆞ라 오소이다   [악궤 동동]
    ㄴ. 威化振旅ᄒᆞ시ᄂᆞ로 興望이 다 몯ᄌᆞᄫᆞ나   [용가 11장]

---

16) 아주 드문 예이지만 '-들'이 명사형 어미로 쓰이는 경우도 있다.(허웅 1975:638) 곧 "그러나 藥을 주어늘 먹들 슬히 너기니 [월석 17:20]"에서처럼 '-들'은 '먹다'의 어간에 실현되어서 '(X이) 藥을 먹다'를 명사절로 쓰이게 한다.

17) 관형사형 어미가 명사적 용법으로 쓰인 성분절의 성격에 대하여는 이 책 312쪽을 참조.

(46) ㄱ. 다옰 업슨 긴 ᄀᆞᄅᆞᄆᆞᆫ 니섬 니서 오놋다   [두언 10:35]

ㄴ. 놀애ᄅᆞᆯ 노외야 슬픐 업시 브르ᄂᆞ니   [두언 25:53]

(45)에서 (ㄱ)의 '혼'과 (ㄴ)의 'ᄒᆞ신'은 'ᄒᆞ다'에 관형사형 어미 '-ㄴ'이 실현되었는데, 이때의 관형사형 어미 '-ㄴ'은 명사적인 용법으로 쓰였다. 곧 관형절인 '德이여 福이라 혼'과 '威化振旅ᄒᆞ신'에 격조사인 '-ᄋᆞᆯ'과 '-ᄋᆞ로'가 바로 붙어서 마치 명사절처럼 기능한 것이다. 그리고 (46)에서 (ㄱ)의 '다옰'은 동사인 '다ᄋᆞ다'의 어간에, (ㄴ)의 '슬픐'은 형용사인 '슬프다'의 어간에 관형사형 어미인 '-ㅭ'이 실현되었다. 이 경우에도 관형사형 어미 '-ㅭ'은 명사적인 용법으로 쓰였다.

(나 -2) 선어말 어미

'선어말 어미(先語末 語尾, 안맺음 씨끝, pre-final ending)'는 어간과 어말 어미 사이에 실현되어서 문법적인 기능을 나타내는 어미이다. 15세기 국어의 선어말 어미로는 '높임 표현, 시간 표현, 태도 표현, 화자 표현, 대상 표현'의 선어말 어미가 있다.

〈 **높임 표현의 선어말 어미** 〉'높임 표현의 선어말 어미'는 발화 현장이나 문장 속에 등장하는 어떠한 대상을 높여서 표현하는 선어말 어미이다. 이러한 높임 표현의 선어말 어미에는 '상대(相對) 높임의 선어말 어미', '주체(主體) 높임의 선어말 어미', '객체(客體) 높임의 선어말 어미'가 있다.

ⓐ **상대 높임의 선어말 어미** : 상대 높임의 선어말 어미는 말을 듣는 '상대(相對)'를 높여서 표현하는 선어말 어미이다. 상대 높임의 선어말 어미는 아주 높임의 등분에서는 '-이-, -잇-'의 형태로, 예사 높임의 등분에서는 '-ㅇ-, -ㅅ-'의 형태로 실현된다.

(47) ㄱ. 世尊하 … 이런 고디 업스이다   [능언 1:50]

ㄴ. 내 이제 엇뎨ᄒᆞ야ᅀᅡ 地獄 잇ᄂᆞᆫ ᄯᅡ해 가리잇고   [월석 21:25]

ㄷ. 三世옛 이ᄅᆞᆯ 아ᄅᆞ실ᄊᆡ 부톄시다 ᄒᆞᄂᆞ닝다   [석상 6:16]

ㄹ. 엇뎨 부톄라 ᄒᆞᄂᆞ닛가   [석상 6:18]

(ㄱ)의 '-이-'는 평서형 종결 어미인 '-다' 앞에서, (ㄴ)의 '-잇-'은 의문형 어미인 '-가, -고' 앞에서 아주 높임의 등분(ᄒᆞ쇼셔체)으로 쓰이는 상대 높임의 선어말 어미이

다. 그리고 (ㄷ)의 '-ㅇ-'은 평서형 어미인 '-다' 앞에서, (ㄹ)의 '-ㅅ-'은 의문형 어미인 '-가' 앞에서 예사 높임의 등분(ㅎ야쎠체)으로 쓰이는 상대 높임의 선어말 어미이다.

ⓑ **주체 높임의 선어말 어미** : '주체 높임의 선어말 어미'는 문장에서 주어로 실현되는 대상인 '주체(主體)'를 높여서 표현하는 어미인데, '-으시-/-으샤-'로 실현된다.

(48) ㄱ. 王이 … 그 蓮花룰 브리라 ᄒᆞ시다 [석상 11:31]
ㄴ. 부톄 百億 世界예 化身ᄒᆞ야 敎化ᄒᆞ샤미 [월석 1:1]

(ㄱ)의 'ᄒᆞ시다'에서 '-시-'는 문장의 주체인 '王'을 높였으며, (ㄴ)의 'ᄒᆞ샤미'에서 '-샤-'는 문장의 주체인 '부텨'를 높여서 표현하였다.

ⓒ **객체 높임의 선어말 어미** : '객체 높임의 선어말 어미'는 문장에서 목적어나 부사어로 표현되는 대상인 '객체(客體)'를 높여서 표현하는 선어말 어미인데, '-ᄉᆞᆸ-/-ᄌᆞᆸ--/-ᅀᆞᆸ-'이나 '-ᄉᆞᆯ-/-ᄌᆞᆯ-/-ᅀᆞᆯ-'의 형태로 실현된다.

(49) ㄱ. 벼슬 노폰 臣下ㅣ 님그믈 돕ᄉᆞᄫᅡ [석상 9:34]
ㄴ. 내 아래브터 부텻긔 이런 마를 몯 듣ᄌᆞᄫᅳ며 [석상 13:44]
ㄷ. 須達이 世尊 뵈ᅀᆞᆸ고져 너겨 [석상 6:45]

첫째로 '-ᄉᆞᆸ-'은 /ㄱ, ㅂ, ㅅ, (ㅎ)/의 뒤에 실현되는데 (ㄱ)에서는 목적어인 '님금'을 높였다. 둘째로 '-ᄌᆞᆸ-'은 /ㄷ/의 뒤에 실현되는데 (ㄴ)에서는 부사어인 '부텨'를 높였다. 셋째로 '-ᅀᆞᆸ-'은 유성음 뒤에서 실현되는데 (ㄷ)에서는 목적어인 '世尊'을 높였다. 그리고 (ㄱ)과 (ㄴ)에서처럼 '-ᄉᆞᆸ-/-ᄌᆞᆸ-/-ᅀᆞᆸ-'의 뒤에 모음으로 시작되는 어미가 실현되면, '-ᄉᆞᆸ-/-ᄌᆞᆸ-/-ᅀᆞᆸ-'의 종성 /ㅂ/이 /ㅸ/으로 변하여 '-ᄉᆞᄫ-/-ᄌᆞᄫ-/-ᅀᆞᄫ-'의 형태로 바뀐다.

〈 **시간 표현의 선어말 어미** 〉 시간을 표현하는 선어말 어미로는 '-ᄂᆞ-, -으리- ; -더-' 등이 있으며, 형태가 없이 쓰이는 부정법(不定法)의 선어말 어미 '-Ø-'도 현재나 과거의 시제를 표현한다.

ⓐ **발화시 기준의 시간 표현 선어말 어미** : '-ᄂᆞ-'와 '-으리-', '-Ø-'는 화자가 발화하는 때(발화시)를 기준으로 사건이 일어나는 시간을 표현한다.

첫째, '-ᄂ-'는 발화시에 어떠한 일이 일어나고 있음을 나타내는 '현재 시제의 선어말 어미'이다.

(50) ㄱ. 네 이제 또 묻ᄂ다   [월석 23:97]
     ㄴ. 내 이제 大衆과 여희노라   [월석 21:217]

(ㄱ)의 '묻ᄂ다'에서 현재 시제 선어말 어미는 '-ᄂ-'로 실현되었다. 그런데 (ㄴ)의 '여희노라'처럼 '-ᄂ-' 뒤에 선어말 어미 '-오-'가 실현되면 '-ᄂ-'의 /ᄋ/가 탈락하여 '-노-'의 형태로 바뀐다.

둘째, '-으리-'는 발화시 이후에 어떠한 일이 일어날 것임을 나타내는 '미래 시제의 선어말 어미'이다.

(51) ㄱ. 아들ᄯᆞ를 求ᄒ면 아들ᄯᆞ를 得ᄒ리라   [석상 9:23]
     ㄴ. 말ᄉᆞ믈 安定히 ᄒ면 百姓을 便安케 ᄒ린뎌   [내훈 1:7]

(ㄱ)의 '得ᄒ리라'에서 '-리-'는 발화시 이후에 '아들ᄯᆞ를 得ᄒ다'라는 일이 일어날 것을 추측함을 나타내었다. 그리고 (ㄴ)의 '하린뎌'에서 '-리-'는 '百姓을 便安케 ᄒ다'라는 일에 대한 '추정'이나 '가능성'을 나타내었다.

셋째, 형태가 없이 실현되는 무형의 선어말 어미 '-∅-'도 현재나 과거 시제를 나타낸다. 곧 무형의 시제 선어말 어미 '-∅-'는 형용사나 서술격 조사에 실현될 때에는 현재 시제를 나타내며, 동사에 실현될 때에는 과거 시제를 나타낸다.

(52) ㄱ. 너도 또 이 곧ᄒ다   [능언 2:23]
     ㄴ. 眞金은 진딧 金이라   [월석 7:29]

(53) ㄱ. 이 삐 아들들히 아비 죽다 듣고   [월석 17:21]
     ㄴ. 菩提를 得ᄒ시다 드르시고   [석상 13:30]

(52)에서는 형용사 '곧ᄒ다'와 '-이라'의 어간 뒤에 무형의 선어말 어미인 '-∅-'가 실현되어 현재 시제를 나타내었다. 그리고 (53)에서는 동사인 '죽다'와 '得ᄒ시다'의

어간 뒤에 무형의 시제 선어말 어미 '-Ø-'가 실현되어 과거 시제를 나타냈다.

ⓑ **경험시 기준의 시간 표현 선어말 어미** : '-더-'는 화자가 발화시 이전에 직접 경험한 어떤 때(경험시)로 자신의 생각을 돌이켜서, 그때를 기준으로 해서 일이 일어난 시간을 나타내는 '회상(回想)의 선어말 어미'이다.

(54) ㄱ. 쁘데 몯 마즌 이리 다 願 ᄀ티 ᄃᆞ외더라   [월석 10:30]
      ㄴ. 六師ㅣ 무리 三億萬이러라   [석상 6:28]
      ㄷ. 功德이 이러 당다이 부톄 ᄃᆞ외리러라   [석상 19:34]
      ㄹ. 내 지븨 이싫 저긔 受苦ㅣ 만타라   [월석 23:74]

회상의 선어말 어미는 (ㄱ)의 'ᄃᆞ외더라'처럼 일반적인 음운적 환경에는 '-더-'로 실현된다. 그러나 (ㄴ)의 '三億萬이러라'와 (ㄷ)의 'ᄃᆞ외리러라'처럼 서술격 조사의 어간 '-이-'나 선어말 어미 '-으리-' 뒤에서는 '-더-'가 '-러-'로 바뀐다. 그리고 (ㄹ)의 '만타라'처럼 '-더-' 뒤에 선어말 어미 '-오-/-우-'가 오면 '-더-'와 '-오-'가 결합하여 '-다-'로 바뀐다.

〈 **태도 표현의 선어말 어미** 〉 선어말 어미 중에는 문장의 내용에 대하여 화자의 태도를 표현하는 것들이 있다. 이들 중에서 선어말 어미 '-아-/-어-, -거-, -나 ; -니-' 등은 믿음의 태도를 나타내며, '-돗- / -도-' 등은 느낌(감동)의 태도를 나타낸다.[18]

ⓐ **확인 표현의 선어말 어미** : 선어말 어미 '-아-/-어-, -거-, -나-'는 심증(心證)과 같은 화자의 주관적인 믿음에 근거하여, 어떤 일을 확정적으로 판단함을 나타낸다.

(55) ㄱ. 崔九의 집 알픠 몃 디윌 드러뇨   [두언 16:52]
      ㄴ. 셜볼쎠 衆生이 正흔 길흘 일허다   [석상 23:19]

(56) ㄱ. 安樂國이ᄂᆞᆫ … 어미도 몯 보아 시르미 더욱 깁거다   [월석 8:101]
      ㄴ. 衆生이 福이 다ᄋᆞ거다   [석상 23:28]
      ㄷ. 내 니마해 볼론 香이 몯 ᄆᆞ랫거든 도로 오나라   [월석 7:7]

---

18) '태도 표현'은 문장의 객관적인 내용(명제)에 대한 화자의 주관적인 태도를 나타내는 문법적 표현으로, 일반적으로는 '서법(敍法) 표현'이나 '양태(樣態) 표현'으로 부른다.

(55)와 (56)에 쓰인 '-아-/-어-, -거-, -나-'는 서술어로 쓰인 용언의 종류에 따라서 달리 실현된다. 곧 (55)에서 (ㄱ)의 '듣다'나 (ㄴ)의 '잃다'와 같은 타동사에는 '-아/-어-'가 실현되었는데, 여기서 '-어-'와 '-아-'의 선택은 모음 조화에 따른다. 반면에 비타동사인 자동사와 형용사 그리고 '-이다'에는 확인 표현의 선어말 어미로서 불규칙하게 '-거-'나 '-나-'가 실현된다.[19] 곧 (56)에서 (ㄱ)의 '깊다'와 같은 형용사나 (ㄴ)의 '다ᄋᆞ다'와 같은 자동사에는 '-거-'가 실현되었다. 그리고 (ㄷ)의 '오다'에는 확인 표현의 선어말 어미로서 '-나-'가 불규칙하게 실현되는 것이 특징이다.

ⓑ **원칙 표현의 선어말 어미** : '-으니-'는 화자가 객관적인 믿음을 근거로 사태를 확정적인 것으로 판단하여 말함을 나타내는 선어말 어미이다. '-으니-'는 대체로 현재 시제나 회상을 표현하는 용언의 뒤에 실현되는 것이 일반적이다.

(57) ㄱ. 사ᄅᆞ미 살면 주그미 이실ᄊᆡ 모로매 늙ᄂᆞ<u>니</u>라　　　[석상 11:36]
　　ㄴ. ㄱ는 엄쏘리니 君ㄷ字 처엄 펴아 나는 소리 ᄀᆞᄐᆞ<u>니</u>라　[훈언 4]
　　ㄷ. 녜ᄂᆞᆫ 죠ᄒᆡ 업서 대를 엿거 그를 쓰더<u>니</u>라　　　　[월석 8:98]

(ㄱ)의 '늙ᄂᆞ니라'에서 '-니-'는 현재 시제의 선어말 어미 '-ᄂᆞ-' 뒤에 실현되어서, '사람이 반드시 늙는다'는 것을 객관적인 사실로 인식하면서 이를 기정적(既定的)으로 표현하였다. 그리고 (ㄴ)의 'ᄀᆞᄐᆞ니라'에서 '-ᄋᆞ니-'는 무형의 형태소로 현재 시제를 나타내는 형용사에 실현되어서, 'ㄱ은 어금닛소리이고 그것이 '君'의 글자에서 초성으로 발음되는 소리와 같다'는 사실을 기정적인 것으로 표현하였다. (ㄷ)의 '쓰더니라'에서는 '-니-'가 회상의 선어말 어미 '-더-' 뒤에 실현되어서 '예전에는 종이가 없어서 대나무를 엮어 글을 썼다는 것'을 객관적인 사실로 인식하여 그것을 기정적으로 표현하였다. 선어말 어미 '-니-'는 평서형의 종결 어미 앞에서만 실현되는 특징이 있다.

ⓒ **감동 표현의 선어말 어미** : '-도-/-돗-'과 '-애-/-에-/-게-/-얘-'는 화자의 '느낌(감동, 영탄)'의 뜻을 나타내는 서법 표현의 선어말 어미이다.

---

19) '거' 중에서는 독립된 어미가 아닌 것이 있다. 곧 연결 어미인 '-늘'이나 '-든'은 단독으로 쓰이는 일이 없이 반드시 '거/어/나'와 결합되어서 쓰이기 때문에, '-거늘/-어늘/-나늘'이나 '-거든/-어든/-나든'의 전체를 하나의 형태소로 보아야 한다.(『고등학교 문법』 2010:293)

첫째, '-도-/-돗-'은 느낌(영탄, 감동)을 표현하는 선어말 어미인데, '-이다'와 '아니다'의 어간이나 '-으리-' 뒤에서는 각각 '-로-/-롯-'으로 실현된다.

(58) ㄱ. 그듸내 貪心이 하도다   [석상 23:46]
       ㄴ. 네 업던 이리로다   [월석 1:14]
       ㄷ. 새 그를 어제 브텨 보내돗더라   [두언 23:29]
       ㄹ. 天龍 鬼神을 네 數를 알리로소니여 모릭리로소니여   [석상 11:4]

(ㄱ)의 '하도다'에는 느낌을 나타내는 선어말 어미인 '-도-'가 실현되어서, '貪心이 하다'라는 사실에 감동의 의미를 더했다. 그리고 (ㄴ)의 '이리로다'에는 서술격 조사인 '-이다'의 어간 뒤에서 '-도-'가 '-로-'로 바뀌어서 실현되었다. (ㄷ)의 '보내돗더라'에서는 '-돗-'을 실현하여 '새 그를 어제 브텨 보내다'라는 사실에 감동의 의미를 더했다. 그리고 (ㄹ)의 '알리로소니'와 '모릭리로소니여'에서는 '-돗-'이 선어말 어미인 '-리-'의 뒤에서 '-롯-'으로 바뀌었다.[20]

둘째, '-애-/-에-/-게-/-얘-'도 화자의 '느낌'을 표현하는 선어말 어미이다.

(59) ㄱ. 目連이 닐오듸 몰라보애라   [월석 23:86]
       ㄴ. 뿔 니고미 오라듸 오히려 글히리 업세이다   [육언 상:27]
       ㄷ. 아디 몯게이다 和尙은 므슷 이를 흐라 흐시ᄂ니잇가   [육언 상:8]
       ㄹ. 아래브터 쓰던 거시라 내게 便安ᄒ얘라   [삼행 孝:7]

(ㄱ)의 '몰라보애라'에는 양성 모음의 어간인 '몰라보-'에 '-애-'가 실현되어서, (ㄴ)의 '업세이다'에는 음성 모음의 어간인 '없-'에 '-에-'가 실현되었다. 그리고 (ㄷ)의 '몯게이다'에는 '몯(ᄒ)다'의 어간인 '몯-'에 '-게-'가, (ㄹ)의 '便安ᄒ얘라'에는 '便安ᄒ다'의 어간인 '便安ᄒ-'에 '-얘-'가 실현되었다. '-애-/-에-/-게-/-얘-' 중에서 '-애-'와 '-에-'는 음운론적 변이 형태이며, '-게-'와 '-얘-'는 각각 '몯(ᄒ)-'와 '~ᄒ

---

20) '알리로소니여(← 알- + -리- + -롯- + -오니여)'에서 의문형 종결 어미인 '-오니여'는 원래의 형태가 '-ᄋ니여'였다. '-ᄋ니여'에서 매개 모음인 /ᄋ/가 감동을 나타내는 선어말 어미인 '-돗-/-롯-'의 모음 /오/에 동화되어서 /ㅗ/로 바뀌었다.(『고등학교 문법』 2010:294)

-'에 붙은 형태론적 변이 형태이다. 그리고 이들 선어말 어미 뒤에 실현되는 평서형의 종결 어미 '-다'는 '-라'로 변동한다.21)

〈 화자 표현과 대상 표현의 선어말 어미 〉 선어말 어미 '-오-/-우-'는 종결형이나 연결형에서 실현되는 것(화자 표현)과 관형사형(대상 표현)에서 실현되는 것이 있다.

첫째, 화자 표현의 선어말 어미 '-오-/-우-'는 주로 용언의 종결형이나 연결형에서 나타나는데, 이는 문장의 주어가 말하는 사람(= 화자, 話者)임을 나타낸다.

(60) ㄱ. ᄒᆞ오사 내 尊호라   [월석 2:34]
 ㄴ. 나ᄂᆞᆫ 弟子 大目健連이로라   [월석 23:82]
 ㄷ. 世尊ㅅ 일 ᄉᆞᆲ보리니 … 눈에 보논가 너기ᅀᆞᄫᆞ쇼셔   [월석 1:1]

(ㄱ)의 '尊호라'와 (ㄴ)의 '大目健連이로라'는 종결형으로 표현되었는데, 이들 단어에 실현된 선어말 어미 '-오-'는 문장의 주어가 화자(= 나)임을 나타낸다.22) 그리고 (ㄷ)의 'ᄉᆞᆲ보리니'는 연결형인데, 이때에도 '-오-'는 문장의 주어가 화자임을 나타낸다.

둘째, 대상 표현의 선어말 어미인 '-오-/-우-'는 용언의 관형사형에 실현된다. 이때의 '-오-/-우-'는 관형절이 수식하는 체언(피한정 체언)이, 관형절 속에서 서술어로 표현되는 용언에 대하여 의미상으로 객체(목적어나 부사어로 쓰인 대상)일 때에 실현된다.

(61) ㄱ. (世尊이) 須達이 지숧 精舍마다 드르시며   [석상 6:38]
 ㄴ. 須達이 精舍를 짓다

---

21) 고영근(2010:309)에서는 '-애라/-에라/-게라'를 하나의 '감탄형의 종결 어미'로 처리하였다. 그러나 (59)에서 (ㄴ)의 '업세이다'와 (ㄷ)의 '몬게이다'에서는 '-에-'와 '-게-' 뒤에 선어말 어미인 '-이-'가 실현되었으므로, '-애-/-에-/-게-'는 독립된 선어말 어미로 보아야 한다. '-애-/-에-/-게-/-야-'를 선어말 어미로 설정해야 하는 근거는 허웅(1975:930)을 참조.

22) 화자 표현이나 대상 표현의 선어말 어미인 '-오-'는 '-이다'와 '아니다'의 어간 뒤에서는, (60ㄴ)의 '大目健連이로라'와 아래의 (보기)처럼 '-로-'로 변동한다.
 (보기) 바ᄅᆞ 北이 이 長安이론 고ᄃᆞᆯ 시름ᄒᆞ야 보노라   [두언 11:11]

(62) ㄱ. 王이 … 누**론** 자리예 겨샤   [월석 10:9]

　　ㄴ. 王이 … **자리예 눕다**

(61ㄱ)에서 '精舍'는 '須達'이 짓는 대상(목적어)으로 쓰였고, (62ㄱ)에서 '자리'는 '王'
이 눕는 위치(부사어)로 쓰였다. 이처럼 관형절이 수식하는 체언이 관형절 속에서
객체(목적어나 부사어로 쓰이는 대상)로 쓰이면, 관형절의 서술어로 쓰인 용언에 선어
말 어미인 '-오-/-우-'가 실현된다.23)

(63) ㄱ. 出家**혼** **사르믄** 쇼히 근디 아니ᄒ니   [석상 6:22]

　　ㄴ. **사르미** 出家ᄒ다

반면에 (63ㄱ)에서 관형절이 수식하는 '사름'은, 관형절 속에서 주체(주어로 쓰이는
대상)로 쓰였는데, 이때에는 관형절의 서술어로 쓰인 용언에 선어말 어미 '-오-/-우
-'가 실현되지 않는다.

　지금까지 살펴본 선어말 어미의 유형·형태와 그 예문을 정리하면 다음과 같다.

문법 범주		형태	실현 환경	용례
높임 표현	상대 높임 표현	-으이- -ᅌᅵ-	평서형 어미 앞	世尊하 … 이런 고디 업스이다 三世옛 이를 아르실씨 부톄시다 ᄒᄂ닝다
		-잇- -ㅅ-	의문형 어미 앞	내 이제 엇뎨ᄒ야ᅀᅡ 地獄 잇ᄂ 짜해 가리잇고 엇뎨 부톄라 ᄒᄂ닛가
	주체 높임 표현	-으시-	자음 앞	王이 … 그 蓮花를 ᄇ리라 ᄒ시다
		-으샤-	모음 앞	부톄 敎化ᄒ샤미
	객체 높임 표현	-ᅀᆸ-	/ㄱ, ㅂ, ㅅ, ㅎ/ 뒤	벼슬 노푼 臣下ㅣ 님그믈 돕ᅀᆞᄫᅡ
		-좁-	/ㄷ/의 뒤	내 아래브터 부텻긔 이런 마를 몯 듣ᄌᄫᅵ며
		-ᅀᆸ-	유성음 뒤	須達이 世尊 뵈ᅀᆸ고져 너겨

---

23) 관형절이 형성되는 과정에서 특정한 문장 성분이 빠져나가지 않고 온전하게 형성된 관형절을
'동격 관형절'이라고 한다. 이러한 '동격 관형절'에도 관형절 속에 서술어로 실현되는 용언에
'-오-'가 수의적으로 실현될 수 있다.

　(보기) 부텻 出現ᄒ샤 說法ᄒ시논 ᄠ들 아ᅀᆞ와   [법언 2:156]

문법 범주		형태	실현 환경	용례
시간 표현	과거 표현	-∅-	동사의 어간 뒤	이 ᄢᅴ 아ᄃᆞᆯᄃᆞᆯ히 아비 죽다 듣고
	현재 표현	-ᄂᆞ-	동사의 어간 뒤	네 이제 ᄯᅩ 묻ᄂᆞ다
		-∅-	형용사의 어간 뒤	너도 ᄯᅩ 이 ᄀᆞᆮᄒᆞ다
	미래 표현	-으리-	일반적 환경	아ᄃᆞᆯᄯᆞᄅᆞᆯ 求ᄒᆞ면 아ᄃᆞᆯᄯᆞᄅᆞᆯ 得ᄒᆞ리라
	회상 표현	-더-	일반적 환경	ᄠᅳ데 몯 마ᄌᆞᆫ 이리 다 願 ᄀᆞ티 ᄃᆞ외더라
		-러-	'-이다'의 어간 뒤와 어미 '-으리-'의 뒤	六師ᄋᆡ 무리 三億萬이러라
		-다-	어미 '-오-'와 결합	내 지븨 이싫 저긔 受苦ㅣ 만타라
태도 표현	확인 표현	-아-/-어-	타동사의 어간 뒤	崔九의 집 알ᄑᆡ 몃 디월 드러뇨
		-거-	비타동사의 어간 뒤	安樂國이ᄂᆞᆫ … 시르미 더욱 깁거다
		-나-	'오다'의 어간 뒤	香이 몯 믈랫거든 도로 오나라
	원칙 표현	-으니-	일반적 환경	사ᄅᆞ미 살면 주그미 이실ᄊᆡ 모로매 늙ᄂᆞ니라
	감동 표현	-도- -돗-	일반적 환경	ᄠᅳ디 기프시도다 새 그를 어제 브텨 보내돗더라
		-로- -롯-	'-이다'와 '아니다'의 어간 뒤와 어미 '-으리-'의 뒤	네 업던 이리로다 天龍鬼神ᄋᆞᆯ 네 數를 알리로소니여 모ᄅᆞ리로소니여
		-애- -에- -게- -얘-	양성의 어간 뒤 음성의 어간 뒤 '몯(ᄒᆞ)-'의 뒤 '-ᄒᆞ-'의 뒤	目連이 닐오ᄃᆡ 몰라보애라 ᄇᆞᆯ 니고미 오라ᄃᆡ 오히려 ᄀᆞᆯ히리 업세이다 아디 몯게이다 먼 ᄀᆞᅀᅢ 窮ᄒᆞᆫ 시르미 훤ᄒᆞ얘라
화자 표현		-오-/-우-	일반적 환경	ᄒᆞ오ᅀᅡ 내 尊호라
		-로-	'-이다'와 '아니다'의 어간 뒤	나ᄂᆞᆫ 弟子 大目健連이로라
대상 표현		-오-/-우-	일반적 환경	須達ᄋᆡ 지ᅀᅮᆫ 精舍마다 드르시며 부텻 出現ᄒᆞ샤 說法ᄒᆞ시논 ᄠᅳ들 아ᅀᆞ와
		-로-	'-이다'와 '아니다'의 어간 뒤	바ᄅᆞ 北이 이 長安이론 고ᄃᆞᆯ 시름ᄒᆞ야 보노라

〈표 7〉 선어말 어미의 종류와 기능

다. 활용의 규칙성과 불규칙성

〈 규칙 활용 〉 용언은 활용할 때에 어간이나 어미의 기본 형태가 그대로 유지되는 경우가 있고, 어간이나 어미가 기본 형태와는 다르게 바뀌는 경우도 있다. 이때에 기본 형태가 그대로 유지되는 활용을 '규칙 활용(規則 活用)'이라고 하며, 이러한 방식으로 활용하는 용언을 '규칙 용언(規則 用言)'이라고 한다.

그런데 어간이나 어미가 다른 형태로 바뀌어도 그 현상을 일정한 변동 규칙(變動 規則)으로 설명할 수 있으면, 이들 활용은 규칙 활용으로 처리한다. 이렇게 규칙적으로 활용하는 용언은 다음과 같은 유형으로 나눌 수 있다.

첫째, 용언이 활용할 때에 어간이나 어미의 특정한 형태가 다른 형태로 바뀔 수 있다.(음운의 교체/대치)

> (64) ㄱ. 슬후미 <u>넏디</u> 아니ᄒ니   [두언 6:29]
> ㄴ. 새 그를 <u>고툐물</u> 뭇고   [두언 16:14]

(ㄱ)에서 '넣다'의 어간인 '넣-'에 자음으로 시작하는 어미인 '-디'가 붙으면서 어간의 형태가 '넏-'으로 변동하였다.[24] (ㄴ)에서 '고티다'의 어간인 '고티-'에 모음으로 시작하는 어미 '-옴'이 결합하면서 / ㅣ /가 반모음인 /j/로 바뀌어서 '고툐'으로 변동하였다.[25]

둘째, 용언이 활용할 때에 어간이나 어미의 특정한 소리가 탈락할 수가 있다.(음운의 탈락)

> (65) ㄱ. <u>업던</u> 번게를 하ᄂᆯ히 ᄇᆌ기시니   [용가 30장]
> ㄴ. 고기 낫골 낙술 <u>딩ᄀ느</u>다   [두언 7:4]

---

24) '평파열음화' : 어간의 끝 자음(종성)이 /ㄱ, ㄴ, ㄷ, ㄹ, ㅁ, ㅂ, ㅅ, ㅇ/ 이외의 종성일 때에, 그 뒤에 자음으로 시작하는 어미가 실현되면, 어간의 종성은 /ㄱ, ㄴ, ㄷ, ㄹ, ㅁ, ㅂ, ㅅ, ㅇ/ 중의 하나로 바뀐다.

25) '모음의 축약'과 '모음의 교체' : 이 변동은 '음운의 축약'이나 '음운의 교체'의 두 가지로 설명할 수 있다. 곧, 축약으로 보면 단모음인 / ㅣ /와 /ㅜ/가 이중 모음인 /ㅠ/로 축약된 변동으로 설명한다. 그리고 교체로 보면 단모음인 / ㅣ /가 반모음인 /j/로 교체된 변동으로 설명한다.(이 책 94쪽의 내용을 참조할 것.)

(66) ㄱ. 피 무든 홀굴 파 가져　　　　　　　　　　　　　　　[월석 1:7]

　　　ㄴ. 새 밍ᄀᆞ논 글워레 고텨 다시 <u>더어</u>　　　　　　　[월석 서:19]

(65)는 활용할 때에 어간이나 어미의 특정한 자음이 탈락했다. (ㄱ)에서는 '없다'의 어간 '없-'에 자음으로 시작하는 어미 '-던'이 붙으면서 어간의 끝 자음인 /ㅅ/이 탈락하여서 '업-'으로 바뀌었다.26) (ㄴ)에서는 '밍글다'의 어간인 '밍글-'이 /ㄴ/으로 시작하는 어미 앞에서 어간의 끝 자음 /ㄹ/이 탈락하여서 '밍ᄀᆞ-'로 바뀌었다.27) 그리고 (66)에서는 활용할 때에 어간이나 어미의 특정한 모음이 탈락하였다. (ㄱ)에서는 '프다'의 어간인 '프-'에 모음으로 시작하는 어미인 '-아'가 붙어서 활용할 때에, 어간의 끝 모음인 /ᄋᆞ/가 탈락하였다. (ㄴ)에서도 '더으다'의 어간의 끝소리인 /으/가 탈락하였다.28)

　셋째, '다ᄅᆞ다(異), ᄇᆞᅀᆞ다(破) ; 기르다(養), 비스다(粧)' 등은, /ㅏ, ㅓ/나 /ㅗ, ㅜ/로 시작하는 어미 앞에서 어간의 끝 모음인 /ᄋᆞ, ㅡ/가 탈락하고, 홀로 남은 자음이 앞 음절의 종성의 자리로 이동하고, 동시에 /ɦ/이 첨가된다.(모음의 탈락과 /ɦ/의 첨가)

(67) ㄱ. ᄂᆞ민 ᄠᅳ들 <u>다ᄅᆞ거늘</u> 님그믈 救ᄒᆞ시고　　　　[용가 24장]

　　　ㄴ. 나랏 말ᄊᆞ미 中國에 <u>달아</u>　　　　　　　　　　[훈언 1]

　　　ㄷ. 내의 수머슈믄 隱居ᄒᆞ니와 <u>달오라</u>　　　　　　[두언 20:26]

(68) ㄱ. 名利ᄅᆞᆯ ᄉᆞ랑ᄒᆞ야 모ᄆᆞᆯ <u>비스고</u>　　　　　　　[선언 상 26]

　　　ㄴ. 夫人이 … ᄀᆞ장 <u>빗어</u> 됴ᄒᆞᆫ 양 ᄒᆞ고　　　　　[월석 2:5]

　　　ㄷ. 오ᄉᆞ로 <u>빗오ᄆᆞᆯ</u> 이룰사 붓그리다니　　　　　[월천 기121]

---

26) '자음군 단순화' : 어간의 끝 자음이 /ㅄ, ㅺ, ㅼ/일 때에, 그 뒤에 자음으로 시작하는 어미가 붙어서 활용하면, 겹받침 중의 하나가 탈락되어서 /ㅂ, ㅅ, ㅅ/으로 실현된다.

27) '/ㄹ/ 탈락' : 어간의 끝 자음이 /ㄹ/일 때에, 그 뒤에 /ㄴ, ㄷ, ㄹ, ᅀ/으로 시작하는 어미가 붙어서 활용하면, /ㄹ/이 탈락한다. 그런데 15세기 국어에서는 현대어와는 달리 선어말 어미 '-ᄋᆞ시-/-ᄋᆞ시-' 앞에서도 '아ᄅᆞ시니, 아ᄅᆞ쇼셔' 등과 같이 어간의 끝 /ㄹ/이 그대로 유지되는 것이 특징이다.

28) '/ᄋᆞ/ 탈락'과 '/ㅡ/ 탈락' : 어간의 끝 모음인 /ᄋᆞ/, /ㅡ/는 모음 충돌을 피하기 위하여 /ㅗ, ㅜ/나 /ㅏ, ㅓ/로 시작하는 어미 앞에서 탈락한다.

(67)의 '다ᄅ다'와 (68)의 '비스다'는 (ㄱ)처럼 일반적인 음운 환경에서는 어간의 끝 모음인 /·/와 /ㅡ/가 그대로 쓰였다. 반면에 (ㄴ)과 (ㄷ)처럼 /ㅏ, ㅓ/나 /ㅗ, ㅜ/로 시작하는 어미가 붙어서 활용하면, 어간의 끝소리인 /·/와 /ㅡ/가 탈락하고 홀로 남은 /ㄹ/과 /ㅿ/는 앞 음절의 종성의 자리로 가서 '달아, 달오라'와 '빗어, 빗움'으로 실현되었다.29)

넷째, '모ᄅ다(不知), ᄇᆞᄅ다(粧), ᄲᆞᄅ다(速) ; 부르다(演), 브르다(呼), 흐르다(流)' 등은 어간에 /ㅏ, ㅓ/나 /ㅗ, ㅜ/로 시작하는 어미가 붙으면, 어간의 /·, ㅡ/가 없어지고 홀로 남은 자음은 앞 음절의 종성의 자리로 이동하고, 동시에 /ㄹ/이 첨가된다.(모음의 탈락과 /ㄹ/의 첨가)

(69) ㄱ. 天命을 <u>모ᄅ</u>실ᄊᆡ ᄭᅮᄆᆞ로 알외시니　　　　　　[용가 13장]

　　 ㄴ. 須達이 ⋯ 부텨 뵈ᅀᆞᇦᄂᆞᆫ 禮數를 <u>몰라</u>　　　　　　[석상 6:20]

　　 ㄷ. 聖은 通達ᄒᆞ야 <u>몰롤</u> 이리 업슬 씨라　　　　　　　[월석 1:19]

(70) ㄱ. 帝釋이 그 눉믈로 ᄀᆞᄅ미 ᄃᆞ외야 <u>흐르게</u> ᄒᆞ니라　[석상 23:28]

　　 ㄴ. 時節이 ⋯ <u>흘러</u> 가면　　　　　　　　　　　　　 [석상 19:11]

　　 ㄷ. ᄀᆞᄅ미 <u>흘루미</u> 氣運이 ᄶᆞ티 아니ᄒᆞ도다　　　 [두언 7:12]

(69)의 '모ᄅ다'와 (70)의 '흐르다'는 (ㄱ)처럼 일반적인 음운 환경에서는 어간의 끝 모음인 /·/와 /ㅡ/가 그대로 쓰였다. 반면에 (ㄴ)과 (ㄷ)처럼 /ㅏ, ㅓ/나 /ㅗ, ㅜ/로 시작하는 어미가 붙어서 활용하면, 어간의 끝소리인 /·/와 /ㅡ/가 탈락하고 홀로 남은 자음 /ㄹ/은 앞 음절의 종성으로 이동하였다. 그와 동시에 어미에 /ㄹ/이 덧붙어서 '몰라, 몰롤'과 '흘러, 흘룸'으로 실현되었다.30)

---

29) '달아, 달오라'와 '빗어, 빗움'에서 '아', '오', '움'의 'ㅇ' 글자는 유성 후두 마찰음인 /ɦ/의 음가를 나타낸다.(/ɦ/의 첨가) '유성 후두 마찰음'에 대해서는 이 책의 47쪽을 참조.

30) 15세기 국어에서 '다ᄅ다'가 '달아'로 활용하는 것을 규칙 활용으로 처리하였다. 이는 어간의 끝 음절이 'ᄅ/르'로 된 용언 중에서 모음 'ᄋᆞ'와 '으'만 탈락하여 '*다라'와 '*기러' 등과 같이 활용하는 예가 없었기 때문이다. 그리고 마찬가지의 이유로 '모ᄅ다'가 '몰라'로, '흐르다'가 '흘러'로 활용하는 것도 규칙 활용으로 처리한다.(고영근 2010:126 참조.) 그러나 현대 국어에서는 '따라(← 따르- + -아)'와 '치러(← 치르- + -어)'와 같이 어간의 끝 음절이 르/인 용언 중에서 /ㅡ/만 탈락하는 예가 있기 때문에, 이들 활용 형태를 '르' 불규칙 활용으로 처리한다.

다섯째, 어미가 모음 조화 규칙에 의하여 교체되는 경우가 있다.(음운의 교체)

(71) ㄱ. 자바, ᄂᆞ라 ; 솔ᄫᆞᄃᆡ, (내) 노포라
     ㄴ. 주거, 버서 ; 업수ᄃᆡ, (내) 어두라

(72) ㄱ. 자ᄇᆞᆫ, 자ᄇᆞ며, 자ᄇᆞ이다
     ㄴ. 업슨, 업스며, 업스이다

(71)의 (ㄱ)에는 어간과 어미의 모음이 양성 모음끼리 어울려서 실현되었으며, (ㄴ)에서는 음성 모음끼리 어울려서 실현되었다. 그리고 (72)의 (ㄱ)에는 양성 모음의 어간 뒤에 양성의 매개 모음인 /ᄋᆞ/로 시작하는 어미가 실현되었고, (ㄴ)에는 음성 모음으로 끝나는 어간 뒤에 음성의 매개 모음인 /으/로 시작하는 어미가 실현되었다.

〈**불규칙 활용**〉 용언의 활용에는 어간이나 어미가 불규칙적으로 바뀌어서(개별적으로 교체되어) 일반적인 변동 규칙으로는 설명할 수 없는 것이 있다. 이러한 활용을 '불규칙 활용(不規則 活用, 벗어난 꼴바꿈)'이라고 하고, 불규칙하게 활용하는 용언을 '불규칙 용언(不規則 用言, 벗어난 풀이씨)'이라고 한다.

규칙 활용과 불규칙 활용의 예로서, 먼저 어간이 /ㄷ/으로 끝나는 용언이 활용하는 모습을 살펴본다.

(73) ㄱ. 암龍 ᄃᆞ외야 毒龍을 <u>얻더니</u>   [월석 7:27]
     ㄴ. 녯 날애 바리ᄅᆞᆯ <u>어더</u>   [월천 기88]

(74) ㄱ. 아히 井華水ᄅᆞᆯ <u>긷ᄂᆞ니</u>   [두언 9:21]
     ㄴ. 甁의 므를 <u>기러</u> 두고ᅀᅡ 가리라 ᄒᆞ야 므를 <u>기르니</u>   [월석 7:9]

(73)의 '얻다(得)'는 (ㄱ)처럼 자음으로 시작하는 어미 '-더-'가 붙어서 활용하거나 (ㄴ)처럼 모음인 '-어'가 붙어서 활용하여도, 어간 '얻-'의 형태가 변하지 않았다. 이때 (ㄴ)의 '어더'는 활용할 때에 형태 변화가 일어나지 않았으므로 규칙 활용이다.

─────────────

이에 대한 자세한 내용은 이 책 226쪽의 【더 배우기】의 내용 참조.

(74)의 '긷다(汲)'는 (ㄱ)처럼 자음으로 시작하는 어미 '-ᄂᆞ-'가 붙어서 활용하면 어간의 형태가 변하지 않고 '긷-'으로 실현되었다. 반면에 (ㄴ)처럼 모음으로 시작하는 어미 '-어'가 결합하면 어간의 끝소리 /ㄷ/이 /ㄹ/로 바뀌었다. (73ㄴ)의 '어더(= 얻- + -어)'와 (74ㄴ)의 '기러(= 긷- + -어)'의 활용은 동일한 음운적인 환경에서 이루어졌는데, (74ㄴ)의 '기러'에서만 어간의 끝소리 /ㄷ/이 불규칙하게 /ㄹ/로 바뀌었다. 따라서 (74ㄴ)에서 '기러'가 활용하는 방식은 불규칙 활용에 해당한다.

다음으로 어간이 /ㅅ/으로 끝나는 용언이 활용하는 모습을 살펴본다.

(75) ㄱ. 섯거 흐르ᄂᆞ 므리 쇽졀업시 믌겨리 <u>솟놋다</u>　　　　[두언 14:33]
　　 ㄴ. 伽羅騫駄ᄂᆞᆫ … 바ᄅᆞᆯ므를 <u>소사</u> 오ᄅᆞ게 ᄒᆞᄂᆞ니라　　[석상 13:9]

(76) ㄱ. 오직 낫고 믈룸 업수미 일후미 不退心이라　　　　[능언 8:18]
　　 ㄴ. 부텻 알ᄑᆡ <u>나ᅀᅡ</u> 드르샤　　　　　　　　　　　[석상 11:17]

(75)에서 '솟다(噴)'의 어간인 '솟-'은 (ㄱ)처럼 어미 '-놋다'와 결합하거나 (ㄴ)처럼 어미 '-아'와 결합하더라도 어간의 형태가 변하지 않았다. 이에 반해서 (76)에서 '낫다(進)'의 어간인 '낫-'은 (ㄱ)처럼 자음으로 시작하는 어미 '-고'와 결합할 때에는 어간의 형태가 바뀌지 않았지만, (ㄴ)처럼 모음으로 시작하는 어미 '-아'와 결합할 때에는 어간의 형태가 '낫-'으로 바뀌었다. 여기서 '소사'와 '나ᅀᅡ'의 활용은 동일한 음운적인 환경에서 이루어졌다. 그런데 '솟다'가 '소사'로 활용할 때에는 어간의 형태가 변하지 않았지만, '낫다'가 '나ᅀᅡ'로 활용할 때에는 어간의 끝소리 /ㅅ/이 /ᅀ/으로 변했다. 이러한 차이점 때문에 '솟다'는 규칙 용언으로 처리하고, '낫다'는 불규칙 용언으로 처리한다.

불규칙 용언은 그것이 활용하는 모습에 따라서 '어간이 불규칙하게 바뀌는 용언'과 '어미가 불규칙하게 바뀌는 용언'으로 나뉜다.

(다 -1) 어간의 불규칙 활용

활용할 때에 어간이 불규칙하게 바뀌는 용언으로는 'ㅅ' 불규칙 용언, 'ㅂ' 불규칙 용언, 'ㄷ' 불규칙 용언, 불규칙하게 활용하는 개별 용언 등이 있다.

〈'ㅅ' 불규칙 활용〉어간이 /ㅅ/으로 끝나는 용언 중에는, 어간에 모음으로 시작하는 어미가 붙어서 활용할 때에, 어간의 끝 소리인 /ㅅ/이 /ㅿ/으로 바뀌는 것이 있다.

(77) ㄱ. 옷 밧고 北戶를 열오   [두언 10:29]
      ㄴ. 武王이 곳갈 쓰릴 밧디 아니ᄒᆞ샤   [내훈 1:36]
      ㄷ. 薩遮尼乾은…머리 쏩고 옷 바사 돈ᄂᆞ니라   [월석 20:14]
      ㄹ. 蜀ㅅ 님그미 猜嫌을 바스니라   [두언 21:37]

(78) ㄱ. 利益ᄒᆞ논 ᄆᆞᅀᆞᆷ 짓디 아니호미   [금언 84]
      ㄴ. 모딘 罪業을 짓디 아니ᄒᆞ리니   [석상 9:31]
      ㄷ. (道士ᄃᆞᆯ히)…表 지ᅀᅥ 엳ᄌᆞᄫᆞ니   [월석 2:69]
      ㄹ. 아바님 爲ᄒᆞ야 病엣 藥을 지ᅀᅮ려 ᄒᆞ노니 [월석 21:217]

(79) ㄱ. 아ᄃᆞᆯ 나하ᄃᆞᆫ 나랏 位를 닛긔 코져 ᄒᆞ더시니   [석상 11:30]
      ㄴ. 外江과 三峽쾌 서르 닛건마른   [두언 21:18]
      ㄷ. 聖神이 니ᅀᆞ샤도 敬天勤民ᄒᆞ샤ᅀᅡ 더욱 구드시리이다 [용가 125장]
      ㄹ. 일로브터 子孫이 니ᅀᅳ시니 瞿曇氏 다시 니러나시니라 [월석 1:8]

(77)의 '밧다(脫)'에서 어간의 끝소리 /ㅅ/은, (ㄱ)과 (ㄴ)처럼 자음으로 시작하는 어미나 (ㄷ)과 (ㄹ)처럼 모음으로 시작하는 어미 앞에서는 변동이 일어나지 않았다. 그런데 (78)과 (79)에서 '짓다(作)'와 '닛다(承)'의 어간 끝소리 /ㅅ/은, (ㄱ)과 (ㄴ)처럼 자음으로 시작하는 어미 앞에서는 형태가 바뀌지 않았지만, (ㄷ)과 (ㄹ)처럼 모음으로 시작하는 어미 앞에서는 /ㅿ/으로 바뀌었다. 이러한 활용 모습의 차이 때문에 (77)의 '밧다'는 규칙 용언으로, (78)과 (79)의 '짓다'와 '닛다'는 'ㅅ' 불규칙 용언으로 처리한다.[31]

〈'ㅂ' 불규칙 활용〉어간이 /ㅂ/으로 끝나는 용언 중에는, 어간에 모음으로 시작하는 어미가 붙어서 활용할 때에, 어간의 끝 소리 /ㅂ/이 /ㅸ/으로 바뀌는 것이 있다.[32]

---

31) 'ㅅ' 불규칙 용언으로는 '긋다(劃), 낫다(進), 닛다(承), 둣다(愛), 웃다(笑), 젓다(搖), 줏다(拾)' 등이 있고, 'ㅅ' 규칙 용언으로는 '밧다(脫), 벗다(脫), 빗다(梳), 솟다(迸), 싯다(洗)' 등이 있다.

(80) ㄱ. 그 東山애 열 가짓 祥瑞 나니 좁던 東山이 어위며　　　[월석 2:28]

　　　ㄴ. 八十種好는 손토비 조보시고　　　[법언 2:14]

　　　ㄷ. 납과 새와 잇는 즈믄 비레 조보니　　　[두언 21:19]

(81) ㄱ. 江漢앤 돐비치 곱도다　　　[두언 20:8]

　　　ㄴ. 太子ㅣ 性 고ᄫᆞ샤　　　[월석 21:211]

　　　ㄷ. 네 겨지비 고ᄫᆞ니여　　　[월석 7:10]

(82) ㄱ. 다시 南陽애 눕디 몯ᄒᆞ니라　　　[두언 6:34]

　　　ㄴ. 구슬 ᄆᆡ오 醉ᄒᆞ야 누움 ᄀᆞᆮᄒᆞ니라　　　[법언 4:41]

　　　ㄷ. 벼개 노피 벼여 누우니 내 집 ᄀᆞᆮ도다　　　[두언 15:11]

(80)에서 '좁다(陝)'의 어간 끝소리 /ㅂ/은, (ㄱ)처럼 자음으로 시작하는 어미의 앞과 (ㄴ)과 (ㄷ)처럼 모음으로 시작하는 어미의 앞에서 형태가 변하지 않았다. 그런데 (81)과 (82)에서 '곱다(麗)'와 '눕다(臥)'의 어간 끝소리 /ㅂ/은 (ㄱ)처럼 자음으로 시작하는 어미 앞에서는 형태가 변하지 않았지만, (ㄴ)과 (ㄷ)처럼 모음으로 시작하는 어미 앞에서는 /ㅸ/나 /오/, /우/ 등으로 바뀌었다. 이러한 활용 모습의 차이에 때문에 (80)의 '좁다'는 규칙 용언으로, (81)과 (82)의 '곱다'와 '눕다'는 'ㅂ' 불규칙 용언으로 처리한다.[33)]

　〈'ㄷ' 불규칙 활용〉 어간이 /ㄷ/으로 끝나는 용언 중에는, 어간에 모음으로 시작하는 어미가 붙어서 활용할 때에, 어간의 끝 소리 /ㄷ/이 /ㄹ/로 바뀌는 것이 있다.

(83) ㄱ. 다 ᄀᆞ장 짓거 네 업던 이를 얼과라 ᄒᆞ더니　　　[석상 19:40]

　　　ㄴ. 弟子들히 다 神力으로 諸方애 가 옷 밥 얻더니　　　[월석 22:71]

ㄷ. 사ᄅᆞ미 모딘 ᄡᅮ믈 <u>어더</u> 구즌 相ᄋᆞᆯ 보거나   [월석 9:43]

ㄹ. 아비 지븨셔 病 <u>어더늘</u>   [삼행 孝:21]

(84) ㄱ. 難陁ㅣ … ᄒᆞᆫ ᄢᅢ 계도록 (므를) <u>긷다가</u> 몯ᄒᆞ야   [월석 7:9]

ㄴ. 婇女ㅣ … ᄒᆞᄅᆞ 五百 디위를 旃檀井에 믈 <u>긷더시니</u>   [월석 8:78]

ㄷ. 瓶의 므를 <u>기러</u> 두고ᅀᅡ 가리라   [월석 7:9]

ㄹ. ᄡᅳᆯ 이로ᄃᆡ 므를 져기 <u>기르라</u>   [두언 8:32]

(85) ㄱ. 經이 이쇼ᄃᆡ 일후미 法華ㅣ니 흔ᄃᆡ 가 <u>듣져</u> ᄒᆞ야ᄃᆞᆫ   [석상 19:6]

ㄴ. 須達이 부텨와 즁괏 마ᄅᆞᆯ <u>듣고</u>   [석상 6:16]

ㄷ. 네 차려 <u>드르라</u>   [석상 13:46]

ㄹ. 聲聞은 소리 <u>드를</u> 씨니 ᄂᆞ미 말 <u>드러ᅀᅡ</u> 알 씨라   [월석 2:19]

(83)에서 '얻다(得)'의 어간 끝소리 /ㄷ/은, (ㄱ)과 (ㄴ)처럼 자음으로 시작하는 어미나 (ㄷ)과 (ㄹ)처럼 모음으로 시작하는 어미 앞에서는 형태의 변화가 없다. 그런데 (84)와 (85)에서 '긷다(汲)'와 '듣다(聞)'의 어간 끝소리 /ㄷ/은 (ㄱ)과 (ㄴ)처럼 자음으로 시작하는 어미 앞에서는 형태의 변화가 없지만, (ㄷ)과 (ㄹ)처럼 모음으로 시작하는 어미 앞에서는 /ㄹ/로 바뀌었다. 이러한 활용 모습의 차이 때문에 (83)의 '얻다'는 규칙 용언으로, (84)와 (85)의 '긷다'와 '듣다'는 'ㄷ' 불규칙 용언으로 처리한다.34)

〈 개별 용언의 불규칙 활용 〉 '시므다, ᄌᆞᄆᆞ다'와 '녀다', '이시다'에만 나타나는 특수한 형태의 불규칙 활용이 있는데, 이는 개별 용언이 불규칙하게 바뀌는 활용이다.

ⓐ '시므다, ᄌᆞᄆᆞ다'의 불규칙 활용 : '시므다(植)'와 'ᄌᆞᄆᆞ다(沈, 閉)'에 모음으로 시작하는 어미가 붙어서 활용할 때에는, 어간의 끝소리가 탈락하면서 동시에 /ㄱ/이 첨가된다.

일반적으로는 끝소리가 /ㆍ/나 /ㅡ/인 용언의 어간에 모음으로 시작하는 어미가 결합하여 활용하면, 어간의 끝소리 /ㆍ/와 /ㅡ/가 탈락한다.

---

34) 'ㄷ' 불규칙 용언으로는 '걷다(步), ᄭᆡᄃᆞᆮ다(覺), 다ᄃᆞᆮ다(到着), 일ᄏᆞᆮ다(曰), 흗다(散)' 등이 있고, 'ㄷ' 규칙 용언으로는 '갇다(收), 굳다(堅), 돋다(出), 믿다(信), 얻다(得)' 등이 있다.

(86) ㄱ. 大瞿曇이 피 무든 홀굴 파 가져　　　　　　　　[월석 1:7]

　　ㄴ. 사ᄅ미 우믈 포디 싀매 ᄒ마 갓가ᄫᆞ미 ᄀᆮᄒ니라　　[월석 15:52]

(87) ㄱ. 안 ᄆᅀᆞ미 量이 커ᅀᅡ　　　　　　　　　　　　[금언 61]

　　ㄴ. 그 지비 넙고 쿠디　　　　　　　　　　　　　[법언 2:55]

(86)에서 '프다'의 어간에 모음으로 시작하는 어미 '-아'와 '-오디'가 결합하였는데, 어간의 끝소리 /ㆍ/가 탈락하여서 '파'와 '포디'의 형태로 실현되었다. 그리고 (87)에서는 '크다'의 어간에 모음으로 시작하는 어미인 '-어ᅀᅡ'와 '-우디'가 결합하면서, 어간의 끝소리 /ㅡ/가 탈락하여서 '커ᅀᅡ'와 '쿠디'로 실현되었다. 이 변동은 동일한 음운적인 환경에서는 보편적으로 일어나므로, 이들 용언의 활용은 규칙 활용으로 처리한다.

　　그런데 '시므다/시ᄆᆞ다(植)'와 'ᄌᆞᄆᆞ다(沈/浸, 閉)'는 어간에 모음으로 시작하는 어미가 붙어서 활용하면, 위와 같은 일반적인 활용 방식과는 달리, 어간의 끝소리가 탈락하면서 동시에 /ㄱ/이 첨가된다.

(88) ㄱ. 여러 가짓 됴ᄒᆞᆫ 根源을 시므고　　　　　　　[석상 19:33]

　　ㄴ. 어즈러운 桃李ㅅ 가지를 곧마다 다 能히 옮겨　　[두언 18:2]

　　　　시ᄆᆞᄂ니

(89) ㄱ. 아마도 福이 조ᅀᆞᄅᄫᆡ니 아니 심거 몯홀 꺼시라　[석상 6:37]

　　ㄴ. 臘月에 다시 모르매 심굴 디니라　　　　　　　[두언 7:9]

(88)에서 '시므다/시ᄆᆞ다'는 자음으로 시작하는 어미 앞에서 어간의 끝 모음인 /ㅡ/와 /ㆍ/가 그대로 유지되었다. 반면에 (89)에서는 모음으로 시작하는 어미 앞에서 어간의 끝소리인 /ㅡ/가 탈락하고 /ㄱ/이 첨가되어서 '심거'와 '심굴'로 실현되었다.

(90) ㄱ. 王이 … 오시 ᄌᆞᄆᆞᄀ기 우르시고　　　　　　　[월석 8:101]

　　ㄴ. 門을 다 ᄌᆞᄆᆞ고 유무 드륧 사ᄅᆞᆷ도 업거늘　　[석상 6:2]

(91) ㄱ. 청 믈 든 뵈 줌가 우러난 즙 서 되룰 머그라   [구간 6:36]

      ㄴ. 녜브터 寶所애 다다 쇠 줌고미 업거늘   [영남 하:1]

그리고 '즈ᄆ다(沈/浸)'와 '즈ᄆ다(鎖)'는 (90)에서는 자음으로 시작하는 어미 앞에서 어간의 끝 모음 /ㆍ/가 그대로 유지되었다. 그러나 (91)에서는 모음으로 시작하는 어미 앞에서 어간의 끝소리인 /ㆍ/가 탈락하고 /ㄱ/이 첨가되어서 '줌가, 줌고미'로 실현되었다.

앞에서 살펴본 '시므다'와 '즈ᄆ다'의 특수한 활용 양상을 정리하면 다음과 같다.[35]

(92) ㄱ. 시므- + -어 : 심ㄱ- + -어 → 심거

      ㄴ. 즈ᄆ- + -옴 : 줌ㄱ- + -옴 → 줌곰

ⓑ **'녀다'의 불규칙 활용** : '녀다(行)'의 어간인 '녀-'는 선어말 어미 '-거-'와 어말 어미 '-거' 앞에서 '니-'로 불규칙하게 바뀐다.

(93) ㄱ. 이 道룰 조차 발 뒷ᄂ니 모다 녀게 ᄒ니라   [월석 12:13]

      ㄴ. 法이 펴디여 가미 믈 흘러 녀미 ᄀ틀ᄊ 일   [석상 9:21]

      ㄷ. 길 녈 사ᄅ미어나 男이어나 女ㅣ어나 보아든   [월석 21:119]

      ㄹ. 同行은 ᄒ듸 녀실 씨라   [월석 2:26]

(94) ㄱ. 어셔 도라 니거라   [월석 8:101]

      ㄴ. 東이 니거시든 西夷 ᄇ라ᅀᆞᄫᆞ니   [용가 38장]

      ㄷ. 내 니거 지이다   [용가 58장]

(93)에서 '녀다'의 어간 '녀-'는 /ㄱ, ㅁ, ㄹ, ㅅ/과 같은 일반적인 음운론적 환경에서는 형태가 바뀌지 않고 '녀-'로 실현되었다. 이에 반해서 (94)에서 '녀-'는 선어말

---

35) '시므다'와 '즈ᄆ다'에서 나타나는 불규칙한 활용 양상은, '나모, 녀느, 불무, 구무' 등의 체언이 조사와 결합하는 과정에서 '남기(나모 + -이)', '년글(녀느 + -을)', '붊긔(불무 + -의), 굼기(구무 + -이)'와 같이 체언의 형태가 불규칙하게 바뀌는 현상과 같다.(이 책의 88쪽을 참조.)

어미 '-거-' 연결 어미 '-거' 앞에서 '니-'로 바뀌어서 실현되었다. 곧 어간에 /ㄱ/으로 시작하는 어미인 '-게'와 '-거-, -거' 등이 두루 실현되었는데, '-거-, -거'의 앞에서만 '녀-'가 '니-'로 실현되는 것을 알 수 있다. 따라서 '녀다'의 어간 '녀-'가 선어말 어미인 '-거-'나 어말 어미 '-거' 앞에서 '니-'로 변하는 현상을 불규칙 활용으로 처리한다.

ⓒ **'이시다'의 불규칙 활용** : '이시다(存, 有)'의 어간인 '이시-'는 자음으로 시작하는 어미 앞에서는 '잇-'으로 불규칙하게 바뀐다.

(95) ㄱ. 山行 가 이셔 하나빌 미드니잇가　　　　　　　　[용가 125장]

　　 ㄴ. 믹해 와 이쇼니 ᄆᆞ슴매 어그리춘 배 업도다　　[두언 15:4]

　　 ㄷ. 가리라 ᄒᆞ리 이시나 長子를 브리시니　　　　　[용가 45장]

　　 ㄹ. 一生 受福ᄒᆞ리도 이시며　　　　　　　　　　　[월석 21:138]

(96) ㄱ. 셔볼 賊臣이 잇고 ᄒᆞᆫ 부니 天命이실씨　　　[용가 37장]

　　 ㄴ. 大愛道ㅣ 드르시고 ᄒᆞᆫ 말도 몯ᄒᆞ야 잇더시니　[월석 7:1]

　　 ㄷ. 善慧…곳 잇ᄂᆞᆫ 싸홀 곧가 가시다가　　　　　[월석 1:9]

(95)의 '이셔, 이쇼니 ; 이시나, 이시며'처럼 어간인 '이시-'에 일반적인 모음('-어', '-오-')이 결합하거나, 매개 모음으로 시작하는 어미('-으니/-ᄋᆞ니', '-으나/-ᄋᆞ나', '-으며/-ᄋᆞ며')가 결합할 때에는 어간의 형태가 바뀌지 않았다. 반면에 (96)의 '잇고, 잇더시니, 잇ᄂᆞᆫ'처럼 매개 모음을 수반하지 않는 자음으로 시작하는 어미와 결합하여서 활용하면, '이시다'의 어간이 '잇-'으로 바뀌게 된다.

(97) ㄱ. 神人이 … ᄇᆞ룸과 이슬와 마시고　　　　　　　[법언 2:28]

　　 ㄴ. 郎中과 評事를 待接ᄒᆞ야셔 술 마시노니　　　[두언 7:13]

그런데 '이시다'와 동일한 음운론적인 환경에 있는 '마시다(飮)'의 어간인 '마시-'는, 그 뒤에 '-고'나 '-ᄂᆞ-'처럼 자음으로 시작하는 어미가 와도 형태가 '*맛-'으로 바뀌지 않았다. 따라서 (96)처럼 '이시다'의 어간인 '이시-'가 자음으로 시작하는 어미와 결합하여 '잇-'의 형태로 교체되어서 실현되는 현상을 불규칙 활용으로 처리한다.

(다 -2) 어미의 불규칙 활용

〈/ㄷ/으로 시작하는 어미의 /ㄷ/이 /ㄹ/로 바뀜〉 /ㄷ/으로 시작하는 어미인 '-다, -다가, -더-, -도-' 등이, '-이다'와 '아니다'의 어간, 그리고 선어말 어미 '-리-, -니-' 뒤에 실현될 때에는 각각 '-라, -라가, -러-, -로-'로 불규칙하게 변동한다.[36)]

(98) ㄱ. 世尊이 … 舍利佛을 須達이 조차가라 ㅎ시다   [석상 6:22]
　　 ㄴ. 져믄 저그란 안즉 무숨ᇰ장 노다가 즈라면 어루   [석상 6:11]
　　　　法을 빈호ᅀᆞ보리이다
　　 ㄷ. 뜨데 몯 마즌 이리 다 願 ᄀᆞ티 드외더라   [월석 10:30]
　　 ㄹ. ᄒᆞ오사 平床이 뷔엿도다   [두언 18:6]

(99) ㄱ. 일후미 涅槃이라 ᄒᆞ더니   [능언 2:3]
　　 ㄴ. 이 法은 오직 諸佛이사 아른시리라   [석상 13:48]
　　 ㄷ. 七寶塔 셰여 供養ᄒᆞ더시니라   [월석 21:220]

(100) ㄱ. 녜 得혼 거슨 聲聞의 慧眼이라가 이제 니르러사   [금삼 73]
　　　 　비르서 부텻 뜨들 아ᅀᆞ올씨
　　　 ㄴ. 알픤 다 我相이 이셔 功을 펴디 몯ᄒᆞ리라가 이젠 [원언 하 3-1:76]
　　　　　ᄒᆞ마 障이 더러

(1) ㄱ. 六師이 무리 三億萬이러라   [석상 6:28]
　　 ㄴ. 功德이 이러 당다이 부톄 ᄃᆞ외리러라   [석상 19:34]

(2) ㄱ. 罪苦ㅅ 이른 차마 몯 니르리로다   [월석 21:56]
　　 ㄴ. 녜 업던 이리로다   [월석 1:14]

(98)의 'ᄒᆞ시다, 노다가, ᄃᆞ외더라, 뷔엿도다'에서 어미 '-다, -다가, -더-, -도-' 등

---

36) '-이다'와 '아니다'는 활용하는 모습이 동일하므로, 여기서는 불규칙 활용의 예로 '-이다'가
　　활용하는 것만 보인다.

의 /ㄷ/이 (99~2)에서는 '-라, -라가, -러-, -로-'와 같이 /ㄹ/로 바뀌었다. 곧 (99)의 '涅槃이라, 아르시리라, 供養ᄒ더시니라'에서는 평서형 종결 어미 '-다'가 '-라'로 바뀌었으며, (100)의 '慧眼이라가, 몯ᄒ리라가'에서는 연결 어미인 '-다가'가 '-라가'로 바뀌었다. 그리고 (1)의 '三億萬이러라, 두외리러라'에서는 회상의 선어말 어미인 '-더-'가 '-러-'로 바뀌었으며, (2)의 '니르리로다'와 '이리로다'에서는 감동 표현의 선어말 어미 '-도-'가 '-로-'로 바뀌었다.

그런데 '-다, -다가, -더-, -도-' 등의 어미는 '-이다'와 '아니다'의 어간이나 선어말 어미 '-리-, -니-' 뒤에서만 '-라, -라가, -러-, -로-'로 변할 뿐이지, /ㅣ/로 끝나는 모든 어간이나 어미 뒤에서 보편적으로 '-라, -라가, -러-, -로-'로 변하는 것은 아니다.37) 따라서 '-다, -다가, -더-, -도-' 등이 서술격 조사인 '-이-'나 선어말 어미인 '-리-, -니-' 뒤에서 '-라, -라가, -러-, -로-'로 실현되는 현상은 불규칙 활용으로 처리한다.

〈 /ㄱ/으로 시작하는 어미의 /ㄱ/이 /ɦ/로 바뀜 〉 /ㄱ/으로 시작하는 어미 '-거늘, -거니, -거니와, -거든 ; -고, -고져' 등은, /ㄹ/ 받침이나 반모음 /j/로 끝나는 용언의 어간, '-이다'와 '아니다'의 어간, 그리고 선어말 어미 '-리-'의 뒤에서 /ㄱ/이 '유성 후두 마찰음'인 /ɦ/로 교체되어서, '-어늘, -어니, -어니와, -어든 ; -오, -오져' 등으로 불규칙하게 변동한다.

(3) ㄱ. 蓮花ㅅ 고지 나거늘 世尊이 드듸샤   [월석 2:34]
　　ㄴ. 耶輸ㅣ… 羅睺羅 더브러 노픈 樓 우희 오르시고   [석상 6:2]
　　ㄷ. 惡趣를 듣고져 願ᄒ노이다   [석상 21:37]

(4) ㄱ. 西征에 功이 일어늘 所獲을 다 도로 주샤   [용가 41장]
　　ㄴ. 狄人이 골외어늘 岐山 올모샴도 하ᄂᆞᆯ 뜨디시니   [용가 4장]
　　ㄷ. 慈悲ᄂᆞᆫ 衆生을 便安케 ᄒ시ᄂᆞᆫ 거시어늘   [석상 6:5]
　　ㄹ. 부톄 쟝ᄎᆞ 니르시리어늘 내 기드리ᅀᆞᆸ디 아니ᄒ고   [월석 12:4]

---

37) '-다, -다가, -더-, -도-' 등의 어미는 '마시다(飲)'의 어간인 '마시-'나 주체 높임의 선어말 어미 '-으시-' 뒤에서는 /ㄷ/이 /ㄹ/로 변동하지 않는다. (보기) 마시다가 [두언 25:53] ; 가시다 [선언 상:14], 오시다가 [월석 8:100], 니르시더라 [월석 23:82], 오시도다 [두언 22:6]

(5) ㄱ. 노푼 座 밍글오 便安히 연ᄌ면 [석상 9:21]

ㄴ. 眷屬을 여희오 어딘 사ᄅ물 갓가비 ᄒ야 [석상 13:22]

ㄷ. 子는 아ᄃ리오 孫은 孫子ㅣ니 [월석 1:7]

ㄹ. 그 數ㅣ 算ᄋ로 몯내 알리오 오직 無量無邊 [월석 7:70]
阿僧祇로 닐옳 디니

(6) ㄱ. 이 光明ㅅ 因緣을 알오져 ᄒ더니 [석상 13:32]

ㄴ. 諸佛들히 … 부텻 知見으로 衆生을 뵈오져 ᄒ시며 [석상 13:55]

(3)의 '나거늘, 오ᄅ시고, 듣고져'에서 /ㄱ/을 첫 소리로 가진 어미인 '-거늘, -고, -고져' 등이, (4~6)에서는 첫소리 /ㄱ/이 /ɦ/로 교체되어 '-어늘, -오, -오져'로 바뀌어서 실현되었다. 곧 (4)의 '일어늘, 글외어늘, 거시어늘, 니ᄅ시리어늘'에서는 '-거늘'이 '-어늘'로 실현되었고, (5)의 '밍글오, 여희오, 아ᄃ리오, 알리오'에서는 '-고'가 '-오'로 실현되었다. 끝으로 (6)의 '알오져'와 '뵈오져'에서는 '-고져'가 '-오져'로 바뀌어서 실현되었다.

〈 /ㅗ, ㅜ/로 시작하는 어미의 /ㄴ/, /ㅜ/가 /로/로 바뀜 〉 /ㅗ, ㅜ/로 시작하는 어미의 /ㅗ, ㅜ/는 서술격 조사인 '-이다'와 '아니다'의 어간 뒤에서는 /로/로 불규칙하게 변동한다.

(7) ㄱ. 됴ᄒᆞᆫ 法 닷고ᄆᆯ 몯ᄒ야 [석상 9:14]

ㄴ. 그 나랏 法에 붑 텨 사ᄅ물 모도오ᄃᆡ [석상 6:28]

ㄷ. 우리는 다 부텻 아ᄃᆞᆯ ᄀᆞᆮ호니 [월석 13:32]

ㄹ. 鹿母婦人이 나혼 고ᄌᆞᆯ 어듸 ᄇ린다 [석상 11:32]

(8) ㄱ. 工夫ㅣ ᄒᆞᆫ가지로ᄆᆯ 니르니라 [몽언 19]

ㄴ. 모ᄃᆞᆫ 愛 ᄒᆞ나히 아니로ᄃᆡ [능언 8:69]

ㄷ. 내 네 어미로니 오래 어드ᄫᆞᆫ ᄃᆡ 잇다니 [월석 21:55]

ㄹ. 셴 머리 보ᇝ 일 아니론 고ᄃᆞᆯ 내 알언마ᄅᆞᆫ [두언 11:22]

(7)의 '닷고ᄆᆯ, 모도오ᄃᆡ, ᄀᆞᆮ호니, 나혼'에서 /ㅗ/나 /ㅜ/로 시작하는 어미인 '-옴, -오

딕, -오-'가 (8)의 '흔가지로물, 아니로딕, 어미로니, 아니론'에서는 '-롬, -로딕, -로
-'로 바뀌었다. 곧, '-이다'와 '아니다'의 어간 뒤에서 (ㄱ)의 명사형 전성 어미인 '-
옴'은 '-롬'으로, (ㄴ)의 연결 어미인 '-오딕'는 '-로딕'로, (ㄷ)의 화자 표현과 (ㄹ)의
대상 표현의 선어말 어미인 '-오-'는 '-로-'로 바뀌었다. 이러한 변동은 /ㅣ/로 끝나
는 어간 뒤에서 보편적으로 일어나는 변동이 아니라, '-이다'와 '아니다'의 어간 뒤
에서만 일어나는 예외적인 변동이므로 불규칙 활용으로 처리한다.

〈 선어말 어미 '-아-/-어-'가 '-거-'와 '-나-'로 바뀜 〉 화자의 '주관적인 믿음'을
표현하는 '확인 표현(確認 表現)'의 선어말 어미는 타동사의 어간 다음에서는 '-아
-/-어-'의 형태로 실현된다. 반면에 확인 표현의 선어말 어미 '-아-/-어-'가 형용
사나 자동사 다음에는 '-거-'로, '오다'의 어간 뒤에서는 '-나-'로 변동한다.

(9) ㄱ. 셜볼쎠 衆生이 正흔 길흘 일허다　　　　　　　　　[석상 23:19]
　　ㄴ. 네 … 耆闍崛山 中에 가 道理 닷가라　　　　　　　[월석 23:77]

(10) ㄱ. 安樂國이는 … 어미도 몯 보아 시름이 더욱 깁거다　　[월석 8:101]
　　 ㄴ. 衆生이 福이 다ㅇ거다　　　　　　　　　　　　　[월석 8:101]
　　 ㄷ. 내 니마해 볼론 香이 몯 몰랫거든 도로 오나라　　　[월석 7:7]

먼저 타동사에서는 (9)의 '일허다, 닷가라'처럼 확인 표현의 선어말 어미가 '-아-/-
어-'의 형태로 실현되었다. 이에 반하여 형용사나 자동사에서는 (10)의 (ㄱ)과 (ㄴ)의
'깁거다, 다ㅇ거다'처럼 주관적 믿음을 나타내는 선어말 어미가 '-거-'의 형태로 불
규칙하게 실현되었다. 특히 자동사인 '오다'에서는 (ㄷ)의 '오나라'처럼 주관적 믿음
을 나타내는 선어말 어미가 '-나-'의 형태로 실현되는 것이 특징이다.

〈 '흐-' 뒤에 실현되는 어미의 '-아'가 '-야'로 바뀜 〉 /ㅏ/로 시작하는 연결 어미 '-아,
-아셔, -아도'나 확인 표현 선어말 어미인 '-아-' 등은, '흐-'로 끝나는 용언의 어간
에 결합하면 각각 '-야, -야셔, -야도'와 '-야-'로 불규칙하게 변동한다.

(11) ㄱ. 座를 ᄂ호아 눕 勸흐면　　　　　　　　　　　　　[월석 17:51]
　　 ㄴ. 眷屬 ᄃ외ᅀᆞ바셔 셜본 일도 이러홀쎠　　　　　　[석상 6:5]

ㄷ. 彌勒아 아라라　　　　　　　　　　　　　　　　　　　[월석 11:44]

(12) ㄱ. 煩惱障이 ᄆᆞᅀᆞ믈 ᄀᆞ려 ᄆᆞᅀᆞ미 解脫 몯ᄒᆞ야 業을　　[월석 9:6-7]
　　　 지서 生을 受ᄒᆞ야 다숫 길헤 輪回ᄒᆞ며
ㄴ. 어버시며 … 아ᄅᆞ리며 두루 에ᄒᆞ야셔 울어든　　　　[능언 2:4]
ㄷ. 길헤 어려ᄫᆞᆫ 이리 잇거든 兄弟 ᄒᆞᆫᄃᆡ ᄃᆞ니며 서르　　[월석 22:37]
　　　 教ᄒᆞ야라

(11)의 '논호아, 두외ᅀᆞᄫᅡ셔, 아라라' 등과 같이 일반적인 어간에는 어미가 '-아, -아(셔) ; -아-'의 형태로 실현되었다. 반면에 (12)의 'ᄒᆞ다'형 용언의 어간 다음에는 동일한 어미인 '-아, -아(셔) ; -아-'가 각각 '-야, -야(셔) ; -야-'로 불규칙하게 바뀌었다.[38]

지금까지 살펴본 용언의 불규칙 활용의 유형을 정리하면 다음의 〈표 8〉과 같다.

		갈래	내용	용례
어간이 바뀜		'ㅅ' 불규칙	어간의 끝소리 /ㅅ/이, 모음으로 시작하는 어미 앞에서 /ㅿ/으로 바뀐다.	짓- + -어 → 지서 닛- + -어 → 니서
		'ㅂ' 불규칙	어간의 끝소리 /ㅂ/이, 모음으로 시작하는 어미 앞에서 /ㅸ/이나 /ㅗ, ㅜ/로 바뀐다.	곱- + -ᄋᆞ샤 → 고ᄫᆞ샤/고우샤 눕- + -은 → 누ᄫᆞᆫ/누운
		'ㄷ' 불규칙	어간의 끝소리 /ㄷ/이, 모음으로 시작하는 어미 앞에서 /ㄹ/로 바뀐다.	긷- + -어 → 기러 듣- + -으라 → 드르라
	개별 용언	'ᄉᆞᄆᆞ다' 'ᄌᆞᄆᆞ다'	어간의 끝소리가, 모음으로 시작하는 어미 앞에서 탈락하면서 /ㄱ/이 첨가된다.	ᄉᆞᄆᆞ- + -어 → 심거 ᄌᆞᄆᆞ- + -아 → ᄌᆞᆷ가
		'녀다'	'녀다'의 어간 '녀-'는 어미 '-거-'와 '-거' 앞에서 '니-'로 바뀐다.	녀- + -거라 → 니거라 녀- + -거 → 니거
		'이시다'	'이시다'의 어간 '이시-'는 자음으로 시작하는 어미 앞에서 '잇-'으로 바뀐다.	이시- + -고 → 잇고 이시- + -는 → 잇는

---

38) /·/로 끝나는 모든 어간 뒤에서 '-아/-어, -아셔/-어셔, -아도/-어도'가 '-야, -야셔, -야도' 등으로 바뀌는 것은 아니므로, 예문 (12)에서 일어난 용언의 활용은 불규칙 활용이다.
　　(보기) 빗골파(← 빗골ᄑᆞ- + -아)

갈래		내용	용례
어미가 바뀜	/ㄷ/ → /ㄹ/	'-이다'와 '아니다'의 어간, 그리고 '-리-, -니-' 뒤에서, /ㄷ/으로 시작하는 어미의 /ㄷ/이 /ㄹ/로 바뀐다.	-이- + -다 → -涅槃이라 -리- + -다 → 아릿시리라 -니- + -다 → 供養ㅎ더니라
	/ㄱ/ → /ɦ/	/ㄹ/이나 반모음 /j/, '-이다'와 '아니다'의 어간, 선어말 어미 '-리-' 뒤에서, /ㄱ/으로 시작하는 어미의 /ㄱ/이 유성 후두 마찰음인 /ɦ/로 교체됨	일- + -거늘 → 일어늘 여희- + -고 → 여희오 아들 + -이- + -고 → 아드리오 알- + -리- + -고 → 알리오
	/ㅗ/ → /로/	'-이다'와 '아니다'의 어간 뒤에서, /ㅗ, ㅜ/로 시작하는 어미의 /ㅗ, ㅜ/가 /로/로 바뀐다.	-이- + -옴 → 흔가지롬 아니- + -오딕 → 아니로딕 -이- + -오- + -니 → 어미로니 아니- + -오- + -ㄴ → 아니론
	-아- → -거- -아- → -나-	확인 표현의 선어말 어미 '-아-/-어-'가, 비타동사나 '오다' 뒤에서 각각 '-거-'와 '-나-'로 바뀐다.	니- + -아- + -라 → 니거라 오- + -아- + -라 → 오나라
	ㅎ- + -아 → ㅎ야	어간 '~ㅎ-' 뒤에 어미 '-아'나 '-아-'가 붙으면, '-아'나 '-아-'가 '-야'나 '-야-'로 바뀐다.	몯ㅎ- + -아 → 몯ㅎ야 受ㅎ- + -아 → 受ㅎ야 救ㅎ- + -아- + -라 → 救ㅎ야라

〈표 8〉 불규칙 활용의 유형

【 더 배우기 】

1. 능격 동사

'능격 동사(能格動詞, 中立動詞, ergative verb)'는 동일한 형태의 동사가 유사한 의미를 나타내면서 자동사와 타동사로 두루 쓰이는 동사이다.

(1) ㄱ. 재 노려 티샤 두 갈히 <u>것그니</u>   [용가 36장]
    ㄴ. 허리 <u>것구메</u> 쓸 器具ㅣ 아니로다   [두언 21:39]

(2) ㄱ. 天上애 구룸 <u>흐터사</u> 들 나둣 ᄒ며   [원언 상 1-1:56]
    ㄴ. 번게 구루믈 <u>흐터</u> ᄒ야ᄇ릴 씨라   [월석 10:81]

(3) ㄱ. 됴흔 고지 해 대예 <u>비취옛고</u>   [두언 15:6]
    ㄴ. 하늘홀 <u>비취며</u> 싸홀 비취여 萬像을 머구므니   [금삼 2:45]

(1)의 '것다'는 (ㄱ)에서는 목적어를 취하지 않아서 자동사(= 꺾이다)로 쓰인 반면에, (ㄴ)에서는 '허리'를 목적어를 취하므로 타동사(= 꺾다)로 쓰였다. 그리고 (2)의 '흩다'도 (ㄱ)에서는 자동사(= 흩어지다)로 쓰였고, (ㄴ)에서는 타동사(= 흩다)로 쓰였으며, (3)의 '비취다'도 (ㄱ)에서는 자동사(= 비치다)로, (ㄴ)에서는 타동사(= 비추다)로 쓰였다.

15세기 국어에 쓰인 능격 동사로는 '것다(折), 긏다(斷), ᄀ다(替), 닛다(連), 닫다(閉), 비취다(照), 뻬다(貫), ᄢ다(孵化), 빠디다(落), 열다(開), 줌다(潛, 浸), 흩다(散)' 등이 있다.

2. '-아 이시다'와 '-아 잇다'의 축약

보조적 연결 어미인 '-아'의 변이 형태 뒤에 보조 용언인 '이시다/잇다'가 실현될 때에는, 모음 충돌을 회피하기 위하여 음운이 축약된다. 이 경우에는 '-아 이시다'와 '-아 잇다'가 각각 다른 형태로 축약되며, 특히 '두다'에 '-어 이시다'나 '-어

잇다'가 실현될 때에는 아주 특이한 형태로 축약된다.

〈 '-아 이시다'의 축약 〉 보조적 연결 어미인 '-아/-어/-야/-여'와 보조 용언인 '이시다'가 줄어질 때에는, '이시-'의 첫 모음 /ㅣ/가 탈락하고 동시에 축약이 되어서 '-아시-/-어시-/-야시-/-여시-'의 형태로 실현된다.

(4) ㄱ. 네 어미 사라실 제 엇던 行業을 ㅎ더뇨   [월석 21:53]
     ㄴ. 조개 빈예 믈ᄀ 구스리 수머시며   [금삼 2:56]
     ㄷ. 모ᄃ 소ᄂ ᄒ마 醉커늘 내 ᄒ오사 ᄢ야쇼라   [두언 8:31]
     ㄹ. 여러 ᄒ를 지즈루 머리 여희여쇼니   [두언 8:42]

(ㄱ)의 '사라실', (ㄴ)의 '수머시며', (ㄷ)의 'ᄢ야쇼라', (ㄹ)의 '여희여쇼니'는 각각 '살다', '숨다', 'ᄢ다', 여희다'에 '-아/-어/-야/-여 <u>이시-</u>'가 붙어서 활용하였다. 그런데 '-아/-어/-야/-여'와 '이시-'는 '-애시-/-에시-/-얘시-/-예시-' 등의 형태로 줄어지는 것이 아니라, '이시-'의 첫 모음인 /ㅣ/가 탈락하여 '-아시-/-어시-/-야시-/-여시-'의 형태로 실현되는 것이 특징이다. 이러한 현상은 모음 충돌을 완화하는 수단으로 볼 수 있다.

〈 '-아 잇다'의 축약 〉 보조적 연결 어미인 '-아/-어/-야/-여'와 보조 용언인 '잇다'가 축약되면, '-앳-, -엣-, -얫-, -옛-'의 형태로 실현된다.[1]

(5) ㄱ. 내 니마해 불론 香이 몯 믈랫거든 도로 오나라   [월석 7:7]
     ㄴ. 磁心은 므슨매 毒을 머겟ᄂ 사ᄅ미라   [능언 7:47]
     ㄷ. 須達이 病ᄒ얫거늘 부톄 가아 보시고   [석상 6:44]
     ㄹ. 罪人을 글효ᄃ 이 가마ᄂ 엇뎨 뷔옛ᄂ뇨   [월석 7:13]
     ㅁ. 내 이제 … 오ᄉ 드리웻노니 네 내 오ᄉ 보라   [능언 3:83]

(ㄱ)의 '믈랫거든'은 '믈라 잇거든'이 줄어진 형태이며, (ㄴ)의 '머겟ᄂ'은 '머거 잇ᄂ'이 줄어진 형태이다. 마찬가지로 (ㄷ)의 '病ᄒ얫거늘'은 '病ᄒ야 잇거늘'이, (ㄹ)

---

1) 이처럼 보조적 연결 어미와 보조 용언이 한 음절로 줄어져서 실현되면, '-아 잇다' 등이 나타내는 '완료 지속'의 의미에서 '지속'의 의미가 약해진다.

의 '뷔옛ᄂᆞ뇨'는 '뷔여 잇ᄂᆞ뇨'가, (ㅁ)의 '드리웻노니'는 '드리워 잇노니'가 줄어진 형태이다. 이처럼 15세기 중엽에는 '-어 잇다'가 축약된 형태와 축약되지 않은 형태가 함께 쓰이고 있었다.

그런데 15세기 말이 되면, '-앳-, -엣-, -얏-, -옛-'에서 이중 모음의 끝 소리인 반모음 /j/가 탈락하여서, '-앗-, -엇-, -얏-, -엿-'의 형태로 실현되는 경우가 있다.[2]

(6) ㄱ. 亡者ᅵ 神識이 ᄂᆞ랏다가 ᄲᅥ러디여   [능언 8:96]
　　ㄴ. 野老ᅵ 이 ᄀᆞᆮᄒᆞᆫ 田地ᄅᆞᆯ 어덧거니 엇뎨 시르미리오   [영남 하:57]
　　ㄷ. 빅ᄂᆞᆫ 고기 낛ᄂᆞᆫ 그르시 ᄃᆞ외얏고   [금삼 3:60]
　　ㄹ. 그듸 나라 다ᄉᆞ릴 지조ᄅᆞᆯ 졋건마ᄅᆞᆫ   [두언 22:37]

(ㄱ)의 'ᄂᆞ랏다가'는 'ᄂᆞ라 잇다가'가 'ᄂᆞ랫다가'로 줄어진 다음에 다시 반모음 /j/ 가 탈락된 형태이며, (ㄴ)의 '어덧거니'는 '어더 잇거니'가 '어뎃거니'로 줄어진 다음에 /j/가 탈락된 형태이다. 마찬가지로 (ㄷ)의 'ᄃᆞ외얏고'는 'ᄃᆞ외야 잇고'가 'ᄃᆞ외얏고'로 줄어진 다음에 /j/가 탈락하였고, (ㄹ)의 '졋건마ᄅᆞᆫ'은 '져 잇건마ᄅᆞᆫ'이 '졧건마ᄅᆞᆫ'으로 줄어진 다음에 /j/가 탈락하였다. 이렇게 형성된 '-앗-, -엇-, -얏 -, -엿-'은 현대 국어에서는 과거 시제의 선어말 어미인 '-았-, -었-, -였-'으로 바뀐다.

15세기 국어의 '-아/-어/-야/-여 잇다'가 통시적으로 변천하여 현대 국어에서 과거 시제나 완료상을 표현하는 선어말 어미인 '-았-, -었-, -였-'의 형태로 변하는 과정을 보이면 다음과 같다.(나진석 1971:282 이하, 허웅 1975:426)

(7) ㄱ. ᄆᆞᆯ라 잇다 〉 ᄆᆞᆯ랫다 〉 ᄆᆞᆯ랏다 〉 말랐다
　　ㄴ. 머거 잇다 〉 머겟다 〉 머겄다 〉 먹었다
　　ㄷ. 뷔여 잇다 〉 뷔옛다 〉 뷔엿다 〉 비었다
　　ㄹ. ᄒᆞ야 잇다 〉 ᄒᆞ얏다 〉 ᄒᆞ얏다 〉 하였다

---

2) 이처럼 '-앳-, -엣-, -얏-, -옛-'에서 반모음 /j/가 탈락하여 '-앗-, -엇-, -얏-, -엿-'의 형태로 실현되면, '지속'의 의미는 거의 사라지고 '완료'의 의미만 남게 된다.

첫째로 '믈라 잇다', '머거 잇다', '뷔여 잇다', 'ᄒ야 잇다'의 '-아/-어/-여/-야 잇-'은 본용언과 보조 용언의 구성으로서 '완료 지속'의 의미를 나타내었다. 둘째로 '믈랫다/믈랏다, 머겟다/머것다, 뷔옛다/뷔엿다, ᄒ얫다/ᄒ얏다'의 '-앳-/-앗-, -엣-/-엇-, -옛-/-엿-, -얫-/-얏-' 등은 '완료 지속'의 의미로 쓰이기는 하지만, '지속'의 의미가 약화되고 '완료'의 의미가 강화되었다.(허웅 1989:390 이하 참조.) 이러한 통시적인 변화의 결과로 현대어에서 '완료'를 나타내는 과거 시제의 선어말 어미인 '-았-/-었-/-였-'이 쓰이게 된다.

〈 '두어 이시다'와 '두어 잇다'의 축약 〉 '두다(置)'의 활용형인 '두어'에 보조 용언 '이시다/잇다'가 연결되어 축약되면, 본용언에 실현되어야 할 보조적 연결 어미 '-어'가 탈락하여 '뒤시다'나 '뒷다'로 실현된다.3)

(8) ㄱ. 어썬 功德을 닷관ᄃᆡ 能히 이 큰 神通力을 <u>뒤시</u>며　　　　[석상 20:40]

　　ㄴ. 내 흔 匹ㅅ 됴흔 東녁 기블 <u>뒤쇼ᄃᆡ</u>　　　　　　　　　　[두언 16:34]

(9) ㄱ. 내 흔 法을 <u>뒷</u>노니 너희들히 能히 ᄀ초 行ᄒ면　　　　　[월석 10:69]

　　ㄴ. 그윗 지븨 ᄀ숪 반되를 容納ᄒ야 <u>뒷다</u>　　　　　　　　　[두언 6:20]

(8)에서 '뒤시며, 뒤쇼ᄃᆡ'는 '두어 이시며'와 '두어 이쇼ᄃᆡ'에서 보조적 연결 어미인 '-어'가 탈락한 뒤에, 본용언의 어간인 '두-'와 보조 용언인 '이시-'가 축약된 형태이다. 그리고 (9)에서 (ㄱ)의 '뒷노니'는 '두어 잇노니'에서 '-어'가 탈락되고 줄어진 형태이며, (ㄴ)의 '뒷다'는 '두어 잇다'에서 '-어'가 탈락되고 줄어진 형태이다.

그런데 '두어 잇-'이 줄어서 형성된 '뒷-'에서 또다시 반모음 /j/가 탈락하여서 '둣-'으로 실현되는 경우도 있다.

(10) ㄱ. 이 諸衆生이 엇뎨 如來 智慧를 다 <u>두쇼ᄃᆡ</u> 迷惑ᄒ야 보디　[원언 서:41]
　　　몰거뇨

　　ㄴ. 先生의 <u>둣논</u> 道理는 義皇ㅅ 우희 나고 先生의 <u>둣논</u>　　　[두언 15:37]
　　　지조는 屈原 宋玉의 게 넘도다

---

3) 일반적인 축약 방식에 따르면, '두어 잇다'의 축약 형태는 '*뒷다'로 실현되어야 한다.

(ㄱ)에서는 '두어 이쇼딕'가 줄어서 '뒤쇼딕'가 된 다음에, 또다시 '뒤'의 반모음 /j/가 탈락되어서 '두쇼딕'로 실현되었다.[4] 그리고 (ㄴ)에서는 '두어 잇논'이 줄어서 '뒷논'으로 된 다음에 다시 '뒷'의 반모음 /j/가 탈락되어 '둣논'으로 실현되었다.

3. '다ᄅ다/기르다'와 '모ᄅ다/흐르다'의 활용

『고등학교 문법』(2010:290)과 고영근(2010:133)에서는 '다ᄅ다(異), 기르다(養)'가 '달아, 길어'로 활용하고, '모ᄅ다(無知), 흐르다(流)'가 '몰라, 흘러'로 활용하는 현상을 규칙 활용으로 처리하였다.

(11) ㄱ. 다ᄅ- + -아 → 달ㅇ- + -아 → 달아
     ㄴ. 기르- + -어 → 길ㅇ- + -어 → 길어

(12) ㄱ. 모ᄅ- + -아 → 몰ㄹ- + -아 → 몰라
     ㄴ. 흐르- + -어 → 흘ㄹ- + -아 → 흘러

그러나 이들 용언을 규칙 활용으로 처리하면, (11)의 '다ᄅ다'와 '기르다'가 '달아', '길어'로 활용하고, (12)의 '모ᄅ다'와 '흐르다'가 '몰라'와 '흘러'로 활용하는 이유를 합리적으로 설명할 수가 없다. 만일 '달아'와 '길어'를 규칙 활용으로 처리하면 동일한 환경에서 다른 모습으로 활용하는 '몰라'와 '흘러'는 불규칙 활용으로 처리해야 한다.('달ㅇ-'와 '길ㅇ-'의 'ㅇ'은 유성 후두 마찰음인 /ɦ/의 음가를 나타낸다.) 반대로 '몰라'와 '흘러'를 규칙 활용으로 처리하면, '달아'와 '길어'는 불규칙 활용이 된다. 곧, 동일한 환경에서 서로 다르게 활용하기 때문에, 한 쪽을 규칙 활용으로 처리하면 다른 쪽의 활용을 불규칙 활용으로 처리해야 한다. 그리고 현대어의 〈학교 문법〉에서 '몰라'와 '흘러'의 활용을 이미 '르' 불규칙 활용으로 처리하고 있다. 이러한 점을 감안하면 중세 국어에서도 이들을 불규칙 활용으로 처리하는 것이 합리적이다.[5]

---

4) (10ㄱ)의 '두쇼딕'의 어형을 '두(두다)- + -시(주체 높임 선어말 어미)- + -오딕(연결 어미)'로 분석할 수는 없다. 만일 이처럼 '두다'의 어간에 주체 높임의 선어말 어미 '-시-'가 실현되었다면 전체 어형이 '두샤딕'로 되어야 하는데, 이러한 활용 형태는 나타내지 않는다.

4. '-이다'와 '아니다'에 실현되는 연결 어미 '-아, -아셔, -아도'의 변동

서술격 조사인 '-이다'와 형용사인 '아니다'의 어간에 어미가 실현되어 활용할 때는 어미가 불규칙하게 변동하는 경우가 많다.6) 이러한 예들 중의 하나로서 '-이다'와 '아니다'의 어간 뒤에 연결 어미인 '-아/-어'가 붙어서 활용할 때에는, '-아/-어'에 /ㄹ/이 첨가되어서 '-아, -아ᄊᆞ, -아셔, -아도' 등이 각각 '-라, -라ᄊᆞ, -라셔, -라도' 등으로 변동한다.7)

(13) ㄱ. 내 겨지비라 (고줄) 가져가디 어려ᄫᆞᆯ씨   [월석 1:13]
     ㄴ. 사ᄅᆞ미…나히 스믈 다ᄉᆞ시라셔 百歲옛 사ᄅᆞᄆᆞᆯ ᄀᆞᄅᆞ쳐   [법언 5:115]
        닐오ᄃᆡ
     ㄷ. 佛과 法괘 둘히 아니라ᄊᆞ 道ㅣ 비르서 알ᄑᆡ 現ᄒᆞ리라   [금삼 4:11]
     ㄹ. ᄀᆞᆯ히 아니라도 (열ᄡᅵ) 뻐디니 ᄯᅩ 됴ᄒᆞ니라   [구간 7:81]

(13)에서 '-라, -라셔, -라ᄊᆞ, -라도' 등은 각각 '-아, -아셔, -아ᄊᆞ, -아도'가 서술격 조사인 '-이다'와 형용사인 '아니다'의 어간 뒤에서 /ㄹ/이 첨가되어서 실현된 형태론적인 변이 형태의 하나이다. 이러한 활용 모습을 보면 '-이다'나 '아니다'의 어간 뒤에서 연결 어미인 '-아/-어'나 연결 어미와 보조사의 결합 형태인 '-아셔, -아ᄊᆞ, -아도'가 각각 '-라, -라셔, -라ᄊᆞ, -라도'로 불규칙하게 활용한 것으로 처리할 수도 있다.8)

---

5) 중세 국어에서 '니르러, 검프르러, 누르러'처럼 현대 국어의 '러' 불규칙 활용에 해당하는 활용 형태가 발견된다.(보기 : 니르러도 [월석 12:34], 검프르러 [구간 하:32], 누르러 [법언 1:148]). 여기서 '니르러도, 검프르러, 누르러'는 '니를다(至), 검프를다(暗靑), 누를다(黃)'의 어간인 '니를-, 검프를-, 누를-'에 어미 '-어'가 활용한 형태이다. 이들 활용은 어간의 끝소리인 /ㄹ/이 모음으로 시작하는 어미 앞에서 뒤의 음절로 연음된 형태이기 때문에 규칙 활용으로 처리한다.

6) /ㅗ, ㅜ/로 시작하는 어미의 /ㅗ, ㅜ/는 서술격 조사인 '-이다'와 형용사인 '아니다'의 어간 뒤에서 /ㄹ/이 첨가되어서 /로/로 불규칙하게 변동하는 현상은 이 책의 218쪽을 참조.

7) '-아셔, -아ᄊᆞ, -아도'는 연결 어미인 '-아'에 보조사인 '-셔, -ᄊᆞ, -도'가 결합한 형태이다. 그런데 허웅(1975:559)이나 고영근(2010:374)에서는 (13)의 '-라'를 '-아'의 변이 형태로 처리하지 않는다. 곧, 이들은 (13)의 '-라'를 '-이다'와 '아니다'의 어간 뒤에 실현되어서, '이유'나 '근거'를 나타내는 별도의 연결 어미로 처리하고 있다.

8) '-아, -아셔, -아ᄊᆞ, -아도'가 '-라, -라셔, -라ᄊᆞ, -라도'로 불규칙하게 활용하는 모습은,

5. '독립적인 문법 형태소로 볼 수 없는 '오/우'

'-옴/-움, -오ᄃᆡ/-우ᄃᆡ, -오ᄃᆞᆫ/-우ᄃᆞᆫ, -올뎬/-울뎬, -올뎐/-울뎐' 등의 어미에서도 '오/우'의 형태가 나타나는데, 이때의 '오/우'는 별다른 문법적 기능이 없이 쓰인다.(『고등학교 문법』2010:293)

(14) ㄱ. 됴ᄒᆞᆫ 法 닷고ᄆᆞᆯ 몯ᄒᆞ야   [석상 9:14]
     ㄴ. 山이 이쇼ᄃᆡ 일후미 鐵圍니   [월석 21:74]

(ㄱ)의 명사형 어미 '-옴/-움'이나 (ㄴ)의 연결 어미 '-오ᄃᆡ/-우ᄃᆡ' 등은, 항상 '-옴/-움'과 '-오ᄃᆡ/-우ᄃᆡ'의 형태로만 쓰이고 '-ㅁ'이나 '-ᄃᆡ'의 형태로는 쓰이지 않는다. 따라서 '-옴/-움'이나 '-오ᄃᆡ/-우ᄃᆡ'에서 나타나는 '오/우'는 독립적인 문법 형태소로 보지 않고 '-옴/-움'과 '-오ᄃᆡ/-우ᄃᆡ'의 형태의 일부로 처리한다. '-옴/-움, -오ᄃᆡ/-우ᄃᆡ' 이외에도 '-오ᄃᆞᆫ/-우ᄃᆞᆫ, -올뎬/-울뎬, -올뎐/-울뎐' 등에 실현된 '오/우'도 독립적인 문법 형태소로 분석하지는 않는다.

6. 불연속 형태의 어미

특정한 어미 속에 다른 형태소가 끼어들어서 어미의 형태가 분리되는 수가 있는데, 이러한 형태를 '불연속 형태(= 잘린 형태)'라고 한다.(허웅 1992:135)

(15) ㄱ. 나라 니스리를 긋게 ᄒᆞ시ᄂᆞ니 엇더ᄒᆞ니잇고   [석상 6:7]
     ㄴ. 엇뎨 부톄라 ᄒᆞᄂᆞ닛가   [석상 6:16]

(15)에서 실현된 의문형 종결 어미의 형태는 '-니고'와 '-니가'인데, '-니고'와 '-니가'의 속에 상대 높임의 선어말 어미인 '-잇-'과 '-ㅅ-'이 끼어들어서 의문형 어미의 형태가 '-니…고'와 '-니…가'로 불연속적으로 되었다.

/ㅗ, ㅜ/로 시작하는 어미의 /ㅗ, ㅜ/가 '-이다'와 '아니다'의 어간 뒤에서 /ㄹ/이 첨가되어 /로/로 불규칙하게 바뀌어서 실현되는 것과 마찬가지이다.(이 책의 218쪽을 참조.)

(16) ㄱ. ᄀᆞᄅᆞ매 빈 업거늘 얼우시고 또 노기시니   [용가 20장]

     ㄴ. 아뫼나 와 가지리 잇거든 주노라   [월석 7:3]

(17) ㄱ. 夫人이 나모 아래 잇거시늘 네 우므리 나니   [월석 2:42]

     ㄴ. 王이 보비를 얻고져 ᄒᆞ거시든   [월석 10:15]

(16)에서는 연결 어미 '-거늘'과 '-거든'이 실현되었는데, 이들 어미는 하나의 어미로 굳어 있는 연결 어미이다. 그런데 (17)처럼 '-거늘'과 '-거든'이 실현된 용언에 주체 높임의 선어말 어미 '-시-'가 다시 실현되면, '-거늘'과 '-거든'의 사이에 '-시-'가 끼어들어서 연결 어미의 형태가 '-거…늘'과 '-거…든'과 같이 불연속적으로 되었다.[9]

7. 선어말 어미가 실현되는 순서

하나의 용언에 여러 개의 선어말 어미가 함께 실현될 때에는, 그 실현 순서가 정해져 있다.

(18) ㄱ. 光有聖人이 보시고 ᄀᆞ장 깃그샤 즉자히 金鑵子 둘흘   [월석 8:97]

          받ᄌᆞᄫᅡ 찻믈 길이ᅀᆞᆸ더시니

     ㄴ. 大愛道ㅣ…부톄 처섬 나거시늘 손소 기르ᅀᆞᄫᆞ시니이다   [월석 10:19]

     ㄷ. (내) ᄌᆞ라면 어루 法을 비호ᅀᆞᄫᆞ리이다   [석상 6:11]

     ㄹ. 聖子ㅣ 나샤 輪王이 ᄃᆞ외시리니 出家ᄒᆞ시면 正覺을   [월석 2:13]

          일우시리로소이다

     ㅁ. 우혼 다 宿王이 옮겨 묻ᄌᆞᄫᆞ시논 마리라   [월석 18:80]

     ㅂ. 쥬을 沙門이라 ᄒᆞᄂᆞ니라   [석상 3:19]

     ㅅ. (부톄)…十方佛 보ᅀᆞᄫᆞ시논 이를 다시 諷ᄒᆞ샤   [법언 5:75]

     ㅇ. 내 이제 아니 오라 주그리로소이다   [월석 21:22]

---

9) 1586년(선조 19)에 발간된 『소학언해』에는 현대 국어와 같은 '어버이 늘그시거든 [2:16]'이나 '달고 다아 묻ᄂᆞᆫ 양 ᄒᆞ시거늘 [4:4]'의 어형이 보인다. 그리고 17세기 이후의 근대 국어에서는 '-시거든'과 '-시거늘'과 같은 실현 양상이 더욱 확대되었는데, 그 결과 현대 국어에서는 '-거시던'과 '-거시늘'과 같은 어미의 불연속 형태는 나타나지 않는다.

(18)에서 밑줄 그은 용언의 선어말 어미가 실현된 순서를 종합하여 배열하면, 다음과 같이 나타낼 수 있다.

(19) (습) – (더) – (시) – (ᄂ)–(오₁) – (리) – (옷) –(오₂) – (니) – (이)

곧 15세기 국어의 선어말 어미는 [객체 높임 표현−회상 표현−주체 높임 표현−현재 시제 표현−화자 표현₁·대상 표현−미래 시제 표현−감동 표현−(화자 표현₂)−원칙 표현−상대 높임 표현]의 순서로 선어말 어미가 배열됨을 알 수 있다.

중세 국어에서는 현대 국어와 비교할 때에 선어말 어미의 실현 순서에 몇 가지 특징이 드러난다. 첫째, 회상의 선어말 어미 '-더-'는 (18)에서 (ㄱ)의 '길이습더시니'처럼 '-시-'에 앞서서 실현되었다. 둘째, 믿음 표현의 선어말 어미인 '-아-/-어-'와 '-거-'도 (ㄴ)의 '나거시ᄂᆞᆯ'처럼 '-시-'에 앞서서 나타나서 '-거시-'와 '-어시-'로 실현되었다.[10] 셋째, (ㄷ)의 '비호ᅀᆞᄫᆞ리이다'에서는 '화자 표현의 선어말 어미₁'가 '-리-'의 앞에 실현되었으며, (ㅇ)의 '주그리로소이다'는 '화자 표현의 선어말 어미₂'가 '-리-'의 뒤에 실현되었다.

다만, 선어말 어미 사이에는 배타적인 제약이 있을 수가 있어서 모든 선어말 어미가 함께 실현될 수 있는 것은 아니다. 따라서 (19)에서 정한 선어말 어미의 실현 순서는 절대적인 순서가 아니며, 개별 선어말 어미 사이에 나타나는 상대적인 순서이다.

---

10) 15세기에는 '-더시-'나 '-거시-'로 실현되는 것이 보통이었으나, 16세기 중엽 이후 근대 국어로 이행되는 시기에 그 실현 순서가 바뀌어서 '-시더-'와 '-시거-'로 쓰이는 것이 굳어졌다.

2.5. 수식언

'수식언(修飾言)'은 체언이나 용언 등을 수식(修飾)하면서 그 의미를 한정(限定)하는 단어의 갈래이다. 수식언에는 '관형사'와 '부사'가 있다.

2.5.1. 관형사

가. 관형사의 개념

'관형사(冠形詞, 매김씨, pre-noun)'는 체언을 수식하면서 체언의 의미를 제한(한정)하는 단어의 갈래이다.

(1) ㄱ. 孤島 외 셤   [용가 5:42 37장]
    ㄴ. 아래로 첫 하ᄂ리라   [월석 1:19]

(ㄱ)의 '외'와 (ㄴ)의 '첫'은 각각 체언인 '셤'과 '하늘'을 수식하면서 그 의미를 한정하였다.

관형사는 형태의 변화가 없는 불변어이며 그 뒤에 조사가 붙지 않는다. 그리고 관형사는 체언만을 수식하며 그 뒤의 체언과 더불어서 체언구(명사구)를 형성한다.

나. 관형사의 유형

관형사는 의미·기능에 따라서 '성상 관형사, 지시 관형사, 수 관형사'로 나뉜다.
〈 성상 관형사 〉 '성상 관형사(性狀 冠形詞)'는 성질이나 상태의 의미로 체언을 수식하는 관형사이다.

(2) ㄱ. 여스슨 외 바랫 두 머린 觀이니   [원언 하2-2:21]
    ㄴ. 眞金은 진딋 金이라   [월석 7:29]
    ㄷ. 이 쑨 아니라 녀나ᄆᆫ 祥瑞도 하며   [월석 2:46]
    ㄹ. 녯 대예 새 竹筍이 나며   [금삼 3:23]
    ㅁ. 大愛道ㅣ…헌 옷 입고 발 밧고   [월석 10:17]

'외(孤, 오직, 하나의), 진딧(진짜의), 녀나문(餘他), 새(新), 헌(弊)'은 성상 관형사로서, 그 뒤에 실현되는 체언 '발, 金, 祥瑞, 竹筒, 옷'을 성질이나 상태의 의미로 수식한다.

〈 지시 관형사 〉'지시 관형사(指示 冠形詞)'는 발화 현장이나 문맥 속에 있는 대상을 가리키면서 체언을 수식하는 관형사이다. 지시 관형사로는 '이, 그, 뎌(= 저) ; 어느, 어누(= 어느), 므슷(= 무슨), 므슴(= 무슨) ; 아모(= 아무)' 등이 있다.

첫째, '이, 그, 뎌'는 어떤 대상을 직접적으로 가리키는 정칭의 지시 관형사이다. '이, 그, 뎌' 중에서 '이'는 화자에게 가까운 대상을, '그'는 청자에게 가까운 대상을, '뎌'는 화자와 청자 모두에게 먼 대상을 가리키면서 체언을 수식한다.[1]

(3) ㄱ. 비홀 사ᄅᆞᆫ 모로매 몬져 이 트렛 이를 더러 ᄇᆞ리고   [내훈 3:56]
      ㄴ. 그 일후미 阿若憍陳如와 摩訶迦葉과…   [석상 13:1]
      ㄷ. 調達이 몸이 뎌 넉시러니   [월천 기136]

(3)에서 '이, 그, 뎌'는 발화 현장에 있는 특정한 대상(체언)을 가리키면서 수식하였다. 곧 (ㄱ)의 '이'는 '틀(= 따위, 부류)'을 수식하였고, (ㄴ)의 '그'는 '일훔'을 수식하였으며, (ㄷ)의 '뎌'는 '넋'을 수식하였다.

둘째, '어느/어누'와 '므슷/므슴'은 그것이 수식하는 대상이 어떠한 것인지 물을 때에 쓰는 미지칭(未知稱)의 지시 관형사이다.

(4) ㄱ. 그디 子息 업더니 므슷 罪오   [월석 1:7]
      ㄴ. 片雲은 므슴 ᄠᅳ드로 琴臺를 바랫ᄂᆞ니오   [두언 7:3]
      ㄷ. (菩薩이) 어누 나라해 가샤 나시리잇고   [월석 2:11]
      ㄹ. 菩薩이 어느 나라해 ᄂᆞ리시게 ᄒᆞ려뇨   [월석 2:10]

(ㄱ)과 (ㄴ)의 '므슷'과 '므슴'은 그것이 수식하는 '罪'와 'ᄠᅳᆮ'이 어떠한 것인지를 물을 때 쓰는 지시 관형사이다. 그리고 (ㄷ)과 (ㄹ)에서 '어누'와 '어느'는 여러 '나라ㅎ'

---

1) '이런, 그런, 뎌런'은 각각 '이러ᄒᆞ다, 그러ᄒᆞ다, 뎌러ᄒᆞ다'의 관형사형인 '이러ᄒᆞᆫ, 그러ᄒᆞᆫ, 뎌러ᄒᆞᆫ'이 줄여져서 된 말인데, '이런, 그런, 뎌런'을 용언의 활용형으로 보지 않고 파생 관형사로 굳은 말로 처리할 가능성도 있다.(남광우 2009)

중에서 지시 대상이 되는 '나라ㅎ'이 어떤 '나라ㅎ'인지 물을 때에 쓰는 지시 관형사다.

셋째, '아모'는 사람이나 사물을 특별히 정하지 않고 두루 가리켜서 말할 때에 쓰는 부정칭(不定稱)의 지시 관형사이다.

(5) ㄱ. <u>아모</u> 사ᄅᆞ미나 ᄒᆞ오ᅀᅡ 滅度ᄅᆞᆯ 得디 아니케 ᄒᆞ야   [월석 12:48]
　　 ㄴ. <u>아모</u> 부톄ᄂᆞᆫ 몬졋 부톄오 <u>아모</u> 부톄ᄂᆞᆫ 後ㅅ 부톄니   [능언 9:95]
　　　　 그 中에 眞佛 假佛 男佛 女佛이 잇ᄂᆞ니

(ㄱ)의 '아모'는 특정한 '사ᄅᆞᆷ'을, (ㄴ)의 '아모'는 특정한 '부텨'를 정하지 아니하고 두루 가리켜서 말할 때에 쓰는 지시 관형사이다.

〈수 관형사〉'수 관형사(數 冠形詞)'는 수량 혹은 순서의 의미를 나타내면서, 그 뒤에 실현되는 체언을 수식하는 관형사이다.

첫째, 'ᄒᆞᆫ, 두, 세/석/서, 네/넉/너, 다ᄉᆞᆺ/닷, 여슷/엿, 닐굽, 여듧, 아홉, 열, 열ᄒᆞᆫ, 열둘/열두 … 스믈/스므, 셜흔 … 온(百), 즈믄(千)' 등은 특정한 수량을 나타내면서 그 뒤에 실현되는 체언을 수식한다.

(6) ㄱ. 黑龍이 ᄒᆞᆫ 사래 주거   [용가 22장]
　　 ㄴ. 鈞은 <u>셜흔</u> 斤이라   [원언 하2-1:49]
　　 ㄷ. <u>온</u> 사ᄅᆞᆷ ᄃᆞ리샤 기ᄅᆞᆯ말 밧기시니   [용가 58장]
　　 ㄹ. ᄆᆞᅀᆞ매 <u>온</u> 혜아룜과 ᄯᅩ <u>즈믄</u> 혜아료ᄆᆞᆯ 머겟도다   [두언 11:4]

(6)에서 'ᄒᆞᆫ, 셜흔, 온, 즈믄' 등은 수량의 의미를 나타내면서 그 뒤에 실현되는 체언인 '살, 斤, 사ᄅᆞᆷ, 혜아룜' 등을 각각 수식하였다. 이 밖에 부정수(不定數)를 나타내는 'ᄒᆞᆫ두, 두ᅀᅥ(2, 3), 서너, 너덧, 다엿, 여닐굽, 열아홉(8, 9), 두ᅀᅥ열(數十)'도 쓰였다.

둘째, '현(= 몇), 온갖(= 온갖), 믈읫(= 모든), 여러' 등은 수량과 관련하여 특별한 뜻을 나타내면서 명사를 수식한다.

(7) ㄱ. 젼 무리 <u>현</u> 버늘 딘ᄃᆞᆯ   [용가 31장]
　　 ㄴ. <u>현</u> 고ᄃᆞᆯ 올마시ᄂᆈ   [용가 110장]
　　 ㄷ. 漸漸 늘구메 봄 맛나ᄆᆞᆫ 能히 <u>몃</u> 디위리오   [두언 10:7]

ㄹ. 몃 間ㄷ 지븨 사ᄅ시리잇고   [용가 110장]

ㅁ. 봄이 오나ᄃᆞᆫ <u>온갖</u> 고지 프며   [영남 상:63]

ㅂ. <u>믈읫</u> 字ㅣ 모로매 어우러ᅀᅡ 소리 이ᄂᆞ니   [훈언 13]

ㅅ. 諸根ᄋᆞᆫ <u>여러</u> 불휘니   [석상 6:28]

ㅇ. 伎女는 풍류며 <u>여러</u> 가짓 지조 잘ᄒᆞᄂᆞᆫ 겨지비라   [석상 3:5]

'현'은 (ㄱ)의 '현 번'처럼 뒤에 오는 말과 관련해서 그리 많지 않은 얼마만큼의 수를 막연하게 이르거나, (ㄴ)의 '현 곧'처럼 의문문에서 뒤에 오는 말과 관련된 수를 물을 때 쓰는 말이다. (ㄷ)과 (ㄹ)의 '몃(← 몇)'은 '현'과 동일한 의미로 쓰이는데, 명사 앞에서 관형사로 쓰일 때는 반드시 '몃'의 형태로만 실현된다.[2] (ㅁ)의 '온갖(← 온갖)'은 '이런저런 여러 가지'의 뜻으로 쓰이며, (ㅂ)의 '믈읫'은 '모든(凡)'의 뜻으로 쓰인다. (ㅅ)과 (ㅇ)의 '여러'는 그것이 수식하는 명사의 수효가 많다는 뜻으로 쓰인다.

셋째, '첫/첟'은 '제일(第一)'의 뜻을 나타내면서 그 뒤에 실현되는 명사를 수식한다.

　(8) ㄱ. 아래로 <u>첫</u> 하ᄂᆞ리라   [월석 1:19]

　　　ㄴ. <u>첫</u> 盟誓 일우리라   [월천 기114]

'첫/첟'은 (ㄱ)과 같은 일반적인 환경에서는 '첫'의 형태로 쓰이지만, (ㄴ)처럼 유성음으로 시작하는 명사 앞에서는 '첟'의 형태로 실현된다.

2.5.2. 부사

가. 부사의 개념

'부사(副詞, 어찌씨, adverb)'는 용언이나 문장을 비롯하여 다양한 문법적인 단위를 수식하여 그 의미를 한정하거나, 특정한 말을 다른 말에 이어 주는 단어의 갈래이다.

---

2) '몃'이 수사로 쓰일 때에는 '몇'의 형태로 실현될 수도 있다.(보기 : 大王아 네 나히 <u>며츤</u> 쁴 恒河ㅅ 므를 본다 [능언 2:8]) 이러한 현상을 보면 관형사의 기본 형태도 '몇'일 가능성이 높다.

(9) ㄱ. <u>그르</u> 알면 外道ㅣ오   [월석 1:51]

    ㄴ. 去聲은 <u>뭇</u> 노픈 소리라   [훈언 13]

    ㄷ. <u>비록</u> 사ᄅᆞᄆᆡ 무레 사니고도 즁ᄉᆡᆼ 마도 몯호이다   [석상 6:5]

    ㄹ. 道國王과 <u>밋</u> 舒國王은 實로 親ᄒᆞᆫ 兄弟니라   [두언 8:5]

(ㄱ)의 '그르'는 동사 '알다'를, (ㄴ)의 '뭇'은 형용사 '높다'를, (ㄷ)의 '비록'은 이어진 문장의 앞절인 '사ᄅᆞᄆᆡ 무레 사니고도'를 수식하였다. 그리고 (ㄹ)의 '밋'은 체언인 '道國王'과 '舒國王'을 이어서 명사구를 형성하였다.

부사는 형태의 변화가 없고 격조사와 결합하지 않으며, 부사어로 기능하여 그 뒤에 실현되는 용언·부사·문장 등 여러 가지 문법적인 단위를 수식하거나 이어 준다.

나. 부사의 유형

부사는 특정한 문장 성분을 수식하는 '성분 부사'와 문장이나 절을 수식하는 '문장 부사'로 구분한다.

(나-1) 성분 부사

'성분 부사(成分 副詞)'는 문장 속에서 특정한 문장 성분만을 수식하는 부사이다. 성분 부사는 의미와 기능에 따라서 '성상 부사, 지시 부사, 부정 부사'로 구분된다.

〈 성상 부사 〉 '성상 부사(性狀 副詞)'는 주로 그 뒤에 실현되는 용언을 성질이나 상태의 뜻(실질적인 의미)으로 수식하는 부사이다.

(10) ㄱ. 그르(잘못), ᄀᆞ장(한껏, 가장), ᄀᆞᆺ(이제 막), 난겻(다투어), 다뭇(함께, 더불어, 견주어), 달(따로, 별도로), 더듸(천천히), 뭇(가장), ᄠᆞ로/또로(따로), 새(새로), 쏘(또), 어루(가히, 넉넉히, 능히), 일(일찍, 이르게), 잘(잘), 절로(저절로), ᄒᆞ마(이미, 머지않아)

ㄴ. 설설(절절), 구믈구믈(구물구물), 뚝(툭), 듧긔동(덜커덩)

(11) ㄱ. 이 아드리 그 羅睺羅ㅣ니 그르 닐어 羅雲이라도   [석상 3:36]
　　　 ᄒᆞᄂᆞ니라
　　ㄴ. 正ᄒᆞᆫ 信心을 ᄀᆞ장 發ᄒᆞ야 一切 쳔량 ᄀᆞ장 얻고   [법언 2:245]
　　　 發願 기프실씨 大千世界 ᄀᆞ장 블ᄀᆞ니   [월천 기21]
　　ㄷ. 蓮모새 ᄀᆞᆺ 다ᄃᆞᆯ면   [월석 7:61]
　　ㄹ. 모든 姬와 貴人이 난곗 빗어 簪珥를 빗내 ᄒᆞ며   [내훈 2 하:12]
　　　 是와 非왜 난곗 니러   [능언 5:22]
　　ㅁ. 눌와 다뭇 議論ᄒᆞ리오   [두언 8:46]
　　　 龍이 삿기는 스싀로 샹녯 사ᄅᆞᆷ과 다뭇 다ᄅᆞ니라   [두언 8:2]
　　ㅂ. 내 몸 닫 혜오 ᄂᆞ미 몸 닫 혜요ᄆᆞᆯ 人相 我相이라   [월석 2:63]
　　　 ᄒᆞᄂᆞ니라
　　ㅅ. 이거시 더듸 ᄲᅥ러딜씨   [두언 18:10]
　　ㅇ. 平聲은 ᄆᆞᆺ ᄂᆞᆺ가ᄫᆞᆫ 소리라   [훈언 14]
　　ㅈ. 特은 ᄂᆞ미 므리예 ᄠᅳ로 다ᄅᆞᆯ 씨라   [석상 6:7]
　　ㅊ. 沙彌ᄂᆞᆫ 새 出家ᄒᆞᆫ 사ᄅᆞ미니   [석상 6:2]
　　ㅋ. 聖化ㅣ 기프샤 北狄이 ᄯᅩ 모ᄃᆞ니   [용가 9장]
　　ㅌ. 須達이 ᄉᆞᆯ보ᄃᆡ 내 어루 (精舍ᄅᆞᆯ) 이ᄅᆞᅀᆞᄫᆞ리이다   [석상 6:22]
　　ㅍ. 외로왼 자샌 일 門을 단놋다   [두언 7:10]
　　ㅎ. 엇뎨 잘 몯 홀갓 分別ᄒᆞ리오마ᄅᆞᆫ   [내훈 3:63]
　　가. 프른 이슨 ᄇᆞᆯ셔 절로 냇도다   [두언 19:13]
　　나. 그러나 이 衆生이 다 ᄒᆞ마 老衰ᄒᆞ야   [월석 17:47]
　　　 ᄒᆞ마 주글 내어니 子孫을 議論ᄒᆞ리여   [월석 1:7]

(12) ㄱ. 活潑潑은 설설 흐르는 믌겨레 비췬 둜비츨   [몽언 43]
　　　 닐온 마리니
　　ㄴ. 그 도기 슬해 이셔 구믈구믈 알프고 ᄇᆞ랍거든   [구간 6:55]
　　ㄷ. 밤 구븛 제 더ᄫᅧᆫ 氣運이 소배 드러 ᄀᆞᆺ 심통애 들면   [몽언 44]
　　　 뚝 ᄲᅥ딜 씨니

ㄹ. 듥긔동 방해나 디허 히얘 [시용향악보 33 상저가]

(11)과 (12)에 쓰인 부사들은 모두 성상 부사인데, 그 뒤에 실현되는 용언을 성질이
나 상태의 실질적인 의미로 수식하고 있다. 이들 성상 부사 중에서 (12)의 부사들은
소리를 흉내내는 '의성 부사'와 모양을 흉내내는 '의태 부사'이다.

〈 지시 부사 〉 '지시 부사(指示 副詞)'는 발화 현장에서 특정한 장소나 방향, 방법 등
을 직접 가리키거나(直示), 앞선 문맥에서 이미 표현된 말을 대용(代用)하는 부사이다.

(13) ㄱ. 이리(= 이렇게), 그리(= 그렇게), 뎌리(= 저렇게)
    ㄴ. 어드러(= 어디로), 어드리(= 어찌), 엇뎨(= 어찌), 어느(= 어찌), 므슴(= 어찌)
    ㄷ. 아무리(= 아무렇게)

(14) ㄱ. 菩薩이 前生애 지순 罪로 <u>이리</u> 受苦ᄒ시ᄂ니라   [월석 1:6]
    ㄴ. <u>그리</u>옷 아니ᄒ면 正覺 일우디 아니호리이다   [월석 23:87]
    ㄷ. 제 간ᄋ 뎌리 모ᄅᆞᆯ씨 둘희 쏜 살이 세 낱 붚 쑨   [월천 기40]
       ᄲᅴ여 ᄃᆞ니

(15) ㄱ. 다시 묻노라 네 <u>어드러</u> 가ᄂ니오   [두언 8:6]
    ㄴ. 出家ᄒᆞᆫ 사ᄅᆞᄆᆞᆫ … 그에 精舍ㅣ 업거니 <u>어드리</u> 가료   [석상 6:22]
    ㄷ. <u>엇뎨</u> 가며 오미 이시리오   [월석 서:2]
    ㄹ. 부텻 法이 精微ᄒᆞ야 져믄 아ᄒᆡ <u>어느</u> 듣ᄌᆞᄫᆞ리잇고   [석상 6:11]
    ㅁ. 우리들히 … <u>므슴</u> 어즈러이 偈ᄅᆞᆯ 지스리오   [육언 상:12]

(16) ᄢᅦ 드러 사름 求호ᄆᆞᆯ <u>아무리</u> 호ᄆᆞᆯ 몯ᄒᆞ야 ᄂᆞᆯ카온   [금삼 3:8]
    갈ᄒᆞ로 버히고

직시나 대용의 기능을 하는 부사는 그것이 가리키는 대상이나 의미에 따라서 세
가지 유형으로 나뉜다. 먼저 (14)의 '이리, 그리, 뎌리'는 정칭(定稱)의 지시 부사로서
그 뒤에 실현된 특정한 용언을 수식하였다. 반면에 (15)의 '어드러 ; 어드리, 엇뎨,
어느, 므슴'은 미지칭(未知稱)의 지시 부사로서, 그리고 (16)의 '아무리'는 부정칭(不定

稱)의 지시 부사로서, 각각 그 뒤에 실현된 특정한 용언을 수식하였다.

〈부정 부사〉 '부정 부사(否定 副詞)'는 긍정문을 부정문으로 바꾸어 주는 부사인데, 이에는 단순 부정의 '아니'와 능력 부정의 '몯'이 있다.

(17) ㄱ. 向은 <u>아니</u> 오란 요ᄉᆞᅵ라   [월석 서:26]
    ㄴ. 부텻긔 받ᄌᆞᄫᅡ늘 부톄 <u>아니</u> 바ᄃᆞ신대   [월석 7:8]

(18) ㄱ. 四祖ㅣ 便安히 <u>몯</u> 겨샤   [용가 110장]
    ㄴ. 勸進之日에 平生ㄱ 뜯 <u>몯</u> 일우시니   [용가 12장]

(17)의 '아니'는 문장으로 표현된 내용을 단순하게 부정하거나, 주체의 의지로써 문장의 내용을 부정하는 뜻을 나타낸다. (ㄱ)처럼 형용사인 '오라다'를 서술어로 하는 문장에서는 '아니'를 실현하여 '오라다'의 내용을 단순하게 부정하였으며, (ㄴ)처럼 동사인 '받다'를 서술어로 하는 문장에서는 주체의 의지로써 '받다'의 내용을 부정하였다. 반면에 (18)의 '몯'은 '할 수 없음' 혹은 '불가능성'의 뜻을 더하면서 문장의 내용을 부정한다.(서정수 1996:961) 곧 (ㄱ)은 '四祖'가 '외적인 조건 때문에 어찌할 수 없이 편안(便安)히 계시지 못함'을 나타내었고, (ㄴ)은 문장 속에서 생략된 주체(= 태조 이성계)가 '외적인 조건 때문에 어찌할 수 없이 平生(평생)의 뜻을 이루지 못함'을 나타낸다.

(나-2) 문장 부사

'문장 부사(文章 副詞)'는 문장이나 절 전체를 수식하는 부사인데, 이에는 '양태 부사'와 '접속 부사'가 있다.

〈양태 부사〉 '양태 부사(樣態 副詞, 말재 어찌씨)'는 문장(절)의 전체 내용에 대하여, '추측, 필연, 가정, 양보, 기원, 부정, 의혹, 당위'와 같은, 화자의 태도나 주관적인 판단을 표현하는 부사이다.

(19) 모로매(= 모름지기), 모딕(= 반드시), 반ᄃᆞ기(= 반드시) ; 아마도(= 아마도), 믈읫
    (= 무릇, 대체로 헤아려 생각하건대) ; ᄒᆞ다가(= 만일), 비록(= 비록)…

(20) ㄱ. 그 나랏 法에 布施호딕 <u>모로매</u> 童女로 내야 주더니　　[석상 6:14]

　　ㄴ. <u>모딕</u> 세 가지로 닐어사 ᄀᆞᄌᆞ리라　　　　　　　　[월석 2:14]

　　ㄷ. <u>반ᄃᆞ기</u> 甘雨ㅣ ᄂᆞ리리라　　　　　　　　　　　[월석 10:122]

　　ㄹ. <u>아마도</u> 福이 조ᅀᆞᄅᆞᄫᅵ니 아니 심거 몯홀 꺼시라　　[석상 6:37]

　　ㅁ. <u>믈읫</u> 有情이 貪ᄒᆞ고 새옴불라 제 모믈 기리고 ᄂᆞᆷ 헐어　[석상 9:15]

　　ㅂ. <u>ᄒᆞ다가</u> 술옷 몯 먹거든 너덧 번에 ᄂᆞ화 머기라　　[구언 1:4]

　　ㅅ. <u>비록</u> 사ᄅᆞ미 무례 사니고도 즁ᄉᆡᆼ 마도 몯호이다　[석상 6:5]

(ㄱ~ㄷ)의 '모로매, 모딕, 반ᄃᆞ기'는 화자가 문장의 내용을 당위적이거나 필연적인 사실로 인식함을 나타낸다. (ㄹ)의 '아마도'는 문장의 내용에 대한 일반적인 추측을 나타내며, (ㅁ)의 '믈읫'은 대략적인 추측을 나타낸다. (ㅂ)의 'ᄒᆞ다가'는 이어진 문장의 앞절의 내용에 대한 가정을 나타내며, (ㅅ)의 '비록'은 양보를 나타낸다. 이처럼 '모로매, 모딕, 반ᄃᆞ기, 아마도, 믈읫, ᄒᆞ다가, 비록' 등은 문장이나 절의 전체 내용에 대한 화자의 태도나 주관적인 판단을 나타낸다.

〈접속 부사〉 '접속 부사(接續 副詞, 이음 어찌씨)'는 단어와 단어를 이어서 명사구를 형성하거나, 앞의 문장과 뒤의 문장을 이어 주는 부사이다.

(21) ㄱ. 밋(= 및), ᄯᅩ(= 또), ᄯᅩᄒᆞᆫ(= 또한), 혹(= 혹은)

　　ㄴ. 그러나(= 그러나), 그러면(= 그러면), 그럴씨(= 그러므로), 그런ᄃᆞ로(= 그러므로), 이런ᄃᆞ로(= 이러므로)

접속 부사는 접속 기능만 있는 것과, 접속 기능과 함께 대용 기능이 있는 것이 있다. (ㄱ)의 '밋, ᄯᅩ, ᄯᅩᄒᆞᆫ, 혹' 등은 대용 기능은 없고 접속 기능만 있다. 반면에 (ㄴ)의 '그러나, 그러면, 그럴씨, 그런ᄃᆞ로, 이런ᄃᆞ로' 등과 같이 '그, 이' 등이 붙어서 형성된 접속 부사는 접속 기능뿐만 아니라, 앞의 문장을 대용하는 기능도 갖추고 있다.

　접속 부사는 그것이 이어 주는 말의 단위에 따라서 '단어 접속 부사'와 '문장 접속 부사'로 나눌 수 있다.

　첫째, '단어 접속 부사'는 단어와 단어를 이어서 명사구를 형성하는 기능을 한다.

(22) 道國王과 <u>밋</u> 舒國王은 實로 親ᄒᆞᆫ 兄弟니라　　　　[두언 8:5]

(22)에서 '및'은 명사인 '道國王'과 '舒國王'을 이어 줌으로써 이들 단어들을 명사구로 만들었다.

둘째, '문장 접속 부사'는 앞의 문장과 뒤의 문장을 특정한 의미적인 관계로 이어 주는 기능을 한다.

(23) ㄱ. 됴타 目連아 네 어루 모딘 龍을 降伏히리라   [월석 25:106]
그러나 目連아 心意를 구디 가져 어즈러본 想을
니르왇디 말라

ㄴ. 쏘 이 數에 더으디 아니홀 똘 엇뎨 알리오   [법언 3:165]
그러면 니르샨 아롬 어려우미 佛智의 어려우미 아니라

(ㄱ)에서 접속 부사인 '그러나'는 앞 문장과 뒤 문장의 사이에 실현되어서 '대조'의 의미 관계로 앞의 문장과 뒤의 문장을 이었으며, (ㄴ)에서 '그러면'은 '조건'의 의미 관계로 앞 문장과 뒤 문장을 이었다.[3]

그런데 15세기 국어에서는 접속 부사가 이어진 문장 속의 앞절과 뒷절 사이에 실현되어서, 연결 어미의 접속 기능을 강화하는 경우가 있다.

(24) ㄱ. 그 믈 미틔 金 몰애 잇ᄂ니 일후미 閻浮檀金이니   [월석 1:24]
그럴씨 일후믈 閻浮提라 ᄒᄂ니라

ㄴ. 罪 업스니 주규믈 ᄎᆞ디 몯ᄒ야 이런ᄃ로 거므며   [두언 7:27]
희요믈 ᄂ호니라

ㄷ. 聲聞이 히미 비록 몯 미츠나 그러나 信으로 드로믈   [법언 2:159]
許ᄒ실씨

(25) ㄱ. 아자바님내씌 다 安否ᄒᆞᅀᆸ고 쏘 耶輸陀羅ᄅᆞᆯ 달애야   [석상 6:1]
ㄴ. ᄀᆞᄅᆞ매 비 업거늘 얼우시고 쏘 노기시니   [용가 20장]

---

3) (22)와 (23)에 쓰인 접속 부사들의 주된 기능은 특정한 말을 수식하는 것이 아니라 이어 주는 것이다. 이러한 점을 감안하면 이들 단어들을 부사로 처리하기보다는 접속사(接續詞)로 처리할 가능성이 있다.(나찬연 2017:298)

ㄷ. 나며 드르실 저기어든 혹 앏셔며 혹 뒤셔   [소학언해 2:3]4)

(24)에서 접속 부사인 '그럴씨, 이런두로, 그러나'는 이어진 문장의 앞절 뒤에 실현된
연결 어미인 '-니, -야, -나'의 의미를 되풀이하여 표현하였다. 그리고 (25)에서 '쏘,
쏘흔, 혹'도 앞절의 끝에 실현된 연결 어미인 '-고'와 '-며'의 의미를 되풀이하여 표
현하였다. 이 경우의 접속 조사는 연결 어미의 접속 기능을 강화하는 기능을 한다.5)

2.6. 독립언

가. 독립언의 개념

독립언(獨立言, 홀로씨)은 문장 속의 다른 말과 문법적인 관계를 맺지 않고 반드시
독립어로 기능하는 단어의 갈래이다.1)
  이와 같은 독립언으로는 '감탄사(感歎詞, 느낌씨)'가 있는데, 감탄사는 화자가 '기쁨,
슬픔, 놀람, 불만' 등과 같은 내적 감정이나, '대답, 다짐, 부름, 시킴' 등의 의지를
직접적으로 표출하는 말이다.

  (1) ㄱ. <u>의</u> (내) 슬프다   [선언 서:15]
      ㄴ. <u>아소</u> 님하 어마님 ᄀ티 괴시리 업세라   [악가 사모곡]

'의'나 '아소'와 같은 감탄사는 문장 속에서 오직 독립어로만 기능한다. 그리고 감탄
사는 형태의 변화가 일어나지 않으며(불변어) 조사와도 결합하지 않는다. 감탄사가
형태의 변화가 없다는 점에서는 용언과 구분되며, 조사와 결합하지 않는다는 점에
서는 체언과 구분된다.

---

4) 『소학언해』(1588)는 16세기에 간행된 문헌이다.
5) (24)와 (25)의 접속 부사의 의미는 그 앞에 실현된 연결 어미와 의미적으로 중복되었으므로,
   이들 문장을 '잉여 표현'으로 볼 수 있다.(나찬연 2004:22)
1) 감탄사를 하나의 단어로 된 작은 문장으로 보아서, '소형문(小形文, 못갖춘월, minor
   sentence)'으로 처리하기도 한다.

나. 독립언의 유형

감탄사는 그 기능에 따라서 '감정 감탄사'와 '의지 감탄사'로 분류할 수 있다.

〈 감정 감탄사 〉 '감정 감탄사(感情 感歎詞)'는 화자가 청자를 의식하지 않고 자신의 감정을 표출하는 데에 그치는 감탄사이다.

(2) ㄱ. <u>의</u> 丈夫ㅣ여 엇뎨 衣食 爲ᄒ야 이 근호매 니르뇨   [법언 4:39]

ㄴ. <u>아으</u> 動動 다리   [악궤 동동]

ㄷ. 들하 노피곰 도ᄃ샤 <u>어긔야</u> 머리곰 비취오시라   [악궤 정읍사]

(ㄱ)에서 '의'는 현대어의 감탄사 '아'와 비슷한 뜻으로 쓰였으며, (ㄴ)에서 '아으'는 현대어의 '아이구'나 '아아' 등의 뜻으로 쓰였다. 그리고 (ㄷ)의 '어긔야'은 조흥구로서 작품 속에서 흥을 돋구거나 음악성을 더해 준다. 이들 감탄사는 화자가 자신의 감정을 직접적으로 표현하는 말이라는 점이 특징이다.

〈 의지 감탄사 〉 '의지 감탄사(意志 感歎詞)'는 화자가 자기의 요구나 판단을 청자에게 적극적으로 표현하는 감탄사이다.

(3) ㄱ. 舍利佛이 슬ᄫᅩ듸 <u>엥</u> 올ᄒ시이다   [석상 13:47]

ㄴ. <u>아소</u> 님하 어마님 ᄀ티 괴시리 업세라   [악가 사모곡]

ㄷ. <u>아소</u> 님하 도람 드르샤 괴오쇼셔   [악궤 삼진작]

(ㄱ)의 '엥'은 긍정의 대답말로서 현대어의 '예'와 같은 뜻으로 쓰였다.[2] 반면에 (ㄴ) 과 (ㄷ)의 '아소'는 현대어의 '마소서'나 '앗으시오'와 같이 '금지'의 뜻을 나타내었다.

---

2) 『석보상절』 13권 47장에서 표현된 '엥 올ᄒ시이다'의 구절이, 『법화경언해』 1권 173장과 『월인석보』 11권 109장에서는 한자어인 '唯然'으로 표기되어 있다. 그리고 『월인석보』 11권 109장의 협주에서는 '唯然'의 뜻을 다음과 같이 풀이하고 있다. "唯ᄂ 恭敬ᄒ야 對答ᄒ 씨니 '唯然은 엥 ᄒ듯 ᄒ 마리라 [월석 11:109]" 이에 따르면 감탄사 '엥'은 '唯'와 같은 뜻이며, '唯'는 공경하여 대답하는 말임을 알 수 있다. 안병희(1992:255)에서는 『월인석보』에 나타나는 이러한 협주 자료의 기록을 바탕으로 15세기 국어에서 나타나는 감탄사 '엥'이 현대어의 '예'와 같은 뜻임을 밝히고 있다. 참고로 김철환(1986:244)에서는 '唯'를 "대답할 유, '예'라고 대답함."으로 풀이하고 있다.

【 더 배우기 】

{ 품사의 통용 }

어떤 단어는 두 가지 이상의 문법적 성질이 있어서 그 단어가 문장 속에서 쓰이는 양상에 따라서 품사가 다를 수가 있다. 이러한 현상을 '품사의 통용(通用)'이라고 한다.(나찬연 2017:199)

1. 한 단어가 두 가지의 품사로 통용되는 경우

특정한 단어가 두 가지 품사로 통용될 수 있다. 이렇게 두 가지 이상의 품사로 통용되는 단어로는 '명사와 대명사', '명사와 부사', '대명사와 관형사', '대명사와 부사', '수사와 관형사', '동사와 형용사', '관형사와 부사'로 통용되는 것이 있다.

첫째, '이어긔, 게, '그에, 뎌에', 등은 의존 명사와 대명사로 두루 쓰인다.

(1) ㄱ. 佛法이사 내 <u>이어긔</u>도 죠고마치 잇다 ᄒᆞ야시ᄂᆞᆯ   [영남 상:14]

    ㄴ. 더우니로 ᄎᆞᆫ <u>게</u> 섯거 ᄎᆞ니로 더우믈 일에 홀 씨니   [능언 3:12]

    ㄷ. 부톄 本來 至極 寂靜ᄒᆞᆫ <u>그에</u> 住ᄒᆞ샤   [석상 23:44]

(2) ㄱ. 이 經 디닐 싸ᄅᆞ미 <u>이어긔</u> 이셔도 다 能히 ᄀᆞᆯ히며   [석상 19:17]

    ㄴ. 九曲은 外蕃ㅅ ᄯᅡ히 아니어늘 <u>게</u> 王이 ᄀᆞ장 城壁을 기피 ᄒᆞ얫더니라   [두언 24:12]

    ㄷ. 東西南北과 네 모콰 아라우희 다 큰 브리어든 罪人을 <u>그에</u> 드리티ᄂᆞ니라   [월석 1:29]

(1)의 '이어긔, 게, 그에'는 그 앞의 관형어에 붙어서 위치를 나타내는 추상적인 뜻으로 쓰였으므로 의존 명사이다.[1] 반면에 (2)의 '이어긔(= 여기), 게(= 거기), 그에

---

[1] (1)에서 (ㄱ)의 '이어긔'는 앞의 관형어에 붙어서 마치 부사격 조사처럼 '-에게'의 뜻으로 쓰이며, (ㄴ)의 '게'와 (ㄷ)의 '그에'는 의존 명사인 '딕(= 데)'와 유사한 뜻으로 쓰인다.

(= 거기)'는 그 앞에 관형어 없이 '거기(에)'라는 구체적인 뜻을 나타내면서 부사어로 쓰였으므로 장소 지시의 대명사이다.

　　둘째, 'ᄀ장'은 의존 명사와 부사로 두루 쓰인다.

　　(3) ㄱ. 그 나랏 ᄀ자은 낫 ᄀ티 븕ᄂ니라　　　　　　　[월석 1:26]
　　　　ㄴ. 하늘 ᄯᅡ히 ᄀ장 振動ᄒ니　　　　　　　　　　[월석 2:35]

(ㄱ)의 'ᄀ장(= 끝까지)'는 그 뒤에 조사와 결합하여서 부사어로 쓰였으므로 명사(부사어성 의존 명사)이다. 반면에 (ㄴ)의 'ᄀ장(= 매우, 한껏)'은 그 뒤의 서술어인 '振動ᄒ니'를 직접적으로 수식하므로 부사이다.

　　셋째, '이, 그, 뎌'는 대명사와 관형사로 두루 쓰일 수 있다.

　　(4) ㄱ. 與는 이와 뎌와 ᄒᄂ 겨체 쓰는 字ㅣ라　　　　[훈언 1]
　　　　ㄴ. 城 안해 바비 업서 죠히와 나못겁질 조쳐 먹다가　[삼행 忠:14]
　　　　　그도 업거늘

　　(5) ㄱ. 시름 ᄆᄉ 업스샤ᄃ 의 지븨 자려 ᄒ시니　　　[용가 102장]
　　　　ㄴ. 모맷 病 업스샤ᄃ 뎌 지븨 가려 ᄒ시니　　　　[용가 102장]
　　　　ㄷ. 耶輸ㅣ 그 긔별 드르시고…노ᄑᆫ 樓 우희 오ᄅ시고　[석상 6:2]

(4)의 '이(= 이것), 뎌(= 저것), 그(= 그것)'는 그 뒤의 조사와 결합하여 부사어나 주어로 쓰였으므로 지시 대명사이다. 반면에 (5)의 '이, 뎌, 그'는 단독으로 명사를 수식하므로 관형사이다.

　　넷째, '엇뎨'는 대명사와 부사로 두루 쓰일 수 있다.

　　(6) ㄱ. 如來 이 方便으로 衆生을 敎化ᄒᄂ니라 엇뎨어뇨　[월석 17:13]
　　　　　ᄒ란ᄃ
　　　　ㄴ. 누비옷 니브샤 붓그료미 엇뎨 업스신가　　　　[월천 기120]

(ㄱ)의 '엇뎨어뇨'에서 '엇뎨(= 어째서)'는 서술격 조사의 무형의 변이 형태인 '-∅-'

에 붙어서 서술어로 쓰였으므로 미지칭의 지시 대명사이다. 반면에 (ㄴ)의 '엇뎨(=
어찌)'는 단독으로 서술어인 '업스신가'를 수식하므로 부사이다.

다섯째, 'ᄒ나ᄒ/ᄒᆞᆫ, 둘ᄒ/두, 세ᄒ/세, 네ᄒ/네, 다ᄉᆞᆺ, 닐굽' 등은 수사와 관형사
로 두루 쓰일 수 있다.

(7) ㄱ. 부텻 나히 <u>셜흔둘히러시니</u>   [석상 6:2]
　　 ㄴ. 뎌 如來ㅅ 像 <u>닐구블</u> 밍ᄀᆞ숩고   [월석 9:53]

(8) ㄱ. 太子ㅅ 손 자ᄇᆞ샤 <u>두</u> 눇믈 디샤   [월천 기45]
　　 ㄴ. 悉達이라 ᄒᆞ샤리 … 자ᄇᆞ리 업시 <u>닐굽</u> 거르믈 거르샤   [석상 6:17]

(7)에서 '둘ㅎ'과 '닐굽'은 그 뒤에 격조사와 결합하여 각각 서술어와 목적어로 쓰
이므로 '수사'이다. 반면에 (8)에서 '두'와 '닐굽'는 단독으로 체언을 수식하므로
'수 관형사'이다.

여섯째, '둏다, 하다, 븕다, 길다, ᄀᆞᆽ갑다' 등은 형용사와 동사로 두루 쓰일 수
있다.

(9) ㄱ. 舍利弗아 이런 增上慢ᄒᆞᄂᆞᆫ 사ᄅᆞᄆᆞᆫ 믈러가도 <u>됴ᄒᆞ니라</u>   [월석 11:109]
　　 ㄴ. 오직 西天 나라ᄒᆞᆯ해 ᄒᆡᆫ 象이 <u>하니라</u>   [월석 2:31]
　　 ㄷ. 이 法華經도 千萬億種 諸經法 中에 ᄆᆞᆺ 비취여 <u>볼ᄀᆞ니라</u>   [월석 18:48]
　　 ㄹ. 눗 비치 검디 아니ᄒᆞ며 좁고 <u>기디</u> 아니ᄒᆞ며   [석상 19:7]
　　 ㅁ. 蜀애셔 邛이 <u>갓가ᄫᆞ니라</u>   [월석 2:50]

(10) ㄱ. 時節이 서늘ᄒᆞ야 病이 <u>됻ᄂᆞ다</u>   [두언 10:30]
　　 ㄴ. 婬欲앳 이ᄅᆞᆯ 즐거ᄫᆞᆷ 격고 受苦ㅣ <u>하ᄂᆞ니</u>   [월석 7:18]
　　 ㄷ. 火珠는 블 구스리니 블 ᄀᆞ티 <u>븕ᄂᆞ니라</u>   [석상 3:28]
　　 ㄹ. 내 病은 히로 슬푸미 <u>기ᄂᆞ다</u>   [두언 23:40]
　　 ㅁ. 서르 <u>ᄀᆞᆽ갑ᄂᆞᆫ</u> 믌 가온딧 ᄀᆞᆯ며기로다   [두언 7:3]

(9)에서 '됴ᄒᆞ니라, 하니라, 볼ᄀᆞ니라, 갓가ᄫᆞ니라'는 현재의 상태를 표현하였는데,

'둏다(= 좋다), 하다(= 많다), 븕다(= 밝다), 길다(= 길다), ᄀᆞᆽ갑다(= 가깝다)'의 어간에 현재 시제의 선어말 어미로 '-Ø-'가 실현되었으므로 이들 단어는 형용사이다. 그리고 (9ㄹ)에서 앞절에서 서술어로 쓰인 '검디, 좁고'가 형용사로 쓰인 것을 볼 때, 뒷절의 '기디'도 형용사로 쓰인 것으로 추정할 수 있다. 반면에 (10)에서 '됻ᄂᆞ다[2], 하ᄂᆞ니, 븕ᄂᆞ니라, 기ᄂᆞ다, ᄀᆞᆽ갑ᄂᆞ닌'에는 '둏다(= 좋아지다), 하다(= 많아지다), 븕다(= 밝아지다), 길다(= 길어지다), ᄀᆞᆽ갑다(= 가까워지다)'의 어간에 현재 시제의 선어말 어미로 '-ᄂᆞ-'가 실현되었으므로 동사이다.

일곱째, '믈읫, 진딧, 어누' 등은 관형사와 부사로 두루 쓰일 수 있다.

(11) ㄱ. 無數佛을 供養ᄒᆞᅀᄫᅡ <u>믈읫</u> ᄠᅳ들 스뭇 알며   [석상 13:42]

    ㄴ. 無上正眞道理ᄂᆞᆫ 우 업슨 正혼 <u>진딧</u> 道理라   [석상 3:10]

    ㄷ. <u>어누</u> 나라해 가샤 나시리잇고   [월석 2:11]

(12) ㄱ. ᄒᆞ다가 (妙法蓮華經을) 듣ᄌᆞᄫᆞᆯ 사ᄅᆞᆷ 成佛 몯 ᄒᆞ리

        업스며 <u>믈읫</u> 能히 아ᅀᆞᄫᆞ니   [월석 11:15]

    ㄴ. 識을 브터 업게 홀씨 乃終내 <u>진딧</u> 업수미 아니니   [월석 1:36]

    ㄷ. 엇뎨 ᄒᆞ마 다ᄋᆞᆫ 모수미 <u>어누</u> 더으리오   [석상 9:35]

(11)에서 '믈읫(= 모든)', '진딧(= 진짜의)', '어누(= 어느)'는 모두 체언을 단독으로 수식하므로 관형사이다. 반면에 (12)에서 '믈읫(= 무릇)', '진딧(= 진짜로)', '어누(= 어찌)'는 서술어를 단독으로 수식하므로 부사이다.

2. 한 단어가 세 가지의 품사로 통용되는 경우

'새(新), 어느, 므슴'과 '아니(不)' 등은 하나의 단어가 세 가지의 품사로 두루 통용된다.

첫째, '새, 어느, 므슴'은 체언, 관형사, 부사 등의 세 가지의 품사로 두루 쓰인다.

---

2) '됻ᄂᆞ다'는 '둏(좋다, 好)- + -ᄂᆞ(현시)- + -다(평종)'으로 분석되는데, '평파열음화'가 적용되어 '됻ᄂᆞ다'로 된 뒤에 다시 비음화가 적용되어서 '됻ᄂᆞ다'의 형태로 바뀌었다.

(13) ㄱ. 往生偈를 외오시면 골픈 비도 브르며 헌 옷도   [월석 8:100]
　　　새 굳ᄒᆞ리니

　　 ㄴ. 녯 대예 <u>새</u> 竹筍이 나며 <u>새</u> 고지 녯 가지예 기도다   [금삼 3:23]

　　 ㄷ. 沙彌ᄂᆞᆫ <u>새</u> 出家ᄒᆞᆫ 사ᄅᆞ미니   [석상 6:2]

(14) ㄱ. 이 두 말을 <u>어늘</u> 從ᄒᆞ시려뇨   [월석 7:26]

　　 ㄴ. 菩薩이 <u>어느</u> 나라해 ᄂᆞ리시게 ᄒᆞ려뇨   [월석 2:10]

　　 ㄷ. 國人 ᄠᅳᆮ을 <u>어느</u> 다 술ᄫᆞ리   [용가 118장]

(15) ㄱ. 부텻긔 받ᄌᆞᄫᅡ <u>므슴</u> 호려 ᄒᆞ시ᄂᆞ니   [월석 1:10]

　　 ㄴ. <u>므슴</u> 그를 ᄀᆞᄅᆞ쵸려 ᄒᆞ시ᄂᆞᆫ고   [석상 3:8]

　　 ㄷ. 信을 因ᄒᆞ야 이를 자ᇝ간 ᄒᆞ노니 나ᄆᆞ닐 다시 <u>므슴</u> [선언 하:128]
　　　퍼리오

먼저 (13)에서 '새'는 (ㄱ)에서는 명사(= 새것)로, (ㄴ)에서는 관형사(= 새)로, (ㄷ)에서는 부사(= 새로)로 쓰였다. 다음으로 (14)에서 '어느'는 (ㄱ)에서는 명사(= 어느 것)로, (ㄴ)에서는 관형사(= 어느)로, (ㄷ)에서는 부사(= 어찌)로 쓰였다. 끝으로 (15)에서 '므슴'은 (ㄱ)에서는 대명사(= 무엇)로, (ㄴ)에서는 관형사(= 무슨)로, (ㄷ)에서는 부사(= 어찌)로 쓰였다.

　둘째, '아니'는 명사와 부사와 감탄사의 세 가지의 품사로 두루 쓰인다.

(16) ㄱ. 生이며 生 <u>아니</u>를 굴희ᄂᆞ니   [법언 5:30]

　　 ㄴ. 世尊하 이 모ᄃᆞᆫ 大衆이 … 이와 이 <u>아니왓</u> ᄠᅳᆮ을 아디 [능언 2:55]
　　　몯ᄒᆞᄂᆞ이다

　　 ㄷ. 그 ᄠᅳ디 ᄒᆞᆫ 가지아 <u>아니아</u>   [능언 1:99]

(17) ㄱ. 내 ᄂᆞ외 이어긔 도라 <u>아니</u> 오리라   [삼행 죈:17]

　　 ㄴ. 千金을 <u>아니</u> 앗기샤 글冊을 求ᄒᆞ시니   [용가 81]

(18) <u>아니</u> 이 行者 아니아   [육언 상:41]

첫째, (16)에서 (ㄱ)의 '아니(= 아닌 것)'는 그 뒤에 목적격 조사인 '-룰'이 붙어서 목적어로 쓰였으며, (ㄴ)의 '아니'는 접속 조사인 '-와'와 관형격 조사인 '-ㅅ'이 붙어서 관형어로 쓰였다. (ㄷ)의 '아니'는 의문 보조사인 '-가'가 붙어서 서술어로 쓰였다. 이처럼 (16)의 '아니'는 각각 격조사, 접속 조사, 보조사에 붙어서 여러 가지 문장 성분으로 두루 기능하였으므로, 이들 '아니'를 '아닌 것'의 뜻을 나타내는 명사로 처리한다. 둘째, (17)의 '아니(= 아니)'는 단독으로 서술어인 '오리라'와 '앗기샤'를 수식하므로 부사이다. 셋째, (18)의 '아니(= 아니)'는 문장 속의 다른 성분과 관계없이 '놀라거나 감탄스러울 때나 의아스러울 때에 하는 말'이므로 감탄사이다. 이처럼 중세 국어에서 '아니'는 명사, 부사, 감탄사의 세 가지 품사로 두루 쓰이는 특징을 보인다.

제3장 단어의 형성

　단어는 하나의 어근으로 이루어진 것도 있지만, 어근과 어근이 결합하거나 어근에 파생 접사가 붙어서 형성된 것도 있다.

3.1. 단어의 짜임새

　〈 어근과 접사 〉 특정한 단어를 짜 이루는 요소를 어근과 접사로 구분할 수 있다.

(1) ㄱ. 니쁠　(니- + 쁠)
　　ㄴ. 불무질 (불무 + -질)
　　ㄷ. 검듸영 (검- + -듸영)

(2) ㄱ. ᄇᆞᄅ매 (ᄇᆞ롬- + -애)
　　ㄴ. 뮐씨　(뮈- + -ㄹ씨)
　　ㄷ. 됴코　(둏- + -고)

　'어근(語根, 뿌리, root)'은 단어 속에서 의미의 중심을 이루는 실질 형태소이다. 곧, 어근은 단어 속에서 중심적이면서 실질적인 의미를 나타내는 형태소이다. (1)에서 '쁠, 불무, 검-'과 (2)에서 'ᄇᆞ롬, 뮈-, 둏-'은 단어 속에서 실질적인 의미를 나타내면서 의미의 중심을 이루므로 어근이다.

　어근을 제외한 나머지 부분은 실질적인 의미가 없는 형식 형태소이다. 이처럼 어근에 붙어서 단어를 짜 이루는 요소로 작용하되, 실질적인 뜻을 나타내지 못하는 형식 형태소를 '접사(接詞, 가지, affix)'라고 한다. (1)과 (2)에서 '니-, -질, -듸영, -애, -ㄹ씨, -고' 등은 모두 접사이다.

접사 중에서 어근에 새로운 의미를 더하거나 단어의 품사를 바꿈으로써, 새로운 단어를 만들어 주는 것을 '파생 접사(派生 接詞, 파생의 가지, derivational affix)'라고 한다. (1)에서 '니-, -질, -듸영'은 파생 접사이다. 파생 접사는 그것이 실현되는 위치에 따라서 '파생 접두사'와 '파생 접미사'로 구분하기도 한다. '파생 접두사(앞가지, prefix)'는 어근의 앞에 실현되는 파생 접사이며, '파생 접미사(뒷가지, suffix)'는 어근의 뒤에 실현되는 파생 접사이다. (1)에서 '니-'는 파생 접두사이며 '-질'과 '-듸영'은 파생 접미사이다. 그리고 접사 중에서 문법적인 기능을 나타내는 것을 '굴절 접사(屈折 接詞, 굴절의 가지, inflectional affix)'라고 한다. (2)에서 체언의 뒤에 붙는 '-애'와 용언의 어간 뒤에 붙는 '-ㄹ씨, -고'는 굴절 접사이다.

〈 **단일어와 복합어** 〉 단어는 짜임새에 따라서 단일어와 복합어로 나뉘고, 복합어는 다시 합성어와 파생어로 나뉜다.

(3) ㄱ. 쇼, 나모 ; 새(新), 다시(再)
ㄴ. 밍글다(造), 하다(多)

(4) ㄱ. 무덤, 놀개
ㄴ. 굴가마괴, 싀어미

(5) ㄱ. 밤낮, 뽈밥, 불뭇골
ㄴ. 검븕다, 오르ᄂ리다, 도라오다

(3)에서 '쇼, 새 ; 밍글다'는 하나의 어근으로 이루어진 단어인데, 이와 같은 단어를 '단일어(單一語, simple word)'라고 한다. 이와 달리 (4)의 '무덤, 굴가마괴'처럼 어근에 접사가 붙어서 이루어진 단어를 '파생어(派生語, derived word)'라고 하고, (5)의 '밤낮, 검븕다'처럼 둘 이상의 어근이 결합하여서 이루어진 단어를 '합성어(合成語, compound word)'라고 한다. 그리고 (4)와 (5)의 단어처럼 둘 이상의 어근이 결합하거나 어근에 파생 접사가 붙어서 된 단어를 아울러서 '복합어(複合語, complex word)'라고 한다.

〈 **합성법과 파생법** 〉 파생어나 합성어는 특정한 어근에 접사나 다른 어근이 결합하여 생겨난 말이다. 이처럼 어근과 어근이 결합하여 새로운 단어(합성어)를 만드는 단어 형성법을 '합성법(合成法, compounding)'라고 한다. 그리고하고, 어근에 파생 접사가 결합하여 새로운 단어(파생어)를 만드는 단어 형성법을 '파생법(派生法, derivation)'이라고 한다. 그리고 합성법과 파생법을 아울러서 '단어 형성법(單語 形成法, 조어법, word-formation)'이라고 한다.

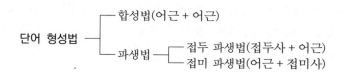

3.2. 합성어

어근과 어근을 합해서 새로운 단어를 형성하는 문법적인 절차를 '합성법'이라고 하는데, 여기서는 합성어의 유형에 대하여 알아본다.

3.2.1. 어근의 결합 방식에 따른 합성어의 유형

합성어는 그것을 짜 이루는 어근들이 결합하는 방식에 따라서 '통사적 합성어'와 '비통사적 합성어'로 구분된다.

〈 **통사적 합성어** 〉 '통사적 합성어(syntactic compound word)'은 합성어에서 어근들이 결합되는 방식이 국어의 통사적인 짜임새가 형성되는 방식과 같은 합성어이다. 곧, 통사적 합성어는 합성어를 구성하는 방식이, 문장 속에서 문장 성분들이 결합하는 일반적인 방식(통사적 규칙)과 동일한 합성어이다.

(6) ㄱ. 어싀아들, 히돌
    ㄴ. 요스싀, 늘그니
    ㄷ. 도라가다, 업시너기다
    ㄹ. 값없다, 맛보다(嘗)

(6)에서 (ㄱ)의 '어ᅀᅵ아ᄃᆞᆯ'과 '희들'은 체언과 체언이 결합되어서, (ㄴ)의 '요ᄉᆞᅀᅵ'와 '늘그니'는 각각 관형사나 용언의 관형사형 뒤에 체언이 결합하여서 이루어진 합성어이다. (ㄷ)에서 '도라가다'는 앞의 용언과 뒤의 용언이 연결 어미에 의해서 결합되었으며, '업시너기다'는 부사에 용언이 결합되어서 형성된 합성어이다. 끝으로 (ㄹ)의 '값없다'는 체언과 용언이 결합하여 [주어 + 서술어]의 통사적인 관계로 짜여진 합성어이고, '맛보다'는 [목적어 + 서술어]의 통사적인 관계로 짜인 합성어이다. (6)의 합성어는 모두 국어의 일반적인 통사 규칙에 맞게 짜였으므로 '통사적 합성어'라고 한다.

〈 비통사적 합성어 〉 '비통사적 합성어(asyntactic compound word)'은 합성어에서 어근들이 결합되는 방식이 국어의 통사적인 짜임새가 형성되는 방식과 다른 합성어이다. 곧, 비통사적 합성법은 합성어를 구성하는 방식이 문장 속에서 문장 성분들이 결합하는 일반적인 방식(통사적 규칙)과는 다른 합성어이다.

    (7) ㄱ. 죽살다, 뛰놀다
       ㄴ. 감ᄑᆞᄅ다, 됴쿳다

용언과 용언이 이어질 때는 앞 용언의 어간에 연결 어미가 실현되어야 통사적 규칙에 맞는다. 그런데 (ㄱ)에서 합성 동사인 '죽살다, 뛰놀다'와 (ㄴ)에서 합성 형용사인 '감ᄑᆞᄅ다, 됴쿳다'는 앞 용언(어근)의 어간에 연결 어미가 없는 상태로 뒤의 용언(어근)이 결합되어 형성된 합성어이다. 이러한 합성어를 '비통사적 합성어'라고 하는데, 15세기 국어에서는 용언(동사와 형용사)에서만 비통사적 합성어의 예가 발견된다.[1]

---

1) 합성어는 어근 사이의 의미적인 관계에 따라서 분류할 수도 있는데, 이에 따르면 '대등적 합성어', '종속적 합성어', '융합적 합성어'로 분류한다. 첫째, '대등적 합성어'는 합성어 속의 어근이 독립된 뜻을 나타내면서, 서로 같은 자격으로 어울려서 이루어진 합성어이다.(보기: 손-발, 어ᅀᅵ-아ᄃᆞᆯ, 희-들, ᄆᆞ-쇼, 아라-우ㅎ ; 죽-살다, 여위-ᄆᆞᄅ다, 이우-시들다, 감-ᄑᆞ라다) 둘째, '종속적 합성어'는 합성어 속의 어근이 각각 독립된 뜻을 나타내기는 하지만, 앞 어근의 의미가 뒤 어근의 의미를 한정하는 합성어이다.(보기: 믈구븨, ᄆᆞ쇼, 손발가락, 묏골, 믌결, 쇠졋 ; 거두잡다, ᄲᅦ알다, 뛰놀다, 빌먹다) 셋째, '융합적 합성어'는 앞의 어근과 뒤의 어근의 의미가 서로 녹아 붙어서, 각 어근의 본래의 뜻이 유지되지 않고 새로운 의미를 나타내는 합성어이다. 다만 융합적 합성어는 대등적 합성어나 종속적 합성어가 문맥에 따라서 특수하게 해석되는 합성어이므로, 중세 국어에서는 개별 용례를 제시하기가 어렵다.

3.2.2. 합성어의 품사에 따른 합성어의 유형

합성법은 '체언 합성어, 용언 합성어, 수식언 합성어' 등과 같이 합성어의 품사에 따라서 유형을 나눌 수 있다.

가. 체언 합성어

〈 명사 합성어 〉 명사 합성어는 어근과 어근이 결합하여 형성된 명사이다.

(8) ㄱ. 믈언덕, ᄆ쇼, 밤낮, 쏭오좀, 공쟝바치, 셩냥바지, 어비몯, 암ᄆᆯ, 수쇼
ㄴ. 곳믈, 눈쌀, 머릿박, 믌결, 묏골 ; 돌기똥, 돌기알, 쇠젖
ㄷ. 요즈슴/요주슴, 요스시, 뎌즈슴/뎌주슴 ; 외짝, 외셤
ㄹ. 져므니, 하나비, 한쇼, 한숨/한숨 ; 늘그니, 열쇠, ᄌᄆᆯ쇠, 드르리(聽者)

(ㄱ)의 '믈언덕'과 '공쟝바치'는 명사 어근에 명사가 결합해서, (ㄴ)의 '곳믈, 돌기똥, 쇠젖'은 각각 명사 어근에 관형격 조사인 '-ㅅ, -의, -ㅣ'가 붙은 다음에 뒤의 명사 어근과 결합해서 명사 합성어가 되었다. (ㄷ)의 '요즈슴'과 '외짝'은 관형사에 명사가 결합해서 명사 합성어가 되었다. (ㄹ)의 '져므니'와 '하나비'는 형용사의 관형사형에 명사가 결합해서, '늘그니'와 '열쇠'는 동사의 관형사형에 명사가 붙어서 명사 합성 어가 되었다. 이처럼 명사 합성법으로 형성된 단어는 대부분 통사적 합성어이다.[2]

나. 용언 합성어

〈 동사 합성어 〉 동사 합성어는 어근과 어근이 결합하여 형성된 동사이다.

(9) ㄱ. 믈들다, 빗나다/빛나다, 슬지다/슬찌다, 녀름짓다, 법받다, 앒셔다, 번삼다
ㄴ. ᄀᆞᆯ디르다, 업시너기다

---

[2] 다만, '봇돌ㅎ(숫돌)'은 동사 어근인 '봇(←봇다 : 훔치다, 닦다, 갈다, 摩)-'에 체언 어근인 '돌ㅎ(石)'이 직접적으로 결합하여서 된 비통사적 합성어이다. 'ᄒᆞᄫᅩ삿말(혼잣말, 獨言)'도 부 사 어근인 'ᄒᆞᄫᅩ사'에 관형격 조사인 '-ㅅ'이 붙어서 명사 어근인 '말'과 결합하였으므로 비통 사적 합성어이다.

ㄷ. 나사가다, 도라오다, 두라들다

(10) 노니다, 듣보다, 딕먹다, 빌먹다, 뛰놀다, 사ᄅ잡다, 오ᄅᄂ리다, 여위ᄆᄅ다, 죽
살다 ; 드나들다

(9)의 단어들은 통사적 합성법으로 이루어진 합성 동사이다. (ㄱ)의 '믈들다'와 '녀름 짓다'는 명사에 동사가 결합해서, (ㄴ)의 'ᄀᄅ디르다'와 '업시너기다'는 부사에 동사가 결합해서 동사 합성어가 되었다. 그리고 (ㄷ)의 '나사가다'와 '도라오다'는 동사의 연결형에 동사가 결합하여서 동사 합성어가 되었다. 이에 반해서 (10)의 '노니다'와 '듣보다' 등은 앞 어근에 연결 어미가 실현되지 않은 채로 뒤 어근이 결합하여 이루어진 비통사적 합성어이다.

〈 형용사 합성어 〉 형용사 합성어는 어근과 어근이 결합하여 형성된 형용사이다.

(11) 값없다, 슬지다, 그지없다, 힘세다

(12) 됴쿶다, 검븕다, 감ᄑᄅ다, 어위크다, 질긔굳다

(11)의 단어는 통사적 합성법으로 형성된 형용사인데, '값없다'와 '슬지다' 등은 명사에 형용사가 붙어서 형용사가 되었다. 그리고 (12)의 단어는 비통사적 합성법으로 형성된 형용사인데, '됴쿶다'와 '검븕다' 등은 형용사에 형용사가 붙어서 다시 형용사가 되었다.

다. 수식언 합성어

〈 관형사 합성어 〉 관형사 합성어는 어근과 어근이 결합하여 형성된 관형사인데, 관형사 합성어의 수는 그리 많지 않다.

(13) ㄱ. 흔두, 두서, 서너, 너덧, 다엿, 여닐곱, 닐여듧, 열아홉, 두서열(數十)
ㄴ. 온갓

(ㄱ)의 '흔두'는 관형사 '흔'에 관형사 '두'가 붙어서, (ㄴ)의 '온갖'은 관형사 '온(百, 全)'에 명사 '갓(← 갓 : 가지)'이 붙어서 관형사가 되었다. (13)에 제시된 합성 관형사들은 모두 통사적 합성어이다.

〈 부사 합성어 〉 부사 합성어는 어근과 어근이 결합하여 형성된 부사이다.

(14) ㄱ. 몯다 ; 다폴다폴/다폴다폴, 너운너운
     ㄴ. 나날, ᄆ디ᄆ디, 가지가지
     ㄷ. 외뜨로

(ㄱ)의 '몯다'와 '다폴다폴'은 부사에 부사가 붙어서, (ㄴ)의 '나날'과 'ᄆ디ᄆ디'는 명사에 명사가 붙어서, (ㄷ)의 '외뜨로'는 관형사에 부사가 붙어서 부사가 되었다. 여기서 (ㄱ)과 (ㄴ)의 예는 통사적 합성어이며, (ㄷ)의 '외뜨로'는 비통사적 합성어이다.

3.3. 파생어

파생어는 어근의 앞이나 뒤에 파생 접사가 붙어서 된 새로운 단어이다.

3.3.1. 한정적 접사와 지배적 접사

파생 접사는 의미와 문법적인 기능에 따라서 '한정적 접사'와 '지배적 접사'로 구분하기도 한다.

〈 한정적 접사 〉 파생어를 형성하는 과정에서 원래의 말(어근)에 특정한 의미만을 더하는 파생 접사를 '한정적 접사(restrictive affix)' 혹은 '어휘적 접사(lexical affix)'라고 한다.

(15) 핟옷, 횟돌다

(16) 아기씨, 열티다, 몯내

(15)에서 '핟옷'은 명사 어근인 '옷'에 파생 접두사인 '핟-'이 붙어서 명사가 되었고, '횟돌다'는 동사 어근인 '돌-'에 '횟-'이 붙어서 동사가 되었다. 반면에 (16)에서 '아기씨'는 명사 어근인 '아기'에 파생 접미사인 '-씨'가 붙어서 명사가 되었고, '열티다'는 동사 어근인 '열-'에 '-티-'가 붙어서 동사가 되었다. 그리고 '몯내'는 부사 어근인 '몯'에 파생 접미사인 '-내'가 붙어서 부사가 되었다. 이러한 한정적 접사는 어근에 특정한 의미만 덧붙일 뿐이지 문장의 통사적 구조나 어근의 품사를 바꾸는 일은 없다. 따라서 한정적 접사는 어근의 문법적인 성격을 바꾸지 않는다.

〈지배적 접사〉 파생 접사 중에는 어근에 특정한 의미만 덧붙이는 것이 아니라, 문장의 통사적 구조를 바꾸거나 어근과는 다른 품사의 단어를 형성하는 기능을 하는 것도 있다. 이러한 파생 접사를 '지배적 접사(governing affix)' 혹은 '통사적 접사(syntactic affix)'라고 한다.

첫째, 파생 접사 중에는 어근의 품사는 그대로 유지시키지만, 어근의 문법적인 성격을 바꿈으로써 문장의 구조를 바꾸는 것이 있다.

(17) ㄱ. 싀미 기픈 므른 ᄀᆞᄆᆞ래 아니 <u>그츨씨</u>   [용가 2장]
　　 ㄴ. 한비를 아니 <u>그치샤</u>   [용가 68장]

예를 들어서 '긏다'는 자동사이므로 이것이 쓰인 문장은 (ㄱ)처럼 '주어 + 서술어'의 짜임새로 실현된다. 이에 반해서 '긏다'에 사동 접사가 결합되어서 파생된 '그치다'는 타동사이므로, 이것이 문장 속에서 서술어로 쓰이면 문장의 구조가 (ㄴ)처럼 '주어 + 목적어 + 서술어'의 짜임새로 실현된다.

(18) ㄱ. 블근 새 그를 <u>므러</u>   [용가 7장]
　　 ㄴ. 有情들히 … 모딘 즁ᄉᆡᆼ <u>믈여</u> 橫死홀 씨오   [월석 9:58]

'믈다'는 타동사이므로 그것이 실현된 문장은 (ㄱ)처럼 '주어 + 목적어 + 서술어'의 짜임새로 실현된다. 반면에 '믈다'에 피동 접미사 '-이-'가 붙어서 파생된 '믈이다'는 자동사이므로, '믈이다'가 서술어로 실현된 문장은 (ㄴ)처럼 '주어 + 부사어 + 서술어'의 짜임새로 실현된다. 이처럼 사동사나 피동사를 파생하는 접사는 어근의 통사적인 성질을 변화시켜서 문장의 구조를 바꾸므로 통사적(지배적) 접사이다.

둘째, 지배적 접사 중에는 어근과는 다른 품사의 파생어를 형성하여서, 어근의 문법적인 성질을 변화시키는 것도 있다.

(19) ㄱ. 艱難(명사) + -ㅎ(다)   → 艱難ㅎ다(형용사)

ㄴ. 그리(동사)- + -ㅁ   → 그림(명사)

ㄷ. 깊(형용사)- + -이- + (-다) → 기피다(동사)

ㄹ. 새(명사) + -롭- + (-다)   → 새롭다(형용사)

(ㄱ)에서 '-ㅎ-'는 명사 어근인 '艱難'을 형용사로 파생시켰으며, (ㄴ)의 '-ㅁ'은 동사 어근인 '그리-'를 명사로 파생시켰다. 그리고 (ㄷ)에서 '-이-'는 형용사 어근인 '깊-'을 동사로 파생시켰으며, (ㄹ)에서 '-롭-'은 명사 어근인 '새(新)'를 형용사로 파생시켰다. 이들 파생 접사 '-ㅎ-, -ㅁ, -이-, -롭-' 등은 어근에 특별한 의미를 더해 줄 뿐만 아니라, 어근의 품사까지 바꾸므로 지배적 접사이다.

3.3.2. 접두 파생어

어근의 앞에 붙어서 새로운 단어를 만드는 접사를 '접두사(接頭辭, 앞가지, prefix)'라고 하고, 어근에 접두사를 붙여서 파생어를 만드는 문법적인 방법을 '접두 파생법'이라고 한다.

접두 파생법과 접미 파생법을 비교해 보면, 접두 파생법에는 다음과 같은 특징이 나타난다.

첫째, 접두 파생법은 접미 파생법에 비해서 파생어를 형성하는 힘(파생력)이 약한데, 이는 접두사와 결합하는 어근이 매우 한정되어 있기 때문이다. 결과적으로 접두 파생법으로 형성되는 파생어의 수나 종류는 접미 파생법에 의한 것보다 훨씬 적다. 둘째, 접두 파생법에서 접두사에는 일반적으로 어근의 품사를 바꾸거나 통사 구조를 바꾸는 '지배적 기능'은 없고, 어근의 의미를 제한하는 '한정적 기능'만 있다. 셋째, 접미 파생법과는 달리 접두 파생법으로 파생되는 단어는 체언과 용언(대부분 동사)에 한정된다.

가. 체언의 접두 파생어

다음의 단어는 체언에 접두사가 붙어서 파생된 단어이므로, 어근의 품사인 체언을 그대로 유지한다.(허웅 1975:142)

	형태	의미	예
①	가-	못생긴	갓나히
②	갈-	무늬가 있는	갈웜, 갈지게, 갈외
③	굴-	배가 흰	굴가마괴, 굴거믜
④	납-	넓다(廣)	납거믜
⑤	니-	잡곡에 대립되는 의미로 '보통의 쌀'	니쌀
⑥	댓-	크고 억센	댓무수, 댓뿌리
⑦	들-	야생의	들기름, 들깨
⑧	뫼-	찰기가 없이 메진	뫼쌀
⑨	새-	희고 밝은	새별, 새매, 새삼
⑩	소-	맨-	소밥
⑪	쉿-	작고 둥근	쉿무수
⑫	스-	새로 된	스ㄱ볼
⑬	싀-	새로 된, 媤	싀아비, 싀어미
⑭	쓰-	곡식 가루, 흰	쓰믈
⑮	아춘-	작은	아춘아들, 아춘똘, 아춘설
⑯	이듬-	그 다음	이듬히
⑰	읻-	둘(二)	읻히
⑱	젼-	군것을 섞지 않은	젼술, 젼국, 쳥국(← 젼국)
⑲	초-	초(初)-	초ᄒᆞᆯ
⑳	츌-	끈기가 있는	츌콩, 츳쌀
㉑	춤-	인공을 잘 들인, 진짜의, 품질이 좋은	춤기름, 춤깨, 춤빗, 춤먹
㉒	한-	집밖의	한딕
㉓	핟-	솜을 넣은	핟옷
㉔	항-	큰(← 한)	항것

⟨표 1⟩ 체언을 파생하는 접두사

나. 용언의 접두 파생어

다음의 단어는 용언에 파생 접두사가 붙어서 파생된 단어이므로, 어근의 품사인 용언을 그대로 유지한다.(허웅 1975:136)

	형태	의미	예
①	걸-	걸다(掛)	걸앉다
②	것므르-	가짜(假)	것므르죽다
③	넙-	넘나들다	넙놀다
④	답-	한 군데 첩첩이	답샇다
⑤	더위-	손을 높이 올려 당기다.	더위잡다
⑥	덧-	강조	덧궂다
⑦	데-	감정적인 색채를 더함.	데쁘다
⑧	마-	수척(瘦瘠), 야위다	마므르다
⑨	믈(블)-	힘주어 꽉	믈둥기다 / 블둥기다
⑩	박-	힘주어 세게	박츠다
⑪	브르-	솟아나게	브르돋다, 브르쁘다
⑫	비-	멸시하여	비웃다
⑬	아싀-	처음	아싀쁘다
⑭	에-	옳지 않으면서 세기만 한	에굳다
⑮	엇-	어긋나게	엇막다
⑯	져-	기대에 어긋나게	져브리다
⑰	줒-	바로 밑바닥까지	주잖다
⑱	즏-	함부로 마구	즏넓다
⑲	춧-	강조	춧들다
⑳	치-	힘줌	치잡다, 치혀다
㉑	티-	위로, 세게, 힘주어	티츠다, 티소다, 티디르다, 티받다
㉒	횟-	돌아가는 모양	횟돌다, 횟도니다
㉓	흐-	남을 못살게	흐놀이다

〈표 2〉 용언을 파생하는 접두사

3.3.3. 접미 파생어

어근에 '파생 접미사(接尾辭, 뒷가지, suffix)'를 붙여서 형성된 새로운 단어를 '접미 파생어'라고 한다. 접미 파생어의 유형을 파생어의 품사를 기준으로 설정해 보면 다음과 같다.

가. 체언 파생어

체언 파생어는 어근에 접미사가 붙어서 형성된 체언이다. 체언 파생어는 어근의 종류에 따라서 다음과 같은 유형으로 나눌 수 있다.

〈 체언 어근 + 접미사 〉 체언 어근에 접미사가 붙어서 다시 체언으로 파생된다.

(20) ㄱ. ᄇᆞ룸<u>가비</u>, 뒷<u>간</u>, 아바<u>님</u>, 머리<u>맡</u>, 빗<u>복</u>, 글<u>발</u>, 아기<u>씨</u>, 말<u>씀</u>, ᄑᆞ성<u>귀</u>, ᄉᆞ라<u>기</u>,
　　고<u>랑</u>, ᄆᆞ<u>야지</u>, 등<u>어리</u>, 가락<u>지</u>, 불무<u>질</u>, 발<u>측</u>, 기<u>동</u>, 담<u>쟝이</u>

　　ㄴ. 그<u>듸</u>/그<u>의</u>/그<u>디</u>[3]

　　ㄷ. ᄒᆞ나<u>차히</u>, 둘<u>차히</u>, 세<u>차히</u>, 네<u>차히</u>, 다숫<u>차히</u>, 여스<u>차히</u>, 닐굽<u>차히</u>, …

　　ㄹ. 어비ᄆᆞ<u>내</u> ; 그듸<u>내</u>, 너<u>희</u>(<u>둘ㅎ</u>), 저<u>희</u>(<u>둘ㅎ</u>)

　　ㅁ. 나<u>죄</u>, 제 ; 目連<u>이</u>, 瞿曇<u>이</u>

(ㄱ)의 단어는 명사 어근에 접미사인 '-가비, -간, -님, -맡, -복, -발, -씨, -씀, -성 귀, -아기, -앙, -아지/-야지, -어리, -지, -질, -측, -옹, -쟝이' 등이 붙어서 다시 명사로 파생되었다. (ㄴ)의 단어는 대명사 어근에 높임의 의미를 나타내는 '-듸/-의 /-디'가 붙어서 대명사로 파생되었다. (ㄷ)의 단어는 순서를 나타내는 서수사(序數詞) 인데, 이들은 양수사(量數詞)인 'ᄒᆞ나ㅎ, 둘ㅎ, 세ㅎ, 네ㅎ, 다숫' 등에 접미사인 '-자히 /-차히/-재/-채' 등이 붙어서 서수사로 파생되었다.[4] (ㄹ)의 단어는 명사나 대명사 인 어근에 접미사 '-내, -희, -둘ㅎ'이 붙어서 복수(複數)의 의미를 더하였다. (ㅁ)의

---

3) 파생 접사인 '-듸/-ᄃᆡ'는 어원적으로 'ᄃ(데, 것, 處 : 의명) + -이/-의(부조, 위치)'로 다시 분석되며, '-디'는 '-ᄃᆡ/-듸'의 변이 형태이다.
4) 단, '자히/차히' 등을 파생 접미사로 보지 않고 의존 명사로 보는 견해도 있다. 이에 대하여는 이 책의 136쪽과 홍윤표(1994:33)의 내용을 참조.

단어는 어근에 특별한 뜻을 더하지 않는 접미사인 '-인, -의 ; -이'가 붙어서 된 파생 명사이다.5)

〈 용언 어근 + 접미사 〉 용언 어근에 접미사가 붙어서 체언으로 파생된다.

   (21) ㄱ. 이바디, 마지, 마쯔비 ; 거름, 무덤, 싸홈, 기춤, 우슴 ; ᄀᆞᆯ애, 울에, 늘개 ; 얼운
       ㄴ. 기리 ; 노픠, 기릐, 킈, 더뷔, 치뷔

(ㄱ)의 단어는 동사 어근에 접미사 '-이 ; -음, -엄, -ㅁ, -움6) ; -애, -에, -개 ; -ㄴ' 이 붙어서, (ㄴ)의 단어는 형용사 어근에 접미사 '-이 ; -의/-의/-위'가 붙어서 명사 로 파생되었다.

나. 동사 파생어

동사 파생어는 어근에 접미사가 붙어서 형성된 동사인데, 어근의 종류에 따라서 다음과 같은 유형으로 나눌 수 있다.

〈 용언 어근 + 접미사 〉 동사나 형용사의 어근에 파생 접미사가 붙어서 동사로 파생 된다.

첫째, 동사 어근에 접미사가 붙어서 다시 동사로 파생될 수 있다.

   (22) ㄱ. 니르받다/니르왇다, 밀왇다/미리왇다
      ㄴ. 열티다
      ㄷ. 니르혀다, 드위혀다

(22)의 단어는 동사 어근에 강조 접미사가 붙어서 동사로 파생되었다. (ㄱ)의 '니르받 다/니르왇다'와 '밀왇다'와 '미리왇다'는 어근에 '-받-, -왇-'이 붙어서, (ㄴ)의 '열티 다'는 어근에 '-티-'가 붙어서, (ㄷ)의 '니르혀다'와 '드위혀다'는 어근에 '-혀-, -혀

---

5) 이때의 '-인, -의 ; -이'는 명사 어근에 특별한 뜻을 더하지 않고 단어를 파생시키기 때문에, 이를 '비슷한 가지(유사 접사)'라고 한다.(허웅 1975:228)

6) 15세기 국어에서 '-움'은 일반적으로 용언의 명사형 전성 어미로 쓰였는데, '기춤(깇- + -움), 우숨(웃- + -움), 춤(츠- + -움), 우룸(울- + -움)'에서는 '-움'이 명사 파생 접미사로 쓰였다.

-'가 붙어서 동사로 파생되었다.

> (23) ㄱ. 무티다 ; 밧기다 ; 노기다, 믈리다 ; 웇이다, 짖이다, 살이다, 얼이다, 말이다 ;
>   홀리다, 올이다
>   ㄴ. 도로다, 기울우다, 일우다7), 비호다 ; 머추다 ; 솟고다
>   ㄷ. 니르다/니르다, 도르다, 사르다, 이르다/이르다
>   ㄹ. 치오다, 틔오다, 픠우다 ; 알외다, 닝위다

(23)의 단어는 동사 어근에 사동 접미사가 붙어서 다시 동사로 파생되었다. 곧, (ㄱ)의 '무티다'에는 어근에 '-히'가 붙어서, '밧기다'에는 '-기-'가 붙어서, '노기다, 웇이다, 살이다, 홀리다, 올이다'는 '-이-'가 붙어서 사동사로 파생되었다. (ㄴ)의 '도로다, 기울우다, 일우다, 비호다, 머추다, 솟고다'는 어근에 '-오-/-우- ; -후- ; -고-'가 붙어서, (ㄷ)의 '니르다/니르다, 도르다, 사르다, 이르다/이르다'는 어근에 '-ㅇ-/-으-'가 붙어서 사동사로 파생되었다. 끝으로 (ㄹ)의 '치오다, 틔오다, 픠우다'는 어근에 '-이-/-ㅣ-'와 '-오-/-우-'가 겹쳐서, '알외다, 닝위다'는 어근인 '알다'와 '닛다'에 '-오-/-우-'와 '-ㅣ-'가 겹쳐서 사동사로 파생되었다.

> (24) ㄱ. 두피다 ; 다티다 ; 담기다, 듬기다
>   ㄴ. 미예다, 괴예다

(24)의 단어는 동사 어근에 피동 접미사가 붙어서 다시 동사로 파생되었다. 곧 (ㄱ)에서 '두피다 ; 다티다 ; 담기다, 듬기다'는 어근에 각각 피동 접미사인 '-이-, -히-, -기-'가 붙어서 피동사로 파생되었다.8) 그리고 (ㄴ)의 '미-'나 '괴-'처럼 하향적 이

---

7) '살이다(住), 놀이다(遊), 늘이다(飛), 울이다(鳴) ; 기울우다(傾), 길우다(長), 일우다(成)'와 '웇이다, 짖이다'처럼 /ㄹ/이나 /ㅿ/로 끝나는 용언 어근에 사동 접미사 '-이-'나 '-우-'가 붙어서 사동사가 될 적에는 어근의 /ㄹ/ 끝소리는 종성으로 남을 수 있다. 이때의 '-이-'나 '-우-'의 'ㅇ'은 '유성 후두 마찰음'인 /ɦ/의 음가가 있는 것으로 볼 수 있다.

8) 피동 접미사인 '-이-, -히-, -기-'는 어근이 놓이는 음운론적인 환경에 따라서 구분되어 실현된다. 곧 /ㄱ, ㄷ, ㅂ, ㅈ/과 같은 거센소리의 짝이 있는 예사소리의 어근 뒤에는 '-히-'가, /ㅁ/으로 끝난 어근 뒤에는 '-기-'가, 그리고 나머지 소리의 어근 뒤에는 '-이-'가 실현된다.

중 모음인 /j/로 끝난 어근에서는 피동 접미사 '-이-'가 '-ᅇᅵ-'의 형태로 실현될 수도 있다.

둘째, 형용사 어근에 접미사가 붙어서 동사로 파생될 수 있다.

(25) ㄱ. 너피다, 더러ᄫᅵ다
ㄴ. 녀토다, 길우다, ᄀᆞ초다
ㄷ. 업시ᄫᅳ다/업시오다/업시우다

(25)에서 (ㄱ)의 '너피다, 더러ᄫᅵ다'는 형용사 어근에 사동 접미사인 '-히-, -이-'가 붙어서, (ㄴ)의 '녀토다, 길우다, ᄀᆞ초다'는 사동 접미사 '-오-, -우-, -호-'가 붙어서 사동사로 파생되었다. 그리고 (ㄷ)의 '업시우다'는 '없다'에 동사 파생 접미사 '-이ᄫᅳ-/-이오-/-이우-'가 붙어서 사동사로 파생되었다.(허웅 1975:201 참조.)

〈명사 어근 + ᄒᆞ다〉 명사 어근에 접미사인 '-ᄒᆞ-'가 붙어서 동사로 파생된다.

(26) 공ᄉᆞᄒᆞ다, 그슴ᄒᆞ다, 기춤ᄒᆞ다, 깃ᄒᆞ다, 시름ᄒᆞ다, ᄉᆞᄾᅵᄒᆞ다, 풍류ᄒᆞ다

'공ᄉᆞᄒᆞ다, 그슴ᄒᆞ다, 기춤하다, 깃ᄒᆞ다, 시름ᄒᆞ다, ᄉᆞᄾᅵᄒᆞ다, 풍류ᄒᆞ다'는 명사 어근인 '공ᄉᆞ, 그슴, 깃, 시름, ᄉᆞᄾᅵ, 풍류'에 파생 접미사 '-ᄒᆞ-'가 붙어서 동사로 파생되었다.

〈부사 어근 + -ᄒᆞ-〉 부사 어근에 접미사인 '-ᄒᆞ-'가 붙어서 동사로 파생된다.

(27) ㄱ. 그르ᄒᆞ다, ᄀᆞ장ᄒᆞ다, 다ᄒᆞ다, 다뭇ᄒᆞ다, 더ᄒᆞ다, 잘ᄒᆞ다
ㄴ. 이리ᄒᆞ다, 엇뎨ᄒᆞ다/엇디ᄒᆞ다
ㄷ. 아니ᄒᆞ다, 몯ᄒᆞ다

(ㄱ)의 '그르ᄒᆞ다, ᄀᆞ장ᄒᆞ다, 다ᄒᆞ다, 다뭇ᄒᆞ다, 더ᄒᆞ다, 잘ᄒᆞ다'는 성상 부사인 '그르, ᄀᆞ장, 다(悉), 다뭇, 더, 잘'에, (ㄴ)의 '이리ᄒᆞ다, 엇뎨ᄒᆞ다/엇디ᄒᆞ다'는 지시 부사인 '이리, 엇뎨/엇디'에, 그리고 (ㄷ)의 '아니ᄒᆞ다, 몯ᄒᆞ다'는 부정 부사인 '아니, 몯'에 파생 접미사인 '-ᄒᆞ-'가 붙어서 동사로 파생되었다.

〈영 파생〉 일반적인 동사 파생법과는 달리, 명사 어근에 특정한 파생 접사가 실현

되지 않았는데도 명사가 동사로 파생되는 경우가 있다. 이렇게 형태가 없는 '영 접미사(-∅-, zero suffix)'를 연결하여 새로운 단어를 만드는 조어법을 '영 파생'이라고 한다.

(28) ㄱ. 빗다(동사) : 빗(빗, 얼레빗, 梳) + -∅(동접)- + -다
　　 ㄴ. 깃다(← 깃 : 보금자리), 긋다(← 긋 : 획), ᄀᆞ믈다(← ᄀᆞ믈 : 가뭄), 굷다(← 굷
　　　　 : 갈피, 겹, 층), 너출다(← 너출 : 덩굴), 되다(← 되 : 되), 신다(← 신 : 신),
　　　　 씌다(← 씌 : 띠), 품다(← 품 : 품), 낛다(← 낛 : 낚시)

'깃다, 긋다, ᄀᆞ믈다, 굷다, 너출다, 되다, 신다, 씌다, 품다, 낛다' 등은 명사 어근인 '깃(巢), 긋(劃), ᄀᆞ믈(旱), 굷(重), 너출(蔓), 되(升), 신(履), 씌(帶), 품(胸), 낛(釣)[9]'에 '영 접미사(무형의 형태소)'가 붙어서 동사로 파생되었다.

다. 형용사 파생어

형용사 파생어는 어근에 접미사가 붙어서 형성된 형용사인데, 어근의 종류에 따라서 다음과 같은 유형으로 나눌 수 있다.

〈 용언 어근 + 접미사 〉 용언의 어근에 파생 접미사가 붙어서 형용사로 파생된다.

(29) 녈갑다, ᄎᆞᆺ갑다, 맛갑다

(30) ㄱ. 골프다, 밧브다, 믿브다, 깃브다, 웄브다
　　 ㄴ. 그립다, 밉다 ; 소랑홉다, 恭敬홉다, 感動홉다, 怒홉다, 愛樂홉다
　　 ㄷ. 앗갑다, 므겁다, 즐겁다

(29)의 '녈갑다, ᄎᆞᆺ갑다, 맛갑다'는 형용사나 동사 어근에 접미사 '-갑-'이 붙어서

---

9) (28)의 (ㄴ)에 제시된 명사 어근인 '낛'에서 동사인 '낛다'로 파생되는 과정에서 겹받침의 순서가 바뀐 것이 특이하다. 이러한 현상은 '낛'과 '낛다'의 원래 어근의 기본 형태가 '낡'이었을 가능성을 보여 준다.(허웅 1975:207, 고영근 2010:184)
　　 (보기) ㄱ. 반ᄃᆞ기 고기 <u>낛글</u> 時節 이시리라　　　　　　 [금삼 3:60]
　　　　　　 ㄴ. 이제 <u>낛가</u> 빅예 ᄀᆞᄃᆞ기 ᄒᆞ야 도라가도다　　 [금삼 5:26]
　　　　　　 ㄷ. 錦水에셔 고기 <u>낛구믈</u> 時로 와 보ᄃᆡ　　　　　 [두언 24:21]

형용사로 파생되었다.10) 그리고 (30)의 단어들은 동사 어근에 접미사가 붙어서 형용사로 파생되었다. (ㄱ)의 '골프다, 밧브다, 믿브다, 깃브다, 웃브다'는 동사 어근에 '-브-/-브-/-브-'가 붙어서, (ㄴ)의 '그립다'와 '사랑홉다'는 동사 어근에 '-ㅂ-'이 붙어서11), (ㄷ)의 '앗갑다, 므겁다, 즐겁다'는 동사 어근에 '-압-/-업-'이 붙어서 형용사로 파생되었다.

〈 **명사 어근 + 접미사** 〉 명사 어근에 파생 접미사가 붙어서 형용사로 파생된다.

> (31) ㄱ. 疑心둡다/疑心드뵈다, 쥬변둡다/쥬변드외다, 시름드외다
> ㄴ. 새롭다/새룹다/새ᄅ외다, 겨르롭다/겨르ᄅ뵈다/겨르ᄅ외다, 受苦롭다/受苦ᄅ뵈다, 아ᅀᆞᄅ외다
> ㄷ. 곳답다, 시름답다, 아름답다/아릇답다
> ㄹ. 힘젓다, 香氣젓다, 利益젓다

(ㄱ)의 '疑心둡다, 쥬변둡다'와 (ㄴ)의 '새롭다, 겨르롭다' 등은 명사 어근인 '새'와 '겨를'에 '-둡-/-드뵈-/-드외-'와 '-롭-/-ᄅ뵈-/-ᄅ외-' 등이 붙어서 파생된 형용사이다. 이들 접미사의 형태는 음운론적인 환경에 따라서 달리 실현되는 변이 형태이다. 첫째, 접미사가 붙는 어근의 환경으로 구분하면, '-둡-'은 '쥬변둡다'처럼 자음으로 끝나는 어근 뒤에서 실현되고, '-롭-'은 '새롭도다'나 '겨르롭고(겨를-+-롭-)'처럼 모음이나 /ㄹ/로 끝나는 어근 뒤에서 실현된다. 둘째, 접미사의 뒤에 붙는 어미의 환경으로 구분하면, '-둡-'과 '-롭-'은 '疑心둡거신마른'이나 '새롭도다'처럼 자음으로 시작하는 어미 앞에서 실현된다. 반면에 '-드뵈-/-드외-'와 '-ᄅ뵈-/-ᄅ외-'는 '시름드윈(시름+-드외-+-은)'처럼 매개 모음이나 '受苦ᄅ뵈요미(受苦+-ᄅ뵈-+-옴)'처럼 모음으로 시작하는 어미 앞에서 실현된다.12) 그리고 (ㄷ)에서 '곳답다, 아름답다'는 명사 어근인 에 '-답-'이 붙어서, (ㄹ)에서 '힘젓다'와 '香氣젓다'는 명사

---

10) '녇다(= 얕다)'는 형용사이고 '맞다(= 들어맞다)'는 동사이다. 그리고 '늦다(= 사그라지다, 낮다)'는 동사와 형용사로 두루 쓰인다. 이러한 점을 감안하면 '녇다'도 동사(= 얕아지다)와 형용사(= 얕다)로 두루 쓰였을 가능성이 있다.

11) '스랑홉다(= 사랑스럽다)'는 명사 어근인 '스랑'에 동사 파생 접미사인 '-ㅎ-'와 형용사 파생 접미사인 '-ㅂ-'이 붙어서 최종적으로 형용사로 파생되었다.

12) '-둡-, -드뵈/-드외-'와 '-롭-, -ᄅ뵈-/-ᄅ외-'가 변동되는 조건을 정리하면 다음과 같다.

어근에 '-젓-'이 붙어서 형용사로 파생되었다.[13] 넷째, 접미사인 '-럽-'과 '-롭-'은 변동의 조건이 없이 수의적(임의적)으로 교체된다.

〈 관형사 + 접미사 〉 관형사 어근에 파생 접미사가 붙어서 형용사로 파생된다.

    (32) 외롭다/ 외룹다/ 외ᄅ외다

관형사에서 파생된 형용사는 수가 많지 않다. 예를 들어서 '외롭다/외룹다/외ᄅ외다'는 관형사 어근인 '외(單)'에 '-롭-/-룹-/-ᄅ외-'가 붙어서 된 형용사의 예인데, 이들 예는 15세기의 중세 국어뿐만 아니라 현대 국어에서도 매우 특이하게 형성된 파생어다.[14]

〈 불완전 어근 + -ᄒ- 〉 불완전 어근에 접미사인 '-ᄒ-'가 붙어서 형용사로 파생된다. '불완전 어근(특수 어근, 불구 뿌리, 불규칙 어근)'은 오직 한 형태소와만 결합될 수 있거나, 또는 그에 가까운 성질을 가진 어근이다. 불완전 어근은 '-ᄒ-' 이외의 다른 형태소와 직접적으로 결합되는 일이 거의 없다.(허웅 1975:216)

    (33) ㄱ. 고죽ᄒ다, ᄀᄆᆫᄒ다, ᄌᄌᄒ다, ᄂ죽ᄒ다, 당당ᄒ다, 아ᄃ긱ᄒ다, 어즐ᄒ다
        ㄴ. 이러ᄒ다, 그러ᄒ다, 뎌러ᄒ다 ; 엇더ᄒ다, 아ᄆ라ᄒ다

(ㄱ)의 '고죽ᄒ다, ᄀᄆᆫᄒ다, ᄌᄌᄒ다, ᄂ죽하다, 당당ᄒ다, 아ᄃ긱ᄒ다, 어즐ᄒ다'와 (ㄴ)의 '이러ᄒ다, 그러ᄒ다, 뎌러ᄒ다 ; 엇더하다, 아ᄆ라ᄒ다'는 각각 불완전 어근인 '고죽, ᄀᄆᆫ, ᄌᄌ, ᄂ죽, 당당, 아ᄃ긱, 어즐'과 '이러, 그러, 뎌러 ; 엇더, 아ᄆ라'[15]에

앞 어근의 끝 소리	뒤 어미의 첫 소리	
	자음	모음(매개 모음 포함)
자음(/ㄹ/ 제외)	-둡- : 疑心둡거신마ᄅᆫ	-두ᄫᅵ->-두외- : 疑心두ᄫᅵᆯ / 시름두욀
모음, /ㄹ/	-롭- : 새롭도다 / 겨ᄅ롭고	-ᄅ우ᄫᅵ->-ᄅ우외- : 愛苦ᄅ우ᄫᅵ요미 / 겨ᄅ로외며

13) '-이다'에 대립하여 부정의 뜻을 나타내는 '아니다'도 '[아니(아닌 것, 非 : 명사) + -이(서조▷ 형접)]- + -다'의 방식으로 파생된 형용사로 처리할 가능성이 있다.

14) 15세기 국어에서 '새롭다/새룹다/새ᄅ외다'가 명사인 '새(= 새것)'에 형용사 파생 접미사인 '-롭-/-룹-, -ᄅ외-'가 붙어서 형성된 형용사이다. 이러한 점을 감안하면, (32)의 '외롭다/외룹다/외ᄅ외다'에서 어근인 '외'도 명사였을 가능성이 있다.

접미사인 '-ㅎ-'가 붙어서 형용사로 파생되었다.

라. 관형사 파생어

관형사 파생어는 어근에 파생 접미사가 붙어서 형성된 관형사이다.

(34) ㄱ. 모든, 헌
     ㄴ. 오은/온
     ㄷ. 이런, 그런, 뎌런 ; 엇던

(ㄱ)의 '모든(= 모든)'과 '헌'은 동사 어근인 '몯-(集), 헐-(弊)'에 접미사인 '-은/-ㄴ'이 붙어서, 그리고 (ㄴ)의 '오은/온(= 온, 모든)'은 형용사 어근인 '오올-(全)'에 파생 접미사인 '-은/-ㄴ'이 붙어서 된 관형사이다. 그리고 (ㄷ)의 '이런, 그런, 뎌런 ; 엇던'은 형용사인 '이러ᄒ다, 그러ᄒ다, 뎌러ᄒ다 ; 엇더ᄒ다'의 어근인 '이러, 그러, 뎌러, 엇더'에 파생 접미사인 '-ㄴ'이 붙어서 된 파생 관형사로 처리할 수 있다.(남광우 2009)

마. 부사 파생어

부사 파생어는 어근에 접미사가 붙어서 형성된 부사인데, 어근의 종류에 따라서 다음과 같은 유형으로 나눌 수 있다.
〈 **부사 어근 + 접미사** 〉 부사 어근에 파생 접미사가 붙어서 부사로 파생될 수 있다.

(35) 고대, 몯내

'고대'는 부사 어근인 '곧'에 접미사인 '-애'가 붙어서 다시 부사로 파생되었고, '몯내'는 부사 어근인 '몯'에 '-내'가 붙어서 다시 부사로 파생되었다.
〈 **체언 어근 + 접미사** 〉 체언 어근에 접미사가 붙어서 부사로 파생된다.

---

15) 일부 사전에서는 '이러, 그러, 뎌러 ; 엇더'를 부사로 처리하므로, '이러ᄒ다, 그러ᄒ다, 뎌러ᄒ다, 엇더ᄒ다'를 부사에서 파생된 형용사로 처리할 가능성도 있다.

(36) ㄱ. 갓가ᄉ로, 날로, 본ᄃᆡ로/본ᄃᆡ록, 새로, 진실로, 히로

　　　　ㄴ. 내죵내, ᄆᆞᄎᆞᆷ내

　　　　ㄷ. 몸소, 손소

　　　　ㄹ. 이리, 그리, 뎌리 ; 아ᄆᆞ리

(ㄱ)의 '갓가ᄉ로, 날로, 본ᄃᆡ로/본ᄃᆡ록16), 새로, 진실로, 히로'는 명사 어근인 '갓갓, 날, 본ᄃᆡ, 새, 진실, 히'에 접미사인 '-ᄋᆞ로/-ᄋᆞ록' 등이 붙어서, (ㄴ)의 '내죵내, ᄆᆞᄎᆞᆷ내'는 '내죵'과 'ᄆᆞᄎᆞᆷ'에 '-내'가 붙어서 부사로 파생되었다. 그리고 (ㄷ)의 '몸소, 손소'는 '-소'가 붙어서 부사로 파생되었으며, (ㄹ)에서 '이리, 그리, 뎌리, 아ᄆᆞ리' 등은 대명사인 '이, 그, 뎌 ; 아ᄆᆞ(某)'에 접미사인 '-리'가 붙어서 부사로 파생되었다.

　　〈 용언 어근 + 접미사 〉 용언 어근에 파생 접미사가 붙어서 부사로 파생된다.

　　첫째, 동사 어근에 부사를 파생하는 접미사가 붙어서 형성된 부사가 있다.

　　(37) ㄱ. 비르서, 모다, 가시야 ; 다, 더

　　　　ㄴ. 갓ᄀ로, 너무, 닝우, 도로, 두루, 마조, 비르수, 조초

(ㄱ)의 '비르서, 모다, 가시야 ; 다, 더'는 동사 어근인 '비릇-, 몯-, 가시-, 다ᄋᆞ-, 더으-'에 접미사인 '-아/-어/-야'가 붙어서17), (ㄴ)의 '갓ᄀ로, 너무, 닝우, 도로, 두루, 마조, 비르수, 조초'는 동사 어근인 '갓굴-, 넘-, 닛-, 돌-, 둘-, 맞-, 비릇-, 좇-'에 '-오/-우'가 붙어서 부사로 파생되었다.

　　둘째, 형용사 어근에 부사를 파생하는 접미사가 붙어서 형성된 부사가 있다.

　　(38) ㄱ. 기리, 기픠, 너븨, 노픠, 붉기, 슬퍼, 업시, 오래, 키, 해 ; 달이, 섈리 ; 더러뷔/
　　　　더러이, 두려뷔/두려이, 어려뷔/어려이, 두터이, 새로이

---

16) 남광우의 『고어사전』에서는 '본ᄃᆡ'를 부사로 처리하고 있다. 그러나 '본ᄃᆡ로/본ᄃᆡ록'은 '본ᄃᆡ'에 부사격 조사인 '-로/-록'이 붙어서 부사로 파생하였으므로 '본ᄃᆡ'를 명사로 처리하는 것이 더 타당하다.(허웅 1975:255 참조.) 그리고 '-록'은 '-로'가 강조된 형태다.

17) '다(悉)'와 '더(添)'는 각각 용언인 '다ᄋᆞ다(盡)'와 '더으다(加)'에서 파생된 부사이다. 이때 '다아[다ᄋᆞ- + -아]'와 '더어[더으- + -어]'에서 '-아/-어'는 원래는 연결 어미인데, 여기서는 부사를 파생하는 접미사로 기능했다.(허웅 1975:251)

ㄴ. 이러히, 퍼러히, 훤츨히 ; ㄱ득기, ㄴ즉기

ㄷ. 골오, 오ᄋ로, 외오

ㄹ. 이대

ㅁ. 그러나, 그러면/이러면, 그럴씨/이럴씨

ㅂ. 이런ᄃ로, 그런ᄃ로

(ㄱ)의 부사들은 형용사 어근인 '길-, 깊-, 넙-, 높-, 붉-, 슳-, 없-, 오라-, 크-, 하- ; 다ᄅ-, 샌ᄅ- ; 어렵-, 두렵-, 더럽-, 두텁-, 새롭-'에 접미사인 '-이'가 붙어서 부사로 파생되었다.18) (ㄴ)의 '이러히, 퍼러히, 훤츨히'와 'ㄱ득기, ㄴ즉기'는 형용사 어근인 '이러ᅙ, 퍼러ᅙ-, 훤츨ᅙ-'와 'ㄱ득ᅙ-, 나죽ᅙ-'에 접미사인 '-이'가 붙어서 부사로 파생되었다.19) (ㄷ)의 '골오'는 형용사 어근인 '고ᄅ-(均)'에 접미사인 '-오'가 붙어서 부사로 파생되었다. (ㄹ)의 '이대'은 형용사 어근인 '읻-(好)'에 접미사인 '-애'가 붙어서 부사로 파생되었다. (ㅁ)의 '그러나, 이러면/그러면, 이럴씨/그럴씨'는 형용사 '이러ᅙ다/그러ᅙ다' 등의 어근에, 파생 접사로 기능이 바뀐 연결 어미인 '-나, -면, -ㄹ씨'가 붙어서 접속 부사로 파생되었다. (ㅂ)의 '이런ᄃ로'와 '그런ᄃ로'는 용언의 관형사형인 '이런'과 '그런'에 의존 명사인 'ᄃ'와 부사격 조사인 '-로'가 결합하여 접속 부사로 파생되었다.20)

〈**영 파생**〉 동사나 형용사인 어근(어간)에 무형의 부사 파생 접미사가 붙어서 부사로 파생된다.21)

---

18) '더러비/더러이, 두려비/두려이, 어려비/어려이'처럼 'ㅂ' 불규칙 용언에서 파생된 부사의 끝 음절의 /비/는, /ᄫ/의 음소가 사라진 뒤로는 '-이'로 변한다. 곧 '어려비〉어려이, 더러비〉더러이, 두려비〉두려이'의 변화 과정을 보인다. 이는 [더러우- + -이], [두려우- + -이], [어려우- + -이]에서 모음 충돌 회피 현상으로 어간의 끝소리 /ㅜ/가 탈락한 것이다.

19) '이러히, 퍼러히, 훤츨히'는 파생 형용사인 '이러ᅙ-, 퍼러ᅙ-, 훤츨ᅙ'에 부사 파생 접미사 '-이'가 붙는 과정에서, '-ᅙ-'의 /·/가 탈락되어서 형성된 부사이다. 그리고 'ㄱ득기'와 '나즉 기'는 'ㄱ득ᅙ-'와 '나죽ᅙ-'에 부사 파생 접미사인 '-이'가 붙은 과정에서 형용사 파생 접미 사인 '-ᅙ-'가 탈락된 것으로 볼 수 있다.

20) 허웅(1975:260)에서는 'ᄃ'를 파생 접사적인 요소로 다루어서, '이런ᄃ로, 그런ᄃ로'를 접미 파생어(파생 이음씨)로 처리하였다. 그러나 15세기의 중세 국어에서 의존 명사인 'ᄃ'가 많이 쓰였고, '이런ᄃ로'와 '그런ᄃ로'가 통사적 짜임새임을 감안하면 합성어로 처리할 수도 있다.

21) 이러한 부사들은 용언의 어간 형태가 그대로 부사로 쓰였기 때문에, 예전에는 이들 부사를 '어간형 부사'라고 이르기도 하였다.

(39) ㄱ. 夫人이 나ᄒᆞ싫 돌 <u>거싀어늘</u>　　　　　　　　[월석 2:27]

　　 ㄴ. 부톄 向ᄒᆞᅀᄫᅡ 손 <u>고초샤</u>　　　　　　　　　[월석 1:52]

　　 ㄷ. 法이 업다 닐어도 ᄯᅩ 法體예 <u>그르디</u> 아니ᄒᆞ며　[금삼 4:16]

　　 ㄹ. 되 征伐호ᄆᆞᆯ <u>ᄀᆞ초아</u> ᄒᆞᄂᆞ다　　　　　　　[두언 7:25]

　　 ㅁ. 밧긧 그리메 瑠璃 <u>ᄀᆞᆮ더시니</u>　　　　　　　　[월천 기15]

　　 ㅂ. 이 經을 … 늚 爲ᄒᆞ야 <u>니르거나</u>　　　　　　　[월석 17:40]

　　 ㅅ. 내 오ᄂᆞᆯ브터 <u>ᄂᆞ외야</u> 힁뎌글 ᄆᆞᅀᆞᆷ조초 아니 ᄒᆞ며　[석상 21:47]

　　 ㅇ. 믌결 어즈러운 ᄃᆡᆫ 힛비치 <u>더듸도다</u>　　　　　[두언 7:14]

　　 ㅈ. 一切 龍王ᄋᆞᆯ 다 <u>모도시니</u>　　　　　　　　　[월석 10:34]

　　 ㅊ. 繩墨은 <u>바ᄅᆞ게</u> ᄒᆞᄂᆞᆫ 거시니　　　　　　[원언 하 3-1, 96]

　　　　達通ᄋᆞᆫ ᄉᄆᆞ츨 씨라　　　　　　　　　　　[석상 13:4]

　　 ㅋ. 恩愛호미 남진과 겨집괘 恭敬호ᄆᆞ로 <u>비릇ᄂᆞ니라</u>　[두언 11:25]

　　 ㅌ. 내 몬져 됴ᄒᆞᆫ 차바ᄂᆞ로 <u>빈브르긔</u> ᄒᆞ고ᅀᅡ　[석상 9:9]

　　 ㅍ. 말ᄊᆞᄆᆞᆯ ᄉᆞᆯᄫᅵ리 <u>하ᄃᆡ</u> 天命을 疑心ᄒᆞ실ᄊᆡ　[용가 13장]

(40) ㄱ. 묏도ᄌᆞ기 와 주기며 아ᅀᅡ <u>거싀</u> 기튼 거시 업도다　[두언 25:37]

　　 ㄴ. ᄒᆞᆫ 발로 <u>고초</u> 드듸여 셔샤　　　　　　　　[월석 1:52]

　　 ㄷ. <u>그르</u> 알면 外道ㅣ오 正히 알면 부톄시니라　　　[월석 1:51]

　　 ㄹ. 花香 伎樂을 ᄆᆞᅀᆞᆷ조초 <u>ᄀᆞ초</u> 얻긔 호리라　[석상 9:10]

　　 ㅁ. 하ᄂᆞᇙ 벼리 눈 <u>ᄀᆞᆮ</u> 디니이다　　　　　　　[용가 50장]

　　 ㅂ. 若干은 곧 一定티 아니ᄒᆞᆫ 數ㅣ니 <u>니르</u> 혜디 몯호ᄆᆞᆯ　[법언 1:48]

　　　　니르니라

　　 ㅅ. 내 <u>ᄂᆞ외</u> 이어긔 도라 아니 오리라　　　　　　[삼행 烈:17]

　　 ㅇ. 늘거 가매 보미 <u>더듸</u> 가과뎌 願ᄒᆞ노라　　　　[두언 10:16]

　　 ㅈ. 모ᄃᆞᆫ 衆生이 天主ㅣ 드외야 諸天을 <u>모도</u> 거느리고져 커든 [능언 6:12]

　　 ㅊ. <u>바ᄅᆞ</u> 自性을 <u>ᄉᄆᆞᆺ</u> 아ᄅᆞ샤　　　　　　[월석 서:18]

　　 ㅋ. 仲冬애 ᄇᆞ롬과 히왜 <u>비릇</u> 서늘ᄒᆞ도다　　　　[두언 14:31]

　　 ㅌ. 萬里옛 巴州 逾州ㅅ 놀애를 세 히를 眞實로 <u>빈브르</u> 듣과라 [두언 7:14]

　　 ㅍ. ᄆᆞᅀᆞᆯ히 멀면 乞食ᄒᆞ디 어렵고 하 <u>갓가ᄫᆞ면</u> 조티 몯ᄒᆞ리니 [석상 6:22]

(39)에서 쓰인 '거싀어늘, 고초샤, 그르디, ㄱ초아, 굳더시니, 니르거나, ᄂᆞ외야, 더듸도다, 모도시니, 바르게, ᄉᆞᄆᆞᆾ출, 비릇ᄂᆞ니라, 빙브르긔, 하딕' 등은 용언 어근인 '거싀-, 고초-, 그르-, ㄱ초-, 굳-(←굳ᄒᆞ-), 니르-/니르-, ᄂᆞ외-, 더듸-, 모도-, 바르-, ᄉᆞᄆᆞᆾ-, 비릇-, 빙브르-, 하-'의 활용형이다. 이에 반해서 (40)에서 '거싀, 고초, 그르, ㄱ초, 굳, 니르/니르, ᄂᆞ외, 더듸, 모도, 바르, ᄉᆞᄆᆞᆾ, 비릇, 빙브르, 하' 등은 이들 용언의 어간(=어근)에 무형의 부사 파생 접미사인 '-Ø'가 붙어서 파생된 부사이다.

바. 조사 파생어

조사 파생어는 용언이나 서술격 조사인 '-이다'로 된 어근에 접미사가 붙어서 형성된 조사이다. 조사 파생어는 어근의 종류에 따라서 '용언의 활용형'에서 파생된 조사와 '이다'의 활용형에서 파생된 조사로 나눌 수 있다.

〈 **용언의 활용형** 〉 용언 어근에 접미사가 붙어서 조사로 파생된다.

(41) ㄱ. 著은 <u>브틀</u> 씨라 [월석 서:3]

ㄴ. 네 사름 <u>드리샤</u> [용가 58장]

ㄷ. 듕텬(中天)에 지블 <u>두게</u> ᄒᆞ니 [월천 기168]

ㄹ. 세차힌 山行을 <u>ᄒᆞ거나</u> 노ᄅᆞᆺ술 <u>ᄒᆞ거나</u> [석상 9:37]

(42) ㄱ. 阿鼻地獄<u>브터</u> 有頂天에 니르시니 [석상 13:16]

ㄴ. 世尊이 文殊師利<u>드려</u> 니르샤딕 [석상 9:11]

ㄷ. 受苦ᄅᆞ빙요미 地獄<u>두고</u> 더으니 [월석 1:21]

ㄹ. 夫人도 목수미 열 둘<u>ᄒᆞ고</u> 닐웨 기터 겨샷다 [월석 2:13]

(41)의 '븥다, 드리다, 두다, ᄒᆞ다'는 용언이 활용하여 서술어로 쓰였다. 그런데 (42)의 '-브터, -드려 ; -두고, -ᄒᆞ고'는 용언의 어간인 '븥-, 드리-, 두-, ᄒᆞ-'에 파생접사로 기능하는 '-어'와 '-고'가 붙어서 조사로 파생되었다.22)

---

22) '-어'와 '-고'는 원래는 연결 어미였으나 '-브터, -드려 ; -두고, -ᄒᆞ고'에서는 조사를 파생하는 접미사로 기능한다.

〈 '-이다'의 활용형 〉 서술격 조사인 '-이다'의 어간에 어미에서 파생된 접미사가 붙어서 조사로 파생된다. 이처럼 '-이다'에서 파생된 조사로는 '-이나, -이어나, -이드록, -인들'이 있다.[23]

(43) ㄱ. 아뫼나 이 經을 디녀   [석상 9:21]
ㄴ. 이런 有情들흔 이에셔 주그면 餓鬼어나 畜生이어나   [석상 9:12]
     드외리니
ㄷ. 밤듕이드록 자디 아니ᄒ시며   [내훈 2 하:38]
ㄹ. 엇뎨 잢간인들 놀라 저ᄒ리오   [금삼 3:25]

(ㄱ)과 (ㄴ)에서 '-이나'와 '-이어나'는 '-이다'의 어간에 파생 접사로 기능하는 '-나'와 '-어나'가 붙어서 '선택'의 의미를 나타내는 보조사로 파생되었다. 그리고 (ㄷ)과 (ㄹ)에서 '-이드록'과 '-인들'은 '-이다'의 어간에 파생 접사로 기능하는 연결 어미인 '-드록'과 '-ㄴ들'이 붙어서, '미침(到及)'과 '양보'의 뜻을 나타내는 보조사로 파생되었다.

3.4. 복합어의 음운 변동

어근과 어근이 결합하여 합성어가 되거나 어근에 파생 접사가 붙어서 파생어가 될 때에 음운이 변동하는 일이 있는데, 이들 변동은 모두 한정적 변동이다.[24]

3.4.1. 합성어의 음운 변동

〈 음운의 탈락 〉 어근과 어근이 결합하여 합성어가 될 때에, 특정한 음운이 탈락한다.

---

23) '-이나, -이어나, -이드록, -인들'이 선행 체언을 서술어로 쓰이게 할 때에는, 이들을 서술격 조사의 활용 형태로 본다. 반면에 '-이나, -이어나, -이드록, -인들'이 (43)에서처럼 그것이 붙은 체언을 서술어로 쓰이게 하는 기능이 없을 경우에는 보조사로 파생된 것으로 본다.
24) 동일한 음운적 환경에 놓이더라도 어떤 형태소는 변동이 일어나지만 다른 형태소에서는 변동이 일어나지 않는 경우가 있다. 이러한 변동을 '한정적 변동(개별적 변동)'이라고 한다.

첫째, 앞 어근이 /ㄹ/로 끝나고 뒤 어근이 /ㅅ/이나 /ㄴ/으로 시작할 때에는, 앞 어근의 끝 받침 소리 /ㄹ/이 탈락할 수 있다.

　(44) ㄱ. 겨스사리, 므쇼, 화살, 가ᅀᅡ며살다
　　　 ㄴ. 소나모, 드나들다, 므너흘다

(ㄱ)에서는 앞 어근인 '겨슬, 믈, 활, 가ᅀᅡ멸-'에 /ㅅ/으로 시작하는 어근인 '살-, 쇼, 살, 살다'가 붙어서, (ㄴ)에서는 앞 어근인 '솔, 들-, 믈-'에 /ㄴ/으로 시작하는 어근인 '나모, 나들다, 너흘다'가 붙는 과정에서 앞 어근의 끝소리 /ㄹ/이 탈락했다.25)

　둘째, 끝 자음이 /ㅎ/인 명사 어근에 '돌마기'가 붙으면서 /ㅎ/이 탈락한 예가 있다.

　(45) 수돌마기, 암돌마기

(45)에서는 /ㅎ/으로 끝나는 체언 '수ᄒ'과 '암ᄒ'에 어근인 '돌마기'가 결합하여 합성어가 되었는데, 이 과정에서 '수ᄒ'과 '암ᄒ'의 끝소리 /ㅎ/이 탈락했다.

　〈 음운의 교체 〉 어근과 어근이 결합하여 합성어가 될 때에, 특정한 음운이 다른 음운으로 교체되는 경우가 있다.

　첫째, 유성음으로 끝나는 앞 어근에 예사소리로 시작하는 뒤 어근이 붙으면서, 뒤 어근의 첫 자음이 된소리로 교체될 수 있다.

　(46) ㄱ. 갯버들, 묏골, 빗시울, 빗돛
　　　 ㄴ. 눉ᄌᆞᅀ, 니ᇝ길, 솞바당, 밠등

(ㄱ)에서 모음으로 끝나는 어근인 '개, 뫼, 비(船), 비(船)'에 예사소리로 시작하는 어근인 '버들, 골, 시울, 돛'이 붙어 합성어가 되는 과정에서, 뒤 어근의 첫소리가 된소리로 바뀌어서 /뻐들, 꼴, 씨울, 똑/으로 발음된다. (ㄴ)에서는 유성 자음으로 끝나는 어근인 '눈, 니슴, 손, 발'에 예사소리로 시작하는 어근인 'ᄌᆞᅀ, 길, 바당, 등'이 붙어

---

25) '바룻믈, 바룻곶, 섯둘, 믓결'은 '바룰, 설, 믈'처럼 /ㄹ/로 끝난 어근에 다른 어근이 결합하여 합성 명사가 되었는데, 두 어근 사이에서 사잇소리가 나면서 앞 체언의 /ㄹ/이 탈락하였다.

합성어가 되면서, 뒤 어근의 첫소리가 된소리로 바뀌어서 /쯔슥, 낄, 빠당, 뜽/으로 발음된다.

둘째, 유성음으로 끝난 앞 어근(명사)에 /ㅂ/으로 시작되는 뒤 어근이 붙으면서, 뒤 어근의 첫소리 /ㅂ/이 유성음화되어서 /ㅸ/로 교체될 수 있다.

(47) ㄱ. ᄀᆞᄅᆞᄫᅵ, 대ᄫᅡᆯ, 대ᄫᅥᆷ, 풍류ᄫᅡ지
      ㄴ. 메ᄫᅡᆺ다

(ㄱ)의 'ᄀᆞᄅᆞᄫᅵ, 대ᄫᅡᆯ, 대ᄫᅥᆷ'에서는 'ᄀᆞᄅᆞ(粉), 대(竹), 대(大), 풍류(風流)'에 /ㅂ/으로 시작하는 어근인 '비, 발, 범, 바지'가 붙어서 합성 명사가 되었는데, 이 과정에서 뒤 어근의 첫소리인 /ㅂ/이 /ㅸ/으로 바뀌었다.[26] 그리고 (ㄴ)의 '메ᄫᅡᆺ다'는 '메-'에 '밧다'가 붙어서 합성 동사가 되면서 뒤 어근의 첫소리인 /ㅂ/이 /ㅸ/으로 바뀌었다.

셋째, 유성음으로 끝나는 앞 어근에 /ㅅ/으로 시작하는 뒤 어근이 붙어서 합성어가 될 때에, 뒤 어근의 첫소리 /ㅅ/이 유성음화되어서 /ㅿ/으로 교체될 수 있다.

(48) ᄫᅵ슬ㅎ, 뫼ᅀᅡ리, 한ᅀᅡᆷ, 한ᅀᅮᆷ

유성음으로 끝나는 '비(腹), 뫼, 한, 한'에 /ㅅ/으로 시작하는 '슬ㅎ, 살-, 삼, 숨'이 붙어서 합성어가 되는 과정에서, 뒤 어근의 첫소리 /ㅅ/이 /ㅿ/으로 바뀌었다.[27]

3.4.2. 파생어의 음운 변동

〈 접두 파생어의 음운 변동 〉 어근에 접두사가 붙어서 파생어가 될 때에, 어근이나 접미사의 형태가 변동할 수가 있다.

---

26) '대범'에서 '대'가 '大'의 의미를 그대로 유지하고 있고 '대범'을 '大虎'로 표기하고 있음을 감안하여, '대범'을 합성어로 처리한다.(『용비어천가』 87장의 내용과 허웅(1975:96) 참조.) 반면에 고영근(2010:174)에서는 '대범'의 '대'를 접두사로 보고, 어근인 '범'의 형태가 접두사 '대-' 뒤에서 '범'으로 변한 것으로 처리하고 있다.

27) '어버싀'는 '아비(父)'와 '어싀(母)'가 결합된 합성어이다. 두 어근이 결합되는 과정에서 '아비'가 '어비'로 변동하고 '어비'의 끝 모음인 /ㅣ/가 탈락하여 '어버싀'가 형성되었다.

(49) ㄱ. 츠뿔

ㄴ. 갈웜, 굴아마괴

(ㄱ)의 '츠뿔'은 어근인 '뿔'에 접두사 '츨-'이 붙으면서 '츨-'의 끝소리인 /ㄹ/이 탈락
했다. (ㄴ)의 '갈웜'은 어근인 '범'에 접두사 '갈-'이 붙으면서 '범'의 첫소리인 /ㅂ/이
/우/로 교체되었다. 그리고 '굴아마괴'는 '가마괴'에 접두사 '굴-'이 붙으면서 '가마
괴'의 첫소리인 /ㄱ/이 '유성 후두 마찰음'인 /ɦ/로 교체되었다.(허웅 1975:55, 고영근
2010:175)

〈 접미 파생어의 음운 변동 〉 어근 뒤에 접미사가 붙어서 파생어가 될 때에, 어근이
나 접미사의 형태가 변동할 수가 있다.

첫째, 어근에 접미사가 붙어서 파생어가 될 때에, 어근의 형태가 변동할 수가 있다.

(50) ㄱ. 숑아지/쇼아지, 처섬, 구지람, 춤

ㄴ. 수비/수이, 어려비/어려이

ㄷ. 아바님, 어마님, 아자바님, 아ㅿ마님

(ㄱ)의 단어는 어근에 접미사가 붙어서 명사로 파생되는 과정에서 어근의 형태가
바뀌었다. '숑아지/쇼아지'는 명사 어근인 '쇼'에 '-아지'가, '처섬'은 관형사 어근인
'첫'에 '-엄'이, '구지람'은 동사 어근인 '구짇(責)-'에 '-암'이, '춤'은 동사 어근인 '츠
(舞)-'에 '-움'이 결합하였다. 이렇게 어근과 접미사가 결합하는 과정에서 어근인
'쇼, 첫, 구짇-, 츠-'의 형태가 각각 '숑, 첫, 구질-, ㅊ-'로 변동하였다.(교체와 탈락)28)
(ㄴ)의 단어는 용언 어근에 부사 파생의 접미사 '-이'가 붙어 부사가 되는 과정에서
어근의 형태가 변동하였다. 곧 'ㅂ' 불규칙 용언의 어근인 '쉽(易)-'과 '어렵(難)-'에
부사 파생의 접미사 '-이'가 붙어서 부사로 파생되면서 어근의 형태가 '슈-'과 '어렿
-'으로 변동하였다.(교체)29) (ㄷ)에서 명사 어근인 '아비(父), 어미(母), 아자비(叔父),

---

28) 고영근(2010:175)에서는 (50ㄱ)의 '숑아지/쇼아지'를, 어근인 '쇼'에 접미사 '-아지'가 붙는
과정에서 접미사 '-아지'의 형태가 '-아지'로 바뀐 것으로 처리하고 있다. 그리고 '구지람'의
기본 형태를 [구짇- + -엄]으로 분석하여, 어근 '구짇-'이 '구질-'로 바뀌고, 동시에 접미사
'-엄'이 '-암'으로 함께 바뀐 것으로 처리하고 있다.

29) 세조(世祖)의 시대인 1460년 이후가 되면 /ㅸ/의 소리와 글자가 사라지고 이들 소리가 /오/나

아즈미(叔母)’에 높임의 파생 접미사 ‘-님’이 붙을 때에는, 어근의 형태가 각각 ‘아바, 어마, 아자바, 아즈마’로 교체되었다.

    (51) ㄱ. 올이다(登)
         ㄴ. 들이다(聞), 븟이다(注)

‘올이다, 들이다, 븟이다’는 용언인 어근에 접미사가 붙어서 사동사와 피동사가 되는 과정에서 어근과 접미사의 형태가 함께 변동하였다. 곧, ‘올이다, 들이다, 븟이다’는 용언 어근인 ‘오ᄅ(登)-, 듣(聞)-, 븟(注)-’에 사동과 피동의 접미사인 ‘-이-’가 붙어서 파생어가 되면서, 어근의 형태가 각각 ‘올ㅇ-, 들ㅇ-, 븟ㅇ-’으로 변동하였다. 여기서 어근의 끝소리인 ‘ㅇ’의 글자는 유성 후두 마찰음인 /ɦ/의 음가를 나타낸다.
    둘째, 어근에 접미사가 붙으면서 접미사의 형태가 변동할 수가 있다.

    (52) 늘애, 구믈어리다

(ㄱ)의 ‘늘애’는 어근인 ‘늘(飛)-’에 접미사 ‘-개’가 붙으면서, (ㄴ)의 ‘구믈어리다’는 ‘구믈-’에 접미사인 ‘-거리다’가 붙으면서, 접미사의 첫소리 /ㄱ/이 ‘유성 후두 마찰음’인 자음 /ɦ/로 교체되었다.
    셋째, 어근에 접미사가 붙으면서 어근과 접미사의 꼴이 모두 변동할 수가 있다.

    (53) ㄱ. ᄆ야지
         ㄴ. 더뷔, 치뷔

(53)은 명사 파생어에서 일어난 음운 변동의 예이다. (ㄱ)의 ‘ᄆ야지’는 명사 어근인 ‘ᄆᆞᆯ(馬)’에 접미사 ‘-아지’가 붙는 과정에서 어근의 형태가 ‘ᄆ’로, 어미의 형태가 ‘-야

/우/로 바뀌게 된다. 그 결과 ‘ㅂ’ 불규칙 용언의 어근에 부사 파생 접미사 ‘-이’가 붙어서 파생 부사가 형성될 때에는 어근의 끝소리 /ㅂ/이 탈락하게 된다. 곧, ‘쉽-’과 ‘어렵-’에 모음의 부사 파생 접미사 ‘-이’가 붙으면서 각각 ‘수우-’와‘어려우-’로 바뀐다. 이때 어간(어근)의 끝소리 /ㅜ/와 부사 파생 접미사의 /ㅣ/가 모음 충돌을 일으키므로, /ㅜ/가 탈락하여 모음 충돌을 회피한 것이다.

지'로 변동하였다.(탈락과 첨가) (ㄴ)의 '더뷔, 치뷔'는 형용사 어근인 '덥(署)-, 칩(寒)-'에 접미사 '-의'가 붙어서 명사로 파생되었는데, 이들 단어들은 어근의 형태가 '덜-, 칠-'으로 교체되고 접미사의 형태도 '-위'로 교체되었다.30)

(54) 웃브다

(54)는 동사 파생어에서 일어난 음운 변동의 예이다. 곧, '웃브다'는 동사 어근인 '웃(笑)-'에 접미사인 '-브-'가 붙어서 형용사로 파생되면서, '웃-'이 웅-'으로 바뀌고 '-브-'도 -보-'로 교체되었다.

---

30) '더뷔'와 '치뷔'는 각각 [덥-＋-의]와 [칩-＋-의]로 분석되는 파생 명사이다. 그런데 원래의 형태인 '*더븨'와 '*치븨'가 각각 '더뷔'와 '치뷔'로 바뀐 것이다.

【 더 배우기 】

1. 합성어의 파생어 되기

어근과 어근이 합쳐져서 형성된 합성어에 또다시 파생 접사가 붙어서 파생어를 형성하는 경우가 있다.(허웅 1975:230)

〈 명사 파생어 되기 〉 어근과 어근이 결합하여서 형성된 합성어에 명사를 파생하는 접사가 붙어서, 명사 파생어를 형성할 수 있다.

첫째, 체언 어근과 용언 어근이 결합하여 형성된 동사 합성어에, 명사를 파생하는 접미사 '-이'나 '-기'가 붙어서 명사 파생어를 형성할 수 있다.

(1) ㄱ. 고키리, 희도디
    ㄴ. ① 글지싀, 녀름지싀, 머리갓기, 모심기, 밥머기, 아기나히, 옷거리, 우숨우싀
       ② 갈쓰기, 글스기, 믈타기
    ㄷ. 겨스사리, 뫼사리, 므즈미, ᄒᆞᆯ사리

(ㄱ)에서 '고키리'와 '희도디'는 각각 { [어근$_{명사}$ + 어근$_{형용사}$] + -이 }와 { [어근$_{명사}$ + 어근$_{동사}$] + -이 }의 짜임새로 형성되었는데, 이때 '어근$_{명사}$'는 '어근$_{형용사}$'나 '어근$_{동사}$'에 대하여 의미상으로 주어로 기능한다. (ㄴ)에서 ①의 '글지싀, 녀름지싀, 머리갓기, 모심기, 밥머기, 아기나히, 옷거리, 우숨우싀'는 { [어근$_{명사}$ + 어근$_{동사}$] + -이 }의 짜임새로, ②의 '갈쓰기, 글스기, 믈타기'는 { [어근$_{명사}$ + 어근$_{동사}$] + -기 }의 짜임새로 형성된 명사 파생어이다. 여기서 (ㄴ)의 파생 명사에서 '어근$_{명사}$'는 '어근$_{동사}$'에 대하여 의미상으로 목적어로 기능한다. (ㄷ)의 '겨스사리, 뫼사리, 므즈미, ᄒᆞᆯ사리'는 { [어근$_{명사}$ + 어근$_{동사}$] + -이 }의 짜임새로 형성된 명사 파생어인데, 이때 '어근$_{명사}$'는 '어근$_{동사}$'에 대하여 의미상으로 부사어로 기능한다.

둘째, 동사 어근과 동사 어근, 혹은 형용사 어근과 형용사 어근이 결합하여 형성된 용언 합성어에, 명사를 파생하는 접사 '-이'가 붙어서 명사 파생어를 형성할 수 있다.

(2) ㄱ. 죽사리
    ㄴ. 놉ᄂᆞᆺ가비

(ㄱ)의 '죽사리'는 { [어근$_{동사}$ + 어근$_{동사}$] + -이}의 짜임새로, (ㄴ)의 '놉ᄂᆞᆺᄀᆞ비'는 { [어근$_{형용사}$ + [어근$_{형용사}$ + -갑-]] + -이}의 짜임새로 이루어진 명사 파생어이다.

〈 부사 파생어 되기 〉 어근과 어근이 결합하여서 형성된 합성어에 다시 부사를 파생하는 접사 '-이'가 붙어서 부사 파생어를 형성할 수 있다.

(3) ㄱ. 낫나치, 그릇그르시, 겹겨비
    ㄴ. 근업시
    ㄷ. 일져ᄆᆞ리, 일졈그리

(ㄱ)의 '낫나치, 그릇그르시, 겹겨비'는 { [어근$_{명사}$ + 어근$_{명사}$] + -이}의 짜임새로, (ㄴ)의 '근업시'는 { [어근$_{명사}$ + 어근$_{형용사}$] + -이}의 짜임새로, (ㄷ)의 '일져ᄆᆞ리'와 '일졈그리'는 { [어근$_{부사}$ + 어근$_{동사}$] + -이}의 짜임새로 부사 파생어가 형성되었다.

〈 관형사 파생어 되기 〉 어근과 어근이 결합하여서 형성된 합성어에 다시 관형사를 파생하는 접사 '-은 / -ᄋᆞᆫ / -ㄴ'이 붙어서 관형사 파생어를 형성할 수 있다.

(4) ㄱ. 아니한
    ㄴ. 녀나ᄆᆞᆫ, 그나ᄆᆞᆫ
    ㄷ. 셜흔나ᄆᆞᆫ, 마ᅀᆞ나ᄆᆞᆫ, 쉬나ᄆᆞᆫ, 스므나ᄆᆞᆫ, 여라ᄆᆞᆫ

(ㄱ)의 '아니한'은 { [어근$_{부사}$ + 어근$_{형용사}$] + -ㄴ}의 짜임새로서, 부사 어근인 '아니'에 형용사 어근인 '하(多)-'가 붙은 다음에 관형사를 파생하는 접미사인 '-ㄴ'이 붙어서 관형사가 되었다.[1] (ㄴ)의 '녀나ᄆᆞᆫ(餘他)'은 { [어근$_{명사}$ + 어근$_{동사}$] + -ㄴ}의 짜임새로서, 명사 어근인 '녀느(他)'에 동사 어근인 '남(餘)-'이 붙은 다음에 접미사인 '-ㄴ'이 붙어서 관형사가 되었다. (ㄷ)의 '셜흔나ᄆᆞᆫ'은 { [어근$_{수사}$ + 어근$_{동사}$] + -

---

1) '아니한'을 관형사로 보지 않고 형용사인 '아니하다'의 관형사형으로 처리하는 경우도 있다. 그러나 이 단어는 다른 형태로는 실현되지 않고, 반드시 '아니한'의 형태로만 실현된다. 이러한 점을 감안하여 '아니한'을 관형사로 처리한다. 허웅(1975:11)의 내용을 참조.

ㄴ}의 짜임새로서 수사 어근인 '셜혼'에 동사 어근인 '남(餘)-'이 붙은 다음에 접미사인 '-ㄴ' 붙어서 관형사가 되었다. 여기서 '-ㄴ'은 원래는 관형사형 전성 어미인데, (4)의 '아니한, 녀나믄, 셜혼나믄' 등의 단어에서는 용언을 관형사로 파생하는 접미사로 기능이 바뀌었다.[2]

3. '일우다/이ᄅ다', '살이다/사ᄅ다', '길우다/기ᄅ다'의 의미적 차이

동일한 어근에서 파생된 사동사가 파생 접미사의 형태에 따라서 서로 다른 의미를 나타내는 경우도 있다. 이러한 종류의 파생어로는 '일우다/이ᄅ다, 살이다/사ᄅ다, 길우다/기ᄅ다' 등이 있다.

첫째, '일다(이루어지다, 成)'에서 파생된 '일우다'와 '이ᄅ다/이르다'가 있다.

> (5) ㄱ. 긼ᄀᅀᆺ 百姓이 큰 功을 <u>일우ᅀᆞᆸ니</u>　　　　　　[용가 57장]
> 　　ㄴ. 如來 위ᄒᆞᅀᆞᄫᅡ 精舍ᄅᆞᆯ <u>이ᄅᅀᆞᄫᅡ</u> 지이다　　　[석상 6:24]

(ㄱ)의 '일우다'는 '일다'의 어근에 사동 접미사 '-우-'가, (ㄴ)의 '이ᄅ다'는 사동 접미사 '-ᄋᆞ-'가 붙어서 된 사동사이다. 이처럼 '일우다'와 '이ᄅ다/이르다'는 동일한 어근에 사동의 파생 접미사가 붙어서 된 사동사이기는 하지만 그 의미는 다르다. 곧 (ㄱ)의 '일우다'는 어떤 일을 '성취함(成)'의 뜻으로 쓰이는 데에 반하여서, (ㄴ)의 '이ᄅ다'는 집이나 탑과 같은 건물 등을 '만들어서 세우다(設)'의 뜻으로 쓰인다.

둘째, '살다(生, 住)'에서 파생된 사동사로서 '살이다'와 '사ᄅ다'가 있다.

> (6) ㄱ. 城 안해 세 멸 일어 숭 <u>살이시니라</u>　　　　　　[월석 2:77]
> 　　ㄴ. 冷水ᄂᆞᆫ 能히 답쪄 주그닐 도로 <u>사ᄅᄂᆞ니</u>　　[법언 2:203]

(ㄱ)의 '살이다'는 '살다'의 어근에 사동 접미사 '-이-'가, (ㄴ)의 '사ᄅ다'는 '살다'의 어근에 사동 접미사인 '-ᄋᆞ-'가 붙어서 된 사동사이다. 여기서 (ㄱ)의 '살이다'

---

2) '관형사형 전성 어미'가 '관형사 파생 접미사'로 기능하는 현상에 대하여는 이 책 267쪽 참조.

는 '~에서 살게 하다(住)'의 뜻으로 쓰였는 데에 반하여서, (ㄴ)의 '사ᄅ다'는 '목숨을 살리다(活)'의 뜻으로 쓰였다.

셋째, '길다(長)'에서 파생된 사동사로서 '길오다/길우다'와 '기ᄅ다'가 있다.

(7) ㄱ. 能히 호ᄅᆞᆯ <u>길우샤</u> ᄒᆞᆫ 劫 딩ᄀᆞᄅ시며   [법언 5:88]
　　ㄴ. 太子ㅣ 져머 겨시니 뉘 <u>기ᄅᆞᄫᅳ려뇨</u>   [석상 3:3]

(ㄱ)의 '길우다'는 '길다'의 어근에 사동 접미사 '-우-'가, (ㄴ)의 '기ᄅ다'는 '길다(長)'의 어근에 사동 접미사인 '-ᄋᆞ-'가 붙어서 된 사동사이다. 여기서 (ㄱ)의 '길우다'는 '길게 하다(延長)'의 뜻을 나타내는 데에 반하여서, (ㄴ)의 '기ᄅ다'는 '기르다(養)'의 뜻을 나타낸다.

통 사 론 4부

제1장 문장 성분

어떤 언어 형식이 문장에서 나타내는 통사적인 기능을 문장 성분이라고 한다. 이러한 문장 성분으로 쓰일 수 있는 문법적인 단위로는 '어절(단어), 구, 절' 등이 있다.

1.1. 문장 성분의 개념

〈문장〉 '문장(文章, 월, sentence)'은 주어와 서술어를 갖추고 있고, 서술어에 종결 어미가 실현되어 있으며, 의미적인 면에서 통일되고 완결된 내용을 표현하는 언어 형식이다.

(1) ㄱ. ᄒᆞ오사 내 尊호라   [월석 2:34]
    ㄴ. 그듸 엇던 사ᄅᆞ민다   [월석 10:29]

(ㄱ)과 (ㄴ)의 문장에는 '내'와 '그듸'가 주어로 쓰이고 있으며, '尊호라'와 '사ᄅᆞ민다'가 서술어로 쓰이고 있다. 그리고 서술어로 쓰인 '尊호라'와 '사ᄅᆞ민다'에는 종결 어미인 '-라(←-다)'와 '-ㄴ다'가 실현되어 있고, 의미적인 면에서도 하나의 완결된 내용을 나타내고 있다. 따라서 (ㄱ)과 (ㄴ)은 문장의 형식을 온전하게 갖추고 있다.

〈문장 성분의 개념과 유형〉 '문장 성분(文章 成分, 월조각)'은 '어절(단어), 구, 절' 등의 언어 형식이 문장 속에서 쓰일 때에 나타나는 통사적인 기능을 일컫는 말이다. 문장 성분은 문장에서 쓰이는 기능에 따라서 '주성분, 부속 성분, 독립 성분'으로 나뉜다.[1]

---

1) 『고등학교 문법』(2010:295)에서는 15세기 국어의 문장 성분의 유형을 현대 국어와 동일하게 설정하고 있다.

첫째, '주성분(主成分)'은 문장의 골격을 이루는 필수적인 성분이다. 이러한 주성분은 발화 현장이나 문맥을 통해서 알 수 있는 경우가 아니라면 임의적으로 생략할 수 없다. 주성분의 종류에는 '서술어, 주어, 목적어, 보어'가 있다.

(2) ㄱ. 우리 <u>始祖ㅣ</u> 慶興에 <u>사른샤</u>   [용가 3장]
　　 ㄴ. <u>브야미</u> <u>가칠</u> <u>므러</u>   [용가 7장]
　　 ㄷ. <u>國은</u> <u>나라히라</u>   [훈언 1]

(3) ㄱ. 菩薩이 <u>쥬이</u> <u>드외야</u> ᄒᆞ오사 겨르로비 이셔   [석상 13:20]
　　 ㄴ. 내 <u>獅子ㅣ</u> <u>아니며</u> <u>버미</u> 아니며 <u>일히</u> 아니라   [월석 20:115]

문장은 기본적으로 '무엇이 (무엇을) 어찌하다', '무엇이 어떠하다', '무엇이 무엇이다'의 세 가지 짜임새로 이루어져 있다. 먼저, '서술어(敍述語, 풀이말)'는 문장에서 '어찌하다, 어떠하다, 무엇이다'의 자리에 설 수 있는 문장 성분인데, (2)에서 '사른샤, 므러, 나라히라'가 서술어로 쓰였다. '주어(主語, 임자말)'는 문장에서 '무엇이'에 해당하는 문장 성분인데, (2)에서 '始祖ㅣ, 브야미, 國은'이 주어로 쓰였다. '목적어(目的語, 부림말)'는 '무엇이 무엇을 어찌하다'에서 '무엇을'에 해당하는 문장 성분인데, (2ㄴ)에서 '가칠'이 목적어로 쓰였다. 끝으로 '보어(補語, 기움말)'는 문장의 서술어가 '드외다/드외다'나 '아니다'일 때에 주어와 함께 반드시 문장에 실현되는 문장 성분이다. 곧 보어는 (3ㄱ)의 '쥬이'와 (3ㄴ)의 '獅子ㅣ, 버미, 일히'처럼, '무엇이 무엇이 드외다/아니다'에서 두 번째로 나타나는 '무엇이'에 해당하는 문장 성분이다.

둘째, '부속 성분(附屬 成分)'은 문장의 뼈대를 이루지 못하고 다른 성분을 수식하는 성분이다. 부속 성분으로는 '관형어'와 '부사어'가 있다.

(4) ㄱ. 四天王은 <u>네</u> 天王이니 … 아래로 <u>첫</u> 하ᄂ리라   [월석 1:19]
　　 ㄴ. <u>내</u> 모미 <u>長者ㅣ</u> 怒를 맛나리라   [월석 8:98]

(5) ㄱ. 이 世界ㅅ 겨지비 … 蓮모새 <u>ᄀᆞ</u> 다드ᄅ면 男子ㅣ   [월석 7:61]
　　　　드외ᄂ니라
　　 ㄴ. 世尊이 쏘 <u>文殊師利드려</u> 니ᄅ샤디   [석상 9:11]

'관형어(冠形語, 매김말)'는 체언을 수식하는 문장 성분이다. (4)에서 (ㄱ)의 '네, 첫'과 (ㄴ)의 '내, 長者ㅣ'는 모두 관형어로서 각각 그 뒤에 실현되는 체언인 '天王, 하늘'과 '몸, 怒'를 수식하였다. 그리고 '부사어(副詞語, 어찌말)'는 용언을 비롯한 여러 가지 말2)을 수식하는 문장 성분이다. (5)에서 (ㄱ)의 'ㄱㆆ'과 (ㄴ)의 '文殊師利ㄷ려'는 부사어로서, 각각 서술어인 'ㄷㅗㄹㆍ면'과 'ㄴㅣㄹㆍ샤ㄷㅣ'를 수식하였다.

셋째, '독립 성분(獨立 成分)'은 그 뒤에 실현되는 다른 성분과 문법적인 관계를 맺지 아니하고 독립적으로 쓰이는 문장 성분이다. 독립 성분으로는 '독립어(獨立語, 홀로말)'가 있다.

(6) ㄱ. <u>아소</u> 님하 도람 드르샤 괴오쇼셔   [악궤 5:13 삼진작]
    ㄴ. <u>世尊하</u> 나는 부텻 히ᄆㆍ로 無量壽佛와 두 菩薩을   [월석 8:17]
       보ᅀᆞ바니와

(ㄱ)의 '아소'는 감탄사이며, (ㄴ)의 '世尊하'는 명사에 호격 조사가 결합된 말이다. 이들은 그 뒤에 나타나는 문장 성분과 문법적인 관계를 맺지 아니하고 독립어로 쓰였다.

지금까지 살펴본바, 문장 성분의 유형을 정리하면 다음의 〈그림 1〉과 같다.

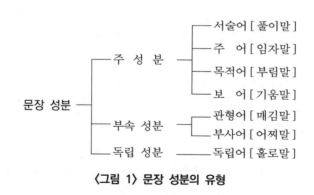

〈그림 1〉 문장 성분의 유형

---

2) 부사어는 용언, 수식언, 체언, 문장 등을 수식하거나, 체언이나 문장을 이어 주는 등 다양하게 기능한다.

1.2. 문장 성분의 유형

　문장 성분은 통사적인 기능에 따라서 '서술어, 주어, 목적어, 보어'와 같은 주성분과 '관형어, 부사어'와 같은 부속 성분, 그리고 '독립어'와 같은 독립 성분으로 나뉜다.

1.2.1. 서술어

　'서술어(敍述語, 풀이말, predicate)'는 주어로 표현되는 대상(주체)의 동작이나 상태, 성질 등을 풀이하는 문장 성분이다. 서술어는 대체로 용언이나 서술격 조사의 활용형으로 실현된다.

　첫째, 용언이나 '체언 + 서술격 조사'의 종결형이 서술어로 쓰일 수 있다.

> (7) ㄱ. 너희들히 … 부텻 마를 바다 <u>디니라</u>　　　　　　[월석 13:62]
> 　　ㄴ. 엇뎨 겨르리 <u>업스리오</u>　　　　　　　　　　　[월석 서:17]
> 　　ㄷ. 幻운 <u>곡되라</u>　　　　　　　　　　　　　　　[능언 2:7]

(ㄱ)의 '디니라'는 동사가, (ㄴ)의 '업스리오'는 형용사가, (ㄷ)의 '곡되라'는 체언인 '곡도'에 결합된 서술격 조사 '-이라'가 종결형으로 실현되어서 서술어로 쓰였다.[3]

　둘째, 용언이나 서술격 조사의 연결형, 명사형, 관형사형이 서술어로 쓰일 수 있다.

> (8) ㄱ. 民瘼을 <u>모르시면</u> 하늘히 ㅂ리시ᄂᆞ니　　　　　[용가 116장]
> 　　ㄴ. 사ᄅᆞ미 몸 <u>ᄃᆞ외요미</u> 어렵고　　　　　　　　[석상 9:28]
> 　　ㄷ. 須達이 精舍 <u>지ᅀᅳᆶ</u> 저기 부텻 나히 셜흔네히러시니　[석상 6:40]

(ㄱ)에서 '모르시면'은 '모르다'의 연결형이 이어진 문장에서 앞절의 서술어로, (ㄴ)의 'ᄃᆞ외요미'는 'ᄃᆞ외다'의 명사형이 명사절 속의 서술어로, 그리고 (ㄷ)의 '지ᅀᅳᆶ'은

---

3) 다음처럼 명사구나 명사절에 서술격 조사인 '-이다'가 결합하여 서술어로 쓰일 수도 있다.
　(보기) ㄱ. 우리도 <u>紗羅樹大王ㅅ 夫人들히라</u>니　　　[월석 8:100]
　　　　ㄴ. 利養운 … <u>제 몸 쌴 됴히 츄미라</u>　　　　　[석상 13:36]

'짓다'의 관형사형이 관형절 속의 서술어로 쓰였다.

1.2.2. 주어

'주어(主語, 임자말, subject)'는 서술어로 표현되는 동작, 상태, 성질의 주체를 나타내는 문장 성분이다. 주어는 체언이나, 체언 구실을 하는 구나 절에 주격 조사의 변이 형태인 '-이, -ㅣ, -Ø'가 붙거나, 이들 조사가 생략된 채로 실현되기도 한다.
첫째, 체언에 주격 조사가 붙어서 주어로 쓰일 수 있다.

(9) ㄱ. <u>世尊이</u> 象頭山애 가샤   [석상 6:1]
　　ㄴ. <u>보야미</u> 가칠 므러 즘겟가재 연즈니   [용가 7장]
　　ㄷ. <u>네</u> 가사 ᄒ리라 커시ᄂᆞᆯ 　　　　　　　　 [용가 94장]
　　ㄹ. 밧긧 <u>그르메</u> 瑠璃 ᄀᆞ더시니 　　　　　　　 [월석 2:17]

(ㄱ)의 '世尊이'와 (ㄴ)의 '보야미'는 명사인 '世尊'과 '보얌'에 주격 조사 '-이'가 붙어서 주어로 쓰였다. 그리고 (ㄷ)의 '네'는 대명사 '너'에 주격 조사 '-ㅣ'가 붙어서 주어로 쓰였으며, (ㄹ)의 '그르메'는 주격 조사의 무형의 변이 형태인 '-Ø'가 붙어서 주어로 쓰였다.[4]

그런데 체언에 주격 조사가 붙지 않은 형태로 주어로 쓰일 수도 있고, 체언에 보조사가 붙으면서 주격 조사 없이 주어로 쓰일 수 있다.

(10) ㄱ. 믈 깊고 비 업건마ᄅᆞᆫ 　　　　　　　　　 [용가 34장]
　　ㄴ. 곶 됴코 <u>여름</u> 하ᄂᆞ니 　　　　　　　　　 [용가 2장]

---

4) '-애 이셔'와 부사격 조사인 '-애셔, -라셔'가 체언에 붙어서 주어로 쓰인 예가 있다.
　(보기) ㄱ. 이틋나래 <u>나라해 이셔</u> 도즈기 자최 받아 가아 　　 [월석 1:6]
　　　ㄴ. 우리 <u>祖上애셔</u> 쏘더신 화리 ᄀ초아 이쇼딕 　　　 [석상 3:13]
　　　ㄷ. <u>有蘇氏라셔</u> 妲己로 紂의 게 드려늘 　　　　　 [내훈 서]
　(ㄱ)에서는 무정 명사인 '나라ㅎ'에 '-애 이셔'가 붙어서 주어로 쓰였다. 그리고 (ㄴ)의 '우리 祖上애셔'는 유정 명사인 '祖上'에 부사격 조사인 '-애셔'가 붙어서, (ㄷ)의 '有蘇氏라셔'는 유정 명사인 '有蘇氏'에 출발점을 나타내는 부사격 조사인 '-라셔'가 붙어서 주어로 쓰였다.

(11) ㄱ. <u>나는</u> 어버ᅀᅵ 여희오 [석상 6:5]

ㄴ. 이 <u>法</u>도 ᄯᅩ 緣이라 [능언 2:22]

(10)에서 (ㄱ)의 '믈', (ㄴ)의 '곳'과 '여름'은 모두 주격 조사가 생략되어서 체언만으로 주어로 쓰였다. 그리고 (11)에서 (ㄱ)의 '나는'과 (ㄴ)의 '이 法도'는 체언인 '나'와 '이 法'에 보조사 '-는'과 '-도'가 붙어서 주어로 쓰였는데, 이 경우에는 체언에 보조사가 실현되는 과정에서 주격 조사가 생략된 것으로 보아야 한다.

둘째, 체언구(명사구)에 주격 조사가 붙어서 주어로 쓰일 수 있다.

(12) ㄱ. <u>뎌 王</u>이 그 사ᄅᆞᆷᄃᆞ려 무러 [석상 9:30]

ㄴ. <u>녯 가히</u> 내 도라오ᄆᆞᆯ 깃거 [두언 6:39]

(ㄱ)의 '뎌 王이'는 명사구인 '뎌 王'에 주격 조사 '-이'가 붙어서 주어로 쓰였으며, (ㄴ)의 '녯 가히'는 명사구인 '녯 가히'에 주격 조사인 '-Ø'가 붙어서 주어로 쓰였다.

그리고 관형절을 안고 있는 명사구에 주격 조사가 붙어서 주어로 쓰이는 경우가 있다.

(13) ㄱ. <u>勝과 劣왜 달온 주리</u> 이시리오 [석상 20:28]

ㄴ. <u>그제로 오신 디</u> ᄉᆞ지 오라디 몯거시든 [법언 5:119]

(ㄱ)의 '勝과 劣왜 달온 주리'는 관형절을 안은 명사구인 '勝과 劣왜 달온 줄'에 주격 조사 '-이'가 붙어서 주어로 쓰였으며, (ㄴ)의 '그제로 오신 디'는 관형절을 안은 명사구인 '그제로 오신 디'에 주격 조사인 '-Ø'가 실현되어서 주어로 쓰였다.

셋째, 명사절에 주격 조사가 붙어서 주어로 쓰일 수 있다.

(14) ㄱ. <u>(네) 사ᄅᆞᄆᆡ 몸 ᄃᆞ외요미</u> 어렵고 [석상 9:28]

ㄴ. ᄆᆞᅀᆞ리 멀면 <u>乞食ᄒᆞ디</u> 어렵고 [석상 6:23]

(ㄱ)의 '사ᄅᆞᄆᆡ 몸 ᄃᆞ외요미'는 명사절인 '사ᄅᆞᄆᆡ 몸 ᄃᆞ외욤'에 주격 조사 '-이'가 붙어서 주어로 쓰였고, (ㄴ)의 '乞食ᄒᆞ디'는 명사절인 '乞食ᄒᆞ디'에 주격 조사인 '-Ø'

가 실현되어서 주어로 쓰였다.

1.2.3. 목적어

'목적어(目的語, 부림말, object)'는 타동사가 표현하는 동작의 대상이 되는 문장 성분이다. 목적어는 체언 혹은 체언 구실을 하는 구나 절에 목적격 조사 '-ᄋᆞᆯ/-ᄅᆞᆯ, -을/-를, -ㄹ'이 붙어서 실현되거나, 목적격 조사가 생략된 채로 실현되기도 한다.

첫째, 체언에 목적격 조사가 붙어서 목적어로 쓰일 수 있다.

(15) ㄱ. 赤島 안햇 움흘 至今에 보ᅀᆞᆸᄂᆞ니 [용가 5장]
ㄴ. 楚國앳 天子氣를 行幸ᄋᆞ로 마ᄀᆞ시니 [용가 39장]

(ㄱ)의 '움흘'은 체언인 '움ㅎ'에 목적격 조사 '-을'이, (ㄴ)의 '天子氣를'에서는 체언인 '天子氣'에 목적격 조사 '-를'이 붙어서 목적어로 쓰였다.

그리고 체언에 목적격 조사가 실현되지 않고, 체언 단독으로나 체언에 보조사가 붙어서 목적어로 쓰이는 경우도 있다.

(16) ㄱ. 須達이 塔 세오 堀 짓고 種種 莊嚴ᄒᆞ고 供養ᄒᆞᅀᆞᆸ더라 [석상 6:44]
ㄴ. 須達이 世尊 뵈ᅀᆞᆸ고져 너겨 [석상 6:45]

(17) ㄱ. 됴ᄒᆞᆫ 고ᄌᆞ란 ᄑᆞ디 말오 다 王ᄭᅴ 가져오라 [월석 1:9]
ㄴ. 太子ㅣ ᄒᆞᆫ 낫 欲心도 내혀디 아니터시니 [석상 3:24]

(16)의 '塔, 堀'과 '世尊'은 목적격 조사가 실현되지 않고 체언만으로 목적어로 쓰였으며, (17)의 '고ᄌᆞ란'과 '欲心도'는 체언인 '곶'과 '欲心'에 보조사 '-ᄋᆞ란'과 '-도'가 붙어서 목적어로 쓰였는데, 이 경우에는 목적격 조사가 생략된 것으로 보아야 한다.

둘째, 체언구(명사구)에 목적격 조사가 붙어서 목적어로 쓰일 수 있다.

(18) ㄱ. 如來 … 여슷 ᄒᆡᄅᆞᆯ 苦行ᄒᆞ샤 [석상 6:4]
ㄴ. 게으른 ᄒᆞᆫ ᄂᆞ미 서르 ᄀᆞᄅᆞ쳐 사나ᄋᆞᆯ 머구릴 뷔여 오니 [월석 1:45]

ㄷ. 四禪天이 … 一千 世尊이 나싫 둘 아니　　　　　　　　　[월석 1:21]

(ㄱ)의 '여슷 히를'은 명사구인 '여슷 히'에 목적격 조사인 '-를'이 붙어서 목적어로 쓰였다. 그리고 (ㄴ)의 '사나올 머구릴'과 (ㄷ)의 '一千 世尊이 나싫 둘'은, 관형절을 안고 있는 명사구인 '사나올 머구리'와 '一千 世尊이 나싫 두'에 목적격 조사인 '-ㄹ'이 붙어서 목적어로 쓰였다.

셋째, 명사절에 목적격 조사가 붙어서 목적어로 쓰일 수 있다.

(19) ㄱ. 이런 有情들히 … 됴흔 法 닷고물 몯ᄒᆞ야　　　　　[석상 9:14]
　　 ㄴ. 빗 트길 아디 몯ᄒᆞ며셔 그 믈 구부믈 怨望ᄒᆞ려　　[선언 하 :126]
　　　　호미로다

(ㄱ)의 '됴흔 法 닷고물'은 명사절인 '됴흔 法 닷곰'에 목적격 조사 '-올'이 붙어서 목적어로 쓰였다. 그리고 (ㄴ)의 '빗 트길'과 '그 믈 구부믈'은 명사절인 '빗 트기'와 '그 믈 구붐'에 목적격 조사인 '-ㄹ'과 '-을'이 붙어서 목적어로 쓰였다.

1.2.4. 보어

'보어(補語, 기움말, complement)'는 '드ᄫᅵ다/드외다, 아니다'가 서술어로 쓰일 때에 주어와 함께 실현되어야 하는 문장 성분이다. 보어는 체언이나 체언 역할을 하는 구나 절에 보격 조사인 '-이, -ㅣ, -∅'가 붙거나, 이들 조사가 생략된 채로 실현된다.

(20) ㄱ. 이는 우리 허므리라 世尊ㅅ 다시 아니시다ᄉᆞ이다　[법언 2:5]
　　 ㄴ. 山이 草木이 軍馬ㅣ 드ᄫᅵ니이다　　　　　　　　　[용가 98]
　　 ㄷ. 이 經에 니르샤닌 … 法華앳 果記 아닌가 ᄒᆞ노라　[능언 1:17]

(21) ㄱ. ᄂᆞ믜 겨집 드외노니 출히 뎌 고마 드외아 지라　　[법언 2:28]
　　 ㄴ. 한 소리를 다 通達ᄒᆞ야 眞說 아니니 업스니　　　[석상 20:14]

(20)에서는 서술어로 '아니다'와 '드ᄫᅵ다'가 쓰였는데, 이들 문장에서 '이는', '山이

草木이', '이 經에 니르샤넌'은 주어로 쓰였고 '世尊ㅅ 다시', '軍馬ㅣ', '法華앳 果記'는 보어로 쓰였다. 이들 보어는 체언인 '軍馬'와 체언구인 '世尊ㅅ 닷, 法華앳 果記'에 각각 보격 조사인 '-이, -ㅣ, -Ø'가 붙어서 실현되었다. 이와는 달리 (21)에서 (ㄱ)의 '느미 겨집'과 '뎌 고마'와 같은 체언구나 (ㄴ)의 '眞說'과 같은 체언은 보격 조사인 '-이'가 생략된 채로 보어로 쓰였다.

1.2.5. 관형어

'관형어(冠形語, 매김말, adnominal)'는 그 뒤에 실현되는 체언을 수식하면서 체언의 의미를 한정(제한)하는 문장 성분이다. 관형어로 쓰일 수 있는 말은 '관형사, 체언 + 관형격 조사, 체언(구), 관형절, 문장' 등이 있다.

첫째, 관형사가 관형어로 쓰일 수 있다.

(22) ㄱ. 往生偈ㄹ 외오시면 <u>헌</u> 오시 암글며	[월석 8:83]
ㄴ. 安樂國이 듣고 무로딕 <u>므슴</u> 놀애 브르ᄂ다	[월석 8:101]
ㄷ. 初觀은 <u>첫</u> 보미라	[월석 8:6]

관형사인 '헌'과 '므슴'은 각각 그 뒤에 실현되는 체언인 '옷'과 '놀애'를 수식하였으며, '첫'은 용언의 명사형인 '봄'을 수식하였다.

둘째, 체언(구)에 관형격 조사인 '-의/-의, -ㅣ'가 붙어서 관형어로 쓰일 수 있다.

(23) ㄱ. <u>諸天의</u> 히므로 사룸들히 다 ᄌ올의 ᄒ니	[석상 3:25]
ㄴ. 네 性이 내 나ᄂ 느믈훌 먹디 아니ᄒᄂ니 <u>죵이</u> 서리예 淸淨ᄒ도다	[두언 25:7]

(24) ㄱ. <u>네의</u> 어미 그려ᄒ미 샹넷 쁘뎃 衆生애셔 倍ᄒ씬	[월석 21:22]
ㄴ. <u>내익</u> 어미 爲ᄒ야 發혼 廣大 誓願을 드르쇼셔	[월석 21:57]
ㄷ. 諸子ㅣ <u>아비의</u> 便安히 안존 둘 알오	[법언 2:138]

(23)의 '諸天의, 네, 죵이'와 (24)의 '네의, 내익, 아비의'는 '諸天, 너, 죵 ; 너, 나, 아비'

에 관형격 조사인 '-의, -이, -ㅣ'가 붙어서 관형어로 쓰였다. 특히 (24)의 '네의, 내이, 아비의'는 명사절이나 관형절 속에서 의미상의 주어로 쓰이는 말이 관형어의 형태로 실현된 특수한 예이다. 곧, (ㄱ)의 '네의'와 (ㄴ)의 '내이'는 각각 대명사인 '너'와 '나'에 관형격 조사인 '-ㅣ'와 '-의/-이'가 겹쳐서 실현된 것이다. 이 경우에는 '네의'와 '내이'는 명사절과 관형절 속에서 의미상으로 주격으로 기능하는 것이 특징이다. 그리고 관형격 조사 '-이/-의' 앞에서 유정 명사의 끝소리로 실현되는 /ㅣ/ 모음은 탈락되는 것이 원칙이므로, '아비 + -의'는 '아븨'로 실현되어야 한다. 하지만 (ㄷ)처럼 유정 명사인 '아비'가 관형절 속에서 의미상으로 주어로 기능할 때에는, '아비의'처럼 유정 명사의 /ㅣ/ 모음이 그대로 유지될 수 있다.(『고등학교 문법』 2010:289)

체언에 관형격 조사인 '-ㅅ'이 붙어서 관형어로 쓰이기도 하는데, 관형격 조사 '-ㅅ'은 무정의 체언이나 높임의 대상인 유정의 체언에 붙은 것이 보통이다.[5]

(25) ㄱ. 그 <u>나랏</u> 法에 布施ᄒᆞᄃᆡ 모로매 童女로 내야 주더니　　　 [석상 6:14]
　　 ㄴ. 成佛은 <u>부텻</u> 道理를 일우실 씨라　　　　　　　　　　　 [석상 3:1]
　　 ㄷ. 그 ᄢᅴ 南녁 <u>堀앳</u> 仙人이 이 돌 우희 이셔 옷 셜며　　 [석상 11:25]
　　 ㄹ. 下界는 … <u>忉利天으롯</u> 아래를 다 닐온 마리라　　　　 [월석 1:38]

(ㄱ)의 '나랏'은 무정 체언인 '나라'에 '-ㅅ'이 실현되어서 관형어로 쓰였으며, (ㄴ)의 '부텻'은 유정 체언인 '부텨'에 '-ㅅ'이 실현되어서 관형어로 쓰였다. 그리고 (ㄷ)의 '堀앳'와 (ㄹ)의 '忉利天으롯'은 무정 체언에 부사격 조사가 결합된 말에 관형격 조사인 '-ㅅ'이 실현되어서 관형어로 쓰였다.

셋째, '체언 + 체언'의 구성에서 앞 체언이 관형어로 쓰일 수 있다.

(26) ㄱ. 如來ㅅ 모매 <u>터럭</u> 구무마다 즈믄 光明을 펴샤　　　　 [월석 21:5]
　　 ㄴ. 믈 <u>우흿</u> 龍이 江亭을 向ᄒᆞᅀᆞᄫᅵ니　　　　　　　　 [용가 100장]

---

5) 훈민정음으로 적힌 초기의 문헌인 『용비어천가』와 『훈민정음 언해본』에서는 관형격 조사로서 '-이/-의' 이외에도 '-ㄱ, -ㄷ, -ㅂ, -ㅸ, -ㆆ, -ㅿ ; -ㅅ' 등이 쓰였다. 이들 관형격 조사 중에서 '-ㄱ, -ㄷ, -ㅂ, -ㅸ, -ㆆ, -ㅿ' 등은 점차로 사라져서 '-ㅅ'으로 통일되는 경향을 보였다.

(ㄱ)의 '터럭'과 (ㄴ)의 '믈'은 체언 단독으로 뒤의 체언인 '구무'와 '우ㅎ'을 수식하여 관형어로 쓰였다.

넷째, 관형절이 관형어로 쓰일 수 있다. 이때 관형절의 서술어에는 관형사형 어미인 '-ㄴ, -ㅭ' 등이 실현되는데, 선어말 어미 '-ㄴ' 앞에는 시제를 나타내는 선어말 어미인 '-ᄂᆞ-, -더-, -Ø-'가 함께 실현될 수 있다.

(27) ㄱ. 내 이제 네 어믜 간 싸홀 뵈요리라 　　　　　　　　[월석 21:21]
　　　ㄴ. 鸚鵡는 말ᄒᆞᄂᆞᆫ 새라 　　　　　　　　　　　　[석상 3:32]
　　　ㄷ. 모딘 일 짓던 즁ᄉᆡᆼ이 새 주근 사ᄅᆞᆷ들히니 　　　[월석 21:25]
　　　ㄹ. 世尊이 … 볼 구피라 펼 ᄊᆞᅀᅵ예 忉利天에 가샤 　　[월석 21:4]

(ㄱ)에서 관형절의 서술어로 쓰인 '간'은 '가다'의 어간에 무형의 과거 시제 형태소인 '-Ø-'와 관형사형 전성 어미인 '-ㄴ'이 실현되어서, 과거 시제를 나타내면서 관형어로 쓰였다. (ㄴ)에서 '말ᄒᆞᄂᆞᆫ'은 '말ᄒᆞ다'의 어간에 현재 시제의 선어말 어미인 '-ᄂᆞ-'와 관형사형 어미인 '-ㄴ'이 실현되어, 현재 시제를 나타내면서 관형어로 쓰였다. (ㄷ)에서 '짓던'은 '짓다'의 어간에 회상의 선어말 어미인 '-더-'와 '-ㄴ'이 실현되어 회상의 뜻을 나타내면서 관형어로 쓰였다. (ㄹ)에서 '펼'은 '펴다'의 어간에 관형사형 어미인 '-을'이 실현되어서, 미래 시제를 나타내면서 관형어로 쓰였다.

다섯째, 문장이나 절에 관형격 조사인 '-ㅅ'이 붙어서 체언을 수식할 수 있다.

(28) ㄱ. 廣熾는 너비 光明이 비취닷 ᄠᅳ디오 　　　　　　　[월석 2:9]
　　　ㄴ. 衆生 濟渡ᄒᆞ노랏 ᄆᆞᅀᆞ미 이시면 　　　　　　　　[금삼 2:13]
　　　ㄷ. 죠고맛 빗 트고젓 ᄠᅳ들 닛디 몯ᄒᆞ리로다 　　　　[두언 15:55]

(ㄱ)과 (ㄴ)에서는 문장의 형식인 '너비 光明이 비취다'와 '衆生 濟渡ᄒᆞ노라'에 관형격 조사인 '-ㅅ'이 붙어서 관형어로 쓰였다. 그리고 (ㄷ)에서는 이어진 문장의 앞절인 '죠고맛 빗 트고져'에 관형격 조사인 '-ㅅ'이 붙어서 관형어로 쓰였다.6)

---

6) (28)의 관형어는 문장이나 절의 형식에 관형격 조사인 '-ㅅ'이 붙어서 형성된 특수한 관형절로 처리한다.(이 책의 315쪽과 고영근 2010:369 참조.)

1.2.6. 부사어

'부사어(副詞語, 어찌말, adverbial)'는 '서술어, 관형어, 부사어, 문장' 등을 수식하면서 그 의미를 한정하거나, 단어와 단어 또는 문장과 문장을 잇는 문장 성분이다. 부사어는 그 기능에 따라서 '수식 기능의 부사어'와 '접속 기능의 부사어'로 구분된다.

〈 수식 기능의 부사어 〉 부사어가 서술어, 부사어, 절, 문장 등을 수식할 수 있다. 첫째, 부사가 단독으로 부사어로 쓰일 수 있다.

(29) ㄱ. 香象은 <u>못</u> 힘센 象이니　　　　　　　　　　　　　　[월석 2:38]
　　 ㄴ. 菩薩이 前生애 지손 罪로 <u>이리</u> 受苦ᄒ시니라　　　　　[월석 1:6]
　　 ㄷ. 太子ㅣ … 盟誓ᄒ샤ᄃᆡ 부텨옷 몯 ᄃᆞ외면 <u>아니</u> 니러나리라 [석상 3:38]
　　 ㄹ. <u>ᄒ다가</u> 술옷 몯 먹거든 너덧 번에 ᄂᆞ화 머기라　　　　[구간 1:4]

'못, 이리, 몯, 아니, 어루' 등은 부사로서 각각 그 뒤에 실현되는 '힘센, 受苦ᄒ시니라, ᄃᆞ외면, 니러나리라, 술옷 몯 먹거든'을 수식하였다.

둘째, 체언에 부사격 조사가 붙어서 부사어로 쓰일 수 있다.

(30) ㄱ. 如來 <u>菩提樹에</u> 겨시다가 差梨尼迦ㅣ라 홀 <u>수프레</u>　　[월석 4:53]
　　　　올마 가샤
　　 ㄴ. <u>하ᄂᆞᆯ해셔</u> 보비옛 곳비 오며　　　　　　　　　　　[석상 20:19]
　　 ㄷ. 이 經을 바다 디니며 닐그며 외오며 ᄉᆞ랑ᄒ야　　　　　[석상 20:28]
　　　　<u>ᄂᆞᆷᄃᆞ려</u> 니ᄅᆞᄂᆞ니
　　 ㄹ. 西方애 힌 므지게 열둘히 <u>南北으로</u> ᄀᆞᄅᆞ ᄢᅦ여 잇더니 [석상 23:22]
　　 ㅁ. 太子ㅣ <u>金으로</u> ᄀᆞ지븨 양ᄌᆞ를 ᄆᆡᇰᄀᆞᄅᆞ시고　　　　[석상 3:10]
　　 ㅂ. 져므며 壯ᄒ며 老耄호미 <u>種種ᄋᆞ로</u> 變ᄒ야 다ᄅᆞ나　　　[능언 2:9]
　　 ㅅ. 福이 다아 衰ᄒ면 受苦ᄅᆞᄫᅵ요미 <u>地獄두고</u> 더으니　　[월석 1:21]
　　 ㅇ. ᄯᅩ 蓼藍汁 세 큰 잔을 믈 두 큰 <u>잔과</u> ᄒᆞᄃᆡ 달혀　　[구언 하17]

(30)에서 '菩提樹에, 수프레, 하ᄂᆞᆯ해셔, ᄂᆞᆷᄃᆞ려, 南北으로, 金으로, 種種ᄋᆞ로, 地獄두고, 잔과'는 체언에 부사격 조사인 '-에(장소), -애셔(시작점), -ᄃᆞ려(상대), -으로(방

향), -으로(재료), -우로(변성), -두고(비교), -과(공동)'가 붙어서 부사어로 쓰였다.

셋째, 부사절이 부사어로 쓰일 수 있는데, 이 경우에 부사절은 서술어로 쓰이는 용언의 어간에 부사 파생 접미사인 '-이'나 종속적 연결 어미인 '-게/-기/-긔, -두록/-도록, -둧/-드시' 등이 붙어서 성립된다.

(31) ㄱ. (太子ㅣ) 사룸 몯 보게 放光ᄒᆞ샤 四天王과 淨居天에 [석상 3:24]
　　　 니르리 비취시니

　　 ㄴ. 舍利弗이 젼ᄎ 업시 우서늘 [석상 6:35]

(32) ㄱ. 그듸 가아 (耶輸ㅣ) 아라듣게 니르라 [석상 6:6]

　　 ㄴ. ᄒᆞᆫ 劫이 남두록 닐어도 몯다 니르리어니와 [석상 9:10]

　　 ㄷ. 百姓이 져재 가둧 모다 가 [월석 2:7]

(31)에서 (ㄱ)의 '四天王과 淨居天에 니르리'와 (ㄴ)의 '젼ᄎ 업시'는 서술어로 쓰인 '니르다'와 '없다'의 어간에 부사 파생 접미사인 '-이'가 결합하여 부사절을 형성하였다. 그리고 (32)에서 '(耶輸ㅣ) 아라듣게, ᄒᆞᆫ 劫이 남두록, (百姓이) 져재 가둧'은 서술어로 쓰인 '아라듣다, 남다, 가다'의 어간에 연결 어미인 '-게, -두록, -둧' 등이 붙어서 부사어로 쓰였다.

넷째, 관형어(관형절)와 그것의 수식을 받는 부사어성 의존 명사를 포함하는 전체 구성이 부사어로 쓰일 수 있다.

(33) ㄱ. 하ᄂᆞ히 命ᄒᆞ실ᄊᆡ 믈 톤 자히 건너시니이다 [용가 34장]

　　 ㄴ. 王이 즉재 나와 마자 子息이 아비 본 드시 禮數ᄒᆞ더라 [월석 20:34]

　　 ㄷ. 서르 두토아 싸호면 나라히 ᄂᆞ미 그에 가리이다 [월석 2:6]

　　 ㄹ. 이 經이 더러본 거긔 微妙ᄒᆞᆫ 이를 나토오미 蓮ㅅ고지 [석상 13:33]
　　　 더러본 므레 이쇼ᄃᆡ 조호미 ᄀᆞᆮ고

　　 ㅁ. 갈 ᄀᆞᆮᄒᆞᆫ 것들히 罪人들흘 모라 모딘 즁싱이 게 [월석 21:24]
　　　 갓가비 가게 ᄒᆞ며

　　 ㅂ. 阿彌陁佛이… 金色光을 펴샤 그 사ᄅᆞ미 손ᄃᆡ 오샤 [월석 8:55]

(ㄱ)의 '믈 톤 자히', (ㄴ)의 '子息이 아비 본 드시', (ㄷ)의 'ᄂᆞ믹 그에', (ㄹ)의 '더러ᄫᆞᆫ 거긔', (ㅁ)의 '즁싱이 게', (ㅂ)의 '사ᄅᆞ믹 손ᄃᆡ'는 모두 부사어로 쓰여서 그 뒤에 오는 말을 수식하였다. 이들 부사어는 관형어(절)로 쓰인 '믈 톤, 子息이 아비 본, ᄂᆞ믹, 더러ᄫᆞᆫ, 즁싱이, 사ᄅᆞ믹'에 부사어성 의존 명사인 '자히, 드시, 그에, 거긔, 게, 손ᄃᆡ'가 결합하여 그 전체 구성이 부사어로 쓰인 것이다.

〈 접속 기능의 부사어 〉 접속 부사가 부사어로 쓰여서 단어와 단어, 절과 절, 문장과 문장을 잇는다.

(34) 道國王과 밋 舒國王은 實로 親ᄒᆞᆫ 兄弟니라　　　　　　　[두언 8:5]

(35) ㄱ. 聲聞이 히미 비록 몯 미츠나 <u>그러나</u> 信으로 드로믈　　[법언 2:159]
　　　 許ᄒᆞ실ᄊᆡ

　　 ㄴ. 그 믈 미틔 金 몰애 잇ᄂᆞ니 일후미 閻浮檀金이니　　　[월석 1:24]
　　　 <u>그럴ᄊᆡ</u> 일후믈 閻浮提라 ᄒᆞᄂᆞ니라

　　 ㄷ. 兪ㅣ 罪ᄅᆞᆯ 어더든 티샤미 샹녜 알ᄑᆞ더니 이제　　　[내훈 1:48]
　　　 어마닚 히미 能히 알ᄑᆞ게 몯ᄒᆞ실ᄊᆡ <u>이런ᄃᆞ로</u> 우노이다

(36) ㄱ. 臣下ㅣ 술보ᄃᆡ 뉘 王과 겻구리잇고 <u>그러나</u> 王子ㅣ　　[월석 25:126]
　　　 聰慧利根ᄒᆞ샤 功德을 더으실ᄊᆡ 이 이를 ᄒᆞ시노소이다

　　 ㄴ. 上根 圓ᄒᆞᆫ 智 아니면 뉘 能히 키 通ᄒᆞ리오 <u>그럴ᄊᆡ</u>　[원각 서:6]
　　　 如來ㅣ 光明藏애 十二 大士와로 秘密히 니ᄅᆞ시며

　　 ㄷ. 俱夷 니ᄅᆞ샤ᄃᆡ 내 願을 아니 從ᄒᆞ면 고ᄌᆞᆯ 몯 어드리라　[월석 1:12]
　　　 善慧 니ᄅᆞ샤ᄃᆡ <u>그러면</u> 네 願을 從호리니

(34)에서 접속 부사인 '밋'은 체언인 '道國王'과 '舒國王'을 이었다. 그리고 (35)에서 '그러나, 이런ᄃᆞ로/그런ᄃᆞ로, 그럴ᄊᆡ' 등은 이어진 문장 속에서 앞절과 뒷절을 이었으며, (36)에서 '그러나, 이럴ᄊᆡ, 그러면' 등은 앞 문장과 뒤 문장을 이었다.

　15세기 국어에서는 접속 기능을 하는 부사어들의 앞에는 일반적으로 접속 조사나 연결 어미가 실현된다. 따라서 접속 기능의 부사어는 이들 접속 조사나 연결 어미와 의미나 기능면에서 중복되는 특성을 보인다.

1.2.7. 독립어

'독립어(獨立語, 홀로말)'는 문장 안의 다른 성분과 직접적인 관련이 없는 성분이다. 독립어는 감탄사 단독으로 쓰이거나, 체언에 호격 조사가 붙어서 쓰인다.

첫째, 감탄사가 단독으로 독립어로 쓰일 수 있다.

(37) ㄱ. 의 迷人아 오늘록 後에 이 길흘 넓디 말라   [월석 21:118]

       ㄴ. 舍利佛이 슬보디 엥 올흐시이다   [석상 13:47]

       ㄷ. 아소 님하 도람 드르샤 괴오쇼셔   [악궤 5:14 삼진작]

'의, 엥, 아소' 등은 감탄사가 독립어로 쓰인 예이다. (ㄱ)에서 '의(= 아)'는 화자의 감정을 직접적으로 표출하는 말로 쓰였다. 반면에 (ㄴ)의 '엥(= 예)'은 상대방의 질문에 대한 대답말로 쓰였으며, (ㄷ)의 '아소'는 현대어의 '마소서'나 '앗으시오'와 같이 '금지'의 뜻을 나타내면서 대답말로 쓰였다.

둘째, 체언에 호격 조사가 붙어서 독립어로 쓰일 수 있다.

(38) ㄱ. 比丘아 알라   [월석 17:14]

       ㄴ. 아가 아가 긴 劫에 몯 볼까 ᄒᆞ다니   [월석 23:87]

       ㄷ. 牽牛야 네 큰 神力을 미츠리 져그니   [월석 21:151]

(39) ㄱ. 어딜쎠 觀世音이여   [능언 6:65]

       ㄴ. 됴타 文殊師利여 네 大悲로 니ᄅᆞ고라 請ᄒᆞᄂᆞ니   [월석 9:9]

(40) 聖母하 願ᄒᆞᆫ든 드르쇼셔   [월석 21:38]

(38)에서 '比丘아, 아가, 牽牛야'는 체언인 '比丘, 악('아기'의 준말), 牽牛'에 아주 낮춤의 호격 조사인 '-아/-야'가 붙어서 독립어로 쓰였다. (39)에서 (ㄱ)의 '觀世音이여'와 (ㄴ)의 '文殊舍利여'는 체언인 '觀世音'과 '文殊舍利'에 예사 높임의 호격 조사인 '-이여'가 붙어서 독립어로 쓰였다. 그리고 (40)의 '聖母하'는 체언인 '聖母'에 아주 높임의 호격 조사인 '-하'가 붙어서 독립어로 쓰였다.

【 더 배우기 】

1. 서술어의 자릿수

문장 속에서 서술어가 반드시 필요로 하는 문장 성분의 수는 정해져 있는데, 이를 '서술어의 자릿수'라고 한다.

서술어의 자릿수에 따라서 서술어의 유형을 분류하면 '한 자리 서술어, 두 자리 서술어, 세 자리 서술어'로 나눌 수 있다.(나찬연 2017:272, 『고등학교 문법』 2010:150)

첫째, '한 자리 서술어'는 필수적으로 요구하는 문장 성분이 하나뿐인 서술어로서 주어만 실현되면 문장을 이룰 수 있는 서술어이다.

(1) ㄱ. 나리 <u>져므러</u> 히 <u>디거늘</u>   [월석 8:93]
    ㄴ. 닐굽 히 너무 <u>오라다</u>   [월석 7:2]

(ㄱ)에서 자동사인 '져믈다'와 '디다'는 각각 주어인 '나리'와 '히'만을 필수적으로 요구하고, (ㄴ)에서 형용사인 '오라다'는 주어인 '닐굽 히'만을 필수적으로 요구한다. 그러므로 (ㄱ)의 '져믈다'와 '디다', 그리고 (ㄴ)의 '오라다'는 '한 자리 서술어'이다.

둘째, '두 자리 서술어'는 필수적으로 요구하는 문장 성분이 두 개인 서술어이다.

(2) ㄱ. 흔 菩薩이 王 <u>두외야</u> 겨샤   [월석 1:5]
    ㄴ. 나는 어버시 <u>여희오</u> 느미 그에 브터 사로딘   [석상 6:5]

(3) ㄱ. 내 婆羅門이 <u>아니라</u> 天王釋이라니   [월석 20:85]
    ㄴ. 東海ㅅ ㄱ시 져재 <u>곧ㅎ니</u>   [용가 6장]

자동사와 타동사는 모두 두 자리 서술어로 쓰일 수 있다. 곧 (2ㄱ)에서 자동사인 '두외다'는 주어인 '흔 菩薩이'와 보어인 '王'을 필수적으로 요구한다. 그리고 (2ㄴ)에서 타동사인 '여희다'는 주어인 '나는'과 목적어인 '어버시'를 필수적으로 요구한다. 형용사도 (3)처럼 보이나 부사어를 필수적으로 취해서 두 자리 서술어로 쓰일 수 있다. 곧 (3ㄱ)에서 형용사인 '아니라'는 주어인 '내'와 보어인 '婆羅門이'를 필수적으로 요구하며, (3ㄴ)에서도 형용사 '굴ㅎ다'는 주어인 '東海ㅅ ㄱ싀'와 부사어인 '져재'를 필수적으로 요구한다.

셋째, '세 자리 서술어'는 필수적으로 요구하는 문장 성분이 세 개인 서술어인데, 주어 이외에도 목적어와 부사어를 필수적으로 요구한다.

(4) ㄱ. 太子ㅣ 寶冠 瓔珞을 車匿이 <u>주시고</u> 니ᄅ샤ᄃᆡ   [석상 3:31]
    ㄴ. 如來 太子ㅅ 時節에 나를 겨집 <u>사ᄆ시니</u>   [석상 6:4]

(ㄱ)에서 서술어로 쓰인 '주시고'는 주어인 '太子ㅣ'와 목적어인 '寶冠 瓔珞을'과 부사어인 '車匿이'를 필수적으로 요구한다. (ㄴ)에서 서술어인 '삼다'도 주어인 '如來'와 목적어인 '나를'뿐만 아니라 부사어인 '겨집'을 필수적으로 요구한다. 따라서 '주다'와 '삼다'는 세 개의 문장 성분을 필수적으로 요구하는 세 자리 서술어이다.

2. 이중 주어와 이중 목적어

하나의 홑문장에서 두 개의 주어가 나타나거나 두 개의 목적어가 나타날 수 있는데, 이러한 문장을 '이중 주어 문장'과 '이중 목적어 문장'이라고 한다.

첫째, 홑문장 속에서 하나의 서술어에 대하여 두 개의 주어가 나타날 수 있는데, 이러한 문장을 '이중 주어 문장'이라고 한다.[1]

(5) ㄱ. <u>大愛道ㅣ</u> <u>善ᄒᆞᆫ 뜨디</u> 하시며   [월석 10:19]]
    ㄴ. <u>하늜 樹王이</u> <u>고지</u> 픈 ᄃᆞᆺ ᄒᆞ니   [석상 13:24]

(ㄱ)에서는 서술어로 쓰인 '하다'에 대하여 '大愛道ㅣ'와 '善ᄒᆞᆫ 뜨디'가 주어로 쓰였다. 그리고 (ㄴ)에서는 서술어로 쓰인 '프다'에 대하여 '하늜 樹王이'와 '고지'가 주어로 쓰였다. 곧 '하다'나 '프다'처럼 상태(state)나 과정(process)을 나타내는 비행

---

1) 『고등학교 문법』(2010:164)에서는 (5)의 문장을 겹문장으로 보아서 '서술절을 안은 문장'으로 처리한다. '서술절을 안은 문장'에 대하여는 이 책의 312쪽을 참조.

동성 용언이 서술어로 쓰이는 경우에 한해서, 하나의 서술어에 대해서 주어의 형식을 갖춘 문장 성분이 두 개가 나타날 수 있다.

둘째, 홑문장에서 하나의 서술어에 대하여 목적어가 두 개 나타날 수 있는데, 이러한 문장을 '이중 목적어 문장'이라고 한다.

(6) ㄱ. 三韓을 ᄂᆞ물 주리여   [용가 20장]
　　ㄴ. 婆羅門이 말을 護彌 듣고 깃거 須達이 아들을 ᄯᆞᆯ을   [월천 기149]
　　　　 얼유려 터니
　　ㄷ. 亭上 牌額을 세 사ᄅᆞᆯ 마치시니   [용가 32장]
　　ㄹ. 이 世界며 다른 世界옛 諸佛 … 鬼神을 네 數를   [석상 11:4]
　　　　 알리로소니여

(6)의 (ㄱ)에는 '三韓을'과 'ᄂᆞ물'이 목적어로 쓰였고, (ㄴ)에는 '아들을'과 'ᄯᆞᆯ을'이 목적어로 쓰였다. 그리고 (ㄷ)에서는 '牌額을'과 '세 사ᄅᆞᆯ'이, (ㄹ)에서는 '諸佛 … 鬼神을'과 '數를'이 동격의 관계로서 목적어로 쓰였다.

그런데 (6)에서 이중 목적어에 쓰인 목적격 조사 중에서 하나는 일반적인 목적격 조사로 기능하는 것이 아니다. 먼저 (ㄱ)의 'ᄂᆞᆷ'과 (ㄴ)의 'ᄯᆞᆯ'에는 목적격 조사가 실현되어 있다. 그러나 (ㄱ)에서 'ᄂᆞᆷ'과 '주다'의 의미적인 관계와 (ㄴ)에서 'ᄯᆞᆯ'과 '얼이다'의 의미적인 관계를 감안하면, 'ᄂᆞᆷ(= ᄂᆞ믹 긔)'과 'ᄯᆞᆯ(= ᄯᆞ릭 긔)'은 상대를 나타내는 부사어로 해석된다. 그리고 (ㄷ)의 '세 살'은 『용비어천가』의 원문의 내용을 고려하면 '세 개의 화살로'의 뜻인 부사어로 쓰였으며, (ㄹ)의 '諸佛 … 鬼神(諸佛 … 鬼神의)'은 관형어로 쓰였다.

이러한 사실을 감안하면 'ᄂᆞ물, ᄯᆞᆯ을, 사ᄅᆞᆯ, 諸佛 … 鬼神을'에 붙은 '-을/-를' 등을 목적격 조사로 보지 않고 강조의 뜻을 나타내는 보조사로 볼 가능성이 있다.(고등학교 교사용 지도서 문법 2010:192) 그러나 이러한 가능성에도 불구하고 『고등학교 문법』(2010:152)에서는 위 문장에 쓰인 '-을/-를'을 목적격 조사로 처리하고, 이들 조사의 기능을 목적격 조사의 보조사적 용법으로 보았다.(나찬연 2017:281)

제2장 문장의 짜임

    문장은 기본적으로 주어와 서술어로써 어떠한 일의 상태(성질)나 움직임을 표현한다. 그런데 하나의 문장에는 주어와 서술어가 한 번만 나타날 수도 있지만, 어떤 경우에는 두 번 이상 나타날 수도 있다.

    (1) ㄱ. 내 롱담ᄒ다라   [석상 6:24]
          ㄴ. ᄒ오ᅀᅡ 내 尊호라   [월석 3:34]

    (2) ㄱ. <u>아ᄃᆞᆯᄯᆞᆯ 求ᄒ면 아ᄃᆞᆯᄯᆞᆯ 得ᄒ리라</u>   [석상 9:23]
          ㄴ. 이 戒ᄂᆞᆫ <u>諸佛 菩薩이 修行ᄒ시논</u> 즈르ᇰ길히라   [석상 9:6]

(1)의 문장처럼 주어와 서술어가 한 번만 실현된 문장을 '홑문장(單文)'이라고 한다. 반면에 (2)의 문장처럼 주어와 서술어가 두 번 이상 나타난 문장을 '겹문장(複文)'이라고 한다. 겹문장으로는 '이어진 문장'과 '안은 문장'이 있다. (2ㄱ)의 문장은 앞절인 '아ᄃᆞᆯᄯᆞᆯ 求ᄒ(다)'와 뒷절인 '아ᄃᆞᆯᄯᆞᆯ 得ᄒ리라'가 연결 어미인 '-으면'에 의해서 나란히 이어져서 된 겹문장인데, 이러한 문장을 '이어진 문장(接續文)'이라고 한다. 그리고 (2ㄴ)의 문장은 관형절인 '諸佛菩薩이 修行ᄒ시논'을 관형어로 안고 있는데, 이러한 문장을 '안은 문장(內包文)'이라고 한다.

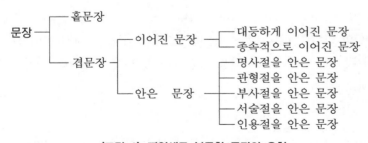

〈그림 1〉 짜임새로 분류한 문장의 유형

2.1. 이어진 문장

두 개 이상의 홑문장이 연결 어미에 의해서 이어져서 더 큰 문장이 될 수 있는데, 이러한 문장을 '이어진 문장(接續文)'이라고 한다. 이어진 문장은 앞절과 뒷절의 의미적 관계에 따라 '대등하게 이어진 문장'과 '종속적으로 이어진 문장'으로 구분된다.

2.1.1. 대등하게 이어진 문장

'대등하게 이어진 문장'은 앞절과 뒷절이 의미적으로 대등한 관계로 이어진 문장으로서, 앞절과 뒷절은 '나열, 선택, 대조' 등의 의미적 관계를 나타낸다.

(3) ㄱ. 고히 길오 놉고 고ᄃ며   [석상 19:7]
    ㄴ. 十生이 무레 니르리 죽곡 주그며 나곡 나   [능언 4:30]
    ㄷ. 보도 몯ᄒ며 듣도 몯거니 므스기 快樂ᄒᄫ리잇고   [석상 24:286]
    ㄹ. 브르거니 對答ᄒ거니 ᄒ야 威와 福과ᄅ 짓ᄂ니   [두언 6:38]

(4) ㄱ. 오나 가나 다 새지비 兼ᄒ얫도소니   [두언 7:16]
    ㄴ. 제 쓰거나 ᄂᆷ 히여 쓰거나 ᄒ고   [석상 9:21]
    ㄷ. 그 後에ᅀᅡ 외니 올ᄒ니 이긔니 계우니 홀 이리 나니라 [월석 1:42]

(5) 구루멧 히 블 ᄀᆮᄒ나 더운 하ᄂᆯ히 서늘ᄒ도다   [두언 6:35]

(3)의 문장은 '나열'의 의미를 나타내는 연결 어미 '-고/-곡, -으며, -으니, -거니' 등을 통해서 앞절과 뒷절이 이어졌다. 그리고 (4)의 문장은 '선택'의 의미를 나타내는 연결 어미인 '-으나~-으나, -거나~-거나, -으니~-으니'를 통해서, 그리고 (5)의 문장은 '대조'의 의미를 나타내는 연결 어미인 '-으나'를 통해서 이어졌다. 이들 문장은 앞절과 뒷절이 의미적으로 대등한 관계에 있으므로 '대등하게 이어진 문장'이라고 한다.[1]

---

1) (3~5)의 문장에서 확인할 수가 있듯이 대등하게 이어진 문장의 앞절과 뒷절은 구조적으로나

2.1.2. 종속적으로 이어진 문장

'종속적으로 이어진 문장'은 앞절과 뒷절의 의미가 서로 독립적이지 못하고, 앞절의 의미가 뒷절의 의미에 이끌리는 관계로 이어진 문장이다. 종속적으로 이어진 문장의 앞절과 뒷절은 '조건, 이유, 원인, 의도, 전환' 등의 매우 다양한 의미적 관계로 이어진다.[2]

(6) ㄱ. 舍利佛이 훈 獅子ㅣ를 지어 내니 그 쇼를 자바머그니   [석상 6:32]

ㄴ. ᄆᆞᅀᆞ를 아라 根源을 ᄉᆞ뭇 볼씨 일흐믈 沙門이라   [석상 3:20]
ᄒᆞᄂᆞ니이다

ㄷ. 모딘 길헤 ᄲᅥ러디면 恩愛를 머리 여희여   [석상 6:3]

ㄹ. 善男子 善女人이 뎌 부텻 世界예 나고져 發願ᄒᆞ야ᅀᅡ   [석상 9:11]
ᄒᆞ리라

ㅁ. 이 하늘들히 놉디옷 목수미 오라ᄂᆞ니   [월석 1:37]

(ㄱ)과 (ㄴ)의 문장에서는 '원인'이나 '이유'를 나타내는 연결 어미인 '-으니'와 '-을씨'를 통하여 앞절과 뒷절이 이어졌다. 그리고 (ㄷ)은 '조건'을 나타내는 '-으면', (ㄹ)은 '의도'를 나타내는 '-고져', (ㅁ)은 '앞의 일이 되어가는 정도에 비례해서 뒤의 일도 되어감'을 나타내는 '-디옷'을 통하여 각각 앞절과 뒷절이 이어졌다. 이들 문장은 앞절의 의미가 뒷절에 이끌리는 관계에 있으므로 '종속적으로 이어진 문장'이다.

2.1.3. 이어진 문장의 통사적 제약

이어진 문장에서 앞절에 특정한 연결 어미가 실현되면 뒷절의 종결 방식이 제약을 받는 경우가 있다.(허웅 1975:521, 『고등학교 문법』 2010:298)

첫째, 이어진 문장의 앞절에서 연결 어미인 '-(으)니'의 앞에 확인 표현의 선어말

의미적으로 대칭성(對稱性)이 있다. 그리고 대등하게 이어진 문장에는 대칭성뿐만 아니라 앞절과 뒷절의 순서를 바꾸어도 의미에 변화가 생기지 않는 교호성(交互性)도 함께 나타난다.

2) '종속적으로 이어진 문장'을 형성하는 '종속적 연결 어미'의 다양한 종류와 기능에 대한 자세한 내용은 이 책 452쪽의 내용 참조.

어미인 '-거-, -아-/-어-'가 실현되면, 뒷절은 '앞절의 내용을 뒤집는 뜻'을 표현하면서 의문형으로 끝맺는다.

(7) ㄱ. 功德을 國人도 솗거니 漢人 무ᅀᆞ미 엇더ᄒ리잇고   [용가 72장]
    ㄴ. ᄒ마 주글 내어니 子孫ᄋᆞᆯ 議論ᄒ리여   [월석 1:7]

(ㄱ)의 '솗거니'와 (ㄴ)의 '내어니'처럼 연결 어미 '-니'가 실현된 서술어에 확인 표현의 선어말 어미인 '-거-'나 '-어-'가 실현되면, 뒷절의 서술어는 '엇더ᄒ리잇고'와 '議論ᄒ리여'처럼 의문형으로 끝맺는다.

둘째, 이어진 문장에서 앞절의 서술어에 연결 어미인 '-관ᄃᆡ/-완ᄃᆡ'가 실현되면, 앞절에는 반드시 의문사(疑問詞, 물음말)가 실현되고 뒷절은 의문형으로 끝맺는다.

(8) ㄱ. 이 엇던 神靈ㅅ 德이시관ᄃᆡ 내 시르믈 누기시ᄂᆞᆫ고   [월석 21:21]
    ㄴ. 地藏菩薩摩訶薩이 … 엇던 願을 셰완ᄃᆡ 不思議옛   [월석 21:15]
       이ᄅᆞᆯ 能히 일우ᄂᆞ니잇고

(ㄱ)의 '德이시관ᄃᆡ'와 (ㄴ)의 '셰완ᄃᆡ'처럼 앞절의 서술어에 연결 어미인 '-관ᄃᆡ/-완ᄃᆡ'가 실현되면, 앞절에는 '엇던'과 같은 의문사가 실현되고 뒷절의 서술어는 '누기시ᄂᆞᆫ고'와 '일우ᄂᆞ니잇고'처럼 의문형으로 끝맺는다.

셋째, 이어진 문장에서 앞절의 서술어에 연결 어미인 '-디ᄫᅵ/-디위/-디외', '-건뎡/-언뎡' 등이 실현되면, 뒷절은 부정문(否定文)이 된다.

(9) ㄱ. 이에 든 사ᄅᆞᄆᆞᆫ 죽디ᄫᅵ 나디 몯ᄒᄂᆞ니라   [석상 24:14]
    ㄴ. 모ᄆᆞ로 端正히 홀 디언뎡 ᄠᅳᆮ 구표미 몯 ᄒ리라   [몽언 24]

(ㄱ)의 '죽디ᄫᅵ'와 (ㄴ)의 '홀 디언뎡'처럼 앞절의 서술어에 연결 어미인 '-디ᄫᅵ'와 '-건뎡'이 실현되면, 뒷절은 '나디 몯ᄒᄂᆞ니라'와 'ᄠᅳᆮ 구표미 몯 ᄒ리라'처럼 부정문이 된다.

넷째, 이어진 문장에서 앞절의 서술어에 연결 어미인 '-곤/-온' 등이 실현되면, 뒷절에는 대체로 '하믈며'와 같은 부사가 실현되고 서술어로 실현되는 체언이나 용언의 명사형 뒤에는 영탄과 반문의 뜻을 나타내는 '-이여'나 '-이ᄯᅠ녀' 등의 조사가

실현된다.3)

(10) ㄱ. 잢간 듣줍고 ᄒᆞ마 善ᄒᆞᆫ 利를 得곤 ᄒᆞᄆᆞᆯ며 브즈러니   [원언 하 2-1:4]
行호미여
ㄴ. 莊子도 오히려 그러콘 ᄒᆞᄆᆞᆯ며 道人이ᄯᆞ녀   [선언 하:122]

(10)에서는 앞절의 서술어에 '得곤'과 '그러콘'처럼 연결 어미인 '-곤'이 실현되었다. 이때 뒷절에는 대체로 'ᄒᆞᄆᆞᆯ며'와 같은 부사가 실현되고, 뒷절에서 서술어처럼 기능하는 체언이나 용언의 명사형 뒤에 '-이여'나 '-이ᄯᆞ녀(←-이ᄯᆞᆫ + -이여)'와 같은 조사가 붙어서 반문(反問)의 뜻을 나타내는 수사 의문문의 형식으로 표현된다.

2.2. 안은 문장

문장 속에서 하나의 성분처럼 쓰이는 홑문장을 '안긴 문장'이라 하고, 이 안긴 문장을 포함하고 있는 전체 문장을 '안은 문장'이라 한다. 안긴 문장을 '절(節, 마디, clause)'이라고도 하는데, 이러한 안긴 문장에는 '명사절, 관형절, 부사절, 서술절, 인용절' 등이 있다.

2.2.1. 명사절을 안은 문장

'명사절(名詞節, 이름 마디)'은 문장 속에서 명사처럼 기능하는 절로서, 명사형 전성 어미인 '-옴/-움, -기, -디' 등이 붙어서 형성된다. 명사절은 명사처럼 문장 속에서 여러 가지 문장 성분으로 쓰일 수 있는 것이 특징인데, 이러한 명사절을 포함하고 있는 전체 문장을 '명사절을 안은 문장'이라 한다.

첫째, 용언이나 서술격 조사에 명사형 전성 어미인 '-옴/-움'과 '-기'가 실현되어서 명사절로 쓰일 수 있다.

---

3) '-이ᄯᆞ녀'는 강조를 나타내는 '-이ᄯᆞᆫ(보조사)'에 호격 조사 '-(이)여'가 붙어서 문장 전체가 반문(反問)과 감탄의 뜻을 나타내는 의문문처럼 쓰였다.(허웅 1975:359, 386)

(11) ㄱ. 이런 有情들히 ··· <u>됴흔 法 닷고물</u> 몯ㅎ야 [석상 9:14]

ㄴ. 阿難아 <u>사른미 몸 드외요미</u> 어렵고 [석상 9:28]

(12) ㄱ. 比丘ㅣ ··· <u>오직 절ㅎ기를</u> ㅎ야 [석상 19:30]

ㄴ. 平公은 <u>이젯 글 ㅎ기예</u> 爲頭ㅣ니 [두언 16:53]

(11)의 문장은 명사형 전성 어미인 '-옴/-움'이 붙어서 형성된 '됴흔 法 닷곰'과 '사른미 몸 드외욤'을 명사절로 안은 문장이다. 그리고 (12)의 문장은 '-기'가 붙어서 형성된 '(比丘ㅣ) 오직 절ㅎ기'와 '이젯 글 ㅎ기'를 명사절로 안은 문장이다. 그런데 '-옴/-움'으로 실현되는 명사절은 15세기 국어에서 그 예가 매우 흔하며 안은 문장에서 주어, 목적어, 보어, 부사어 등으로 두루 기능한다. 반면에 '-기'로 실현되는 명사절은 실현된 예가 매우 드물며 안은 문장 속에서 목적어나 부사어로만 쓰이는 제약이 있다.

둘째, 용언이나 서술격 조사에 특수한 명사형 전성 어미인 '-디'가 실현되어서 명사절로 쓰일 수 있다.

(13) ㄱ. <u>이 사름 ᄀ티 거스디</u> 어려부미 녜로브터 업스니라 [월석 10:29]

ㄴ. 뷘 平床애 어드운 딘 <u>가디</u> 어렵도다 [두언 10:21]

ㄷ. 나리 져믈씨 <u>나가디</u> 슬ㅎ야 커늘 [삼행 烈:16]

ㄹ. 므스거시 <u>가져가디</u> 됴홀고 [번노 하:66]

(13)의 문장에서는 '거슬다, 가다, 나가다, 가져가다'의 어간에 명사형 어미인 '-디'가 실현되어서 명사절을 이루었다. 이처럼 '-디'가 명사형 전성 어미로 쓰일 때에는 '어렵다, 슬ㅎ다, 둏다' 등의 '평가 형용사'가 안은 문장의 서술어로 쓰이는 것이 특징이다.

셋째, 드문 예로서 '-둘'이 명사형 전성 어미로 쓰여서 명사절을 형성할 수도 있다.

(14) ㄱ. 그러나 藥을 주어늘 <u>먹둘</u> 슬히 너기니 [월석 17:20]

ㄴ. 征役홀 사른미 餘暇ㅎ야 <u>쉬둘</u> ㅎ니 [두언 6:21]

(ㄱ)과 '먹둘'과 (ㄴ)의 '쉬둘'은 '먹다'와 '쉬다'의 어간에 명사형 어미인 '-둘'이 붙어

서 명사절로 쓰였다. 어원적으로 보면 '-들'은 의존 명사 '드'와 목적격 조사 '-ㄹ'이 붙어서 형성된 것으로 보이는데, 어간인 '먹-'과 '뒤-'의 뒤에 관형사형 어미가 없이 쓰인 것이 특색이다. 이처럼 '-들'에 의해서 명사절이 이루어진 용례는 매우 드물어서, 그 용례를 찾기가 매우 어렵다.(허웅 1975:638)

2.2.2. 관형절을 안은 문장

'관형절(冠形節, 매김 마디)'은 문장 속에서 관형어로 기능하는 절로서, 용언의 어간에 관형사형 전성 어미인 '-은'이나 '-을/-읈'이 실현되어서 형성된다. 그리고 이러한 관형절을 포함하고 있는 전체 문장을 '관형절을 안은 문장'이라고 한다.

(15) ㄱ. 내 <u>어미 일흔</u> 後에 밤나줄 그려　　　　　　　　　　[월석 21:21]
　　　ㄴ. <u>부텨 나 겨시던</u> 時節이 더 멀면　　　　　　　　　[석상 9:2]
　　　ㄷ. 楞伽山이 南天쯕 바룺ᄀ새 잇ᄂ니 <u>神通 잇ᄂ</u>　　　[석상 6:43]
　　　　　사ᄅ미ᅀᅡ 가ᄂ니라
　　　ㄹ. <u>말ᄊᆞᆯ 슬ᄫᆞ리</u> 하ᄃᆡ 天命을 疑心ᄒᆞ실ᄊᆡ ᄭᅮ므로　[용가 13장]
　　　　　뵈아시니

(ㄱ)의 '어미 일흔', (ㄴ)의 '부텨 나 겨시던', (ㄷ)의 '神通 잇ᄂ', (ㄹ)의 '말ᄊᆞᆯ 슬ᄫᆞ'은, 서술어로 쓰인 '잃다, 겨시다, 잇다, 숣다'의 어간에 관형사형 어미인 '-은, -을/-읈' 등을 실현하여서 관형절이 되었다.

관형절은 그것이 수식하는 중심어(피한정 체언)와의 통사적인 관계에 따라서 '관계 관형절'과 '동격 관형절'로 구분된다.4)

첫째, '관계 관형절(關係 冠形節, 빠져나간 매김 마디, relative clause)'은 관형절 속의 문장 성분 중에서 중심어5)와 동일한 대상을 표현하는 문장 성분이 생략되면서 형성된 관형절이다.

---

4) '관계 관형절'과 '동격 관형절'의 개념과 특징에 대해서는 나찬연(2017:339)을 참조.
5) 관형어의 수식을 받는 체언구를 '중심어'라고 하는데, 이를 '피한정 체언'이라고도 한다.

(16) ㄱ. <u>부텻 이베셔 난</u> 아드리 合掌ᄒᆞᅀᆞ와   [법언 1:164]

     ㄴ. <u>내 이제 得혼</u> 道理도 三乘을 닐어ᅀᅡ ᄒᆞ리로다   [석상 13:58]

     ㄷ. ᄢᅴ <u>무든</u> 옷 닙고 시름ᄒᆞ야 잇더니   [석상 6:26]

(16')

	관형절의 속구조	관계 관형절	중심어
(ㄱ)	(아드리) 부텻 이베셔 나다	Ø 부텻 이베셔 난	아들
(ㄴ)	내 이제 (道理를) 得ᄒᆞ다	내 이제 Ø 得혼	道理
(ㄷ)	ᄢᅴ (오세) 묻다	ᄢᅴ Ø 무든	옷

(16)에서 표현된 세 가지 관형절의 속구조는 (16')와 같은 문장의 형태였다. 곧 (ㄱ)의 '부텻 이베셔 난'은 속구조에서 '아드리 부텻 이베셔 나다'였으며, (ㄴ)의 '내 이제 得혼'은 속구조에서 '내 이제 道理를 得ᄒᆞ다'였으며, (ㄷ)의 'ᄢᅴ 무든'은 속구조에서 'ᄢᅴ 오세 묻다'였다. 여기서 관형절의 속구조에 나타난 문장 성분과 그 중심어로 쓰인 체언을 비교해 보면, (ㄱ)은 관형절 속의 주어와 중심어가 동일하며, (ㄴ)은 관형절의 목적어와 중심어가 동일하며, (ㄷ)은 관형절 속의 부사어와 중심어가 동일하다. 결국 (16)의 문장에서 관형절은 각각 그 문장의 속구조에서 중심어와 동일한 주어, 목적어, 부사어 등이 생략되어서 형성된 것이다. 이처럼 관형절 속에 있는 특정한 문장 성분이 생략되면서 형성된 관형절을 '관계 관형절'이라고 한다.

둘째, '동격 관형절(同格 冠形節, 온전한 매김 마디, appositive clause)'은 관형절 속의 문장 성분이 생략되지 않고 형성된 관형절이다.

(17) ㄱ. 世尊이 … <u>블 구피라 펼</u> ᄊᆞᅀᅵ예 忉利天에 가샤   [월석 21:4]

     ㄴ. <u>孝道ᄒᆞ실</u> ᄆᆞᅀᆞ매 後ㅅ 날을 分別ᄒᆞ샤   [월천 기46]

     ㄷ. 四禪天이 … <u>一千 世尊이 나싫</u> 돌 아니   [월석 1:21]

(ㄱ)의 '블 구피라 펼', (ㄴ)의 '孝道ᄒᆞ실', (ㄷ)의 '一千 世尊이 나싫' 등은 관형절로서 중심어인 'ᄊᆞᅀᅵ, ᄆᆞᅀᆞᆷ, 도'를 수식하고 있는데, 이들은 관형절 속의 특정한 문장 성분이 생략되는 과정이 없이 형성되었다. 이러한 관형절은 관형절의 내용과 중심어(=체언)의 내용이 동격(同格, appositive)의 관계에 있다. 곧 (ㄱ)에서 'ᄊᆞᅀᅵ'의 내용이 '팔을 굽히다가 펴는 사이'이며, (ㄴ)에서 'ᄆᆞᅀᆞᆷ'의 내용이 '孝道하시는 것'이며, (ㄷ)에서

의존 명사인 'ᄃᆞ(= 것)'의 내용이 '一千 世尊이 나시는 것'이다. 이러한 특징 때문에 (9)의 관형절을 '동격 관형절'이라고 한다.

2.2.3. 부사절을 안은 문장

'부사절(副詞節, 어찌 마디)'은 문장 속에서 부사어로 기능하는 절인데, 용언의 어간에 부사를 파생하는 접미사인 '-이'나 연결 어미인 '-게, -도록/-ᄃᆞ록, -ᄃᆞᆺ/-ᄃᆞ시' 등이 붙어서 형성된다. 그리고 이러한 부사절을 포함하고 있는 전체 문장을 '부사절을 안은 문장'이라고 한다.

(18) ㄱ. <u>돈 업시</u> 帝里예 살오 지비 다 ᄀᆞᆺ 와 잇노라   [두언 20:37]

ㄴ. <u>처섬 듫 적브터 百千 劫에 니르리</u> 一日一夜애   [월석 21:46]
萬死萬生ᄒᆞ야

(19) ㄱ. 向公이 <u>피 나게</u> 우러 行殿에 쓰리고   [두언 25:47]

ㄴ. <u>나리 져므ᄃᆞ록</u> 밥 몯 머거슈믈 놀라노니   [두언 25:7]

ㄷ. 法이 … 너비 펴아 가미 <u>술위ᄢᅴ 그우ᄃᆞᆺ</u> 훨씬   [석상 13:4]

(18)과 (19)에서 밑줄 친 말은 주어와 서술어의 구조를 갖추고 있으면서 그 뒤에 실현되는 서술어(용언구)를 수식하고 있다. 곧, (18)에서 (ㄱ)의 '돈 업시'와 (ㄴ)의 '처섬 듫 적브터 百千劫에 니르리'는 각각 '돈 없(다)'와 '처섬 듫 적브터 百千劫에 니를(다)'에 부사 파생 접미사인 '-이'가 붙어서 형성된 부사절이다. 그리고 (19)에서 (ㄱ)의 '피 나게'와 (ㄴ)의 '나리 져므ᄃᆞ록'과 (ㄷ)의 '술위ᄢᅴ 그우ᄃᆞᆺ'은 각각 '피 나(다), 나리 져믈(다), 술위ᄢᅴ 그울(다)'에 종속적 연결 어미인 '-게, -ᄃᆞ록, -ᄃᆞᆺ' 등이 붙어서 형성된 부사절이다.6) 이렇게 부사절을 형성하는 문법적 형태소로는 부사를 파생하는 접미사인 '-이'와 종속적 연결 어미인 '-게, -도록/-ᄃᆞ록, -ᄃᆞᆺ/ᄃᆞ시, -아셔/-어

---

6) 『고등학교 문법』(2010:164)에서는 현대어를 대상으로 설명하면서, '-이'를 부사 파생 접사로, '-게, -도록, -아서, -으면' 등을 부사형 전성 어미 또는 종속적 연결 어미로 처리한다. 그러나 (19)의 '없이'와 '니르리'는 일반적인 부사와는 달리 부사절 속에서 서술 기능을 나타내는 것이 특징이다. 이러한 점에서 '-이'를 부사형 전성 어미로 보려는 견해도 있다.

셔, -으면' 등이 있는데 그 수효가 대단히 많다.

2.2.4. 서술절을 안은 문장

'서술절(敍述節, 풀이 마디)'은 문장 속에서 서술어로 쓰이는 절인데, 이러한 서술절을 포함하고 있는 전체 문장을 '서술절을 안은 문장'이라고 한다. 서술절에는 그것이 서술절임을 나타내는 문법적인 형태가 따로 없는 것이 특징이다.

(20) ㄱ. 외로윈 남기 <u>고지 프니</u>   [두언 3:34]
　　 ㄴ. 靑蓮花ㅣ <u>一千이 냇거늘</u>   [월석 1:40]

(21) ㄱ. 이 東山은 <u>남기 됴홀씨</u>   [석상 6:24]
　　 ㄴ. 大愛道ㅣ <u>善훈 뜨디 하시며</u>   [월석 10:19]
　　 ㄷ. 일훔난 됴훈 오시 <u>비디 千萬이 ᄊᆞ며</u>   [석상 13:20]

서술절은 서술어가 비행동성(non-action)의 의미적 특질을 가진 용언, 곧 과정성 (process)이나 상태성(state)을 표현하는 용언에서만 나타날 수 있다. (20)에서는 서술어로 쓰인 '프다'와 '냇다'가 동사로서 과정성이나 완료 지속의 의미적 특질을 나타내며, (21)에서는 '둏다, 하다, ᄊᆞ다'가 형용사로서 상태성의 의미적 특질을 나타낸다. 이러한 의미적인 특징으로 말미암아서 (20)의 '고지 프니', '一千이 냇거늘'은 절의 형식을 취하면서 안은 문장 주어인 '외로윈 남기', '靑蓮花ㅣ'에 대하여 서술어로 쓰였다. 그리고 (21)의 '남기 됴홀씨', '善훈 뜨디 하시며', '비디 千萬이 ᄊᆞ며'는 안은 문장의 주어인 '이 東山은', '大愛道ㅣ', '일훔난 됴훈 오시'에 대하여 서술절로 쓰였다.

2.2.5. 인용절을 안은 문장

'인용절(引用節, 따온 마디)'은 다른 사람의 말이나 생각을 따온 절인데, 다른 절과는 달리 온전한 문장의 형식을 갖추고 있는 것이 특징이다. 이때 인용절을 포함하고 있는 문장을 '인용절을 안은 문장'이라고 하는데[7], 이러한 인용절을 안은 문장에는

'호다'나 '니르다/니르다' 등의 서술어가 쓰이는 것이 특징이다.

(22) ㄱ. 쏘 닐오디 내 <u>無上涅槃을 得호라</u> 흐고　　　　　　[능언 9:91]

　　ㄴ. <u>내 노포라</u> 흐릴 맛나든　　　　　　　　　　　　[월석 21:67]

　　ㄷ. 사르미 눕드려 <u>닐오디 經이 이쇼디 일후미 法華ㅣ니</u>　[석상 19:6]
　　　　<u>흐디 가 듣져</u> 흐야든

(23) ㄱ. 如來 샹네 <u>우리를 아드리라</u> 니르시니이다　　　　　[월석 13:32]

　　ㄴ. 阿難아 네 몬제 나를 對答호디 <u>光明 주머귀를 보노라</u>　[능언 1:98]
　　　　흐더니

　　ㄷ. 有情들히 … <u>제 올호라</u> 흐고 <u>느믈 외다</u> 흐야　　　[석상 9:14]

　　ㄹ. 아뫼어나 와 <u>내 머릿바기며 눗즈식며 骨髓며 가시며</u>　[월석 1:13]
　　　　<u>子息이며 도라</u> 흐야도

　　ㅁ. 긴 바믄 衆生이 미혹흐야 時常 바미 잇는 둣 흘씨　　[석상 3:23]
　　　　<u>긴 바미라</u> 흐니라

(22)에서 (ㄱ)의 '내 無上涅槃을 得호라'와 (ㄴ)의 '내 노포라' (ㄷ)의 '經이 이쇼디 일후미 法華ㅣ니 흐디 가 듣져' 등은 남의 말을 그대로 옮겨 왔으므로 '직접 인용절'이다. 이에 반해서 (23)에서 (ㄱ)의 '우리를 아드리라', (ㄴ)의 '光明 주머귀를 보노라', (ㄷ)의 '제 올호라'와 '느믈 외다', (ㄹ)의 '내 머릿바기며…도라', (ㅁ)의 '긴 바미라' 등은 화자가 남의 말을 옮기되 자신의 입장에서 표현을 바꾸어서 전달한 '간접 인용절'이다.8)

---

7) 현대 국어에서 인용절은 안긴 문장에 부사격 조사인 '-라고'와 '-고'가 붙어서 성립한다. 이에 반해서, 15세기 국어에서는 인용절은 인용을 나타내는 부사격 조사가 없이 성립되는 것이 특징이다. 따라서 중세 국어에서는 직접 인용절과 간접 인용절은 텍스트에 나타난 '대명사, 높임법, 문장 종결법' 등의 쓰임을 통해서 구분할 수밖에 없다.

8) (23)의 간접 인용절을 직접 인용절로 바꾸면 다음과 같이 된다. (ㄱ)은 '너희 내 아드리라', (ㄴ)은 '내 光明 주머귀를 보노이다', (ㄷ)은 '내 올호라 흐고 네 외다 흐야'와 같이 된다. 그리고 (ㄹ)은 '네 머릿바기며 … 子息이며 내 게 <u>도라</u>'나 '<u>그딋</u> 머릿바기며 … 子息이며 내 게 주고라'와 같이 된다. (ㄹ)의 인용절 중에서 앞의 직접 인용절은 낮춤으로 표현하였고, 뒤의 직접 인용절은 반말로 표현한 것이다. 끝으로 (ㅁ)은 '긔 긴 바미라'와 같이 직접 인용절로 표현된다.

【더 배우기】

1. 관형사형 어미의 명사적 용법과 성분절

관형사형 전성 어미가 명사적 용법으로 쓰여서 성분절을 형성하는 경우가 있다.

(1) ㄱ. <u>다ᄋᆞᇙ</u> 업슨 긴 ᄀᆞᄅᆞᄆᆞᆫ 니ᅀᅥᆷ 니ᅀᅥ 오놋다 [두언 10:35]
　　ㄴ. 놀애ᄅᆞᆯ 노외야 <u>슬프ᇙ</u> 업시 브르ᄂᆞ니 [두언 25:53]

(2) ㄱ. <u>德이여 福이라 호ᄂᆞᆯ</u> 나ᅀᆞ라 오소이다 [악궤 5:6 동동]
　　ㄴ. <u>그ᄃᆡᆺ 혼</u> 조초 ᄒᆞ야 뉘읏븐 ᄆᆞᅀᆞᄆᆞᆯ 아니호리라 [석상 6:8]

(3) ㄱ. <u>威化振旅ᄒᆞ시ᄂᆞ로</u> 輿望이 다 몯ᄌᆞᄫᆞ나 [용가 11장]
　　ㄴ. <u>自枉詩ᄒᆞᄂᆞ로</u> 已十餘年이오 [두언 11:5]

(1)에서 (ㄱ)의 '다ᄋᆞᇙ'과 (ㄴ)의 '슬프ᇙ'은 각각 '다ᄋᆞ다'와 '슬프다'의 어간에 관형사형 어미인 '-ㅭ'이 실현되었다. 그리고 (2)에서 (ㄱ)과 (ㄴ)의 '혼(= ᄒᆞ-+-오-+-ㄴ)'과, (3)에서 (ㄱ)의 '-ᄒᆞ신(=-ᄒᆞ-+-시-+-ㄴ)'과 (ㄴ)의 '-ᄒᆞᆫ(= ᄒᆞ-+-ㄴ)'은 관형사형 어미인 '-ㄴ'이 실현되었다. 그런데 (1)에서 관형사형 어미인 '-ㅭ'이 이끄는 성분절인 '다ᄋᆞᇙ'과 '슬프ᇙ'은 서술어로 쓰이는 '업슨'과 '업시'에 대하여 주어로 기능하였다. 그리고 (2)에서 관형사형 어미 '-ㄴ'이 이끄는 '德이여 福이라 혼'과 '그ᄃᆡᆺ 혼'은 '나ᅀᆞ라'와 '조초 ᄒᆞ야'에 대하여 목적어로 기능하였으며, (3)에서 '威化振旅ᄒᆞ신'과 '自枉詩ᄒᆞᆫ'은 부사격 조사인 '-ᄋᆞ로'와 결합하여 부사어로 기능하였다. (1~3)에 쓰인 '-ㅭ'과 '-ㄴ'은 그것이 이끄는 절과 안은 문장의 서술어와 맺은 통사적인 관련성을 감안하면, 명사형 전성 어미와 동일하게 기능하는 것을 알 수 있다. 이러한 특징을 감안하여 『고등학교 문법』(2010:294)과 고영근(2010:155)에서는 (1~3)에서 쓰인 관형사형 어미인 '-ㅭ'과 '-ㄴ'의 기능을 관형사형 어미의 '명사적 용법'으로 설명하고 있다.

그런데 여기서 문제가 되는 것은 (1)~(3)처럼 명사적 용법으로 쓰인 관형사형 어미가 형성하는 성분절(안긴 문장)의 문법적 성격이 무엇이냐는 것이다. 성분절 속의 서술어에 관형사형 전성 어미인 '-ㅭ'과 '-ㄴ'이 실현되었다는 점에서는,

(1~3)에서 실현된 성분절을 관형절로 보아야 한다. 이와 같은 특징을 고려하여서 고영근(2010:227)에서는 (1~3)의 '다잃, 슬픐, 德이여 福이라 혼, 그딋 혼, 威化振旅ᄒ신, 自枉詩혼' 등을 관형어로 처리하였다.

결국 허웅(1975)과 고영근(2010)에서는 명시적으로 밝히지는 않았으나, (1~3)의 성분절을 관형절로 처리한 것으로 보인다. 이러한 견해를 받아들인다면 (1~3)의 밑줄 그은 성분절은 관형절이 명사절처럼 쓰인 것이 된다.[1]

2. 관형격 조사인 '-ㅅ'에 이끌리는 관형절

관형절은 원칙적으로 주어와 서술어를 갖춘 언어 형식의 서술어에 관형사형 어미인 '-은', -을/읋'을 실현함으로써 형성된다. 그런데 15세기 국어에서는 이와는 달리 문장이나 절의 형식에 관형격 조사인 '-ㅅ'이 붙어서 관형절이 성립하는 수도 있다.

(4) ㄱ. 廣熾ᄂᆞᆫ <u>너비 光明이 비취닷</u> ᄠᅳ디오   [월석 2:9]
   ㄴ. <u>衆生 濟渡ᄒ노랏</u> ᄆᆞᅀᅮ미 이시면   [금삼 2:13]
   ㄷ. <u>죠고맛 빋 트고졋</u> ᄠᅳ들 닛디 몯ᄒᆞ리로다   [두언 15:55]

(ㄱ)과 (ㄴ)에는 각각 문장의 형식인 '너비 光明이 비취다'와 '衆生 濟渡ᄒ노라'에 관형격 조사인 '-ㅅ'이 붙어서 관형절로 쓰였다. 그리고 (ㄷ)에는 '죠고맛 빋 트고져'라는 이어진 문장의 앞절의 형식에 관형격 조사인 '-ㅅ'이 붙어서 관형절로 쓰였다. 그리고 (4)의 관형절은 중심어(피한정 체언)인 'ᄠᅳ, ᄆᆞᅀᆞᆷ, ᄠᅳᆮ'과 관련해서 관형절 속의 특정한 문장 성분이 생략되지 않았다. 따라서 (4)의 관형절은 '동격 관형절'로 처리된다.(고영근 2010:369 참조)

---

[1] (2ㄱ)의 '호ᄂᆞᆯ', (3ㄱ)의 '-ᄒ시ᄂᆞ로', (3ㄴ)의 '-ᄒᄂᆞ로'에는 '-ㄴ' 다음에 목적격 조사인 '-올'이나 부사격 조사인 '-ᄋᆞ로'가 결합하였다. 그리고 (1~3)에서 관형사형 어미가 이끄는 성분절은 그 뒤에 실현된 서술어에 대하여 주어, 목적어, 부사어 등으로 쓰였다. 이러한 형태·통사론적인 특징을 감안하면 (1~3)에 안겨 있는 성분절은 명사절로 보아야 한다. 이는 일반적으로 관형절에는 격조사가 붙지 않을 뿐만 아니라, 반드시 체언을 수식하여서 관형어로만 쓰이기 때문이다. 그러나 이 책에서는 허웅(1975)와 고영근(2010), 『고등학교 문법』(2010)에 따라서 (1~3)의 성분절을 관형절로 처리한다. 곧 (1~3)의 성분절은 관형사형 전성 어미인 '-은'과 '-을/읋' 등이 붙어서 형성된 관형절이 문장 속에서 명사절처럼 쓰인 것으로 처리한다.

제3장 문법 요소

문장에 특정한 문법 요소가 실현되어서 '종결 표현, 높임 표현, 시간 표현, 태도 표현, 화자 표현, 대상 표현, 피동 표현, 사동 표현, 부정 표현' 등을 나타낸다.

3.1. 종결 표현

'종결 표현(終結表現)'은 화자가 문장에서 서술어로 쓰이는 말에 종결 어미(終結語尾, 마침법 씨끝)를 실현함으로써, 자신의 의향(생각이나 느낌)을 여러 가지 방식으로 나타내는 표현이다. 종결 표현은 문장을 종결하는 방식에 따라서 '평서문, 의문문, 명령문, 청유문, 감탄문' 등으로 나눌 수 있다. 화자는 종결 표현을 통하여 문장을 끝맺음으로써, 청자에 대한 <u>다양한</u> 태도를 드러낸다.

(1) ㄱ. 世尊이 ⋯舍利佛을 須達이 조차 가라 ᄒᆞ시다   [석상 6:22]
    ㄴ. 네 엇뎨 <u>안다</u>   [월석 23:74]
    ㄷ. 이 ᄠᅳ들 닛디 마ᄅᆞ<u>쇼셔</u>   [용가 110장]
    ㄹ. ᄯᅩ 닐오ᄃᆡ 여슷 ᄒᆡᄅᆞᆯ ᄒᆞ<u>져</u>   [월석 7:1-2]
    ㅁ. 輪廻도 이러ᄒᆞ<u>쎠</u> 受苦도 이러ᄒᆞ<u>쎠</u>   [월석 8:4]

'평서문, 의문문, 명령문, 청유문'은 화자가 청자에게 자신의 의사를 의도적으로 전달하는 문장이다. (ㄱ)의 '평서문'은 '-다'와 같은 평서형 어미가 실현되어서 이루어지는데, 청자에게 의사를 전달하되 어떠한 요구를 하지 않는다. 반면에 '의문문, 명령문, 청유문'은 청자에게 어떠한 요구를 하면서 의사를 전달한다. (ㄴ)의 '의문문'은 '-은다'와 같은 의문형 어미가 실현되어서 이루어지는데, 청자에게 대답을 요구한다. 이에 반해서 '명령문'과 '청유문'은 청자에게 어떠한 행동을 요구한다. (ㄷ)의 '명령문'은 '-ᄋᆞ쇼셔'와 같은 명령형 어미가 실현되어서 이루어지는데, 청자만의 행동을 요구한다. (ㄹ)의 '청유문'은 '-져'와 같은 청유형 어미가 실현되어서 이루어지는데, 청자에게 어떠한 행동을 함께 할 것을 요구한다. 마지막으로 (ㅁ)의 '감탄문'은 '-을쎠'와 같은 감탄형 어미를 실현하여 이루어지는데, 화자가 어떠한 내용을 독백하거나 자신의 감정을 표출하는 데에 그친다.

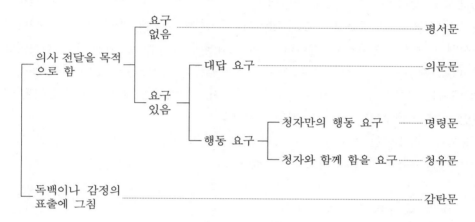

〈그림 1〉 종결 방식에 따른 문장의 유형

3.1.1. 평서문

'평서문(平敍文, 베픎월, declarative sentence)'은 화자가 청자에게 특별히 요구하는 바가 없이, 자신의 생각을 서술하여 전달하는 문장이다. 평서문은 서술어에 평서형 종결 어미가 실현되어서 이루어지는데, 평서형 종결 어미로는 '-다/-라, -으니라, -마, -을셰라, -니, -리' 등이 있다.

첫째, '-다/-라'는 화자가 어떠한 일을 청자에게 서술하여 전달하는 데에 그치는 평서형 종결 어미이다.

(2) ㄱ. 너도 쏘 이 ᄀᆞᆮᄒᆞ다   [능언 2:23]
　　ㄴ. 이 ᄢᅵ 아ᄃᆞᆯᄃᆞᆯ히 아비 죽다 듣고   [월석 17:21]

(3) ㄱ. 光目女는 地藏菩薩이 긔라   [월석 21:59]

　　ㄴ. 有情들히 … 제 올호라 ᄒ고 ᄂᆞ믈 외다 ᄒ야   [월석 9:31]

　　ㄷ. 몸과 ᄆᆞᅀᆞᆷ괘 便安ᄒ리라   [몽언 7]

　　ㄹ. 蓮花ㅣ 나아 바ᄅᆞᆯ 받ᄌᆞᆸ더라   [월석 2:37]

　　ㅁ. 이 고즈로 香油 밍ᄀᆞᄂᆞ니라   [월석 18:53]

(2)에서 '곧ᄒ다'와 '죽다'는 평서형 어미인 '-다'가 쓰여서 평서문이 되었다. 평서형 어미 '-다'는 (3)과 같은 특수한 환경에서는 '-라'로 바뀐다. 곧 (ㄱ)에서는 서술격 조사인 '-이다'나 형용사인 '아니다'의 어간 뒤에서, (ㄴ)에서는 화자 표현의 선어말 어미인 '-오-/-우-' 뒤에서, (ㄷ)에서는 미래 시제의 선어말 어미인 '-리-' 뒤에서, (ㄹ)에서는 회상의 선어말 어미인 '-더-' 뒤에서, (ㅁ)에서는 원칙 표현의 선어말 어미인 '-니-' 뒤에서 '-다'가 '-라'로 바뀌었다.

　둘째, '-으니라'는 평서형 종결 어미의 특수한 형태인데, '보수성(保守性)'을 띠고 있는 것이 특징이다.(『고등학교 문법』 2010:294)

(4) ㄱ. 네 아비 ᄒ마 주그니라   [월석 17:21]

　　ㄴ. 내 … 너를 외에 아니 ᄒ노니라   [사법어언해 3장]

(ㄱ)의 '주그니라'와 (ㄴ)의 'ᄒ노니라'에는 평서형 어미인 '-으니라'가 쓰여서 평서 문을 형성하였다. 『고등학교 문법』(2010:294)와 고영근(2010:307)에서는 이때의 '-으 니라'를 보수성(保守性)을 띠는 평서형 종결 어미로 처리하였다.[1]

　셋째, '-마'는 '약속(約束)'의 의미를 나타내는 평서형 종결 어미인데, 반드시 화자 표현의 선어말 어미인 '-오-/-우-'를 앞세워서 '-오마/-우마'로 실현된다.

---

1) 『고등학교 문법』(2010:294)에서는 보수성을 띠는 평서형 종결 어미인 '-으니라'를 설정하는 문법적인 기준을 제시하지 않았다. 특히 보수성을 띠는 평서형 종결 어미인 '-으니라'가 원칙 표현의 선어말 어미인 '-으니-'에 평서형 종결 어미인 '-라'가 결합된 형태인 '-으니라'와 형태·통사적인 면이나 기능적인 면에서 어떠한 차이가 나는지 제시하지 않았다. 필자의 개인 적인 생각으로는, 이 경우의 '-으니라'를 원칙 표현의 선어말 어미인 '-으니-'와 평서형의 종결 어미인 '-다'가 결합된 형태로 처리하는 것이 합당하다고 본다. 한편 허웅(1975:490)에 서는 (4)의 '-니라'가 기정적(既定的)인 사실을 나타내는 확정법 선어말 어미인 '-으니-' 뒤에 평서형 어미 '-다'가 붙어서 된 것으로 처리하였다.

(5) ㄱ. 그리 ᄒᆞ마 혼 이리 分明히 아니 ᄒᆞ면 [내훈 3:21]
    ㄴ. 흰 이스레 누른 조히 니그니 ᄂᆞ화 주마 호미 [두언 7:39]
    일 期約이 잇ᄂᆞ니라

(ㄱ)의 'ᄒᆞ마'와 (ㄴ)의 '주마'에서는 평서형 어미인 '-마'가 쓰여서 약속의 의미를 나타내면서 평서문을 형성하였다. 평서형 어미 '-마'는 주어가 1인칭인 경우에만 실현되기 때문에, '-마' 앞에는 화자 표현의 선어말 어미인 '-오-/-우-'가 항상 실현된다.2)

　　넷째, '-을셰라'는 '경계(警戒)'의 의미를 나타내는 평서형 종결 어미인데, 현대어의 '-을라'와 비슷하게 쓰인다.

(6) ㄱ. 어긔야 즌 ᄃᆡ를 드ᄃᆡ욜셰라 [악궤 정읍사]
    ㄴ. 내 가논 ᄃᆡ 눔 갈셰라 [악가 한림별곡]

(ㄱ)의 '드ᄃᆡ욜셰라'와 (ㄴ)의 '갈셰라'에는 평서형 어미인 '-ㄹ셰라'가 실현되었다. 이 어미는 '~할까 두렵다'의 뜻으로 쓰여서 '경계'의 의미를 나타낸다.

　　다섯째, 『용비어천가』와 『월인천강지곡』에 실린 노랫말에서는 평서형의 종결 어미가 실현되지 않고, '-으니' 혹은 '-으리'의 형태로 문장을 끝맺는 특수한 종결법이 있다.(반말의 평서형 종결 어미인 '-으니'와 '-으리')

(7) ㄱ. 五百 前世 怨讐ㅣ ··· 精舍를 디나아 가니 [월천 기3]
    ㄴ. 世尊ㅅ 몸이 이 넉시러시니 [월천 기136]
    ㄷ. 姓 글히야 員이 오니 오ᄂᆞᆳ나래 내내 웃ᄇᆞ리 [용가 16장]
    ㄹ. 世尊ㅅ 慈悲心에 ᄒᆞ나홀 바ᄃᆞ면 네 ᄆᆞᅀᆞ미 고ᄅᆞ디 몯ᄒᆞ리 [월천 기89]

---

2) 고영근(2010:308)에서는 약속을 나타내는 평서형 어미의 형태를 '-오마/-우마'로 잡고 있다. 그러나 약속의 뜻을 나타내는 '-마'는 반드시 주어가 1인칭 화자로 표현된 문장에서만 쓰이므로, '-마' 앞에 실현되는 '-오-/-우-'는 주어가 1인칭임을 나타내는 화자 표현의 선어말 어미로 처리하는 것이 합당하다. 따라서 '-오마/-우마'를 화자 표현의 선어말 어미인 '-오-/-우-'와 평서형 종결 어미인 '-마'로 분석한다.(허웅 1975:493, 장윤희 2003:132)

(ㄱ)과 (ㄴ)의 '가니, 넉시러시니'와 (ㄷ)과 (ㄹ)의 '웃ᄇ리, 몯ᄒ리'에서는 일반적인 평서형 종결 어미가 실현되지 않은 채로 문장이 종결되었다. 여기서 '-니'는 종결 기능만 있고 시제를 나타내지는 않는 반면에, '-리'는 문장의 종결 기능과 함께 미래 시제를 나타낸다.[3]

3.1.2. 의문문

'의문문(疑問文, 물음월, interrogative sentence)'은 화자가 청자에게 질문을 하여서 대답을 요구하거나, 마음속에 의문을 품어 보는 것을 나타내면서 끝맺는 문장이다. 의문문은 서술어에 '의문형 종결 어미'나 '의문 보조사'가 실현되어서 이루어진다.

(8) ㄱ. 이 이른 엇던 因緣으로 이런 相이 現ᄒ고   [법언 3:112]
    ㄴ. 하ᄂᆞᆯ 뜨들 뉘 모ᄅᆞᅀᆞᄫᆞ리   [용가 86장]
    ㄷ. 이 說法가 이 說法 아니아   [금삼 4:37]

(ㄱ)은 '現ᄒ다'의 어간에 의문형 어미인 '-ㄴ고'가 실현되어서, (ㄴ)은 반말의 의문형 어미인 '-리'가 실현되어서 의문문을 형성하였다. 그리고 (ㄷ)은 체언인 '說法'과 '아니(= 아닌 것)'에 의문 보조사인 '-가/-아'가 실현되어서 의문문을 형성하였다.

의문문은 질문의 방식에 따라서 '판정 의문문'과 '설명 의문문'으로 구분된다. 그리고 문법적인 형식에 따라서, '일반적인 의문형 어미로 실현되는 의문문', '반말의 의문형 어미로 실현되는 의문문', '의문 보조사로 실현되는 의문문'으로 구분된다.

가. '질문의 방식'에 따른 의문문의 유형

의문문은 질문하는 방식에 따라서 '판정 의문문'과 '설명 의문문'과 으로 나누어진다.

---

3) 고영근(2010:151, 307)과 『고등학교 문법』(2010:300)에서는 이러한 종결 형태를 '반말'로 표현된 평서형의 종결법으로 처리하였다. 고영근(2006:307)에 따르면 『용비어천가』에서는 청자가 일반 백성일 때는 화자가 청자를 높이기도 낮추기도 어려워서 이러한 반말의 종결 형태를 썼다고 하였다. 15세기 국어에서 '반말'의 설정에 대한 문제점에 관하여는 이 책 359쪽의 【더 배우기】를 참조.

〈판정 의문문〉 '판정 의문문(判定疑問文, pro or con question)'은 화자가 자신이 발화한 질문의 전체적인 내용에 대하여, 청자에게 긍정이나 부정의 답을 요구하는 의문문이다. 판정 의문문에서는 '의문사(疑問詞, 물음말)'가 실현되지 않으며, 이때 의문문에 실현되는 의문형 어미나 의문 보조사는 '-가' 혹은 '-아/-어'의 형태로 실현된다.

(9) ㄱ. 西京은 편안훈가 몯훈가   [두언 18:5]
    ㄴ. 大施主의 功德이 하녀 져그녀   [석상 19:4]
    ㄷ. 이 두 사르미 眞實로 네 항것가   [월석 8:94]

(9)의 문장에는 의문사가 실현되지 않았으므로 이들 문장은 모두 판정 의문문이다. (ㄱ)의 '편안훈가'와 '몯훈가'에서는 의문형 어미가 '-ㄴ가'로 실현되었으며, (ㄴ)의 '하녀'와 '져그녀'에서는 '-으녀'로 실현되었다. 그리고 (ㄷ)의 '항것가'에서는 의문의 뜻을 나타내는 보조사인 '-가'가 실현되었다.

〈설명 의문문〉 '설명 의문문(說明疑問文, Wh-question)'은 의문문에 나타난 '물음의 초점'에 대하여, 화자가 청자에게 구체적인 설명을 요구하는 의문문이다. 설명 의문문은 그 속에 '물음의 초점'을 나타내는 '의문사'를 반드시 취하며, 의문문에 실현되는 의문형 어미나 의문 보조사는 '-고'나 '-오'의 형태로 실현된다.

(10) ㄱ. 사호맷 무른 이제 **어느** 싸해 잇는고   [두언 15:51]
     ㄴ. 그 體 **어듸** 잇느뇨   [능언 2:36]
     ㄷ. 그디 子息 업더니 **므슷** 罪오   [월석 1:7]

(10)의 문장에는 의문사인 '누, 어듸, 므슷' 등이 실현되어 있으므로 이들 문장은 모두 설명 의문문이다. (ㄱ)의 '잇는고'에는 의문형 어미의 형태가 '-ㄴ고'로 실현되었으며, (ㄴ)의 '잇느뇨'에는 '-뇨'로 실현되었다. 그리고 (ㄷ)의 '罪오'에는 '-고'에서 /ㄱ/이 /ɦ/로 교체된 형태인 '-오'가 실현되었다.

그런데 '수사 의문문'에서는 의문사가 실현되었더라도, 화자가 청자에게 의문사에 대한 설명을 직접적으로 요구하지 않을 수가 있다. 이러한 수사 의문문에는 '-고' 형 대신에 '-가' 형의 의문형 어미가 실현될 수 있다.

(11) ㄱ. 揚子江 南을 쩌리샤 使者를 보내신들 七代之王을 뉘   [용가 15장]
        마ᄀ리잇<u>가</u>
    ㄴ. 이 長者ㅣ 發心 너버 어느 劫에 功德이 져<u>긇가</u>   [월천 기169]

(11)에서는 (ㄱ)과 (ㄴ)에 각각 의문 대명사인 '누'와 '어느'가 쓰였다. 그러나 이들 문장의 실제의 내용을 보면 (ㄱ)은 '아무도 막을 수 없다'는 뜻으로 쓰였고 (ㄴ)은 '어떠한 劫이 지나더라도 功德이 적지는 않을 것이다.'라는 뜻으로 쓰였다. 따라서 화자는 청자에게 '누'와 '어느'에 대한 설명을 요구하는 것이 아니기 때문에 의문형 어미로 '-고' 형이 쓰이지 않고 '-가' 형이 쓰인 것이다.

요약하면, 15세기 국어의 판정 의문문에서는 의문을 나타내는 조사나 어미의 형태가 '-가/-아'로 실현되고, 설명 의문문에서는 '-고/-오'로 실현된다.

나. '문법 형태'에 따른 의문문의 유형

의문문은 의문문을 실현하는 문법적인 요소의 종류에 따라서, 첫째로 '일반적인 의문형 어미'가 실현되어서 이루어지는 의문문, 둘째로 '반말의 의문형 어미'가 실현되어서 이루어지는 의문문, 셋째로 체언에 '의문 보조사'가 실현되어서 이루어지는 의문문으로 나눌 수 있다.

(나-1) 일반적인 의문형 어미로 실현되는 의문문

의문문은 일반적으로 의문형 종결 어미를 통해서 실현되는데, 이러한 의문문은 '인칭 의문문'과 '비인칭 의문문'으로 구분된다.(허웅 1975:495 이하 참조.) 곧, '은'과 '읋'을 앞세우는 의문형 어미는 주어의 인칭과 관련하여 구분되어 쓰이므로, 이들 어미를 통해서 실현된 의문문을 '인칭 의문문(人稱疑問文)'이라고 한다. 반면에 '으니'와 '으리'를 앞세우는 의문형 어미는 주어의 인칭과는 상관없이 두루 쓰이므로, 이를 통해서 실현된 의문문을 '비인칭 의문문(非人稱疑問文)'이라고 한다.

〈인칭 의문문〉 '은'이나 '읋'을 앞세우는 의문형 어미인 '-은다, -읋다'와 '-은가/-은고, -읋가/-읋고' 등은 주어의 인칭에 따라서 구분되어 실현된다. 곧, 주어가 2인칭일 때에 실현되는 의문문을 '2인칭 의문문'이라고 하고, 주어가 1·3인칭일 때에 실현되는 의문문을 '1·3인칭 의문문'이라고 한다.[4]

ⓐ **2인칭 의문문** : '2인칭 의문문'은 주어가 2인칭인 의문문으로서, 의문형 어미가 '-은다, -읋다'의 형태로 실현된다. 이러한 2인칭 의문문은 판정 의문문과 설명 의문문에 관계없이 모두 '-은다/-읋다'의 형태로 실현된다.

(12) ㄱ. 大王아 네 나히 며친 삑 恒河ㅅ 므를 본다　　　　　[능언 2:8]

　　 ㄴ. 이 男子아 (네) 엇던 이를 爲ᄒᆞ야 이 길헤 든다　　[월석 21:118]

　　 ㄷ. 네 겨집 그려 가던다　　　　　　　　　　　　　　[월석 7:10]

　　 ㄹ. 네…能히 이 이를 ᄒᆞ던다 몯 ᄒᆞ던다　　　　　　[내훈 3:32]

(13) ㄱ. 네 信ᄒᆞᄂᆞᆫ다 아니 信ᄒᆞᄂᆞᆫ다　　　　　　　[석상 9:26]

　　 ㄴ. 네 ᄠᅦᆫ 엇뎨 너기ᄂᆞᆫ다　　　　　　　　　　　[석상 19:35]

(14) ㄱ. 네 내 마를 다 드를따　　　　　　　　　　　　　[석상 6:8]

　　 ㄴ. 그듸ᄂᆞᆫ 어느 저긔 도라올다　　　　　　　　　[두언 22:30]

(12~14)의 의문문에서는 '너, 그듸'와 같은 2인칭의 주어가 실현되었는데, 이 경우에는 의문형 어미로 '-은다'와 '-을따/-을다'가 실현되었다. (12)의 '본다'와 '든다'에는 동사의 어간에 무형의 과거 시제 선어말 어미인 '-Ø-'와 의문형 어미 '-은다'가 실현되어서 과거 시제를 나타내었다. 그리고 '가던다'와 'ᄒᆞ던다'에는 회상의 선어말 어미인 '-더-'와 의문형 어미 '-ㄴ다'가 실현되어서 과거 회상의 시제를 표현하였다. (13)의 '信ᄒᆞᄂᆞᆫ다'와 '너기ᄂᆞᆫ다'에는 현재 시제 선어말 어미 '-ᄂᆞ-'를 실현하여서 현재 시제를 나타내었다. (14)의 '드를따'와 '도라올다'에는 미래 시제를 나타내는 의문형 어미인 '-을따/-을다'가 실현되어서 미래 시제를 나타내었다. 이처럼 '-은다, -읋다'의 형태로 실현되는 2인칭 의문문은 화자가 청자에게 직접적으로 대답을 요구하는 문장인데, 이러한 의문문을 '직접 의문문'이라고 한다.

　ⓑ **1·3인칭 의문문** : '1·3인칭 의문문'은 주어가 1인칭 혹은 3인칭인 의문문으로서,

---

4) '인칭 의문문'의 서술어에 실현되는 선어말 어미는 제약을 많이 받는다. 곧, 인칭 의문문에 쓰이는 서술어에는 상대 높임의 선어말 어미인 '-잇-'이 실현되지 않으며, 특히 2인칭 의문문의 서술어에는 주체 높임의 선어말 어미인 '-시-'도 실현되지 않는다.

판정 의문문에는 '-은가'와 '-읋가'의 의문형 어미가 실현되고, 설명 의문문에는 '-은고'와 '-읋고'의 의문형 어미가 실현된다.

첫째, 1·3인칭의 판정 의문문에서는 의문형 어미로서 '-은가'나 '-읋가'가 쓰인다.

(15) ㄱ. 부텨 니르시논 說法을 **우리**도 得ㅎ야 涅槃애 다ᄃ론**가**　　[석상 13:43]
　　　ᄒ다소니
　　ㄴ. 王이 닐오ᄃᆡ (내 賓頭盧를) 어더 보ᅀᆞ바**까**　　　　　[석상 24:43]
　　ㄷ. **西京**은 편안ᄒ**가** 몯ᄒ**가**　　　　　　　　　　　[두언 18:5]
　　ㄹ. **獄主**ㅣ (나를) 더 셜본 짜해 옮기싫**가** ᄒ여 맛굶디　[월석 23:85]
　　　몯ᄒ다이다

(ㄱ)과 (ㄴ)에는 1인칭 대명사인 '우리'와 '나'가 주어로 쓰였는데, 서술어인 '다ᄃ론가'와 '보ᅀᆞ바까'에는 의문형 어미로서 '-은가'와 '-을까'가 실현되었다. 그리고 (ㄷ)과 (ㄹ)에는 3인칭인 '西京'과 '獄主'가 주어로 쓰였는데, 서술어인 '편안ᄒ가 몯ᄒ가'와 '옮기싫가'에는 의문형 어미로서 '-은가'와 '-읋가'가 실현되었다.

둘째, 1·3인칭의 설명 의문문에서는 의문형 어미로서 '-은고'나 '-읋고'가 쓰인다.

(16) ㄱ. **내** 서르 犯티 아니커늘 엇뎨 자보ᄆᆞᆯ 보ᄂ**고**　　[법언 2:200]
　　ㄴ. 어느 저긔 알욀 **글워리** 이실**고**　　　　　　　　　[두언 22:15]
　　ㄷ. 이 이런 엇던 因緣으로 이런 **相**이 現ᄒ**고**　　　　　[법언 3:112]

(ㄱ)에는 1인칭의 대명인 '나'가 주어로 쓰였는데, 서술어로 쓰인 '보ᄂ고'에는 의문형 어미 '-은고'가 실현되었다. 그리고 (ㄴ)과 (ㄷ)에서는 3인칭인 명사인 '글월'과 '相'이 주어로 쓰였는데, 서술어로 쓰인 '이실고'와 '現ᄒ고'에는 의문형 어미 '-을고'와 '-은고'가 실현되었다.

1·3인칭 의문문에서 실현되는 의문형 어미 '-은고/-은가' 혹은 '-읋고/-읋가'는 독백(獨白)이나 상념(想念)처럼, 청자가 직접적으로 상정되지 않은 발화 상황에도 쓰일 수 있다. 이러한 의문문을 '간접 의문문'이라고 하고, '간접 의문문'에 쓰인 의문형 어미를 '간접 의문형 어미'라고 한다.(허웅 1975:502, 『고등학교 문법』 2010:294)

〈 비인칭 의문문 〉 '으니, 으리'를 앞세우는 의문형 어미는 주어의 인칭과는 상관없이 모든 인칭에 두루 쓰이는데, 이러한 의문형 어미가 실현된 의문문을 '비인칭 의문문'이라고 한다.5) 비인칭 의문문도 의문사의 실현 여부에 따라서 '판정 의문문'과 '설명 의문문'으로 나뉜다. 비인칭 의문문은 2인칭 의문문과 마찬가지로, 화자가 청자에게 직접적으로 대답을 요구하는 '직접 의문문'으로 쓰이는 것이 보통이다.

ⓐ **비인칭의 판정 의문문** : 비인칭의 판정 의문문은 다음의 형식으로 실현된다.

(17) -으니아→ -으니야 / -으니여→ -으녀

(18) -으리아→ -으리야 / -으리여→ -으려

비인칭의 판정 의문문에 나타나는 의문형 어미는 '-으니아'와 '-으리아'의 형태로 실현되기도 하고, '-아'가 /니, 리/의 모음 / ㅣ /에 동화되어서 '-으니야/-으니여'와 '-으리야/-으리여'의 형태로 실현되기도 한다. 그리고 어떤 경우에는 '-으니여'와 '-으리여'가 줄어져서 '-으녀, -으려'의 형태로 실현되기도 한다.6)

첫째, '-으니아'는 '-으니아/-으니야/-으니여/-으녀' 등의 변이 형태로 실현된다.

(19) ㄱ. **슬후미 이어긔 잇디 아니ㅎ니아**   [두언 7:14]
     ㄴ. 이ᄂᆞᆫ 百丈ㅅ 히믈 得ㅎ**니야** 馬祖ㅅ 히믈 得ㅎ**니야**   [몽언 31]
     ㄷ. 天龍鬼神을 네 數를 알리로소**니여** 모ᄅᆞ리로소**니여**   [석상 11:4]
     ㄹ. 大施主의 功德이 하**녀** 져그**녀**   [석상 19:4]

(ㄱ)의 '아니ㅎ니아'에서는 의문형 어미로서 '-니아'가, (ㄴ)의 '得ㅎ니야'에서는 의문형 어미로서 '-니야'가, (ㄷ)의 '알리로소니여'에서는 '-오니여'가, (ㄹ)의 '하녀'와 '져그녀'에서는 '-니여'가 줄어져서 '-녀'로 실현되었다. (ㄱ), (ㄴ), (ㄹ)에서는 '슬훔,

---

5) 『고등학교 문법』(2010:299)에서는 '-으니아/-으녀, -으리아/-으려'와 '-으니오/으뇨, -으리오/-으료' 등으로 실현되는 '하라체(아주 낮춤)'의 의문문을 1·3인칭 의문문으로 처리하였다. 이에 대한 자세한 논의는 이 책 336쪽의 【더 배우기】를 참조.

6) '-으리어/-으리오'가 '-으려/-으료'로 줄어지면 '-리-'와 '-어/-오'가 하나의 의문형 어미로 굳어진다. 따라서 '-으려/-으료'는 더 이상 분석하지 않고 하나의 어미, 곧 '미래 시제를 나타내는 의문형 어미'로 처리한다.

이, 大施主의 功德'처럼 3인칭의 주어가 실현되었으며, (ㄷ)에서는 '너'와 같이 2인칭의 주어가 실현되었다. 따라서 이들 의문문은 주어의 인칭과 관련없이 쓰임을 알수 있다.

둘째, '-으리아'는 '-으리아/-으리야/-으리여/-으려' 등의 변이 형태로 실현된다.

(20) ㄱ. ᄒᆞᄆᆞᆯ며 **그듸** ᄒᆞ마 位ㅣ 노ᄑᆞ니 ᄀᆞ올 ᄒᆞ요ᄆᆞᆯ 시러곰   [두언 6:36]
　　　구디 마라<u>리아</u>
　　ㄴ. 뉘 ᄯᆞᆯ을 ᄀᆞᆯᄒᆡ야ᅀᅡ (그 ᄯᅩ리) 며늘이 ᄃᆞ외야 <u>오리야</u>   [월천 기36]
　　ㄷ. ᄒᆞ마 주글 내어니 (내) 子孫ᄋᆞᆯ 議論ᄒᆞ<u>리여</u>   [두언 6:36]
　　ㄹ. **아모 사ᄅᆞ미나** 이 良醫의 虛妄ᄒᆞᆫ 罪를 能히 니ᄅᆞ<u>려</u>   [월석 17:22]
　　　몯 니ᄅᆞ<u>려</u>

의문형 어미의 형태로서 (ㄱ)의 '마라리아'에는 '-리아'가, (ㄴ)의 '오리야'에는 '-리야'가, (ㄷ)의 '議論ᄒᆞ리여'에는 '-리여'가, (ㄹ)의 '니ᄅᆞ려'에는 '-려'가 쓰였다. 그리고 (ㄱ)에서는 2인칭의 체언인 '그듸'가, (ㄴ)과 (ㄹ)에서는 3인칭의 체언인 '그 ᄯᆞᆯ'과 '아모 사ᄅᆞᆷ'이, (ㄷ)에서는 1인칭의 체언인 '나'가 주어로 쓰였다. 따라서 '-으리아'로 실현되는 의문문은 주어의 인칭과는 상관없이 쓰였음을 알 수 있다.

셋째, 비인칭 의문문은 인칭 의문문과는 달리, 청자를 높여서 표현할 수가 있다.

(21) ㄱ. 이어긔 갓가비 사ᄅᆞ미 지비 잇ᄂᆞ<u>니잇가</u>   [월석 8:94]
　　ㄴ. 世尊하 ᄉᆞᆫ직 世間애 겨시더<u>니잇가</u>   [월석 18:36]
　　ㄷ. 사로미 이러커늘ᅀᅡ 아들ᄋᆞᆯ 여희<u>리잇가</u>   [월천 기143]
　　ㄹ. 내 王ᄭᅴ ᄒᆞᆫ 願을 비ᅀᆞᆸ고져 ᄒᆞ노니 大王이   [석상 24:29]
　　　드르시<u>리잇가</u>

(ㄱ~ㄹ)은 청자를 아주 높여서 표현한 판정 의문문이다. 곧, 의문형 어미인 '-니…가'와 '-리- + -가'의 사이에 상대 높임의 선어말 어미인 '-잇-'이 끼어들어서 의문형 어미가 '-니잇가'와 '-리잇가'의 형태로 실현되었다.⁷⁾

---

7) '-니잇가'와 '-리잇가'는 의문형 종결 어미인 '-니…가'와 '-리- + -가'의 형태 속에 상대 높임

그리고 '-니잇가'에서 상대 높임의 선어말 어미인 '-이-'가 탈락하여서 '-닛가'의 형태로 실현될 수도 있는데, '-닛가'는 예사 높임의 등분을 나타낸다.

(22) ㄱ. 그듸는 아니 듣ㅈ뱃더시닛가   [석상 6:17]
    ㄴ. 婆羅門이 …그 ᄯᅩᆯ드려 무로ᄃᆡ 그딋 아바니미 잇ᄂᆞ닛가   [석상 6:14]
    ㄷ. 主人이 므슴 차바늘 손소 ᄃᆞᆫ녀 밍ᄀᆞ노닛가   [석상 6:16]
    ㄹ. 엇뎨 부톄라 ᄒᆞᄂᆞ닛가   [석상 6:16]

(ㄱ)의 '듣ㅈ뱃시닛가', (ㄴ)의 '잇ᄂᆞ닛가', (ㄷ)의 '밍ᄀᆞ노닛가', (ㄹ)의 'ᄒᆞᄂᆞ닛가'는 의문형 어미가 '-니잇가'로 실현되지 않고 대신에 '-닛가'의 형태로 실현되었다. 이때의 '-닛가'는 '-니잇가'보다는 청자를 높이는 정도가 약하여, 상대 높임의 등분이 예사 높임 정도로 생각된다.(허웅 1975:512, 666)[8] 이 점을 감안하면 (22)의 '-닛가'는 현대어의 예사 높임의 의문형 어미인 '-소/-오'에 대응하는 의문형 어미로 볼 수 있다. 이렇게 선어말 어미 '-ㅅ-'이 '-니…가'에 실현되면, (ㄷ)과 (ㄹ)처럼 의문사(=무슴, 엇뎨)가 실현된 설명 의문문에서도 반드시 '-닛가'의 형태'로만 실현되고 '-닛고'의 형태로는 실현되지 않는 것이 특징이다.

ⓑ **비인칭의 설명 의문문** : 비인칭의 설명 의문문은 다음의 형식으로 실현된다.

(23) -으니오 → -으뇨

(24) -으리오 → -으료

비인칭의 설명 의문문에서 실현되는 의문형 어미는 '-으니오'와 '-으리오'로 나타나

의 선어말 어미인 '-잇-'이 실현된 것인데, '-잇-'은 '-이-'가 의문형 어미인 '-가'나 '-고'의 앞에서 실현되는 변이 형태이다. 그리고 고영근(2010:145)에서는 '-니…가'를 하나의 의문형 어미로 처리하였는데, 이는 '-니가'에서 '니'에 특별한 문법적인 기능이 없는 것으로 판단했기 때문이다. 따라서 (21ㄱ)의 '-니잇가'처럼 '-니가'의 형태 사이에 상대 높임의 선어말 어미인 '-잇-'이 끼어든 경우에는 '-잇- + -니…가'와 같이 분석하는데, 이는 '-잇-'이 '-니…가' 사이에 끼어들었음을 나타낸다.

8) 안병희(1992:112), 고영근(2010:150, 315)에서는 (22)처럼 '-닛가'로써 실현되는 의문문은 청자를 보통으로 낮추거나 보통으로 높이는 중간 등분의 'ᄒᆞ야쎠체'로 보았다.('ᄒᆞ야쎠체'의 높임법에 대하여는 이 책 357쪽의 내용 참조.)

는데, 이들 어미가 줄어져서 '-으뇨'와 '-으료'의 형태로 표현될 수도 있다.

(25) ㄱ. 다시 묻노라 네 어드러 가ᄂᆞ<u>니오</u>   [두언 8:6]

ㄴ. 이 智慧 업슨 比丘ㅣ 어드러셔 오<u>뇨</u>   [석상 19:30]

(26) ㄱ. 엇뎨 겨르리 업스<u>리오</u>   [월석 서:17]

ㄴ. 그듸ᄂᆞᆫ 엇뎨 精誠을 니즈<u>료</u>   [두언 23:4]

(25)에서 (ㄱ)은 주어가 2인칭의 체언인 '너'로 실현된 의문문인데, 서술어인 '가ᄂᆞ니오'의 어간에 의문형 어미 '-니오'가 실현되었다. (ㄴ)은 주어가 3인칭의 체언인 '比丘'로 실현된 의문문으로서, 서술어인 '오니오'에서 의문형 어미인 '-니오'의 형태가 줄어져서 '-뇨'로 실현되었다. 그리고 (26)에서 (ㄱ)은 주어가 3인칭의 체언인 '겨를'로 실현된 의문문인데, 서술어인 '업스리오'의 어간에 의문형 어미인 '-리오'가 실현되었다. (ㄴ)은 주어가 2인칭의 체언인 '그듸'로 실현된 의문문인데, 서술어인 '니즈리오'에서 '-리오'의 형태가 줄어져서 '-료'로 실현되었다.

비인칭의 설명 의문문에서도 청자를 높여서 표현하는 상대 높임의 선어말 어미가 실현될 수 있다.

(27) ㄱ. 므스글 道ㅣ라 ᄒᆞᄂᆞ<u>니잇고</u>   [월석 9:24]

ㄴ. 耶輸ㅣ … 니ᄅᆞ샤ᄃᆡ 므스므라 오시<u>니잇고</u>   [석상 6:3]

ㄷ. 王곳 업스시면 누를 믿ᄌᆞᄫᅵ<u>리잇고</u>   [월석 7:54]

ㄹ. ᄒᆞᆫ 하ᄂᆞᆯ 幢英이 菩薩ᄭᅴ 묻ᄌᆞᄫᅩᄃᆡ 어누 나라해 가샤   [월석 2:11]

나시<u>리잇고</u>

(27)의 문장은 청자를 아주 높여서 표현한 설명 의문문이다. (ㄱ)과 (ㄴ)의 'ᄒᆞᄂᆞ니잇고'와 '오시니잇고'에서는 '-니…고'에 '-잇-'이 붙어서 '-니잇고'로 실현되었다. 그리고 (ㄷ)과 (ㄹ)의 '믿ᄌᆞᄫᅵ리잇고'와 '나시리잇고'에서는 '-리-＋-고'에 '-잇-'이 붙어서 '-리잇고'의 형태로 실현되었다.

(나 -2) 반말의 의문형 어미로 실현되는 의문문

『용비어천가』와 『월인천강지곡』에 실린 노랫말에는 의문형 종결 어미 '-가, -고'가 실현되지 않고, '-으리' 혹은 '-으니'의 형태로 의문문을 끝맺는 경우가 있다.

(28) ㄱ. 아바님 지ᇹ신 일훔 엇더ᄒ시니   [용가 90장]

　　 ㄴ. 하ᄂᆞᆳ 風流ㅣ 엇더ᄒ시니   [월천 기51]

(29) ㄱ. 하ᄂᆞᆳ 뜨들 뉘 모ᄅᆞᅀᄫᆞ리   [용가 86장]

　　 ㄴ. 龍을 降服히면 外道ㅣ들 아니 조ᄍᆞᄫᆞ리   [월천 기99]

(28)의 '엇더ᄒ시니'는 '-니'로 문장을 끝맺었으며, (29)의 '모ᄅᆞᅀᄫᆞ리'와 '조ᄍᆞᄫᆞ리'에서는 '-리'로 문장을 끝맺었다. 『고등학교 문법』(2010:300)에서는 이렇게 '-으니'와 '-으리'의 형태로 끝나는 의문문을 '반말의 의문문'으로 처리하였다.[9]

(나 -3) 의문 보조사로 실현되는 의문문

용언의 어간에 붙어서 실현되는 의문형 어미와는 달리, 체언 뒤에 직접 실현되어서 의문의 뜻을 나타내면서 문장을 끝맺는 조사가 있다. 이를 '의문 보조사(疑問補助詞, 물음 토씨)'라고 하는데, 의문 보조사로는 판정 의문문에 실현되는 '-가/-아'와 설명 의문문에 실현되는 '-고/-오'가 있다.

첫째, 판정 의문문에는 체언 다음에 의문 보조사인 '-가/-아'가 쓰이는데, 모음과 /ㄹ/ 뒤에는 '-가'의 /ㄱ/이 /ɦ/로 교체되어 '-아'로 바뀐다.

(30) ㄱ. 이 두 사ᄅᆞ미 眞實로 네 항것가   [월석 8:94]

　　 ㄴ. 이ᄂᆞᆫ 法身가 報身가   [금삼 3:23]

---

9) 고영근(2010:326)에 따르면 반말의 '-으니'와 '-으리'는 화자가 청자를 낮추기도 어렵고 높이기도 어려울 때 쓰는 말씨라고 하였다. 반면에 허웅(1975:667)에서는 '-으리'와 '-으니'가 원래 각각 추정법과 확정법의 시제를 나타내는 선어말 어미였는데, (28)과 (29)의 경우에는 그 뒤에 실현되어야 할 의문형 어미인 '-잇가'나 '-잇고'가 생략된 형태로 보았다. '반말'에 대하여는 이 책 357쪽의 【더 배우기】를 참조.

ㄷ. 이는 賞가 罰<u>아</u>   [몽언 53]

ㄹ. (이는) 師의 功이 아니<u>아</u> (非師之功耶)   [상원사 권선문]

(ㄱ)과 (ㄴ)에서는 체언 '항것'과 '法身, 報身'에 의문 보조사 '-가'가 실현되었다. 그리
고 (ㄷ)에서는 /ㄹ/로 끝나는 체언 '罰'에, (ㄹ)에서는 모음으로 끝나는 체언인 '소리'
와 '아니(= 아닌 것)'에 의문 보조사 '-가'의 /ㄱ/이 /ɦ/로 교체된 형태인 '-아(←-고)'
가 실현되어서 판정 의문문이 형성되었다.10)

    둘째, 설명 의문문에는 의문 보조사인 '-고/-오'가 체언 뒤에 쓰이는데, 모음과
/ㄹ/ 뒤에서는 '-고'의 /ㄱ/이 /ɦ/로 교체되어 '-오'로 바뀐다.

    (31) ㄱ. 얻논 藥이 므스것<u>고</u>   [월석 21:215]

         ㄴ. 이 엇던 光明<u>고</u>   [월석 10:7]

         ㄷ. 사호매 서르 맛나ᄆᆞᆫ 또 어느 날<u>오</u>   [두언 21:16]

         ㄹ. 그디 子息 업더니 므슷 罪<u>오</u>   [월석 1:7]

         ㅁ. 이 모ᄃᆞᆫ 物ㅅ 中에 어늬 見 아니<u>오</u> (何者ㅣ 非見고) [능언 2:51]

(ㄱ)과 (ㄴ)에서는 체언 '므스것'과 '光明' 뒤에 의문 보조사인 '-고'가 쓰였다. 그리고
(ㄷ)에서는 /ㄹ/로 끝나는 체언인 '날(日)'에 의문 보조사인 '오(←-고)'가 실현되었고,
(ㄹ)과 (ㅁ)에서는 모음으로 끝나는 체언인 '罪'와 '아니'에 의문 보조사인 '-오(←
-고)'가 실현되어서 설명 의문문을 형성되었다.

3.1.3. 명령문

    '명령문(命令文, 시킴월, imperative sentence)'은 화자가 청자에게 자기의 말대로 행동
해 줄 것을 요구하는 문장이다. 명령문은 서술어로 쓰이는 동사의 어간에 명령형

---

10) (30ㄹ)과 (31ㅁ)에서 '아니' 다음에 실현된 '-오/-아'를 의문형 어미로 보지 않고 의문 보조사
    로 처리했다. 이는 '의문형 어미'인 '-고/-가'는 용언의 어간에 바로 붙는 일이 없이, 반드시
    선어말 어미인 '-은, -을, -으리-, -으니-' 또는 '-으이-'를 앞세우기 때문이다. 곧, 용언인
    '아니-'에 바로 붙은 '-고/-가'의 일반적인 용법에 예외가 생겨나기 때문에, (30ㄹ)과 (31ㅁ)
    에서는 '아니'를 체언(= 아닌 것)으로 보고, 그에 붙은 '-고/-가'는 조사로 보았다.

어미인 '-ᄋ라/-으라; -아쎠/-어쎠; -ᄋ쇼셔/-으쇼셔; -고라/-오라, -고려' 등이 붙어서 성립된다.

첫째, '-ᄋ라/으라'는 청자를 낮추어서 시키는 '낮춤'의 명령형 어미이다.

(32) ㄱ. 너희들히 … 부텻 마를 바다 디니라   [석상 13:62]
    ㄴ. 彌勒아 아라라 妙光菩薩은 다른 사ᄅ미리여   [석상 13:36]
        내 모미 긔오
    ㄷ. 네 어마니미 … 너를 여희오 더욱 우니ᄂ니 어셔   [월석 8:101]
        도라 니거라
    ㄹ. 내 니마해 블론 香이 몯 ᄆ랫거든 도로 오나라   [월석 7:7]

(ㄱ)의 '디니라'는 동사인 '디니다'의 어간에 명령형 어미인 '-으라'가 직접적으로 실현된 형태이다. 반면에 동사의 어간과 명령형 어미 '-으라' 사이에는 '확인 표현' 의 선어말 어미인 '-아-/-어-, -거-, -나'가 실현되는 수도 있다. 곧 (ㄴ)의 타동사 '알다'의 명령형인 '아라라'에서는 '-아-'가 실현되었으며, (ㄷ)의 자동사 '니다'의 명 령형인 '니거라'에서는 '-거-'가 실현되었고, (ㄹ)의 '오다'의 명령형인 '오나라'에는 '-나-'가 실현되었다.

둘째, '-아쎠/-어쎠'는 공손한 뜻이 포함되어 있는 '예사 높임'의 명령형 어미이다.

(33) ㄱ. 내 보아져 ᄒᄂ다 술ᄫ쎠   [석상 6:14]
    ㄴ. 엇뎨 부톄라 ᄒᄂ닛가 그 ᄠ들 닐어쎠   [석상 6:16-7]

(ㄱ)의 '술ᄫ쎠'와 (ㄴ)의 '닐어쎠'에는 '-아쎠/-어쎠'가 실현되었다. '-아쎠/-어쎠'의 명령형 어미는 공손한 뜻이 포함되어 있으나, 아주 높임 등분의 명령형 어미인 '-ᄋ 쇼셔'보다는 높임의 정도가 덜하다.

셋째, '-ᄋ쇼셔/-으쇼셔'는 청자에게 어떠한 행위를 해 줄 것을 청원하는 '아주 높임'의 명령형 어미이다.

(34) ㄱ. 力士ㅣ 내 몸 ᄒ야ᄇ리디 아니케 ᄒ쇼셔   [월석 7:37]
    ㄴ. 이 ᄠ들 닛디 마ᄅ쇼셔   [용가 110장]

(ㄱ)의 '호쇼셔'에서는 '호다'의 어간에 명령형 어미인 '-쇼셔'를, (ㄴ)에서는 '말다'의 어간에 '-ᄋ쇼셔'를 실현하여 청자에게 어떠한 행위를 해 줄 것을 청원한다.

넷째, '-고라/-오라'는 반말의 명령형 어미로 쓰인다. /ㄹ/과 반모음인 /j/로 끝나는 어간 뒤에서는 '-고라'의 첫 자음 /ㄱ/이 /ɦ/로 교체되어 '-오라'로 실현된다.[11]

(35) ㄱ. 부텻긔 받ᄌᆞᄫᅡ <u>生生</u>애 내 願을 일티 아니케 <u>ᄒ고라</u>　　　[석상 13:25]
　　　ㄴ. <u>迦尸王</u>이 … <u>使者</u> 브려 (<u>淫女</u>를) 보내<u>오라</u> ᄒ야ᄂᆞᆯ　　　[월석 7:15]

(36) ㄱ. 내 … <u>出家</u>ᄒ야 <u>現</u>흔 뉘예 <u>一切 智慧</u>를 <u>得</u>ᄒ<u>고라</u>　　　[석상 11:39]
　　　ㄴ. <u>願</u>흔든 미햇 ᄆᆞᄅᆞᆯ 부러 <u>金</u>잔애 더으<u>고라</u>　　　[두언 15:39]

(35)에서 (ㄱ)의 'ᄒ고라'에서는 'ᄒ다'의 어간에 명령형 어미인 '-고라'가 실현되었으며, (ㄴ)의 '보내오라'에서는 '보내다'의 어간에 명령형 어미인 '-오라'가 실현되었다. 그런데 '-고라/-오라'는 화자가 청자에게 직접적으로 명령하는 것이 아니라, 화자의 바람이나 희망을 나타내는 경우도 있다. 곧 (36)은 문맥으로 보면 화자의 바람이나 희망을 나타내므로, '-기를 바라노라' 혹은 '-기를 바란다'로 해석된다.[12]

3.1.4. 청유문

'청유문(請誘文, 꾀임월)'은 화자가 청자에게 어떠한 행동을 함께할 것을 요청하거나 제안하는 문장이다. 청유문은 서술어로 쓰이는 동사의 어간에 청유형 어미인 '-져, -져라, -사이다'가 붙어서 실현된다.

---

11) 『고등학교 문법』(2010:299~300)에서는 '-고라/-오라'가 실현된 명령문을 반말의 명령문으로 처리하고 있다. 그리고 '-고라'보다 약간 공손한 뜻이 포함된 듯한 명령형 어미로 '-고려'가 있는데 그 용례가 아주 드물다.(허웅 1975:518 참조.)
　　(보기) 내 아기 위ᄒ야 (됴흔 ᄡᅳᆯ) 어더 보고려　　　[석상 6:13]

12) 이러한 쓰임을 감안하면 (35)와 (36)의 '-고라/-오라'는 명령형이 아니고 '바람'이나 '희망'을 나타내는 평서형 종결 어미의 일종으로 처리할 가능성도 있다. 하지만 '-고라/-오라'가 '바람'이나 '희망'을 나타내는 용법으로 쓰이는 예가 드물고, '바람'이나 '희망'의 의미도 화용론적으로 보면 청자에게 어떠한 일을 해 줄 것을 요청하는 것으로 볼 수 있다. 그러므로 (35)와 (36)에 쓰인 '-고라/-오라'를 명령형 어미의 특수한 기능으로 처리한다.

첫째, '-져'와 '-져라'는 현대어의 '-자'처럼 낮춤의 등분으로 쓰이는 청유형 어미이다.

(37) ㄱ. 네 發願을 호딕 世世예 妻眷이 ᄃ외져 ᄒ거늘 [석상 6:8]
　　　ㄴ. 또 닐오딕 여슷 히룰 ᄒ져 [월석 7:2]

(38) ㄱ. 世尊이 … 니ᄅ샤딕 父王이 病ᄒ야 겨시니 우리 미처 [월석 10:6]
　　　가 보ᅀᆞ바 ᄆᆞᅀᆞ믈 훤히 너기시게 ᄒ져라 ᄒ시고
　　　ㄴ. 나도 이제 너희 스승니믈 보ᅀᆞᆸ고져 ᄒ노니 ᄒ쁴 [석상 21:38]
　　　가져라

(37)에서 (ㄱ)의 'ᄃ외져'와 (ㄴ)의 'ᄒ져'는 'ᄃ외다'와 'ᄒ다'의 어간에 청유형 어미인 '-져'가 실현되어서 청유문의 서술어로 쓰였다. 그리고 (38)의 'ᄒ져라'에서 '-져라'도 청유형 어미로 쓰였는데, '-져라'는 '바람(희망, 願望)'의 뜻을 함께 나타내는 것이 특징이다.[13]

둘째, '-사이다'는 아주 높임의 등분으로 쓰이는 청유형 어미이다.

(39) ㄱ. 어버ᅀᅵ 子ᄌᆞ 이신 저긔 일후믈 一定ᄒ사이다 [월석 8:96]
　　　ㄴ. 淨土애 ᄒ딕 가 나사이다 [월석 8:100]

(ㄱ)의 '一定ᄒ사이다'와 (ㄴ)의 '나사이다'는 각각 '一定ᄒ다'와 '나다'의 어간에 높임의 뜻으로 쓰이는 청유형 어미 '-사이다'가 실현되어서 청유문의 서술어로 쓰였다.

3.1.5. 감탄문

'감탄문(感歎文, 느낌월, exclamatory sentence)'은 화자가 청자에게 자신의 느낌을 표현하거나, 자신의 생각을 독백하는 문장이다. 감탄문은 서술어로 쓰이는 용언에 감

---

13) '-져라'는 '-져'보다 친밀한 뜻을 나타내는 청유형 어미인데, 현대 국에서 쓰이는 '-자꾸나'와 비슷한 뜻을 나타낸다.(고영근 2010:321)

탄형 어미인 '-은뎌; -을쎠/-을셔'나 느낌(영탄)을 표현하는 선어말 어미인 '-도-/-돗-/-ㅅ-'; '-애-/-에-/-게-' 등이 실현되어서 성립된다.[14)]

〈 감탄형의 종결 어미로 실현되는 감탄문 〉 전형적인 감탄문은 감탄형의 종결 어미로써 성립된다.

(40) ㄱ. 義ᄂᆞᆫ 그 <u>큰뎌</u>   [내훈 3:54]
    ㄴ. 六祖ㅅ 큰 오은 ᄠᅳ들 보디 몯ᄒᆞᄂᆞ<u>뎌</u>   [육언 서:7]

(41) ㄱ. <u>됴ᄒᆞᆯ쎠</u> 오ᄂᆞᆶ날 果報ㅣ여   [월석 23:82]
    ㄴ. 荒淫<u>ᄒᆞᆯ셔</u> 隋ㅅ 님그미여   [두언 6:2]

(40)에서 (ㄱ)의 '큰뎌'와 (ㄴ)의 '몯ᄒᆞᄂᆞ뎌'는 '크다'와 '몯ᄒᆞ다'의 어간에 감탄형 어미인 '-은뎌'가 실현되었다. 그리고 (41)에서 (ㄱ)의 '됴ᄒᆞᆯ쎠'와 (ㄴ)의 '荒淫ᄒᆞᆯ셔'에는 '-올쎠/-ㄹ셔'가 실현되어서, 감탄문을 형성하였다.

〈 감동 표현의 선어말 어미로 실현되는 감탄문 〉 감탄문 중에는 감동 표현의 선어말 어미인 '-도-/-돗-/-ㅅ-'와 '-애-/-에-/-게-'에 평서형 종결 어미가 붙어서 성립되는 것도 있다.(『고등학교 문법』 2010:284; 고영근 2010:309)

첫째, 감동 표현의 선어말 어미인 '-도-/-돗-/-옷-/-ㅅ-' 등에 기대어서 기능상으로 화자의 '느낌(감동)'을 나타내는 감탄문이 성립할 수 있다.

(42) ㄱ. 그ᄀᆡ내 貪心이 하<u>도</u>다   [석상 23:46]
    ㄴ. 새 그를 어제 브텨 보내<u>돗</u>더라   [두언 23:29]
    ㄷ. 이 男子ㅣ 精誠이 至極ᄒᆞᆯ씨 보ᄇᆡᆯ 아니 앗기<u>놋</u>다   [월석 1:11]
    ㄹ. 우리들토 … 供養ᄒᆞᅀᆞᄫᅩ려 ᄒᆞ야 머리셔 오<u>소</u>이다   [석상 23:53]

(ㄱ)의 '하도다'에서는 어간에 감동 표현의 선어말 어미인 '-도-'가, (ㄴ)의 '보내돗더라'에서는 '-돗-'이 실현되어서 감탄문이 성립되었다. 그리고 (ㄷ)의 '앗기놋다'에서

---

14) 『고등학교 문법』(2010:298)과 고영근(2010:309)에서는 "중세 국어의 감탄문은 느낌의 선어말
   어미인 '-옷-, -돗-, -ㅅ-'에 기대는 것이 보통이다."라고 기술하고 있다.

는 '-옷-'이, (ㄹ)의 '오소이다'에서는 '-ㅅ-'이 실현되어서 감탄문이 성립하였다.

둘째, 감동 표현의 선어말 어미인 '-애-/-에-/-게-/-얘-' 등에 기대어서, 기능상으로 화자의 '느낌(감동)'의 뜻을 나타내는 감탄문이 성립할 수 있다.15)

(43) ㄱ. 내 어미 아모듸 냇는 디 몰래이다　　　　　　　[월석 21:53]
　　 ㄴ. 내 말옷 아니 드르시면 ㄴ외 즐거븐 ᄆᅀᆞ미　　　[월석 2:5]
　　　　업스례이다
　　 ㄷ. 아디 몯게이다 和尙은 므슷 이룰 ᄒᆞ라 ᄒᆞ시ᄂᆞ닛가　[육언 상:8]
　　 ㄹ. 그듸 이제 죽살 싸해 가ᄂᆞ니 기픈 셜우미 中膓애　[두언 8:67]
　　　　迫切ᄒᆞ얘라

(43)에서 (ㄱ)의 '몰래이다'에는 감동 표현의 선어말 어미인 '-애-'가, (ㄴ)의 '업스례이다'에는 '-에-'가, (ㄷ)의 '몯게이다'에는 '-게-'가, (ㄹ)의 '迫切ᄒᆞ얘라'에는 '-얘-'가 실현되어서 감탄문이 성립하였다. 그리고 (43)에 제시된 문장이 '느낌(영탄)'의 뜻을 나타내는 기능을 고려하면, (43)의 문장을 선어말 어미 '-애-/-에-/-게-/-얘-'에 이끌리는 특수한 형태의 감탄문으로 처리할 수 있다.16)

감탄문은 일반적으로 감탄형 어미로써 실현되지만, 15세기 국어에서는 예외적으로 감동 표현의 선어말 어미와 평서형의 종결 어미가 결합된 형태로도 성립한다. 이들 문장은 어미의 형태보다는 의미와 기능을 고려하여서 감탄문으로 처리된 것이다.(이기문 1998:180, 안병희·이광호 1993:241, 『고등학교 문법』 2010:294, 고영근 2010:309) 그러나 일반적으로 문장의 유형은 종결 어미를 통해서 형성된다는 점을 생각하면, 평서형의 종결 어미가 실현된 (43)의 문장을 감탄문으로 처리하는 방식에는 의문이 남는다.

---

15) '-애'와 '-에'는 각각 양성 모음과 음성 모음의 어간에 실현된 음운론적 변이 형태이다. 반면에 '-게'는 보조 용언인 '몯(ᄒᆞ)다'에만 실현되고, '-얘-'는 '~ᄒᆞ다'의 형태로 된 용언에만 실현된다. 따라서 '-게-'와 '-얘-'는 형태론적 변이 형태이다.

16) (43)의 예문에서는 각각 '-애, -에, -게'의 뒤에 선어말 어미인 '-이-'가 실현되어 있다. 이처럼 '-에-'와 '-게-' 뒤에서 다른 선어말 어미가 실현되는 특징을 감안하면, '-에-/-애-/-게-/-얘-'는 감동 표현의 선어말 어미로 처리해야 한다. '-애-/-에-/-게-/-얘-' 등을 선어말 어미로 처리하는 근거에 대하여는 허웅(1975:930)과 이 책 201쪽의 내용 참조.

1. 문법적인 형태로 분류한 의문문과 의문형 어미

의문문을 실현하는 문법적인 형태를 중심으로 중세 국어의 의문문의 유형을 정리하면 다음과 같다.(허웅 1975:496 이하 참조.)

(1) 일반적인 의문형 어미로 실현되는 의문문

곧, 관형사형 전성 어미인 '-은'과 '-읋'에 의문 보조사인 '-다, -가, -고'가 결합하여서 형성된 의문형 어미로 실현되는 의문문을 '인칭 의문문'이라고 하고, 선어말 어미인 '-으니-'와 '-으리-'에 의문형 어미 '-가/-아, -고/-오' 등이 붙어서 형성된 의문형 어미로 실현되는 의문문을 '비인칭 의문문'이라고 한다.

2. 『고등학교 문법』(2010)에서 설정한 의문문의 유형

『고등학교 문법』(2010:299)과 고영근(2010)에서는 다음과 같은 여러 가지 조건으로 의문문의 유형을 설정하였다. 곧 첫째는 의문문을 형성하는 문법 형태소의 종류에 따른 유형, 둘째는 주어의 인칭에 따른 유형, 셋째는 청자에게 대답을 직접적으로 요구하느냐 아니냐에 따른 유형, 넷째는 의문사의 실현 여부에 따른 유형 등이다. 이들 유형 중에서 의문사 실현 여부에 따른 '판정 의문문'과 '설명 의문문'의 구분은 허웅(1975:146)에서 설정한 의문문의 유형과 다름이 없으나, 나머지 기준에 의한 의문문의 유형은 허웅(1975)에서 설정한 것과 차이가 있다.

여기서 제7차 교육과정에 따른 『고등학교 문법』(2010)과 고영근(2010)에서 설정한 의문문의 유형을 다음과 같이 정리하였다.

A. 의문문을 형성하는 문법적 형식에 따른 유형

(1) '체언 + 의문 보조사'로 실현되는 의문문

○ 체언 + -가/-고 :
  囹 이는 賞가 罰아

(2) '관형사형 어미 + 의문 보조사'로 실현되는 의문문

○ -은다/-읋다 :
  囹 네 겨집 그려 가던다

○ -은가/-은고, -읋가/-읋고 :
  囹 이 이른 엇던 因緣으로 이런 相이 現ᄒ고

(3) '의문형 어미'로 실현되는 의문문

○ 'ᄒ라체'의 의문형 어미 : -으니여/-으녀, -으니오/-으뇨
                    -으리여/-으랴, -으리오/-으료
  囹 슬후미 이어긔 잇디 아니ᄒ니아
  囹 뉘 쏠을 굴히야사 (그 ᄯ리) 며놀이 ᄃ외야 오리야

○ 'ᄒ야쎠체'의 의문형 어미 : -닛가
  囹 그딋 아바니미 잇ᄂ닛가

○ 'ᄒ쇼셔체'의 의문형 어미 : -으니잇가/-으니잇고, -으리잇가/-으리잇고
  囹 므스글 道ㅣ라 ᄒᄂ니잇고

○ '반말'의 의문형 어미 : -으니/-으리
  囹 하눊 ᄠ들 뉘 모르ᄉ 녕리

B. 주어의 인칭에 따른 유형

(1) 주어의 인칭에 제약을 받는 의문문

　가. 2인칭 의문문 : 주어가 2인칭일 때에만 나타나는 의문문

　　○ 관형사형 어미 + 의문 보조사 : -은다/-읋다
　　　囲 네 信ᄒᆞᆫ다 아니 信ᄒᆞᆫ다　　　囲 그듸ᄂᆞᆫ 어느 저긔 도라올다

　나. 1·3인칭 의문문 : 주어가 1인칭 혹은 3인칭일 때에만 나타나는 의문문

　　○ 의문형 어미 : -으니아/-으녀, -으니오/-으뇨 ;
　　　　　　　　　　-으리아/-으랴, -으리오/-으료
　　　囲 ᄒᆞ마 주글 내어니 (내) 子孫을 議論ᄒᆞ리여
　　　囲 大施主의 功德이 하녀 져그녀

(2) 주어의 인칭에 제약을 받지 않는 의문문

　　○ 'ᄒᆞ쇼셔체'의 의문형 어미 : -으니잇가/-으니잇고, -으리잇가/-으리잇고
　　　囲 사로미 이러커늘ᅀᅡ 아ᄃᆞᆯ을 여희리잇가
　　○ 'ᄒᆞ야쎠체'의 의문형 어미 : -으닛가
　　　囲 主人이 므슴 차바ᄂᆞᆯ 손소 ᄃᆞ녀 밍ᄀᆞ노닛가

C. 청자에게 대답을 직접적으로 요구하느냐 여부에 따른 유형(대면/비대면)

(1) 직접 의문문 : 청자에게 대답을 직접적으로 요구하는 발화 상황에 쓰인 의문문
　　○ 체언 + 보조사(-가/-고, -다)
　　○ '-으니여/-으녀, -으리여/-으려' ; '-으뇨, -으리오/-으료' 등에 의한 낮춤의 의문형 어미
　　○ '-으니잇가, -으니잇고, -으닛가' ; '-으리잇가, -으리잇고' 등에 의한 높임의 의문형 어미

(2) 간접 의문문 : 독백(獨白)이나 상념(想念)처럼, 청자가 직접적으로 상정되지 않은 발화 상황에 쓰는 의문문.(1·3인칭 의문문에서 수의적으로 실현됨.)

　　○ -은가/-은고 : 囲 西京은 편안ᄒᆞᆫ가 몯ᄒᆞᆫ가
　　○ -읋가/-읋고 : 囲 王이 닐오ᄃᆡ (내 賓頭盧ᄅᆞᆯ) 어더 보ᅀᆞᄫᆞᆯ까

3.2. 높임 표현

3.2.1. 높임 표현의 개념

발화 현장에 있는 말을 듣는 상대방(= 청자)이나, 문장 속에서 주체나 객체로 표현되는 대상을 높이거나 낮추어서 대우하는 문법적인 방법을 '높임법'이라고 한다. 그리고 이처럼 높임법이 실현된 문장을 '높임 표현'이라고 한다.[1] 화자는 높임 표현을 통하여, 청자와의 관계에서 자신의 서열을 확인하고 청자와의 심리적인 거리를 조정한다.

'높임 표현(공대법, 恭待法)'의 유형은 '높임의 대상'에 따라서 '상대 높임 표현', '주체 높임 표현', '객체 높임 표현'으로 나뉜다.

(1) 世尊하 … 摩耶夫人이 엇던 因緣으로 如來를 <u>나쓰ᄫᅵ시니잇고</u>[석상 11:24]

(2) 나쓰ᄫᅵ시니잇고 → 낳- + -습- + -ᄋ시- + -Ø- + -잇- + -니…고

(3) ㄱ. [-잇-] : 청자인 世尊을 높임   → 상대 높임법(존비법)
     ㄴ. [-시-] : 주체인 摩耶夫人을 높임 → 주체 높임법(존경법)
     ㄷ. [-습-] : 객체인 如來를 높임   → 객체 높임법(겸손법)

(1)의 문장에서 화자(= 大衆)는 서술어로 쓰이는 '낳다'에 높임의 뜻을 나타내는 선어말 어미인 '-습-, -ᄋ시-, -잇-' 등을 실현함으로써 높임법을 표현하였다. 먼저 화자는 상대 높임의 선어말 어미인 '-잇-'을 실현하여서 발화 현장에 있는 '청자(= 世尊)'를 높였다. 그리고 화자는 주체 높임의 선어말 어미인 '-ᄋ시-'를 실현하여서 주어로 표현된 대상인 '주체(= 摩耶夫人)'를 높였으며, 객체 높임의 선어말 어미인 '-

---

1) '높임법'과 비슷하게 쓰이는 용어로서 '존대법, 경어법, 대우법, 공대법' 등이 있다. 그런데 이른바 '높임법'이 '어떠한 대상을 높이거나 낮추어서 표현하는 문법 범주'를 가리키는 말인 것을 감안하면 '대우법(待遇法)'이 가장 적절한 용어인 것으로 생각된다. 그리고 이희승(1949:126)에서는 '높임법'을 '공대법(恭待法)'이라고 하고, 그 하위 범주로 '존비법(尊卑法), 존경법(尊敬法), 겸손법(謙遜法)'을 설정한 바가 있다.

습-'을 실현하여서 목적어로 표현된 대상인 '객체(= 如來)'를 높였다.

15세기 국어에서 실현된 높임 표현의 유형을 정리하면 다음과 같다.

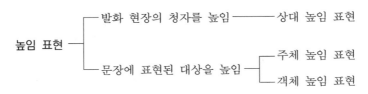

〈그림 1〉 높임법의 유형

3.2.2. 상대 높임 표현

가. 상대 높임 표현의 개념

'상대 높임 표현(존비 표현, 尊卑 表現)'은 문장의 서술어에 높임의 뜻을 나타내는 선어말 어미나 종결 어미를 실현하여 청자를 높이거나, 이러한 어미를 실현하지 않음으로써 청자를 낮추어서 대우하는 높임 표현이다.

(4) ㄱ. 王이 돌해 刻히샤 南郊애 무더 두라 ᄒ시다   [월석 2:49]

　　ㄴ. ᄀᆞᄅᆞ맷 구루믄 어느 바미 ᄀᆞ마니 이실고   [두언 21:26]

　　ㄷ. 그듸 이 굼긧 개야미 보라   [석상 6:36]

(5) ㄱ. 世尊하 … 이런 고디 업스이다   [능언 1:50]

　　ㄴ. 내 이제 엇뎨ᄒᆞ야사 地獄 잇는 ᄯᅡ해 가리잇고   [월석 21:25]

　　ㄷ. 世尊의 내 ᄠᅳ들 펴아 ᄉᆞᆯᄫᆞ쇼셔   [석상 6:6]

(4)의 문장에서는 서술어로 쓰인 'ᄒᆞ시다, 이실고, 보라'에 상대 높임을 나타내는 선어말 어미를 실현하지 않음으로써 청자를 낮추어서 표현하였다. 이에 반하여 (5)에서 (ㄱ)의 '업스이다'와 (ㄴ)의 '가리잇고'에서는 상대 높임의 선어말 어미인 '-이-/-잇-'을 실현하여서, (ㄷ)의 'ᄉᆞᆯᄫᆞ쇼셔'에서는 높임의 뜻이 있는 명령형 종결 어미 '-ᄋᆞ쇼셔'를 실현하여서 청자를 높였다.

상대 높임 표현의 등분으로는, 청자를 높이는 정도에 따라서 아주 높임의 'ᄒᆞ쇼셔체', 예사 높임의 'ᄒᆞ야쎠체', 낮춤의 'ᄒᆞ라체', 높임과 낮춤이 중화된 '반말'이 있다.

나. 상대 높임 표현의 유형

(나-1) 'ᄒᆞ쇼셔체'의 상대 높임 표현

'ᄒᆞ쇼셔체'는 청자를 아주 높여서 대우하는 상대 높임 표현으로서, 현대어의 '하십시오체'에 해당한다.

첫째, 평서문에서는 상대 높임의 선어말 어미인 '-이-'을 실현해서 표현한다.

(6) ㄱ. 世尊하 … 이런 고디 업스이다   [능언 1:50]
    ㄴ. 아자비 쇼를 소아 주기이다   [내훈 3:49]
    ㄷ. 如來 샹녜 우리를 아ᄃᆞ리라 니ᄅᆞ시ᄂᆞ니이다   [월석 13:33]

'업스이다, 주기이다, 니ᄅᆞ시ᄂᆞ니이다'에서는 상대 높임의 선어말 어미인 '-이-'를 실현하여 청자를 높여서 표현하였다.

둘째, 의문문에서는 상대 높임의 선어말 어미인 '-잇-'을 실현해서 표현한다.

(7) ㄱ. 엇뎨 일후미 無間地獄이잇고   [월석 21:41]
    ㄴ. 내 이제 엇뎨ᄒᆞ야ᅀᅡ 地獄 잇ᄂᆞ 짜해 가리잇고   [월석 21:25]

(8) ㄱ. 눉믈 디니 긔 아니 어리니잇가   [월천 기103]
    ㄴ. 반ᄃᆞ기 善根 佛性을 그츠리잇가 아니ᄒᆞ리잇가   [육언 상:44]

(7)처럼 의문사가 실현된 설명 의문문에서는 '-잇고'의 형태로 청자를 높여서 표현하였다. 반면에 (8)처럼 의문사가 실현되지 않은 판정 의문문에서는 '-잇가'의 형태로 청자를 높여서 표현하였다.

셋째, 명령문에서는 명령형 종결 어미인 '-으쇼셔'를 실현하여 높여서 표현한다.

(9) ㄱ. 聖母하 願흔둔 드르쇼셔   [월석 21:38]

　　ㄴ. 님금하 아르쇼셔   [용가 125장]

'드르쇼셔'와 '아르쇼셔'에서는 '듣다'와 '알다'의 어간에 명령형 종결 어미인 '-으쇼셔/-ᄋ쇼셔'를 실현하여 청자를 아주 높였다.

　넷째, 청유문에서는 청유형 종결 어미인 '-사이다'를 실현하여 표현한다.

(10) ㄱ. 淨土애 혼ᄃᆡ 가 나사이다   [월석 8:110]

　　ㄴ. 子息의 일후믈 아비 이시며 어미 이샤 一定ᄒ사이다   [월석 8:83]

(ㄱ)의 '나사이다'와 (ㄴ)의 '一定ᄒ사이다'에서는 '나다'와 '一定ᄒ다'의 어간에 청유형 어미인 '-사이다'를 실현하여 청자를 높여서 표현하였다.

(나 -2) 'ᄒ야쎠체'의 상대 높임 표현

　'ᄒ야쎠체'는 청자를 예사로 높여서 대우하는 상대 높임 표현으로서, 현대어의 '하오체'에 해당한다.

　첫째, 평서문에서는 상대 높임의 선어말 어미인 '-ㆁ-'을 실현해서 표현한다.

(11) ㄱ. 后ㅣ 묻ᄌᆞ와 니르샤ᄃᆡ 大學生이 언매나 ᄒ니잇고   [내훈 2 하:61]
　　　　帝 니르샤ᄃᆡ 數千잉다

　　ㄴ. 三世옛 이를 아르실씨 부톄시다 ᄒᄂᆞ닝다   [석상 6:18]

　　ㄷ. 阿育王이 닐오ᄃᆡ 내 그런 ᄠᅳ들 몰라 ᄒ댕다 ᄒ야늘   [석상 24:31-2]

'數千잉다, ᄒᄂᆞ닝다, ᄒ댕다'에서는 '-이-'에서 모음 / ㅣ /가 탈락한 형태인 '-ㆁ-'이 상대 높임의 선어말 어미로 쓰였다. 여기서 선어말 어미 '-ㆁ-'은 '-이-'보다는 상대 높임의 정도가 낮은 것으로 추정된다.

　둘째, 의문문에서는 상대 높임의 선어말 어미인 '-니잇가'의 축약형인 '-닛가'의 형태를 실현해서 표현한다.

(12) ㄱ. 婆羅門이…그 ᄯᆞᆯᄃᆞ려 무로ᄃᆡ 그딋 아바니미 잇ᄂᆞ닛가 [석상 6:14]
ㄴ. 엇뎨 부톄라 ᄒᆞᄂᆞ닛가 [석상 6:16]

'잇ᄂᆞ닛가'와 'ᄒᆞᄂᆞ닛가'에는 '-니잇가'가 줄어진 형태인 '-닛가'의 형태로 청자를 높였는데, 이때 '-닛가'는 '-니잇가'에 비해서 높임의 정도가 낮은 것으로 추정된다.[2)]

셋째, 명령문에서는 명령형 종결 어미인 '-아쎠/아셔'를 실현하여 표현한다.

(13) ㄱ. 婆羅門이 닐오ᄃᆡ 내 보아져 ᄒᆞᄂᆞ다 ᄉᆞᆯ바쎠 [석상 6:14]
ㄴ. 엇뎨 부톄라 ᄒᆞᄂᆞ닛가 그 ᄠᅳ들 닐어쎠 [석상 6:16-7]

'ᄉᆞᆯ바쎠'와 '닐어쎠'에서는 'ᄉᆞᆲ다'와 '니ᄅᆞ다'의 어간에 명령형 종결 어미인 '-아쎠/-어쎠'를 실현하여 청자를 높였는데, '-아쎠/-어쎠'는 '-으쇼셔'보다 높임의 정도가 낮다.

(나 -3) 'ᄒᆞ라체'의 상대 높임 표현

'ᄒᆞ라체'는 청자를 낮추어서 대우하는 상대 높임 표현이다. 이는 현대어의 '해라체'에 해당되는데, 상대 높임의 선어말 어미를 실현하지 않음으로써 성립한다.

(14) ㄱ. 사ᄅᆞᆷ과 사ᄅᆞᆷ 아닌 것괘…샹녜 供養ᄒᆞᅀᆞᆸᄂᆞᆫ 야ᇰ이 다 뵈ᄂᆞ다 [석상 13:24]
ㄴ. 네 아ᄃᆞ리 孝道ᄒᆞ고 허믈 업스니 어드리 내티료 [월석 2:6]
ㄷ. 너희ᄃᆞᆯ히…부텻 마ᄅᆞᆯ 바다 디니라 [석상 13:62]
ㄹ. 네 發願을 호ᄃᆡ 世世예 妻眷이 ᄃᆞ외져 ᄒᆞ거늘 [석상 6:8]
ㅁ. 義ᄂᆞᆫ 그 큰뎌 [내훈 3:54]

(ㄱ)의 평서문에는 '뵈ᄂᆞ다', (ㄴ)의 의문문에는 '내티료', (ㄷ)의 명령문에는 '디니라', (ㄹ)의 청유문에는 'ᄃᆞ외져', (ㅁ)의 감탄문에는 '큰뎌'가 서술어로 쓰였다. 이들 문장

2) 예사 높임의 의문형 어미인 '-닛가'는 의문사의 표현 유무에 관계 없이 실현되는 것이 특징이다. 곧 (12ㄴ)처럼 '엇뎨'와 같은 의문사가 있는 의문문에도 '-닛가'의 형태만 나타난다.

은 서술어에 상대 높임을 나타내는 선어말 어미인 '-이-/-잇-'이나 종결 어미인 '-으쇼셔, -사이다'가 실현되지 않았으므로, 청자를 낮추어서 대우하는 상대 높임 표현이다.

(나-4) '반말'의 상대 높임 표현

'반말'의 상대 높임 표현은 『용비어천가』나 『월인천강지곡』과 같은 운문에서 자주 나타나는 높임 표현으로서, '-으니'와 '-으리'의 형태로 평서문이나 의문문을 끝맺는 높임 표현이다. 이러한 반말의 종결 표현은 화자가 청자를 낮추기도 어렵고 높이기도 어려울 때에 쓰는 표현이다.(『고등학교 문법』 2010:300 참조.)

(15) ㄱ. 海東 六龍이 ᄂᆞᄅᆞ샤 일마다 天福이시니 古聖이   [용가 1장]
　　　　同符ᄒᆞ시<u>니</u>
　　　ㄴ. 놀애예 일홈 미드니 英主ㅿ 알ᄑᆡ 내내 붓그리<u>리</u>   [용가 16장]

(16) ㄱ. 沸星이 비췰 날애 하ᄂᆞᆯ 風流ㅣ 엇더ᄒᆞ시<u>니</u>   [월천 기51]
　　　ㄴ. 주거 가는 거싀 일을 몯 보신들 매 모ᄅᆞ시<u>리</u>   [월천 기43]

(15)의 '同符ᄒᆞ시니'와 '붓그리리'는 각각 '-니'와 '-리'의 형태로 평서문을 반말로 끝맺었으며, (16)의 '엇더ᄒᆞ시니'와 '모ᄅᆞ시리'는 '-니'와 '-리'의 형태로 의문문을 반말로 끝맺었다.

그리고 명령문에서는 '-고라/-오라'를 실현하여 반말의 높임법을 표현한다.

(17) ㄱ. 佛子ㅣ 이제 對答ᄒᆞ야 疑心을 決ᄒᆞ야 기쓰게 <u>ᄒᆞ고라</u>   [석상 13:25]
　　　ㄴ. 모로매 願이 이디 <u>말오라</u> ᄒᆞ더니   [석상 11:30]

(ㄱ)의 'ᄒᆞ고라'에서는 'ᄒᆞ다'에 명령형 어미 '-고라'가 실현되어서, (ㄴ)의 '말오라'에서는 '말다'에 명령형 어미 '-오라'가 실현되어서 반말의 높임법을 표현하였다.

문장 종결의 방식에 따른 상대 높임의 등분을 표로 정리하여 보이면 다음과 같다.

높임 등분 \ 종결 방식	평서형	의문형	명령형	청유형	감탄형
ᄒᆞ쇼셔체 (아주 높임)	-으이다	-(니/리)잇가, -(니/리)잇고	-쇼셔	-사이다	-
ᄒᆞ야쎠체 (예사 높임)	-ᅌᅵ다	-으닛가	-아쎠	-	-
반 말 (중 간)	-으니, -으리	-으니, -으리	-고라	-	-
ᄒᆞ라체 (낮 춤)	-다	-니오/-뇨, -리오/-료	-라	-져	-은뎌, -을쎠

〈표 1〉 15세기 국어의 상대 높임의 등분

3.2.3. 주체 높임 표현

가. 주체 높임 표현의 개념

'주체 높임 표현(존경 표현, 尊敬 表現)'은 문장 속에서 주어로 표현되는 대상(= 주체, 主體)이 화자보다 상위자일 때에, 그 주체를 높여서 대우하는 높임 표현이다.[3] 이러한 주체 높임 표현은 서술어로 쓰이는 용언이나 서술격 조사에 선어말 어미인 '-으시-/-ᄋᆞ시-/-으샤-' 등을 실현함으로써 성립한다.

(18) ㄱ. 王이 … 그 蓮花를 ᄇᆞ리라 ᄒᆞ시다　　　　　　　　　　[석상 11:31]

ㄴ. 王이 그 이를 ᄎᆞᄌᆞ샤 鹿母夫人이 나ᄒᆞ신 ᄃᆞᆯ 아ᄅᆞ시고　[석상 11:32]

(19) ㄱ. 如來ㅣ 즉재 神力 내샤　　　　　　　　　　　　　　　　[법언 6:97]

ㄴ. 알ᄑᆡ 모든 物에 나ᅀᅡ가샤 ᄀᆞᄅᆞ쳐 니ᄅᆞ샤ᄃᆡ　　　　　　[능언 2:46]

ㄷ. 내 諸佛 니ᄅᆞ샨 ᄀᆞ티 좃ᄌᆞᄫᅡ ᄒᆞ리라　　　　　　　　　[석상 13:59]

ㄹ. 千世 우희 미리 定ᄒᆞ샨 漢水北에 累仁開國ᄒᆞ샤　　　　　[용가 125장]

ㅁ. 世尊이 世間애 나샤 甚히 奇特ᄒᆞ샷다　　　　　　　　　　[월석 7:14]

(18)에서는 서술어로 쓰인 'ᄒᆞ다, 알다'에 주체 높임의 선어말 어미 '-으시-'를 실현함으로써, 문장의 주체인 '王'을 높여서 표현하였다. 그런데 주체 높임의 선어말 어

---

3) 이때의 '상위자'는 대체로 화자보다 나이가 많거나, 지위가 높은 사람이다.

미는 (18)처럼 자음으로 시작하는 어미 앞에서는 '-으시-'의 형태로 실현되지만, (19)처럼 모음으로 시작하는 어미 앞에서는 '-으시-'가 '-으샤-'로 바뀌고 동시에 그 뒤에 실현된 어미의 첫 모음이 탈락한다.(허웅 1975:599) 곧 (19)에서 (ㄱ)의 '내샤'와 (ㄴ)의 '니르샤딕'에서는 주체 높임의 선어말 어미인 '-으시-'가 연결 어미 '-아'와 '-오딕'에 결합하면서, '-으시-'가 '-으샤-'로 바뀌었다. 그리고 (ㄷ)의 '니르샴'에서는 '-시-'가 명사형 전성 어미인 '-옴'에 결합하면서 '-샤-'로 바뀌었다. (ㄹ)의 '定ᄒᆞ샨'과 (ㅁ)의 '奇特ᄒᆞ샷다'에서는 '-시-'가 각각 대상 표현의 선어말 어미인 '-오-'와 감동 표현의 선어말 어미인 '-옷-'에 결합하면서 '-샤-'로 바뀌었다. 이렇게 '-으시-'는 모음으로 시작하는 어미와 결합하여 활용할 때에는 '-으샤-'로 바뀜과 동시에 그에 결합하였던 어미의 첫 모음은 탈락한다.

나. 주체 높임 표현의 실현 양상

선어말 어미 '-으시-'로 표현되는 주체 높임 표현은 다음과 같이 다양한 양상으로 실현된다.

첫째, 선어말 어미 '-으시-'를 통하여 주어로 표현된 주체를 직접 높일 수 있다.

(20) ㄱ. 우리 스승니미 … 뜨들 옮기디 아니ᄒᆞ<u>시</u>다   [영남 상:54]
     ㄴ. 됴ᄒᆞ실ᄊᆡ 菩薩이 엇던 緣으로 예 오<u>시</u>니잇고   [월석 21:24]

(ㄱ)에서는 '아니ᄒᆞ시다'에 실현된 '-시-'를 통하여 주체인 '우리 스승님'을 직접 높였으며, (ㄴ)에서는 '오시니잇고'에 실현된 '-시-'를 통하여 주체인 '菩薩'을 직접적으로 높였다.

둘째, 관형절의 꾸밈을 받는 중심어가 속구조에서 관형절의 주체로 역할하는 경우에도, '-으시-'를 통하여 관형절의 중심어를 높일 수 있다.

(21) ㄱ. 다른 國土애셔 오<u>신</u> 菩薩ᄃᆞᆯ콰 이엣 聲聞衆ᄃᆞᆯ히   [월석 18:23]
        듣ᄌᆞᄫᆞ면 다 歡喜ᄒᆞ리이다
     ㄴ. 菩薩ᄃᆞᆯ히 다른 國土애셔 오<u>시</u>다

(22) ㄱ. 五色雲ㅅ 가온ᄃᆡ 瑞相 뵈<u>시</u>ᄂᆞᆫ 如來ᄋᆡ 현맛 衆生이　　　[월석 2:48]

　　머리 좃ᄉᆞᄫᆞ뇨

　　ㄴ. 如來 瑞相 뵈<u>시</u>ᄂᆞ다

(21)과 (22)의 (ㄱ)에서 '菩薩ᄃᆞᆯㅎ'과 '如來'는 관형절인 '다른 國土애셔 오신'과 '瑞相 뵈시ᄂᆞᆫ'의 꾸밈을 받는 체언인데, 이들 체언은 (ㄴ)처럼 의미적으로 관형절의 주어로 기능한다. 이 경우는 관형절 속의 서술어인 '오다'와 '뵈다'에 '-시-'를 실현하여 '菩薩ᄃᆞᆯㅎ'과 '如來'를 높였다.

　　셋째, 관형어로 쓰인 체언을 '-으시-'로써 높이는 경우가 있다. 곧, 관형어로 실현된 체언이 그 뒤에 실현되는 서술어에 대하여 의미적으로 주체로 쓰이는 경우에는, 주체 높임의 선어말 어미 '-으시-'를 통하여 관형어의 체언을 높이는 것이다.

(23) ㄱ. 이는 妙法 智力의 化ᄒᆞ샨 자최를 나토시니라　　　[법언 5:79]

　　ㄴ. 부텻 說法ᄒᆞ샨 次第 다ᄉᆞᆺ 時 겨시니　　　[법언 2:5]

(ㄱ)의 '妙法 智力'과 (ㄴ)의 '부텨'는 그 뒤에 관형격 조사인 '-의'와 '-ㅅ'이 실현되어서 관형어로 쓰였는데, 이들은 서술어로 쓰인 '化ᄒᆞ다'와 '說法ᄒᆞ다'에 대하여 의미적으로 주체의 역할을 한다. 이 경우에도 서술어인 '化ᄒᆞ다'와 '說法ᄒᆞ다'에 '-시-'를 실현하여 '妙法 智力'과 '부텨'를 높여서 표현하였다.

3.2.4. 객체 높임 표현

가. 객체 높임 표현의 개념

〈 객체 높임 표현의 개념 〉 '객체 높임 표현(겸손 표현, 謙遜 表現)'은 문장에서 목적어나 부사어로 표현되는 대상(= 객체, 客體)이 화자나 주체보다 상위자일 때에, 그 객체를 높여서 대우하는 높임 표현이다. 객체 높임법은 서술어로 쓰이는 용언에 선어말 어미인 '-ᅀᆞᇦ-/-ᄌᆞᇦ-/-ᅀᆞᇦ-' 등을 실현함으로써 성립한다.

(24) ㄱ. 須達이 世尊 뵈**숩**고져 너겨   [석상 6:45]

       ㄴ. 阿難 羅云이 부텻긔 갓갑**수와**   [법언 4:49]

       ㄷ. 우리 다 佛子ㅣ 굳**즈오**니   [법언 2:227]

(ㄱ)에서는 서술어로 쓰인 '뵈다'의 어간에 객체 높임의 선어말 어미 '-숩-'이 실현되어서 목적어로 표현된 대상인 '世尊'을 높였다. 그리고 (ㄴ)에서는 '갓갑다'에 '-ᄉ오-'가 실현되어 부사어로 쓰인 '부텨'를, (ㄷ)에서는 '굳다(← 굳ㅎ다)'에 '-ᄌ오-'가 실현되어서 부사어로 쓰인 '佛子'를 높였다.

〈 객체 높임의 선어말 어미의 변이 형태 〉 객체 높임의 선어말 어미는 음운 환경에 따라서 다양한 변이 형태로 실현된다.

앞소리＼뒷소리	자음	모음
/ㄱ, ㅂ, ㅅ, (ㅎ)/	-숩-	-ᅀᆞᇦ-
/ㄷ/	-ᄌᆸ-	-ᅀᆞᇦ-
/모음, ㄴ, ㅁ, (ㄹ)/	-ᅀᆸ-	-ᅀᆞᇦ-

〈표 2〉 객체 높임 선어말 어미의 변이 형태

(25) ㄱ. -숩- : 막숩거늘, 닙숩고, 빗숩더니 ; 노쏩고(← 놓-)

       ㄴ. -ᄌᆸ- : 듣ᄌᆸ게 ; 마쯉더니(← 맞-), 조쯉고(← 좇-)

       ㄷ. -ᅀᆸ- : 보ᅀᆸ건대, 아ᅀᆸ게(← 알-)

(26) ㄱ. -ᅀᆞᇦ- : 먹ᅀᆞᄫᅵ니, 돕ᅀᆞᄫᅡ, 깃ᅀᆞᄫᅡ(← 깃-) ; 저쏭ᄫᅡ(← 젛-)

       ㄴ. -ᅀᆞᇦ- : 얻ᅀᆞᄫᅡ ; 맞ᅀᆞᄫᅡ(← 맞-), 좇ᅀᆞᄫᅵ니(← 좇-), 좇ᅀᆞᄫᅡ(← 좇-)

       ㄷ. -ᅀᆞᇦ- : ᄀᆞ초ᅀᆞᄫᅡ, 안ᅀᆞᄫᅡ, 삼ᅀᆞᄫᆞ리라, 밍ᄀᆞᅀᆞᄫᅵ니(← 밍글-)

첫째, 객체 높임의 선어말 어미는 그 뒤에 실현되는 어미의 소리에 따라서 형태가 바뀐다. 곧 (25)처럼 자음으로 시작되는 어미 앞에서는 '-숩-/-ᄌᆸ-/-ᅀᆸ-'과 같이 끝소리가 /ㅂ/으로 실현되는 반면에, (26)처럼 모음으로 시작되는 어미 앞에서는 '-ᅀᆞᇦ-/-ᅀᆞᇦ-/-ᅀᆞᇦ-'과 같이 끝소리가 /ㅸ/으로 실현된다.[4)]

둘째, 객체 높임의 선어말 어미는 그 앞에 실현되는 형태소의 소리의 종류에 따라서도 형태가 다르게 실현된다. 곧 /ㄱ, ㅂ, ㅅ, (ㅎ)/ 뒤에서는 (25)와 (26)의 (ㄱ)처럼 '-숩-/-ᄉᆞᆸ-'으로 실현되며, /ㄷ/ 뒤에서는 (ㄴ)에서처럼 '-ᄌᆞᆸ-/-줍-'으로 실현되며, 유성음인 /모음, ㄴ, ㅁ, (ㄹ)/ 뒤에서는 (ㄷ)에서처럼 '-ᅀᆞᆸ-/-ᅀᆞᆸ-'으로 실현된다.5)

나. 객체 높임 표현의 실현 양상

선어말 어미 '-숩-/-ᄌᆞᆸ-/-ᅀᆞᆸ-'으로 실현되는 객체 높임 표현은 목적어나 부사어(상대, 위치, 비교)로 실현되는 대상인 객체를 높여서 대우하는 높임 표현이다.

첫째, 문장에서 목적어나 부사어로 실현된 객체를 직접 높여서 표현할 수 있다.

(27) ㄱ. 벼슬 노폰 臣下ㅣ 님그믈 돕ᄉᆞᄫᅡ   [석상 9:34]
     ㄴ. 婇女ㅣ … 太子ᄅᆞᆯ ᄢᅧ 안ᄉᆞᄫᅡ   [월석 2:43]

(28) ㄱ. 내 아래브터 부텻긔 이런 마를 몯 듣ᄌᆞᄫᅠ며   [석상 13:44]
     ㄴ. 곧 므스미… 如來와 ᄀᆞᆮ줍ᄂᆞ니라   [능언 2:45]

(29) ㄱ. 王子 기르ᅀᆞ온 어미 ᄒᆞ나 아닐씨   [법언 3:97]
     ㄴ. 어미 王子(ᄅᆞᆯ) 기르ᅀᆞᆸ다

(27)에서는 서술어로 쓰이는 '돕다'와 '안다(抱)'에 '-ᄉᆞᆸ-'과 '-ᄉᆞᆸ-'을 실현하여 목적어로 표현된 '님금'과 '太子'를 높여서 표현하였다. 그리고 (28)에서는 부사어로 표현되는 대상을 높여서 표현하였다. 곧 (ㄱ)의 '부텨'는 상대를 나타내는 부사어로, (ㄴ)의 '如來'는 비교를 나타내는 부사어로 쓰였는데, 이들 문장에서 서술어로 쓰인 '듣다'와 'ᄀᆞᆮ다'에 선어말 어미인 '-ᄌᆞᆸ-'을 실현하여 '부텨'와 '如來'를 높여서 표현하였

---

4) 1460년 경부터 /ㅸ/이 소실되어 /오/나 /우/로 바뀜에 따라서, 15세기 말부터는 객체 높임의 선어말 어미 '-ᅀᆞᆸ-/-줍-/-ᅀᆞᆸ-'의 형태도 '-ᄉᆞ오-/-ᄌᆞ오-/-ᅀᆞ오-'로 바뀐다.

5) 어간의 기본 형태를 기준으로 하면 'ㄱ, ㅂ, ㅅ; ㅎ'으로 끝나는 어간 뒤에서는 '-숩-/-ᄉᆞᆸ-'으로 실현되고, 'ㄷ, ㅌ; ㅈ, ㅊ'으로 끝나는 어간 뒤에서는 '-ᄌᆞᆸ-/-줍-'으로 실현된다. 그리고 모음이나 유성 자음의 뒤에서는 '-ᅀᆞᆸ-/-ᅀᆞᆸ-'으로 실현된다.

다. 그리고 (29ㄱ)에서 관형절인 '王子 기르슨온'과 중심어인 '어미'의 통사·의미적인 관계를 고려하면, 이 문장은 (29ㄴ)처럼 '어미 王子(를) 기르다'라는 문장으로 해석할 수 있다. 따라서 (29ㄱ)에서는 관형절의 서술어인 '기르다'에 객체 높임의 선어말 어미인 '-숩-'을 실현하여 관형절에서 목적어로 쓰인 '王子'를 높여서 표현하였다.

둘째, 관형절의 수식을 받는 체언이 관형절의 서술어에 대하여 의미상으로 객체 가 되는 경우에도, 그 체언을 높여서 표현할 수 있다.

(30) ㄱ. 閻浮提ㅅ 內예 밍ㄱᄉᄫᆞᆯ **부텻 像**이 이 둘히   [월석 21:192]
          始作이시니라
      ㄴ. (X이) … 閻浮提ㅅ 內예 **부텻 像**을 밍ㄱᅀᆸ다

(31) ㄱ. (阿脩羅 等이) … 다시 듣즈ᄫᆞᆯ 法 깃ᄉᄫᅵ니라   [월석 18:20]
      ㄴ. (阿脩羅 等이) … 다시 法을 듣ᄌᆸ다

(30)에서 (ㄱ)의 문장을 관형절과 체언의 의미적인 관계를 고려하여 속구조로 되돌 리면 (ㄴ)과 같이 된다. 이때 체언인 '부텻 像'은 속구조에서 목적어로 기능하므로, (30ㄱ)의 '밍ㄱᄉᄫᆞᆯ'처럼 '-ᅀᆞ-'을 실현하여 목적어로 쓰인 '부텻 像'을 높였다. 마찬 가지로 (31)에서 (ㄱ)의 '法'은 (ㄴ)과 같은 속구조에서 '듣다'의 목적어로 기능한다. 이때 관형절의 서술어로 쓰인 '듣즈ᄫᆞᆯ'에서 '-ᄌᆞ-'은 속구조에서 목적어로 쓰인 '法' 을 높였다. 결국 (30)과 (31)의 (ㄱ)에서 관형절의 서술어인 '밍ㄱᄉᄫᆞᆯ'과 듣즈ᄫᆞᆯ'에 쓰인 '-ᅀᆞ-'과 '-ᄌᆞ-'은 중심어로 쓰이는 '부텻 像'과 '法'을 높인 객체 높임의 선어말 어미이다. 이렇게 (30)과 (31)의 '-ᅀᆞ-'과 '-ᄌᆞ-'이 '부텻 像'과 '法'을 높일 수 있는 것은, 이들 중심어가 관형절 속에서 '밍ᄀᆞᆯ다'와 '듣다'에 대하여 객체로 기능하고 있 기 때문이다.

이처럼 15세기 국어에서는 '상대 높임 표현, 주체 높임 표현, 객체 높임 표현' 등이 모두 선어말 어미로써 실현되었음을 알 수 있다. 반면에 현대 국어에서는 상대 높임 표현은 종결 어미로 실현되고, 객체 높임 표현은 어휘적으로만 실현된다는 점에서 중세 국어와 차이가 난다.

3.2.5. 높임 표현의 겹침

'상대 높임 표현, 주체 높임 표현, 객체 높임 표현' 중에서 두 가지 이상의 높임 표현이 겹쳐서 실현될 수도 있는데, 이를 '높임 표현의 겹침'이라고 한다.

첫째, 두 가지의 높임 표현이 겹쳐서 표현될 수 있다.

(32) ㄱ. 그 金像이 世尊 보ᅀᆞᇦ시고   [월석 21:204]
     ㄴ. 諸佛이 … 釋迦牟尼께 묻ᄌᆞᄫᅡ오샤ᄃᆡ   [법언 4:129]

(33) ㄱ. 尊者ㅣ 어엿비 너기샤 엇뎨 救ᄒᆞ시리잇고   [월석 21:54]
     ㄴ. 世尊이 ᄒᆞᄅᆞ 몃 里를 녀시ᄂᆞ니잇고   [석상 6:23]

(34) ㄱ. 尊者ㅣ 王ᄭᅴ 닐오ᄃᆡ 이 龍王이 부텨 보ᅀᆞᄫᅡ
       讚歎ᄒᆞᅀᆞᇦ니이다   [월석 25:101]
     ㄴ. 樹神이 닐오ᄃᆡ 이제 太子 爲ᄒᆞ야 오ᄉᆞᆯ 여러   [월석 25:36]
       (太子ᄭᅴ) 福田相ᄋᆞᆯ 뵈ᅀᆞ노이다

(32)에서는 객체 높임법 표현 주체 높임 표현이 겹쳐서 실현되었다. 곧 (ㄱ)의 '보ᅀᆞᇦ시고'에서는 '-ᅀᆞᇦ-'과 '-ᄋᆞ시-'를 실현하여 각각 객체인 '世尊'과 주체인 '金像'을 높였으며, (ㄴ)의 '묻ᄌᆞᄫᅡ오샤ᄃᆡ'에서는 '-ᄌᆞᄫᅩ-'와 '-시-'를 실현하여 객체인 '釋迦牟尼'와 주체인 '諸佛'을 높였다. (33)에서는 주체 높임 표현과 상대 높임 표현이 겹쳐서 실현되었다. 곧 (ㄱ)의 '救ᄒᆞ시리잇고'에서는 '-시-'와 '-잇-'을 실현하여 주체인 '尊者'와 청자를 높였으며, (ㄴ)의 '녀시ᄂᆞ니잇고'에서도 '-시-'와 '-잇-'을 실현하여서 주체인 '世尊'과 청자를 높였다. (34)에서는 객체 높임 표현과 상대 높임 표현이 겹쳐서 실현되었다. 곧 (ㄱ)의 '讚歎ᄒᆞᅀᆞᇦ니이다'에서는 '-ᅀᆞᇦ-'과 '-이-'를 실현하여 목적어로 표현된 객체인 '부텨'와 청자인 '王'을 높였다. 그리고 (ㄴ)의 문장에서는 부사어로 표현된 객체와 말을 청자가 동일 인물인 '太子'인데, 서술어로 쓰인 '뵈ᅀᆞ노이다'에 '-ᅀᆞᇦ-'과 '-이-'를 실현하여 객체인 '太子'와 청자를 높여서 표현하였다.

둘째, 객체 높임 표현, 주체 높임 표현, 상대 높임 표현이 하나의 서술어로 실현될 수 있다.

(35) ㄱ. 大愛道ㅣ 善ᄒᆞᆫ ᄠᅳ디 하시며 부톄 처ᅀᅥᆷ 나거시ᄂᆞᆯ [월석 10:19]
손소 기르ᅀᆞᄫᆞ시니ᅌᅵ다

ㄴ. 須達이 精舍 다 짓고 王ᄭᅴ 가 ᄉᆞᆯᄫᅩᄃᆡ … 王이 부텨를 [석상 6:38]
請ᄒᆞᅀᆞᄫᆞ쇼셔

(ㄱ)의 '기르ᅀᆞᄫᆞ시니이다'에서는 '-ᅀᆞᆸ-'과 '-ᄋᆞ시-'와 '-이-'을 통하여 각각 객체인 '부텨'와 주체인 '大愛道'와 청자를 높여서 표현하였다. 그리고 (ㄴ)의 명령문에서 문장의 주체와 청자는 동일한 인물인 '王'이며 객체는 '부텨'이다. 이 문장에 서술어로 쓰인 '請ᄒᆞᅀᆞᄫᆞ쇼셔'에는 객체 높임의 선어말 어미인 '-ᅀᆞᆸ-'과 명령형 어미인 '-ᄋᆞ쇼셔'가 실현되었다. 여기서 '-ᅀᆞᆸ-'을 실현하여 객체인 '부텨'를 높였으며, 명령형 어미 '-ᄋᆞ쇼셔'를 실현하여서 문장의 주체이면서 동시에 말을 듣는 사람인 '王'을 높였다.

3.2.6. 어휘·조사·접사를 통한 높임 표현

15세기 국어의 높임 표현은 주로 '-으시-, -ᅀᆞᆸ-, -이-'와 같은 선어말 어미나, '-으쇼셔, -사이다'와 같은 높임의 뜻을 나타내는 종결 어미로써 실현된다. 그런데 어떤 경우에는 개별 어휘, 조사, 파생 접사로써도 높임 표현이 실현되기도 한다.

가. 어휘를 통한 높임 표현

'어휘를 통한 높임 표현'은 높임의 뜻이 있는 개별 어휘를 통하여 다른 사람을 높이는 표현이다. 어휘를 통한 높임 표현에는 '체언을 통한 높임 표현'과 '용언을 통한 높임 표현'이 있다.

〈체언을 통한 높임 표현〉 '체언을 통한 높임 표현'은 높임의 뜻이 있는 체언으로써 주체나 객체를 높여서 대우하는 표현이다. 곧, 높임의 뜻이 나타나는 체언으로 주체나 객체를 직접적으로 높일 수도 있고, 높여야 할 사람과 관계있는 다른 대상을 높임으로써 주체나 객체를 간접적으로 높일 수도 있다.

첫째, '진지, 뫼, 분, 마ᄍᆞᄫᅵ' 등은 높임의 뜻이 있는 명사이다.

(36) ㄱ. 王이 즁님내씌 우브터 아래 니르리 손소 <u>진지</u> ᄒ야 [석상 24:49]

ㄴ. 내…산 것 주겨 眷屬 <u>뫼</u> 홀씨 이 다ᄉ로 殃을 犯ᄒ야 [월석 12:125]

ㄷ. 셔ᄫᅳᆯ 賊臣이 잇고 ᄒᆞᆫ <u>부니</u> 天命이실씨 쎠딘 ᄆᆞᄅᆞᆯ [용가 37장]
　　하ᄂᆞ리 내시니

ㄹ. 濟世英主ㅣ 실씨 <u>마쯔비</u>예 ᄆᆞᅀᆞᄆᆞᆯ 놀라니 [용가 95장]

(ㄱ)의 '진지'와 (ㄴ)의 '뫼'는 '밥'에 대한 높임말이다.6) 화자는 '밥'을 높여서 표현함으로써 '즁님내'와 '眷屬'을 간접적으로 높여서 표현하였다. (ㄷ)의 '분'은 의존 명사로서 주체로 표현된 인물인 '이'에 대한 높임말로 쓰였으며, (ㄹ)의 '마쯔비'는 '마지(迎)'를 높여서 표현하였는데, 이를 통하여 주인공인 '唐 太宗'을 간접적으로 높였다.

둘째, 2인칭의 대명사인 '그듸/그듸/그디'나 재귀칭의 인칭 대명사인 '즈갸'에는 높임의 뜻이 있다.

(37) ㄱ. <u>그듸</u> 엇던 사ᄅᆞ민다 [월석 10:29]

ㄴ. 故人은 <u>그디</u>를 알어늘 <u>그디</u>는 故人을 아디 몯ᄒᆞᆫ [내훈 3:58]
　　엇데오

(38) ㄱ. 淨班王이 깃그샤 부텻 소ᄂᆞᆯ 손소 자ᄇᆞ샤 <u>즈걋</u> [월석 10:9]
　　가ᄉᆞ매 다히시고

ㄴ. 世尊이 <u>즈개</u> 呪를 니ᄅᆞ디 아니ᄒᆞ시고 [능언 1:39]

(37)의 '그듸/그디' 등은 2인칭 대명사인 '너'에 대한 높임말로서, 문장의 주어나 목적어로 실현되어서 말을 청자(= 상대)를 높였다. 그리고 (38)에서 '즈갸'는 재귀 대명사인 '저'에 대한 높임말인데, 각각 문장에서 주어로 쓰인 '淨班王'과 '世尊'을 대용한다.

〈 **용언을 통한 높임 표현** 〉 '용언을 통한 높임 표현'은 높임의 뜻이 있는 용언을 실현하여 주체나 객체를 높이는 표현이다.

---

6) 『소학언해』는 16세기 후반인 선조 19년(1586)에 간행된 문헌이지만, 『소학언해』에 실린 '진지'와 '뫼'의 예를 다음과 같이 인용해 둔다.

(보기) ㄱ. <u>진지</u> 오를 제 반ᄃᆞ시 시그며 더운 졀ᄎᆞᆯ 슬펴보시며 [소언 4:11]

ㄴ. 武王이…文王이 ᄒᆞᆫ 번 <u>뫼</u> 자셔든 또 ᄒᆞᆫ 번 <u>뫼</u> 자시며 [소언 4:12]

첫째, '겨시다, 좌ᄒ다/좌시다'는 주체를 높여서 표현한다.[7)]

(39) ㄱ. 처엄 道場애 안ᄌ시니 부톄라 혼 일후미 <u>겨시고</u>　　[석상 13:59]

　　 ㄴ. 文王이 ᄒ 번 반 <u>좌ᄒ야시ᄃ</u> 또 ᄒ 번 <u>좌시며</u>　　[내훈 1:41]

(ㄱ)의 '겨시다'는 '이시다(在)'에 대한 높임말인데, 주체인 '일훔'을 높임으로써 '부 텨'를 간접적으로 높였다. 그리고 (ㄴ)의 '좌ᄒ다/좌시다'는 '먹다'에 대한 높임말로 서 주체인 '文王'을 높였다.

　둘째, '모시다, 뫼ᅀᆸ다, 뵈다'는 목적어로 실현된 객체를 높여서 표현한다.

(40) ㄱ. 婇女ㅣ…太子ᄅᆯ ᄲ려 안ᅀᄫᅡ 夫人ᄭ긔 <u>모셔</u> 오니　　[월석 2:43]

　　 ㄴ. 네 岭峒애 님그믈 <u>뫼ᅀᆞ와</u> ᄃᆞ니던 나리여　　[두언 3:1]

　　 ㄷ. 諸天 人衆이…다 이에 와 無上尊을 <u>뵈라</u>　　[법언 3:39]

(40)에서는 높임의 뜻이 있는 용언을 통하여 목적어나 부사어로 쓰인 객체를 높였다. 곧 (ㄱ)의 '모시다'와 (ㄴ)의 '뫼ᅀᆸ다'는 'ᄃ리다(同伴)'에 대한 높임말로서 각각 '太子' 와 '님금'을 높였으며, (ㄷ)의 '뵈다'는 '보다'의 높임말로서 '無上尊'을 높였다.

　셋째, '솗다, 엳ᄌᆸ다, 드리다, 저ᅀᆸ다'는 부사어로 실현된 객체를 높여서 표현한다.

(41) ㄱ. 이틄나래 (摩耶夫人이) 王ᄭ긔 그 ᄭᅮ믈 <u>솗ᄫᆞ시ᄂᆯ</u>　　[월석 2:23]

　　 ㄴ. 須達이 깃거 波事匿王ᄭ긔 가아 믈ᄆᆡ <u>엳ᄌᆸ고</u> 쳔량

　　　 만히 시러　　[석상 6:15]

　　 ㄷ. 우리 父母ㅣ (나ᄅᆯ) 太子ᄭ긔 <u>드리ᅀᆞᄫᅵ시니</u>　　[석상 6:7]

　　 ㄹ. 그 ᄢᅴ 目連이 부텻긔 <u>저ᅀᆸ고</u> 즉재 須彌山 우희 가니　　[월석 25:106]

(41)에서는 높임의 뜻이 있는 용언을 통하여 부사어로 쓰인 객체를 높였다. 곧 (ㄱ)의 '솗다(奏)'는 '이르다(曰)'에 대한 높임말로서 '王'을, (ㄴ)의 '엳ᄌᆸ다'는 '말하다(알리다,

---

7) 16세기 국어에는 '먹다'의 높임말로서 이 책 353쪽에 있는 각주 6)의 (보기 ㄴ)처럼 '자시다'도 쓰였다.

曰, 告)'의 높임말로서8) '波事匿王'을 높였다. 그리고 (ㄷ)의 '드리다'는 '주다(授)'에 대한 높임말로서 '太子'를 높였으며, (ㄹ)의 '저숩다'는 '절ᄒ다(拜)'에 대한 높임말로서 '부텨'를 높였다.9)

나. 조사와 파생 접사를 통한 높임 표현

체언이나 용언과 같은 실질 형태소뿐만 아니라, 조사나 파생 접사와 같은 형식 형태소를 통해서도 높임 표현을 실현할 수 있다.

〈조사를 통한 높임 표현〉 관형격 조사인 '-ㅅ', 부사격 조사 '-끠', 호격 조사인 '-하/-이여' 등으로써 높임 표현을 실현할 수 있다.

(42) ㄱ. **阿育王ㅅ** 功德 그지 업수미 이러ᄒ더라 [석상 24:48]

ㄴ. **龍王이 … 世尊끠** 請ᄒᅀᆞᄫᅵ [월석 7:48]

ㄷ. **六師**ᅵ 弟子들토 다 **舍利佛끠** 와 出家ᄒ니라 [석상 6:35]

(43) ㄱ. **父母하** 出家ᄒᆫ 利益을 이제 ᄒ마 得ᄒ과이다 [석상 11:37]

ㄴ. 우는 **聖女ᅵ여** 슬허 말라 [월석 23:82]

---

8) (41ㄴ)에서 '엳ᄌᆞᆸ다'는 '엳다(말하다, 알리다, 告)'의 어근인 '엳-'에 객체 높임의 선어말 어미인 '-ᄌᆞᆸ-'이 붙어서 된 파생 동사로 처리하였다. 그런데 15세기 국어에는 나타나지 않지만, 16세기 국어에는 '엳-'이 그 뒤에 '-ᄌᆞᆸ-'이 붙지 않고 단독으로 쓰인 예가 매우 드물게 나타난다.(보기 : 啓 엳ᄐᆞᆯ 계 [훈몽자회 상:18], 사ᄅᆞᆷ으로 ᄒ여곰 그 엳ᄐᆞᆯ을 피타 ᄒ시니 [소학언해 6:38]) 이러한 예를 감안하면 (41ㄴ)의 '엳ᄌᆞᆸ다'가 완전히 어휘화된 파생어가 아니라, 동사의 어간인 '엳-'에 객체 높임의 선어말 어미인 '-ᄌᆞᆸ-'이 붙어서 활용한 형태로도 볼 수 있다.(허 웅 1975:701) 그러나 '엳-'이 단독으로 쓰인 예가 매우 드물다는 사실을 감안하면, '엳ᄌᆞᆸ다'는 객체 높임의 뜻을 나타내는 어휘(= 파생어)로 굳은 것으로 보는 것이 바람직하다.

9) 다음의 (보기)에 쓰인 '저숩거나'와 '合掌ᄒ숩거나'는 형식상 목적어인 '그륨 像'을 높인 것처럼 보인다.(보기 : ᄒᆞᆫ 낫 고즈로 그륨 像ᄋᆞᆯ 供養ᄒ숩거나 저숩거나 合掌ᄒ숩거나 [석상 13:53]) 그러나 이 문장에서 서술어로 쓰인 '저숩거나'와 '合掌ᄒ숩거나'는 주어와 더불어서 상대를 나타내는 부사어를 필수적으로 요구하는 '두 자리 서술어'이다. 이러한 점을 감안하면 (보기) 에 쓰인 '저숩거나'의 앞에는 부사어인 '像쎄'가 생략되었다고 보아야 한다. 따라서 (보기)의 문장에 쓰인 '저숩거나'는 부사어로 쓰인 대상(객체)을 높인 것으로 처리한다. (보기)의 문장 에 표현된 '像ᄋᆞᆯ'의 '-ᄋᆞᆯ'은 목적어를 나타내는 기능을 하는 것이 아니라, 목적격 조사가 보조 사적 용법으로 쓰인 것으로 처리한다.

(42)의 (ㄱ)에서 관형격 조사인 '-ㅅ'은 유정 명사인 '阿育王'에 실현되어서 그 체언이 높임의 대상임을 표현하였다. 그리고 (ㄴ)과 (ㄷ)에서 부사격 조사인 '-끠'는 '-두려'나 '-의 게'에 대한 높임말로서 각각 객체인 '世尊'과 '舍利佛'을 높였다.10) (43)의 (ㄱ)과 (ㄴ)에서 호격 조사인 '-하'와 '-ㅣ여'는 '-아'와 '-야'에 대한 높임말로서, 청자인 '父母'를 아주 높이거나 '聖女'를 예사로 높여서 표현하였다.

〈 **파생 접사를 통한 높임 표현** 〉 파생 접미사인 '-님'과 '-내'로써 높임 표현을 실현할 수 있다.

(44) ㄱ. 아바닚긔와 아ᄌᆞ마닚긔와 아자바님내끠 다   [석상 6:1]
　　　 安否ᄒᆞᅀᆞᆸ고
　　ㄴ. 내 ᄠᅳ디 … 그듸냇 말 ᄀᆞ디 아니ᄒᆞ니   [석상 11:19]

(ㄱ)의 '아바님, 아ᄌᆞ마님'에서는 '아비, 아ᄌᆞ미'에 높임의 뜻을 나타내는 파생 접미사 '-님'을 붙여서 객체를 높였다. 그리고 '아자바님내'에서는 '아자비'에 '-님'을 실현하여 '아자바님'을 형성한 뒤에, 또다시 복수(複數)와 높임의 뜻이 있는 파생 접미사 '-내'를 붙여서 객체인 '아자바님'을 높였다.11) 그리고 (ㄴ)의 '그듸내'에서는 높임의 뜻이 있는 대명사 '그듸'에 파생 접미사 '-내'를 붙여서 객체를 높였다.

---

10) '-끠'는 관형격 조사인 '-ㅅ'에 위치를 나타내는 의존 명사인 '긔'가 결합되어서 파생된 부사격 조사이다. 그런데 부사격 조사인 '-끠'는 반드시 높임의 대상인 유정 명사 뒤에 붙게 되는데, 이는 관형격 조사인 '-ㅅ'이 유정 명사 뒤에 실현될 때에는 그 유정 명사는 일반적으로 높임의 대상이라는 특징이 있기 때문이다. 관형격 조사 '-ㅅ'의 높임 기능에 대하여는 이 책 145쪽의 내용과 149쪽에 제시된 각주의 내용을 참조할 것.

11) 체언인 '아비(父), 아ᄌᆞ미(叔母), 아자비(叔父)'에 높임의 뜻을 나타내는 파생 접미사 '-님'이 붙으면 각각 '아바님, 아ᄌᆞ마님, 아자바님'의 형태로 실현된다. 여기서 '아바, 아ᄌᆞ마, 아자바' 등은 '아비, 아ᄌᆞ미, 아자비'에 접미사 '-님'이 붙을 때 실현되는 형태론적 변이 형태이다.

【 더 배우기 】

1. 'ᄒᆞ야쎠체'의 설정

안병희·이광호(1993:226)와 고영근(2010:150, 323)에서는 청자를 예사로 높여서 표현하는 등분으로서 'ᄒᆞ야쎠체'를 설정했다. ᄒᆞ야쎠체는 주로 상위자가 하위자를 대접하여 예사로 높이거나, 대등한 관계에 있는 사람들끼리 서로를 예우하여 예사로 높일 때에 쓴다. ᄒᆞ야쎠체는 문장의 종결 방식에 따라서 다음과 같이 다양한 형태로 실현된다.

첫째, 평서문에서는 선어말 어미인 '-ㅇ-'을 실현하여 '-ㅇ다'로 표현된다.

(1) ㄱ. 后ㅣ 묻ᄌᆞ와 니르샤ᄃᆡ 大學生이 언매나 ᄒᆞ니잇고   [내훈 2 하:61]
　　　 帝 니르샤ᄃᆡ 數千이ᇰ다
　　ㄴ. 阿育王이 닐오ᄃᆡ 내 그런 ᄠᅳ들 몰라 ᄒᆞ댕다 ᄒᆞ야늘   [석상 24:31]
　　ㄷ. 三世옛 이를 아ᄅᆞ실씨 부톄시다 ᄒᆞᄂᆞ닝다   [석상 6:18]

'-ㅇ다'는 예사 높임의 등분으로서, 아주 높임의 등분인 '-니이다'보다는 높임의 정도가 약한 평서형의 종결 어미이다. (1)에서 (ㄱ)은 '帝(황제)'와 '后(후)'가 대화하는 장면에서 쓰인 문장인데, 이때 '帝'는 상위자이고 '后'는 하위자이다. 여기서 '后'는 자기보다 상위자인 '帝'를 "ᄒᆞ니잇고"라고 하여 아주 높임의 등분인 ᄒᆞ쇼셔체로 질문을 하였다. 반면에 '帝'는 자기보다 하위자인 '后'에게 "數千이ᇰ다"라고 하여 ᄒᆞ야쎠체로 대답함으로써 '后'를 예사로 높였다. (ㄴ)은 상위자인 '阿育王(아육왕)'이 하위자인 '難頭禾龍王(난두화용왕)'에게 발화한 문장이다. 여기서 '阿育王'은 자기보다 하위자인 '難頭禾龍王'에게 "몰라ᄒᆞ댕다"라고 하여서, 평서형의 ᄒᆞ야쎠체로 발화하였다. (ㄷ)은 '須達(수달)'이 '護彌(호미)'에게 발화한 문장인데, 이 문장에서 '須達'은 자신과 대등한 관계에 있는 '護彌'를 예사로 높여서 ᄒᆞ야쎠체로 "ᄒᆞᄂᆞ닝다"라고 표현하였다.

둘째, 의문문에서는 선어말 어미인 '-ㅅ-'을 실현하여 '-닛가'로 표현된다.

(2) ㄱ. 婆羅門이 … 그 ᄯᆞᆯᄃᆞ려 무로ᄃᆡ 그ᄃᆡᆺ 아바니미   [석상 6:14]
       잇ᄂᆞ닛가

    ㄴ. 對答호ᄃᆡ 잇ᄂᆞ니이다   [석상 6:14]

(3) ㄱ. (須達이) 다시 무로ᄃᆡ 엇뎨 부톄라 ᄒᆞᄂᆞ닛가   [석상 6:16]

    ㄴ. (護彌) 對答호ᄃᆡ … 三世옛 이ᄅᆞᆯ 아ᄅᆞ실ᄊᆡ 부톄시다   [석상 6:18]
       ᄒᆞᄂᆞ닛다

'-닛가'는 예사 높임의 등분으로서, 아주 높임의 등분인 '-니잇가'보다는 높임의
정도가 약하게 쓰이는 의문형의 종결 어미이다. (2)에서 화자는 '婆羅門(바라문)'이
고 청자는 '護彌(호미)의 ᄯᆞᆯ'인데, 이때 '婆羅門'은 상위자이고 '護彌의 ᄯᆞᆯ'은 하위자
이다. 먼저 (ㄱ)에서 '婆羅門'이 '護彌의 ᄯᆞᆯ'에게 "잇ᄂᆞ닛가"라고 하여 ᄒᆞ야쎠체로
물었다. 이에 대하여 (ㄴ)에서 '護彌의 ᄯᆞᆯ'은 '婆羅門'에게 "잇ᄂᆞ니이다"라고 하여
ᄒᆞ쇼셔체로 대답하였다. 그리고 (3)에서 화자는 '須達'이고 청자는 '護彌'인데, 이
두 사람은 서로 대등한 관계에 있다. 먼저 (ㄱ)에서는 '須達'이 '護彌'에게 ᄒᆞ야쎠체
로 "ᄒᆞᄂᆞ닛가"라고 하여 예사로 높여서 물었고, '護彌'도 '須達'에게 ᄒᆞ야쎠체로
"ᄒᆞᄂᆞ닛다"라고 하여 예사로 높여서 대답하였다.

  셋째, 명령문에서는 종결 어미인 '-아쎠/-어쎠'를 실현하여 'ᄒᆞ야쎠체'를 표현
한다.

(4) ㄱ. 婆羅門이 닐오ᄃᆡ 내 보아져 ᄒᆞᄂᆞ다 ᄉᆞᆲ바쎠   [석상 6:14]

    ㄴ. 須達이 다시 무로ᄃᆡ 엇뎨 부톄라 ᄒᆞᄂᆞ닛가   [석상 6:16-7]
       그 ᄠᅳ들 닐어쎠

'-아쎠/-어쎠'는 예사 높임의 등분으로서, '-으쇼셔'보다는 높임의 정도가 약하게
쓰이는 명령형의 종결 어미이다. (4ㄱ)에서 화자는 상위자인 '婆羅門'이고 청자는
하위자인 '護彌의 ᄯᆞᆯ'이다. 이러한 장면에서 상위자인 '婆羅門'은 '護彌의 ᄯᆞᆯ'에게
"ᄉᆞᆲ바쎠"라고 하여 ᄒᆞ야쎠체로 명령하였다. (4ㄴ)에서는 화자가 '須達'이고 청자는
'護彌'인데, 이 둘은 서로 대등한 관계이다. 따라서 '須達'이 '護彌'에게 ᄒᆞ야쎠체로
"닐어쎠"라고 하여 예사로 높여서 명령하였다.

  허웅(1975:661)이나 성기철(1979), 『고등학교 문법』(2010:300)에서는 상대 높임의

등분으로 ㅎ야쎠체를 설정하지는 않았지만, 이들 선어말 어미를 예사 높임의 등분으로 처리하는 것은 마찬가지이다. 곧, 허웅(1975:661)에서는 '-닝다, -닛가' 등에서 '-ㅇ-'과 '-ㅅ-'은 아주 높임의 선어말 어미인 '-이-'와 '-잇-'에서 /ㅣ/가 탈락한 형태인데, 이들 어미는 '-이-'와 '-잇-'보다 약간 낮추는 데에 쓰였던 듯하다고 기술하고 있다.

높임 등분 ＼ 활용형	평서형	의문형	명령형
아주 높임(ㅎ쇼셔체)	ㅎ니이다	ㅎ니잇가	ㅎ쇼셔
예사 높임(ㅎ야쎠체)	ㅎ닝다	ㅎ닛가	ㅎ야쎠

['ㅎ쇼셔체'와 'ㅎ야쎠체'의 실현 양상]

2. 반말과 '-이다', '-잇가'의 생략

『고등학교 문법』(2010:300)에서는 '-으니'와 '-으리'로 끝나는 표현을 높임과 낮춤의 중간 등급인 '반말'로 다루고 있다. 반면에 허웅(1975:662)과 나버리(2020)에서는 『용비어천가』와 『월인천강지곡』 등의 운문 문장에서 '-으니'와 '-으리'로 끝나는 표현을 '-이다'와 '-잇가/-잇고' 등의 어미가 생략된 것으로 처리하였다.

(5) ㄱ. 赤心으로 처섬 보샤 遊終내 赤心이시니 뉘 아니   [용가 78장]
　　　 스랑ᄒᅀᆞᄫᆞ리
　　ㄴ. 始終이 ᄀᆞᄐᆞ실씨 功臣이 忠心이니 傳祚萬歲예   [용가 79장]
　　　 功이 그츠리잇가

(6) ㄱ. 子息 업스실씨 몸앳 필 뫼화 그르세 담아 남녀를   [월천 기4]
　　　 내ᅀᆞᄫᆞ니
　　ㄴ. 어엿브신 命終에 甘蔗氏 니ᅀᆞ샤ᄆᆞᆯ 大瞿曇이 일우니이다 [월천 기5]

고영근(2010:326)에서는 『용비어천가』가 백성 전체를 청자로 한 책이기 때문에, 높낮이를 분명히 하기 어려워서 (5ㄱ)과 (6ㄱ)처럼 반말의 종결 어미 '-니, -리'를 쓴 것으로 설명하고 있다. 반면에 허웅(1975:662)에서는 (5ㄱ)과 (6ㄴ)의 표현을 각각 상대 높임의 기능이 있는 '-잇고'와 '-이다' 등의 어미가 생략된 것으로 본다.

곧 이들 표현은 『용비어천가』와 『월인천강지곡』 등의 운문에 쓰였는데, 『용비어천가』는 신하가 임금에게 올린 글이요, 『월인천강지곡』은 세종이 돌아가신 왕후에게 올린 글이다. 그러므로 이들 문헌에 쓰인 문장에는 청자를 높이는 문체를 써야 할 것이다. 그런데 '-이다', '-잇가/-잇고'를 장(章)마다 붙여서는 노래가 너무 단조롭기 때문에, 대부분 '-이다', '-잇가/-잇고'를 생략하고, 가끔 '-이다', '-잇가/-잇고'를 두어서 노래 전체의 단조로움을 완화시키는 것으로 보았다.

3. 간접 높임 표현

문장에서 주체나 객체로 표현되는 인물이 화자보다 상위자일 때에는, 이들을 직접적으로 높여서 표현하는 것이 일반적이다. 그런데 어떤 인물을 직접적으로 높여서 표현하지 않고, 그 인물과 밀접한 관계에 있는 대상[1]을 높임으로써 실제로 높여야 할 인물을 간접적으로 높여서 표현하는 경우가 있다. 이러한 높임 표현을 '간접(間接) 높임 표현'[2]이라고 하는데, 15세기 국어의 간접 높임 표현은 주체 높임 표현과 객체 높임 표현에서 실현된다.

첫째, 주체 높임 표현이 간접 높임의 방법으로 실현될 수 있다.

(7) ㄱ. 般若 기픈 ᄠᅳ디 이룰 니ᄅᆞ신뎌　　　　　　　　[반야심경언해 8]
　　 ㄴ. 스승닚 어마니미 … 일후믄 므스기신고　　　　　　[월석 23:82]
　　 ㄷ. 크실셔 君王ㅅ 德이여　　　　　　　　　　　　　[내훈 2 상:30]

(ㄱ)의 'ᄠᅳᆮ', (ㄴ)의 '일훔', (ㄷ)의 '德'은 주어로 쓰였는데[3], 이들은 모두 무정물을 나타내는 체언이므로 원칙적으로 높임의 대상이 되지 않는다. 하지만 화자는 이들 무정물을 높여서 주체 높임의 선어말 어미인 '-으시-'를 실현함으로써, 실제로 높여서 표현해야 할 대상인 '般若, 스승닚 어마님, 君王'을 간접적으로 높였다.

둘째, 객체 높임 표현도 간접 높임의 방법으로 실현될 수 있다.

---

1) 이때의 대상은 실제로 높여야 할 인물의 신체의 일부분, 소유물, 병, 생각, 말, 사상 등이다.
2) '간접 높임 표현'에 대한 자세한 내용은 나찬연(2017:402) 참조.
3) (7ㄷ)에서 '德이여'의 '德'은 호격 조사와 결합하여 독립어로 쓰였다. 그러나 서술어인 '크실셔'에 대하여는 '德' 의미상으로 주어로 쓰였으므로, (ㄷ)은 본디 '君王ㅅ 德이여, (그) 크실셔.'의 문장이 변형된 형태로 보아야 한다.

(8) ㄱ. 世尊이 … 未來世 衆生이 부텻 **마를** 머리로 받줍게 ᄒ쇼셔 [월석 21:84]

ㄴ. 阿闍世王이 부텻 터리를 주실씨 이 **塔**을 이르ᅀᆞᄫᅳ니 [석상 24:31]

(ㄱ)에서 서술어인 '받줍게'에서 '-줍-'은 목적어로 쓰인 '말'을 높여서 표현하였다. 여기서 '말'은 무생물로서 직접적인 높임의 대상이 아니므로 원칙적으로는 높일 수가 없다. 하지만 이때의 '말'은 높임의 대상이 되는 '부텨'의 말이므로, '받다'에 실현된 객체 높임의 선어말 어미 '-줍-'을 통하여 '부텨'를 간접적으로 높였다. 그리고 (ㄴ)에서 '塔'도 무생물이므로 높임의 대상이 아니다. 하지만 화자는 '이르다'에 실현된 '-ᅀᆞ-'을 통하여 '塔'을 높여서 표현함으로써, 탑을 이루는 재료(부텻 터리)를 제공한 '부텨'를 간접적으로 높였다.

3. 형용사와 '-이다'에 실현되는 객체 높임의 선어말 어미

객체 높임법은 원칙적으로 서술어로 표현된 행위의 대상인 목적어나 상대방인 부사어를 높일 때에 적용되는 높임법이므로, 객체 높임의 선어말 어미는 동사에 실현되는 것이 일반적이다.

그러나 객체 높임의 선어말 어미가 형용사나 '이다'에 실현되어서 상태나 지정(指定)의 '대상'을 높이는 특수한 경우가 있다.

(9) ㄱ. 大慈悲 世尊ㅅ긔 버릇업ᅀᆞ던 일을 魔王이 뉘으츠니이다 [월천 기75]

ㄴ. 뫼 만 흔 恩이 므거우시고 터럭 만 흔 히믄 젹ᄉᆞ오니 [상원사권선문]

(10) ㄱ. 七寶 바리예 供養을 담ᅀᆞ샤미 四天王이 請이ᅀᆞᄫᅵ니 [월천 기87]

ㄴ. 羅睺羅ᄂᆞᆫ 이 부텻 아ᄃᆞ리ᅀᆞ오니 [법언 4:48]

(9)에서 (ㄱ)의 '버릇업ᅀᆞ던'은 형용사인 '버릇없다'에 '-ᅀᆞ-'이 실현되어서, '버릇없는 상태'의 대상인 '世尊'을 높였다. (ㄴ)의 '젹ᄉᆞ오니'는 형용사인 '젹다'에 '-ᄉᆞ오-'가 실현되어서, '작은 상태'의 비교 대상인 '(임금님의) 恩'을 높였다. (10)에서 (ㄱ)의 '請이ᅀᆞᄫᅵ니'는 서술격 조사인 '-이다'에 '-ᅀᆞᆯ-'이 실현되어서 '-이다'가 지정(指定)하는 대상인 '四天王이 請'을 높였다. (ㄴ)의 '부텻 아ᄃᆞ리ᅀᆞ오니'는 '-이다'에 '-ᅀᆞ오-'가 실현되어서, '-이다'가 지정하는 대상인 '부처의 아들(직접 높임)'을 높임으로써 '부처(간접 높임)'를 간접적으로 높였다.

3.3. 시간 표현

3.3.1. 시제의 개념

〈 시제와 시간 표현 〉 '시제(時制, 때매김, tense)'는 발화시(發話時, utterance time)를 중심으로 어떠한 일이 일어난 시간을 문법적인 형태로 표현하는 문법 범주이다. 그리고 이러한 시제가 언어적으로 실현된 문장을 '시간 표현(時間表現)'이라고 한다.[1]

(1) ㄱ. 네 아비 ᄒᆞ마 주그니라   [월석 17:21]
    ㄴ. 네 이제 ᄯᅩ 묻ᄂᆞ다   [월석 23:97]
    ㄷ. 아ᄃᆞᆯᄯᆞᆯ 求ᄒᆞ면 아ᄃᆞᆯᄯᆞᆯ 得ᄒᆞ리라   [석상 9:23]

(ㄱ)에서 '네 아비 죽다'의 사건은 발화시(=현재) 이전에 일어난 일이므로 이 문장의 시제는 '과거'이다. (ㄴ)에서 '네 ᄯᅩ 묻다'의 사건은 발화시에 일어나고 있는 일이므로 이 문장의 시제는 '현재'이다. (ㄷ)에서 '아ᄃᆞᆯᄯᆞᆯ 得ᄒᆞ다'의 사건은 발화시 이후에 일어날 일이므로 이 문장의 시제는 '미래'이다. (1)의 문장에 나타난 사건시와 발화시의 관계를 그림으로 보이면 다음과 같다.

(2) ㄱ. 과거 : 사건시 〉 발화시[2]

```
      사건시          발화시
      ┈┈┈┈┈┈┈┈┈┈┈┈┈┈┈┈┈┈┈┈┈┈┈→
       죽다          현재
```

    ㄴ. 현재 : 사건시 = 발화시

```
              사건시 = 발화시
      ┈┈┈┈┈┈┈┈┈┈┈┈┈┈┈┈┈┈┈┈┈┈┈→
              묻다 = 현재
```

---

1) 화자가 문장을 발화한 시간을 '발화시(發話時, utterance time)'라고 하는데, 발화시는 항상 현재이다. 그리고 문장으로 표현된 사건이 일어난 시간을 '사건시(事件時, event time)'라고 한다.
2) '사건시 〉 발화시'는 사건시가 발화시에 선행함을 뜻한다.

ㄷ. 미래 : 발화시 > 사건시

(1)에서 (ㄱ)의 '주그니라'에서 '죽다'의 사건시가 발화시보다 앞서므로 (ㄱ)의 시제는 과거이며, '죽다'에 무형의 선어말 어미인 '-∅-'가 과거 시제의 선어말 어미로 실현되었다. (ㄴ)의 '묻ㄴ다'에서 '묻다'의 사건시가 발화시와 일치하므로 (ㄴ)의 시제는 현재이며, '묻다'에 현재 시제의 선어말 어미인 '-ㄴ-'가 실현되었다. (ㄷ)의 '得ㅎ리라'에서 '得ㅎ다'의 사건시가 발화시보다 뒤설 것으로 예상되므로 (ㄷ)의 시제는 미래이며, '得ㅎ다'에 미래 시제의 선어말 어미인 '-리-'가 실현되었다. 15세기 국어의 시제는 이처럼 '과거 시제, 현재 시제, 미래 시제'로 구분된다.(『고등학교 문법』 2010:301)

3.3.2. 과거 시제 표현

'과거 시제(過去時制, 지난적 때매김, past tense)'는 사건시가 발화시에 앞서 있는 시제이다. 과거 시제는 서술어로 쓰이는 용언에 과거 시제를 나타내는 '무형의 형태소'로 표현되거나, 회상(回想)의 선어말 어미인 '-더-'를 실현하여서 표현된다.

가. 무형의 형태소로 실현되는 과거 시제 표현

문장의 서술어가 동사일 때에 과거 시제는 특정한 형태를 실현하지 않고 '무형의 형태소(zero morpheme)'로 표현된다.(고영근 2010:272)

첫째, 동사의 종결형에서 무형의 형태소로 실현되는 과거 시제 표현은 다음과 같다.

(3) ㄱ. 네 아비 ㅎ마 주<u>그</u>니라   [월석 17:21]

　　ㄴ. 아들들히 아비 <u>죽다</u> 듣고   [월석 17:21]

　　ㄷ. 주거미 닐오ᄃᆡ 내 ㅎ마 <u>命終호라</u>   [월석 9:36]

　　ㄹ. 世間애 샹녜 이셔 내 正法을 護持ㅎ라 <u>ㅎ시이다</u>   [석상 23:45]

ㅁ. 우리 始祖ㅣ 慶興에 사르샤 王業을 <u>여르시니</u>　　　　　　[용가 3장]

(4) ㄱ. 므스므라 <u>오시니잇고</u>　　　　　　　　　　　　　　[석상 6:3]
　　ㄴ. 받 님자히 무로듸 눌 爲ᄒ야 <u>가져간다</u>　　　　　　[월석 2:13]
　　ㄷ. 바르를 건너싫 제 二百 戶를 어느 뉘 <u>請ᄒ니</u>　　　[용가 18장]

(3)에는 평서문에 과거 시제가 표현되었으며, (4)에는 의문문에 과거 시제가 표현되었다. 먼저 (3)에서 (ㄱ)의 '주그니라', (ㄴ)의 '죽다', (ㄷ)의 '命終ᄒ라', (ㄹ)의 'ᄒ시이다', (ㅁ)의 '여르시니'에는 모두 특정한 시제 형태소가 나타나지 않았다. 이와 같이 동사에는 유표적(有標的)인 시제 형태소를 실현하지 않고 무형의 시제 형태소 '-∅-'로써 과거 시제를 나타낸다. 그리고 (4)에서 (ㄱ)의 '오시니잇고', (ㄴ)의 '가져간다', (ㄷ)의 '請ᄒ니'와 같은 동사의 의문형에서도 '-∅-'로써 과거 시제를 표현하였다.

둘째, 동사의 관형사형에서 무형의 형태소로 실현되는 과거 시제 표현은 다음과 같다.

(5) ㄱ. 獄은 罪 <u>지슨</u> 사름 가도는 싸히니　　　　　　　[월석 1:28]
　　ㄴ. 이 몸이 <u>주근</u> 後에 그처 업수미 일후미 涅槃이라　[능언 2:2]
　　　　ᄒ더니
　　ㄷ. 舍利佛이 須達이 <u>밍ᄀ론</u> 座애 올아 앉거늘　　　[석상 6:30]

(5)의 문장은 관형절을 안은 문장인데, 이들 관형절은 서술어로 쓰인 동사의 관형사형에 무형의 과거 시제 선어말 어미인 '-∅-'로써 과거 시제를 나타내었다. 곧 (ㄱ)의 '지슨'과 (ㄴ)의 '주근'과 (ㄷ)의 '밍ᄀ론'에는 유표적인 시제 형태소를 실현하지 않음으로써 관형절의 과거 시제를 표현한 것이다.

나. 회상의 선어말 어미로 실현되는 과거 시제 표현

'회상법 선어말 어미(回想法 先語末語尾)'인 '-더-'는 과거의 어느 때(경험시)를 기준으로 삼아서, 그때에 알게 된 일이나 경험을 돌이켜서 표현하는 선어말 어미이다. 곧 '-더-'는 기준시를 발화시보다 앞선 과거의 어느 때(경험시)로 옮겨서, 그때에 화

자가 직접 경험하고 확인한 사건을 시간적으로 표현한다.(나찬연 2017:426)

〈 화자 표현에 따른 회상법 선어말 어미의 형태 〉 15세기 국어에서 회상법 선어말 어미는 동사, 형용사, 서술격 조사에 모두 나타나는데, 주어가 2·3인칭일 때는 '-더-'로 실현되지만 1인칭일 때에는 '-다-'로 실현된다.

첫째, 회상법 선어말 어미는 주어가 2인칭이나 3인칭일 때에는 '-더-'로 실현되는 것이 일반적이다. 다만 '-더-'가 '-이다'와 '아니다'의 어간 뒤나 선어말 어미 '-으리-'의 뒤에 쓰일 때애는 '-러-'로 변동한다.

(6) ㄱ. 네 이 念을 뒷<u>던</u>다 아니 뒷<u>던</u>다   [월석 9:35]
　　ㄴ. 쁘데 몯 마존 이리 다 願 ᄀ티 ᄃ외<u>더</u>라   [월석 10:30]
　　ㄷ. 夫人이 머리를 ᄆᆞ지시면 病이 다 됴<u>터</u>라   [월석 2:30]
　　ㄹ. 須達이 … 하ᄂᆞᆯ 祭ᄒᆞ<u>던</u> 싸ᄒᆞᆯ 보고 절ᄒᆞ다가   [석상 6:19]

(7) ㄱ. 六師ㅣ 무리 三億萬이<u>러</u>라   [석상 6:28]
　　ㄴ. 한 難이 ᄒᆞ나 아니<u>러</u>니   [법언 2:131]
　　ㄷ. 長利 노호미 數 모ᄅᆞ리<u>러</u>라   [월석 23:72]

(6)에서 (ㄱ)의 '뒷던다'에는 '뒷다(← 두어 잇다)'의 의문형에, (ㄴ)의 'ᄃ외더라'에는 'ᄃ외다'의 평서형에, (ㄷ)의 '됴터라'에서는 '둏다'의 평서형에, (ㄹ)의 '祭ᄒᆞ던'에는 '祭ᄒᆞ다'의 관형사형에 '-더-'가 실현되었다. 그리고 (7)에서 (ㄱ)의 '三億萬이러라'와 (ㄴ)의 '아니러니'에서는 각각 서술격 조사 '-이다'와 형용사 '아니다'의 어간 뒤에서, (ㄷ)의 '모ᄅᆞ리러라'에서는 미래 시제 선어말 어미인 '-리-' 뒤에서 '-더-'가 '-러-'로 변동하였다.

둘째, 주어가 1인칭일 때에 나타나는 회상의 선어말 어미는 '-다-'의 형태로 실현되는데, '-이다'와 '아니다'의 어간에 쓰일 때에는 '-다-'가 '-라-'로 변동한다.

(8) ㄱ. 내 지븨 이싫 저긔 受苦ㅣ 만<u>타</u>라   [월석 10:23]
　　ㄴ. 우리ᄂᆞᆫ 眞實ㅅ 佛子ㅣᆫ ᄃᆞᆯ 모ᄅᆞ<u>다</u>이다   [월석 13:35]
　　ㄷ. 내 … 그 저긔 됴ᄒᆞᆫ 瓔珞ᄋᆞᆯ 가젯<u>다</u>니 ᄒᆞᆫ 사ᄅᆞ미   [월석 10:25]
　　　　밠中 後에 파내야

(9) ㄱ. 내 지븨 이싫 저긔 舍衛國 사ㄹ미라니 父母ㅣ   [월석 10:23]
　　　나ᄅᆞᆯ 北方 싸ᄅᆞᄆᆞᆯ 얼이시니

　　ㄴ. 우리도 沙羅樹大王ㅅ 夫人ᄃᆞᆯ히라니   [월석 8:100]

(8)과 (9)에는 주어가 '나'와 '우리'와 같은 1인칭의 대명사로 실현되었다. (8)에서
(ㄱ)과 (ㄴ)의 '만타라'와 '모ᄅᆞ다이다'에는 '많다'와 '모ᄅᆞ다'의 평서형에, (ㄷ)의 '가
졧다니'에는 본용언과 보조 용언의 구성인 '가져 이시다'의 연결형에 '-다-'가 실현
되었다. 그리고 (9)에서 (ㄱ)의 '사ㄹ미라니'와 (ㄴ)의 '夫人ᄃᆞᆯ히라니'에서는 서술격
조사인 '-이다'의 어간 뒤에서 '-다-'가 '-라-'로 바뀌어서 실현되었다.

〈 대상 표현에 따른 회상법 선어말 어미의 형태 〉 대상 표현의 선어말 어미인 '-오-'
앞에서 회상법의 선어말 어미인 '-더-'가 '-다-'로 실현된다.

(10) ㄱ. 이 道士ㅣ 精誠이 至極ᄒᆞ단 디면 하늘히 당다이   [월석 1:7]
　　　이 ᄠᅵ를 사ᄅᆞᆷ 드외에 ᄒᆞ시리라

　　ㄴ. 難陁ㅣ…하늘해 가 냇다가 道理 마ᄅᆞ려 ᄒᆞ단 젼ᄎᆞ로   [월석 7:13]
　　　하ᄂᆞᆳ 목수미 다ᄋᆞ면 이 地獄애 들릴ᄊᆡ 므를 글혀 기드리ᄂᆞ니라

(ㄱ)과 (ㄴ)에서 관형절인 '精誠이 至極ᄒᆞ단'과 '難陁ㅣ … 道理 마ᄅᆞ려 ᄒᆞ단'에서 서
술어인 'ᄒᆞ다'에는 선어말 어미 '-다-'가 실현되었다. 곧, '-더-'의 뒤에 대상 표현
의 선어말 어미인 '-오-'가 실현되면서, '-더-'의 형태가 '-다-'로 변동한 것이다.

3.3.3. 현재 시제 표현

'현재 시제(現在時制, 이적 때매김, present tense)'는 사건시가 발화시와 일치되는 시간
표현이다. 현재 시제 표현은 문장의 서술어로 동사가 쓰일 때는 '-ᄂᆞ-'로 표현되며,
서술어로 형용사나 서술격 조사가 쓰일 때에는 시제를 나타내는 특정한 선어말 어
미 없이 '무형의 형태소'로 표현된다.

〈 동사의 현재 시제 〉 동사가 서술어로 쓰이는 문장에는 선어말 어미 '-ᄂᆞ-'를 실현
하여 현재 시제를 표현한다.

(11) ㄱ. 오직 부톄사 能히 다 아ᄂ다 　　　　　　　　　　[월석 11:100]

　　　ㄴ. 내 ᄒ마 다 아노라 　　　　　　　　　　　　　[법언 1:150]

　　　ㄷ. 네 信ᄒᄂ다 아니 信ᄒᄂ다 　　　　　　　　　[석상 9:26]

(11)에서는 동사의 종결형에 현재 시제 선어말 어미 '-ᄂ-'가 실현된 예이다. (ㄱ)의 '아ᄂ다'에는 '알다'의 평서형에 '-ᄂ-'가 실현되었다. 그리고 (ㄴ)의 '아노라'에는 '알다'의 평서형에 '-ᄂ-'가 실현되었는데, 여기에 주어가 1인칭임을 나타내는 선어말 어미 '-오-'가 붙어서 '-노-'의 형태로 실현되었다. (ㄷ)의 '信ᄒᄂ다'는 '信ᄒ다'의 의문형에 '-ᄂ-'가 실현되었다.

(12) ㄱ. 民瘼을 모ᄅ시면 하ᄂ리 ᄇ리시ᄂ니 이 ᄠᄠ들 닛디 　[용가 116장]
　　　　마ᄅ쇼셔

　　　ㄴ. 大德하 사ᄅ미 다 모다 잇ᄂ니 오쇼셔 　　　　　[석상 6:29]

(12)에서는 동사의 연결형에 '-ᄂ-'가 실현되었다. 곧, (ㄱ)의 'ᄇ리시ᄂ니'에는 'ᄇ리다'의 연결형에, (ㄴ)의 '잇ᄂ니'에는 '잇다'의 연결형에 '-ᄂ-'가 실현되었다.

(13) ㄱ. 모딘 일 니기ᄂ 衆生이 죠고맛 스싀를 브터 　　　[월석 21:103]

　　　ㄴ. 나ᄂ 부텻 ᄉ랑ᄒ시논 앗이라 　　　　　　　　[능언 1:88]

(13)의 문장은 동사의 관형사형에 현재 시제 선어말 어미 '-ᄂ-'가 실현된 예이다. 곧 (ㄱ)의 '니기ᄂ'에는 '니기다'의 관형사형에 '-ᄂ-'가 실현되었으며, (ㄴ)의 'ᄉ랑ᄒ시논'에는 'ᄉ랑ᄒ다'의 관형사형에 '-ᄂ-'와 대상법의 선어말 어미 '-오-'가 실현되었다.

〈 형용사와 서술격 조사의 현재 시제 〉 형용사와 서술격 조사 '-이다'가 서술어로 쓰인 문장에서는, 특정한 시제 형태소를 실현하지 않음으로써 현재 시제를 표현한다.

(14) ㄱ. 和修吉은 머리 하다 혼 마리오 　　　　　　　　[월석 11:26]

　　　ㄴ. 이 두 龍이 兄弟니 目連의 降服히온 龍이라 　　[월석 11:26]

　　　ㄷ. 내 네 아비 곧ᄒ니 ᄂ외야 시름 말라 　　　　　[월석 13:23]

ㄹ. 하늘 우흿 뜬 구루미 … 프른 가히 근도다 [두언 25:9]

(14)의 문장은 형용사와 서술격 조사가 현재 시제로 쓰인 예이다. 곧 (ㄱ)의 '하다'와 (ㄴ)의 '龍이라', (ㄷ)의 '곧ᄒᆞ니', (ㄹ)의 '프른'에는 형용사와 서술격 조사의 어간에 시제를 표현하는 특정한 형태소가 실현되지 않음으로써 현재 시제를 나타내었다.

3.3.4. 미래 시제 표현

'미래 시제(未來時制, 올적 때매김, future tense)'는 사건시가 발화시보다 나중인 시제이다. 종결형에서는 미래 시제가 선어말 어미인 '-으리-'나 '-을-'로 표현되며, 관형사형에서는 관형사형 어미인 '-을'로 표현된다.[3)]

첫째, 평서형과 연결형에는 '-으리-'를 실현하여서 미래 시제를 나타낸다.

(15) ㄱ. 아ᄃᆞᆯᄯᆞᆯ를 求ᄒᆞ면 아ᄃᆞᆯᄯᆞ를 得ᄒᆞ리라 [석상 9:23]
ㄴ. 이러트시 고텨 ᄃᆞ외샤미 몯 니ᄅᆞ 혜리러라 [월석 1:20]
ㄷ. 沙彌ᄂᆞᆫ … 慈愛ㅅ ᄒᆡᆼ뎌글 ᄒᆞ야ᅀᅡ ᄒᆞᇙᄊᆡ 沙彌라 ᄒᆞ니라 [석상 6:2]

(ㄱ)과 (ㄴ)에는 평서형으로 실현된 '得ᄒᆞ다'와 '혜다'의 어간에 '-리-'를 실현하여 미래 시제를 표현하였다. 그리고 (ㄷ)에는 연결형으로 실현된 'ᄒᆞ다'의 어간에 '-리-'를 실현하여서 미래 시제를 표현하였다.

둘째, 의문형에는 미래 시제 선어말 어미인 '-으리-'를 실현하거나, '-으리-'에 의문형 종결 어미가 축약된 '-으려, -으료'와 '-읋다, -읋고, -읋가' 등을 실현하여서 미래 시제를 나타낸다.

(16) ㄱ. ᄒᆞ마 주글 내어니 子孫을 議論ᄒᆞ리여 [월석 1:7]
ㄴ. ᄒᆞ다가 授記를 得ᄒᆞᅀᆞᄫᆞ면 아니 ᄉᆡ휜ᄒᆞ려 [월석 15:27]
ㄷ. 므스거스로 道를 사ᄆᆞ료 [월석 9:22]

---

3) 미래 시제 표현은 순수한 시간 표현이라기보다는 화자가 발화시 이후에 일어날 일에 대하여 '추측, 의도(의지), 가능성'을 판단하는 '서법 표현(敍法表現, modality)'이다.

ㄹ. 엇뎨 能히 無上菩提를 <u>得홀따</u>　　　　　　　　　　[법언 4:176]

ㅁ. 엇던 幸으로 아히들히 비브르 <u>머글고</u>　　　　　　　[두언 15:56]

(ㄱ)의 '議論ᄒ리여'에서는 '議論ᄒ다'의 어간에 '-리-'를 실현하여서 미래 시제를 표현하였다. 그리고 (ㄴ)과 (ㄷ)에서는 '-리-'에 의문형 어미인 '-어(←-가)'와 '-오(←-고)'가 붙어서 축약된 형태인 '-려, -료'를 실현하여 미래 시제를 표현하였다. (ㄹ)과 (ㅁ)에서는 '-으리-'의 변이 형태인 '-을-'이 의문형 어미인 '-다'와 '-고'에 결합된 형태인 '-읈다/-을따/-을다'와 '-읈고/-을꼬/-을고'로써 미래 시제를 표현하였다.

　셋째, 관형사형에는 관형사형 어미인 '-읈/-을'을 실현하여서 미래 시제를 나타낸다.

(17) ㄱ. ᄒ다가 菩薩이⋯ 諸佛ㅅ 實法을 <u>드르리</u> 이시면　　[법언 2:1]

ㄴ. 布袋和尙이 ⋯ 믈읫 <u>머굴</u> 거슬 그 주머니예 녀허 메오　[영남 하:13]

ㄷ. 모로매 ⋯ 佛菩薩ㅅ 일후믈 <u>念홇</u> 디니　　　　　　[월석 21:126]

(ㄱ)의 '드를'에는 '듣다'의 어간에, (ㄴ)의 '머굴'에는 '먹다'의 어간에, (ㄷ)의 '念홇'은 '念ᄒ다'의 어간에 관형사형 전성 어미인 '-읈'이 붙어서 미래 시제를 나타내었다. 이처럼 관형사형 전성 어미인 '-을'은 체언을 수식하는 기능과 더불어서 미래 시제를 표현하는 기능을 겸하고 있는 것이 특징이다.

	형태		용례
과거	무형의 선어말 어미 (동사)	-∅-	이 ᄲ 아돌들히 아비 <u>죽다</u> 듣고
			獄은 罪 <u>지은</u> 사ᄅᆞᆷ 가도는 ᄯᅡ히니
	회상의 선어말 어미 (동사, 형용사, 이다)	-더-	ᄠᅳ데 몯 마준 일이 다 願 ᄀᆞ티 <u>두외더라</u>
			夫人이 머리를 ᄆᆞᆫ지시면 病이 다 <u>됴터라</u>
			六師이 무리 三億萬<u>이러라</u>
			須達이 ⋯ 하늘 際ᄒ던 ᄯᅡ홀 보고 <u>절ᄒ다가</u>

	형태		용례
현재	현재 시제 선어말 어미 (동사)	-ᄂ-	다ᄆᆞᆺ 닐오ᄃᆡ … 妨害티 아니ᄒᆞ니라 ᄒᆞᄂᆞ다
			모딘 일 니기ᄂᆞ 衆生이 죠고맛 스싀를 브터
	무형의 선어말 어미 (형용사, 이다)	-∅-	和修吉은 머리 하다 혼 마리오
			이 두 龍이 兄弟니 目連의 降服히온 龍이라
			하ᄂᆞᆶ 우흿 ᄠᆞᆫ 구루미 … 프른 가히 ᄀᆞᆮ도다
미래	미래 시제 선어말 어미	-으리- /-ᅙᆞᆳ-	아ᄃᆞᆯ ᄯᆞᆯᄅᆞᆯ 求ᄒᆞ면 아ᄃᆞᆯ ᄯᆞᆯ 得ᄒᆞ리라
			ᄒᆞ마 주글 내어니 子孫ᄋᆞᆯ 議論ᄒᆞ리여
			엇뎨 能히 無上菩提ᄅᆞᆯ 得ᄒᆞᇙ따
	관형사형 전성 어미	-ᅙᆞᆳ/-을	布袋和尙이 … 믈읫 머굴 거슬 그 주머니예 녀허 메오

〈표 1〉 시제의 실현 양상

3.3.5. 동작상

‘동작상(動作相, aspect)’은 동사가 표현하는 움직임이 시간 속에서 어떠한 모습으로 이루어지는가를 나타내는 문법적 범주이다.(나진석 1971:115) 『고등학교 문법』(2010: 182)에서는 동작상의 유형으로서 ‘완료상’과 ‘진행상’을 인정하고 있는데, 동작상은 주로 보조 용언이나 종속적 연결 어미를 통해서 표현된다.

〈완료상〉 ‘완료상(完了相, perfective)’은 과거의 어느 시점에서 계속되던 동작이 발화시나 발화시 이전에 끝났음을 나타내는 동작상이다.

(18) 부텨는 煩惱ᄅᆞᆯ ᄢᅥ러 ᄇᆞ리실ᄊᆡ [월석 1:12]

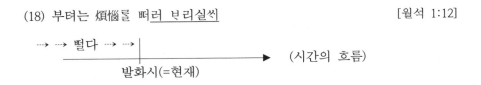

(18)에서 ‘ᄢᅥ러 ᄇᆞ리다’는 과거 어느 때부터 시작된 ‘ᄢᅥᆯ다’의 동작이 발화시나 발화시 이전에 끝났음(완료됨)을 나타내었다.

15세기 국어에서 완료상은 보조 용언이나 종속적 연결 어미로 실현된다.

첫째, 보조 용언인 '-아 내다, -아 두다, -아 디다, -아 브리다'를 실현해서 완료상이 표현될 수 있다.

(19) ㄱ. 勞度差ㅣ 또 흔 쇼롤 지석 내니 [석상 6:32]
　　ㄴ. 왼녁 피 닫 담고 올흔녁 피 닫 담아 두고 [월석 1:7]
　　ㄷ. 뫼히여 돌히여 다 노가 디여 [월석 1:48]
　　ㄹ. 地獄을 붓아 브려 하늘해 나 勝妙樂을 受케 흐라 [월석 21:181]

(ㄱ)의 '-아 내다'는 '어떠한 동작을 끝까지 완수함'의 뜻을 나타내며, (ㄴ)의 '-아 두다'는 '이미 끝난 동작을 그대로 유지함'을 나타낸다. (ㄷ)의 '-아 디다'는 '저절로 어떤 경지나 상태에 도달함'의 뜻을 나타내며, (ㄹ)의 '-아 브리다'는 '완결이나 끝남'의 뜻을 나타낸다.

그리고 '-아 잇다/이시다, -아 겨시다'는 '어떠한 동작이 완료되고 나서, 그 상태가 그대로 지속되어 있음'을 나타낸다.

(20) ㄱ. 須彌山 밧긔 닐굽 山이 둘어 잇느니 [월석 1:22]
　　ㄴ. 王이 威嚴이 업서 느미 소내 쥐여 이시며 [월석 2:11]
　　ㄷ. 부텨 나 겨시던 時節이 더 멀면 사르미 수비 몯 아라 [석상 9:2]

(21) ㄱ. 須達이 病ᄒ얫거늘 부톄 가아 보시고 [석상 6:44]
　　ㄴ. 셔볼 도즈기 드러 님그미 나갯더시니 [용가 49장]
　　ㄷ. 北녀그로 劍閣ㅅ 모흘 버혓거늘 [두언 6:38]
　　ㄹ. 조개 비예 믈근 구스리 수머시며 [금삼 2:56]

(20)에서 보조 용언으로 쓰인 '잇다/이시다, 겨시다'는 본용언인 '두르다, 쥐에다, 나다'의 움직임이 끝나고 난 뒤에 그 상태가 지속되고 있음을 나타낸다. 그런데 '-아 잇다/이시다'는 (21)처럼 형태가 줄어져서 표현될 수도 있다. 곧 (21)에서 (ㄱ)의 '病ᄒ얫거늘', (ㄴ)의 '나갯더시니', (ㄷ)의 '버혓거늘', (ㄹ)의 '수머시며'은 각각 '病ᄒ야 잇거늘', '나가 잇더시니', '버혀 잇거늘', '수머 이시며'가 줄어진 형태이다.

둘째, 종속적 연결 어미인 '-아셔, -거(ᅀᅡ)/-어(ᅀᅡ), -고(ᅀᅡ), -고셔, -다가며, -다가, -억, -으라/-으락' 등은 앞절의 동작이 완료되고 나서 뒷절의 동작이 일어남을 나타낸다.

(22) ㄱ. 衛護는 둘어 더브러셔 護持홀 씨라   [석상 9:40]
     ㄴ. 한비 사ᅌᆞ리로딕 뷔어ᅀᅡ ᄌᆞ모니이다   [용가 67장]
     ㄷ. 諸佛도 出家ᄒᆞ샤ᅀᅡ 道理를 닷ᄀᆞ시ᄂᆞ니   [석상 6:12]
     ㄹ. 지조 겻구고ᅀᅡ 須達이와 舍利佛왜 精舍를 짓더니   [석상 6:35]
     ㅁ. 우리 무른 ᄇᆞᆺ차 밥 빅브르 먹고셔 ᄃᆞ니노니   [두언 25:11]
     ㅂ. 衆生들히 내 나라해 ᄀᆞᆺ 나다가며 다 ᄆᆞᅀᆞ미 조코   [월석 8:65]
     ㅅ. 하ᄂᆞᆯ 祭ᄒᆞ던 싸ᄒᆞᆯ 보고 절ᄒᆞ다가 忽然히 부텨 向ᄒᆞᆫ   [석상 6:19]
        ᄆᆞᅀᆞ믈 니즈니
     ㅇ. 工夫를 ᄒᆞ약 ᄆᆞᅀᆞ믈 뻐 話頭를 擧티 아니ᄒᆞ야도   [몽언 4]
     ㅈ. 世尊이 … 볼 구피라 펼 ᄊᆞᅀᅴ예 忉利天에 가샤   [월석 21:4]

(22)는 종속적 연결 어미를 통해서 앞절과 뒷절이 이어진 문장이다. 여기서 (ㄱ)의 '-아셔(= -아서)', (ㄴ)과 (ㄷ)의 '-거ᅀᅡ/-어ᅀᅡ(= -어야)', (ㄹ)의 '-고ᅀᅡ(= -고야)', (ㅁ)의 '-고셔(= -고서)', (ㅂ)의 '-다가며(= -자마자)', (ㅅ)의 '-다가(= -다가)', (ㅇ)의 '-약 (= -아/-어 + -ㄱ)', (ㅈ)의 '-라(= -다가)'는 이어진 문장에서 앞절의 동작이 끝나고 난 뒤에 뒷절의 동작이 일어남을 나타낸다.

〈 진행상 〉 '진행상(進行相, progressive)'은 발화시를 중심으로 어떤 동작이 일정한 시간 동안 진행되고 있음을 나타내는 동작상이다.

(23) 내 지븨 이셔 還刀ㅣ며 막다히를 두르고 이셔도 두립더니   [월석 7:5]

```
                |← 두르다 →|
    ────────────────┼────────────────▶ (시간의 흐름)
                발화시(=현재)
```

(23)에서는 서술어로 쓰인 '두르다'에 보조 용언인 '-고 이시다'를 실현함으로써, '두르다'로 표현된 동작이 발화시를 중심으로 일정한 시간 동안 계속됨을 나타내었다. 이처럼 어떠한 동작이 일정한 시간 동안 지속됨을 나타내는 표현을 '진행상'이라고

한다.

진행상은 완료상과 마찬가지로 보조 용언이나 종속적 연결 어미를 실현하여 나타
낸다.(『고등학교 문법』 2010:182, 302)

첫째, 보조 용언인 '-고 이시다/잇다'나 '-아 가다'를 통하여 진행상을 표현할 수
있다.

> (24) ㄱ. 李氏 두 아들 더블오 묏 가시 서리예 수머셔 草木 [삼행 烈:19]
>   먹고 잇거늘
>   ㄴ. 네 내 옷 입고 내 宮殿에 드러 내 풍류바지 드리고 [석상 24:28]
>   됴흔 차반 먹고 이쇼딕

> (25) ㄱ. 주거 가는 거싀 일을 몯 보신들 매 모르시리 [월천 기43]
>   ㄴ. 法이 펴디여 가미 믈 흘러 녀미 ᄀᆞᆮ틀씨 [석상 9:21]

(24)에서 (ㄱ)과 (ㄴ)의 '-고 이시다'는 본용언인 '먹다'의 동작이 계속됨을 나타내었
다. 그리고 (25)에서 '-아 가다'는 본용언인 '죽다'와 '펴디다'의 동작이 계속되면서
나아감을 나타내었다.

둘째, 종속적 연결 어미인 '-으며(셔), -암/-엄' 등을 실현하여 진행상을 표현할
수 있다.

> (26) ㄱ. 羅睺羅ㅣ 소늘 자바 目連일 맛디시고 울며 여희시니라 [석상 6:9]
>   ㄴ. 말ᄒᆞ며 우숨 우스며셔 주규믈 行ᄒᆞ니 [두언 6:39]
>   ㄷ. 흔 나비 나못가지 자바늘 다ᄅᆞ니 쇠리 자밤 서르 [영남 상:27]
>   니스니 므거워 나못가지 것거디여

(26)의 문장은 종속적 연결 어미를 통해서 앞절과 뒷절이 이어졌다. (ㄱ)의 '-며'와
(ㄴ)의 '-으며셔(-으면서)', (ㄷ)의 '-암(반복적 동작)'은 앞절의 서술어로 쓰인 '울다,
웃다, 잡다'의 동작이 계속되면서, 뒷절의 동작이 이루어짐을 나타내었다.

		형태	현대어	용례
완료상	보조용언	-어 내다	-어 내다	勞度差ㅣ 쏘 흔 쇼롤 지어 내니
		-아 두다	-아 두다	왼녁 피 닫 담고 올흔녁 피 닫 담아 두고
		-아 디다	-아 지다	뫼히여 돌히여 다 노가 디여
		-아 ᄇ리다	-아 버리다	地獄을 븟아 ᄇ려 하늘해 나 勝妙樂을 受케 ᄒ라
		-아 잇다 -아 이시다	-아 있다	赤眞珠ㅣ 두외야 잇ᄂ니라 조개 비예 믈군 구스리 수머시며
		-아 겨시다	-아 계시다	부텨 나 겨시던 時節이 더 멀면
	연결어미	-아셔	-아서	스스을 좃ᄌ와셔 親히 심기실ᄊ
		-거ᅀᅡ, -어ᅀᅡ	-아야	한비 사ᄋ리로ᄃ 뷔어ᅀᅡ ᄌᄆ니이다
		-고ᅀᅡ	-고야	직조 겻구고ᅀᅡ 須達이와 舍利佛왜 精舍룰 짓더니
		-고셔	-고서	ᄊ러 封ᄒ고셔 端午애 進賀ᄒ놋다
		-다가며	-자마자	衆生들히 내 나라해 ᄀᆺ 나다가며 다 ᄆᅀ미 조코
		-다가	-다가	사ᄒᆞᆯ 보고 절ᄒ다가 忽然히 부텨 向ᄒ 무ᅀᆞᆯ 니즈니
		-악/-억/-약	-아/-어/-야	工夫를 ᄒ약 ᄆᅀ믈 뼈 話頭를 擧티 아니ᄒ야도
		-으라/-으락	-다가	世尊이 … 블 구피라 펼 ᄊᅀ이예 忉利天에 가샤
진행상	보조용언	-고 이시다	-고 있다	네 … 내 풍류바지 ᄃ리고 됴흔 차반 먹고 이쇼ᄃ
		-아 가다	-아 가다	주거 가ᄂ 거싀 일욜 몯 보신들 매 모ᄅ시리
	연결어미	-으며	-으며	目連이 맛디시고 울며 여희시니라
		-으며셔	-으면서	말ᄒ며 우숨 우스며셔 주규믈 行ᄒ니
		-암/-엄	-고 ~ -고	다ᄅ니 쇼리 자밤 서르 니스니

〈표 2〉 동작상의 실현 양상

【 더 배우기 】

{ 무형의 시제 형태소와 부정법 }

'무형의 형태소'는 형태(꼴)가 없이 무표적(無標的)으로 실현되는 형태소인데 흔히 'Ø'로 표기한다. 15세기의 국어에는 시제를 표현하는 데에도 이러한 '무형의 형태소'가 쓰였다. 곧 동사가 과거 시제를 표현하는 데에도 무형의 시제 형태소가 쓰였고, 형용사나 서술격 조사가 현재 시제를 표현하는 데에도 무형의 시제 형태소가 쓰였다. 고영근(2010:272)에서는 이렇게 동일한 형태소 '-Ø-'가 두 가지 이상의 시제 범주에 두루 쓰이는 것을 '부정법(不定法, aorist)'이라고 한다.

(1) ㄱ. 주거미 닐오디 내 ᄒᆞ마 <u>命終호라</u>　　　　　　　[월석 9:36 상]
　　ㄴ. 내 오늘 實로 <u>無情호라</u>　　　　　　　　　　　[월석 21:219]
　　ㄷ. 夫人이 니ᄅᆞ샤디 내 몸앳 비디 <u>二千斤ㅅ 金이니이다</u>　[월석 8:81]

(1)에서 (ㄱ)에서는 동사인 '命終ᄒᆞ다'에 '-Ø-'가 실현되어서 과거 시제를 나타내었다. 그리고 (ㄴ)에서는 형용사인 '無情ᄒᆞ다'에, (ㄷ)에서는 서술격 조사인 '-이다'에 '-Ø-'가 실현되어서 현재 시제를 나타내었다. 이처럼 부정법의 '-Ø-'는 동사나 형용사(서술격 조사)에 실현되어서 각각 과거 시제와 현재 시제를 나타낸다.
　『고등학교 문법』에서는 무형의 형태소로 표현되는 과거 시제를 명시적으로 설정하지 않았다.(『고등학교 문법』 2010:301 참조.)

(2) ㄱ. 가다가 가다가 <u>드로라</u>　　　　　　　　　　　　[악가 청산별곡]
　　ㄴ. 네 아비 ᄒᆞ마 <u>주그니라</u>　　　　　　　　　　　[월석 17:21]
　　ㄷ. (世尊이) … 舍利佛을 須達이 조차가라 <u>ᄒᆞ시다</u>　　[석상 6:22]

그러나 (2)의 예를 들면서, 이들 용례의 밑줄 친 부분은 <u>과거 혹은 그와 비슷한 상황을 표시</u>한다고 설명하고 있다. 이러한 설명을 감안하면 『고등학교 문법』(2010)에서도 과거 시제를 표현하는 방법으로서 무형의 형태소를 인정하고 있음을 알 수 있다.

3.4. 태도 표현

15세기 국어에는 '믿음'이나 '느낌'과 같은 화자의 태도를 나타내는 문법 범주(서법, 敍法)가 있는데, 이에는 '확인 표현, 원칙 표현, 감동 표현' 등이 있다.[1]

3.4.1. 확인 표현

'확인 표현(確認表現)'은 심증(心證)과 같은 화자의 '주관적인 믿음'에 바탕을 두고 어떠한 일을 확정적으로 판단함을 나타내는 문법 범주이다. 확인 표현은 선어말 어미인 '-아-/-어-, -거-, -나-'로 실현되는데, 이들 선어말 어미는 주어가 1인칭일 때에는 '-과-/-와-'나 '-가-/-아-'로 형태가 바뀐다.[2]

가. 타동사에 실현된 확인 표현

'-아-/-어-'는 타동사에 쓰이는 확인 표현의 선어말 어미인데, 이때 '-아-'와 '-어-'는 모음 조화에 의하여 교체된다.

(1) ㄱ. 네 … 耆闍崛山 中에 가 道理 닷가라   [월석 23:77]
　　ㄴ. 셜볼쎠 衆生이 正흔 길흘 일허다   [석상 23:19]
　　ㄷ. 어느 누를 더브르시려뇨   [월천 기52]
　　ㄹ. 엇던 사ᄅ밀 보려니오   [두언 8:62]

(1)의 문장은 '닭다, 잃다, 더블다, 보다'와 같은 타동사에 확인 표현의 선어말 어미인

---

1) '서법 표현'은 이른바 '서법(敍法)'이나 '양태(樣態)'의 문법 범주를 이르는데, 이러한 '서법 표현'은 문장의 객관적인 내용에 대한 화자의 심리적인 태도를 나타내는 표현이다.(나진석 1971:111)

2) 『고등학교 문법』(2010:301)에서는 '-거-, -아-/-어-, -나-'를 '주관적 믿음 표현'의 선어말 어미로, 고영근(2010:285)에서는 '확인법(確認法)'의 선어말 어미로 처리했다. 이에 반하여 허웅(1975:923)에서는 '-거-, -아-/-어-, -나-'를 '강조법'의 선어말 어미로 다루었다. 곧, 허웅(1975)에서는 이들 선어말 어미가 풀이(서술)의 힘을 더 한층 세게 하고 다짐하는 기능을 가지며, 그 결과 이미 확정되고 완료된 상황을 표현하기도 하는 것으로 보았다.

'-아 -/-어-'가 실현된 예이다. 곧 (ㄱ)의 '닷가라'는 '닭다'의 어간에 '-아-'가, (ㄴ) '일허다'는 '잃다'의 어간에 '-어-'가 실현되었다. 그리고 (ㄷ)의 '더브르시려뇨'와 (ㄹ)의 '보려니오'에는 각각 '더블다'와 '보다'에 실현된 미래 시제의 선어말 어미인 '-리-'의 뒤에 '-어-'가 실현되었다.

선어말 어미 '-아 -/-어-'는 / l /나 반모음 /j/ 다음에서는 '-야 -/-여-'로 바뀌고, 어간이 'ᄒ-'일 때에는 '-야 -'로 바뀐다.

(2) ㄱ. 아가 大慈悲 우니는 鴛鴦鳥와 功德 修行ᄒᆞᄂᆞᆫ 이내   [월석 8:10]
        몸과 成等正覺 나래ᅀᅡ 반ᄃᆞ기 마조 보리여다

   ㄴ. 모다 닐오ᄃᆡ 舍利佛이 이긔여다   [월석 6:31]

(3) ㄱ. 닐웻 ᄉᆞᅀᅵ예 네 快樂을 견ᄌᆞᆺ ᄒᆞ야다   [석상 24:28]
   ㄴ. 네 願 다히 ᄒᆞ야라   [석상 24:14]

(2)에서 (ㄱ)의 '보리여다'에서는 선어말 어미 '-리-' 뒤에서 '-어-'가 '-여-'로 바뀌었으며, (ㄴ)의 '이긔여다'에서는 '이긔다'의 어간 뒤에서 '-어-'가 '-여-'로 바뀌었다. 그리고 (3ㄱ)의 'ᄒᆞ야다'와 (3ㄴ)의 'ᄒᆞ야라'처럼 어간이 'ᄒ-'로 끝나는 용언에서는 '-아-'가 '-야-'로 바뀌었다.

나. 비타동사에 실현된 확인 표현

비타동사(자동사, 형용사, -이다)가 서술어로 쓰일 때에는 확인 표현의 선어말 어미로 '-거-'가 쓰이는 것이 일반적이다. 다만, '오다'에서는 확인 표현의 선어말 어미가 '-나-'의 형태로 실현된다.[3]

첫째, '오다'를 제외한 자동사, 형용사, 서술격 조사에는 확인 표현의 선어말 어미로서 '-거-'가 쓰이며, /ㄱ/이 /ɦ/로 교체되는 음운적인 환경에서는 '-거-'가 '-어-'로 바뀐다.

---

3) 확인 표현의 '-거-'와 '-나-'는 '-아-/-어-'의 불규칙 활용의 형태로 처리한다. 곧 타동사에
   실현되는 '-아-/-어-'는 비타동사에서는 '-거-'로 불규칙하게 실현되며, '오다'에는 '-나-로
   불규칙하게 실현되는 것으로 처리한다.(이 책 219쪽의 내용을 참조.)

(4) ㄱ. 衆生이 福이 다ᄋ거다   [석상 23:28]

    ㄴ. 뎌 즁아 닐웨 ᄒ마 다ᄃᆞᆫ거다   [석상 24:15]

    ㄷ. 安樂國이ᄂᆞᆫ 아비를 보라 가니 어미도 몯 보아   [월석 8:1]

        시르미 더욱 깁거다

    ㄹ. 내 쳔량 庫藏ᄋᆞᆯ 이제 맛듏 ᄃᆡ 잇거다   [월석 13:15]

(ㄱ~ㄴ)에서 '다ᄋ거다'와 '다ᄃᆞᆫ거다'에는 자동사인 '다ᄋ다', '다ᄃᆞᆫ다'에 '-거-'가 실
현되었다. 그리고 (ㄷ~ㄹ)에서 '깁거다'와 '잇거다'에는 형용사인 '깁다', '잇거다'에
'-거-'가 실현되었다. 화자는 서술어로 쓰이는 용언에 '-거-'를 실현함으로써 자신
의 주관적인 믿음에 바탕을 두고 발화 내용을 확정적으로 표현하였다.[4)]

    그런데 선어말 어미 '-거-'는 첫소리 /ㄱ/이 /ɦ/로 교체되어 '-어-'의 형태로 실현
되기도 한다. 곧 /ㄹ/이나 /j/로 끝나는 어간의 뒤, '-이다'와 '아니다'의 어간의 뒤,
선어말 어미인 '-으리-'의 뒤에서는 '-거-'에서 /ㄱ/이 /ɦ/로 교체되어서 '-어-'로
실현된다.

(5) ㄱ. 내 本心 求홀 ᄆᆞᅀᆞᆷ 업다니 오늘 이 寶藏이 自然히   [법언 2:226]

        니를어다

    ㄴ. 셜ᄫᆞᆯ쎠 世界 뷔어다   [석상 23:18]

    ㄷ. 너희들히 힘뻐ᄉᆞ라 바미 ᄒ마 半이어다   [석상 23:13]

    ㄹ. 生이 ᄒ마 生 아니어니 ᄆᆞᅀᆞ그로 生ᄋᆞᆯ 내리오   [선언 하 123]

    ㅁ. 반ᄃᆞ기 아로미 업스리어니 엇뎨 마시라 일훔ᄒᆞ리오   [능언 3:28]

(ㄱ)에서는 어간이 /ㄹ/로 끝나는 자동사인 '니를다'에, (ㄴ)에서는 어간이 /j/로 끝
나는 자동사인 '뷔다'에 '-거-'의 변이 형태인 '-어-'가 실현되었다. (ㄷ)에서는 서
술격 조사의 어간인 '-이-'에, (ㄹ)에서는 형용사 '아니다'의 어간인 '아니-'에 '-어
-'가 실현되었다. (ㅁ)에서는 미래 시제의 선어말 어미인 '-으리-'에 '-어-'가 실현

---

4) '확인 표현(확인법)'은 일방적인 통보 기능이 강한 독백이나 이에 준할 만한 말씨에서 흔히
   나타난다. 그리고 확인 표현의 선어말 어미가 동사의 어간에 바로 붙으면 '부정 확인법'으로
   서, 동작이 발화시 직전에 완료되어 있음을 나타낸다.(고영근 2006:286)

되었다.[5)]

둘째, '오다'의 어간 뒤에 붙는 확인 표현의 선어말 어미는 '-나-'의 형태로 실현
된다.

(6) ㄱ. 王이 두 아기를 브르샤 오나라 안져 ㅎ신대 [월석 20:87]

　　ㄴ. 오늘 寶藏이 自然히 오나다 [월석 13:32]

(6)의 문장에는 서술어로 쓰인 '오다'에 '-나-'가 실현되었는데, 이때의 '-나-'는 타
동사에서 실현되는 확인 표현의 선어말 어미인 '-아-/-어-'의 형태론적 변이 형태
이다.

다. 주어가 1인칭일 때에 실현되는 확인 표현

주어가 1인칭의 화자일 때에는 확인 표현의 선어말 어미가 어간의 품사와 관계없
이 '-과-/-와-' 혹은 '-가-/-아-'로 실현된다.

첫째, 주어가 화자인 문장에 쓰인 확인 표현의 선어말 어미는 일반적으로 '-과-'
로 실현된다. 그런데 '-과-'는 /ㄹ/이나 /j/로 끝나는 어간의 뒤에서는 /ㄱ/이 /ɦ/로
교체되어서 '-와-'로 실현된다.

(7) ㄱ. 내 이제 훤히 즐겁과라 [법언 2:137]

　　ㄴ. (내) 巫山과 楚水ㅅ 보믈 두 번 보과라 [두언 7:13]

(8) ㄱ. 南塘ㅅ 길흘 아디 몯ㅎ다니 (내) 이제 第五橋를 알와라 [두언 15:7]

　　ㄴ. 우리 … 부텻 恩惠 갑ᄉ오믈 ㅎ마 得호미 ᄃ외와라 [법언 2:251]
　　　ㅎ다이다

---

5) 이 경우의 '-어-'는 비타동사에 실현되는 확인 표현의 선어말 어미 '-거-'의 변이 형태이다.
이처럼 '-거-'가 '-어-'로 되면 '-어-'의 'ㅇ'이 유성 후두 마찰음인 /ɦ/로 발음되는 것이
특징이다. 그리고 이때의 '-어-'는 타동사에서 실현되는 확인 표현의 선어말 어미 '-아-/-어
-'와는 성격이 다르다.

(7)과 (8)의 문장에서 주어는 말하는 사람이다. 먼저 (7)에서 (ㄱ)의 형용사인 '즐겁다'와 (ㄴ)의 타동사인 '보다'에는 확인 표현의 선어말 어미가 '-과-'의 형태로 실현되었다. 그리고 (8)에서 (ㄱ)의 '알와라'와 (ㄴ)의 'ᄃ외와라'에서는 /ㄹ/과 /j/으로 끝나는 어간 뒤에서 '-과-'의 첫소리 /ㄱ/이 /ɦ/로 교체되어서 '-와-'의 형태로 실현되었다.

둘째, 주어가 화자인 문장에 쓰인 확인 표현의 선어말 어미가 '-가-/-아-'의 형태로 실현되기도 한다.6) 그런데 '-가-'는 /ㄹ/이나 /j/로 끝나는 어간의 뒤, 그리고 '-이다'와 '아니다'의 어간의 뒤, 선어말 어미 '-으리-'에서는 /ㄱ/이 /ɦ/로 교체되어서 '-아-'로 실현된다.

(9) ㄱ. 내 仁義禮智信을 아라 行ᄒ가니 너를 恭敬호미   [금언 20-1]
       맛당티 아니ᄒ니라
    ㄴ. (내) 몃 디위를 … 胡床애 앉가니오   [두언 18:23]

(10) ㄱ. (내) 感動ᄒ야 몃 버늘 시르믈 슬아니오   [두언 24:22]
        (感動幾消憂)
     ㄴ. (내) 오직 다ᄅᆫ ᄀ올ᄒᆡ 와 잇노니 어딋 사ᄅᆞ미아니오   [두언 8:14]
        (只在他鄉何處人)
     ㄷ. 쇠 疎拙ᄒ니 ᄯᅩ (내) 엇던 사ᄅᆞ미아뇨   [두언 11:1]
        (謀拙更何人)

(9)에서 (ㄱ)의 타동사인 '行ᄒ다'와 (ㄴ)의 자동사인 '앉다(←앉다)'에는 확인 표현의 선어말 어미인 '-가-'가 실현되었다. 그리고 확인 표현의 선어말 어미는 (10)처럼 '-가-'의 /ㄱ/이 /ɦ/로 교체되어서 '-아-'의 형태로 실현될 수도 있다. 곧, (ㄱ)의 '슬아니오'에서는 어간의 끝소리 /ㄹ/ 뒤에서, (ㄴ)과 (ㄷ)의 '사ᄅᆞ미아니오'에서는 서술격 조사인 '-이-'의 뒤에서 '-가-'의 /ㄱ/이 /ɦ/로 교체되어서 '-아-'의 형태로 실현되었다.

---

6) 허웅(1975:941)에서는 주어가 1인칭 화자로 표현된 문장에서 실현된 '-가-/-아-'에 대하여 자세히 다루고 있다.

15세기 국어에서 확인 표현의 선어말 어미가 실현된 양상을 정리하여 표로 보이면 다음과 같다.

실현 조건		형태	예문
2, 3인칭 주어	타동사	-아-/-어-/-야-	네 … 耆闍崛山 中에 가 道理 닷가라
			衆生이 正혼 길훌 일허다
			네 願 다히 ᄒᆞ야라
	자동사 형용사 -이다	-거-/-어-	衆生이 福이 다ᄋ거다
			安樂國이ᄂᆞᆫ 시르미 더욱 깁거다
			바미 ᄒᆞ마 ᄡ이어다
	오다	-나-	寶藏이 自然히 오나다
1인칭 주어		-과-/-와-	내 이제 훤히 즐겁과라
			내 巫山과 楚水ㅅ 보믈 두 번 보과라
			(내) 이제 第五橋를 알와라
			우리 … 부텻 恩惠 갑ᄉᆞ오믈 得호미 ᄃᆞ외와라
		-가-/-아-	내 仁義禮智信을 … 行ᄒᆞ가니
			(내) 몃 디위를 … 胡床애 앉가니오
			(내) 몃 버늘 시르믈 술아니오
			쇠 踈拙ᄒᆞ니 ᄯᅩ (내) 어릿 사ᄅᆞ미 아니오

〈표 1〉 확인 표현 선어말 어미의 실현 양상

3.4.2. 원칙 표현

'원칙 표현(原則表現)'은 객관적인 믿음을 근거로 사태를 불변적이고 기정적인 것으로 파악하여, 그것을 청자에게 알림으로써 청자의 주의가 집중되기를 바랄 때에 쓰는 표현이다. 원칙 표현은 선어말 어미 '-으니-'로 실현되는데, 주로 현재 시제와 과거 시제의 문장에 실현된다. 곧, 현재를 나타내는 선어말 어미인 '-ᄂᆞ-'와 현재와 과거를 나타내는 부정법(不定法)의 선어말 어미인 '-Ø-', 그리고 회상을 나타내는 선어말 어미인 '-더-'의 뒤에 실현된다.(『고등학교 문법』 2010:294)

첫째, 현재 시제로 표현되는 용언에 '-으니-'가 실현될 수 있다.

(11) ㄱ. 집안 사ᄅᆞ믈 眷屬이라 ᄒᆞᄂᆞ니라 [석상 6:5]
ㄴ. 이 고ᄌᆞ로 香油 ᄆᆡᇰᄀᆞᄂᆞ니라 [월석 18:53]
ㄷ. ○ᄅᆞᆯ 입시울쏘리 아래 니ᅀᅥ 쓰면 입시울 가ᄇᆡ야ᄫᆞᆫ 소리 ᄃᆞ외ᄂᆞ니라 [훈언 12]

(12) ㄱ. 蜀애셔 邛이 갓가ᄫᆞ니라 [월석 2:50]
ㄴ. ㄱᄂᆞᆫ 엄쏘리니 君ㄷ字 처ᅀᅥᆷ 펴아 나ᄂᆞᆫ 소리 ᄀᆞᄐᆞ니라 [훈언 4]

(11)의 문장은 동사가 현재 시제로 쓰인 예인데, 현재 시제의 선어말 어미인 '-ᄂᆞ-' 뒤에 '-니-'가 실현되었다. 곧 (ㄱ)에서는 '집안 사람을 眷屬이라고 하는 것'이, (ㄴ)에서는 '이 꽃으로 香油를 만든다는 것'이, (ㄷ)에서는 'ㅇ를 순음(脣音) 아래에 이어서 쓰면 순경음(脣輕音)이 된다는 것'이 일반적으로 인정받는 객관적인 사실임에 근거하여, 그러한 일을 기정적(旣定的)인 것으로 표현하였다. (12)의 문장은 서술어로 쓰인 형용사가 현재 시제인 예인데, 형용사의 어간에 '-ᄋᆞ니-'가 실현되었다. 곧 (ㄱ)에서는 '蜀에서 邛이 가깝다는 것'을, (ㄴ)에서는 'ㄱ은 牙音이며 이 글자는 君이라는 글자의 첫소리와 발음이 같다는 것'을 객관적으로 널리 알려진 사실로 인식하여 그것을 기정적인 것으로 표현하였다.

둘째, 과거 시제로 표현되는 용언에 '-으니-'가 실현될 수 있다. 곧, 회상(回想)을 나타내는 선어말 어미인 '-더-'나 과거 시제를 표현하는 무형의 형태소 '-Ø-'의 뒤에 '-으니-'가 실현된다.

(13) ㄱ. 녜ᄂᆞᆫ 죠ᄒᆡ 업서 대ᄅᆞᆯ 엿거 그를 쓰더니라 [월석 8:98]
ㄴ. 車匿ᄋᆞᆫ 죠의 일후미니 太子와 ᄒᆞᆫ날 나니라 [석상 3:29]

(ㄱ)의 '쓰더니라'에는 회상의 선어말 어미인 '-더-' 뒤에 '-니-'가 실현되었다. 곧 '예전에 종이가 없어 대나무를 엮어 글을 썼다는 것'이 일반적으로 널리 알려진 객관적 사실로 인식하여 그 일을 기정적인 것으로 표현하였다. (ㄴ)에서 화자가 '車匿(차닉)'에 대한 정보를 객관적인 사실로 인식하여 이를 기정적인 것으로 표현하였다.

3.4.3. 감동 표현

‘감동 표현(感動表現)’은 문장으로 표현하는 일에 대한 화자의 느낌이나 믿음과 같은 정감을 나타내는 표현이다.[7](『고등학교 문법』 2010:294) 이러한 감동 표현은 선어말 어미 ‘-도-/-로-, -돗-/-롯-, -옷-, -ㅅ-’이나 ‘-애-, -에-, -게-, -얘-’ 등으로 실현된다.

가. ‘-도-’ 계열의 감동 표현

‘-도-’ 계열의 감동 표현은 선어말 어미인 ‘-도-/-로-, -돗-/-롯-, -옷-, -ㅅ-’으로 실현되는 감동 표현이다.

〈 -도- / -로- 〉 감동 표현의 선어말 어미 ‘-도-’는 자음으로 시작하는 어미 앞에서 실현된다. ‘-도-’는 ‘-이다’와 ‘아니다’의 어간이나 선어말 어미 ‘-으리-’의 뒤에서는 ‘-로-’의 형태로 바뀐다.

(14) ㄱ. ᄒᆞ오사 平床이 뷔엿<u>도</u>다   [두언 18:6]
     ㄴ. 天龍八部ㅣ 과ᄒᆞ야 녜 업던 이리<u>로</u>다 ᄒᆞ더니   [월석 1:14]
     ㄷ. 親호미 쉽디 아니홈 아니<u>로</u>다   [영남 하:14]
     ㄹ. 眞知로 그스기 化ᄒᆞ시다 닐어리<u>로</u>다   [월석 13:44]

(ㄱ)의 ‘뷔엿도다’에서는 ‘뷔엿다’에 ‘-도-’가 실현되었다. 그리고 (ㄴ)의 ‘이리로다’에서는 서술격 조사 ‘-이다’의 어간 뒤에서, (ㄷ)의 ‘아니로다’에서는 ‘아니다’의 어간 뒤에서, (ㄹ)의 ‘닐어리로다’에는 ‘니ᄅᆞ다’의 어간에 붙은 미래 시제 선어말 어미 ‘-리-’ 뒤에서 ‘-도-’가 ‘-로-’의 형태로 바뀌었다.

〈 -돗- / -롯- 〉 감동 표현의 선어말 어미 ‘-돗-’은 대체로 모음이나 /ㄷ/으로 시작하는 어미 앞에서 실현된다. ‘-돗-’은 ‘-이다’와 ‘아니다’의 어간이나 선어말 어미

---

7) ‘확인 표현’이나 ‘원칙 표현’이 사태의 진실성에 대한 화자의 판단과 관련된 것이라면, ‘감동 표현(감동법, 感動法)’은 사태에 대해 화자가 느끼는 감정적 태도와 관련된다. 15세기 국어에서 감동 표현의 선어말 어미가 실현된 문장은 현대어에서 ‘-구나, -네’ 등의 감탄형 어미가 실현된 문장과 유사한 뜻을 나타낸다.

'-으리-' 뒤에서는 '-롯-'의 형태로 바뀐다.

첫째, '-돗-'은 '-이다'와 '아니다'의 어간이나 '-으리-' 뒤를 제외한, 일반적인 환경에서 실현된다.

(15) ㄱ. 書生은 ᄒᆞ마 銘을 사기돗다   [두언 24:62]
　　 ㄴ. 내 몬져 듣도소이다   [석상 24:18]
　　 ㄷ. 太子ㅣ 그런 사ᄅᆞ미시면 이 이리 ᄯᅩ 어렵도소이다   [월석 21:216]

(ㄱ)의 '사기돗다'에는 '사기다'의 어간에 '-돗-'이 실현되었으며, (ㄴ)의 '듣도소이다'에서는 '-돗-'이 화자 표현의 선어말 어미인 '-오-'에 결합되었다. 그리고 감동 표현의 '-돗-'이 매개 모음인 /ㅗ/를 가진 어미 앞에서 실현되는 경우가 있다. 예를 들어서 (ㄷ)의 '어렵도소이다'에서는 감동 표현의 선어말 어미인 '-돗-'이 매개 모음인 /ㅗ/가 개입되어 있는 상대 높임의 선어말 어미인 '-오이-' 앞에 실현되었다.[8]

둘째, '-돗-'은 '-이다'와 '아니다'의 어간이나 '-으리-' 뒤에서 '-롯-'으로 바뀐다.

(16) ㄱ. (大目揵連이) 羅卜이ᄅᆞᆯ 디면 내 빋 소배셔 난   [월석 23:86]
　　　　 아기로소이다
　　 ㄴ. 져믄 사ᄅᆞᆷ들히 서르 逢迎호미 내 道ㅣ 아니로소니   [두언 11:13]
　　 ㄷ. 내 이제 아니 오라 주그리로소이다   [월석 21:22]

(ㄱ)과 (ㄴ)의 '아기로소이다'와 '아니로소니'에서는 '-돗-'이 각각 '-이다'와 '아니다'의 어간 뒤에서 '-롯-'으로 바뀌었다. 이들 중 (ㄱ)의 '-롯-'은 상대 높임의 선어말 어미인 '-오이-(←-ᄋᆞ이-)'와 결합하였으며, (ㄴ)의 '-롯-'은 연결 어미인 '-오니(←-ᄋᆞ니)'에 결합하였다. 그리고 (ㄷ)의 '주그리로소이다'에서는 '-돗-'이 미래 시제 선어말 어미인 '-으리-' 뒤에서 '-롯-'으로 바뀌고 난 후에, 그 뒤에 오는 화자 표현

---

8) (15)의 (ㄷ)에서는 주어로 표현된 대상(= 일)이 3인칭이기 때문에 화자 표현의 선어말 어미인 '-오-'가 들어갈 수 없다. 고영근(1995:587)에서는 이때의 '-오이-'는 상대 높임의 선어말 어미인 '-ᄋᆞ이-'에서 매개 모음인 /·/가 '-돗-'의 모음 /ㅗ/에 동화된 형태로 보았다. 반면에 허웅(1975:946)에서는 강조-영탄법의 선어말 어미로서 '-도-'와 '-소-'를 설정하고, '어렵도소이다'를 '어렵-＋-도(영탄법)-＋-소(영탄법)-＋-이-＋-다'로 분석했다.

의 선어말 어미 '-오-'와 결합하였다.

〈 -옷- 〉 감동 표현의 선어말 어미인 '-옷-'은 '-으시-, -ᄂ-, -더-, -거-' 등의 선어말 어미에 붙어서 각각 '-으샷-, -놋-, -닷-, -괏-'의 형태로 실현된다.

첫째, 주체 높임의 선어말 어미인 '-시-'에 '-옷-'이 붙어서 '-샷-'으로 실현된다.

    (17) [-샷-] : -시- + -옷-

        ㄱ. 天人世間애 ᄀᆞᆯᄫᆞ리 업스샷다   [석상 11:24]

        ㄴ. 몬져 니ᄅᆞ샨 經을 어루 다 듣ᄌᆞ오샷다   [법언 6:82]

(ㄱ)의 '업스샷다'와 (ㄴ)의 '듣ᄌᆞ오샷다'에서는 주체 높임의 선어말 어미인 '-으시-' 와 '-옷-'이 결합하여서 '-샷-'의 형태로 실현되었다.

둘째, 현재 시제의 선어말 어미인 '-ᄂ-'에 '-옷-'이 붙어서 '-놋-'으로 실현된다.

    (18) [-놋-] : -ᄂ- + -옷-

        ㄱ. 이 男子ㅣ 精誠이 至極홀ᄊᆡ 보ᄇᆡᄅᆞᆯ 아니 앗기놋다   [월석 1:11]

        ㄴ. 우리도 이 偈ᄅᆞᆯ 좃ᄌᆞᄫᅡ 외오노소라   [월석 8:100]

(ㄱ)의 '앗기놋다'와 (ㄴ)의 '외오노소라'에서는 '-ᄂ-'와 '-옷-'이 결합하여서 '-놋-' 의 형태로 실현되었다.

셋째, 회상의 선어말 어미인 '-더-'에 '-옷-'이 붙어서 '-닷-'으로 실현되며, 미래 시제의 선어말 어미인 '-으리-'의 뒤에서는 '-닷-'이 '-랏-'으로 변동한다.

    (19) [-닷-] : -더- + -옷-

        ㄱ. 우리들히 요ᄉᆞᅀᅵ예 大師 겨신 싸ᄒᆞᆯ 모ᄅᆞ다니   [월석 21:201]
           忉利天에 겨시닷다

        ㄴ. 부텨 니르시논 解脫을 우리도 得ᄒᆞ야 涅槃애 다ᄃᆞ론가 [석상 13:43]
           ᄒᆞ다소니 오ᄂᆞᆳ날 이 ᄠᅳ들 몯 아ᄉᆞᄫᅵ로다

        ㄷ. 그듸옷 나그내ᄅᆞᆯ ᄉᆞ랑티 아니ᄒᆞ더든 그몸나래   [두언 15:31]
           ᄯᅩ 시르믈 더으리랏다

        ㄹ. 巖頭옷 아니러든 德山ㅅ 喝을 몯 알리랏다   [몽언 32장]

(ㄱ)의 '겨시닷다'에서는 '겨시다'의 어간에 실현된 회상의 선어말 어미 '-더-' 뒤에 감동 표현의 '-옷-'이 결합되어서, '-닷-'의 형태로 실현되었다. (ㄴ)의 'ㅎ다소니'에서는 'ㅎ다'의 어간에 실현된 '-더-' 뒤에 '-옷-'이 결합되어서 '-닷-'으로 실현되었다. 그리고 (ㄷ)의 '더으리랏다'에서는 '-더-'가 뒤의 '-옷-'이 결합되면서 '-닷-'으로 바뀐 다음에, '-닷-'이 '-리-' 뒤에서 또다시 '-랏-'으로 꾸었다. (ㄹ)의 '알리랏다'에서도 '-더-'가 뒤의 '-옷-'이 결합되면서 '-닷-'으로 바뀐 다음에, '-닷-'이 '-리-' 뒤에서 '-랏-'으로 바뀌었다.

넷째, 확인 표현의 선어말 어미인 '-아-/-어-'나 '-거-'에 '-옷-'이 붙어서, '-괏-'으로 실현된다.

(20) [-괏-] : {-아-, -거-} + -옷-
　　　江淹 鮑照의 긇 體ㅣ 流傳ㅎ매 서르 돌아본딘 아들 업소ᄆᆞᆯ　[두언 21:31]
　　　免콰소라 (流傳江鮑體相顧免無兒)

'免콰소라'에는 어미인 확인 표현의 선어말 어미인 '-아-'에 '-옷-'이 결합하여 '-괏-'의 형태로 실현되었다.[9]

〈 -ㅅ- 〉 감동 표현의 선어말 어미인 '-ㅅ-'은 그 뒤에 선어말 어미인 '-오-'나 매개 모음인 /ᆞ/를 가진 어미와 함께 쓰여서, '-소라, -ᅀᅳᆫ다, -ᄉᆞ라'의 형태로 실현된다.

(21) ㄱ. -소라 → -ㅅ- + -오- + -라
　　　ㄴ. -ᅀᅳᆫ다 → -ㅅ- + -ᅌᅳᆫ다
　　　ㄷ. -ᄉᆞ라 → -ㅅ- + -ᆞ라

(22) ㄱ. 우리둘토 … 供養ᄒᆞᅀᆞᄫᅩ려 ᄒᆞ야 머리셔 오소이다　　　[석상 23:53]
　　　ㄴ. 爲頭 도ᄌᆞ기 무로딘 너희둘히 므스글 보ᄂᆞᆫ다　　　[월석 10:28]
　　　ㄷ. 너희둘히 힘뻐ᄉᆞ라　　　[석상 23:13]

---

9) (20)에서 '-괏-'은 어미 '-오라'와 결합하여 '-과소라'로 실현되었다. 이때 '-오라'는 주어가 화자인 경우에는 화자 표현의 선어말 어미인 '-오-'에 평서형 종결 어미 '-다'의 변이 형태인 '-라'가 결합된 것으로 처리해야 한다. 반면에 주어가 화자가 아닌 경우에는 평서형 종결 어미인 '-ᆞ라(←-다)'의 매개 모음인 /ᆞ/가 '-괏-'의 모음 /w/에 동화된 것으로 처리한다.

(ㄱ)의 '오소이다'에서는 '-ㅅ-'이 화자 표현의 선어말 어미인 '-오-'와 결합하여 '-소-'로 실현되었다. (ㄴ)의 '보ᄂᆞᆫ다'에서는 '-ㅅ-'이 의문형 종결 어미인 '-ᄂᆞᆫ다'에 결합되어서 '-ᄂᆞᆫ다'의 형태로 실현되었다. 그리고 (ㄷ)의 '힘ᄡᅥ스라'에서는 '-ㅅ-'이 명령형 종결 어미인 '-ᄋᆞ라'에 결합되어서 '-스라'의 형태로 실현되었다.

나. '-애-' 계열의 감동 표현

'-애-' 계열의 감동 표현은 선어말 어미인 '-애-/-에-/-게-/-얘-'로 실현되는 감동 표현이다. 이들 선어말 어미 중에서 '-애-'는 양성 모음의 어간 뒤에, '-에-'는 음성 모음의 어간 뒤에 실현되는 감동 표현의 선어말 어미이다. 반면에 '-게-'는 '몯(ᄒᆞ)다'의 어간인 '몯-' 뒤에 실현되며, '-얘-'는 '~ᄒᆞ다' 형 용언의 어간인 'ᄒᆞ-' 뒤에 실현된다.10)

(23) ㄱ. 부톄 등 알ᄑᆡ라 ᄒᆞ샤 믈 가져 오라 ᄒᆞ야시ᄂᆞᆯ   [석보 24:2]
    ㄴ. 大王ㅅ 말ᄊᆞ미ᅀᅡ 올커신마른 내 ᄠᅳ데 몯 마ᅀᆡ이다   [월석 8:97]

(24) ㄱ. ᄲᅮᆯ 니고미 오라ᄃᆡ 오히려 굴히리 업세이다   [육언 상: 27]
    ㄴ. 손바리 어러 ᄠᅳ고 갓과 ᄉᆞᆯ쾌 주게라   [두언 25:26]

(25) ㄱ. 아디 몯게이다 和尙은 므슷 이ᄅᆞᆯ ᄒᆞ라 ᄒᆞ시ᄂᆞ니잇가   [육조 상:8]
    ㄴ. 늘ᇇ 興애 아디 몯게라 믈윗 몃 마릿 글을 지스니오   [두언 22:16]

(26) ㄱ. 귓ᄀᆞᅀᆡ ᄒᆞ마 물근 나빗 소리ᄅᆞᆯ 든논 ᄃᆞᆺ ᄒᆞ얘라   [두언 16:30]
    ㄴ. 이 노로ᄆᆞᆯ 일우디 몯ᄒᆞᆯ가 저후니 수를 자바셔 ᄠᅳ디   [두언 15:13]
         茫然ᄒᆞ얘라

(23)의 '알ᄑᆡ라'와 '마ᅀᆡ이다'에서는 '알ᄑᆞ다'와 '맞다'의 어간에 '-애-'가 실현되었으며, (24)의 '업세라'와 '주게라'에서는 '없다'와 '주다'의 어간에 '-에-'가 실현되었다.

---

10) '-애-'와 '-에-'는 음운론적 변이 형태이며, '-게-'와 '-얘-'는 각각 형태론적 변이 형태이다.

그리고 (25)의 '몬게이다'와 '몬게라'애서는 '몬(ㅎ)다'의 어간인 '몬(ㅎ)-'에 '-게-'가, (26)의 'ㅎ애라'와 '茫然ㅎ애라'에서는 'ㅎ다'와 '茫然ㅎ다'의 어간에 '-애-'가 실현되어서 '감동 표현(감탄문)'을 형성하였다.

감동 표현의 선어말 어미가 실현되는 양상을 정리하면 다음과 같다.

계열	이형태	다른 어미와 결합	용례	
'-도-' 계열	-도- -로-	–	뷔엿도다	뷔 - + -어 + 잇- + -도 - + -다
			아니로다	아니 - + -로 - + -다
	-돗- -롯-	–	사기돗다	사기 - + -Ø(과시)- + -돗 - + -다
			주그리로소이다	죽 - + -으리 - + -롯 - + -오 - + -이 - + -다
	-옷-	-시- + -옷- → -샷-	ㅎ샷다	ㅎ- + -시- + -옷- + -다
		-ᄂ- + -옷- → -놋-	앗기놋다	앗기 - + -ᄂ- + -옷- + -다
		-더- + -옷- → -닷-	겨시닷다	겨시 - + -더- + -옷- + -다
		-아- + -옷- → -괏-	免콰소라	免ㅎ - + -아- + -옷- + -오라
	-ㅅ-	-ㅅ- + -오- → -소-	오소이다	오- + -ㅅ - + -오- + -이- + -다
		-ㅅ- + -은다 → -슨다	보ᄂ슨다	보- + -ᄂ- + -ㅅ- + -은다
		-ㅅ- + -으라 → -스라	힘뻐스라	힘쓰- + -어- + -ㅅ- + -으라
'-애-' 계열	-애-	–	마재이다	맞- + -애- + -이- + -다
	-에-	–	업세이다	없- + -에- + -이- + -다
	-게-	–	몬게이다	몬- + (ㅎ) + -게- + -이- + -다
	-애-	–	ㅎ애라	ㅎ- + -애- + -라

〈표 2〉 감동 표현 선어말 어미의 실현 양상

【 더 배우기 】

1. 확인 표현의 기능이 없는 '거, 아/어, 나'

'거, 아/어, 나'로 실현되는 어형이라고 해서 모두 확인 표현의 선어말 어미로 처리되는 것은 아니다. 곧 선어말 어미 '-거-'나 '-아-/-어-, -나-'는 그것이 실현되지 않는 어형이 있을 경우에만 형태소의 자격이 있다.(『고등학교 문법』 2010:293)

(1) ㄱ. 가거다, 가리어다, 가거녀
　　 ㄴ. 바다다, 바드려다, 바다녀

(2) ㄱ. 가다, 가리다, 가녀
　　 ㄴ. 받다, 바드리라, 바드녀

(1)에서 (ㄱ)의 '가거다, 가리어다, 가거녀'에는 비타동사인 '가다'에 '-거-'가 실현되었고, (ㄴ)의 '바다다, 바드려다, 바다녀'에는 타동사인 '받다'에 '-아-'가 실현되었다. 이에 반해서 (2)에서는 '가다'와 '받다'에 선어말 어미가 실현되지 않았다. (1)과 (2)의 '가다'와 '받다'에서처럼 선어말 어미가 실현된 형태와 실현되지 않은 형태가 존재하는 경우에는, '-거-'나 '-아-/-어-'를 확인 표현의 선어말 어미로 인정할 수 있다.

그런데 '거, 아/어, 나'가 특정한 어미 앞에서 항상 실현되어서, '-거늘/-어늘/-나늘, -거든/-어든/-나든, -건덴/-언덴/-나덴'처럼 쓰이는 경우도 있다.

(3) ㄱ. 無憂樹ㅅ 가지 굽거늘 어마님 자ᄇ샤　　　　　　[월석 2:33]
　　 ㄴ. 西征에 功이 일어늘 所獲을 다 도로 주샤　　　　[용가 41장]
　　 ㄷ. 無憂樹ㅅ 가지 절로 구버 오나늘 婦人이 올ᄒᆞᆫ소ᄂᆞ로　[월석 2:36]
　　　　 가질 자ᄇ샤

(4) ㄱ. 아뫼나 와 가지리 잇거든 주노라　　　　　　　　[월석 7:3]
　　 ㄴ. 禮 아니어든 뮈디 아니ᄒᆞᆯ식　　　　　　　　　[내훈 3:69]
　　 ㄷ. 聖王 셔실 나래 술위 ᄂᆞ라 오나든 그 술위를 ᄐᆞ샤　[월석 1:19]

나라해 다 듣니실씨

(5) ㄱ. 일로 혜여 보건덴 므슴 慈悲 겨시거뇨　　　　　　[석상 6:6]
　　ㄴ. 그듸내 머리셔 ㄱ빗비 오난마른 如來ㅅ 숨利는 몯　　[석상 23:54]
　　　　나소리어다
　　ㄷ. 八諦는 곧 우흘 어울워 닐어니와 또 無量 四諦 잇ᄂ니　[월석 14:38]
　　ㄹ. 아래 ᄌ조 듣ᄌᄫ란마른 즉자히 도로 니저　　　　[석상 6:11]

(3)과 (4)에서 '-거늘/-어늘/-나늘'이나 '-거든/-어든/-나든'과 같이 연결 어미 '-
늘/-늘'과 '-든/-든' 앞에서는 '거, 어, 나'가 항상 실현되기 때문에 이들과 비교되
는 어형이 없다. 따라서 '거, 어, 나'가 나타나는 어미일지라도 (3)과 (4)의 '-거늘/-
어늘'과 '-거든/-어든' 등에서는 '-거-/-어-/-나-'를 따로 분석하지 않는다. 이
밖에도 (5)에서 (ㄱ)의 '-건덴', (ㄴ)의 -난마른, (ㄷ)의 '-어니와', (ㄹ)의 '-안마른'
등의 연결 어미에서도 '-거-, -아/-어-, -나-'를 따로 분석하지 않는다.

2. 『고등학교 문법』(2010)의 '-니'에 대한 문법적 처리 방법과 문제점

『고등학교 문법』(2010)에서는 15세기 국어에서 실현되는 '니'를 다음과 같은 여
러 가지 방식으로 처리하고 있다.
　첫째, 원칙 표현의 선어말 어미 '-니-'로 처리한 경우가 있다.

(6) ㄱ. 사ᄅ미 살면 주그미 이실씨 모로매 늙ᄂ니라　　　[석상 11:36]
　　ㄴ. 녜는 죠히 업서 대룰 엿거 그를 쓰더니라　　　　[월석 8:98]

둘째, 반말의 평서형이나 의문형의 종결 어미 '-니'로 처리한 경우가 있다.

(7) ㄱ. 世尊ㅅ 몸이 이 넉시러시니　　　　　　　　　[월천 기136]
　　ㄴ. 아바님 지ᄒ신 일훔 엇더ᄒ시니　　　　　　　[용가 90장]

셋째, 보수성을 띤 평서형 종결 어미인 '-니라'의 일부 형태로 처리한 경우가
있다.

(8) ㄱ. 주거미 닐오ᄃᆡ 내 ᄒᆞ마 <u>주그니라</u>　　　　　[월석 17:21]

　　ㄴ. 너를 외에 아니 ᄒᆞ<u>노니라</u>　　　　　　　　[사법어언해 3장]

넷째, 의문형 종결 어미인 '-ㄴ다 / -ㄴ가 / -ㄴ고'나 '-니…가/-니…고'의 일부 형태로 처리한 경우가 있다.

(9) ㄱ. 大王아 네 나히 며친 쁴 恒河ㅅ 므를 <u>본다</u>　　　[능언 2:8]

　　ㄴ. 西京은 편안ᄒᆞ가 몯<u>ᄒᆞ가</u>　　　　　　　　　[두언 18:5]

　　ㄷ. 이 이른 엇던 因緣으로 이런 相이 <u>現ᄒᆞ고</u>　　[법언 3:112]

(10) ㄱ. 엇뎨 부톄라 ᄒᆞᄂᆞ<u>닛가</u>　　　　　　　　　[석상 6:16]

　　ㄴ. 므스글 道ㅣ라 ᄒᆞᄂᆞ<u>니잇고</u>　　　　　　　[월석 9:24]

『고등학교 문법』(2010)의 이러한 처리 방법은 이론적 타당성과 관계없이 학교 문법의 내용으로 삼기에는 문제가 있다. 곧 어미의 형태와 실현되는 위치가 동일한 '니'의 형태를 각각 다른 범주로 처리함으로써, 중세 국어에 대한 학교 문법의 내용이 지나치게 복잡하게 된 것이다.[1]

위의 네 가지 경우에 '니'가 실현되는 분포를 살펴보면, '니'는 반드시 선어말 어미 '-리-'와 상보적인 관계로 실현된다. 이러한 점에서 '-니-'를 선어말 어미인 '-리-'와 마찬가지로 화자의 태도를 표현하는 문법 범주(서법, 敍法)를 형성하는 형태소로 처리하는 것이 바람직하다.[2]

---

1) 『고등학교 문법』(2010)에서 특히 문제가 되는 점은 객관적인 믿음 표현의 선어말 어미인 '-니-'와 평서형 종결 어미인 '-다'가 결합된 형태인 '-니라'와, 보수성을 띠는 평서형 종결 어미의 '-니라'를 객관적으로 구분할 수 있는 형태·통사적인 근거를 제시하지 않았다는 것이다. 동일한 형태로 나타나는 이들 ㅊ두 가지의 문법적 단위를 문맥에 나타나는 의미나 현실 세계에 대한 지식을 기반으로 구분하고 있을 뿐이다.

2) 개인적인 학자가 이론 문법 체계를 세우는 방법과 학교 문법의 내용 체계를 설정하는 기본 태도는 달라야 한다. 학교 문법의 내용 체계는 특정 문법 이론에 기대어서 학교 문법의 내용을 기술하기보다는, 문법 교육의 수월성과 합리성과 효율성을 고려하여서 문법 교육의 내용 체계를 설정하고 이를 가능한 쉽게 기술하여야 한다. 이러한 점에서 현행 『고등학교 문법』(2010)의 내용 체계, 특히 '-니-'를 중심으로 한 내용 체계의 설정과 이에 대한 기술 방법에는 문제가 있다.

3.5. 화자 표현과 대상 표현

15세기 국어에서는 선어말 어미 '-오-/-우-'가 문법적인 기능을 나타낼 수도 있다.

〈 선어말 어미 '-오-/-우-'의 실현 양상 〉 15세기 국어에서 표현되는 선어말 어미 '-오-/-우-'는 서로 다른 두 가지의 문법적인 기능을 나타내는데, '-오-/-우-'가 실현되는 양상을 보면 다음과 같다.(허웅 1975:730 참조.)

첫째, '-오-/-우-'가 종결 어미나 연결 어미 앞에서 실현될 수 있다.

   (1) ㄱ. ᄒᆞ다, ᄒᆞᄂᆞ다, ᄒᆞ더라, ᄒᆞ리라
       ㄴ. 호라, ᄒᆞ노라, ᄒᆞ다라, 호리라[1]

   (2) ㄱ. ᄒᆞ니, ᄒᆞᄂᆞ니, ᄒᆞ더니, ᄒᆞ리니
       ㄴ. 호니, ᄒᆞ노니, ᄒᆞ다니, 호리니[2]

종결형인 (1ㄴ)의 '호라, ᄒᆞ노라, ᄒᆞ다라, 호리라'와 연결형인 (2ㄴ)의 '호니, ᄒᆞ노니, ᄒᆞ다니, 호리니'에는 선어말 어미인 '-오-'가 실현되었다.

둘째, '-오-/-우-'가 관형사형 어미 앞에서 실현될 수 있다.

   (3) ㄱ. ᄒᆞᆫ, ᄒᆞᄂᆞᆫ, ᄒᆞ던, ᄒᆞᆯ
       ㄴ. 혼, ᄒᆞ논, ᄒᆞ단, 홀[3]

(3)에서 (ㄴ)의 '혼, ᄒᆞ논, ᄒᆞ단, 홀'은 (ㄱ)의 'ᄒᆞᆫ, ᄒᆞᄂᆞᆫ, ᄒᆞ던, ᄒᆞᆯ'에 선어말 어미인 '-오-'가 실현되었다.

이처럼 선어말 어미인 '-오-'는 (1)과 (2)처럼 종결형과 연결형에 실현되는 것과,

---

1) (1ㄴ)의 단어들은 다음과 같이 분석할 수 있다. '호라(ᄒᆞ-＋-오-＋-라), ᄒᆞ노라(ᄒᆞ-＋-ᄂᆞ-＋-오-＋-라), ᄒᆞ다라(ᄒᆞ-＋-더-＋-오-＋-라), 호리라(ᄒᆞ-＋-오-＋-리-＋-라)'

2) (2ㄴ)의 단어들은 다음과 같이 분석할 수 있다. '호니(ᄒᆞ-＋-오-＋-니), ᄒᆞ노니(ᄒᆞ-＋-ᄂᆞ-＋-오-＋-니), ᄒᆞ다니(ᄒᆞ-＋-더-＋-오-＋-니), 호리니(ᄒᆞ-＋-오-＋-리-＋-니)'

3) (3ㄴ)의 단어들은 다음과 같이 분석할 수 있다. '혼(ᄒᆞ-＋-오-＋-ㄴ), ᄒᆞ논(ᄒᆞ-＋-ᄂᆞ-＋-오-＋-ㄴ), ᄒᆞ단(ᄒᆞ-＋-더-＋-오-＋-ㄴ), 홀(ᄒᆞ-＋-오-＋-ㄹ)'

(3)처럼 관형사형에 실현되는 것이 있다. (1ㄴ)과 (2ㄴ)처럼 종결형과 연결형에 실현되는 '-오-'를 '화자 표현의 선어말 어미'라고 하고, (3ㄴ)처럼 관형사형에 실현되는 '-오-'를 '대상 표현의 선어말 어미'라고 한다.

3.5.1. 화자 표현

가. 화자 표현의 개념

15세기 국어에서는 화자(話者)인 체언이 주어로 쓰일 때에는 서술어로 쓰인 용언이나 서술격 조사에 선어말 어미 '-오-/-우-'가 실현된다. 반면에 비화자(非話者) 체언이 주어로 쓰일 때에는 '-오-/-우-'가 실현되지 않는다.

(4) ㄱ. 내 … 이런 衆生을 위ᄒᆞ야 大慈悲心을 <u>니르와도라</u>　　[석상 13:57]
　　ㄴ. 너도 ᄯᅩ 이 <u>ᄀᆞᆮᄒᆞ다</u>　　　　　　　　　　　[능언 2:23]
　　ㄷ. 光明이 四天下ᄅᆞᆯ <u>비취ᄂᆞ다</u>　　　　　　　　[몽언 53]

(ㄱ)처럼 주어가 화자인 문장에는 서술어로 쓰인 '니르왇다'에 선어말 어미인 '-오-'가 붙어서 '니르와도라'로 실현되었다. 그러나 (ㄴ)의 '너'와 (ㄷ)의 '光明'처럼 주어로 쓰인 대상이 화자가 아닐 때에는 서술어로 쓰인 말에 '-오-/-우-'가 실현되지 않았다.

이처럼 화자 체언이 주어로 쓰일 때에 서술어로 쓰인 말에 선어말 어미인 '-오-/-우-'를 실현하고, 비화자(非話者) 체언이 주어로 쓰일 때에는 '-오-/-우-'를 실현하지 않는 문법적 표현을 '화자 표현(話者 表現)'이라고 한다.4)

나. 화자 표현 선어말 어미의 실현 양상

화자 표현의 선어말 어미는 대부분 주어가 1인칭 대명사로 표현된 경우에 실현되는데, 일반적으로는 선어말 어미인 '-오-/-우-/-로-'로 실현된다. 그리고 회상의

---

4) 허웅(1975:730)에서는 주어가 1인칭임을 표현하는 이러한 문법 범주를 '1인칭법(一人稱法)'이라고 하였으며, 고영근(2010:35)에서는 '화자 표시법'이라고 하였다.

선어말 어미인 '-더-'가 '-다-'로 바뀌거나, 확인 표현의 선어말 어미인 '-아-/-어-'나 '-거-'가 '-과-/-가-'로 바뀌어서 화자 표현이 실현되기도 한다.

〈-오-/-우-/-로-〉 주어가 1인칭의 대명사로 표현되는 경우에는 서술어로 쓰이는 말에 화자 표현의 선어말 어미인 '-오-/-우-'가 실현된다. 그리고 '-오-/-우-'가 '-이다'와 '아니다'의 어간 뒤에 실현될 때에는 '-로-'로 바뀐다.

첫째, 화자 표현의 선어말 어미는 일반적인 환경에서 '-오-/-우-'의 형태로 실현된다. 곧, 1인칭의 대명사가 주어로 쓰이면 화자 표현의 선어말 어미인 '-오-/-우-'가 서술어로 쓰인 말에 실현된다.

(5) ㄱ. 하늘 우 하늘 아래 나 샏 尊호라   [석상 6:17]

    ㄴ. 내 이제 너드려 니르노라   [월석 14:49]

    ㄷ. 부텨 니르시논 解脫을 우리도 得ᄒ야 涅槃애   [석상 13:43]

        다드론가 ᄒ다소니

    ㄹ. 우리둘히 ⋯ 毒藥을 그르 머구니   [월석 17:17]

    ㅁ. 患難 하매 (내) 便安히 사디 몯ᄒ소라   [두언 8:43]

(5)에서는 주어가 1인칭 대명사인 '나'와 '우리'로 표현되었는데, 이에 따라 서술어로 쓰인 용언에 '-오-/-우-'가 실현되었다. 곧 (ㄱ)의 '尊호라'에는 '尊ᄒ다'에 '-오-'가 실현되었으며, (ㄴ)의 '니르노라'에는 '니르다'에 현재 시제 선어말 어미인 '-ᄂ-'와 '-오-'가 결합하여서 '-노-'로 실현되었다. 그리고 (ㄷ)의 '다드론가'에는 '다듣다'에 '-오-'가 실현되었으며, (ㄹ)의 '머구니'에는 '먹다'에 '-우-'가 실현되었다. (ㅁ)의 '몯ᄒ소라'에는 '몯ᄒ다'에 감동 표현의 선어말 어미인 '-ㅅ-'과 '-오-'가 결합하여 '-소-'로 실현되었다.

반면에 비화자(非話者) 체언이 주어로 쓰인 문장에서는 화자 표현의 선어말 어미인 '-오-/-우-'가 실현되지 않는다.

(6) ㄱ. 이 ᄢᅴ 아들둘히 아비 죽다 듣고   [월석 17:21]

    ㄴ. 光明이 四天下를 비취ᄂ다   [몽언 53]

    ㄷ. 너희 이 브를 보고 더븐가 너기건마른   [월석 10:14]

    ㄹ. 舍利佛이 흔 獅子ㅣ를 지서 내니 그 쇼롤 자바머그니   [석상 6:32]

ㅁ. 너희돌히…ᄂᆞ외야 ᄆᆞᄉᆞᆷ 게을이 마라ᄉ라　　　　　　[석상 23:12]

(6)의 문장은 화자 이외의 체언이 주어로 쓰였는데, 이들 문장에서는 서술어로 쓰인 용언에 '-오-/-우-'가 실현되지 않았다.

　둘째, 화자 표현의 선어말 어미인 '-오-/-우-'가 '-이다'나 '아니다'의 어간 뒤에 실현되면 그 형태가 '-로-'로 바뀐다.

　(7) ㄱ. **光目女**는 地藏菩薩이 긔라　　　　　　　　　[능언 2:7]
　　　 ㄴ. 내 아ᄃᆞ리 出家 아니 ᄒᆞ고 일후미 大目揵連이 아니<u>라</u>　[월석 23:85]

　(8) ㄱ. **나**는 弟子 大目揵連이<u>로</u>라　　　　　　　　[월석 23:82]
　　　 ㄴ. 이제 **나**는 가난ᄒᆞ미라 病 아니<u>로</u>라　　　　[영남 상:30]

(7)에서는 화자가 아닌 체언이 주어로 쓰였으므로, 서술어로 쓰인 '긔라'와 '아니라'에는 '-오-/-우-'가 실현되지 않았다. 이에 반하여 (8)에서 (ㄱ)의 '大目揵連이로라'에서는 서술격 조사 '-이다'의 어간 뒤에 실현된 화자 표현의 선어말 어미인 '-오-'가 '-로-'로, (ㄴ)의 '아니로라'에서는 '아니다'의 어간 뒤에 실현된 '-오-'가 '-로-'로 바뀌었다.

　〈-다-〉 화자 체언이 주어로 쓰인 문장에서 회상의 선어말 어미인 '-더-'에 화자 표현의 어미인 '-오-/-우-'가 결합하면, '-더-'가 '-다-'로 바뀌면서 '-오-/-우-'가 탈락한다.

　(9) ㄱ. **迦葉**이…布施도 만히 ᄒᆞ<u>더</u>니 제 **겨집**도 … 世間앳　[석상 6:12]
　　　　 情欲이 업더라
　　　 ㄴ. **世尊**이 … 龍과 鬼神과 위ᄒᆞ야 說法ᄒᆞ<u>더</u>시다　[석상 6:1]

　(10) ㄱ. **내** 지븨 이셔 날마다 五百僧齋ᄒᆞ<u>다</u>라　　　[월석 23:74]
　　　 ㄴ. **내** 지븨 이싫 저긔 受苦ㅣ 만<u>타</u>라　　　　[월석 10:23]
　　　 ㄷ. **내** 아랫 네 버<u>디라</u>니　　　　　　　　　[석상 6:19]

먼저 (9)처럼 비화자 체언이 주어로 쓰인 문장에는 (ㄱ)의 'ᄒ더니', '업더라'와 (ㄴ)의 '說法ᄒ더시다'처럼 회상을 나타내는 선어말 어미가 '-더-'로 실현되었다. 반면에 (10)처럼 화자 체언이 주어로 쓰인 문장에는 회상 표현의 선어말 어미가 '-다-/-라-'의 형태로 실현되었다. 곧 (ㄱ)의 '五百僧齋ᄒ다라'에는 '五百僧齋ᄒ다'의 어간에, (ㄴ)의 '만타라'에는 '만ᄒ다'의 어간에 회상의 선어말 어미가 '-다-'로 실현되었다. 그리고 (ㄷ)의 '버디라니'처럼 서술격 조사 '-이다' 다음에는 '-더-'가 화자 주어와 관련하여 '-다-'로 변한 다음에, 서술격 조사 뒤에서 '-다-'가 다시 '-라-'로 바뀌었다.

〈 -과-, -가- 〉 '확인 표현'의 선어말 어미인 '-거-, -아-/-어-, -나-'는 화자가 주어로 쓰인 문장에서는 '-과-'나 '-가-'로 형태가 바뀐다.[5]

(11) ㄱ. 뎌 즁아 닐웨 ᄒ마 다ᄃ거다　　　　　　　　　[석상 24:15]
　　　 ㄴ. 阿難아 내 ᄒ 말 드러라　　　　　　　　　　　[월석 10:21]
　　　 ㄷ. 오늘 寶藏이 自然히 오나다　　　　　　　　　 [월석 13:32]

(12) ㄱ. 내 이제 훤히 즐겁과라　　　　　　　　　　　　[법언 2:137]
　　　 ㄴ. 내 오늘 큰 利를 얻과라　　　　　　　　　　　 [법언 4:84]
　　　 ㄷ. 내 親히 저숩고 香 퓌우ᅀᆞᆸ가니　　　　　　　[월석 23:88]
　　　 ㄹ. 내 … 이거슬 怪異히 너기가니 어느 구틔여 나료　[두언 25:29]

(11)처럼 비화자 체언이 주어로 표현될 때에는 확인 표현의 선어말 어미가 '-거-, -아-/-어-, -나-'로 실현된다. 곧, (ㄱ)의 '다ᄃ다'처럼 비타동사에는 '-거-'로 실현되었고, (ㄴ)의 '듣다'처럼 타동사에는 '-어-'로, (ㄷ)처럼 '오다'에는 '-나-'로 실현되었다. 반면에 (12)처럼 주어가 1인칭의 체언으로 표현될 때에는 '-과-, -가-'의 형태로 바뀌어서 실현된다. 곧, (ㄱ)에는 '-거-'가 '-과-'로 실현되었으며, (ㄴ)에는 '-아-'가 '-과-'로 실현되었으며, (ㄷ)과 (ㄹ)에는 각각 '-아-'가 '-가-'로 형태가 바뀌어서 실현되었다.

---

5) 확인 표현의 선어말 어미인 '-거-, -아-/-어-, -나-'가 '-오-/-우-'와 결합하면, 이들 선어말 어미는 '-과-'나 '-가-'로 변동하고 '-오-/-우-'는 탈락하는 것으로 처리할 수 있다.

실현 양상	형태	용례
'화자 표현' 선어말 어미의 변이 형태	-오-	ᄒᆞ오ᅀᅡ 내 尊ᄒᆞ라
	-우-	우리들히 … 毒藥을 그르 머구니
	-로-	나ᄂᆞᆫ 弟子 大目犍連이로라
		이제 나ᄂᆞᆫ 가난ᄒᆞ미라 病 아니로라
'회상 표현' 선어말 어미의 변이 형태	-다-	내 지비 이셔 날마다 五百僧齋ᄒᆞ다라
	-라-	내 … 舍衛國 사ᄅᆞ미라니
'확인 표현' 선어말 어미의 변이 형태	-과-	내 이제 훤히 즐겁과라
	-가-	내 親히 저숩고 香 퓌우ᅀᆞᆸ가니

〈표 1〉 화자 표현 선어말 어미의 실현 양상

3.5.2. 대상 표현

가. 대상 표현의 개념

선어말 어미인 '-오-/-우-'는 관형절의 서술어에 실현될 수도 있고 실현되지 않을 수도 있다. 이때에 '-오-/-우-'의 선택은 관형절의 서술어와 그 관형절의 수식을 받는 중심어(= 체언) 사이에 성립하는 통사·의미적인 관계에 따라서 결정된다.

첫째, 관계 관형절의 수식을 받는 중심어(피한정어)가 관형절 속의 서술어에 대하여 '주체-풀이'의 의미적인 관계를 맺고 있을 때에는, 관형절 속의 서술어에 선어말 어미인 '-오-/-우-'가 실현되지 않는다.

(13) ㄱ. 諸國王과 婆羅門 等이 … 아기 나ᄒᆞᆯ **겨집들홀** 보고   [월석 21:143]

ㄴ. 찻믈 기를 婇女를 비러 오라   [월석 8:90]

(14) ㄱ. 겨집들히 아기 낳다

ㄴ. 婇女ㅣ 찻믈 긷다

(13)의 관형절에서 서술어로 쓰인 '낳다, 긷다'와 중심어인 '겨집들ㅎ, 婇女'는 (14)처

럼 '주체 – 풀이'의 의미적인 관계를 맺고 있다. 이와 같은 경우에는 관형절의 서술어에 선어말 어미 '-오-/-우-'가 실현되지 않는다.

둘째, 관계 관형절의 중심어가 관형절 속의 서술어에 대하여 '대상-풀이'의 의미적인 관계를 맺고 있거나, 관형절과 중심어가 동격의 관계에 있을 수 있다. 이러한 환경에서는 관형절 속에 실현된 서술어에 선어말 어미인 '-오-/-우-'가 실현될 수가 있다.

(15) ㄱ. 舍利佛이 須達이 밍ㄱ론 座애 올아 앉거늘　　　　　[석상 6:30]
　　　ㄴ. 흔 암사스미 와 옷 섄론 므를 먹고　　　　　　　　[석상 11:24]
　　　ㄷ. 그 ᄢᅴ 首陀會天이 須達이 버릇업순 주를 보고　　　[석상 6:20]

(16) ㄱ. 須達이 座를 밍ㄱ다　　　　　　　　[목적어-서술어]
　　　ㄴ. (仙人ㅣ) 믈로 오슬 섈다　　　　　[부사어-서술어]
　　　ㄷ. 須達이 버릇없다 (= 줄)　　　　　　[동격]

(15)의 (ㄱ)에서 중심어인 '座'는 관형절 속의 서술어인 '밍ㄱ다'와 속구조에서 목적어-서술어의 관계를 맺고 있으며, (ㄴ)에서 중심어인 '믈'은 관형절의 서술어인 '섈다'와 부사어-서술어의 관계를 맺고 있다. (ㄷ)에서 관형절의 내용인 '須達이 버르시업다'는 중심어인 '줄'의 내용과 동격의 관계에 있다. 이와 같은 경우에는 관형절의 서술어에 선어말 어미 '-오-/-우-'가 실현된다.

이처럼 관형절 속에서 중심어(피한정어)가 관형절 속의 서술어에 대하여 '대상-풀이'의 관계를 맺고 있을 때에는, '관계 관형절'이나 '동격 관형절'의 서술어에 '-오-/-우-'를 실현하는 문법 표현을 '대상 표현'이라고 한다.6) 이에 반하여 관계 관형절의 수식을 받는 중심어가 관형절 속의 서술어에 대하여 '주체-풀이'의 관계에 있을 때에는, '-오-/-우-'가 실현되지 않는다.

---

6) 허웅(1975:807)에서는 관형절의 서술어와 그 중심어 사이의 통사·의미적인 관계에 따라, 선어말 어미 '-오-/-우-'가 실현되지 않는 문법 범주를 '주체법(主體法)'이라고 하고, '-오-/-우-'가 실현되는 문법 범주를 '대상법(對象法)'이라고 하였다. 반면에 고영근(2010:354)에서는 허웅의 '대상법'을 '대상 표시법'이라고 하였다.

나. 대상 표현 선어말 어미의 실현 양상

대상 표현의 선어말 어미는 관형절 속의 서술어와 그 관형절의 중심어에 나타나는 통사·의미적인 관계에 따라서 다음과 같은 실현 양상을 보인다.

〈 대상 표현의 선어말 어미가 실현되지 않는 경우 〉 '관계 관형절(關係冠形節, 빠져나간 매김 마디, relative clause)'의 서술어와 그 중심어가 '주체-풀이'의 관계에 있을 때에는, 관형절의 서술어에 대상 표현의 선어말 어미 '-오-/-우-'가 실현되지 않는다.

(17) ㄱ. 出家호 사르몬 쇼히 곧디 아니ᄒᆞ니   [석상 6:22]
    ㄴ. 明行足은 불ᄀᆞᆫ 힝뎌기 ᄀᆞᄌᆞ실 씨라   [석상 9:3]
    ㄷ. 가다가 도라옳 軍士ㅣ ᄌᆞ걋긔 黃袍 니피ᅀᆞᄫᆞ니   [용가 25장]
    ㄹ. 다른 國土애셔 오신 菩薩ᄃᆞᆯ콰 이엣 聲聞衆ᄃᆞᆯ히
       듣ᄌᆞᄫᆞ면 다 歡喜ᄒᆞ리이다   [월석 18:23]

(18) ㄱ. 사르미 出家ᄒᆞ다
    ㄴ. 힝뎌기 ᄇᆞᆰ다
    ㄷ. 軍士ㅣ 가다가 도라오다
    ㄹ. 菩薩ᄃᆞᆯ히 다른 國土애셔 오시다

(17)에서 관형절의 중심어는 '사름, 힝뎍, 軍士, 菩薩ᄃᆞᆯㅎ' 등의 자립 명사인데, 이들 문장에서 관형절의 서술어와 중심어는 '주체(주어)-풀이(서술어)'의 관계를 맺고 있다. 여기서 (17)에 나타나는 관형절과 중심어의 의미 관계를 보이면 (18)과 같다. 곧 (ㄱ)의 '出家호 사름'은 '사르미 出家ᄒᆞ다'로 해석되며, (ㄴ)의 '불ᄀᆞᆫ 힝뎍'은 '힝뎌기 ᄇᆞᆰ다'로 해석된다. 그리고 (ㄷ)의 '도라옳 軍士'는 '軍士ㅣ 도라오다'로, (ㄹ)의 '오신 菩薩ᄃᆞᆯㅎ'은 '菩薩ᄃᆞᆯ히 오시다'로 해석된다. 이처럼 관형절의 서술어와 중심어가 '주체-풀이'의 관계로 해석될 때에는 관형절의 서술어에 '-오-/-우-'가 실현되지 않는다.

중심어가 의존 명사인 경우에도 관계 관형절의 서술어와 중심어가 '주체-풀이'의 의미적인 관계에 있을 때는, 관형절 속의 서술어에 '-오-/-우-'가 실현되지 않는다.

(19) ㄱ. 똥오줌 내 나는 따해 조티 몯흔 **거시** 흘러 넘뼈거든   [법언 2:110]

ㄴ. 無上正道 일우<u>시니</u> 아니시면 어드리 이룰 ᄒ시료   [월석 14:54]

(20) ㄱ. **거시** 조티 몯ᄒ다

ㄴ. 이 無上正道(룰) 일우시다

(19)에서 관형절의 수식을 받는 중심어는 '것, 이' 등의 의존 명사인데, 이들 문장에서 관형절의 서술어와 중심어도 '주체–풀이'의 관계를 맺고 있다. 곧 (ㄱ)에서 '조티 몯흔 것'은 '거시 조티 몯ᄒ다'로 해석되며, (ㄴ)에서 '일우시니'는 '이(= 人) 일우다'로 해석된다. 이처럼 중심어가 의존 명사일 때에도, 관형절의 서술어와 중심어가 '주체–풀이'의 관계로 해석되면 '-오-/-우-'가 실현되지 않는다.

〈 대상 표현의 선어말 어미가 실현되는 경우 〉 관형절 속의 서술어와 그 관형절의 중심어가 '대상–풀이'의 의미적인 관계에 있으면서, 동시에 '목적어–서술어'의 통사적인 관계에 있을 때에는, 관형절 속의 서술어에 대상 표현의 선어말 어미 '-오-/-우-'가 실현된다.

(21) ㄱ. 沙門은 ᄂ미 지<u>순</u> **녀르믈** 먹ᄂ니이다   [석상 24:22]

ㄴ. 八婇女의 기론 **찻므리** 모자롤씨   [월석 8:92]

ㄷ. 聖은 達通ᄒ야 몰롤 **이리** 업슬 씨라   [월석 1:19]

ㄹ. 世尊이 … 지ᅀ샨 **功德**으로 큰 光明을 펴시니   [월석 10:7]

(22) ㄱ. ᄂ미 **녀르믈** 짓다

ㄴ. 八婇女ㅣ **찻므를** 긷다

ㄷ. 이를 모ᄅ다

ㄹ. 世尊이 **功德을** 지ᅀ시다

(21)에서 나타나는 관형절과 그 중심어의 통사적 관계를 보이면 (22)와 같다. (21)의 문장에서 관형절의 수식을 받는 중심어가 '녀름, 찻믈, 일, 功德' 등의 자립 명사인데, 이들 문장에서 관형절의 서술어와 그 중심어는 '목적어–서술어'의 통사적인 관계에 있다. 곧 (ㄱ)에서 '지순 녀름'은 '녀르믈 짓다'로 해석되며, (ㄴ)에서 '기론 찻믈'은

'찻므를 긴다'로 해석된다. 그리고 (ㄷ)에서 '몰롤 일'은 '이를 모르다'로, (ㄹ)에서 '지스샨 功德'은 '功德을 지스시다'로 해석된다. 이처럼 관형절의 서술어와 그 중심어가 '목적어-서술어'의 통사적 관계로 해석될 때에는, 관형절 속의 서술어로 쓰인 용언에 대상 표현의 선어말 어미 '-오-/-우-'가 실현되었다.

중심어가 의존 명사일 때에도 관형절의 서술어와 그 중심어가 '목적어-서술어'의 관계인 경우에는, 관형절 속의 서술어에 대상 표현의 선어말 어미가 실현될 수 있다.

(23) ㄱ. 神力으로 딩ᄀᆞ르샨 거시 밧 천량애 넘디 아니ᄒᆞ니　　[월석 18:31]
　　 ㄴ. 이 내 아ᄃᆞ리라 내 나호니니　　　　　　　　　　[법언 2:222]
　　 ㄷ. 저희 願ᄒᆞ논 바ᄂᆞᆫ 님긊 官人을 보아　　　　　　[두언 25:37]
　　 ㄹ. 어린 百姓이 니르고져 홇 배 이셔도　　　　　　　[훈언 2]

(24) ㄱ. 神力으로 거슬 딩ᄀᆞ르시다
　　 ㄴ. 내 이룰 낳다
　　 ㄷ. 저희 바룰 願ᄒᆞ다
　　 ㄹ. 어린 百姓이 바룰 니르고져 ᄒᆞ다

(23)에서 나타나는 관형절과 그 중심어의 통사적 관계를 보이면 (24)와 같다. (23)의 문장은 관형절의 수식을 받는 중심어가 '것, 이, 바' 등의 의존 명사인데, 이들 문장에서 관형절의 서술어와 그 중심어는 '목적어-서술어'의 통사적인 관계를 맺고 있다. 곧 (ㄱ)의 '딩ᄀᆞ르샨 것'은 '거슬 딩ᄀᆞ르시다'로 해석되며, (ㄴ)의 '나혼 이'는 '이(= 人)룰 낳다'로 해석된다. 그리고 (ㄷ)의 '願ᄒᆞ논 바'는 '바룰 願ᄒᆞ다'로, (ㄹ)의 '니르고져 홇 바'는 '바룰 니르고져 ᄒᆞ다'로 해석된다. 이처럼 관형절의 서술어와 그 중심어가 '목적어-서술어'의 관계로 해석될 때에는 관형절의 서술어에 '-오-/-우-'가 실현된다.

〈 대상 표현 선어말 어미의 실현이 불규칙한 경우 〉 다음과 같은 관형절의 서술어에는 대상 표현의 선어말 어미 '-오-/-우-'가 불규칙하게 실현된다.

첫째, 관계 관형절과 중심어가 '대상-풀이'의 의미적 관계를 맺고 있으면서 동시에 '부사어-서술어'의 통사적인 관계를 맺고 있는 경우에는, 관형절 속의 서술어에 대상 표현의 선어말 어미가 불규칙하게 실현된다.

(25) ㄱ. 王이 … 누본 **자리예** 겨샤   [월석 10:9]
    ㄴ. 須達이 지븨 도라와 띠 **무든** 옷 닙고   [석상 6:27]

(26) ㄱ. 王이 … **자리예** 눕다
    ㄴ. **오세** 띠 묻다

(25)에서 관형절의 서술어와 그 중심어는 '부사어(위치)-서술어'의 통사적인 관계를 맺고 있다. 곧 (25ㄱ)에서 '누본 자리'는 (26ㄱ)처럼 '자리예 눕다'로 해석되며, (25ㄴ)에서 '무든 옷'은 (26ㄴ)처럼 '오세 묻다'로 해석된다. 이 경우에 (25ㄱ)의 '누본'에서는 관형절의 서술어에 대상 표현의 선어말 어미가 실현된 반면에, (25ㄴ)의 '무든'에서는 대상 표현의 선어말 어미가 실현되지 않았다.

(27) ㄱ. 흔 암사스미 와 (仙人이) 옷 **샌론** 므를 먹고   [석상 11:25]
    ㄴ. (師ㅣ) … 衆生 濟渡ᄒ시<u>논</u> **큰 慈悲**예 엇디ᄒ시료   [상원사 권선문]

(28) ㄱ. (仙人이) **믈로** 오슬 샏다
    ㄴ. (師ㅣ) … **큰 慈悲로** 衆生을 濟渡ᄒ시다

(27)에서 관형절의 서술어와 중심어는 '부사어(방편)-서술어'의 통사적인 관계를 맺고 있다. 곧 (27ㄱ)에서 '샌론 믈'은 (28ㄱ)처럼 '믈로 샏다'로 해석되며, (27ㄴ)에서 '濟渡ᄒ시는 큰 慈悲'는 (28ㄴ)처럼 '큰 慈悲로 濟渡ᄒ시다'로 해석된다. 그런데 이 경우에 (27ㄱ)의 '샌론'에서는 관형절의 서술어에 대상 표현의 선어말 어미가 실현된 반면에, (27ㄴ)의 '濟渡ᄒ시는'에서는 실현되지 않았다.

둘째, '동격 관형절(同格冠形節, 온전한 매김 마디, appositive clause)[7]'에서는 관형절의 서술어에 대상 표현의 선어말 어미가 불규칙하게 실현된다.

---

  [7] '동격 관형절(同格冠形節)'은 관형절 속의 특정한 문장 성분이 빠져나가지 않은 관형절이다. '동격 관형절'의 개념과 특징에 대하여는 이 책 309쪽과 나찬연(2017:339)의 내용을 참조.

(29) ㄱ. 너희들히 藥師瑠璃光如來ㅅ 恩德 갑ᄉᆞᄫᆞᆯ 이ᄅᆞᆯ 念ᄒᆞ거든   [석상 9:41]

     ㄴ. 坐ᄅᆞᆯ ᄂᆞ호아 ᄂᆞᆷ 勸ᄒᆞ면 法 爲혼 ᄆᆞᅀᆞ미 너블씨   [월석 17:51]

     ㄷ. 부텻 出現ᄒᆞ샤 說法ᄒᆞ시논 ᄠᅳ들 아ᄉᆞ와   [법언 2:156]

     ㄹ. ᄆᆞᅀᆞ매 부텨를 ᄉᆞ랑ᄒᆞᅀᆞᄫᆞᆫ 젼ᄎᆞ로 나ᄅᆞᆯ 出家케 ᄒᆞ시니   [능언 1:86]

(30) ㄱ. 七覺支ᄂᆞᆫ 覺애 다ᄃᆞᆫᄂᆞᆫ 이ᄅᆞᆯ 닐구베 ᄂᆞ호아 닐온 마리니   [월석 2:37]

     ㄴ. 動作ᄋᆞᆫ 感動ᄒᆞ야 고텨 ᄃᆞ외ᄂᆞᆫ ᄆᆞᅀᆞ미오   [석상 19:25]

     ㄷ. 太子ㅣ 무로ᄃᆡ 앗가ᄫᆞᆯ ᄠᅳ디 잇ᄂᆞ니여   [석상 6:25]

     ㄹ. 안해 아로미 업슨 젼ᄎᆞ로 안해 이쇼미 이디 몯고   [능언 1:69]

(29)와 (30)의 관형절은 자립 명사로 된 중심어인 '일(事), ᄆᆞ슴, ᄠᅳᆮ, 젼ᄎᆞ'을 꾸미고 있는 동격 관형절이다. (29)의 동격 관형절 속에서 서술어로 쓰인 '갑ᄉᆞᄫᆞᆯ, 爲혼, 說法ᄒᆞ시논, ᄉᆞ랑ᄒᆞᅀᆞᄫᆞᆫ'에는 모두 대상 표현의 선어말 어미 '-오-/-우-'가 실현되었다.[8] 이와는 달리 (30)의 '다ᄃᆞᆫᄂᆞᆫ, ᄃᆞ외ᄂᆞᆫ, 앗가ᄫᆞᆯ, 업슨'에는 '-오-/-우-'가 실현되지 않았다.

(31) ㄱ. 壇ᄋᆞᆫ ᄯᅡᄒᆞᆯ 닷가 도도온 거시라   [월석 2:72]

     ㄴ. 仙人이 呪ᄒᆞ욘 다ᄉᆞ로 王이 怒ᄒᆞ야 니ᄅᆞ샤ᄃᆡ   [석상 11:31]

     ㄷ. 바ᄅᆞ 北이 이 長安이론 고ᄃᆞᆯ 시름ᄒᆞ야 보노라   [두언 11:11]

     ㄹ. 이 道士ㅣ 精誠이 至極ᄒᆞᆫ 디면   [월석 1:7]

(32) ㄱ. 號ᄂᆞᆫ 일훔 사마 브르ᄂᆞᆫ 거시라   [월석 1:15]

     ㄴ. 三世ᄅᆞᆯ 說法ᄒᆞ야 부텻 壽命 니슨 다ᄉᆞ로 佛壽ㅣ   [법언 4:21]
그지업스시며

     ㄷ. 王이 그제ᅀᅡ 太子ㄴ 고ᄃᆞᆯ 아ᄅᆞ시고   [월석 8:101]

     ㄹ. 아ᄃᆞᆨᄒᆞᆫ 後世예 釋迦佛 ᄃᆞ외싫 ᄃᆞᆯ 寶光佛이 니ᄅᆞ시니이다 [월석 1:3]

---

8) 화자 표현이나 대상 표현의 선어말 어미 '-오-'는 서술격 조사 '-이다'와 '아니다'의 어간 뒤에서, (31ㄷ)의 '長安이론'에서처럼 '-로-'로 변동한다.

(31)과 (32)의 관형절은 모두 의존 명사로 된 중심어인 '것, 닷, 곧, 드'를 꾸미고 있는 동격 관형절이다. (31)의 동격 관형절 속에서 서술어로 쓰인 '도도온, 呪ᄒᆞ욘, 長安이론, 至極ᄒᆞ단'에는 모두 대상 표현의 선어말 어미 '-오-/-우-'가 실현되었다. 이와는 달리 (32)의 '브르ᄂᆞᆫ, 니슨, 太子ᄂᆞᆫ, 드외싫'에는 '-오-/-우-'가 실현되지 않았다. 이러한 차이를 보면 동격 관형절의 서술어에는 대상 표현의 선어말 어미가 불규칙하게 실현되는 것을 알 수 있다.

지금까지 살펴본바 15세기 국어에서 대상 표현이 실현되는 양상을 정리하면 아래의 〈표 2〉와 같다.

관형절의 종류	통사적 관계	'-오-'의 실현	예문	의미적 관계	'-오-'의 실현
관계 관형절	주 어–서술어	–	出家ᄒᆞᆫ 사ᄅᆞᆷ	**사ᄅᆞ미** 出家ᄒᆞ다	出家ᄒᆞ-+-ㄴ
	목적어–서술어	+	ᄂᆞ미 지슨 녀르믈	**ᄂᆞ미** 녀르믈 짓다	짓-+-우-+-ㄴ
	부사어–서술어	+	王이 … 누봉 자리	王이 **자리예** 눕다	눕-+-우-+-ㄴ
		–	ᄧᅵ 무든 옷	ᄧᅵ **오세** 묻다	묻-+-은
동격 관형절	동격 관계	+	法 爲혼 ᄆᆞᅀᆞ미	**ᄆᆞᅀᆞᆷ**＝法 爲ᄒᆞ다	爲ᄒᆞ-+-오-+-ㄴ
		–	感動ᄒᆞ야 고텨 드외ᄂᆞᆫ ᄆᆞᅀᆞ미오	**ᄆᆞᅀᆞᆷ**＝感動ᄒᆞ야 고텨 드외다	드외-+-ㄴᆞ-+-ㄴ

〈표 2〉 대상 표현 선어말 어미의 실현 양상

【 더 배우기 】

{ 2·3인칭의 주어가 실현된 문장에 나타나는 선어말 어미 '-오-' }

비화자 체언이 주어로 표현되기는 하였지만, 그 주어가 실제로는 화자 자신인 경우에는 화자 표현의 선어말 어미인 '-오-/-우-'가 실현될 수 있다.

(1) ㄱ. 네 한아빈 게을오미 오라오니　　　　　　　　　　[두언 8:32]
　　 ㄴ. 妾은… 王ㅅ 즐교매 죽디 아니ㅎ노이다　　　　　[내훈 2상:32]
　　 ㄷ. 내 ᄆᆞᅀᆞ미 이 ᄀᆞᆮ호니 반ᄃᆞ기 이 ᄠᅳ들 體ᄒᆞ라　[법언 2:216]
　　 ㄹ. 내 일후믄 아모 甲이로니　　　　　　　　　　　　[법언 2:222]

(1)에서 (ㄱ)의 '한아비', (ㄴ)의 '妾', (ㄷ)의 '내 ᄆᆞᅀᆞᆷ', (ㄹ)의 '내 일훔'은 1인칭 대명사가 아닌 체언이 주어로 쓰였는데, 이들 체언은 실제적으로는 화자를 나타낸다. 곧 (ㄱ)의 '네 한아비'는 이 시를 지은 '두보' 자신이며, (ㄴ)의 '妾'은 화자가 '王'에 대하여 자신을 낮추어서 표현하였다. 따라서 '한아비, 妾'은 비록 1인칭 대명사가 아닌 체언으로 표현되었지만, 실제로는 화자를 나타내므로 서술어로 쓰인 용언에 '-오-'를 실현했다. 그리고 (ㄷ)과 (ㄹ)에서처럼 '내 ᄆᆞᅀᆞᆷ'과 '내 일훔' 등의 명사가 주어로 쓰였는데, 이들 체언이 1인칭 대명사인 '나'와 동일하게 기능하므로 서술어로 쓰인 'ᄀᆞᆮᄒᆞ다'와 '甲이라'에 화자 표현의 선어말 어미인 '-오-'를 실현했다.

그리고 극히 드문 예이지만, 문장에서 주어로 표현된 주체가 청자인데도 서술어로 표현된 용언에 '-오-/-우-'가 실현된 예가 있다.

(2) 主人이 므슴 차바ᄂᆞᆯ 손소 ᄃᆞᆯ녀 밍ᄀᆞ노닛가　　　　[석상 6:16]

(2)는 '須達'이 '護彌(= 主人)'에게 직접 발화한 의문문이므로, 주어로 표현된 '主人'은 실제로는 '須達'의 말을 듣는 사람인 '護彌'이다. 이처럼 문장의 주어가 화자가 아니지만 서술어에 '-오-'가 실현되었다는 점에서, 이때의 '-오-'를 청자의 '의도'를 나타내는 선어말 어미 '-오-'로 처리하기도 한다.(안병희·이광호 1993:234 참조.)

3.6. 피동 표현

문장에서 표현되는 주체의 동작이 이루어지는 방식에 따라서, 문장의 유형을 '능동문'과 '피동문'으로 구분할 수 있다.

3.6.1. 피동 표현의 개념

〈 피동 표현의 개념 〉 문장에서 주어로 표현되는 대상(주체)이 스스로의 힘으로 수행하는 행위나 동작을 '능동(能動, active)'이라고 한다. 반면에 주어로 표현되는 대상이 다른 주체에 의해서 행위나 동작을 당하는 것을 '피동(被動, 입음, passive)'이라고 한다.

<blockquote>

(1) ㄱ. 비 빌오져 훓 사라믄 … 金精이어나 靑黛이나   [월석 10:117]

   므레 <u>드마</u> 묽게 ᄒᆞ야

  ㄴ. 눗가오닌 … 못 우묵흔 듸 <u>듐기놋다</u>   [두언 6:42]

(2) ㄱ. (내) … 홁무저글 <u>ᄲᆞ리니</u>   [두언 16:66]

  ㄴ. 온 즘싱이 듣고 되고리 다 <u>ᄲᆞ려</u> 디ᄂᆞ니   [영남 상:74]

</blockquote>

(1)에서 (ㄱ)의 동작은 주체인 '비를 빌고자 할 사람'이 자신의 힘으로 '金精'과 '靑黛'를 물에 담았으므로 능동이다. 반면에 (ㄴ)의 동작은 주체인 '낮은 것'이 바람의 힘으로 연못 우묵한 데에 담아졌으므로 피동이다. 그리고 (2)에서 (ㄱ)의 동작은 화자가 자신의 힘으로 '흙무적'을 부수었으므로 능동인 반면에, (ㄴ)의 동작은 온 짐승이 머리통이 다 부수어졌으므로 피동이다.

 (1~2)의 (ㄱ)처럼 주어로 표현된 대상이 자신의 힘으로 수행하는 동작을 표현한 문장을 '능동문(能動文, active sentence)'이라고 한다. 반면에 (1~2)의 (ㄴ)처럼 주어로 표현된 대상이 다른 사람에게 당하는 동작을 표현한 문장을 '피동문(被動文, 입음월, passive sentence)'이라고 한다. 그리고 (1~2)의 (ㄱ)과 같은 능동문을 (ㄴ)과 같은 피동문으로 바꾸는 문법적인 방법을 '피동법(被動法, 입음법, passivization)'이라고 한다.

 〈 능동문과 피동문의 대응 관계 〉 능동문과 피동문 사이에는 일정한 문법적인 대응 관계가 나타난다.

(3) ㄱ. 〔나랏 法이 有情을 **자바** 〕

ㄴ. 有情이 나랏 法에 **자피여**   [월석 9:25]

(ㄱ)의 능동문과 (ㄴ)의 피동문 사이에는 다음과 같은 문법적 대응 관계가 나타난다. 첫째로 (ㄱ)의 능동문에서 능동사인 '잡다'가, (ㄴ)의 피동문에서는 파생 접사가 붙어서 피동사인 '자피다'로 바뀌었다. 둘째로 서술어가 타동사인 '잡다'에서 자동사인 '자피다'로 바뀜에 따라서 문장의 통사적인 구조가 바뀌었다. 곧 (ㄱ)에서 목적어로 쓰였던 '有情'이 (ㄴ)에서는 주어로 쓰였으며, (ㄱ)에서 주어로 쓰였던 '나랏 法'이 (ㄴ)에서는 부사어로 쓰였다. 이처럼 능동문과 피동문에서 나타나는 대응 관계를 다음과 같이 정리할 수 있다.

능동문 : <u>주어</u> + <u>목적어</u> + <u>능동사</u> (타동사)

⇩

피동문 : <u>주어</u> + <u>부사어</u> + <u>피동사</u> (자동사)

3.6.2. 피동문의 유형

피동문은 서술어가 형성되는 문법적인 방법에 따라서 '파생적 피동문'과 '통사적 피동문'으로 나뉜다.[1)]

〈 **파생적 피동문** 〉 '파생적 피동문(派生的 被動文)'은 피동사를 서술어로 실현하여서 형성되는 피동문이다. 15세기 국어에서 쓰이는 피동사는 능동사(타동사)의 어근에 '-이-, -히-, -기-' 등의 피동 접미사가 붙어서 형성된다.[2)]

---

1) 『고등학교 문법』(2010:183)에서는 현대 국어의 경우에 파생적 피동법으로 '체언 + -되다'의 형식과 통사적 피동법으로 '-게 되다'의 형식도 설정하고 있다. 그러나 중세 국어를 다루고 있는 '국어의 옛 모습'에서는 파생적 피동법으로서 '체언 + -ᄃᆞ빅다/ᄃᆞ외다'의 피동 표현과, 통사적 피동법으로서 '어간 + -게 ᄃᆞ외다/ᄃᆞ외오다'에 의한 피동 표현을 설정하지 않았다.

ⓐ '-이-' : 능동사의 어근에 '-이-'가 붙어서 된 피동사가 서술어로 쓰일 수 있다. '-이-'는 '-히-'나 '-기-'가 쓰이는 음성적 환경을 제외한 나머지 환경에서 일반적으로 쓰인다.

    (4) ㄱ. 곶니피 퍼 즁신을 다 <u>두프니</u>   [월천 기158]
        ㄴ. 七寶ㅣ 이러 짜 우희 차 <u>두피고</u>   [월석 8:18]

    (5) ㄱ. 블근 새 그를 <u>므러</u>   [용가 7장]
        ㄴ. 有情돌히 … 모딘 즁싱 <u>믈여</u> 橫死홀 씨오   [월석 9:58]

(4ㄴ)의 '두피다'는 능동사인 '둪다'의 어근에, (5ㄴ)의 '믈이다'는 능동사인 '믈다'의 어근에 파생 접사 '-이-'가 붙어서 피동사가 되면서 피동문의 서술어로 쓰였다.
  ⓑ '-히-' : /ㄱ, ㄷ, ㅂ, ㅈ/(단, /ㅆ/은 제외)과 같은 거센소리의 짝이 있는 예사소리로 끝나는 능동사의 어근에는, '-히-'가 붙어서 된 피동사가 서술어로 쓰인다.

    (6) ㄱ. 瓶읫 믈이 꿰며 <u>다돈</u> 이피 열어늘   [월천 기178]
        ㄴ. 東門이 도로 <u>다티고</u>   [월석 23:80]

    (7) ㄱ. 山林과 白衣를 <u>바가</u> 주라 命ᄒ노니   [능언 발:4]
        ㄴ. 밠바닸 그미 짜해 반두기 <u>바키시며</u>   [월석 2:57]

(6ㄴ)의 '다티다'는 능동사인 '닫다'의 어근에, (7ㄴ)의 '바키다'는 능동사인 '박다'의 어근에 파생 접사 '-히-'가 붙어 붙어 피동사가 되면서 피동문의 서술어로 쓰였다.
  ⓒ '-기-' : /ㅁ/으로 끝난 능동사의 어근에는, '-기-'가 붙어서 된 피동사가 서술어로 쓰인다.

---

2) 피동 접미사인 '-이-, -히-, -기-'는 어근의 음성적인 환경에 따라서 구분되어 실현되는 변이 형태이다.

(8) ㄱ. 鑊湯이 ᄀ장 글허 罪人이 모믈 <u>술ᄆ며</u> [월석 21:80]

ㄴ. 衆生이 글븐 鑊 소배 드러 므리 솟글허 <u>슯기더니</u> [월석 23:81]

(9) ㄱ. 왼녁 피 닫 <u>담고</u> 올ᄒᆞ녁 피 닫 다마 두고 [월석 1:7]

ㄴ. ᄇᆞᄅᆞ미 아니 닐면 믈 <u>담굟</u> 거시 업스릴씨 [월석 1:39]

(8ㄴ)의 '슯기다'는 능동사인 '슯다'의 어근에, (9ㄴ)의 '담기다'는 능동사인 '담다'의 어근에 파생 접사 '-기-'가 붙어 피동사가 되면서 피동문의 서술어로 쓰였다.

〈 **통사적 피동문** 〉'통사적 피동문'은 본용언의 어간에 보조 용언인 '-아 디다'가 붙어서 실현되는 피동문이다.

(10) ㄱ. [(X이) 돌흘 ᄇᆞᅀᆞ니라]

ㄴ. 돌히 <u>ᄇᆞᅀᅡ 디니라</u> [능언 7:88]

(10)에서 (ㄴ)의 피동문은 (ㄱ)의 능동문에서 생성된 것으로 볼 수 있다. 이때 피동문의 서술어인 'ᄇᆞᅀᅡ 디다'는 능동문의 서술어인 'ᄇᆞᅀᆞ다'의 어간에 보조 용언인 '-아 디다'가 붙어서 형성되었다. 이처럼 능동문에서 서술어로 쓰인 타동사 'ᄇᆞᅀᆞ다'가 피동문에서는 자동사인 'ᄇᆞᅀᅡ 디다'로 바뀜에 따라, 능동문에서 목적어로 쓰였을 '돌ᄒ'이 피동문에서는 주어로 쓰였다.

위의 (10ㄴ)처럼 능동사에 보조 용언 '-아 디다'를 실현하여서 피동문이 된 문장의 예를 들어 보이면 다음과 같다.

(11) ㄱ. 비록 塵劫이 디나도록 모믈 <u>ᄇᆞᅀᆞ며</u> [법언 1:222]

ㄴ. 가지 … 드트리 ᄃᆞ외이 <u>ᄇᆞᅀᅡ 디거늘</u> [석상 6:30-31]

(12) ㄱ. ᄯᅩ 襄姒ㅣ 깁 ᄢᅥᄂᆞᆫ 소리ᄅᆞᆯ 즐겨 듣더니 [내훈 서 4]

ㄴ. ᄯᅡ히 다 震動ᄒᆞ야 <u>ᄢᅥ여 디거늘</u> [원언 하 2-2:35]

(13) ㄱ. 훍무저글 <u>ᄲᆞ리니</u> [두언 16:66]

ㄴ. 온 즘ᅀᅵᆼ이 듣고 ᄃᆡ고리 다 <u>ᄲᆞ려 디ᄂᆞ니</u> [영남 상:74]

(11~13)에서 (ㄱ)의 문장은 서술어가 타동사로 실현된 능동문이다. 곧 (11ㄱ)에서는 'X이 모물 ㅂᄾᆞ다', (12ㄱ)에서는 'X이 기블 ᄣᅥ다', (13ㄱ)에서는 'X이 홁무저글 ᄲᅳ리다'의 짜임새를 취하면서 능동문으로 실현되었다. 이에 대하여 (11ㄴ)에서는 '가지 … ㅂᅟᅳᆺ아 디다', (12ㄴ)에서는 'ᄧᅡ히 … ᄣᅥ여 디다', (13ㄴ)에서는 'ᄃᆡ고리 ᄲᅳ려 디다'의 짜임새를 취하면서 피동문이 되었다.

3.7. 사동 표현

주체가 어떠한 일을 직접 수행하느냐, 아니면 주체가 다른 사람에게 시켜서 어떠한 일을 수행하느냐에 따라서, 문장의 유형을 '주동문'과 '사동문'으로 구분할 수 있다.

3.7.1. 사동 표현의 개념

〈 **사동 표현의 개념** 〉 문장의 주체가 자기 스스로 하는 동작을 '주동(主動)'이라고 하고, 주체가 남으로 하여금 어떤 일을 하도록 시키는 동작을 '사동(使動, 하임, causative)'이라고 한다.

(1) ㄱ. 블러 니로매 머리 <u>글구믈</u> 셜리 ᄒᆞ고　　　　　　　　[두언 20:2]

　　ㄴ. (내) … 아히로 훤히 등어리 <u>글키고</u>　　　　　　　　[두언 15:4]

(2) ㄱ. ᄆᆞᆯ읫 有情이 … 서로 <u>싸화</u> 저와 ᄂᆞᆷ과를 어즈려　　[석상 9:16]

　　ㄴ. 兩舌ᄋᆞᆫ 두 가짓 혜니 ᄂᆞ미 ᄉᆞᅀᅵ예 <u>싸호게</u> <u>ᄒᆞᆯ</u> 씨라　[월석 21:60]

(1ㄱ)에서는 주체인 '杜甫'가 머리를 긁는 행동을 직접 수행하므로 주동이며, (1ㄴ)에서는 주체인 '杜甫'가 아이로 하여금 등을 긁게 하였으므로 사동이다. 그리고 (2ㄱ)에서는 주체인 '有情'이 싸우는 행위를 직접 수행하므로 주동이며, (2ㄴ)에서는 주체인 '兩舌'이 남으로 하여금 싸우는 행위를 하게 하므로 사동이다.

　(1~2)의 (ㄱ)처럼 주체가 스스로 수행하는 행동을 표현하는 문장을 '주동문(主動文)'이라고 한다. 반면에 (1~2)의 (ㄴ)처럼 주어로 표현되는 사람(사동주)이 다른 사람(행동주)에게 어떠한 동작을 수행하도록 시키는 문장을 '사동문(使動文, 하임월, causative sentence)'이라고 한다. 그리고 (1~2)에서 (ㄱ)의 주동문을 (ㄴ)의 사동문으로 바꾸는 문법적인 방법을 '사동법(使動法, 하임법, causativization)'이라고 한다.

　〈 **주동문과 사동문의 대응 관계** 〉 주동문과 사동문 사이에는 일정한 문법적인 대응 관계가 성립한다.3)

---

3) 주동문은 기본적으로 동작을 수행하는 '행동주'와, 그 행동주가 직접 수행하는 동작을 풀이하

(3) ㄱ. 아히(행동주) 횐히 둥어리 <u>긁고</u>(주동사)

　　ㄴ. 내(사동주) … 아히로(행동주) 횐히 둥어리 <u>글키고</u>(사동사)　　　　[두언 15:4]

(ㄱ)의 주동문과 (ㄴ)의 사동문에는 다음과 같은 통사적인 대응 관계가 나타난다.

첫째로 (ㄱ)의 주동문에서 주동사인 '긁다'가 (ㄴ)의 사동문에서는 파생 접사가 붙어서 사동사인 '글키다'로 바뀌어서 실현되었다. 둘째로 문장의 서술어가 주동사인 '긁다'에서 사동사인 '글키다'로 바뀜에 따라서 문장의 통사적 구조도 바뀌었다. 먼저 (ㄴ)의 사동문에서는 사동주인 '나'를 새롭게 도입하였다.

그리고 (ㄱ)의 주동문에서 주어로 표현되었던 행동주 '아히'가 (ㄴ)의 사동문에서는 부사어(= 아히로)나 목적어(= 아히를)로 표현된다. 주동문과 사동문에서 나타나는 대응 관계를 다음과 같이 표현할 수 있다.

```
주동문 :          행동주(주어) +          …… + 주동사
                      ↓                      ⇩
사동문 : 사동주(주어) + 행동주(부사어 , 목적어) + …… + 사동사
```

3.7.2. 사동문의 유형

사동문은 서술어가 형성되는 문법적인 방법에 따라서 '파생적 사동문'과 '통사적 사동문'으로 나뉜다.

〈 **파생적 사동문** 〉 '파생적 사동문(派生的 使動文)'은 어근에 사동 접미사가 붙어서 형성된 사동사에 의해서 실현되는 사동문이다. 15세기 국어의 사동사는 주동사의 어근에 사동 접미사인 '-이-, -히-, -기- ; -오-/-우-, -호-/-후-, -고- ; -ᄋᆞ-/-으-' 등이 붙어서 형성된다. 사동의 파생 접사는 피동의 파생 접사와는 달리 주동사의 품사에 관계없이 사동사를 형성할 수 있다.

는 '주동사(主動詞)'가 문장에 나타난다. 반면에 사동문은 남에게 어떠한 동작을 시키는 주체인 '사동주(使動主, causer)'와 직접 동작을 수행하는 '행동주(行動主, 피사동주)', 그리고 사동주가 행동주에게 시키는 동작을 표현하는 '사동사(使動詞)'가 문장에 나타난다.

ⓐ '-이-' 계 : '-이' 계는 사동 접사 '-이-, -기-, -히-'를 통해서 형성된 사동사가 서술어로 쓰이는 사동 표현이다.

첫째, 주동사의 어근에 '-이-'가 붙어서 형성된 사동사가 사동문의 서술어로 쓰일 수 있다.

(4) ㄱ. 현 번 뛰운들 노미 <u>오른리잇가</u>   [용가 48장]
    ㄴ. (太祖ㅣ) 石壁에 무를 <u>올이샤</u>   [용가 48장]

(ㄱ)의 주동문에서는 자동사인 '오른다'가 서술어로 쓰였다. 반면에 (ㄴ)의 사동문에 서는 '오른다'의 어근에 사동 접미사 '-이-'가 붙어서 형성된 사동사인 '올이다'가 서술어로 쓰였다.

둘째, 주동사의 어근에 '-기-'가 붙어서 형성된 사동사가 사동문의 서술어로 쓰일 수 있다.

(5) ㄱ. 善慧 니버 잇더신 鹿皮 오술 <u>바사</u> 짜해 신른시고   [월석 1:16]
    ㄴ. (太祖ㅣ) … 예와 싸호샤 투구 아니 <u>밧기시면</u>   [용가 52장]

(ㄱ)의 주동문에서는 타동사인 '밧다'가 서술어로 쓰였다. 반면에 (ㄴ)의 사동문에서 는 '밧다'의 어근에 사동 접미사 '-기-'가 붙어서 형성된 사동사 '밧기다'가 서술어로 쓰였다.

셋째, 주동사의 어근에 '-히-'가 붙어서 형성된 사동사가 사동문의 서술어로 쓰일 수 있다.

(6) ㄱ. 如來ㅅ 藏心이 <u>넙고</u> 크고 더러움 업서   [능언 1:9]
    ㄴ. 阿彌陀佛ㅅ 變化로 法音을 <u>너피실씬</u> 雜色 衆鳥를   [월석 7:58]
       내시니이다

(ㄱ)의 주동문에서는 형용사인 '넙다'가 서술어로 쓰였다. 반면에 (ㄴ)의 사동문에서 는 '넙다'의 어근에 사동 접미사 '-히-'가 붙어서 형성된 사동사 '너피다'가 서술어로 쓰였다.

ⓑ '-오-/-우-' 계 : '-오-/-우-' 계는 사동 접사인 '-오-/-우-, -호-/-후-, -고-' 등을 통해서 형성된 사동사가 서술어로 쓰이는 사동 표현이다.

첫째, 주동사의 어근에 '-오-/-우-'가 붙어서 형성된 사동사가 사동문의 서술어로 쓰일 수 있다.

(7) ㄱ. 道애 나사가 性을 證호미 녀트며 기푸미 굳디 아니커늘 [월석 17:22]
    ㄴ. 바르래 빅 업거늘 녀토시고 또 기피시니   [용가 20장]

(ㄱ)의 주동문에서는 형용사인 '녙다'가 서술어로 쓰였다. 반면에 (ㄴ)의 사동문에서는 '녙다'의 어근에 사동 접미사 '-오-'가 붙어서 형성된 '녀토다'가 서술어로 쓰였다.

그런데 주동사에 '-이-'가 붙어서 이루어진 사동사에 또다시 사동 접미사 '-오-/-우-'가 붙어서 실현된 경우도 있다. 이렇게 사동 접미사가 겹쳐서 표현된 사동사로는 '降服히오다, 조히오다, 띄오다/띄우다, 힘쁴우다/힘쁴오다' 등이 있다.

(8) ㄱ. 부텻 뜨데 부러 나를 호야 降服히오라 호샷다   [월석 4:21]
    ㄴ. 모로매 衆生 教化호샤문 모로매 塵勞애 나사가   [법언 4:12]
       能히 조히오시논 디라
    ㄷ. 딥동 세 무슬 어더 띄로 어울워 미야 브레 띄오고   [월석 8:99]
    ㄹ. 이 부텨 … 多寶를 因호샤 한 사르믈 힘쁴우시니라   [법언 4:136]

(ㄱ)에서 '降服히오다'는 '降服호다'에, (ㄴ)의 '조히오다'는 '조호다'에, (ㄷ)의 '띄오다'는 '뜨다'에, (ㄹ)의 '힘쁴우다'는 '힘쓰다'에 사동 접미사인 '-이-'와 '-오-/-우-'가 함께 실현되어서 형성된 사동사이다.

둘째, 주동사의 어근에 '-호-/-후-'가 붙어서 형성된 사동사가 사동문의 서술어로 쓰일 수 있다.

(9) ㄱ. 무슨매 疑心이 이시면 自然히 話頭ㅣ 나드리라   [몽언 8]
    ㄴ. 우리 부텨 如來ㅣ … 神通力을 나토샤   [월석 서:5-6]

(ㄱ)의 주동문에서는 자동사인 '낟다'가 서술어로 쓰였다. 그리고 (ㄴ)의 사동문에서

는 '낟다'의 어근에 사동 접미사 '-호-'가 붙어서 형성된 '나토다'가 서술어로 쓰였다.

셋째, 주동사의 어근에 '-고-'가 붙어서 형성된 사동사가 사동문의 서술어로 쓰일 수 있다.

(10) ㄱ. 바롨 우희 金塔이 소스니   [용가 83장]
　　 ㄴ. 佉羅ᄂᆞᆫ 닐오매 너븐 엇게니 바롨므를 솟고ᄂᆞ니라   [법언 1:51]

(ㄱ)의 주동문에서는 자동사인 '솟다'가 서술어로 쓰였다. 이에 반하여 (ㄴ)의 사동문에서는 '솟다'의 어근에 사동 접미사 '-고-'가 붙어서 형성된 사동사 '솟고다'가 서술어로 쓰였다.

③ '-ᄋᆞ-/-으-' 계 : '-ᄋᆞ-/-으-' 계는 주동사의 어근에 사동 접사인 '-ᄋᆞ-/-으-'가 붙어서 형성된 사동사이다. 이처럼 '-ᄋᆞ-/-으-'로 형성된 사동사의 예로는 '이르다/이르다, 사ᄅᆞ다, 기르다/기르다, 도ᄅᆞ다, 횟도ᄅᆞ다, 니르다' 등이 있다.

(11) ㄱ. 내히 이러 바ᄅᆞ래 가ᄂᆞ니   [용가 2장]
　　 ㄴ. 躄이며 디새며 흘ᄀᆞ로 塔을 이르ᅀᆞᆸ거나   [석상 13:51]

(12) ㄱ. 四祖ㅣ 便安히 몯 겨샤… 몃 間ㄷ 지븨 사ᄅᆞ시리잇고   [용가 110장]
　　 ㄴ. 四面에 블이 니러 갏 길히 이블ᄊᆡ 업더디여 사ᄅᆞ쇼셔   [월천 164장]
　　　 ᄒᆞ니

(13) ㄱ. 이 사ᄅᆞ미 … 고히 길오 놉고 고ᄃᆞ며   [석상 19:7]
　　 ㄴ. 王子 기르던 어마니미 ᄒᆞ나 아닐ᄊᆡ   [월석 14:15]

(14) ㄱ. 道士들히 … 壇을 돌며 울오 닐오ᄃᆡ   [월석 2:73]
　　 ㄴ. ᄆᆞ리 곳다온 ᄃᆡ 비를 도ᄅᆞ놋다   [두언 15:30]

(15) ㄱ. 輪은 숨가락 그미 횟도라 술윗띠 ᄀᆞᆮᄒᆞᆯ 씨라   [능언 1:84]
　　 ㄴ. 물ᄀᆞᆫ 渭水ㅅ ᄀᆞᅀᆡ셔 머리를 횟돌아 ᄇᆞ라노라   [두언 19:3]

(16) ㄱ. 四面에 불이 <u>니러</u> 갌 길히 이볼씨 　　　　　　　　[월천 59장]

　　ㄴ. 激은 믌결 <u>니룰</u> 씨라 　　　　　　　　　　　　　[능언 1:113]

(11~16)의 (ㄱ)에는 주동사인 '일다(成), 살다(生, 住), 길다(長), 돌다(回), 횟돌다(回), 닐다(起)'가 주동문의 서술어로 쓰였다. 이에 반하여 (11~16)의 (ㄴ)에는 이들 주동사의 어근에 사동 접미사 '-으-/-ᄋ-'가 붙어서 형성된 '이르다(建設), 사ᄅ다(活), 기르다(養), 도ᄅ다(使回), 횟도ᄅ다(使回), 니ᄅ다(使起)'가 사동문의 서술어로 쓰였다.4)

　〈 통사적 사동문 〉'통사적 사동문(統辭的 使動文)'은 주동사의 어간에 보조 용언인 '-게/-긔 ᄒ다'가 붙어서 실현된 사동문이다. 보조적 연결 어미인 '-게/-긔'는 그 앞 말이 /ㄹ/, 하향적 이중 모음의 /j/, 서술격 조사의 어간일 때에는 /ㄱ/이 /ɦ/로 교체되어서 '-에/-의'로도 실현된다.5)

(17) ㄱ. 慈悲는 衆生을 便安<u>케</u> ᄒ시ᄂ 거시어늘 　　　　　　[석상 6:5]

　　ㄴ. (太子ㅣ) 이제 도ᄅ혀 ᄂ믹 어싀아ᄃ룰 여희<u>에</u> ᄒ시ᄂ니 [석상 6:5-6]

　　ㄷ. 如來 … 모든 므ᅀ믈 즐기<u>긔</u> ᄒᄂ니 　　　　　　　[석상 13:40]

　　ㄹ. 내 … 涅槃樂애 니를<u>의</u> ᄒ노니 　　　　　　　　　[석상 11:8]

　　ㅁ. (내) … 一切 有情이 나와 다ᄅ디 아니<u>케</u> 호리라 　[석상 9:4]

(ㄱ)과 (ㄴ)의 문장은 각각 형용사인 '便安ᄒ다'와 자동사인 '여희다'의 어간에 보조 용언인 '-게/-에 ᄒ다'가 실현되어서 형성된 사동문이다. 그리고 (ㄷ)과 (ㄹ)은 타동사인 '즐기다'와 자동사인 '니르다'의 어간에 '-긔/-의 ᄒ다'가 실현되어서 형성된 사동문이며, (ㅁ)은 보조 용언인 '아니ᄒ다'의 어간에 다시 보조 용언인 '-게 ᄒ다'가 붙어서 형성된 사동문이다.

---

4) '이르다/이ᄅ다(建設), 사ᄅ다(活), 기르다/기ᄅ다(養)'는 어근인 '일다(成), 살다(生, 住), 길다(長)'에 사동 접미사인 '-ᄋ-/-으-'가 붙어서 형성된 사동사이다. 그리고 '일우다(成就), 살이다(使住), 길우다(延長)'도 '일다, 살다, 길다'에 사동 접미사인 '-우-, -이-, -우-'가 붙어서 형성된 사동사이지만, '으르다/이ᄅ다, 사ᄅ다, 기르다/기ᄅ다'와는 그 의미가 다르다. 이들 파생어의 의미적인 차이에 대한 자세한 내용은 이 책의 280쪽의 【더 배우기】를 참조.

5) 통사적 사동문에서 본용언과 보조 용언의 사이에 실현되는 보조적 연결 어미인 '-게'와 '-긔'는 수의적으로 교체된다.

【 더 배우기 】

{ 사동의 의미 }

'사동(使動)'이란 사동의 주체인 사동주(使動主)가 다른 사람(피사동주)을 시켜서 어떠한 행동을 하게 하는 것이다. 이러한 사동은 사동주가 피사동주의 행위에 관계하는 정도에 따라서 세 가지 유형으로 나뉜다.(허웅 1975:168)

(1) ㄱ. (내) … 아히로 횟히 둥어리 글키고   [두언 15:4]
    ㄴ. 鸚鵡ㅣ 그 穀食을 주어 어ᅀᅵ를 머기거늘   [월석 2:12]

(2) ㄱ. 護彌 짓거 나아 (須達을) 迎逢ᄒᆞ야 지븨 드려 재더니   [석상 6:15]
    ㄴ. 明帝 … 城 밧긔 닐굽 뎔 일어 즁 살이시고   [월석 2:77]

(3) ㄱ. 하ᄂᆞ히 ᄆᆞᅀᆞᆷ 뮈우시니   [용가 102]
    ㄴ. 바ᄅᆞ래 ᄇᆡ 업거늘 녀토시고 또 기피기시니   [용가 20장]

첫째는 '명령적(구속적) 사동'으로서 피사동주만 행동을 하고 사동주는 실제 행동은 하지 않아서 피사동주에게 강제성을 띠어서 구속하는 경우이다. (1)의 '글키다'와 '머기다'가 구속적 사동에 해당하는데, 사동주인 '나'와 '鸚鵡'는 피행동주의 의사와는 관계없이 어떠한 행동을 하게 한다. 둘째는 '허용적 사동'으로서 사동주가 피사동주에게 강제성을 띠는 일이 없이 피사동주의 행위를 허용하는 경우이다. (2)의 '재다'와 '살이다'가 허용적 사동에 해당하는데, 피사동주가 하고 싶어하는 일을 사동주가 허용하는 성격을 띠고 있다. 셋째는 구속이나 허용의 뜻을 나타내지 않으면서, 오직 어근으로 쓰이는 자동사나 형용사를 타동사로 바꾸는 기능을 할 뿐이다. (3)의 '뮈우다'나 '녀토다, 노기다' 등을 포함하여 대부분의 사동사는 이 유형의 사동사에 해당한다.

이처럼 대부분의 사동사가 셋째 유형인 것을 감안하면, 국어의 사동사는 형용사나 자동사에서 파생된 '타동사'이거나, 또는 타동사에서 파생된 '겹타동사'이다. 결국 국어의 사동사는 용언의 어근에 '타동성(他動性)'이 부여된 말이다.(허웅 1975:170)

3.8. 부정 표현

대부분의 문장은 어떤 대상의 움직임이나 상태 혹은 환언 관계 등을 긍정적으로 표현한다. 하지만 경우에 따라서는 부정 표현을 통하여 문장에서 표현된 내용의 전체나 일부를 부정하기도 한다.

3.8.1. 부정 표현의 개념

'부정문(否定文, negative sentence)'은 '아니, 몯 ; -디 아니ᄒ다, -디 몯ᄒ다, -디 말다' 등의 부정을 나타내는 요소를 실현하여, 문장에서 표현된 내용의 전체 또는 일부를 부정하는 문장이다.

(1) ㄱ. 向은 <u>아니</u> 오란 요ᄉᆞᅵ라   [월석 서:26]
   ㄴ. 光明도 하시나 ㅈ 업스실ᄊᆡ 오늘 <u>몯</u> 솗뇌   [월천 기26]
   ㄷ. 菩提 일우믈 得ᄒ<u>디 아니ᄒ</u>리 업ᄂᆞ니   [원각 하 2-2:43]
   ㄹ. 목수미 므거본 거실ᄊᆡ 손소 <u>죽디 몯ᄒ</u>야   [석상 6:5]
   ㅁ. 太子ㅣ … 須達이ᄃ려 닐오ᄃᆡ 金을 더 내<u>디 말라</u>   [석상 6:26]

(ㄱ)에서는 부사 '아니'를 실현하여 '오라다'의 내용을 부정하였으며, (ㄴ)에서는 부사 '몯'을 실현하여서 '오늘 솗다'의 내용을 부정하였다. 그리고 (ㄷ)에서는 '得ᄒ다'에 보조 용언인 '-디 아니ᄒ다'를 실현하여서 '菩提 일우믈 得ᄒ다'의 내용을 부정하였으며, (ㄹ)에서는 '죽다'에 보조 용언인 '-디 몯ᄒ다'를 실현하여 '손소 죽다'의 내용을 부정하였다. 그리고 (ㅁ)에서는 '-디 말다'를 실현하여 '金을 더 내다'의 내용을 '금지'의 뜻으로 부정하였다.

3.8.2. 부정문의 유형

〈 부정문 분류의 대강 〉 부정문은 의미나 기능에 따라서 '아니 부정문'과 '몯 부정문'으로 나누어지고, 부정문을 실현하는 문법적인 형식에 따라서 '짧은 부정문'과 '긴 부정문'으로 나누어진다.

(2) ㄱ. 太子는 여쉰 네 글을 <u>아니</u> 비화 아ᄅ실씨   [월천 기35]
　　ㄴ. 부톄 ᄌ로 니ᄅ샤도 從ᄒ습디 <u>아니ᄒ더니</u>   [석상 6:10]

(3) ㄱ. 부텨옷 <u>몯</u> 드외면 아니 니러나리라   [용가 12장]
　　ㄴ. 二百億 劫을 샹녜 부텨 맛나디 <u>몯ᄒ며</u>   [월석 17:91]

(4) ㄱ. 王이 信敬티 아니ᄒ 모ᄉ믈 내디 <u>마ᄅ쇼셔</u>   [월석 25:128]
　　ㄴ. 머리 셰드록 서르 ᄇ리디 <u>마져</u> ᄒ더라   [두언 16:18]

첫째, 부정문은 의미나 기능에 따라서 '아니 부정문'과 '몯 부정문'으로 구분할 수 있다. 곧 (2)처럼 '아니'와 '-디 아니ᄒ다'로써 성립된 부정문을 '아니 부정문'이라고 하고, (3)처럼 '몯'과 '-디 몯ᄒ다'로써 성립된 부정문을 '몯 부정문'이라고 한다. 둘째, 부정문은 문법적인 형식에 따라서 '짧은 부정문'과 '긴 부정문'으로 구분할 수 있다. (2~3)의 (ㄱ)처럼 '아니'나 '몯'과 같은 부사를 실현하여서 이루어진 부정문을 '짧은 부정문'이라고 하고, (2~3)의 (ㄴ)처럼 본용언에 '-디 아니ᄒ다'나 '-디 몯ᄒ다'와 같은 보조 용언이 붙어서 이루어진 부정문을 '긴 부정문'이라고 한다. 셋째, (4)처럼 명령문이나 청유문에서는 '-디 아니ᄒ다' 대신에 '-디 말다'의 형태로 부정문이 실현된다.

문장 유형	부정문 유형	의미	긴 부정문	짧은 부정문
평서문 의문문 감탄문	'아니' 부정문	단순 부정, 의지 부정	용언 + '-디 아니ᄒ다'	'아니' + 용언
	'몯' 부정문	능력 부정	용언 + '-디 몯ᄒ다'	'몯' + 용언
명령문 청유문	'말다' 부정문	금지	동사 + '-디 말다'	―

〈표 1〉 부정문의 유형

가. '아니' 부정문

'아니 부정문'은 부정 부사인 '아니'나 보조 용언인 '-디 아니ᄒᆞ다'를 실현하여서 문장에서 표현된 내용을 부정하는 문장이다. 이러한 '아니 부정문'은 문장으로 표현되는 사실 자체를 부정하는 '단순 부정(單純否定)'이나, 화자의 의도로써 문장의 내용을 부정하는 '의지 부정(意志否定)'의 의미를 나타낸다.[1] '아니 부정문'은 부정법을 실현하는 문법적인 형식에 따라서 '긴 아니 부정문'과 '짧은 아니 부정문'으로 나뉜다.

〈 긴 '아니' 부정문 〉 '긴 아니 부정문'은 서술어로 쓰이는 본용언에 보조 용언인 '아니ᄒᆞ다'를 붙여서 문장에서 표현된 내용을 부정하는 문장이다. '긴 아니 부정문'은 다음의 두 가지 방식으로 실현된다.

첫째, 보조적 연결 어미인 '-디, -ᄃᆞᆯ/-들'과 보조 용언인 '아니ᄒᆞ다'를 붙여서 '긴 아니 부정문'이 형성될 수 있다.[2]

(5) ㄱ. 太子ㅣ 뮈히며 므리며 굴히디 아니ᄒᆞ야 ᄃᆞ니실ᄊᆡ　　　　[석상 3:35]

ㄴ. 人間애 나아 出家ᄒᆞ야 正흔 보ᄆᆞᆯ 허디 아니ᄒᆞ며　　　　[석상 9:15]

(6) ㄱ. 부텨는…法 듣ᄃᆞᆯ 아니ᄒᆞ리라 ᄒᆞ샤　　　　[월석 2:36]

ㄴ. 나ᄂᆞᆫ 난 後로 ᄂᆞᆷ 더브러 다토ᄃᆞᆯ 아니ᄒᆞ노이다　　　　[석상 11:34]

(5)의 (ㄱ)에서는 '굴히다'의 어간에, (ㄴ)에서는 '헐다'의 어간에 보조 용언인 '-디 아니ᄒᆞ다'가 붙어서 부정문이 형성되었다. 그리고 (6)의 (ㄱ)에서는 '듣다'의 어간에 '-ᄃᆞᆯ 아니ᄒᆞ다'가 붙어서, (ㄴ)에서는 '다토다'의 어간에 '-ᄃᆞᆯ 아니ᄒᆞ다'가 붙어서 부정문이 형성되었다.[3]

---

1) '아니 부정문'은 일반적으로는 '단순 부정'의 의미를 나타내지만, 서술어가 동사인 경우에는 서술어의 주체가 의도적으로 어떠한 행위를 수행하지 않는다는 '의지 부정(意志否定)'으로 해석될 수도 있다.(신원재 1987:32, 남기심·고영근 1993:366, 이상복 1979:37, 서정수 1996: 961 참조.)

2) 드물지만 '아니ᄒᆞ다'가 보조적 연결 어미 '-게'에 이어져서 부정문을 형성하는 경우도 있다. (보기) 豹虎 ᄀᆞᆮ흔 士卒은 鳳凰城에 ᄀᆞᄃᆞᆨ게 아니ᄒᆞᄂᆞ니라 (豹虎士不滿鳳凰城) [두언 25:25]

3) '-ᄃᆞᆯ/-들'은 보조 용언인 '아니ᄒᆞ다, 몯ᄒᆞ다'를 본용언에 연결해 주는 보조적 연결 어미이다. 보조적 연결 어미 'ᄃᆞᆯ/-들'에 대하여서는 이 책 192쪽의 내용을 참조.

둘째, 보조적 연결 어미인 '-디'가 실현되지 않고, 본용언의 어간에 보조사인 '-도'가 바로 붙어서 부정문이 형성될 수 있다.

  (7) 킈 젹도 크도 아니ᄒ고 슬히 지도 여위도 아니ᄒ느니라   [월석 1:26]

(7)에서는 본용언으로 쓰인 '젹다, 크다'와 '지다, 여위다'의 어간에 보조사인 '-도'가 바로 붙어서 부정문이 형성되었다. 이러한 특수한 형태의 부정문은 '-디도 아니ᄒ다'에서 보조적 연결 어미인 '-디'가 탈락하여서 이루어진 것으로 보인다.

〈짧은 '아니' 부정문〉 '짧은 아니 부정문'은 부정 부사인 '아니'를 서술어 앞에 실현하여 문장에서 표현된 내용을 부정하는 문장이다.

  (8) ㄱ. 菩提ᄅᆞᆯ 몯 일우면 <u>아니</u> 도라오리라   [석상 3:30]
    ㄴ. 酒終내 赤心이시니 뉘 아니 <u>ᄉᆞ랑ᄒᆞᅀᆞᄫᆞ리</u>   [용가 78장]

(ㄱ)에서는 '도라오리라'의 앞에, (ㄴ)에서는 'ᄉᆞ랑ᄒᆞᅀᆞᄫᆞ리'의 앞에 부정 부사인 '아니'가 실현되어서 문장의 내용을 부정하였다.

  그리고 '시름ᄒ다'나 '解脫ᄒ다'처럼 명사 어근에 파생 접미사인 '-ᄒ-'가 붙어서 형성된 동사에는, 부정 부사인 '아니'가 어근과 'ᄒ다' 사이에 실현되는 수도 있다.

  (9) ㄱ. 나도 現在 未來 一切 衆生을 시름 <u>아니</u> 호리라   [월석 21:130]
    ㄴ. 얼굴 뒷ᄂᆞᆫ 거시 光明 맛나아 解脫 아니 ᄒ리 업스니라   [석상 23:9]

(ㄱ)에서는 '아니'가 '시름'과 'ᄒ다' 사이에 실현되었으며, (9ㄴ)에서는 '解脫'과 'ᄒ다' 사이에 실현되었다.[4]

---

4) 단, (8ㄴ)에서처럼 '아니'가 'ᄉᆞ랑 <u>아니</u> ᄒᆞᅀᆞᄫᆞ리'로 실현되지 않고, '<u>아니</u> ᄉᆞ랑ᄒᆞᅀᆞᄫᆞ리'와 같이 실현될 수도 있다. 이러한 현상은 『용비어천가』에 나타나는 부정문이 대체로 '짧은 부정문'의 형식을 취하고 있다는 점에 이끌린 것으로 보인다.(고영근 2010:243)

나. '몯' 부정문

'몯 부정문'은 부정 부사인 '몯'이나 보조 용언인 '-디 몯ᄒ다'를 통하여 문장에 표현된 내용을 부정하는 문장이다. '몯 부정문'은 '할 수 없음' 또는 '불가능성'의 의미를 나타내는 부정문으로서, '능력 부정(能力否定)'이라고도 한다. '몯 부정문'은 부정법을 실현하는 문법적인 형식에 따라서 '긴 몯 부정문'과 '짧은 몯 부정문'으로 나뉜다.

〈 긴 '몯' '부정문' 〉 '긴 몯 부정문'은 용언의 어간에 보조 용언인 '-디 몯ᄒ다'를 실현하여 형성된 부정문이다. '긴 몯 부정문'은 다음의 두 가지 형태로 성립된다.

첫째, 보조적 연결 어미인 '-디, -들/-딀'과 보조 용언인 '몯ᄒ다'를 실현하여 '긴 몯 부정문'이 형성될 수 있다.

(10) ㄱ. 사ᄅᆞᄆᆡ 목수미 흐를 믈 ᄀᆞᆮᄒ야 머므디 몯ᄒ놋다   [석상 3:17]

　　　 ㄴ. 이 보ᄇᆡ옷 가져 이시면 有毒ᄒ 거시 害ᄒ디 몯ᄒ며   [월석 8:11]

(11) 소ᄂᆞᆯ 가ᄉᆞ매 다혀 겨샤ᄃᆡ 목수믈 머믈우들 몯ᄒ시니   [월석 10:15]

(10)에서는 본용언인 '머믈다'와 '害ᄒ다'의 어간에 보조 용언인 '-디 몯ᄒ다'가 실현되어서 부정문이 형성되었다. (11)에서는 본용언인 '머믈우다'의 어간에 '-들 몯ᄒ다'가 실현되었는데, 이 경우에는 '-디' 대신에 '-들'이 보조적 연결 어미로 쓰인 것이 특징이다.

둘째, 보조적 연결 어미 '-디'가 실현되지 않고, 본용언의 어간에 보조사 '-도'가 붙어서 부정문이 형성될 수 있다.

(12) ㄱ. 보도 몯ᄒ며 듣도 몯거니 므스기 快樂ᄒ ᄫᆞ리잇고   [석상 24:28]

　　　 ㄴ. 보디도 몯ᄒ며 듣디도 몯거니 므스기 快樂ᄒ ᄫᆞ리잇고

(ㄱ)에서는 '보다'와 '듣다'의 어간에 보조사 '-도'가 바로 붙어서 부정문이 되었다. 이때의 '보도'와 '듣도'는 (ㄴ)처럼 '보디도'와 '듣디도'에서 보조적 연결 어미인 '-디'가 탈락한 형태이다.

〈 **짧은 '몯' 부정문** 〉'짧은 몯 부정문'은 부정 부사인 '몯'을 서술어 앞에 실현하여서 문장으로 표현된 내용을 부정하는 문장이다.

(13) ㄱ. 舍衛國 婆羅門이 모디러 년기 가면 몯 이긔리니　　　[석상 6:22]

　　　ㄴ. 瞿曇이 弟子ㅣ 두리여 <u>몯</u> 오ᄂ이다　　　[석상 6:29]

(ㄱ)에서는 '이긔리니'의 앞에, (ㄴ)에서는 '오ᄂ이다'의 앞에 부정 부사인 '몯'이 실현되어서 부정문이 형성되었다.

그리고 '改過ᄒ다'나 '得道ᄒ다'처럼 명사 어근에 파생 접미사인 '-ᄒ-'가 붙어서 형성된 동사에는, 부정 부사인 '몯'이 어근과 'ᄒ다' 사이에 실현되는 수도 있다.

(14) ㄱ. 五年을 改過 <u>몯</u> ᄒ야 虐政이 날로 더을ᄊᆡ　　　[용가 12장]

　　　ㄴ. 뎌 比丘ㅣ 勇猛精進ᄒ야 坐禪ᄒ야 ᄆᆞᅀᆞᆷ을 잔쵸ᄃᆡ　　　[월석 25:77]
　　　得道 <u>몯</u> ᄒ얫더니

곧 (ㄱ)에서는 '몯'이 '改過'와 'ᄒ다' 사이에 실현되었으며, (ㄴ)에서는 '得道'와 'ᄒ다' 사이에 실현되었다.

다. '말다' 부정문

명령문과 청유문에서는 본용언에 보조 용언 '말다'를 실현해서 부정문이 형성된다.

〈 **명령문의 부정 표현** 〉명령문에서는 보조적 연결 어미 '-디, -게, -아/-어' 뒤에 보조 용언인 '말다'를 실현하여 명령문의 부정문이 형성된다.5)

(15) ㄱ. 너희 브즈러니 지서 게으르<u>디 말라</u>　　　[법언 2:209]

　　　ㄴ. 너희 天人들히 하 슬허 <u>말라</u>　　　[석상 23:8]

　　　ㄷ. 너희 … 이 여러가짓 業으로 衆生을 迷惑<u>게 말라</u>　　　[월석 21:68]

---

5) '말다'가 활용할 때에 나타나는 불규칙한 변동에 관하여는 이 책 100쪽의 내용을 참조.

(15)는 부정 명령문의 일반적인 예이다. (ㄱ)에서는 '게으르다'의 어간에 '-디 말다'가 붙어서, (ㄴ)에서는 '슳다'의 어간에 '-어 말다'가 붙어서, (ㄷ)에서는 '迷惑(ㅎ)다'의 어간인 '迷惑(ㅎ)-'에 '-게 말다'가 붙어서 명령문의 부정문이 형성되었다.

〈 유사 명령문의 부정 표현 〉 어떠한 문장이 명령문의 형식을 갖추지 않았더라도, 명령문과 유사하게 기능할 때에는 '-디 말다'나 '-게 말다'가 부정문의 서술어로 쓰일 수 있다. 곧, 어떠한 문장이 명령문이 아니더라도, 결과적으로 명령의 의미로 해석될 수 있거나 바람(희망)의 의미를 나타낼 때에는 '말다' 부정문이 쓰인다.

첫째, 명령문은 아니지만 문장에 나타나는 '금지'의 뜻 때문에 '말다'가 부정문의 서술어로 쓰일 수 있다.

> (16) ㄱ. 말라 말라 다시 니르디 마라쌰 ᄒ리니   [석상 13:44]
> ㄴ. 大王하 往生偈를 닛디 마라 외와 돈니쇼셔   [월석 8:95]
> ㄷ. 열 가짓 戒는 … 金銀 보빅 잡디 마롬괘라   [석상 6:10]
> ㄹ. 서리와 이슬로 히여 사ᄅ미 오ᄉᆞ 저지게 마롤 디니라   [두언 15:44]

(ㄱ)과 (ㄴ)에는 각각 '말다'의 연결형인 '마라쌰'와 '마라'가 쓰였으며, (ㄷ)에는 명사형인 '마롬'이, (ㄹ)에는 관형사형인 '마롤'이 쓰였다.⁶⁾ 이들 문장은 명령문의 일반적 형태가 아니지만 부정문의 서술어로 '말다'가 쓰였다. 이렇게 '말다'가 쓰일 수 있는 것은 이들 문장이 서술어로 표현된 '니르다, 닛다(← 닞다), 잡다, 저지다'의 행위에 대하여 '당위'나 '금지'의 뜻을 나타내기 때문이다. 곧 화용론적인 측면에서 볼 때 이들 평서문이 명령문과 유사하게 기능하므로, 부정문의 서술어로서 '말다'가 쓰인 것이다.

둘째, 명령문이 아닌 문장이 '의도'나 '바람(희망)'의 뜻을 나타내는 경우에도, 부정문의 서술어로서 '말다'가 쓰일 수 있다.

---

6) (16)에서 (ㄱ), (ㄴ), (ㄷ)의 문장에서는 명령형 종결 어미인 '-라'가 실현되지 않았고 (ㄹ)의 문장에서는 보조적 연결 어미인 '-디'가 실현되지 않았다. 이러한 점에서 이들 문장은 부정문이 갖추어야 할 온전한 문법적인 형식을 갖추지 않았다고 할 수가 있다.

(17) ㄱ. (내) … ᄂᆞ미 ᄠᅳ들 거스디 마오져 ᄒᆞ노이다　　　　[월석 20:63]

　　ㄴ. (사ᄅᆞ미) 魔說을 아라 제 ᄲᅥ디디 마와뎌 ᄇᆞ라노라　　[능언 9:113]

(ㄱ)의 평서문은 화자의 '의도'를 나타내며, (ㄴ)의 평서문은 '바람'을 나타내는 문장인데, 이러한 특수한 의미·기능 때문에 부정의 평서문에 '-디 말다'가 쓰였다.

　둘째, 청유문에서도 보조 용언 '말다'를 실현하여 부정문이 성립된다.

(18) ㄱ. 머리 셰ᄃᆞ록 서르 ᄇᆞ리디 마져　　　　　　　　[두언 16:18]

　　ㄴ. 물ᄀᆞᆫ 이바디ᄅᆞᆯ 마져 니ᄅᆞ고져 컨마ᄅᆞᆫ　　　　[두언 7:25]

(ㄱ)에는 'ᄇᆞ리다'의 어간에 보조 용언인 '-디 마져'가 쓰였다. 그리고 (ㄴ)에서도 '마져'가 쓰였는데, 이때의 '마져'는 본용언이 없이 목적어인 '이바디'를 직접적으로 취하여, 화자가 청자에게 '이바디'를 수행하는 것을 '중단'할 것을 제안하는 뜻을 나타낸 것이 특징이다.

【 더 배우기 】

{ '아니다'로 실현되는 부정 표현 }

〈 '아니다'의 품사 〉 15세기의 국어에서는 '아니'가 부정 부사뿐만 아니라, '아닌 것'을 뜻하는 명사로도 쓰였다.

(1) ㄱ. 諸法 有無와 이 實이며 實 <u>아니</u>와 이 生이며 生 <u>아니</u>롤   [법언 5:30]
　　　 굴히ᄂᆞ니
　 ㄴ. 이런ᄃᆞ로 能히 널로 숫가락과 숫가락 <u>아니</u>와애 나게   [능언 2:61]
　　　 ᄒᆞ리라
　 ㄷ. 世尊하 이 모든 大衆이 … 이와 이 <u>아니</u>왓 ᄠᅳᆮ들 아디   [능언 2:55]
　　　 몯ᄒᆞᄂᆞ이다

예를 들어서 (1)에서 '아니'는 그 뒤에 접속 조사인 '-와'와 격조사인 '-롤, -애, -ㅅ' 등이 실현되었는데, 이러한 특징을 감안하면 (1)에 쓰인 '아니'는 '아닌 것'의 뜻을 나타내는 명사로 처리해야 한다.

안병희·이광호(1990:210)에서는 『고등학교 문법』(2010)에서 형용사로 처리한 '아니다'도 '아니(명사)'에 계사(서술격 조사)인 '-이다'가 결합하여 활용한 형태로 보았다.

(2) ㄱ. 如來ㅅ 大慈力곳 <u>아니</u>시면 이런 變化를 能히 짓디   [월석 21:48]
　　　 몯ᄒᆞ리이다
　 ㄴ. 엿이 獅子ㅣ <u>아니</u>며 燈이 日月이 <u>아니</u>며   [월석 2:76]
　 ㄷ. 쳔량 업슨 艱難이 <u>아니</u>라 福이 업슬씨 艱難타 ᄒᆞ니라   [석상 13:57]
　 ㄹ. 人 非人은 사롬과 사롬 <u>아닌</u> 것과 ᄒᆞ논 마리니   [석상 9:1]

예를 들어서 '아니다'의 활용 형태인 '아니시면, 아니며, 아니라, 아닌' 등을 명사인 '아니'에 서술격 조사의 무형의 변이 형태인 '-∅-'가 실현된 다음에 다시 활용 어미가 붙은 것으로 보았다.[1] 고영근(2010:241)에서는 '아니다'가 서술어로 실현된 문장을 '체언(명사) 부정문'으로 처리하였는데, 이는 안병희·이광호(1990:210)의 견해에 따른 것이다.

〈 '아니다'로 실현되는 부정문 〉 현행의 『고등학교 문법』에서는 부정문의 유형으로 기존의 부정 부사인 '안, 몯'과 보조 용언인 '아니하다, 몯ᄒ다'로 성립하는 부정문만 인정하고 있다. 그러나 이들 부정문 이외에도 '아니다'를 서술어로 취하는 문장도 부정문으로 처리할 수가 있다.[2] 곧, 형용사인 '아니다'를 명사 어근인 '아니(= 아닌 것)'에 서술격 조사인 '-이다'가 붙어서 파생된 형용사로 처리하면[3], 형용사 '아니다'에는 그 내부에 부정의 요소인 '아니'가 들어 있다. 따라서 (2)처럼 '체언 + 아니다'를 서술어로 취하는 문장은 '체언 + -이다'가 서술어로 실현된 문장에 대한 부정 표현으로 처리할 수 있는 것이다.

〈 어휘적 부정문의 설정 문제 〉 '아니다'로 실현되는 부정 표현을 설정하면, '없다'와 '모르다'를 각각 '이시다/잇다'와 '알다'에 대한 부정 표현으로 설정할 가능성도 있다. 그러나 『고등학교 문법』(2010)에서는 개별 어휘의 의미적 대립에 따른 부정 표현을 인정하지 않으므로, '없다'나 '모르다'로 실현되는 부정문은 인정되지 않는다.

반면에 '아니다'는 어휘적인 부정 표현이기는 하지만, 그 어휘 내부에 '아니(=아닌 것)'와 같은 부정의 요소를 포함하고 있다는 점에서, '없다'나 '모르다'와는 차이가 있다. 따라서 '없다'나 '모르다'와 같은 개별 어휘의 의미적 대립에 따른 부정 표현은 인정하지 않지만, '아니다'가 서술어로 실현되는 문장은 예외적으로 부정 표현의 범주에 넣어서 치러하는 것이 바람직하다.[4]

---

1) 안병희·이광호(1990:210)에 따르면 (1)에서 (ㄱ)의 '아니시면'은 '아니(명사) + -∅(계사)- + -시- + -면'으로, (ㄴ)의 '아니며'는 '아니(명사) + -∅(계사)- + -며'로, (ㄷ)의 '아니라'는 '아니(명사) + -∅(계사)- + -라(← -아)'로, (ㄹ)의 '아닌'은 '아니(명사) + -∅(계사)- + -ㄴ'으로 분석된다.

2) 고영근(2010:241)에서는 안병희·이광호(1990:210)의 견해에 따라서 형용사 '아니다'를 체언(명사) '아니'에 서술격 조사의 어간인 '-이-'가 붙어서 활용한 것으로 보았다. 이에 따라서 '아니다'가 실현된 문장을 '체언(명사) 부정문'으로 처리하고 있다. 이처럼 '체언(명사) 부정문'은 15세기 국어의 통시적인 관점에서는 설정할 근거가 있다.

3) 국립국어원에서 구축한 『표준국어 대사전-인터넷판』에서도 형용사인 '아니다'의 짜임을 '아니- + -이-'로 분석하고 있다.

4) 서정수(1994:949 이하)에서는 '아니다'로 실현되는 부정문을 '-이다'에 대한 특수 부정문으로 처리하였다. 반면에 '아니다'를 제외하고, '있다/없다, 알다/모르다'와 같은 나머지 어휘적인 대립에 따른 부정문은 인정하지 않았다.

어휘와 의미 5부

15~16세기의 중세 국어와 17세기 이후의 근대 국어에서는 어휘와 의미의 영역에서 여러 가지의 특징이 나타난다. 제5부의 '어휘와 의미'에서는 중세 국어와 근대 국어의 어휘와 의미 체계에 나타나는 공시적·통시적 특징을 살펴본다.*

---

* 제5부에서 제시된 어휘는 '김형규(1981), 나찬연(2009, 2013, 2015), 김동소(1998), 이기문 (1998)' 등에 수록된 자료를 참조하였다.

제1장 어휘 체계의 변화

중세 국어에 나타나는 어휘의 특징을 '한자어의 확대'와 '차용어의 유입'으로 나누어서 살펴본다.

1.1. 한자어의 증가

조선 시대에는 중국의 문물이나 사상과 철학이 조선에 크게 영향을 끼치게 되었다. 곧, 한문학과 성리학은 조선의 지배 계층이 갖추어야 할 필수적인 교양으로 자리 잡았으며, 조선 초기부터 시행된 과거 시험에서도 대부분 한문학과 유교 경서의 내용이 출제되었다. 이렇게 한자와 한문이 중시됨으로써 언어 생활에서도 상당수의 고유어가 한자어로 교체되었다. 그리고 조선 초기에 세종과 세조 대에 시도되었던 불경을 언해하는 과정에서도 한자어가 많이 유입되었다. 이처럼 어휘 체계 내에서 한자어가 차지하는 비중이 늘어나고 특정한 한자어를 일상적으로 자주 쓰다 보니, 특정한 한자어를 고유어인 것으로 잘못 인식하는 수도 있었다.

〈 고유어의 한자어로 교체 〉 중세 국어와 근대 국어의 시기에는 중국에서 들어온 새로운 문물과 함께 이들의 개념을 표현하는 새로운 한자어가 많이 유입되었다. 뿐만 아니라 이 당시에 들어온 한자어가 기존의 고유어를 대신하는 경향이 뚜렷하게 나타났다. 이러한 경향은 중국과의 접촉이 빈번해지고 성리학을 기반으로 한 중국의 사상과 문화가 우리나라에 영향을 끼친 데에 원인이 있을 것이다.

15세기 시대에 간행된 『석보상절』과 『월인석보』에 나타난 다음 내용을 비교하면, 중세 국어 시대에 한자어가 늘어나는 경향을 확인할 수 있다.(김형규 1981:111)

(1) ㄱ. 쥬의 坊이어나 뷘 겨르릭빈 짜히어나 자시어나 ㄱ올이어나 巷陌이어나 모
슬히어나 제 드론 야ᅌᆞ로 어버시며 아ᅀᆞ미며 이든 벋ᄃᆞ려 힚ㄱ장 불어 닐어
든   [석상 19:1]

ㄴ. 僧坊애 잇거나 空閑혼 짜히어나 城邑과 巷陌과 聚落과 田里예 드룬 다비 父母
宗親 善友 知識 爲ᄒᆞ야 히믈 조차 불어 닐어든   [월석 17:45]

(ㄱ)의 『석보상절』은 1448년(세종 30)에 출간되었고, (ㄴ)의 『월인석보』는 10년 정도
지난 1459년(세조 4)에 출간되었다. (1)에서 동일한 내용을 기술한 (ㄱ)과 (ㄴ)의 문장
을 비교할 때에, 약 10년 뒤에 발간된 (ㄴ)의 『월인석보』에는 그 이전에 발간된 (ㄱ)
의 『석보상절』보다 한자어가 훨씬 많이 사용된 것을 알 수 있다.

이렇게 고유어보다 한자어를 많이 쓰는 경향은 근대 국어까지 지속적으로 이어졌
다. 이러한 경향에 따라서 중세 국어에 사용되었던 고유어를 그 뒤의 시기에는 한자
어로 바꾸어서 사용한 예가 상당히 많다.

(2) ㄱ. 가난ᄒᆞ히 → 凶年(흉년), ᄀᆞ룸 → 江(강), 거웃 → 鬚髥(수염), 겿 → 吐/助詞(토/
조사), 고마 → 妾(첩), 그위 → 官廳(관청), 그위실 → 官吏(관리)/官職(관직)/
訟訴(송소), 기르마 → 鞍裝(안장), 녀계 → 娼女(창녀)/妓生(기생), 노릇바치
→ 俳優(배우), 노연 → 官人(관인), 누리(뉘) → 世上(세상), 다슴어미 → 繼母
(계모), 디위 → 回(회)/境界(경계), 머귀 → 梧桐(오동), 뫼 → 山(산), 마ᅀᆞᆯ →
官廳(관청), 미르 → 龍(용), 샤옹 → 男便(남편), 슈룹 → 雨傘(우산), 슬기 →
知慧(지혜), 시름 → 愁心(수심), 아ᅀᆞᆷ → 親戚(친척)/眷黨(권당), 아름 → 私
(사), 어버시 → 父母(부모)/兩親(양친), 아촌아들 → 甥姪(생질), 온 → 百(백),
유무 → 消息(소식)/便紙(편지), 위안 → 東山(동산), 지아비 → 男便(남편), 지
어미 → 妻(처), 져근덧 → 暫間(잠간), 져자 → 市場(시장), 죽사리 → 生死(생
사), 지령 → 醬(장), 잣 → 城(성), 즈믄 → 千(천), 쳔/쳔량 → 財貨(재화), 하리
→ 讒訴(참소), 해자 → 費用(비용)

ㄴ. 가득ᄒᆞ다 → 急(급)하다, 가시다 → 變更(변경)하다, 가ᅀᆞ멸다 → 豊富(부유)하
다, 가줄비다 → 比喩(비유)하다, 겨르롭다 → 閑暇(한가)하다, 고마ᄒᆞ다 →
恭敬(공경)하다, 과ᄒᆞ다 → 稱讚(칭찬)하다, 그르츠다 → 救濟(구제)하다, 기
리다 → 稱讚(칭찬)하다, ᄀᆞᅀᆞ말다/ᄀᆞᅀᆞᆷ알다 → 주관(主管)하다/支配(지배)하

다, 굴외다 → 亂暴(난폭)하다/反抗(반항)하다, 녀름짓다 → 農事(농사)하다,
머리좃다 → 敬禮(경례)하다, 머흐다 → 險(험)하다, 뮈다 → 動搖(동요)하다,
ᄆᆞᅀᆞ져브다 → 容恕(용서)하다, 배다 → 敗(패)하다, 바ᄃᆞ랍다 → 危險(위험)
하다, 번득ᄒᆞ다 → 分明(분명)하다, 뵈아다 → 催促(재촉)하다, 브스왜다 →
騷亂(요란)하다, 스치다 → 想像(상상)하다, ᄉᆞᄆᆞᆾ다 → 通(통)하다, 어여다 →
避(피)하다, 오ᄋᆞᆯ다 → 完全(완전)하다, 조ᅀᆞ롭다 → 重要(중요)하다, 입다 →
昏迷(혼미)하다

ㄷ. 거르기 → 大端(대단)히, 념념으로 → 漸漸(점점)/次次(차차), 샹녜 → 恒常(항
상)/普通(보통), 아룸뎌 → 私私(사사)로이, 어루 → 可(가)히, ᄒᆞ다가 → 만일
(萬一)에

(ㄱ)은 고유어의 체언이, (ㄴ)은 고유어의 용언이, (ㄷ)은 고유어의 부사가 한자어로
바뀐 예이다. 이들 한자어는 기존의 고유어를 대신해서 국어의 어휘 체계에서 뿌리
를 내렸다. 이처럼 체언, 용언, 부사 등이 한자어로 바뀌었다는 것은 대부분의 품사
에서 고유어가 한자어로 대체되었다는 것을 뜻한다.[1]

〈 **한자어의 고유어로 교체** 〉 중세 국어와 근대 국어에서 한자어의 쓰임이 확대되어
일상 생활에서 널리 사용되자, 언중들은 일부 한자어를 고유어로 잘못 아는 경우도
있었다. 이렇게 고유어로 인식된 한자어의 어휘는 한자로 적지 않고 한글로 적는
것이 보통이었다.

(3) ㄱ. 餓鬼ᄂᆞᆫ 주으린 <u>귓거</u>시라   [월석 1:46]

ㄴ. 靑衣 <u>긔별</u>을 ᄉᆞᆲ바ᄂᆞᆯ 아바님 깃그시리   [월천 기23]

ㄷ. 恩愛호미 <u>남진</u>과 겨집괘 恭敬호ᄆᆞ로 비릇ᄂᆞ니라   [두언 11:25]

ㄹ. 先妣ᄂᆞᆫ 祠堂애 든 <u>녀편</u>들히라   [내훈 1:75]

ㅁ. ᄯᅩ 三年 侍墓ᄒᆞ니 <u>대되</u> 거상을 아홉 ᄒᆡ를 ᄒᆞ니라 [속삼 효24]

ㅂ. 葅 <u>딤츼</u> 조   [훈자 중11]

ㅅ. <u>빈칙</u> 숭(菘) 俗呼白菜   [훈자 상14]

---

1) 그런데 이처럼 한자어를 선호하는 경향이 강해지자, 어떤 때에는 고유어를 한자어로 잘못
   인식하여 한자로 표기하는 경우도 있었다. (보기 : 긔운(↦ 氣韻)[석상 1:41], 산힝(↦ 山行)
   [용가 125장])

ㅇ. 一切 衆生이 샹녜 ▽장 便安케 ᄒ노니　　　　　　　[월석 20:98]

ㅈ. 相ᄋᆫ 양ᄌᆡ라　　　　　　　　　　　　　　　　　[석상 서:1]

ㅊ. 龍ᄋᆫ 고기 中에 위두ᄒᆞᆫ 거시니라　　　　　　　[월석 1:14]

ㅋ. 즈걋 오ᄉᆞ란 밧고　　　　　　　　　　　　　　　[월석 1:5]

ㅌ. 이베 됴ᄒᆞᆫ 차반 먹고져 ᄒᆞ며　　　　　　　　　[월석 1:32]

ㅍ. 明行足ᄋᆫ 볼ᄀᆞᆫ 힝뎌기 ▽ᄌᆞ실 씨라　　　　　[석상 9:3]

(3)에서 '귓것(鬼-), 긔별(期別), 남진(男人), 녀편(女便), 대되(大都), 딤치, 비치(白菜), 샹녜(常例), 양ᄌᆞ(樣子, 樣态), 위두(爲頭), 차반(茶飯), 힝뎍(行蹟)'[2] 등은 한자어 어휘이지만, 이들은 고유어로 인식되어서 대부분 한글로 표기되었다.

　그리고 어휘가 나타내는 의미가 바뀌어서, 원래의 한자어와는 관련이 없이 고유어화한 단어도 있다.

　(4) ㄱ. 艱難, 分別, 衆生

　　　ㄴ. 가난, 분별, 즁싱

'가난, 분별, 즁싱' 등은 원래의 한자어에서 형태나 의미가 바뀌어서 마치 고유어처럼 쓰였다. '가난'은 '艱難(간난)'에서 제1음절의 /ㄴ/이 탈락하고 의미도 [일반적인 어려움]에서 [빈곤, 貧困]으로 바뀌었다. '분별(分別)'은 원래는 [서로 다른 일이나 사물을 구별하여 가름]의 뜻이었는데, 이와 같은 원래의 뜻과 함께 [걱정, 愁]의 뜻으로도 쓰였다.[3] '즁싱(衆生)'은 불교에서 온 한자어인데, 한자어의 원래 뜻인 [모든 살아 있는 무리]와 함께 새로운 뜻인 [짐승, 獸]의 뜻으로 쓰였다. 특히 [짐승, 獸]의 뜻으로 쓰일 때에는 그 형태도 '즘싱'로 바뀌어서, 현대 국어에서는 '짐승'의 형태로 된다.

　〈 불교 한자어의 증가 〉 15세기에는 불교에 관련된 서적이 많이 번역되었는데, 특히 세조 시대에는 '간경도감(刊經都監)(1461)'을 설치하여 불교 서적을 우리말로 번역하

---

2) 이 밖에 '긔운(氣運), 내죵(乃終), 늿일(來日), 댱샹(長常), 뎌(笛), 몔(利), 도즉(盜賊), 만일(萬一), 먹(墨), 바리(鉢), 반(半), 부텨(佛體), 붇(筆), 위ᄒᆞ다(爲-), 쟝ᄎᆞ(將次), 젼혀(全-), ᄌᆞ갸(自家, ?), 힝혀(幸-)' 등의 한자어도 고유어로 인식되어서 대체로 한글로 표기되었다.

3) 중세 국어에서는 '분별'이 '구분(區分)'의 뜻과 '걱정(愁)'의 두 가지 뜻으로 쓰였으나, 근대 국어 이후에는 다시 원래의 뜻인 '구분'의 뜻으로만 쓰였다.

였다. 이 과정에서 수많은 불교 용어가 한자어로 음역되거나 의역되어서 우리말의 어휘 체계에 많이 들어왔다.

중국를 통하여 한자어로 유입된 불교에 관련한 어휘 중에서 15세기 국어에 쓰였던 어휘를 보이면 다음과 같다.

(5) 釋迦(석가, Śākya), 三昧(삼매, samādhi), 禪(선, jhāna), 阿修羅(아수라, asura), 涅槃(열반, nirvāṇa), 夜叉(야차, Yaka), 乾達婆(건달바, Gandharva), 伽樓羅(가루라, garuda), 彌勒(미륵, Maitreya), 袈裟(가사, kasāya)

(6) 보시(布施, dāna), 見性(견성, dhyana), 極樂(극락, Sukhāvatī), 발원(發願), 如來(여래, tatha-gata), 慈悲(자비, maitrī-karunā), 解脫(해탈, vimokṣa), 衆生(중생, sattva), 善知識(선지식, kalyamitra), 세간(世間, loka)

불교 관련 원전은 주로 고대 인도어인 '범어(梵語, Sanskrit)[4]'나 '팔리어(Pali語)[5]'로 기록되었는데, 이를 중국어로 번역하는 과정에서 음역(音譯)하거나 의역(意譯)하여서 한자로 표기하였다. (5)에서 (ㄱ)은 한자의 소리(音)를 이용하여 고대 인도어의 음을 나타낸 어휘이며, (ㄴ)은 한자의 뜻(意)을 이용하여 고대 인도어의 뜻을 나타낸 어휘이다. 그러나 성종(成宗) 시대부터 억불숭유 정책이 강화됨에 따라서, 16세기 이후에는 불교 관련 한자어가 늘어나는 경향이 약화되었다.

---

4) '범어(梵語, Sanskrit)'는 기원전 4~5세기경에 시작된 고대 인도어인데, 이는 지배 계층이 사용하는 고급 언어로서 문학 작품과 불교 경전에 사용된 언어이다. 현재 북방 불교 경전의 고대 원본은 대부분 범어로 기록되어 있다.

5) '팔리어(Pali語)'는 인도 중부지방의 언어를 기초로 하고 기원전 2세기부터 기원후 2세기경에 걸쳐 발달한 언어이다. 현재 현재 스리랑카·미얀마·타이·캄보디아의 각국에 남아 있다. 아소카왕 이후는 불타의 철리(哲理)를 이 언어로써 설(說)하게 되었다. '팔리'란 '성전본문(聖典本文)'을 의미하는데, 불전(佛典)을 기록하는 문어(文語)로서 쓰이게 되자 산스크리트의 영향도 많이 받았다. 5세기 이후 인도·스리랑카·미얀마·타이 등 여러 나라에서 남방(南方) 소승불교의 성전을 기록하는 데에 사용하였다.

1.2. 차용어의 유입

중세 국어에 쓰인 한자어들은 중국어의 원음대로 쓰인 것이 아니라, 대부분 국어의 음운 체계에 동화되어서 조선의 한자음으로 쓰였다. 그런데 중국어, 몽골어, 여진어(女眞語) 등으로부터 직접 들어온 일부 차용어(借用語)들은 출신 언어의 발음을 그대로 유지하면서 국어의 어휘 체계에 유입되어 쓰였다.

〈 **중국어에서 온 차용어** 〉 중국어에서 온 차용어 중에는 조선의 한자음으로 표기하지 않고, 그 말을 차용할 당시의 중국어의 발음에 가깝게 표기한 어휘가 있다. 15세기와 16세기의 후기 중세 국어에 유입된 차용어는 대부분 중국으로부터 유입되었다고 해도 과언이 아닌데, 이 시기에 차용된 중국어 어휘로는 다음과 같은 것이 있다.

(7) ㄱ. 즁님낸 다 나가시고 갸스를 몯 다 설어졋더이다   [월석 23:74]
　　ㄴ. 靑玉案을 비르서 입곡 블근 노 ㄴᄆᆞᆾ란 ᄎ디 말라   [두언초 8:49]
　　ㄷ. 닐굽잿 미수엔 스면과 상화   [번박 6]
　　ㄹ. 쇼로 쳔 사마 홍졍ᄒᆞᄂᆞ니라   [월석 1:24]
　　ㅁ. 布施ᄂᆞᆫ 쳔량을 펴아 내야 ᄂᆞᆷ 줄 씨라   [월석 1:12]
　　ㅂ. 퉁 부플 티면 十二億 사ᄅᆞ미 몯고   [석상 6:28]
　　ㅅ. 모든 比丘ㅣ … 이 ᄯᅡ햇 훠와 신과 … 醍醐와ᄅᆞᆯ 닙디
　　　　아니ᄒᆞ면   [능언 6:96]

(8) 감토(敢頭, 감투), 갸스(家事, 그릇붙이, 세간), 고리(栲, 고리짝), 노/로(羅, 비단), 다홍(大紅, 다홍색), 비치(白菜, 배추), 망긴/망근/망건(網巾, 망건), 먹(墨, 먹), 무궁화(木槿花, 무궁화), 무면/무명(木棉, 무명), 붇(筆, 붓), 비단(匹段, 비단), 보븨/보븨/보뵈(寶貝), 사당/사탕(砂糖, 사탕), 상화(饅頭, 만두), 샹투/샹토(上頭, 상투), 솨ᄌᆞ/사ᄌᆞ(刷子, 솔), 슈슈(蜀黍, 수수), 심슥(心兒, 심지), 죠리(笊籬, 조리), 진디/진딧/진짓(眞的, 진짜의), ᄌᆞ디(紫的, 자주), 쳔(錢), 쳔량(錢粮, 재물), 투구(頭盔, 투구), 퉁(銅, 동), 피리(觱篥, 피리), 햐처(下處, 숙소), 훠/훠ᅀᅳ(靴, 가죽신)

(7)에서 '갸스(家事, 그릇붙이, 세간), 노(羅), 상화/샹화(霜花, 만두), 쳔(錢, 재물), 쳔량(錢糧, 재물), 퉁(銅, 동), 훠/훠ᅀᅳ(靴, 가죽신)' 등은 15세기와 16세기의 문헌에 나타난 중국

어 차용어이다. 이들 차용어는 대체로 의복, 옷감, 기구, 장식 등의 의식주와 문화 생활과 관련되어 있는 것이 특징인데, 이는 중국어에서 들어온 문물과 함께 차용어도 함께 들어왔기 때문일 것이다. 16세기 문헌 중에는 주로 『번역박통사』나 『훈몽자회』에서 중국어 차용어가 많이 나타난다. 그리고 (8)에 제시된 차용어는 15세기와 16세기에 쓰인 중국어의 차용어의 목록이다.(김동소 1998:165)

⟨ **몽골어에서 온 차용어** ⟩ 몽골어의 차용어는 13세기에 이후에 고려가 원나라의 지배를 받으면서 유입되었다.(김동소 1998:167 참조.)

> (9) 가리/갈비, 고라니, 구리(銅), (눈)보라, 보라매, 사돈(查頓), 송골매, 슈라(水剌, 수라), 오랑캐

13세기 이후의 고려 시대에는 몽골어의 차용어가 꽤 많이 유입된 것으로 보이는데, 특히 '말(馬), 매(鷹), 군사, 관직' 등에 관련된 어휘가 많았다. 그러나 14세기 후반에 고려가 몽골의 지배에서 벗어나게 되자 대부분의 몽골어 차용 어휘는 소멸하였지만, 이들 중에서 (9)와 같은 일부 단어는 그대로 남아서 지금까지 쓰이고 있다.

⟨ **만주어에서 온 차용어** ⟩ 중세 국어의 시기에는 소수의 여진어(만주어)가 유입되었다.

> (10) 투먼(豆漫), 퉁컨(童巾), 워허(斡合)

여진어에서 들어온 차용어는 주로 지명과 관련된 어휘들인데 몇 어휘가 『용비어천가』에 기록되어 있을 뿐이다.

제2장 단어의 의미 변화

단어의 의미가 바뀌게 되면, 그 단어가 나타내는 지시 대상이 바뀌거나 그 단어의 도덕적·윤리적 가치가 바뀐다. 여기서는 15세기 이후의 중세 국어와 근대 국어에서 일어난 의미 변화의 양상을 고유어와 한자어로 나누어서 살펴본다.

2.1. 고유어의 의미 변화

중세 국어와 현대 국어의 의미적인 차이를 비교할 때에, 고유어에서 일어난 의미 변화는 '의미의 교체', '의미의 축소', '의미의 확대'의 세 가지 유형으로 나누어진다.

2.1.1. 의미의 교체

단어가 나타내는 특정한 의미가 다른 의미로 단순하게 교체된 경우가 있다. 이처럼 의미가 교체된 예로는 '이바디, ᄉ랑ᄒ다, 어엿브다, 어리다, 싁싁ᄒ다, 그위실, 쓰다/ᄊ다, 아비/어미' 등이 있다.

〈 이바디 〉 '이바디'는 [음식 접대, 接待]의 뜻에서 [기여, 寄與]의 뜻으로 바뀌었다.

(1) ㄱ. 神靈을 請ᄒ고 즁싱 주겨 夜叉羅利 等을 <u>이바ᄃ며</u>　　　　[석상 9:17]
　　ㄴ. 믈ᄀ <u>이바디</u>를 마져 니르고져 컨마ᄅ　　　　[두언 7:25]

'이바디'는 15세기 국어에서 동사인 '이받다'에서 파생된 명사로서 [接待]의 뜻으로 쓰였다. 그런데 현대 국어에서 '이바지'로 형태가 바뀌어서 [寄與]의 뜻으로 쓰이고 있다.

〈 수랑후다 〉 '수랑후다'는 [생각하다, 思]의 뜻에서 [사랑하다, 愛]의 뜻으로 바뀌었다.

(2) ㄱ. 迦葉이…뫼고래 이셔 道理 <u>수랑후더니</u> [석상 6:12]
　　ㄴ. 刺史ㅣ 흔 번 사호고져 <u>수랑후노니</u> (思一戰) [두언 8:23]

(3) ㄱ. 어버이 子息 <u>수랑호문</u> 아니한 스이어니와 [석상 6:3]
　　ㄴ. 오직 내 직조를 <u>수랑후놋다</u> (只愛才) [두언 7:34]

(4) <u>싱각</u> 亽 (思) [유합 하11]

'수랑후다'는 15세기 국어에서 (2)처럼 [思]의 뜻으로 쓰이다가 그 뒤의 시기에는 (3)처럼 [愛]의 뜻으로도 쓰였다.[1] 이처럼 '수랑'이 [愛]의 뜻을 나타내게 되자, [思] '수랑'을 대신하여 [思]의 뜻을 나타내는 단어로서 (4)의 '싱각'이 새로 생겨났다. 이처럼 [愛]의 뜻으로 쓰이는 '수랑하다'가 세력을 얻게 되자, '수랑후다(愛)'와 유의어로 쓰였던 기존의 어휘인 '괴다(寵)'와 '둣다(愛)'는 세력을 잃고 사라졌다.

〈 어엿브다 〉 '어엿브다'는 [불쌍하다, 憫]의 뜻에서 [아름답다, 美]의 뜻으로 바뀌었다.

(5) ㄱ. 光明을 보숩고 몰라 주구려 후니 그 아니 <u>어엿브니잇가</u> [월천 기103]
　　ㄴ. 須達이 … 艱難후며 <u>어엿븐</u> 사루믈 쥐주어 거리칠씨 [석상 6:13]

(6) ㄱ. 憫然은 <u>어엿비</u> 너기실 씨라 [훈언 2]
　　ㄴ. 내 百姓 <u>어엿비</u> 너겨 (我愛我民) [용가 50장]

15세기 국어에서 형용사인 '어엿브다'는 (5)처럼 [憫]의 뜻으로만 쓰였으나, 부사인 '어엿비'는 (6)처럼 [憫]이나 [美]의 뜻으로 두루 쓰였다. 현대 국어에서는 '어엿브다'가 '예쁘다'로 형태가 바뀌어서 [美]의 뜻으로만 쓰이는 점을 감안할 때에, '어엿브

---

1) 원래 '愛'는 생각하는 곳에서 싹트기 때문에 '수랑'이 곧 '愛'의 뜻을 나타내게 된 것으로 보인다.

다'는 근대 국어 시기에 [憫]에서 [美]의 뜻으로 바뀐 것으로 추정된다.

〈 어리다 〉 '어리다'는 [어리석다, 愚]의 뜻에서 [어리다, 幼]의 뜻으로 바뀌었다.

(7) ㄱ. 愚는 어릴 씨라 [훈언 2]

ㄴ. 우리 므리 어리오 鈍ᄒᆞ야 (我輩愚鈍ᄒᆞ야) [능언 7:67]

(8) ㄱ. 老萊子ㅣ 楚ㅅ 나라 사ᄅᆞᆷ이라 냥친을 효도로이 [소언 4:16]

봉양ᄒᆞ더니 디낸 나히 닐혼에 어린 아히 노ᄅᆞᆺ을 ᄒᆞ야 (嬰兒喜)

ㄴ. 늘그며 어리며 병들며 부녜 능히 오지 못ᄒᆞᄂᆞᆫ 이ᄂᆞᆫ [경신 78]

식구 혜고 계일ᄒᆞ야 ᄡᆞᆯ을 주라

'어리다'는 15세기 국어에서 (7)처럼 [愚]의 뜻을 나타내었는데, 16세기 이후의 국어
에서는 (8)처럼 [幼] 뜻을 나타내었다.

〈 싁싁ᄒᆞ다 〉 '싁싁ᄒᆞ다'는 [엄하다, 嚴]나 [장엄하다, 莊嚴]의 뜻에서 '씩씩하다(莊)'
의 뜻으로 바뀌었다.

(9) ㄱ. 여슷 하ᄂᆞ래 宮殿이 싁싁ᄒᆞ더라 [석상 6:35]

ㄴ. 밧ᄀᆞ로 싁싁ᄒᆞᆫ 스승과 벗이 업고 [어내 3:15]

'싁싁ᄒᆞ다'는 중세 국어와 근대 국어에서 (ㄱ)처럼 [莊嚴]이나 (ㄴ)처럼 [嚴]의 뜻으로
쓰였는데, 현대 국어에서는 그 형태가 '씩씩하다'로 바뀌어서 [莊]의 뜻을 나타낸다.

〈 그위실 〉 15세기 국어에서 '그위실'은 [관직, 官職]이나 [공무, 公務]의 뜻으로 쓰
였다. 그런데 16세기 이후에 그 형태가 '구실'로 바뀌면서, 기존의 [官職]과 [公務]의
뜻과 함께 [부역, 賦役]이나 [조세, 租稅]의 뜻으로도 쓰였다. 그러나 현대 국어에서
'구실'은 [역할, 役割]의 뜻으로만 쓰이고 있다.

(10) ㄱ. 王裒이 슬허 그위실 아니 ᄒᆞ고 늠 글 ᄀᆞᄅᆞ치고 이셔 [삼행 孝:15]

ㄴ. 靜이 아리 사오나온 그위실을 因ᄒᆞ야 接足을 親히 [선언 서13]

받ᄌᆞ오니

(11) ㄱ. 우리도 代官의 <u>구실</u>이면 아므려도 ᄆᆞᆷ알기 어려울   [첩신 4:22]
　　　양이오니

　　ㄴ. 그 문의 졍표ᄒᆞ고 그 집 <u>구실</u>을 영히 덜라 ᄒᆞ시니라   [번소 9:67]

　　ㄷ. 브즈러니 질삼ᄒᆞ야 <u>구실</u> 되답ᄒᆞ더니   [속삼 열1]

(10)의 '그위실'은 15세기 문헌에 쓰인 예인데, 대체로 '官'으로 번역된 것으로 보면
[官職]이나 [官吏]의 뜻으로 쓰였음을 알 수 있다. 그리고 (11)의 '구실'은 16세기 이
후의 국어에서는 (ㄱ)처럼 기존의 뜻인 [官職]이나 (ㄴ)과 (ㄷ)처럼 새로운 뜻인 [賦
役]과 [租稅]의 뜻으로 쓰였음을 알 수 있다. 현대 국어에서는 형태가 '구실'로 바뀌
어서 자기가 마땅히 해야 맡은 바 [役割]의 뜻으로 쓰이고 있다.

　〈 ᄊᆞ다/ᄉᆞ다 〉 'ᄊᆞ다/ᄉᆞ다'는 원래 [그만한 가치가 있다, 同値]나 [값이 높다, 高價]의
뜻으로 쓰였는데,[2] 현대 국어에서 이 단어는 [값이 낮다, 低價]의 뜻으로 바뀌었다.

(12) ㄱ. 八分 흔 字ㅣ 비디 百金이 <u>ᄉᆞ니</u>   [두언 16:16]

　　ㄴ. 빗 갑슨 <u>ᄊᆞ던가</u> 디던가   [번노 상9]

(13) 價値 갑<u>ᄊᆞ다</u>   [동유 하26]

15세기와 16세기의 국어에서 'ᄊᆞ다/ᄉᆞ다'는 (12)의 (ㄱ)처럼 [同値]의 뜻으로 쓰이거
나, (12)의 (ㄴ)처럼 [高價]의 뜻으로 쓰였다. 그리고 18세기의 문헌인 『동문유해』
(1748)에서도 '갑ᄊᆞ다'가 (13)처럼 [同價]의 뜻을 나타내었다. 이 점을 감안하면 'ᄊᆞ다'
가 현대 국어처럼 [低價]의 뜻을 나타낸 것은 19세기 이후인 것으로 추정된다.(이기문
1998:230) 결국 15세기 중세 국어에서 'ᄊᆞ다/ᄉᆞ다'는 [高價]나 [同價]의 뜻을 나타내었
는데, 현대 국어에서는 정반대의 뜻인 [低價]의 뜻으로 쓰이는 것이다.[3]

---

2) 현대 국어에서도 중세 국어처럼 '그만한 가치가 있다.'의 뜻으로 쓰인 예도 있다. (보기) 지은
　죄를 보면 그는 맞아 죽어도 <u>싸다</u>.

3) 15세기 국어에서 'ᄊᆞ다(그만한 값이 있다, 값이 높다)'가 '빋(가격, 價)'과 자주 결합하면서,
　'빋ᄊᆞ다(高價)'로 실현되었다. 그런데 그 이후에 '빋ᄊᆞ다'의 형태가 '비ᄊᆞ다'로 바뀜에 따라서,
　언중들이 'ᄊᆞ다'를 '비-ᄊᆞ다'의 대립어로 오인하게 되었다. 결과적으로 현대 국어에서는 '싸
　다'가 '가격이 낮다(低價)'의 뜻으로 쓰이게 되었다.

〈 아비, 어미 〉 '아비'와 '어미'는 평칭에서 비칭으로 정감적인 의미가 바뀌었다.

(14) ㄱ. 아비옷 이시면 우리를 어엿비 너겨 能히 救護ᄒ려늘   [월석 17:21]
    ㄴ. 安樂國이는 아비를 보라 가니 어미 몯 보아 시름   [월석 8:87]
      깊거다

(14)의 15세기 국어에서 '아비'와 '어미'는 존칭(尊稱)으로 쓰였던 '아바님'과 '어마님'
에 대하여 뜻(평칭)의 뜻을 나타내었다. 그런데 19세기 말에 '아버지'와 '어머니'라는
평칭의 어휘가 새로이 나타나면서, 기존에 평칭으로 쓰였던 '아비'와 '어미'는 현대
국어에서 비칭으로 뜻으로만 쓰였다.4) 그 결과 현대 국어에서는 '아버님/어머님'이
존칭으로, '아버지/어머니'가 평칭으로, '아비/어미'가 비칭으로 쓰이고 있다.

2.1.2. 의미의 축소

두 가지의 의미를 나타내던 단어가 하나의 의미를 잃어버리고 나머지 의미로만
쓰여서, 결과적으로 의미가 축소된 경우가 있다. 이처럼 의미가 축소된 예로는 'ᄇ라
다, 여위다, 힘, 빋, 늙다, 얼굴, 치다' 등이 있다.
〈 ᄇ라다 〉 'ᄇ라다'는 중세 국어에서 [바라보다, 望見]와 [바라다, 希望]의 두 가지
뜻을 나타내다가, 점차로 의미가 축소되어서 [바라다, 希望]의 뜻으로만 쓰였다.

(15) ㄱ. 世尊이 須達이 올 똘 아ᄅ시고 밧긔 나아 걷니더시니   [석상 6:20]
      須達이 ᄇ라ᅀᆸ고 몯내 과ᄒᅀᄫᅡ 호ᄃᆡ
    ㄴ. 슬프다 됴ᄒᆞᆫ 싸ᄒᆞᆯ 머리 돌아 ᄇ라오니 흐ᄀᆞ리오티   [두언 7:10]
      茫茫ᄒᆞ도다

(16) ㄱ. ᄒ다가 記 得디 몯ᄒ면 한 ᄇ라ᄆᆞᆯ 치오미 업스리라 (望) [법언 4:49]
    ㄴ. ᄇ랄 희(希), ᄇ랄 긔(冀)   [신유 하30]

---

4) 프랑스의 리델(Ridel) 주교 등이 1880년(고종 17)에 편찬한 『한불자뎐』(韓佛字典)에 "아버지
父", "어머니 母"가 표제어로 올라 있다.

(17) 劉寬이… 구읫 문을 <u>브라보고</u> 걷거늘 [번소 10:4]

15~16세기의 중세 국어에서 '브라다'는 (15)와 (16)처럼 [望見]과 [希望]의 두 가지 뜻을 나타내었다. 그런데 16세기 초에 (17)처럼 '브라다'에 '보다(見)'가 합성되어서 형성된 '바라보다'가 등장하여, '브라다'가 나타내던 [望見]의 뜻을 대신하게 되었다. 이에 따라서 현대 국어에서 '바라다'는 [希望]의 뜻으로 쓰이고, '바라보다'는 [望見] 의 뜻으로 구분되어 쓰였고, 결과적으로 '브라다'는 의미가 축소되었다.

〈 여위다 〉'여위다'는 중세 국어에서 '수척하다(瘦瘠)'와 '물이 마르다(渴)'의 두 가지 뜻을 나타내다가, 점차로 의미가 축소되어서 '여위다(瘦瘠)'의 뜻으로만 쓰였다.

(18) ㄱ. 흔 낱 뿔을 좌샤 슬히 <u>여위신돌</u> 金色잇든 가시시리여 [월천 기62]
　　 ㄴ. 힛 光이 倍倍히 더버… 모시 다 <u>여위며</u>… 江이 다 [월석 1:48]
　　　　<u>여위며</u>

(19) ㄱ. <u>여위다</u> 瘦 [동유 상18]
　　 ㄴ. 黃河水 다 <u>여위여</u> 썩만치 되올지나 [고금가곡 고시조]

'여위다'는 (18)의 중세 국어와 (19)의 근대 국어에서 모두 [瘦瘠]과 [渴]의 두 가지 뜻으로 쓰였다. 그런데 현대 국어에서는 '여위다'가 [渴]의 뜻을 'ᄆᆞ르다(→ 마르다)' 에 넘겨 주고 [瘦瘠]의 뜻으로만 쓰이고 있다.

〈 힘 〉'힘'은 중세 국어에서 [힘살, 筋肉]이나 [힘, 力]의 두 가지 뜻으로 쓰이다가, 점차로 의미가 축소되어서 [힘, 力]의 뜻으로만 쓰인다.

(20) ㄱ. 갓과 고기와 <u>힘</u>과 뼈와는 다 짜해 감돌 근ᄒᆞ니라 [원언 상1-2:137]
　　 ㄴ. 사스믹 <u>힘</u>을 므레 듭가 [구간 6:10]

(21) ㄱ. 勇은 <u>힘</u>세며 늘날 씨오 猛은 믹볼 씨라 [석상 3:21]
　　 ㄴ. 力士는 <u>힘</u>센 사르미라 [월석 2:6]

'힘'은 15세기 문헌에는 (19)처럼 구체성을 띤 [筋肉]의 뜻으로 쓰이거나 (20)처럼 추상적인 [力]의 뜻으로 두루 쓰였다. 그런데 현대 국어에서는 '힘'이 [筋肉]의 뜻으로는 쓰이지 않고 [力]의 뜻으로만 쓰이므로 의미가 축소되었다.

〈빋〉'빋'은 중세 국어에서 [값, 價]과 [빚, 債]의 두 가지의 뜻을 나타내다가, 점차로 [빚, 債]의 뜻으로만 쓰였다.

> (22) ㄱ. 일훔난 됴흔 오시 <u>비디</u> 千萬이 쓰며   [석상 13:22]
> ㄴ. 네 내 목수믈 지며 내 네 <u>비들</u> 가파   [능언 4:31]

15세기 국어에서 '빋'은 (ㄱ)처럼 [價]의 뜻을 나타내기도 하고, (ㄴ)처럼 [債]의 뜻을 나타내기도 하여 다의적으로 쓰였다. 그러나 현대 국어에서 '빚'은 [債]의 뜻으로만 쓰여서, 15세기 국어에 비해서 의미가 축소되었다.

〈늙다〉'늙다'는 중세 국어에서 [늙다, 老]와 [저물다, 暮]의 두 가지 뜻을 나타내다가, 현대어에서는 [늙다, 老]의 뜻으로만 쓰였다.

> (23) ㄱ. 늘근 션비를 보시고 (接見<u>老</u>儒)   [용가 82]
> ㄴ. 江湖앤 보미 <u>늘거</u> 가느니 (江湖春慾<u>暮</u>)   [두언 15:49]

(ㄱ)에서 '늙다'는 15세기 국어에서 [老]와 [暮]의 뜻을 나타내는 다의어였는데, 현대 국어에서는 [暮]의 뜻은 '저물다'로 이관되고 [老]의 뜻으로만 쓰인다. 이에 따라서 현대 국어에서는 '늙다'가 중세 국어에 비해서 의미가 축소되었다.

〈얼굴〉'얼굴'은 중세 국어에서 [모습, 形象]이나 [틀, 型]과 같은 포괄적인 뜻을 나타내다가, 현대 국어에서는 [얼굴, 顔]의 구체적인 뜻을 나타내게 되었다.

> (24) ㄱ. <u>얼구른</u> 그리메 逼近ᄒ니 家門엣 소리ᄂ 器宇ㅣ 잇도다   [두언 8:25]
>   (<u>形象</u>丹靑逼)
> ㄴ. 얼굴 <u>型</u>   [훈자 상24]

15세기와 16세기 국어에서 '얼굴'은 (24)의 (ㄱ)처럼 [形象]이나 (ㄴ)처럼 [型] 등의 뜻으로 쓰였다. 반면에 현대 국어에서는 [顔]의 뜻으로만 쓰이므로, 결과적으로 의미가 축소되었다.

〈 **즛** 〉 '즛'은 중세와 근대 국어에서 [모양, 模樣]이나 [동작, 動作]의 두 가지 뜻으로 쓰였는데, 현대 국어에서는 [動作]의 뜻으로만 쓰여서 의미가 축소되었다.

(25) ㄱ. 그 <u>즈싀</u> 一萬 가지라   [월석 21:24]
　　 ㄴ. ᄒᆞ다가 西子ᅵ <u>즈싀</u> 업스면   [영남 하:74]

(26) 엊그제 션왕이 아니 겨시다고 이 <u>즈슬</u> ᄒᆞ며   [한만 5:482]

(25)의 '즛'은 15세기 국어에서 [模樣]의 뜻으로 쓰인 예이며, (26)의 '즛'은 근대 국어에서 [動作]의 뜻으로 쓰인 예이다. 반면에 현대 국어에서는 '즛'이 '짓'으로 형태가 바뀌면서 그 의미도 [動作]의 뜻으로만 쓰여서 의미가 축소되었다.

〈 **치다** 〉 '치다'는 중세 국어와 근대 국어에서 [육성, 育成], [양육/사육/봉양, 養育/飼育/奉養] 등의 뜻으로 쓰였는데, 현대 국어에서는 [飼育]의 뜻으로만 쓰이고 있다.

(27) ㄱ. 畜生ᄋᆞᆫ 사ᄅᆞᄆᆡ 지븨셔 <u>치ᄂᆞᆫ</u> 즁싱이라   [월석 1:46]
　　 ㄴ. 居士ᄂᆞᆫ 믈곤 節介ᄅᆞᆯ 녜브터 <u>치고</u>   [법언 7:77]
　　 ㄷ. ᄂᆞᄆᆡ 늘근 어미ᄅᆞᆯ <u>치다가</u> 乃終내 몯 ᄒᆞ며   [삼행 孝:5]

(27)에서 (ㄱ)의 '치다'는 [飼育]의 뜻으로, (ㄴ)의 '치다'는 [育成]의 뜻으로, (ㄷ)의 '치다'는 [奉養]의 뜻으로 쓰였다. 이처럼 '치다'는 중세 국어와 근대 국어에서 다의적으로 쓰이다가, 현대 국어에서는 [飼育]의 뜻으로만 쓰여서 그 의미가 축소되었다.

2.1.3. 의미의 확대

'의미의 확대(擴大, widing)'는 특정한 단어의 의미가 변화하여, 단어의 지시 범위가 원래의 범위보다 넓어지는 것이다. 이처럼 의미가 확대된 예는 '겨레'가 있다.

'겨레'는 [종친, 宗親]의 뜻에서 [민족, 民族]의 뜻으로 의미가 바뀌어서, 결과적으로 '겨레'가 지시하는 범위가 확대되었다.

(28) ㄱ. 그 시졀 넷 가문과 오란 <u>겨레</u>들히 다 能히 이 근디   [소언 6:132]
         몯ᄒᆞ더라
    ㄴ. 가히 다른 <u>겨레</u>예 도라 보낼 거시라   [동삼 열1:2]
    ㄷ. <u>겨레</u> 권당으로셔 서르 통간ᄒᆞ면   [경민 22]

(29) 우리는 단군의 피를 이어받은 한 <u>겨레</u>이다

(28)의 '겨레'는 중세 국어에서는 [宗親]의 뜻을 나타내었으나, 현대 국어에서는 (29)처럼 [民族]의 뜻으로 쓰인다. 결국 '겨레'는 그 단어가 나타내는 지시 범위가 [宗親]의 뜻에서 [民族]의 뜻으로 확대된 것이다.

2.2. 한자어의 의미 변화

한자어에서도 시간의 흐름에 따라서 단어의 의미가 바뀌는 경우도 있는데, 중세와 근대 국어의 시기에 단어의 의미에 변화가 일어난 예를 살펴본다.

2.2.1. 의미의 교체

단어가 나타내는 특정한 의미가 다른 의미로 단순하게 교체된 경우가 있는데, 이처럼 한자어 중에서 의미가 교체된 예는 '人情, 放送, 發明' 등이 있다.
예를 들어서 근대 국어와 개화기 국어에서는 각종 소설류의 작품에서 '人情, 放送, 發明' 등의 한자어가 새로 쓰였는데, 이들 한자어는 현대 국어의 뜻과는 다른 뜻을 나타내었다.(이기문, 1998:229의 내용 참조)

(30) 人情, 放送, 發明

근대 국어에서는 '人情'이 [뇌물, 賂物]의 뜻을 나타내다가, 현대 국어에서는 '남을 동정하는 따뜻한 마음'의 뜻을 나타내고 있다. '放送'은 근대 국어에서는 [석방, 釋放]의 뜻을 나타내다가, 현대 국어에서는 '음성이나 영상을 전파로 내보내는 일'의 뜻을

나타내고 있다. '發明'은 근대 국어에서는 [변명, 辨明]의 뜻을 나타내다가 현대 국어
에서는 '아직까지 없던 기술이나 물건을 새로 생각하여 만들어 냄'의 뜻을 나타내고
있다.

2.2.2. 의미의 축소

포괄적인 의미를 나타내는 단어가 일부의 의미를 잃어버리고 나머지 의미로만
쓰여서, 결과적으로 단어의 의미가 축소된 예도 있다. 이처럼 한자어 중에서 의미가
축소된 예는 '艱難, 衆生, 分別' 등이 있다.
〈 艱難 〉 '艱難'은 [일반적인 어려움, 難]의 뜻에서 [경제적인 어려움, 貧]의 뜻으로
바뀌어서, 그 의미가 축소되었다.

(31) ㄱ. 王業 艱難이 이러ᄒᆞ시니   [용가 5장]
ㄴ. 천량 업슨 艱難이 아니라 福이 업슬씩 艱難타 ᄒᆞ니라   [석상 13:57]

(32) ㄱ. 가난ᄒᆞ 히예 후리여 먼 듸 풀려 갓거늘   [이행 16]
ㄴ. 君子ㅣ 비록 가난ᄒᆞ나 祭器를 ᄑᆞ디 아니ᄒᆞ며   [소언 2:28]

'艱難(간난)'은 원래 (31)처럼 한자로 표기되어서 경제적인 어려움을 포함하여 일반
적인 어려움인 [難]의 뜻을 나타내었다. 그러나 16세기 이후에는 (32)처럼 한자 대신
에 한글로 '가난'으로 표기되면서 [貧]의 뜻을 나타내게 되었는데, 결과적으로 의미
가 축소되었다.
〈 衆生 〉 한자어인 '衆生'은 원래 [생명체, 生命體]의 뜻으로 쓰였는데, 이 단어가
한글로 '즁싱'으로 표기되면서 [짐승, 獸]의 뜻을 나타내어서 의미가 축소되었다.

(33) ㄱ. 法化ᄂᆞᆫ 부톄 큰 法으로 衆生을 濟渡ᄒᆞ샤 사오나ᄫᆞᆫ   [석상 3:2]
사ᄅᆞ미 어딜에 ᄃᆞ욀 씨라
ㄴ. 慈悲ᄂᆞᆫ 衆生을 便安케 ᄒᆞ시ᄂᆞᆫ 거시어늘   [석상 6:5]

(34) ㄱ. 뒤헤는 모딘 즁싱 알픽는 기픈 모새 (猛獸)　　　　[용가 30장]

　　 ㄴ. 비록 사르미 무레 사니고도 즁싱 마도 몯호이다　　[석상 6:5]

(35) ㄱ. 듣는 즘싱과 ᄂᆞ는 새 다 머리 가ᄂᆞ니　　　　　[영남 하35]

　　 ㄴ. 奇異ᄒᆞᆫ 즘싱이 ᄂᆞ는 ᄃᆞᆺᄒᆞᆫ 거시 별 ᄠᅥ러디ᄃᆞᆺ ᄒᆞ니　[두언 5:36]

15세기 중엽의 중세 국어에는 (33)처럼 '衆生'이 한자로 표기되어서 [生命體]의 뜻을 나타내었고, (ㄴ)의 '즁싱'처럼 한글로 표기되어서 [獸]의 뜻을 나타내었다. 그러다가 15세기 말이 되면 '즁싱'이 (ㄷ)처럼 '즘싱'으로 형태가 바뀌었다. 그리고 근대 국어를 거쳐서 현대 국어에 오면, 이들 단어가 '중생(衆生)'과 '짐승'으로 분화되어서 '중생'과 '짐승'의 형태와 의미가 확실하게 구분되었다. 결과적으로 '중생(衆生)'은 중세 국어로부터 현대 국어에 이르기까지 점차로 의미가 축소되었다.

　〈 分別 〉'分別'은 15세기에는 [구분, 別]과 [걱정, 憂]의 두 가지 뜻으로 쓰이다가, 현대 국어에서는 [구분, 別]의 뜻으로만 쓰인다.

(36) ㄱ. 分別은 ᄂᆞ호아 ᄀᆞᆯᄒᆡᆯ 씨라　　　　　　　　　[월석 11:12]

　　 ㄴ. 네 반ᄃᆞ기 이에 나와 ᄂᆞᄆᆞᆯ 分別ᄒᆞ라　　　　[능언 2:33]

(37) ㄱ. ᄒᆞ다가 아ᄃᆞᄅᆞᆯ 어더 쳔랴ᅙᆞᆯ 맛디면 훤히 快樂ᄒᆞ야　[월석 13:10]

　　　 ᄂᆞ외야 分別 업스리로다

　　 ㄴ. 나랏 이ᄅᆞᆯ 分別ᄒᆞ야 슯노니　　　　　　　　[월석 2:6]

'分別'은 아주 특이한 방식으로 의미가 바뀌었다. 곧, 15세기 국어에서 '分別'은 (36)처럼 [別]의 뜻과 더불어서 (37)처럼 [憂]의 뜻을 나타내기도 하였다. 이처럼 두 가지 뜻으로 혼용되던 '分別'이 현대 국어에서는 [別]의 뜻으로만 쓰이고 있다.

부 록 부록

『고등학교 문법』(2010:166)에서는 연결 어미를 크게 '대등적 연결 어미'와 '종속적 연결 어미', '보조적 연결 어미'로 구분하였다.[1] 반면에 허웅(1975:521)에서는 연결 어미를 의미적인 범주에 따라서 '제약법, 불구법, 나열법, 가림법, 의도법, 미침법, 전환법, 비교법, 동시법, 설명법, 비례법……' 등으로 분류하였다.

여기서는 연결 어미를 크게 '대등적 연결 어미, 종속적 연결 어미, 보조적 연결 어미'로 구분하고 나서, 이 세 하위 유형을 허웅(1975)에서 제시한 의미적인 분류 기준에 따라서 다시 하위 분류하였다.

1. 대등적 연결 어미

의미 관계	형 태	의 미	용 례
나열	-고/-오	첨가, 나열	子는 아ᄃ리오 孫은 孫子이니　　　　　[월석 1:7]
	-곡/-옥	'-고'의 강조	쏘 善커든 通콕 惡거든 마가ᅀᅡ 어려ᄫᅮ미 업 [월석 14:76] 스리라
	-으며	첨가, 나열	쏘 玉女ᄃᆞᆯ히 虛空애셔 온가짓 풍류ᄒᆞ며 굴 [월석 2:32] 근 江이 묽고
대조	-으나	역접	ᄒᆞᆫ 願을 일우면 져그나 기튼 즐거ᄫᅮ미 이 [월석 2:5] 시려니와

---

1) 여기서 '대등적 연결 어미(對等的 連結語尾)'는 앞절과 뒷절을 대등한 관계로 이어 주는 연결 어미이며, '종속적 연결 어미(從屬的 連結語尾)'는 앞절을 뒷절에 의미적으로 이끌리는 관계로 이어 주는 연결 어미이다. 그리고 '보조적 연결 어미(補助的 連結語尾)'는 본용언과 보조 용언을 이어 주는 연결 어미이다. 연결 어미의 분류에 대하여는 이 책 191쪽의 내용을 참조.

의미 관계	형 태	의 미	용 례	
선택	-거나/-나/-으니	선택	제 쓰거나 놈 히여 쓰거나 ᄒ고 오나 가나 다 새지비 兼ᄒ얫도소니 느미 것 서르 일버수믈 훌씨 외니 올ᄒ니 決홇 사ᄅ미 업서	[석상 9:21] [두언 6:35] [월석 1:45]

2. 종속적 연결 어미

의미 관계	형 태	의 미	용 례	
제약2)	-으니	원인, 이유, 조건, 상황, 설명 계속	舍利佛이 ᄒ 獅子ㅣ를 지서 내니 그 쇼롤 자바 머그니 모다 닐오디	[석상 6:32]
	-아/-어		어리여 아디 몯ᄒ닐 爲ᄒ야	[금삼 서:8]
	-악/-억	'-아/어'의 강조형	工夫를 ᄒ약 ᄆᆞᅀᆞ믈 뻐 話頭룰 擧티 아니ᄒ야도	[몽언 4]
	-아ᅀᅡ/-어ᅀᅡ*	필연 조건	믈읫 字ㅣ 모로매 어우러ᅀᅡ 소리 이ᄂ니	[석상 6:3]
	-거ᅀᅡ/-어ᅀᅡ*	필연 조건	열두 大劫이 ᄎ거ᅀᅡ 蓮花ㅣ 프거든	[월석 8:75]
	-아셔/-어셔*	시간적 전후	眷屬 ᄃᆞ외ᅀᆞ바셔 셜본 일도 이러ᄒ쎄	[석상 6:5]
	-은대/ -은디	어떤 일에 대한 반응	目連이 淨飯王ᄭᅴ 도라가 이 辭緣을 술ᄫᆞᆫ대 王이 大愛道룰 블러 니ᄅ샤디 生死ㅣ 長遠ᄒ디 眞實ㅅ 知見 업서	[석상 6:6] [법언 3:172]
	-은댄/ -건덴/ -오딘/ -오디	조건, 가정, 주제	ᄒ다가 이 눈 우흿 눈섭터린댄 날제 딛더디 잇ᄂ니 일로 혜여 보건덴 므슴 慈悲 겨시거뇨 이 界ㅅ 衆生이 … 우 업슨 道룰 求ᄒ디 어느 方便門ᄋᆞ로 수이 일우믈 得ᄒ료 聖母하 願ᄒᄃᆞᆫ 드르쇼셔	[금삼 3:61] [석상 6:6] [능언 6:50] [월석 21:38]

---

2) 제약 관계 : 앞절의 내용을 '원인, 조건, 가정, 반응, 주제' 등의 의미 관계로 뒷절에 이어 주며,
원칙적으로 앞절이 뒷절의 내용을 제약한다. 단, 제약법의 연결 어미 중에서 '-아ᅀᅡ/-어ᅀᅡ,
-거ᅀᅡ/-어ᅀᅡ, -아셔/-어서'와 양보법의 '-아도/-어도, -고도' 등은 연결 어미인 '-아/-어,
-고'에 보조사 '-ᅀᅡ, -셔, -도' 등이 결합된 연결 어미이다.

의미관계	형태	의미	용례
제약	-으란딕	조건, 가정	두 사르미 어우러 精舍 지스란딕 일후믈 … 給孤獨園이라 ᄒ라 [석상 6:40]
	-관딕/-완딕	원인, 조건	이 보살이…엇던 功德을 닷관딕 能히 이 大神通 力이 이시며 [법언 7:15]
	-으면	조건, 가정	모딘 길헤 뻐러디면 恩愛ᄅᆞᆯ 머리 여희여 [석상 6:3]
	-올뎬	조건, 가정	바ᄅᆞᄅᆞᆯ 건널뗸 모로매 비예 올올 띠니 [선언 하:22]
	-거든	조건, 상황	아뫼나 와 가지리 잇거든 주노라 [월석 7:3]
	-거늘	조건, 상황	싸히 훤ᄒ고 됴ᄒᆫ 고지 하거늘 그에서 사니 [월석 2:6]
	-ᄋᆞᆯᄊᆡ	이유, 원인	불휘 기픈 남ᄀᆞᆫ ᄇᆞᄅᆞ매 아니 뮐ᄊᆡ 곶 됴코 여름 하ᄂᆞ니 [용가 2장]
	-라	이유, 원인	우리ᄂᆞᆫ 罪 지ᄉᆞᆫ 모미라 하ᄂᆞᆯ해 몯 가노니 [월석 21:201]
	-ᄋᆞᆯ시언뎡	조건, 가정	오직 아바닚 病이 됴ᄒ실시언뎡 모ᄆᆞᆯ 百千 디위 ᄇᆞ려도 어렵디 아니ᄒ니 [월석 21:216]
양보3)	-아도*/-어도*/-라도/-나도	양보	屏風과 帳괘 ᄀᆞ리여도 곧 能히 밋디 몯ᄒᄂᆞ니라 [능언 2:33] 내 아ᄃᆞ리 비록 ᄆᆞ디라도 사오나ᄫᆞᆯᄊᆡ 나라홀 앗이리니 [월석 2:5] 소니 오나도 믜요믈 므던히 너기고 나 迎逢 아니 ᄒ노라 [두언 25:23]
	-고도*/-오도*	불구	비록 그 病이 가ᄇᆡ얍고도 醫와 藥과 病 간슈ᄒ리 업거나 [석상 9:36]
	-거니와/-어니와	앞의 사실을 인정하고, 예측을 뒤집음	衆生ᄋᆞᆫ…그지업시 受苦ᄒ거니와 부텨는 죽사리 업스실ᄊᆡ 寂滅이 즐겁다 ᄒ시니라 [월석 2:16]
	-건마ᄅᆞᆫ/-언마ᄅᆞᆫ		믈 깊고 빅 업건마ᄅᆞᆫ 하ᄂᆞᆯ히 命ᄒ실ᄊᆡ 믈 톤 자히 건너시니이다 [용가 34장]
	-은들	양보	오라 ᄒᆞᆫ들 오시리잇가 [용가 69장]
	-디비/-디위/-디외		이 ᄀᆞᆮᄒᆫ 大士ㅣ 慈悲願으로 大鬼王 모ᄃᆞᆯ 現ᄒ디빈 實엔 鬼 아니라 [월석 21:129]
	-으란딕만뎡	앞의 내용 긍정, 뒤 내용 부정	서늘히 陰山앳 누니 ᄂᆞ리고져 ᄒᄂᆞ니 가디 몯ᄒ란딕만뎡 漢ㅅ ᄆᆞᅀᆞ랫 香이 업디 아니ᄒ니라 [두언 14:16]
	-건뎡/-언뎡		모ᄆᆞ로 端正히 홇 디언뎡 ᄃᆞ외 구표미 몯 ᄒ리라 [몽언 24]
	-ᄋᆞᆯᄲᆞᆫ뎡	다른 것은	如來 그딋 나라해 와 滅度ᄒ실ᄲᆞᆫ뎡 實엔 우리들 [석상 23:53]

의미 관계	형 태	의 미	용 례
		무관함	토 울워습논 젼츠로
의도4)	-고져/ -오져	희망	善男子 善女人이 뎌 부텻 世界예 나고져 發願ᄒ [석상 9:11] 야사 ᄒ리라
	-과뎌/-과댜/ -과ᄃᆡ여	희망	오직 願호ᄃᆡ 衆生들히…큰 利益을 얻과뎌 ᄒ노 [월석 21:126] 이다
	-곗고/-엣고 /-굣고	희망	迷惑ᄒᆞᆫ 고대 나ᅀᅡ가 알엣고 ᄒ시니라 [능언 1:113] 三寶애 나ᅀᅡ가굣고 ᄇ라노라 [석상 서:6]
	-옷	희망	너희들ᄒ 훔ᄒᆞᆫ 사ᄅᆞ미 ᄃᆞ외옷 ᄒ녀 [내훈 1:25]
	-오려/ -우려	의도	地藏이 … 後世 衆生ᄋᆞᆯ 救호려 ᄒ시니 [월석 21:3] 그듸 精舍 지ᅀᅮ려 터흘 ᄀ자 始作ᄒᆞ야 되어늘 [석상 6:35]
	-으라	목적	나라해 빌머그라 오시니 [월석 1:5]
	-노라	의도, 목적	각시 ᄭᅬ노라 ᄂᆞᆾ 고ᄫᅵ 빗여 드라 [월천 기49]
이름5)	-ᄃ록/-도록	어떠한 상황 에 이르기까 지 다음 일을 계속함.	ᄒᆞᆫ 劫이 남ᄃ록 닐어도 몯다 닐으리어니와 [석상 9:10] 아ᄎᆞ미 못도록 서늘호미 버므럿ᄂ니 [두언 16:66]
	-게/-긔/-기 /-거		그듸 가아 아라듣게 니르라 [석상 6:6] 變은 長常 固執디 아니ᄒᆞ야 맛긔 고틸씨라 [석상 13:38] 王이 … 오시 주ᄆᆞᆨ긔 우르시고 [월석 8:101]
전환6)	-다가/-라가	전환	하늘 際ᄒᆞ던 싸홀 보고 졀ᄒ다가 忽然히 부텨 [석상 6:19] 向ᄒᆞᆫ ᄆᆞᅀᆞᄆᆞᆯ 니즈니
	-으라/-으락	전환	世尊이…블 구피라 펼 ᄊᆞᅀᅵ예 忉利天에 가샤 [월석 21:4] 그 金像이 象 우희 오ᄅᆞ락 아래 ᄂᆞ리락 ᄒᆞ야 [석상 11:13]
비교7)	-곤/-온	비교	ᄒᆞᆫ 사ᄅᆞᆷ 勸ᄒᆞ야 가 法 듣게 혼 功德도 이러ᄒᆞ곤 [월석 17:53] ᄒᄆᆞᆯ며 … 말 다비 修行호미ᄯᅡ녀
	-노니	비교	겨지비 보고 어버ᅀᅴ게 請호ᄃᆡ ᄂᆞ미 겨집 ᄃᆞ외노 [법언 2:28] 니 출히 뎌 고마 ᄃᆞ외아지라 ᄒ리 열히로ᄃᆡ
동시8)	-다가며	동시	내 成佛ᄒᆞ야 衆生들히 내 나라해 ᄀᆞᆺ 나다가며 [월석 8:65] 다 ᄆᆞᅀᆞ미 조코 便安코 즐거부미 羅漢 ᄀᆞᆮ호ᄆᆞᆯ 得디 몯ᄒᆞ면
설명9)	-오ᄃᆡ/-우ᄃᆡ	설명, 인용	山이 이쇼ᄃᆡ 일후미 鐵圍니 [월석 21:74] 目連이 슬ᄫᅥᄃᆡ 太子 羅睺羅ㅣ… 부텨 ᄀᆞᆮ시긔 [석상 6:3] ᄒ리이다
비례10)	-디옷	앞 일과 뒤 일	이 하늘들히 놉디옷 목수미 오라ᄂᆞ니 [월석 1:37]

의미 관계	형 태	의 미	용 례	
	-을ㅅ록	이 비례하여 되어감	사괴ᄂᆞᆫ 뜨든 늘글ㅅ록 ᄯᅩ 親ᄒᆞ도다	[두언 21:15]
흡사11)	듯/-ᄃᆞᆺ/-덧/- ᄃᆞ시/-ᄃᆞᄃ시	흡사, 비유	百姓이 져재 가ᄃᆞᆺ 모다 가 渴ᄒᆞᆫ 제 ᄲᆞᆫ 믈 먹덧 ᄒᆞ야 ᄀᆞᆳ간 우ᄂᆞᆫ 활시울 ᄃᆞᆯ이야 소ᄃᆞ시 가고져 너기노라	[월석 2:7] [월석 7:18] [두언 20:11]
강조12)	-나	강조	하나 한 외다 ᄒᆞᄂᆞᆫ 病	[몽언 58]
	-도	강조	苦ᄅᆞᆸ도 苦ᄅᆞᆨ빌써	[석상 24:15]
반복13)	-곰	되풀이 됨	ᄒᆞᆫ 부체ᄅᆞᆯ 다ᄃᆞ니 ᄒᆞᆫ 부체 열이곰 ᄒᆞᆯ씨	[월석 7:9]
	-암/-엄	되풀이 됨	ᄒᆞᆫ 나비 나못가지 자바ᄂᆞᆯ 다ᄅᆞ니 쇠리 자밤 서르 니ᅀᅳ니 므거워 나못가지 것거디여 ᄀᆞᄅᆞᆷ ᄀᆞᄉᆞ ᄒᆞᆫ 남기 드리염 프ᄂᆞ니	[영남 상:27] [두언 18:4]
가치14)	-암직/-엄직	가치, 자격	佛子이 得ᄒᆞᆯ얌직 ᄒᆞᆫ 거슬 다 ᄒᆞ마 得과이다 두 지븐 어루 머므럼직 ᄒᆞ도다	[월석 13:37] [두언 22:1]
	-아만/-어만	가치, 자격	소리와 빗나미 眞實로 可히 드러만 ᄒᆞ도다	[두언 6:19]

3) 양보 관계 : 앞절의 내용을 긍정하기는 하나, 뒷절에서 부정적인 사실을 함축함을 나타낸다.
4) 의도 관계 : 희망, 의도, 목적의 관계를 나타낸다.
5) 이름 관계 : 어떤 상황(경지)에 이름(미침)을 나타낸다.
6) 전환 관계 : 한 동작이나 상태에서 다른 동작이나 상태로 전환함을 나타낸다.
7) 비교 관계 : '~하는 것보다'의 뜻을 나타내거나, 앞의 사실로 다짐하고 그와 비교해서 뒤의
일은 더 말할 필요도 없는 사실임을 강조한다.
8) 동시 관계 : 한 일이 일어남과 동시에 다른 일이 잇달아 일어남을 나타낸다.
9) 설명 관계 : 앞절의 내용을 뒷절에 이어서 계속 설명을 해 나가거나 인용을 나타낸다.
10) 비례 관계 : 앞 일이 되어 가는 정도에 비례해서 뒤 일도 되어 가는 뜻을 나타낸다.
11) 흡사 관계 : 흡사함을 나타내며 때로는 비유를 나타낸다.
12) 강조 관계 : 힘줌이나 강조를 나타낸다.
13) 반복 관계 : 되풀이되는 일, 겹쳐지는 일을 나타낸다.
14) 가치 관계 : 그렇게 할 만한 가치, 혹은 그러한 자격이 있음을 나타낸다.

3. 보조적 연결 어미

형 태	용 례	
-아/-어	赤眞珠ㅣ 드외야 잇느니라	[월석 1:23]
-게	慈悲는 衆生을 便安케 ᄒ시는 거시어늘	[석상 6:5]
-거/-가	아비 보라 니거지라	[월석 8:101]
-디	너희 브즈러니 지서 게으르디 말라	[법언 2:209]
-돌	나는 난 後로 놈 더브러 ᄃ토돌 아니ᄒ노이다	[석상 11:34]
-드란	치마옛 아기를 ᄲ디오 소ᄂ로 얻다가 얻드란 몯고 어분 아기를 조쳐 디오	[월석 10:24]

1. 세종 때에 간행된 문헌

책 이름	지은이/편찬자	판본 및 해제	간행 연도
훈민정음 해례본 (訓民正音解例本)	정인지 신숙주 박팽년 하위지	'훈민정음' 글자의 제장 이론과 사용법을 밝힌 종합 해설서이다. 한문본으로 '御製 序', 本文, 解例(제자해, 초성해, 중성해, 종성해, 합자해, 용자례), 鄭麟趾 序'로 구성되어 있다. 1책.	세종 28년 (1446년)
훈민정음 언해본 (訓民正音諺解本)	미상(未詳)	『훈민정음 해례본』의 '어제 서', '예의'만을 언해한 책이다. 『월인석보』의 첫머리에 실려 있다.	미상 (세종 때 ?)
용비어천가 (龍飛御天歌)	권제 정인지 안지	조선 왕조의 창업을 송영(頌詠)한 서사시로 한글로 엮은 책으로는 최초의 것이다. 125장의 歌詞와 人名, 地名 등이 표기되어 있다. 10권 5책.	세종 29년 (1447년)
석보상절 (釋譜詳節)	수양대군 김수온 신미	수양대군(首陽大君, 세조)이 왕명으로 석가의 일대기를 찬술한 불경 언해서이다. 초간본은 6, 9, 13, 19, 20, 21, 23, 24권만 전하고, 권3과 11은 중간본도 전함	세종 30년 (1449년)
월인천강지곡 (月印千江之曲)	세종(?) 김수온(?)	『석보상절』의 내용을 바탕으로 세종이 석가의 공덕을 찬송하여 지은 노래이다. 상권만 전하며, 194장의 가사가 있다. 『월인석보』의 것을 보면 모두 580여 장이었던 것으로 추정된다.	세종 30년 (1449년)
동국정운 (東國正韻)	신숙주 최항 성삼문	세종 당시에 무원칙하게 쓰이고 있었던 조선 한자음의 표기를 표준화하기 위하여 편찬된 책이다. 6권 6책.	세종 30년 (1448년)
홍무정운역훈 (洪武正韻譯訓)	신숙주 성삼문 조변안	한자의 중국음을 정확히 나타내기 위하여 편찬한 중국음에 대한 한글 주음 운서이다. 1375년에 발간된 중국의 『홍무정운』(洪武正韻)에 한글로 표음한 것이다. 16권	단종 3년 (1455년)

책 이름	지은이/편찬자	판본 및 해제	간행 연도
사성통고 (四聲通攷)	신숙주	『홍무정운역훈』(洪武正韻譯訓)의 내용이 너무 광대하여 보기에 불편하므로, 그 내용을 줄여서 간략하게 엮은 책이다.	미상

2. 세조 때에 간행된 문헌

책 이름	지은이/편찬자	판본 및 해제	간행 연도
월인석보 (月印釋譜)	세조	『월인천강지곡』과 『석보상절』을 합편한 것이다. 권1에 '훈민정음언해'가 실려 있다. 모두 25권이었던 듯하다.	세조 5년 (1459년)
능엄경언해 (楞嚴經諺解)	세조 한계희 김수온	『능엄경』을 언해한 책으로서, 『간경도감』에서 간행된 최초의 불경 언해서이다. 10권 10책의 활자본이다.	세조 7년 (1461년)
법화경언해 (法華經諺解)	세조	『묘법연화경』(妙法蓮華經)에 세조가 구결 달고, 간경도감에서 번역한 책이다. 7권 7책.	세조 9년 (1463년)
금강경언해 (金剛經諺解)	세조 한계희 효령대군 해초	『금강반야바라밀경』(金剛般若波羅密經)을 한글로 토를 달고 번역한 책이다. 1권 1책.	세조 10년 (1464년)
선종영가집언해 (禪宗永嘉集諺解)	세조 신미 효령대군	당나라 영가대사(永嘉大師)의 『선종영가집』(禪宗永嘉集)을 언해한 책이다. 상하 2권.	세조 10년 (1464년)
아미타경언해 (阿彌陀經諺解)	세조	정토삼부경(淨土三部經)의 하나인 『불설아미타경』을 한글로 번역한 책이다. 1권	세조 10년 (1464년)
반야심경언해 (般若心經諺解)	세조 한계희	당나라 법장(法藏)의 『반야심경약소』(般若心經略疏)에 대한 송나라 충희(忠希)의 주해본에 한글로 구결(口訣)을 달고 번역한 책이다. 1권 1책.	세조 10, (1464년)
원각경언해 (圓覺經諺解)	간경도감	간경도감에서 『원각경』에 한글로 구결을 달고 번역하여 간행한 책이다. 10책	세조 11년 (1465년)
목우자수심결언해 (牧牛子修心訣諺解)	신미	고려 중기 때의 승려인 목우자(牧牛子) 지눌(知訥)이 지은 『수심결, 修心訣』을 언해한 책이다. 1책.	세조 13년 (1467년)

책 이름	지은이/편찬자	판본 및 해제	간행 연도
오대산 상원사 중창 권선문 (五臺山上院寺重創勸善文)	신미 학열 학조	혜각존자(慧覺尊者) 신미(信眉)가 학열(學悅), 학조(學祖) 등과 함께 세조를 위하여 오대산 상원사를 중수할 때에 지은 글. 2첩.	세조 10년 (1464년)
구급방언해 (救急方諺解)	미상	급한 병을 치료하는 방문(方文)을 번역한 책. 의약서 언해 중 가장 오래된 것이다. 2권 2책.	세조 12년 (1466년)

3. 성종과 연산군 때에 간행된 문헌

책 이름	지은이/편찬자	판본 및 해제	간행 연도
몽산화상법어약록언해 (夢山和尙法語略錄諺解)	신미	원나라 말기의 고승인 몽산(蒙山)의 법어 중 6편의 법어와 보제존자의 법어 1편을 한글로 구결을 달고 언해한 책이다. 1권	성종 3년 (1472년)
금강경삼가해 (金剛經三家解)	학조	『금강반야바라밀경』에 대하여 '야부송, 종경제강, 함허설의'의 삼가(三家)를 택하여 구결을 달고 언해한 책이다. 5권 5책.	성종 13년 (1482년)
남명집언해 (永嘉大師證道歌南明泉禪師繼頌諺解)	학조	세종이 일부 번역한 『영가대사증도가남명천선사계송』을 번역하여 간행한 책이다. 2권 2책.	성종 13년 (1482년)
불정심경언해 (佛頂心經諺解)	인수 대비	『불정심다라니경』(佛頂心陀羅尼經), 『불정심료병구산법』(佛頂心療病救産法), 『불정심구난신험경』(佛頂心救難神驗經)을 언해한 책이다. 3권 1책.	성종 16년 (1485년)
영험약초 (靈驗略抄)	미상	『오대진언』(五大眞言)에 수록된 '大悲心陀羅尼·隨求卽得陀羅尼' 등 진언의 영험을 모은 『영험약초』를 언해한 책이다. 동국정운의 한자음 표기를 보여 주는 최후의 언해서이다.	성종 16년 (1485년)
내훈 (內訓)	인수 대비	중국의 『열녀전』(烈女傳), 『소학』(小學), 『여교』(女敎), 『명감』(明鑑)의 네 책에서 부녀자들의 훈육에 요긴한 대목을 뽑아서 만든 책이다. 3권 4책.	성종 6년 (1475년)

책 이름	지은이/편찬자	판본 및 해제	간행 연도
삼강행실도 (三綱行實圖)	설순	세종 13년에 설순(偰循) 등이 왕명에 따라 조선과 중국의 서적에서 모범이 될 만한 충신, 효자, 열녀를 뽑아 행적을 그림과 글로 칭송한 책이다. 그후 이 책은 1481년(성종 12)에 한글로 번역되어 간행되었다.	성종 12년 (1481년)
두시언해 (분류두공부시언해, 分類杜工部詩諺解)	의침 유윤겸 유휴복 조위	원명은 『分類杜工部詩諺解』이다. 원(元)나라 때 편찬된 『纂註分類杜詩』를 원본으로 삼아 두보의 시 1,647편 전부와 다른 사람의 시 16편에 주석을 달고 풀이한 책이다. 25권	성종 12년 (1481년)
구급간이방 (救急簡易方)	윤호 임원준 허종	우리나라의 구급방서(救急方書) 중 가장 완비된 책으로, 질병을 127종으로 나누어서 그 치료 방문을 모아 엮었다. 8권 8책.	성종 20년 (1489년)
금양잡록 (衿陽雜錄)	강희맹	조선 전기의 문신 강희맹(姜希孟)이 네 계절의 농사와 농작물에 대한 필요 사항을 기술한 농서(農書)이다. 1권 1책.	성종 23년 (1492년)
이로파 (伊路波)	사역원	사역원(司譯院)에서 일본어 학습을 위하여 간행한 왜학서(倭學書)이다. 15세기 사역원에서 간행한 역학서 중 유일한 현존 왜학서로 일본 문자를 정음으로 표음했다.	성종 23년 (1492년)
악학궤범 (樂學軌範)	성현 유자광	왕명에 따라 제작된 악전(樂典)이다. 가사가 한글로 실려 있으며 궁중 음악은 물론 당악, 향악에 관한 이론 및 제도, 법식 등을 그림과 함께 설명하고 있다. 9권 3책. 고려가요가 수록되어 있다.	성종 24년 (1493년)
육조법보단경언해 (六祖法寶壇經諺解)	미상	당나라 육조 대사 혜능(惠能)의 어록을 제자들이 편집한 『육조대사법보단경』(六祖大師法寶壇經)에 구결을 달고 언해하여 간행하였다. 3권 3책의 목활자본으로서, 동국정운식 한자음을 쓰지 않고 현실음 위주로 표기했다.	연산 2년 (1496년)
시식권공 (施食勸供)	학조	이 책은 덕종비인 인수대왕대비가 승려 학조로 하여금 『시식권공』(施食勸供), 『일용상행』(日用常行) 등 불교에서 하는 여러 가지 행사의 내용을 한글로 번역하여 간행하게 한 것이다.	연산 2년 (1496년)

4. 중종 때에 간행된 문헌

책 이름	지은이 / 편찬자	판본 및 해제	간행 연도
속삼강행실도 (續三綱行實圖)	신용개	『삼강행실도』의 속편으로 편찬한 책이다. 1책.	중종 9년 (1514년)
번역노걸대 (飜譯老乞大)	최세진	전래의 한문본 『노걸대』(老乞大)를 언해한 중국어 학습서이다. 상인들의 여행과 교역에 관한 회화집이다. 2권 2책.	1510년대
번역박통사 (飜譯朴通事)	최세진	『박통사』(朴通事) 원문의 한자에 한글로 음을 달고 번역한 책이다. 중국인의 생활 풍습과 제도 등에 관한 회화집이다. 3권 3책.	1510년대
노박집람 (老朴集覽)	최세진	『번역노걸대』, 『번역박통사』의 어려운 어구와 고유 명사 등을 뽑아 설명한 책이다. 1책.	1510년대
사성통해 (四聲通解)	최세진	한자(漢字)를 운(韻)에 의하여 분류한 자서(字書)이다. 말미에 사성통고의 범례가 실려 있고, 한글로 중국음 표기했다.	중종 12년 (1517년)
이륜행실도 (二倫行實圖)	조신	왕명에 의해 장유(長幼)와 붕우(朋友)의 윤리를 진작하기 위하여 만든 책이다. 1책.	중종 13년 (1518년)
번역소학 (飜譯小學)	김전 최숙생	중국 송나라 유자징(劉子澄)이 편찬한 『소학』을 번역하여 언해한 책이다. 10권 10책. 총 10권 중 5권만 전한다.	중종 13년 (1518년)
여씨향약언해 (呂氏鄕約諺解)	김안국	남송(南宋)의 주희(朱熹)가 첨삭, 주석한 『여씨향약』을 언해하여 간행한 책이다 경상도에서 간행하였으며, 한자 차자로 구결이 쓰였다.	중종 13년 (1518년)
정속언해 (正俗諺解)	김안국	풍습을 바로잡기 위하여 중국의 『정속편』(正俗篇)을 언해하여 엮은 교화서이다. 목판본. 1권 1책. 경상도에서 간행하였으며, 한자 차자로 구결이 쓰였다.	중종 13년 (1518년)
간이벽온방 (簡易辟瘟方)	김순몽 유영정 박세거	왕명에 의해 온역(瘟疫 : 돌림병)의 치료에 필요한 방문(方文 : 처방글)을 모아 엮은 의서(醫書)이다. 1권 1책.	중종 20년 (1525년)

책 이름	지은이 / 편찬자	판본 및 해제	간행 연도
훈몽자회 (訓蒙字會)	최세진	종래에 보급되었던 『천자문』(千字文)과 『유합』(類合) 등이 일상생활과 거리가 먼 고사(故事)와 추상적인 내용이 많았다. 이에 어린이들이 익히기에는 부적당하므로, 이들 책을 보충하기 위하여 지은 책이다. 한자 3,360자에 釋, 音, 註를 단 한자 초학서이다. 3권 1책.	중종 22년 (1527년)
우마양저염역치료방 (牛馬羊猪染疫治療方)	미상	중종의 명령으로 소·말·양·돼지의 염역에 필요한 치료방들을 발췌, 초록하여 간행하였다. 이 책은 우리 나라 우역사(牛疫史)나 수의사(獸醫史)를 밝히는 데 중요한 자료가 되고 있다. 1책.	중종 36년 (1541년)
분문온역이해방 (分門瘟疫易解方)	김안국 등	온역(瘟疫, 돌림병)을 치료하는 방문을 언해한 책이다. 모든 서책 중에서 실시하기 쉬운 약방과 비치하기 쉬운 약재를 골라 약 이름과 채취법을 더하여 모두 한글로 번역, 간행하게 하였다. 1책.	중종 37년 (1542년)

5. 선조 때에 간행된 문헌

책 이름	지은이/ 편찬자	판본 및 해제	간행 연도
칠대만법 (七大萬法)	미상	조선 중기에 간행된 작자 미상의 불교 교리서이다. 이 책은 국한문 혼용의 언해 부문만 있고, 한문 원전은 없으므로, 한문을 언해한 책이 아니고 언문으로 직접 저술한 책으로 보인다.	선조 2년 (1569년)
선가귀감언해 (禪家龜鑑諺解)	금화도인	휴정(休靜)이 한문으로 지은 『선가귀감』에 한글로 토를 달고 언해한 책이다. 2권 1책.	선조 2년 (1569년)
천자문 (千字文)	미상	석음(釋音)이 있는 『천자문』(千字文)으로 지금까지 알려진 가장 오랜 책이다. 광주(光州)에서 간행된 것이다.	선조 8년 (1583년)
석봉천자문 (石峰千字文)	한호	한자 학습 입문서이다. 석봉(石峯) 한호(韓濩)가 왕명을 받아 천자문을 쓰고 한글로 훈(訓)과 음(音)을 달았다. 1책.	선조 16년 (1583년)

책 이름	지은이/ 편찬자	판본 및 해제	간행 연도
신증유합 (新增類合)	유희춘	『유합』(類合)을 증보하고 수정하여 편찬한 한자 입 문서이다. 2권 1책.	선조 9년 (1576)
초발심자경문 (初發心自警)	미상	목우자(牧牛子) 지눌(知訥)의 『계초심학인문』(誡初 心學人文), 원효(元曉)의 『발심수행장』(發心修行章), 고려 충렬왕 때의 고승인 야운(野雲) 각우(覺牛)의 『야운자경서』(野雲自警序)의 3권을 1책으로 합본한 책이다.	선조 10년 (1577년)
소학언해 (小學諺解)	교정청 (校正廳)	주자(朱子)의 『소학』(小學)을 한글로 번역한 책이 다. 6권 4책. 중종 때 간행한 『번역소학』(飜譯小學) 이 『소학』을 의역하였는 데 반하여, 이 책은 직역하 였다.	선조 21년 (1588년)
대학언해 (大學諺解)	교정청	『대학』(大學)의 원문에 한글로 토를 달고 언해한 책 이다. 1책의 활자본.	선조 23년 (1590년)
중용언해 (中庸諺解)	교정청	『중용』(中庸)의 원문에 한글로 토를 달고 언해한 책 이다. 1책 55장	〃
논어언해 (論語諺解)	교정청	『논어』(論語)의 원문에 한글로 토를 달고 언해한 책 이다. 4권 4책.	〃
맹자언해 (孟子諺解)	교정청	『맹자』(孟子)의 원문에 한글로 토를 달고 언해한 책 이다. 14권 7책	〃

참고 문헌

강성일(1972), 「중세국어 조어론 연구」, 『동아논총』 9, 동아대학교.

강신항(1990), 『훈민정음연구』(증보판), 성균관대학교 출판부.

강인선(1977), 「15세기 국어의 인용구조 연구」, 석사학위 논문, 서울대학교.

고성환(1993), 「중세국어 의문사의 의미와 용법」, 『국어학논집』 1, 태학사.

고영근(1981), 『중세국어의 시상과 서법』, 탑출판사.

고영근(1995), 「중세어의 동사형태부에 나타나는 모음동화」, 『국어사와 차자표기 –
　　　소곡 남풍현 선생 화갑 기념 논총』, 태학사.

고영근(2006), 『개정판 표준 중세국어 문법론』, 집문당.

고영근(2010), 『제3판 표준 중세국어 문법론』, 집문당.

고창수(1992), 「국어의 통사적 어형성」, 『국어학』 22, 국어학회.

곽용주(1986), 「'동사 어간 –다' 부정법의 역사적 고찰」, 『국어연구』 138, 국어연구회.

교육인적자원부(2010), 『고등학교 교사용 지도서 문법』, (주)두산동아.

교육인적자원부(2010), 『고등학교 문법』, (주)두산동아.

구본관(1996), 「15세기 국어 파생법에 대한 연구」, 박사학위 논문, 서울대학교.

국립국어원, 『표준 국어 대사전』, 인터넷판.

권용경(1990), 「15세기 국어 서법의 선어말어미에 대한 연구」, 『국어연구』 101, 국어
　　　연구회.

김문기(1999), 『중세국어 매인풀이씨 연구』, 석사학위 논문, 부산대학교.

김동소(1998), 『한국어 변천사』, 형설출판사.

김소희(1996), 「16세기 국어의 '거/어'의 교체에 대한 연구」, 『국어연구』 142, 국어
　　　연구회.

김송원(1988), 「15세기 중기 국어의 접속월 연구」, 박사학위 논문, 건국대학교.

김영욱(1990), 「중세국어 관형격조사 '익/의, ㅅ'의 기술과 관련된 문제 해결을 위하

여」, 『주시경학보』 8, 탑출판사.

김영욱(1995), 『문법형태의 역사적 연구』, 박이정.

김정아(1985), 「15세기 국어의 '-ㄴ가' 의문문에 대하여」, 『국어국문학』 94, 국어국문학회.

김정아(1993), 「15세기 국어의 비교구문 연구」, 박사학위 논문, 서울대학교.

김진형(1995), 「중세국어 보조사에 대한 연구」, 『국어연구』 136, 국어연구회.

김차균(1986), 「월인천강지곡에 나타나는 표기체계와 음운」, 『한글』 182호, 한글학회.

김철환(1986), 『漢韓大字典』, 민중서림.

김충회(1972), 「15세기 국어의 서법체계 시론」, 『국어학논총』 5·6, 단국대학교.

김형규(1981), 『국어사 개요』, 일조각.

나벼리(2020), 「중세 국어의 '리'와 '니' 종결문의 생략 현상」, 우리말연구 61집. 우리
　　　　말 학회.

나벼리(2021), 「중세 한국어 '이사'의 문법적 성격과 실현 양상」, 우리말연구 67집. 우
　　　　리말 학회.

나진석(1971), 『우리말 때매김 연구』, 과학사.

나찬연(2004), 『우리말 잉여표현 연구』, 도서출판 월인.

나찬연(2011), 『수정판 옛글 읽기』, 도서출판 월인.

나찬연(2012), 제3판 『중세 국어 문법의 이해-문제편』, 경진출판.

나찬연(2013ㄱ), 제2판 『언어·국어·문화』, 경진출판.

나찬연(2013ㄴ), 제2판 『훈민정음의 이해』, 도서출판 월인.

나찬연(2016), 「15세기 국어에 쓰인 '아 지다'의 문법적 성격」, 우리말연구 47권, 우리
　　　　말학회.

나찬연(2017), 제5판 『현대 국어 문법의 이해』, 도서출판 월인.

나찬연(2019), 『국어 어문 규정의 이해』, 도서출판 월인.

나찬연(2020ㄱ), 『국어 교사를 위한 학교 문법』, 경진출판.

나찬연(2020ㄴ), 『중세 국어 강독』, 경진출판.

나찬연(2020ㄷ), 『근대 국어 강독』, 경진출판.

나찬연(2021), 『중세 국어 서답형 문제집』, 경진출판.

남광우(2009), 『교학 고어사전』, (주)교학사.

남윤진(1989), 「15세기 국어의 접속어미에 대한 연구」, 『국어연구』 93, 국어연구회.

노동헌(1993), 「선어말어미 '-오-'의 분포와 기능 연구」, 『국어연구』 114, 국어연구회.

류광식(1990), 「15세기 국어 부정법의 연구」, 박사학위 논문, 건국대학교.

리의도(1989), 「15세기 우리말의 이음씨끝」, 『한글』 206, 한글학회.

민현식(1988), 「중세국어 어간형 부사에 대하여」, 『선청어문』 16·17집, 서울대학교 국어교육과.

민현식(1999), 『국어 정서법 연구』, 태학사.

박태영(1993), 「15세기 국어의 사동법 연구」, 석사학위 논문, 단국대학교.

박희식(1984), 「중세국어의 부사에 대한 연구」, 『국어연구』 63, 국어연구회.

배석범(1994), 「용비어천가의 문제에 대한 일고찰」, 『국어학』 24, 국어학회.

성기철(1979), 「15세기 국어의 화계 문제」, 『논문집』 13, 서울산업대학교.

손세모돌(1992), 「중세국어의 '브리다'와 '디다'에 대한 연구」, 『주시경학보』 9, 탑출판사.

안병희·이광호(1993), 『중세국어문법론』, 학연사.

양정호(1991), 「중세국어의 파생접미사 연구」, 『국어연구』 105, 국어연구회.

유동석(1987), 「15세기 국어 계사의 형태 교체에 대하여」, 『우해 이병선 박사 회갑 기념 논총』.

이관규(2002), 『개정판 학교문법론』, 월인.

이광정(1983), 「15세기 국어의 부사형어미」, 『국어교육』 44·45, 국어교육학회.

이광호(1972), 「중세국어 '사이시옷' 문제와 그 해석 방안」, 『국어사 연구와 국어학 연구—안병희 선생 회갑 기념 논총』, 문학과지성사.

이광호(1972), 「중세국어의 대격 연구」, 『국어연구』 29, 국어연구회.

이광호(1995), 「후음 'ㅇ'과 중세국어 분철표기의 신해석」, 『국어사와 차자표기—남풍현 선생 회갑기념』, 태학사.

이기문(1963), 『국어표기법의 역사적 연구』(신정판), 한국연구원.

이기문(1998), 『국어사개설』(신정판), 태학사.

이숭녕(1981), 『중세국어문법』(개정 증보판), 을유문화사.

이승희(1996), 「중세국어 감동법 연구」, 『국어연구』 139, 국어연구회.

이정택(1994), 「15세기 국어의 입음법과 하임법」, 『한글』 223, 한글학회.

이주행(1993), 「후기 중세국어의 사동법」, 『국어학』 23, 국어학회.

이태욱(1995), 「중세국어의 부정법 연구」, 박사학위 논문, 성균관대학교.

이현규(1984), 「명사형어미 '-기'의 변화」, 『목천 유창돈 박사 회갑 기념 논문집』, 계명대학교 출판부.

이현희(1995), 「'-亽'와 '-沙'」, 한일어학논총 간행위원회 편, 『한일어학논총』, 국학자료원.

이홍식(1993), 「'-오-'의 기능 구명을 위한 서설」, 『국어학논집』 1, 태학사.

임동훈(1996), 「어미 '시'의 문법」, 박사학위 논문, 서울대학교.

전정례(1995), 「새로운 '-오-' 연구」, 한국문화사.

정 철(1954), 「원본 훈민정음의 보존 경위에 대하여」, 『국어국문학』 9, 국어국문학회.

정재영(1996), 『중세국어 의존명사 'ᄃ'에 대한 연구』(국어학총서 23), 태학사.

최동주(1995), 「국어 시상체계의 통시적 변화에 관한 연구」, 박사학위 논문, 서울대학교.

최현배(1961), 『고친 한글갈』, 정음사.

최현배(1980=1937), 『우리말본』, 정음사.

한글학회(1985), 『訓民正音』(영인본).

한재영(1984), 「중세국어 피동구문의 특성에 대한 연구」, 『국어연구』 61, 국어연구회.

한재영(1986), 「중세국어 시제체계에 관한 관견」, 『언어』 11(2), 한국언어학회.

한재영(1990), 「선어말어미 '-오/우-'」, 『국어 연구 어디까지 왔나』, 동아출판사.

한재영(1992), 「중세국어의 대우체계 연구」, 『울산어문논집』 8, 울산대학교 국어국문
　　　　학과.

허웅(1975=1981), 『우리 옛말본』, 샘문화사.

허웅(1981), 『언어학』, 샘문화사.

허웅(1986), 『국어 음운학』, 샘문화사.

허웅(1989), 『16세기 우리 옛말본』, 샘문화사.

허웅(1992), 『15·16세기 우리 옛말본의 역사』, 탑출판사.

허웅(1999), 『20세기 우리말의 통어론』, 샘문화사.

허웅(2000), 『20세기 우리말의 형태론(고침판)』, 샘문화사.

허웅·이강로(1999), 『주해 월인천강지곡』, 신구문화사.

홍윤표(1969), 「15세기 국어의 격연구」, 『국어연구』 21, 국어연구회.

홍윤표(1994), 「중세국어의 수사에 대하여」, 『국문학논집』, 단국대학교 국어국문학과.

홍종선(1983), 「명사화어미의 변천」, 『국어국문학』 89, 국어국문학회.

황선엽(1995), 「15세기 국어의 '-(으)니'의 용법과 기원」, 『국어연구』 135, 국어연구회.

河野六郎(1945), 朝鮮方言學試攷―「鋏」語考, 京城帝國大學校文學會論聚 第十一輯, 京城 :
　　　　東都書籍株式會社 京城支店.

Bloomfield. L(1962), "Language", Ruskin House, George Allen & Unwin LTD.

Greenberg. H.(ed),(1963), "Universals of Language", MIT Press.

kuno, S.(1980), "Discourse Deletion", Harvard Studies in Syntax and Semantics. vol. Ⅲ.

Sampson, Goeffrey(1985), "Writing System", Stanford Univ Press.

찾아보기

469

지은이 **나찬연**은 1960년 부산에서 태어났다. 부산대학교 국어국문학과를 나오고(1986), 같은 학교 대학원에서 문학 석사(1993)와 문학 박사(1997) 학위를 받았다. 지금은 경성대학교 국어국문학과에서 교수로 재직하고 있으면서 국어학과 국어교육 분야 의 강의를 하고 있다.

주요 논저

우리말 이음에서의 삭제와 생략 연구(1993), 우리말 의미중복 표현의 통어·의미 연구 (1997), 우리말 잉여 표현 연구(2004), 옛글 읽기(2011), 벼리 한국어 회화 초급 1, 2(2011), 벼리 한국어 읽기 초급 1, 2(2011), 제2판 언어·국어·문화(2013), 제2판 훈민 정음의 이해(2013), 근대 국어 문법의 이해―강독편(2013), 표준 발음법의 이해(2013), 제5판 현대 국어 문법의 이해(2017), 쉽게 읽는 월인석보 서, 1, 2, 4, 7, 8, 9(2017~ 2020), 쉽게 읽는 석보상절 3, 6, 9, 11, 13, 19(2017~2019), 제2판 학교 문법의 이해 1, 2(2018), 한국 시사 읽기(2019), 한국 문화 읽기(2019), 국어 어문 규정의 이해(2019), 현대 국어 의미론의 이해(2019), 국어 교사를 위한 고등학교 문법(2020), 중세 국어의 이해(2020), 중세 국어 강독(2020), 근대 국어 강독(2020), 길라잡이 현대 국어 문법 (2021), 길라잡이 국어 어문 규정(2021), 중세 국어 서답형 문제집(2022)

*전자메일 : ncy@ks.ac.kr.
*홈페이지 : 학교문법교실(http://scammar.com)
*전화번호 : 051-663-4212, 010-4635-4212

* '학교문법교실(http://scammar.com)'에서는 이 책의 내용과 관련하여 다양한 학습용 콘텐츠를 제공합니다. 첫째, '강의실'에서는 나찬연 교수가 중세 국어의 이론을 해 설하는 동영상 강좌를 '유튜브(youtube)'를 통해서 제공합니다. 둘째, '자료실'에서 는『중세 국어의 이해』에 수록된 예문에 대한 주해와 '단원 정리 문제' 및 '단원 정리 문제 풀이'를 PDF의 형태로 제공합니다. 셋째, '문답방'에서는 독자들이 중세 국어에 대하여 제기하는 질문에 대하여 나찬연 교수가 직접 피드백합니다.